U0165676

中國通史

編 源華蓀生
主 伯幼明平
南 廖廖王胡
壽 人海毅月
王 天學德麗
林 蔡 王 林

合著

五南圖書出版公司 印行

序

　　傳統知識份子幾乎無不讀歷史，因為歷史是人類活動的紀錄，其中蘊藏著無數智慧的結晶，傳統社會是一個以人文為導向的社會，熟讀歷史，有助於智慧的啟發，在社會中能獲得圓滿與成功。然而，進入現代社會，是一個以科技與財富為主導的社會，人們追求的只是實用性的知識，這些知識的代表性工具是科技，這些知識的終極目的是財富，於是人文精神淡薄了，少有人想到什麼是智慧，當然，歷史也就被輕視了。近一、二十年來，臺灣對歷史的輕視，可以從教育制度明顯看出來，中學的歷史課程時數逐年減少，大學裏除歷史系之外，很少看到排有歷史課程，中國通史本是大學各學系的共同必修課，近年來被取消了。這種教育改革是要讓人們忘記歷史，當人們真的都忘記歷史，都沒有歷史感的時候，真不敢想像這個社會會變成什麼樣子！

　　非常欽佩五南出版公司能在歷史學低潮的時候，主動要編印一部中國通史。通史的意涵在貫通古今，一部中國通史最好出自一人之手，然而，能真正寫出一部精彩的中國通史的人，必須具備淵博的史學知識和洞澈剖析的智慧。這種博學通儒是不多見的，尤其在現代求專的研究風氣下，歷史學者都走向愈來愈狹窄的領域中，更難造就出博學通儒了。五南出版公司也了解這種情形，便要求我來主編，邀請各斷代史的教授來分別撰寫。我約請了八位學者分別撰寫，他們在各大學長期講授斷代史。於是，請他們各就自己專長的斷代執筆。為了全書體例一致，我約請八位執筆者共同商量編寫與注意事

項，確定本書讀者對象為一般大學生與社會大眾，希望本書能讓讀者對中國歷史有較清晰而深入的瞭解，所以各執筆人在撰寫時要特別把握該時代的特色與精神。同時，由於本書的篇幅有限，所以儘量將重點放置在政治演變、制度介紹、社會文化和宗教信仰等方面，當然各執筆人可依實際情形，自行斟酌調整。

　　本書共十一章，除〈導論〉外，其餘各章均以時間為序排列，自遠古至現代，分為十個時期，使讀者易於掌握時序脈絡。本書第一章由王壽南教授執筆，第二、三章由林天人教授執筆，第四章由廖伯源教授執筆，第五章由蔡學海教授執筆，第六章由廖幼華教授執筆，第七章由王德毅教授執筆，第八章由王明蓀教授執筆，第九章由林麗月教授執筆，第十、十一章由胡平生教授執筆。由於本書篇幅有限，除第一章外，各章作者提供了一份「參考書目」，供讀者方便深入研讀該章所涉及的課題。

　　五南出版公司郭哲銘先生為促成本書的問世，費心盡力，特別表示衷心的感謝。也希望讀者們對本書多多給予指教。

王壽南謹識

2002 年 3 月 24 日

於臺北鑑宇齋

目　次 ────────────────

第十一章　現代時期 ■胡平生

第一章

導　論 ————————————

王壽南*

第一節　中國歷史發展大勢

　　根據考古的發現，早在一百萬年以前，中國土地上已有人類活動，這些考古的發現主要是化石遺物，並非文字史料記載。中國開始有史籍記載的歷史始於黃帝，司馬遷的《史記》第一篇是〈五帝本紀〉，五帝的第一位便是黃帝，黃帝距今約四千五百年至五千年，中國人常自稱中華民族有五千年歷史，乃是從黃帝時算起。

　　就文化而言，黃帝時代屬於新石器時代，就社會而言，黃帝時代是上古的部落時期，黃帝時代已有原始的文字和食衣住行等所需的簡單工具，可說是中國文化的開始時期。

　　依照《史記》的記載，黃帝、帝顓、帝嚳、帝堯、帝舜合稱為「五帝」，中國歷史上最早的五位君主，其實他們是當時中原各部落共同推

---

*現任政治大學歷史系教授。

戴的共主，當一位共主年老時，便物色一位賢能的人作為繼承者，共主死後，繼承者如果受到各部落領袖（諸侯）的擁戴，便成為新的共主。堯便是經過這個程序讓位給舜，舜也以同樣的程序讓位給禹，這種方式來傳遞政權（君位），被稱為「禪讓」。

禹因為治水有大功，被舜拔擢為繼承者，禹也深受諸侯和百姓的尊敬和擁戴，所以接受禪讓，成為共主。禹在生前，想拔擢益（伯益）為繼承人，但諸侯們都懷念禹的大功，都擁護禹的兒子啟，於是啟繼任為天子，從此，建立了父子相傳的制度，「禪讓」政治遂告結束。啟建國號為夏，這是「家天下」局面的開始，夏朝也是中國第一個世襲王朝。夏朝傳國四百多年，其中最大的政治事件是第三代君主太康失德，連續發生后羿和寒浞的亂事，夏朝幾乎滅亡，後來少康中興，才又復興了夏朝。傳到第十七任君主履癸（一稱夏桀），荒淫無道，殺害忠良，當時一位諸侯商湯起兵討伐夏桀，誅殺了桀，建立了商朝，史稱「商湯革命」。

商朝的君主常常遷都，到第二十任君主盤庚定都於殷（今河南安陽縣小屯村），此後兩百多年未再遷都，所以商朝又被稱為殷朝或殷商。近代考古學家在殷墟發現大量甲骨，獲得許多研究商朝歷史的直接史料。使商朝歷史更為可信。商朝傳到第三十一任君主帝辛（即紂王），窮兵黷武，荒淫暴虐，殺戮忠臣，人心離叛，於是在渭水流域的一位諸侯西伯發（即周武王）率領諸侯大軍討伐紂王，牧野（今河南淇縣南）之戰，紂王大敗自殺，商朝滅亡。

周武王滅商後不久去世，子成王繼位，成王年幼，由成王的叔父周公旦輔政，這時發生內亂，周公率兵苦戰三年才將內亂平定。周公又創建了許多政治制度，並制禮作樂，成為上古時代一位偉大的政治家。周朝自周武王後傳至第十三任君主幽王，寵愛褒姒，廢申后和太子宜臼，申后之父申侯便引犬戎入侵，殺周幽王，諸侯共立太子宜臼為天子，是為周平王。周朝的都城原在鎬京（今陝西西安境），犬戎攻入鎬京後大

肆搶掠，使鎬京殘破，周平王乃將都城遷到洛邑（今河南洛陽境），史稱周武王到幽王為西周，周平王東遷後為東周。東周時期，周天子權勢衰微，諸侯力量強大，互相爭戰，周天子無法制止，於是有些力量較強的諸侯便出來維持秩序，被其他諸侯推為盟主，又稱霸主，他們提出「尊王攘夷」的口號，代替周天子來維持中國境內的政治秩序。著名的人物有齊桓公、晉文公、宋襄公、秦穆公、楚莊王，史稱「五霸」。這種紛擾的局面從周平到東周中期，孔子曾寫了一部《春秋》，記述這段時期的大事，所以後人就稱「春秋時代」。周成烈王時，晉國的三個大夫：韓氏、趙氏、魏氏瓜分了晉國，諸侯間互相併吞，強存弱亡，戰爭十分慘烈，從周威烈王到秦王政，這一時期稱為「戰國時代」，戰國時代強大的諸侯有齊、楚、燕、趙、韓、魏、秦，稱為「戰國七雄」。最後，秦滅掉周室，又次第吞併了其他六國，統一了全國。

　　秦王政二十六年（西元前 221）統一全國，廢除了周天子的「王」號，改稱「始皇帝」，這是中國君主稱「皇帝」的開始。秦始皇在中國歷史上是一個十分重要的人物，而且是極具褒貶爭議的人物，他廢封建制度，立郡縣制度，統一全國文字、貨幣、度量衡，使中國第一次步入中央政府有實權的時代，他又修建萬里長城，築馳道，他為了控制人民的思想，曾下令焚書。秦始皇是個積極有作為的人，但民怨已逐漸升高，主要是因為他役使民力過多，加上秦的法律過於嚴苛，使人民生活發生恐懼，於是，人民的痛苦感覺不斷增加，就在秦始皇去世不久，叛亂隨之發生。秦二世皇帝元年，首先是陳勝、吳廣在大澤鄉（今安徽宿縣西南）「揭竿」起事，反抗暴秦，接著全國各地紛紛響應，在反秦的大動亂中，秦帝國遂告崩潰。

　　在秦末群雄中，項羽和劉邦是兩股最大的勢力，互相爭霸，史稱「楚漢之爭」，最後由劉邦獲勝，建立了漢朝，劉邦就是漢高祖，他是中國歷史上第一位出身平民的皇帝。漢高祖即位之時，國內大亂初平，社會未安，經濟衰退，高祖乃採用黃老政策，以無為而治，讓民心安定，生

產力恢復，對匈奴則採和親政策，採低姿態來維持雙方的和平。漢高祖的曾孫漢武帝（劉徹）是位雄才大略的君主，對外擊敗匈奴，降服西域，收復五嶺以南，使漢朝疆土大為擴張，對內罷黜百家，表彰儒術，置五經博士，從此儒家成為學術思想的中心。到了漢平帝時，外戚王莽權勢強大，終於篡位，改國號「新」，王莽在制度上有許多改革，有些改革理想甚高，確實想解決當時的社會問題，然而，因為改革的策略與手段錯誤，終致失敗，還弄得社會大亂，民不聊生，造成羣雄並起，在動亂中，新朝被推翻，王莽僅維持了十五年政權。最後平定羣雄的是劉秀，劉秀是漢朝宗室，所以即帝位後國號仍稱「漢」，是為漢光武帝。漢高祖建都長安（今陝西西安附近），漢光武帝把都城東遷到洛陽，史家便把漢高祖到王莽篡位稱為「西漢」，從漢光武帝以後稱為「東漢」。東漢初年，國勢尚強，竇固、竇憲相繼征伐匈奴，獲得勝利，班超也降服西域，從第四任皇帝漢和帝開始，漢朝由盛而衰，其主要關鍵原因是自和帝以後，歷任皇帝都是年幼即位，於是太后臨朝聽政，造成外戚與宦官爭權，爭權的結果常是宦官獲勝，宦官掌權導致政治敗壞，遂引起許多士大夫的不滿，乃批評指責宦官，宦官不甘被責，乃反指士大夫結黨攻訐朝廷，遂將許多知名的士大夫逮捕下獄，史稱「黨錮之禍」。士大夫是當時社會中的優秀份子，慘遭下獄或殺害，造成漢朝的元氣大傷。到了桓帝、靈帝時，政治更加腐敗，盜賊蜂起，終引發了黃巾之亂。後來黃巾之亂雖被平定，大批的宦官也被袁紹所殺，但中央勢力已衰，地方勢力強盛，形成地方割據的局面。經過許多戰爭，最後剩下三大勢力，曹操占據長江以北，孫權江南，劉備占據四川與湖北西部。這時漢的最後一位君主漢獻帝是在曹操控制之下，中央政府毫無力量。漢獻帝建安二十五年正月曹操去世。十月，曹操的兒子曹丕逼獻帝讓位，改國號魏，是為魏文帝。接著劉備稱帝，仍稱漢，可是疆土是以蜀（四川）為根據地，故又被稱為蜀或蜀漢。孫權也在江南自稱吳帝。於是，魏、蜀、吳三國鼎立的局面形成。

　　三國中首先滅亡的是蜀，蜀亡於魏，兩年後，魏相司馬炎篡魏，改國號晉，是為晉武帝，武帝出兵滅吳，中國復歸統一。晉武帝死，子惠帝即位，由於嚴重的政治鬥爭，造成宗室諸王起兵，發生戰亂，史稱「八王之亂」，由「八王之亂」又誘發了「五胡之亂」，晉愍帝被匈奴族的劉曜所俘，晉元帝在建業（今南京）即位，後人把晉武帝至愍帝稱為西晉，從元帝以後稱為東晉，西晉與東晉合稱為兩晉。東晉偏安於南方，北方則為各胡族建立的政權，由於政權甚多，又未統一，故被稱為「五胡十六國」。後來北方被鮮卑族的拓跋氏統一，建國號魏，亦稱北魏或後魏，南方的東晉後來被劉裕所篡，劉裕建國號宋，亦稱劉宋。宋亡，歷經了齊、梁、陳三個朝代，從北魏和劉宋建立後，便進入了「南北朝時代」。其後北魏分裂為東魏和西魏，高洋篡東魏而建立北齊，宇文覺篡西魏而建立北周。北周國勢較強，遂滅北齊，不久北周也被楊堅所篡，楊堅改國號隋，是為隋文帝，隋文帝開皇九年（589），隋滅陳，分裂二百七十多年的局面又告統一。

　　隋文帝去世，子煬帝繼位，生性奢侈，生活腐化，加以好大喜功，連年對外戰爭，造成役使民力逾量，民不聊生，導致全國叛亂，在戰亂中，隋朝覆滅。唐高祖李淵掃平羣雄，建立了唐朝。唐高祖的兒子李世民繼位，是為太宗，年號貞觀，唐太宗為人聰明幹練，能自我克制，有識人之明，是中國歷史上極為難得的賢君，在位二十三年，這段期間，政治清明，社會安定，經濟繁榮，史稱「貞觀之治」。太宗的兒子高宗是個懦弱的人，且患「風眩」之症，皇后武氏則巧慧，多權術，代高宗處理政務，日積月累，武后漸掌握了朝政大權。高宗死，太子中宗立，不久，中宗被武后所廢，武后改立幼子睿宗，此時朝中許多大臣知道武后有更大的政治野心，乃紛紛上書請武后稱帝，武后便即帝位，改國號周，成為中國歷史上唯一的女皇帝，武后年老生病時，大臣發動了一次政變，由宰相張柬之領兵入宮，逼武后退位，擁護她的兒子中宗復位，中宗復位後再用唐的國號。玄宗是唐朝的關鍵性君主，他即位之初，勤

於政務，任用人才，使政治清明，經濟繁榮，社會安定，史稱「開元之治」，是唐代繼貞觀之後的第二個盛世，玄宗即位的三十一年，改年號天寶，天寶年間，玄宗寵愛楊貴妃，多在後宮享樂，將朝政交給奸臣李林甫，楊國忠，使政治日漸腐敗，天寶十四年冬，鎮守北方的大將安祿山在范陽（今北京附近）起兵叛變，攻下了唐朝的京城長安，玄宗倉卒離京逃難。安祿山死後，叛軍由史思明領導，史稱「安史之亂」。安史之亂是唐朝由盛而衰的轉捩點。亂事平定之後，唐朝外有回紇，吐蕃、南詔等外族的騷擾，內有宦官干政、藩鎮戰亂和嚴重的黨爭，成為一百多年國勢不振的局面。到了唐僖宗時，出現了黃巢之亂，使唐朝政府走上覆亡之路。

唐亡之後，全國分裂，中原地區有五個政權相繼成立，那就是梁、唐、晉、漢、周，由於這五個朝代的國號以前都出現過，為了避免混淆，後人便在這五個朝代的國號前面加一個「後」字，以為區別。同時，在中原以外的其他地區則有許多政權分立，主要有十個政權，史家便把這一段分裂時間稱為「五代十國」。

結束五代十國分裂局面的是宋太祖趙匡胤，宋朝是一個文化高度發展的時代，但國勢卻弱，面對強大的外敵（北方先有遼，後有金，西方有西夏），經常戰敗，而內部則冗官冗兵太多，造成過重的財政負擔，到了宋神宗時，任用王安石主持變法，希望富國強兵，振衰起敝，可惜由於種種原因，變法未能成功，反而引起新舊黨爭，宋朝國勢更加衰微，到了宋欽宗靖康元年（1126），金兵攻陷都城汴京，將宋徽宗、欽宗及太子、后妃等三千人俘擄而去，史稱「靖康之難」。欽宗被俘後，羣臣擁立欽宗之弟趙構，是為宋高宗。後人將太祖到欽宗稱為北宋，從高宗以後稱為南宋。南宋建都臨安（今浙江杭州）。只能偏安江南，北方盡為金人所有。

當宋金對峙之時，蒙古在北方崛起，成吉思汗率兵西征，並滅掉西夏。成吉思汗死，窩闊臺繼位，滅掉金朝，到忽必烈時，正式改國號為

元，領兵滅宋。元朝統治中國九十年，最後被朱元璋推翻。

　　朱元璋建國號明，是為明太祖，太祖厲行中央集權，提高皇權，以八股取士。第三任皇帝成祖派鄭和七次下西洋，遠到非洲東岸，對海外交通的拓展有極大的影響。成祖開始重用宦官，造成明代宦官弄權的禍害。到了明朝末年，發生東林黨之獄，宦官大肆陷害忠良，使國家元氣大傷，同時，由於政治敗壞，流寇李自成、張獻忠大舉作亂，李自成竟然攻入都城北京，明思宗自殺，明朝鎮守山海關的將軍吳三桂引清兵入關，逐走李自成，清兵由北京向外發展，遂占領整個北方。這時明朝的遺臣在江南繼續抵抗，先後擁立福王、唐王、桂王、終被清兵所滅。

　　清聖祖（康熙）、世宗（雍正）、高宗（乾隆）三位皇帝在位一百三十四年，是清朝的盛世，自道光、咸豐以後，國勢漸衰，內有太平天國的叛亂，外有鴉片戰爭、英法聯軍之役，內憂外患併至。尤其外侮日亟，清政府訂下許多不平等條約，於是有識之士倡導洋務運動，希望模仿西方的船堅砲利，不幸中日甲午之戰，清廷慘敗，洋務運動亦告失敗。康有為、梁啟超等倡導變法圖強，結果也失敗，八國聯軍之後，中國被列強瓜分的危機愈來愈嚴重，由孫中山等倡導的革命思想逐漸瀰漫，終於推翻滿清政權，建立中華民國。實行兩千多年的君主制度也告終止。

　　中華民國建立的最大意義是中國歷史上第一次出現了民主政治，可惜當時的中央政府缺少實力，未能真正統治全國，以致於全國各地為軍閥割據，這些軍閥為了私利而互相爭戰，政局一片混亂，直到民國十七（1928）底，國民革命軍北伐成功，全國恢復了統一局面，日本極不願見到中國統一，因為統一會使中國走向富強，這將阻礙日本併吞中國的野心達成，於是日本積極展開對中國的侵略行動，民國二十（1931）年九月十八日日軍在瀋陽發動攻勢，占領了瀋陽、長春、鞍山、撫順等東北地區十八個重要城市，此即「九一八事變」。二十一年一月二十八日日軍進攻上海，爆發了「一二八事變」。二十六年七月七日日本在華駐軍在華北不斷發動挑釁行為，造成了「盧溝橋事變」，中國人在忍無可

忍的情況下，只得進行全面抗戰，歷時八年的對日抗戰自此開始。抗日戰爭前四年中國單獨抗日，在武器裝備及訓練都遠不及日軍的情形下，中國軍隊的抗日戰爭是極為艱苦的，到三十年（1941）十二月八日日軍突襲美國太平洋海軍基地珍珠港，美國也加入了對日戰爭，三十四年八月六日、九日美國兩次向日本投擲原子彈，日本不得不於八月十四日正式宣布投降。中國終於獲得抗日戰爭的最後勝利。

　　八年抗日戰爭勝利的最大收穫，無疑是臺灣的回歸中國。臺灣孤懸海外，隋代已與大陸有接觸，明代時有漢人移居臺灣，到鄭成功入臺，漢人才大舉移民臺灣，清代將臺灣設置為省，中日甲午戰爭清廷戰敗，訂立「馬關條約」，將臺灣割讓予日本，臺灣官民誓死反對，成立「臺灣民主國」以求自保，不幸失敗，臺灣遂受日本之統治長達五十年之久，直到民國三十四年日本投降，臺灣才重新回歸中國。三十八年由於中共以武力占據大陸，中央政府被逼遷移臺灣，卻也為臺灣帶來政治、經濟、社會、文化各方面的改進與建設。

第二節　「中國」的意義

　　「中國」一詞在《尚書》、《詩經》等早期的古籍中已經出現，在甲骨文的卜辭中也可以看出商朝時「中國」的稱謂已形成。「中國」一詞最初的意義是指「諸夏」所聚居之地，以別於「諸夏」以外的「蠻夷」，從周代以後，「中國」一詞被普遍使用，成為具有共識而通用的國名。

　　然而，中國歷史上那麼多朝代，卻沒有一個朝代以「中國」為國名，他們用漢、唐、宋……等卻不用中國，這是什麼緣故？原來中國人自古以來便認為「中國」是一個不變的國名，而朝代的名稱只代表政府（政權）的稱號，劉邦登基為天子，劉家子孫世代傳襲為皇帝，這個劉家的

政府就叫「漢」朝；李淵掃平羣雄，李家子孫世代傳襲為皇帝，這個李家的政府叫「唐」朝。所以，朝代的名稱只是「家天下」的一塊招牌，換抬牌就表示換了個執政的家族，但「中國」卻繼續存在。在「中國」的領域下有時只有一個政府，這種情況就是統一，也可能同時有兩個或兩個以上的政府，這就是分裂，不過分裂也只是政府與政府的對立，並非國家的分裂，所以彼此沒有把對方看成「異類」的仇視，三國時期，魏、蜀、吳三方鼎立，諸葛亮兄弟二人分別在蜀、吳任官、並沒有受到當時任何人指責或質疑，這就反映了兄弟二人可以在中國之下兩個政府任官。

　　「中國」一詞沒有實質的政治意義，「中國」只是一個概念，這個概念幾千年被中國人普遍地接受，有政治實權的朝代（政府）可以不斷更換，但無論君主和人民都會承認「中國」是延續而不更換的。就像一個家裏，兄弟會吵架，長輩會不斷死亡，後輩會不斷出生，家長的角色會變換，但大家都不能不承認自己是這個家的一份子。

　　其次，「中國」一詞也不具有血統的意義，的確，在周朝以前，「中國」一詞多指居住在黃河中下游的諸夏族羣，是有血統意味，但從周代開始，由於族羣的不斷融合，單純的諸夏不見了，「中國」一詞就不再有血統的限制了。

　　數千年來，中國的族羣融合幾乎無時不在進行，但就融合的演變階段來說，約有分為四個時期：

一、先秦時期

　　在黃河中下游（即中原）居住著夏族，而夏族實包含了許多氏族，故也稱為諸夏，在諸夏四周住著許多其他民族，統稱為「夷狄」。到了春秋戰國時代，各方的夷狄都和中原的諸夏發生接觸和通婚，逐漸加入諸夏集團，例如春秋時代的秦國、吳國本是夷夏混合的民族，楚國屬於

南蠻，越國屬於百越，後來都成為諸夏的一部分。及至秦始皇統一全國不僅是政治上的統一，也完成了「中國」民族大融合的第一步，狹隘的諸夏消失了，取而代之的是血統混合的大民族。

二、秦漢魏晉南北朝時期

　　秦漢時代國勢強盛，大量的邊疆民族融入了漢族，在北方，匈奴與漢族歷經百年戰爭，一部分匈奴人被漢人驅逐到大漠以北，其餘的匈奴人則投降漢朝，有些匈奴人遷入長城以南，和漢人雜居而接受漢化。在南方，秦始皇拓展領土到南海，同時派遣官吏和幾十萬戍卒，攜帶家眷，到五嶺以南去，這是有計畫的大規模移民，使中原人民和嶺南人民融合。漢武帝時，曾將福建、兩廣、越南的一部分人民北遷到長江流域，而將一部中原人民遷到嶺南去，這又是一次有計畫的移民，使中原人民與嶺南人民又一次融合。西晉時，發生了「五胡亂華」事件，五胡指匈奴、鮮卑、羯、氐、羌、他們都是歸附中國的邊疆民族，環居在中國的北邊，他們一方面接受中國文化，一方面保持原有的部族組織和強悍的民風，當西晉發生「八王之亂」的內亂後，他們趁晉朝統治力量薄弱之時起來鬧事，雖然史稱「五胡亂華」，但卻非「民族戰爭」。例如首先起兵的匈奴左部大單于劉淵曾讀過五經、左傳、孫子兵法、史記等書，起兵之時發表宣言，公然以漢朝子孫自居，稱漢高祖劉邦為「我太祖高皇帝」，建國號為漢，儼然以復興漢室為己任，似乎忘記自己是匈奴人，可見五胡實已接受漢化，成為中國民族的一員。五胡亂事雖是政治上的一次大動亂，卻是民族的一次大融合。南北朝時的北魏是鮮卑人建立的政權，北魏孝文帝大力推行漢化運動，強迫鮮卑人接受漢化，更加速了邊疆民族融入漢族的速度。在五胡亂華過程中，中原的漢人由於逃避戰亂，大批向南逃亡，他們遠到湖南、江西、福建、兩廣，其中有一支原居於河南、山東一帶的漢人遷移到福建、廣東之間，就成為後來的「客家」人。

三、隋唐五代時期

隋唐兩代可說是南北部時期大融合後的新生民族，以唐高祖李淵為例，李淵的父親是漢族，母系是胡族，李淵之妻竇皇后是胡族，唐太宗李世民之妻長孫皇后也是胡族，所以唐朝皇室乃是胡漢混血種。在唐朝將相中，胡族和混血種很多，甚至許多著名詩人文士也是胡漢混血種。唐朝國勢強盛，許多邊疆民族如突厥、回紇，吐谷渾、高麗、吐蕃等常有大批部族歸降唐朝，造成和緩延續性的民族融合。五代十國時期戰亂頻繁，許多中原的漢人為了逃避戰亂而遷移到邊疆去，也造成漢人與邊疆民族的融合。

四、宋遼金元明清時期

唐末五代時，契丹族開始興起，耶律德光建國號為遼，此時遼實已漢化，遼朝行政組織採胡漢雙軌制，遼朝官吏中有許多漢人。宋建國後，便與遼南北對峙，長達一百多年，遼人漢化益深，許多遼朝宗室都善於詩文。到了北宋末期，東北的女真族興起，建國號金，出兵滅遼，再南下滅宋（北宋）。宋高宗在江南即位，是為南宋，和金朝對峙。金朝的官制、法律都仿照漢人，逐漸接受漢化，金朝的皇帝如熙宗、世宗、章宗等都提倡儒學，在皇帝提倡下，金人和漢人在血統和文化上都造成緊密的融合。南宋末年，北方的蒙古崛起，滅了西夏、金和南宋，建立了元帝國，在元朝九十年中，蒙古人和漢人逐漸融合。明朝末期，在東北地區的滿洲人崛起，滿洲人即女真人，是金朝的後裔，當金朝入主中原時，一部分女真人仍留居原地，在明神宗時，勢力強盛，初稱大金汗國（史稱後金），後改稱清。清兵入關，統治了中國，但滿人逐漸漢化，滿漢相互融合。

　　以上簡略地敘述歷代民族融合的經過，目的是要說明中國不是一個單一血統的民族，雖然漢族人數可能最多，但經過了無數次的融合，恐怕已難覓得純漢族血統的人了，所以，「中國」一詞並無血統的意義。

　　「中國」一詞沒有政治和血統的意義，卻有濃厚的文化意義。唐朝的陳黯說：「華夷者，辨在心。」華就是中國，夷就是外國，心就是文化，陳黯的意思是說，中國與外國的分辨標準是文化。其實，古代中國人對中國的共同看法是凡中國文化到達的地方即是中國，所以，古人的（清代以前）地圖常常是沒有國界線的，因為任何接近中國文化的地方都可能漸漸接受中國文化而成為中國的一部分，文化界線是很難用線條劃定的。對於人也是以文化來衡量，凡是有中國文化的人便是中國人，一個明顯的例子，漢武帝病重，命霍光與金日磾二人輔佐少主，金日磾何許人也？《漢書》〈金日磾傳〉說：「金日磾，字翁叔，本匈奴休屠王太子也。」漢武帝派大軍征伐匈奴，理應是匈奴人心目中的仇人，漢武帝何以竟托孤給一個匈奴人？而且金日磾還向漢武帝說：「臣外國人。」加以推辭，但漢武帝不予理會，仍命霍光和金日磾二人輔政，原來金日磾十四歲時，父親被殺，日磾和母親被俘入漢，在宮苑擔任馬僮，由於儀態恭謹有禮，又善養馬，被武帝賞識，乃加以拔擢，日磾隨侍武帝身旁數十年，沒有任何過失，而且盡心盡力保護武帝，日磾對母親也極為孝順，所以日磾表現出來的是中國文化，日磾說：「臣外國人也，」是指血統來說，但武帝卻從文化認知而認為日磾不是外國人，還是把輔佐少主的重擔交給日磾，以文化為標準來判斷是否中國人的事例發生在唐朝最多，唐代有三六九位宰相，其中胡族血統者占了三十二人，但唐朝君主仍視這三十二位表現中國文化的胡人為中國人，交付國家政治重責而未加懷疑。

　　由上所述，可知「中國」一詞是一個文化性的名詞，「中國通史」。實在是一部廣義的文化（含政治、社會、經濟、宗教、學術……等）發展史。

第三節　中國歷史的特質

　　中國有數千年的歷史，在這漫長的歷史旅程中，有幾個特質，分別
說明如下：

一、淵遠流長，未曾中斷

　　和中國同樣被稱為文明古國的埃及、巴比倫、希臘，他們在遠古時
代也曾有輝煌燦爛的表現，然而，他們都先後沒落，他們的歷史甚至於
中斷，近代的埃及、巴比倫、希臘在政治、社會、文化、民族各方面和
古埃及、巴比倫、希臘都有極大的差異，造成他們的歷史不能連貫。可
是，中國則不相同，中國歷史不但在遠古時代早就開始，往後數千年來
未曾中斷，其間發展的脈絡，清晰可尋。

　　以民族發展來觀察，中國是以漢族為中心，但卻不斷融入各邊疆民
族，逐漸由範圍狹小的諸夏「漢族」，擴大到廣納各族的「大漢族」。
在中國數千年歷史過程中，漢族和邊疆民族常有衝突對抗。但這些衝突
對抗引起的戰爭並未導致企圖毀滅對方的仇恨，反而因為戰爭而加速了
漢民族與邊疆民族之間的融合。例如漢代政府和匈奴的戰爭造成大量的
匈奴人漢化，五胡亂華造成五胡的漢化，宋朝和遼、金的對抗、使契丹
（遼）人和女真（金）人澈底漢化，元朝統治了中國，使大量蒙古人漢
化，清朝入主中國，使滿人和漢人融為一體。所以，由遠古時代發展到
近代，中國的民族已不是單純的漢族，而是一個融合各族的中華民族，
其間民族的融合脈絡是十分清晰的。

　　以文化發展來觀察，中國文化發展的歷程是多彩多姿的，並非靜止
不動的。數千年來，外來文化不斷衝擊中國的本土文化，中國人雖然熱

愛自己的本土文化，但對外來文化卻不盲目排斥，中國人對外來文化並沒有閉門抗拒，也沒有開門投降，而是採取選擇性的接受，將優良而適合中國環境的外來文化予以內在的改變，而成為中國文化的一部分。以佛教為例，佛教來自印度，中國人接受到佛教的基本宗旨和外型，但卻將其內涵和精神加以改變，使佛教不牴觸中國本土文化的主流思想而融入中國文化之內，所以，中國文化幾千年來，有時會增加一些新的成分，有時會減少一些舊的枝葉，但主幹卻是長存不變的，由於主幹不變，所以中國文化的發展可以看見清楚的脈絡，雖然有時開花，有時落葉，但那棵樹的主體是可以辨識的。

以政治發展來觀察，雖然政權有興有亡，有分有合，但政統的承續關係卻是十分清楚的。尤其值得注意的是政治制度的延續性，許多政治制度並不隨政權的改變而改變，以中央政府的「九卿」制度為例，九卿制度從秦漢開始，一直到清代，九卿仍未完全廢止，再如「六部」制度，六部（吏、戶、禮、兵、刑、工）制度確立於隋唐，是中央政府行政機關的主軸，六部制度經過宋、元、明，一直沿用到清代，都是中央政府的重要機關，可見中國數千年政治發展的脈絡是十分明顯的。

由上所述，可見中國歷史不但「淵遠」，而且「流長」，其間未曾中斷，是有其一貫性和延續性的。

二、史料豐富

中國歷史材料是非常豐富的，文字的史料多如牛毛，文字史料向來受到歷代政府的重視，歷代都設置史官，負責紀錄當時的史事，整理與保存各種檔案文書，其後，政府設立史館，對於各種史料更是鉅細靡遺地蒐集，所以，歷代官藏的史料相當豐富。

除了政府之外，古代士大夫也極為重視歷史，他們自己也常收藏許多史料，例如信札，奏章、筆記、詩文等都是常見的收藏史料，甚至許

多人還自己撰寫前朝的歷史，像司馬遷的《史記》，班固的《漢書》，范曄的《後漢書》、陳壽的《三國志》、歐陽修的《五代史記》（即《新五代史》）等都是個人的著作。

文字史料外，還有很多實物，可以印證歷史的發展，當然也可以作為史料，例如從地下挖掘出來的古代遺體遺物，古代的建築遺跡，古人的生活用品、古代的雕塑圖像等等，都是實物史料，中國數千年來遺留下來的實物史料極為豐富。

由於史料豐富，使歷史學者在研究中國歷史時代不會感到空虛，更不必用幻想、臆測來研究，這使得中國歷史的輪廓更完整，面貌更清楚。世界上有二千年以上歷史的國家，他們的歷史是斷裂的，形貌是模糊的，這是因為他們的史料不足，無法勾劃出歷史的全貌，而中國史料豐富，所以可以避免這個缺點。

三、中國歷史重視褒貶

中國古代的史書數量難以計數，這些史書幾乎有一個共同的特色，便是重視褒貶，褒貶是對人對事的評價，判定其是非善惡，何以中國歷史特重褒貶？這與中國人對歷史的看法觀點有關。

歷史固然要求真，然而求真不是歷史學者的唯一要務。歷史更重要的意義是求善。歷史求真是要追求事實真相，但如果這個事實真相對人們毫無助益，則這個事實真相並無意義。什麼標準才是善？司馬光在編寫《資治通鑑》時說該書取材以「善可為法，惡可為戒」為標準，這種「善可為法，惡可為戒」就是求善。每一個人每天的言行紀錄下來都是歷史，如果歷史不加以選擇，那便無法閱讀，而且雜亂無章，所以，歷史是經過選擇的紀錄，在選擇的過程中，許多平平凡凡的人與事被刪除掉，留下來的是一些特殊的或對社會有影響的人與事，這些被史書留下來的人與事，當然要使讀者從中得到一些教訓或啟發，讀者對歷史中善

的人與事要加以效法，對惡的人與事要作為鑑戒。至於何者是善，何以
是惡，傳統歷史學者往往會特別點出來，這就是褒貶，在二十五史的本
紀和列傳之末，總有「贊曰」、「論曰」、「評曰」或「史臣曰」作結
尾，就是褒貶，司馬光的《資治通鑑》中常見到「臣光曰」，那便是司
馬光在記述某件事或人之後所作的褒貶。

　　傳統歷史學者所褒的都是善行美事，所貶的都是惡行醜事，所謂善
行美事、惡行醜事都是以倫理道德為標準，也許有人會覺得以倫理道德
為標準太過主觀，但無論如何，「善可為法，惡可為戒」的褒貶是中國
歷史的一個特質。

四、中國歷史上的分合現象頻繁

　　從周代以來，中國歷史上政權的分合現象相當頻繁，分合的時間幾
乎各占一半，大概言之，東周（春秋戰國時期）是分（分裂）的局面，
秦漢是合（統一）的局面，魏晉南北朝是分，隋唐是合，五代兩宋是分，
元明清是合，分而後合，合而後分，無怪乎《三國演義》說：「天下大
勢，分久必合，合久必分。」這是觀察中國歷史上政權轉變情形的結語，
由於分分合合，也造成中國歷史的多彩多姿，變化多端，全世界其他國
家的歷史在這方面恐怕無法和中國相比，所以，構成中國歷史的特質。

　　分合是政權數量的變化，合時在中國本土只有一個政權，分時則有
兩個以上的政權，分合與治亂不能畫上等號，分合僅是政治現象，治亂
則是政治、社會、經濟、文化等的總和，合之時未必是治世，分之時未
必是亂世，人們不必太在意政治上的分合，卻必須在意治亂，因為治亂
才真正影響到人民的生活。

　　分與合的現象絕對不是少數政治領袖權力鬥爭就能造成的，而是與
政治制度、社會風氣、經濟狀況、文化思想等有密切關係的，於是，中
國歷史分合頻繁，造成歷史學者諸多可以研究的課題，也造成中國歷史
的複雜化。

五、奮鬥精神

在中國數千年歷史過程中，遭遇到各種各樣的困難與危險，如果中國人沒有奮鬥的精神，則中國歷史必早已中斷。這些困難和危險包括天然的災害、戰爭的傷害、外來文化的挑戰、外國的侵略等等，都被中國人一一克服，才使中國歷史和文化得以延續，所以富有強烈的奮鬥精神也是中國歷史的一項特質。

中國人向來認為「貧賤不能移」、「威武不能屈」是英雄本色，貧賤卻仍能有所不為，受到威脅卻不肯屈服，這正是一個人奮鬥精神的表現。中國歷史上受人尊敬的英雄人物，如關羽、張巡、岳飛、文天祥、史可法、鄭成功等，他們在人生道路的結局都是失敗的，他們所以受到後人的尊敬，是因為他們不肯向惡劣的環境低頭，他們寧死不屈的奮鬥精神正表現了人性的光輝。不僅如此，這些英雄的奮鬥不是為了追求自己的名利，而是為了國家的尊嚴和社會的福利。正由於歷代中國人常具有這種犧牲小我，完成大我的奮鬥精神，所以每當國家遭遇危機的時候，總有許多英雄挺身而出，才使國家轉危為安，才使中國的歷史得以延續。

最能顯示中國人奮鬥精神有兩個事例，一是八年抗日戰爭，一是臺灣人民長期抗日。

民國二十六年「七七事變」發生，日本展開對中國赤裸裸的武力侵略，日本訂出「三月亡華」的計畫，因為依照中國的武器和兵力計算，中國僅僅能支持三個月，但是出乎日本意料之外，中國竟然經過幾年的浴血抗戰而不投降，最後反使日本力竭而無條件投降，是什麼原因能使中國人能和日本作長時間的纏鬥？不是財力，不是武器，而是憑著一股犧牲小我，完成大我的奮鬥精神，無論在敵前或敵後，用直接或迂迴的方法，儘量打擊日本，抱定「我死則國生」的決心，用無數的眼淚、鮮血和生命，終於換得了勝利。

　　另一個事例是臺灣人民長期的抗日運動。甲午之戰，清廷戰敗，與日本簽訂「馬關條約」，將臺灣割讓給日本，臺灣人民羣起反對，首先是成立「臺灣民主國」來領導臺灣人民抗日，不幸「臺灣民主國」很快就瓦解了，但是臺灣人民並未停止抗日的活動。在日據時期的初期，臺灣人民採取武力抗日，日本統治臺灣五十年間，武力抗日事件多達一百多次、其中規模較大者有林大北、劉德杓、簡義、柯鐵、陳發、詹阿端、蔡清琳、劉乾、黃朝、陳阿榮、羅福星、張火爐、李阿齊、賴來、羅阿頭、余清芳等分別領導的抗日。當然這些抗日活動由於力量單薄，最後都告失敗，其實，這些抗日者明知日本人武力強大，自己的抗日極少有成功的希望，然而抗日者卻是前仆後繼，支持他們不畏死亡的力量就是奮鬥精神。到了日據時期的後期，臺灣人民知道武力抗日毫無成功希望，乃改變策略，採行文化抗日，文化抗日是一種非武力抗爭，具體行動是組織社團、創辦報紙雜誌、舉辦演講會、出版書籍，以文字和口頭來宣傳民族精神，以不逾越日本法令範圍的行為來表達抗日思想，環境是惡劣的，而支持他們繼續抗日，不肯屈服的力量就是奮鬥精神。

第二章

史前時期

林天人*

第一節　遠古人類及文明起源

一、地理環境與人類文明的關係

地理環境是人類在歷史時期活動的舞臺；地理環境包括地質、氣象、水文、地文、生物等等條件。以現代整體的觀點來看，地理環境甚且涵蓋了日、月、宇宙的星際環境。地理環境有時又被視為自然環境。

關於地理環境與人類歷史文化發展的關係，學術界仍存在一些歧異的論點。不過，基本上都同意人類歷史與文化的發展，均相當程度的受地理環境的制約，所不同的只是程度輕重而已。

人類既然在任何階段的發展都離不開地理環境的制約，因此除了原

始人類還不知道充分的利用自然環境以外，歷史時期的先民莫不運用自己的智慧，設法改變不利的自然環境以求生存；於是文化與文明就在不斷的試煉與挑戰中發展開來。從完全依賴地理環境而生存，到局部改變自然環境而奮鬥，再到更大面積的改善生存空間，這就是歷史發展的軌跡；也是人類文明發展的脈絡。

中國地處北半球的東亞大陸上，境內地形依自然環境的不同，而分成幾大區塊。分別是平均海拔超過四千公尺的青康藏高原；再者是二至三千公尺的蒙古及毗連的黃土高原及西南地區的雲貴高原；其後是降至五百公尺以下的大興安嶺、太行山、巫山及雲貴高原以東的東南半壁。境內氣候的分布，由南至北為亞熱帶、暖溫帶、中溫帶、寒溫帶，分界點分別是秦嶺、淮河一線及長城一線。但大體而言，華北地區從初民社會到歷史時期，平均溫度比現在低 3～5℃；不過，在歷史發展的過程中，氣候發生幾次周期性的變化。降雨量也隨各地不同，而呈現多寡不均；從華南地區的超過 1,500 公釐，到華中地區的 500 公釐左右，到華北地區低於 200 公釐等。

中國因為幅員的遼闊，而複雜的地形提供了境內多樣化發展的空間條件；境內自古以來即以多族匯聚著稱。各族均有其文明及文化，因此歷史時期境內的文化多元，成為中國歷史發展中的特色之一。

其次，在多元文化的發展過程中，文化之間始終在一股異中存同的發展趨勢；此即文化在長期的發展過程中，似乎朝向一種融合匯流的方向發展。融合的過程中固然有衝突，但亦不乏朝向無形融合且匯聚的趨勢。因此，以宏觀的角度觀察，境內多元文化的逐步融合，也是中國歷史發展中的特色之一。

二、文明的曙光

(一)舊石器時代

在上古史的領域中，首先一定面臨到：「人類起源於何時？起源於何處？」的問題。科學家基本採信人類是由猿科進化過來的；同時認為人類是由拉瑪古猿（Ramapithecus，發現在印度北部西姆拉低山區中）或南方古猿（Australopithecus，發現在南非金伯利市北的山洞中）發展而成的。這兩種古猿已具有人類的某些特徵了；他們生存的年代都距今千萬年前。

中國境內目前發現最早的猿人化石，是一九七八年在雲南祿豐所發現的古猿頭骨、下頜骨及牙齒化石；他們大概是現代人與猿科的共同祖先，距今逾千萬年。這個發現被西方學者喻為：「人類起源的新光芒」。

在文化遺址方面：山西芮城的西侯村是目前中國境內最早的舊石器時代遺址，距今有一百八十萬年。一九六五年，雲南元謀縣發現兩顆牙齒化石，經古地磁方法探測為約一百七十萬年前的猿人化石；這是中國境內發現迄今最早期類型的直立人。

一九六三至一九六四年，陝西省藍田縣出土原始人類的下顎骨，經過測定得知距今約六十至八十萬年前的女性遺骸及頭蓋骨、頭骨碎片、下頜骨；另外伴隨出土尚有一些粗糙加工的石器。這是亞洲北部迄今發現最早的直立人化石。

目前發現的舊石器時代早期的化石中，以「北京人」的化石最著名。第一個完整的北京人頭蓋骨，是一九二九年由著名的地質學家裴文中在北京房山縣周口店發現；此一發現在國內外學術界盛傳。後來又陸續發現了五個頭蓋骨、頭骨碎片、下頜骨及一百五十多枚牙齒。經過研究得知他們分屬於四十多個男女，不同個體；其年代大約距今四十至五十萬

年。遺址中證實北京人已有用火的痕跡；在使用石器方面，有石核、剝片、削器、大尖頭器；但似乎還不懂二次加工來磨製石器。

華東地區亦為猿人生息之地；一九八○年，安徽和縣龍潭洞發現「和縣猿人」；一九八一年，山東沂源縣魯山腳下，也發現了猿人化石；這是山東地區發現最早的猿人。上述兩處遺址的猿人，距今大約三十至四十萬年前。此外，在湖北鄖縣、河南南召縣都有猿人化石的出土。

屬於舊石器時代中期的智人（即古人）化石，有：「丁村人」（山西襄汾丁村，1954 年發現）；「長陽人」（湖北長陽龍洞，1956 年發現）；「馬壩人」（廣東曲江馬壩獅子山，1958 年發現）；「大荔人」（陝西大荔甜水溝，1978 年發現）。這些遺址距今約十至二十萬年前，出土的化石中有頭骨、下頜骨及牙齒等。

到了舊石器時代晚期，人類體質已進化到晚期智人（新人）的階段；目前晚期智人的遺址中，有人類化石約有四十處，不含人類化石約八十處之多，其中較著名，如：「河套人」（內蒙河套，1922 年發現）；「柳江人」（廣西柳江，1958 年發現）；「山頂洞人」（北京周口店，1933 年發現）；「資陽人」（四川資陽，1951 年發現）。遺址中從距今的五萬年前（河套人）到七千年前（資陽人）都有。從晚期智人的體質上看，他們與現代中國人體質有前後相承的關係；因為他們都具有現代蒙古人種的典型特徵，即顴骨高突、鏟形門齒、額中縫、眉骨低平、寬鼻等。這些特徵說明了，他們雖與猿人一脈相傳，但已有進化的痕跡。

「新人」在使用工具方面，表現出較高的製作水準；他們已掌握磨製與鑽孔的技術，這是生產工具史上的一大進步。以山頂洞人的遺址為例，雖然遺址只發現二十五件石器，但製作都十分精緻。如磨製十分精細的骨針，針尖圓銳、針眼窄小，係刮挖磨製而成的；骨針全長 8.2 公分，直徑 3.1～3.3 公分。另有一件鑽眼的青魚上的眼骨，其中一個圓滑而細小的孔，鑽在青魚眼骨邊緣的地方；這些鑽孔的技術與工具，說明了山頂洞人的生活水準。骨針的使用，讓人聯想到他們已知縫製衣物了。

　　山頂洞人居住的洞穴，寬 8 公尺、長 12 公尺，分上室、下室、下窨三部分；上室是住宅的地方，下室是墓地，下窨則為儲藏之所。在墓地中的遺骸周圍灑著紅色赤鐵礦粉末，並有為死者擺設的裝飾品；這說明了山頂洞人可能產生了原始的宗教觀念。

　　一九六三年，在山西朔縣峙峪遺址發現了原始的石鏃及細小的尖石器，說明了新人已知使用弓箭及標射的槍；這些工具的發明，除了代表新人在武器方面的進步外；對於當時以狩獵、採集與捕撈為主的生產方式，無疑也是向前跨越一大步。

　　目前中國境內已發現舊石器時代遺存的地點，超過兩百多個；分布在二十九個省、市及自治區中。代表著舊石器時代不同時期演化的階段。

(二)新石器時代

　　考古學上區分舊、新石器時代，基本上是從所使用的工具來劃分；舊石器時代以打製成粗糙的石器為主，到了晚期雖懂得磨製，但仍處於較原始的狀態。到了新石器時代則磨製成較為精細的工具，有些甚至於裝上木柄或鑽孔穿繩；工具用途的區分更為細緻。部分地區甚且發明了陶器，成為新石器時代的主要特徵。另外，在生產方面，舊石器時代以掠奪式經濟為主；新石器時代則逐漸過渡到農業、飼養的生產經濟。[1]

　　從一萬年前到七千年前之間，中國各地逐漸邁入新石器時代；一直到了四千年前才告結束。其間經歷了早、中、晚三個階段：前仰韶時代

---

[1] 有些考古學家，在新、舊石器時代之間，劃出一個階段，稱為「中石器時代」。但是因為中國境內「中石器時代」遺址，發現較少；因此其間仍有一些爭議。不過，以石器工藝的製作技術及社會經濟的方式而言，從舊石器時代到新石器時代之間，似乎有一段很長時間的過渡期。1970 年以後，考古學家在中國境內發現了七、八處遺址，其年代早於新石器時代早期，而使用的工具比舊石器時代晚期精良，其中以河南靈井遺址（中石器時代早期）及陝西沙苑遺址（中石器時代過渡到新石器時代初期的階段）為代表。靈井遺址的打製石器有舊石器時代的傳統，但典型的細石器則具有進步的特徵。沙苑遺址則出土典型的石片石器，這是經過精緻的加工後的工具。

（10,000 年前～6,500 年前）、仰韶時代（6,500 年前～4,600 年前）、龍山時代（6,500 年前～4,000 年前）。目前發現各時期的新石器時代遺址，已超過七、八千處之多。遺址的分布如夜空中的繁星遍布中國各地。從新石器時代遺址的分布，可以確知中國文明的起源屬於多元，而帶不同的地區風格。

新石器時代早期遺址，以黃河中、下游和長江下游發現較多。其中黃河兩岸的遺址，如：山西懷仁鵝毛口遺址、陝西華縣老官臺遺址、河南新鄭裴李崗遺址、河北武安磁山遺址及山東滕縣北辛遺址。這些遺址大都距今約八千年前，遺址中發現大批石器農具和其他遺存，說明種植農業和飼養畜牧已是生活中重要的經濟活動。在長江下游地區的新石器時代早期遺址，主要如：浙江餘姚河姆渡遺址及浙江桐鄉羅家角遺址等。兩處遺址都發現稻穀遺存和木、石、骨製等農具，說明了長江下游早期農業發展的水準。在河姆渡遺址中發現稻穀、穀殼及稻葉等堆積物，其厚度從 40～100 公分不等。稻穀經證實是人工栽種，並有秈稻和稉稻之分；這是人類迄今發現最早人工稻作的遺存物。

分散在中國各地的新石器時代文化的遺址，其中較具典型為仰韶文化；仰韶時期（距今約 7,000～5,000 年前）村落的分布更為密集。「仰韶文化」是一九二一年瑞典的考古學家安特生（Anderson）發現於河南澠池仰韶村，因而命名；後來因各地陸續發現此一類型的文化，使得此一類型的文化範圍更為廣闊。主要以關中、晉南、豫西一帶為中心；但在長城內外、河北、甘肅、青海一帶都有此一文化類型的遺址。比較重要的遺址，有陝西寶雞北首嶺、西安半坡、臨潼姜寨、元君廟、河南安陽后崗、陝縣廟底溝、澠池仰韶村、洛陽王灣、河北界段營。

仰韶文化中的半坡遺址是一個極為典型的聚落遺址；遺址略呈橢圓形，北部及東北部為居民的墓地，聚落中央及南部為居住區，東部則為製作陶器的窯場。居住區中央有一座 160 平方公尺的方形大屋，推測是公共聚會場所；周圍則分布著幾十座小型房屋。面積大致相當，但形制

分成圓形與方形兩種，形式則有半地穴式與地面兩種。窯場、墓地及居住區之間有深、寬各 5～6 公尺的壕溝，遺址總面積約五萬平方公尺。

　　遺址臨水而居，捕撈魚蝦也是重要的生產活動；遺址中發現三十件捕魚的工具，其中除網墜外，還有骨製的魚叉及魚鉤等。從遺址中發現的狩獵工具，得知狩獵在經濟生產中仍占相當重要的地位；狩獵工具主要是弓箭、石矛、角矛及石球等。漁獵技術的提高，擴大了生活物資的來源；人們開始懂得把獸類豢養起來，作為家庭副業。半坡遺址裏也發現飼養家畜的圈欄、畜糞、豬骨及狗骨。

　　半坡遺址的居民已懂得加工糧食，在遺址中發現糧食加工的石磨盤 2 個及 5 根石磨棒等工具。發掘中同時發現盛有菜籽的陶罐，內有碳化的白菜或芥菜種子；說明他們已知種植蔬菜。在遺址中的地窖也發現了腐朽的粟米皮殼數斗，證實了中國是世界上最早種植粟的國家。

　　陶器的製成，有一定的技術。中國最早的陶器出土於江西萬年仙人洞遺址，據碳十四測定距今約八千年前的遺物。到了仰韶文化時期製陶的技術，已有長足的進步；可以說製陶是新石器時期最重要的手工業，也是最重要的成就。彩陶是仰韶文化的特徵，因此仰韶文化又稱彩陶文化。半坡遺址出土的陶器種類很多，炊器、蒸濾器、飲食器、水器和儲藏器。炊器中以罐最多，最普遍的是口罐；蒸濾器是甑，多為直腹盆氏，底部有三至四個以上的箅孔；飲食器中有盆、碗、缽、盤、杯、皿等，最常見的是圜底缽；水器中有瓶、壺與罐等，其中一種小口直腹尖底瓶，是常見的器形；儲存器主要有瓮、缸及罐。

　　編織也是一項重要的手工業。半坡遺址出土了五十個陶紡輪及二個石紡輪；另亦發現了一些陶器的外殼和底部留有繩線、布的紋痕，其紋痕類麻袋。當時半坡居民已掌握了編織技術了。

　　大致與仰韶文化同期，而分屬不同文化類型的遺址，有馬家窯文化（距今約 5,000～4,000 年前，1923 年發現於甘肅臨洮馬家窯），遺址主要分布黃河上游的甘青地區。馬家濱文化（距今約 6,750～5,900 年前，

1956 年發現於浙江嘉興馬家濱），遺址主要分布在太湖周圍的蘇南、浙西及上海一帶。紅山文化（1935 年發現於內蒙赤峰紅山，時間大致同於仰韶文化期）。

　　從前仰韶時代到仰韶時期，人類處於所謂「母系的氏族社會」。在陝西華縣元君廟及華陰橫陣村發現幾十座遷移的合葬墓，每座人數多寡不一。墓中有些是以一具女性屍體一次葬，其餘男女則兩次遷葬。陪葬物品的數量，一般說來也以女性較為豐富。臨潼姜寨遺址中的墓葬，男性幾乎都沒有陪葬品或只一、兩件；但其中一座青年女性的墓葬中，隨葬品極多，僅骨珠就達八千五百七十七枚。有一座九人合葬墓，其中均為男性，陪葬品僅六件。從生產經濟的觀點，推測人類在進入父系社會前，必定經過一段時期的母系社會。在以淺耕的農業社會中，男性必須外出採集、狩獵；社會經濟的經營管理掌握在終年從事田園的婦女手上。這種情況必須到發明深耕農具，男性才會逐漸在氏族社會中居於主導的地位。

　　從仰韶文化時期到龍山文化時期（距今約 6,500～4,000 年前），原始社會的人類逐漸從母系氏族轉變到以父權制為主的氏族社會。父權制的發展過程，意味著原始社會面臨逐漸瓦解的過程。龍山時期是中原地區史前文化發展的最後階段，下限則與夏代、商代以及先周的文化世系相銜接。

　　「龍山文化」是一九二八年發現於山東龍山鎮城子崖，因而得名。它突出的標誌是有發達的製陶輪製技術；其陶器色澤黝黑，通體光潔又十分規整，胎壁極薄而均勻。典型的器物有高柄杯、鬹、三足盤等，其中以薄如蛋殼的黑陶杯最為精緻。山東龍山文化是從仰韶文化進一步發展過來的；因此其社會生產力比過去明顯的提高許多。遺址中的生產工具種類增加很多，有石斧、石錛、石鏟、石槍頭、石鑿、鐮形石刀、雙孔半月形石刀及各種石鏃等，這批石製工具磨製的相當精緻。骨器中有骨鑿、錐、針、梭等；角器以鹿角為主，有錐、鑿、斧等用具。

　　從工具的種類與磨製，得知龍山文化的農業較仰韶時期進步很多。不僅石刀的數量增多，其刀刃比以前加寬變長，說明了龍山文化的收穫量較以往增加。在農業發展的基礎上，畜牧業也相對的繁榮起來。遺址中發現大批的獸骨，經分析測定至少有狗、兔、馬、猪、獐、鹿、麋、羊、牛等九種。經骨骼分析，得知這批獸類是人為飼養的；但如何經營則又牽引出一個問題。似乎畜牧已自農業活動中抽離出來，而能單獨放牧了。

　　龍山文化類型分布地區很廣，東從黃海濱，西至渭水中游，南至江蘇，北達遼東半島和渤海灣。其間又因地區性的差異，而分出陝西龍山文化、河南龍山文化、山東龍山文化及廟底溝（二期）龍山文化等不同類型。

　　黃河流域的龍山文化類型的遺址，有大汶口文化（距今約6,500～4,500年前，1959年發現）與龍山文化、齊家文化（距今約4,000年前，1924年發現）。長江流域則以屈家嶺文化（距今約4,750～4,650年前，1954年發現）與良渚文化（距今約5,300～4,450年前，1936年發現）為代表。

三、氏族、部落到國家

(一)氏族的形成

　　「氏族」是原始社會中以血緣關係結成的親族集團。從現存的文獻及考古材料很難直接說明氏族形成的過程；但從民族學、考古學及人類體質演進的過程研判，大約在舊石器時代晚期已有氏族的組織，至於其萌芽或早於此時。

　　氏族的形成與婚姻有很密切的關係。舊石器時代早期已有初步的婚姻規則，當時的社會是以「血緣婚」為基礎。他們彼此在有血緣關係的

同輩兄弟姊妹中互婚;這是人類初期的婚姻型態。在血緣婚姻的階段,還沒產生氏族。從血緣婚姻進化到族外婚,人類經過了幾十萬年。

　　族外婚是氏族形成的契機;舊石器時期晚期的人類,他們的婚姻狀態已進化到部落內婚氏族外婚的階段;此種婚姻狀態,通稱為「族外婚」。舊石器時期晚期的山頂洞人、資陽人、柳江人、峙峪人似乎都採行族外婚姻的規則;他們擇婚的對象來自於同一部落的同輩男女。這些過著共同婚姻的男女,生前各自在自己的羣落中過經濟生活,死後各自歸葬於自己的羣落墓地;子女屬於母親的羣落。這種羣落的組織及生活,即為最初的氏族型態。

　　族外婚的條件是羣落氏族的數量逐漸增加,羣落之間才有可能彼此通婚。他們具有共同的名號、共同的信仰及共同的經濟生活,彼此形成一個基本的社會單位。兩個或兩個以上的羣落氏族構成一個部落,每個部落基本上生活在一個穩定的地區。部落之內有自己的語言、信仰及風俗。

　　人類形成氏族制度後,最初是以母系為主的社會。仰韶時代前期是母系氏族制度發展的高峰,這從遺址中的墓葬形式充分說明了此一現象。在母系氏族制度下,婦女對財產的支配權大於男子;從墓葬中隨葬品的分配,可以反映這個事實。一座成年男女合葬的墓,難以分辨財產的支配權屬於何方;但若男女分開葬的單人墓,女性墓葬的陪葬品明顯多過於男性。在半坡遺類型的墓地中,女性墓葬中的陪葬品,最少的也有三件;而同類型遺址的墓葬中,男性墓葬中的陪葬品,最少的為一件。至於陪葬品數量多的墓葬,也是女性遠多於男性。另外,對一些未成年女孩的墓葬,大都使用厚葬或成人葬禮;這也表明了財產是依母系繼承的。母系制度下女性墓主的陪葬品,多以骨珠、骨笄、蚌刀、紡輪等,女性生前從事經濟活動的東西為主。

　　從母系社會過渡到父系氏族制度,是人類歷史上最深刻的變革之一。父系社會生產力的標誌是鋤耕農業、快輪製陶工藝、紡織業及冶銅工藝

的萌芽；這些生產工具與方式促成了社會分工進一步的發展。男子在經濟活動中的角色有逐漸趨於主導的地位，婦女明顯地退居於次要的地位。角色的轉變，並沒有發生激烈的對抗；它只是順著形勢發展而逐漸形成的。不過，這個轉變的過程，人類經歷了漫長的歲月。

(二)氏族社會的文明

父系社會的特徵，在仰韶時代後期已顯徵兆；進入龍山時期後，所有特徵完全表露出來。其中包括對財產的分配權與繼承權，明顯的是以男性為主。另外，婚姻制度也產生了變化，一夫一妻逐漸成為常規定制。一夫一妻的婚姻具有獨占的性質，婚姻的關係趨於穩固而持久；同時為了確保子女來自一定的父親，母系氏族社會中特有的「從母居」改變成「從父居」。

父系社會時期經濟有了新發展，其中以農業的發展特別突出；農業發展首先表現在生產工具的改良。耕作的工具有石斧、石鏟、石耜、石鏟、石鐮、石犁等，同時也出現裝了柄的大型厚重而磨光的石斧、石鏟。這些工具有些經過改良，有些經過二次以上的加工，成為更有利的生產工具。如齊家文化遺址出土的石斧，形體扁平，帶肩可裝柄，以減輕勞動時的負荷。良渚文化遺址中出土的石鏟，形體扁薄，平面呈等腰三角形，更利於犁田。在龍山文化遺址中，出土的收割工具比耕作工具多出一至三倍；說明此時經濟生產大過於前期。有些遺址中發現了農產品的儲藏窖穴。

原為農業附屬的畜牧業也在此時分化出來，成為氏族社會中重要的經濟活動。從遺址出土的骨骸看來，後世所豢養的六畜（馬、牛、羊、雞、犬、豬）都齊備了；其中以養豬的風氣最盛。

農業的發展也表現在水利灌溉的改進上。當時已出現人工灌溉的溝與洫，並掌握了鑿井的技術；井的出現，對於農業發展具有重大的意義。

製陶技術也有新的突破，製作陶坯從母系社會時期的手轉輪坯，到

後期發展出來的慢輪,再到父系時期的快輪塑造,其間經歷很長時期的改良。快輪轉動除了提高了陶器的產量外,也提昇了陶器的質量,增加了陶器的對稱和美感。龍山文化以「黑陶」著稱;其陶器與生產技術的提昇,有密切關係。陶器的生產方式也在此時產生了變化;從仰韶時期集中的窯址到龍山文化時期窯址普遍設在一般房屋邊,說明製陶已經逐漸轉變成個別家庭的生產。

冶煉紅銅是父系社會時期中一項重大的發現;龍山文化與齊家文化等遺址中都有紅銅製品的出土。銅製工藝的出現,突破了原始社會長期以石製工具的技術;這是生產力發展的重要標誌,也是代表文化上一項重大的進展,同時為往後青銅器發展奠下基礎。

文字的發明,也是人類文明進程中值得大書特書的成就。中國文字起源於何時?至今懸而未決。古人以「結繩記事」作為文字發明以前的替代工具;後來逐漸有「契木為文」的簡單符號。在新石器時代的遺址中,發現一些近似文字的刻劃和符號;這對解決文字起源的問題,帶來一線希望。西安半坡出土的陶缽口沿上發現了幾十個刻劃簡單而整齊規則的符號;其他仰韶類型的遺址中也發現類似的刻劃符號,都可視為文字發明前的信息符號。近年又在山東龍山文化遺址中發現十幾個圖畫文字,這些象形的刻劃符號比仰韶文化的刻劃符號更為進步;這些文字被考古學家及文字學者認為是中國最古老的文字。

這一段時期的藝術成就,表現在陶器上的繪畫、雕塑及玉雕。仰韶時代後期彩陶文化雖逐漸沒落,但將圖畫繪在彩陶上藉以表現藝術,卻在各地形成不同的風格。半坡上的魚紋飾,生動活潑、神態多樣;其他尚有三角紋、線條紋,皆構圖勻稱,而呈現美感。馬家窯文化孫家寨遺址出土一件舞蹈陶盆,胎壁內一場十五人的舞蹈場面姿態逼真,是中國最早的造型藝術中一件傑出的作品,這些作品既是陶器作品,也可視為雕塑的精品。到龍山文化時期,陶器上的圖畫趨於多樣化,其中如動物紋飾如蟠龍紋及其他變體動物紋陸續出現;這些紋飾與商周時期的銅器

紋飾有前後相承的關係。

　　透過遺存，可以對這一段時期的宗教有較具體的瞭解。原始宗教最明顯的特色在於「生殖崇拜」；生殖崇拜意味著人、畜繁殖的內在意涵。從母系的女性崇拜到父系社會的男性崇拜，其間也有一段演進的過程。龍山文化出土的石且、陶且、馬家窯文化男性造像的陶罐，都是男性祖先崇拜時期的遺物。良渚文化遺址中出土的「良渚神徽」，是人獸合體的紋飾，則是具有圖騰的性質。原始時期人們不瞭解自然界的物候循環，對於自然界四季的變化或風、霜、雨、雪、雷、電、雹，無法理解也不能控制，於是便產生對自然界敬畏與崇拜；這是萬物有靈的自然崇拜。從自然崇拜進而崇拜圖騰，在母系社會時期已見端倪；發展到父系時期，圖騰更演變成部落的族徽標誌。這是進一步擴大對自然神靈崇拜的現象。因此在原始宗教中，祖先崇拜與自然崇拜是氏族社會初民信仰的兩大主題。

　　氏族社會的文明，尚有對早期科學的實踐，如小口大腹尖底瓶的陶罐，由於重心下垂，用來汲水相當符合物理學原理。雖然當時大概沒有科學理論的提出，但將體驗落實在實用的生活中，也足以代表原始科學的萌芽。

(三)氏族社會的解體

　　在母系社會時期，氏族羣落為了維護自己的利益，遂與血緣較近的近親部落結成部落聯盟；不過，此時的部落之間的聯盟基礎並不穩固，往往為了單純的衝突而演成血親復仇的結果。到了父系社會時期末期，部落之間因為生存與壯大，彼此發動的戰爭規模大過於以前。戰爭的目的，不只是血親之間的復仇而已；如此更需要強固的部落聯盟，來指揮與約束部落內族羣的行動。

　　部落聯盟之間的戰爭，加速了氏族社會制度的瓦解；因為戰敗的一方，勢將臣服勝利者。氏族中的貴族，亦有可能在一場戰役中變成俘虜。

因此，面臨嚴峻的生存鬥爭，部落之內必須要有防衛的機制與功能；部落內領導中心於是乎出現。而領導中心所居住的聚落，就成為部落聯盟中最重要的政、經與宗教中心。在仰韶後期與龍山文化時期，常見到類似領導中心的聚落遺址。

從聚落發展成為城市，只是隨著時間推移而必然的結果。城市之中，由擁有權力的貴族控制著，城市內、外則分居著一般的氏族。在龍山文化遺址中，發現許多城址的遺跡，其中目前最大的是淮陽平糧臺城址，其城內面積達 34,000 平方公尺，城牆基部寬 13 公尺，頂部寬 8～10 公尺。城內的規劃正方對稱，其格局影響往後數千年城市的發展，成為中國城市規劃的一大特色。從平糧臺的遺跡看來，它已具有政治、經濟及宗教的功能，無法單純只視為一座軍事城堡而已。

人類歷史中的城市出現了，國家形成的腳步也就不遠了。

第二節　文獻記載的傳說時期

一、關於三皇五帝的傳說

五帝世系表（依據《史記·五帝本紀》）

```
                                    ┌──▶④帝堯
          ┌─▶玄囂──▶喬極──▶③帝嚳─┤
①黃帝─┤                           └──▶摯
          └─▶昌意──▶②顓頊──▶窮蟬──▶敬康──▶句望──▶橋──▶瞽父──▶⑤帝舜
```

古史中有許多遠古時期的神話傳說，這些傳說相當程度地反映原始社會的實際情況。傳說中最為人所熟習的，莫過於「三皇五帝」；在三

皇五帝之前，又有「摶土作人」、「煉石補天」的女媧及「開天闢地」創造五岳的盤古。

「三皇」有多種說法，但基本上以有巢氏、隧人氏、伏羲氏、神農氏的傳說流傳最廣。[2] 他們各自代表初民社會進展的不同階段。有巢氏的傳說，反映最原始時期的人們，生活在與野獸共同競逐的環境中，後來演進到構巢為屋，居棲大樹的生活方式；如此方能稍稍避免野獸的直接攻擊。有巢氏時期，人們「食果蓏蚌蛤，腥臊惡臭而傷腹胃，民多疾病」，當時有人無意中取得經過火燒烤過的肉類，食後發現已無腥臊惡臭。於是如何取得火苗，就成為當時人們最迫切的生活方式。傳說中的伏羲氏，就是教導人們在「鑽隧」中取火。火的發現是人類生活中的一大進步，無形中促進了漁獵生產的發展；而肉類經過燒熟後食用，有助於消化。因而此一時期出現了隧人氏的代表性人物。

在漁獵捕獲量逐漸增加的情況，伏羲氏的傳說很自然的產生了。傳說中的伏羲氏，教導人們結網捕漁、馴養牲畜；這對於人民生活水準的提昇，具有重大的意義。伏羲氏的傳說反映了原始畜牧業的發展時期。而神農氏的出現，則代表原始農業的萌芽。傳說中的神農氏「相土地，宜燥濕肥墝高下」、「作耒耜，教天下種穀，立曆日，辨水泉甘苦」；這反映了開始認識季節變化規律及水土的性質，大抵可視為原始農業生產的最初階段。另外，神農氏也發明製陶、紡織等原始的手工業；另外市集亦於此時出現，這是適應分工後透過交易來滿足需求的措施。文獻中所記載神農氏的時代特徵，大概屬於新石器時期中期到晚期左右。

三皇的傳說，無法視為個人生平事跡的歷史；基本上是反映舊石器時代早、中、晚三期到新石器時代的演進過程，人類從茹毛飲血的生活

---

2 「三皇」是傳說中的遠古帝王；不過「三皇」有幾種說法。《史記‧秦皇本紀》說：天皇、地皇、泰皇為三皇。但同書又引《三五歷》及《河圖》說：天皇、地皇、人皇為三皇。《風俗通義‧皇霸篇》將三皇釋為「伏羲、女媧、神農」；《白虎通》將女媧換祝融。其他古籍亦提及「燧人」、「共工」等等，不一而足。

中，進化到發展原始農業的定居生活。而傳說中三皇的半人半獸的圖像，大抵是原始社會崇拜圖騰的反映。

「三皇」時代的建立，是傳統史家建構中國古史系統的說法；它代表一種時代演進的過程。按照古史的說法，他們的時代都距今數萬年到七、八千年前。從考古的角度觀察，他們正是從舊石器時代邁向新石器時代的各個時期的時代縮影，然後以具象人物來代表時代的特徵。不過這種說法，是純就以「證據決定結論」的看法。

「五帝」的傳說時期，中國已進入了新石器時期。傳統中的五帝，也有幾種說法；其中《史記》的說法，五帝為黃帝、顓頊、帝嚳、帝堯、帝舜。

黃帝是古史傳說中一位偉大的人物。文獻中記載夏、商、周三代都是黃帝的後裔；直到今天黃帝仍被尊奉為華夏族的祖先。

文獻中記載黃帝屬姬姓，有子二十五人，其中十四人得十二姓傳至後世。黃帝族原居陝西一帶，後來轉向山西、河北一帶遷徙，最後定居在河北涿鹿附近。與黃帝同時的另一部族為炎帝，屬姜姓；炎帝部族最初居於陝西岐山東，後沿渭水、黃河東下，遷抵今天河南西南部和山東地區。

炎、黃兩部落曾聯盟擊敗以蚩尤為首的九黎部落；「九黎」是苗蠻族中最強大的部落，他們居住在今江、漢流域一帶；後進入大野澤一帶，而與炎帝部落發生衝突。傳說中的蚩尤獸身人言、銅頭鐵額、勇悍善鬥。衝突中炎帝不敵，而敦請同出於少典的黃帝部落共組成炎、黃部落聯盟，以對抗蚩尤。雙方纏鬥黃帝九戰不勝，最後請旱神魃襄助，終於在涿鹿一戰擒殺蚩尤。從此炎、黃部落進入魯西南地區，控制黃河兩岸的中原地區。

炎、黃部落擊敗蚩尤後，雙方為了爭雄爆發了軍事衝突。阪泉之戰黃帝部落率熊、羆、貔、貅、貙、虎等六個以野獸為圖騰的部落，打敗炎帝部落；阪泉地方有兩說，一說在今河北涿縣東南，另一說在山西運

城鹽池附近。從此，黃帝部落不斷在黃河流域繁衍與兼併其他部落。

中國史前的文明在黃帝時期向前推進一大步。相傳黃帝馴牛馬、製車船、鑿井、養蠶繅絲及在戰爭中首先使用銅製武器。在文化上的成就，如制文字、定曆法，並使美術、音樂、舞蹈的創作繁榮起來。《史記》對於黃帝推崇備至，認為他「修德振兵，治五氣、藝五種，撫四民，度四方」，實為中華民族史上具有開創功勞的古史人物。

繼黃帝之後的五帝，依序為顓頊、帝嚳、帝堯、帝舜。顓頊與帝嚳的傳說不多；只有宗教上有事蹟相傳。《史記》對顓頊的評論，大抵推崇他知遠察微的智慧，並以此壟斷宗教建立政治上的權威。

《史記》的說法來自《國語》，《國語‧楚語下》載：遠古之時，民神不雜；到了少暭之衰世，民神雜揉，因此引發了許多災禍。顓頊即位後，「命南正重司天以屬神，命火正黎司地以屬民，使復舊常，無相侵瀆，是謂絕地天通。」「絕地天通」大概是把宗教上的祭祀權力，收回由氏族貴族及祭司專掌其權。這是透過壟斷宗教而把持政治上的權力，也是上古宗教發展史上的一次宗教改革。

上古時期宗教與政治的關係，無法區分輕重；在宗教上擁有實際的職務，政治上也一定有實際的權力。顓頊透過對宗教的整理，將政、教攬於少數人之手；這對於文明的發展，也產生了相當地影響。

二、禪讓政治下的史影

五帝中的堯、舜，也是古史傳說中的偉大人物。關於二帝的事蹟，最為後世所流傳的莫過於「禪讓」與「治水」。堯是帝嚳的兒子，距黃帝五世，號陶唐氏，都平陽（今山西臨汾）。據文獻記載，堯時「茅茨不翦，采椽不斲，糲粢之食，藜藿之羹，冬日麑裘，夏日葛衣」，人民的生活大抵是「日出而作，日沒而息，耕田而食，鑿井而飲」；這種生活方式大概尚處於新石器時代中、晚期，剛過了原始農業萌芽期，而進

入另一個階段。

　　堯之後為舜，舜號有虞，故稱虞舜。舜之後為禹，禹為鯀之子，其祖為顓頊；禹開啟了夏代政局。關於堯、舜、禹三位君長的傳位，是傳說時代的一件盛事。堯在位七十年，欲禪位於有德者，四岳君長一致推薦舜；堯以「以二女妻舜以觀其內，使九男以處以觀其外」的測試，發現舜能使二女恭行婦道，使九男更加敦厚謹敬；且見舜迎賓時舉止恭敬行禮如儀，臨危亦不慌亂，於是堯上薦舜於天，使舜攝政行事以備位。舜行仁政，得到百姓與四夷的擁戴；堯崩，三年喪畢；舜欲讓於堯子丹朱，但百姓獄訟仍至舜處，謳歌者不斷於舜；舜知「天命」在己，遂「踐天子之位」。

　　文獻記載舜即位之後，曾「耕於歷山（濟南），漁雷澤（兗州），陶河濱，作什器於壽丘（曲阜）」；大抵舜活動於黃河中、下游地區，其時代正當農耕、製陶等手工業發展的時候。為政啟用了賢德兼備的「八元」、「八愷」，並懲治不馴的部落君長，如「流共工於幽州，放驩兜於崇山」。

　　史載堯、舜之時，「洪水滔天，浩浩懷山襄陵」、「天下猶未平，洪水橫流，氾濫於天下，草木暢茂，禽獸繁殖，五穀不登，禽獸偪人，獸蹄鳥迹之道交於中國」；其中以洪水的肆虐，是造成百姓陷於困頓流離的主要原因。堯命鯀治水；鯀以填堵的方式阻止洪水的流溢，填堵雖能奏效一時，但終非治水的根本方法。因此，鯀治水九年不成，遭「堯用殛之於羽山」。舜即位後，命禹接續治水的責任；禹「親自操橐耜，而九雜天下之川。腓無胈，脛無毛。沐甚雨，櫛疾風」，如此經過十三年，三過家門而不入；終於「通大川，決壅塞，鑿龍門，降通瀿水以導河。疏三江五湖，注之東海」。治水得以成功，實解救生靈於危亡之中；因此，百姓紛紛以「豐水東注，維禹之績」、「奕奕梁山，維禹甸之」歌頌禹之功蹟；並尊為「大禹」或「社神」，部落聯盟也共推禹為舜的繼承人。舜亦從善如流，舉禹共同處理事務達十七年，目的為了培養禹

的能力與厚植其聲望。

　　舜崩後，禹「辭避舜之子商均於陽城，天下諸侯皆去商均而朝禹，禹遂即天子位。」禹是禪讓制度下最後一位部落首領，在位時權力很大。他曾對三苗部落發動戰爭，使三苗被迫南退；禹的勢力遂直達江淮流域。為了表示其權力，他四處巡行與盟會；「塗山」之會「執玉帛者萬國」，「萬國」皆受禹的號令。會後，禹「鑄九鼎，象九州」；「九鼎」象徵夏禹的權力。會稽之會，參與盟會的「防風氏後至，禹殺而戮之」；此舉意味著夏禹已掌握絕對的王權了。

　　堯、舜、禹三帝「傳賢不傳子」的即位方式，是歷史上美稱的「禪讓政治」。但自古以來就不斷有史家質疑這種傳位的方式，甚至提出舜囚堯奪位的說法。綜合近人對「禪讓」政治的說法，大約有以下數種：

　　1. **選舉說**

　　持此說者為夏曾佑、錢賓四等。他們認為「禪讓」是古代一種王位的選舉方式；而選舉之權則操諸岳牧。

　　2. **兩頭制說**

　　此說為黎東方所提出。他認為堯在未身死之前，即指定繼承人，並使之協助政務，舜亦同。情況類似今日蒙古盟旗之副盟長之地位。

　　3. **母系制說**

　　李宗侗主張此說。他認為堯禪位於舜，且以二女妻之，是因王位原應二女傳之；舜與二女結婚，方能取得帝位繼承權。此種夫以妻貴，非後世后與王結婚。

　　4. **爭豪說**

　　姜蘊剛則以為禪讓是由遊牧的圖騰部落進入農業的地方部落，其權力尚未集中的時候，以一種和平的方式來解決紛爭的辦法。兩部落爭雄，不必依靠武力，而以一種氣概壓倒對方；認輸，就得臣服。

　　5. **互讓說**

　　朱雲影則從互讓盟主的觀點，提出西方的夏族─堯、禹和東方的商

族──舜，為了一致對外攘斥三苗，但隨著兩者勢力之消長，而交換盟主的地位。（以上諸說，採自葉達雄《中國通史》，空中大學，民 73 年，頁 26～27）

　　究竟真實情況為何？因為史闕而無由得知。不過，從戰國時期各家，如儒、道、法、雜家等，皆有關於堯、舜禪讓的記載，可見堯、舜的禪讓是晚周的人一致的傳說，其中一定有若干史實的依據。但問題是：讓位也許是事實，但讓位的方式是否都為心悅誠服的「政權和平轉移」呢？

　　從曾經發生的歷史看來，禪讓制度下的君主，都是既賢且德又能的領袖；其間大概有一些美化。不過，上古時期諸部落林立，彼此之間的競爭及鬥爭情況相當激烈，最後能脫穎而出且得以號令羣部落者，一定有令諸部落折服的功蹟或實力。是以，禪讓制度下所透露的史影，應是原始社會中羣雄競逐中，有德有術有實力作背景的部落君長終能竄起的事實。此時的社會尚處於部落聯盟時期，不過或許具備早期國家的雛型；因此，進入夏代之後，確立了「家天下」的政治制度，「國家」這個政治機器，開始運轉了。

參考書目

李宗侗，〈炎帝與黃帝的新解釋〉，《史語所集刊》39 上，1969
　　年。

徐旭生，《中國古史的傳說時代》，文物，1985 年。

杜正勝，《古代社會與國家》，允晨，1992 年。

王仲孚，《中國上古史專題研究》，五南，1996 年。

黃彰健，《中國遠古史研究》，史語所專刊之九十七，1996 年。

黎東方，《細說史前中國》，仙人掌，1968 年。

中研院史語所編：《中國上古史（待定稿）》第一本〈史前部分〉，
　　史語所，1972 年。

李濟，《李濟考古學論集》，聯經，1977 年。

孫鐵剛，《中國舊石器時代》，文史哲，1985 年。

王震中，《中國文明起源的比較研究》，陝西，人民，1994 年。

李學勤主編，《中國古代文明與國家形成研究》，雲南，人民，1997
　　年。

第三章
夏、商、周三代

林天人*

第一節　夏、商、周三代更替

一、夏族與夏朝

(一)夏的族源

　　夏原指夏后氏，是居於夏地部落聯盟的名稱；夏族是黃帝部族中顓頊一支的後裔，姒姓。夏代雖是中國歷史上第一個建立朝代政權的國家，但在當時的情勢，似乎仍是處於從氏族部落到初期國家的階段。《史記》說：夏族是由十二個部落所組成的部落聯盟，分別是有扈氏、有男氏、斟尋氏、彤城氏、褒氏、費氏、杞氏、繒氏、辛氏、冥氏、斟戈氏。其

*現任國立故宮博物院文獻處副研究員。

中夏后氏為夏王室，其餘為接受夏王室分封的氏族部落；這些部落基本上與夏王室有親屬關係。除此夏王室還控制一些沒有親屬關係的氏族部落。文獻中提了許多與夏后氏沒有親屬關係，但與王室關係密切的部落氏族。這類為數甚多的部落在夏初的政治活動中，扮演重要的角色；同時也都是構成夏朝初期國家的基層社會單位。

　　夏之興起在渭南嵩山一帶，《國語》記載「昔夏之興也，融降于崇山；其亡也，回祿位於聆隧。」。此外，文獻中稱禹的父親鯀為「崇伯」，「崇伯」即「嵩伯」；稱禹為「嵩禹」。古代「嵩」、「崇」為一字。夏代政權最後居住在伊、洛地區，《國語》記載「昔伊、洛竭而夏亡，河竭而商亡。」

(二)夏初政權及中興

夏朝世系表（十四世十七君，約 2070B.C.～1600 B.C.）

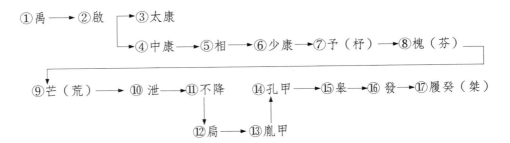

　　《史記·夏本紀》記載夏代從禹開國至桀亡僅寥寥數百字。因為文獻不足，因此所傳事跡，許多尚處於傳說與神話之間；民國初年，疑古學者幾乎把傳說中的夏代推翻。但隨著近代考古的發掘，若干夏代史事已呼之欲出；或許重建完整的夏代王朝，仍是遙遙無期，但部分夏代史事因為考古的發掘已能重見天日了。

　　禹是禪讓制度下最後一位君主，即位後立國號曰「夏」；文獻中並有將「夏禹」連稱。禹都陽城（今河南登封），後遷陽翟（今河南禹

縣）；在位時「卑宮室，而致力乎溝洫」，大概對當時「水患」的問題持續整治。在疏導了江、淮、河、濟等「四瀆」之後，將中國分為冀、兗、青、徐、揚、荊、豫、梁、雍等「九州」，並置「九牧」管理；這或許說明夏代已有一套行政管理機構了。

　　禹晚年時，四方先推薦皋陶為繼承人；但不久皋陶卒；後又伯益；伯益東夷人，傳說他曾協助禹治水，後來掌管畜牧，又發明掘井，本身具有相當的才幹。禹雖同意伯益為繼承人，但並不積極培植伯益的聲望；且暗中支持其子啟。及至禹崩，伯益三年喪滿，便「讓帝之子啟，而辟居箕山之陽」。諸部落咸感禹之功及懾於啟之威望，故「皆去益而朝啟」。情況一如「禪讓」制度下的諸帝，唯一不同的是，繼位後將破壞禪讓的「公天下」之制，而開「家天下」之局。這是從部落聯盟過渡到早期國家的一個信號；也是古代中國的一大變局。（見下頁圖：夏代黃河、長江中下游地區圖）

　　在「傳賢」與「傳子」的變動時期，有兩股勢力暗中激盪。因此，啟即位後，有扈氏「以堯、舜舉賢，禹獨與子，故伐啟」。啟親率大軍迎戰有扈氏於甘（今河南洛陽，一說今河南登封、禹縣一帶）。甘之戰前啟的誓師文即《尚書・甘誓》篇；誓文中啟以「天命」來捍衛王權，這為古代以神權維護君權開了先例。甘之戰，有扈氏敗亡，夏代政權得以穩定。

　　啟死後，太康繼位；太康耽於逸樂，不理政事，遂引起民怨。東夷國后羿「因夏民以代夏政」，趕走太康，史稱「太康失國」。后羿執政後，亦溺於田獵游樂，不修民事，而委政於寒浞；後來卻遭寒浞殺害。

　　太康臨終，傳位於弟仲康；但不久仲康卒，子相繼位。相靠斟灌氏、斟尋氏（今河南鞏縣西南）之助，遷居帝丘（今河南濮陽）。寒浞命其子澆攻滅斟灌氏、斟尋氏，殺了相；相妻懷遺腹子少康奔走有仍氏。少康長大後擔任有仍氏「牧正」，管理畜牧；最後再逃亡至有虞氏任「庖正」；並賜少康「綸」邑（山西虞城）。此時少康「有田一成（方 30

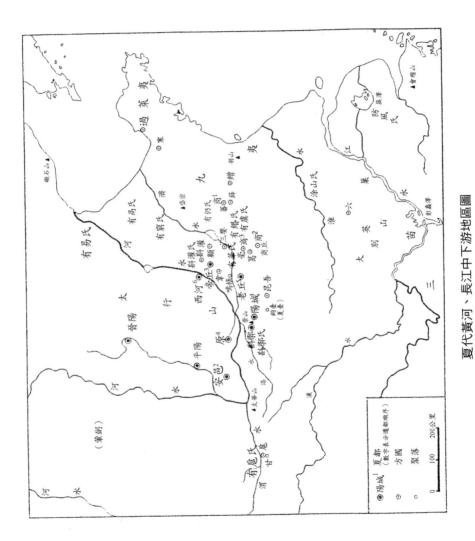

夏代黃河、長江中下游地區圖

附圖採自《中國大百科全書》《中國歷史史卷》。

里），有眾一旅（500人）」，並得夏遺臣靡的協助下，遂起兵討寒浞；最後攻克寒浞，恢復夏代王室正統，史稱「少康中興」。從太康到少康的史事看來，夏代傳位及篡位的諸王，並沒有經過部落聯盟的共同推舉，奪權的方式係以武力作為後盾；這似乎意味著王權的產生與權力已高過於部落聯盟，而與後世取得王權的步驟相同。

少康卒後，子杼繼位；杼至不降七世君，大抵屬於夏代中期，史書中未見大事記載。

(三)夏的亡國

少康之後傳六世到孔甲，夏代政事開始步下坡。《史記》說孔甲好鬼神、事淫亂，諸侯多叛，夏代政局已危如累卵了。孔甲之後三傳至桀，夏代的大勢更是岌岌可危。傳說中的夏桀幾乎是國史上昏君的代表，百姓對他的恨，到了「時日曷喪，予及汝皆亡」的地步，寧可與這位暴君同歸於盡；但夏桀依然相信「天之有日，猶吾之有民，日有亡哉？日亡吾亦亡矣！」一副篤定天命在己，天不亡我，誰奈我何的蠻橫。

細數文獻記載夏桀的荒淫，似乎很多是後人附會的罪狀；因為其虐政淫荒，就像歷史上每一位被冠上暴君封號的末代帝王，正如子貢所說「是以君子惡居下流，天下之惡皆歸焉」。史書中說夏桀任意發動戰爭攻伐有施氏、岷山氏，目的只在於搶奪美女；恣意行樂而修築傾宮、瑤臺，而關龍逢諫阻興建瑤臺，竟遭虐殺；建造酒池，聚集三千人酗酒，竟日尋歡作樂；寵幸美女妹喜，不聽朝政；為了斂財，壓迫諸侯方伯，強徵貢物。這些罪行除了招致方伯不滿外，也令國人難以忍受，而怨聲四起；最後，終於引起商湯起兵伐桀，而敗夏桀於鳴條（今河南開封，一說山西運城安邑鎮北）；夏桀逃到南巢（安徽壽縣，一說安徽桐城）而死，夏亡。關於商湯的起兵，《易》說「湯、武革命，順乎天，而應乎人。」商湯的革命，為古代中國的改朝換代立下一個新的模式；而「革命」一詞，正式躍上中國歷史的舞臺。

㈣夏代考古與夏文化

　　只據文獻研究夏代歷史，很多問題無法解決。但是透過考古所提供的夏文化資料，對於研究夏代歷史則具有相當大的進展；因此，夏代考古對於研究夏代歷史具有相當重要的意義。從文化發展的觀點來看，夏文化的成就為殷周文化的發展奠下了基礎。

　　關於夏文化的具體成就，首先以築城而言：中原城郭或城垣的起源，可以追溯到夏代或稍早之前，《世本・作篇》載：「鯀作城郭，禹作宮室。」《淮南子・原道訓》也說：「夏鯀作三仞之城。」《吳越春秋》則更明確地說：「鯀築城以衛君，造郭以守民，此城郭之始也。」不過，從考古遺存得知，大概在龍山文化時期，已經具備早期城市的雛型階段。

　　其次是宮殿的建築；宮殿的建築是夏文化中極為重要的一項文化內涵；而這項遺存迄今未發現於龍山時期的夏文化，但在二里頭文化遺址中，卻是重要的組成部分。

　　二里頭文化是一九五六年，在河南偃師二里頭發現的；遺址年代距今約三千九百年左右，早於商代文化，而晚於龍山文化。二里頭文化分布的區域，大致與夏人活動範圍相當。遺址上出土銅製器具，如小刀、錐、鏃、爵、鈴、銅壺及煉銅坩鍋殘片；陶器製品，有鼎、盆、盤、甑、瓷、罐等酒器。遺址中亦有一些類似文字的刻劃符號。

　　在曆法上，〈夏小正〉是已知最早期的曆法。它紀錄了一年中各月份的物候、天象、氣象和農事等內容；集合了物候曆、觀象授時法和初始曆法於一身。〈夏小正〉將一年分為十二個月，每個月三十天，另有五至六天為年節日的初始曆法；是一種不考慮月相變化的初期陽曆的曆法。〈夏小正〉可能為夏后氏後裔杞人依據歷代相傳的夏代曆法編撰而成的，其書雖成於東周之際，其中有些材料反映了夏代的社會情況。

　　出土的夏代農業器具，有石鐮、石鏟、石刀、骨鏟、蚌鐮、蚌刀及木製的耒耜等工具。農產品中有粟及稻類等作物。另外文獻中也說「儀

狄作酒」、「少康作秫酒」，秫是高粱一類的作物；以剩餘的穀物作酒，反映出夏代的農業生產的技術。

夏代的手工業種類較多，有釀酒、製車、製陶、鑄銅、琢玉、制骨、編織等。其中青銅器的出現更是一項重要的指標，它除了標誌採礦、冶銅的技術水準以外，也意味著中國歷史已脫離了石器生產的時代，正式進入文明時期。夏代鑄銅係以銅范冶煉的技術，冶鑄青銅器。

二、商族與商代的興亡

(一)商族來源及其遷都

商湯革命前，商族一直是夏朝的附庸；商族是居住在黃河下游的一支歷史悠久的部落。商的始祖「棄」，大約與夏禹同時；相傳他們曾一起治水，被舜任為「司徒」。傳說中契的母親簡狄，「見玄鳥墮其卵，簡狄取吞之，因孕生契」。這種玄鳥的「感生神話」，被認為是東方民族起源的共同神話；大概商族也是屬於鳥圖騰的部落。神話中只記其母，大抵也說明其時尚處於「母系氏族」的部落時期，或者從契開始過渡到父系社會的階段。（見下頁圖：商代黃河、長江中下游地區圖）

從契到大乙（即湯），一共傳了十四世，史稱「玄王勤商，十有四世而興」；湯之前的十四世，大抵與夏同時。十四世的先王先公，從《史記》與殷墟出土的甲骨卜辭已可得到證實。商先王先公世系如下：

契→昭明→相土→昌若→曹圉→冥（季）→王亥→王恒→上甲→報乙→報丙─┐

┌───┘
↓
報丁→壬示→示癸

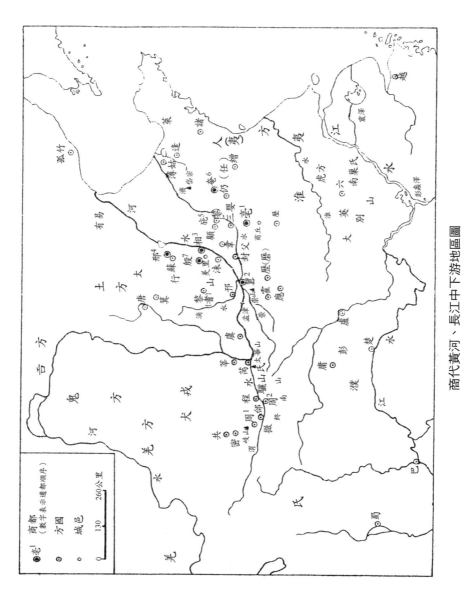

商代黃河、長江中下游地區圖

附圖採自《中國大百科全書》〈中國歷史卷〉。

商族興起之地，歷來紛說；其中「東方說」最被接受；所謂東方是相對於夏朝的地理位置而言。這個位置的探索，是根據商之先王先公居地的記載。《史記》載「自契至湯八遷，湯始居亳，從先王居，作〈帝誥〉」，湯最後居「亳」（河南商邱）；其餘「七遷」歷來說不清楚，只知大致以商邱為中心的豫東地區及豫北的漳河流域，大概是商人早期活動的主要地區；一說大致在今山東及河南的黃河兩岸。

(二)湯建國前的商

商族建國的屢遷，據推測可能與畜牧發展或黃河水患有關。在商的先公先王中，有幾位的傳說與畜牧的發展有關，如契子昭明的遷都砥石，或說是為了尋找利於畜牧的地區。昭明之子相土，相傳他是改進畜牧飼養的方法，同時也懂得利用獸類改善生活，如「服牛馬」、「作乘馬」；並藉此積極拓展商族疆域。文獻中記「相土烈烈，海外有截」，被認為相土時商的勢力，已伸張到泰山地區至渤海沿岸。後世商族對相土的祭祀特別隆重。

相土曾孫冥，相傳曾任夏的水正官，負責治水；冥之子王亥四處貿易，曾到河北與有易氏進行交易；但遭有易氏首領綿臣殺害並搶走牛馬。亥之子上甲微遂聯合河伯攻打有易氏，雙方在易水邊激戰。結果有易氏被消滅，商族的勢力伸入河北；此舉提高商族的威信，並為日後商族的崛起奠下基礎。

先商最後六代先王先公，分別以天干甲、乙、丙、丁、壬、癸為名；天干是用以紀日的，與曆法的關係密切。以天干為名，意味著商代早期的曆法已達到相當的水準；曆法的興起與農業的發展關係密切。從文獻中得知，先商前期的屢遷、畜牧及四處貿易，推測商族應非原始農業的部落；及至後期曆法知識的提昇，大概此時商族已逐漸進入初期農業的生活狀況。

(三)商湯建國及商的前期

商代世系表（十七世三十一君，約 1600B.C.～1046 B.C.）

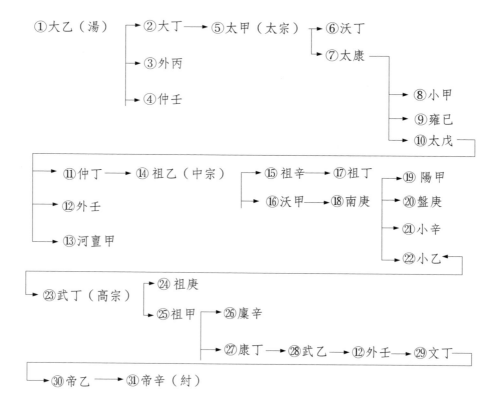

　　商朝自湯至紂傳三十一王，十七世。湯，在卜辭中作「唐」，亦作「成」；後世連稱「成唐」。史載湯「行仁義，敬鬼神」，任用伊尹為右相，仲虺為左相；積極整軍建武，使得鄰近部落紛紛歸順。對於湯的茁壯，夏桀早已覺芒刺在背；後來湯又起兵滅了夏的忠實盟國「葛」（河南零陵），此舉遂令夏桀找到遂囚湯的藉口。

　　湯被囚於夏臺，引起諸部落強烈不滿，於是紛紛「叛桀附湯」。後

來伊尹、仲虺以美女、珍寶賂桀，湯始被釋放；但已埋下討伐夏桀的決心。於是以「修德」來招納諸部，俾使「諸侯皆歸湯」。後來湯有計畫的滅掉夏在東方的三盟國韋（河南滑縣）、顧（山東鄄城）、昆吾（河南濮陽）後，夏、商之間的對峙逐漸白熱化，戰爭一觸即發。

《尚書‧湯誓》細數桀的殘暴，聲言「夏氏有罪，予畏上帝，不敢不正」；〈湯誓〉是一篇公開出兵的宣言。未幾，夏、商戰於鳴條（河南封丘東）；夏桀不敵敗逃。後又戰於三朡（山東定陶）；湯殺三朡伯，夏桀南走，死於南巢（安徽巢縣），夏亡。商朝正式成為國史上第二個朝代政權。

商湯建國後，「改正朔、易服色，尚白，朝會以畫」，同時實行「以寬治民」的政策。在拓邊方面，仍以征伐克服四方，疆域拓至西部氐羌一帶。湯死後，四傳至太甲；太甲不遵湯法而被伊尹放逐至桐宮。三年後，太甲悔過，伊尹還政「修德，諸侯咸歸殷，百姓以寧」，商王室政權逐漸穩固。

㈣盤庚遷殷及殷商末期

從仲丁到陽甲，商王室內部發生爭位事件，而造成九世衰亂，政治中心因此經常遷移，此一時期殷都凡五遷；同時因為洪水為患，導致經濟生產逐漸衰退；國勢因此衰落。盤庚繼位後，遷都於「殷」（河南安陽西北）後就不再遷都；因此，商朝亦稱殷。

盤庚極富才略，遷都前發布三篇〈盤庚〉誥命，反覆指陳：貴族的腐化及某些貴族為私利而反對遷都的過失。遷殷後，盤庚「行湯之政，然後百姓安寧，殷道復興，諸侯來朝」。盤庚治國，擺脫了王室的積弱，中興殷王室。史家把殷商分前、後兩期，基本上是以盤庚為界。

王系傳至武丁，殷商達到全盛時期；武丁在位五十九年，文治武功均負盛名，死後被尊為高宗。

武丁少時成長於民間，故深諳民間疾苦；即位後勵行勤儉，不敢荒

廢政事。他啟用了一批賢臣，如帝師甘盤、祖己及拔擢於修築城牆的罪犯傅說為相。這批來自民間的大臣，全力輔佐武丁，一掃積弊使得政事得以清明。在武功方面，武丁對各方用兵，國勢北抵河套，南至江淮，西與周族接壤的渭汭地區。文獻中說「武丁朝諸侯，有天下，猶運之掌也」，商的國勢至此達到顛峰。

武丁朝的盛世局面維持到祖甲時期；祖甲以後，商王室「立王生則逸！生則逸！不知稼穡之艱難，不聞小人之勞，惟耽樂之從」。殷商末期帝王在位時間都不長，在位時荒淫縱樂導致國勢日蹙；如武乙搏神射天，其意只在誇耀神勇恣意取樂而已。

商朝最後一個帝王帝辛（紂），與夏桀同列國史中暴君的典型。《史記》稱紂之材「資辨捷疾，聞見其敏，材力過人，手格猛獸」；但「知足以拒諫，言足以飾非，矜人臣以為能，高天下以聲，以為皆出己下，好酒淫樂，嬖于婦人」。因此不但政事荒廢，行為「非度」，逼使國人紛紛起來反抗。大臣中有起而諫阻，帝辛則加以迫害，因此力諫者則死，苟活者則佯狂而去。如此一來，朝廷更聚集善諛逢迎的親信及麕集四方累累罪行之徒。帝辛的揮霍，也是歷史上少有的。到了晚年，社會動盪經濟衰退，國人「如蜩如螗，如沸如羹」；紂為寵愛妲己，大興土木修建宮室苑囿，廣收奇珍異獸，「以酒為池，懸肉為林，使男女保裎相逐其間，為長夜之飲」，且禁止大臣進諫。另外，以其剛愎，而連年對外發動戰爭。雖有戰勝之局，但對於國力的戕喪影響頗大；文獻上說「紂克東夷而隕其身」即為明顯的說法。

終於，渭水邊的周族以「替天行道」的姿態，率「仁義之師」起義革紂的天命。同樣的歷史舞臺，不同的歷史的人物演出同樣的戲碼；殷周之際的鼎革，就像夏商之間的移祚，歷史的循環在不知不覺中進行。

(五)殷商農業經濟及殷商文明

農業在商代社會經濟中占相當重要的地位。商王室對於農業的發展

極為重視，甲骨卜辭中有大量與農業有關的記載，如卜問糧食的收成、風調雨順及祈雨卜辭等等。

　　殷商的農業文明，可以從出土的農具概見一斑。農具中以石製工具最多，其次則有骨器、蚌器及木器等。農具種類之多，勝於前朝。其中木質農具耒耜的出現，是中國古代最早使用耒耜的紀錄；不過因為木質容易腐爛，因此尚未發現完整的木質耒耜，只從遺址的灰坑壁上發現其遺痕。耒耜的用途很廣，從啟土、挖地、翻掘都可運用；它是商代農業生產活動中主要的工具。

　　從卜辭及遺存坑內發現，商代農業生產似乎以集體耕作的方式進行。甲骨中的「劦田」、「裒田」都是以眾人之力耕作或開墾土地；在遺存坑內發現，數百件甚至上千件的農具放在一坑內的現象。這是否意味著，農業工具集中保存及管理。與刀耕火種的原始農業相較，殷商的農業顯得進步許多。在卜辭中確知，殷人對於耕作到收割的程序，已有一套完整的步驟與技術。

　　商代的作物有黍、稷、麥、稻，其中以黍、稷為主；因為這兩種植物較耐乾旱，適宜北方生長。這些穀物為商人主要糧食，同時剩餘的可釀製成酒；殷人嗜酒成風，糧食作物足夠，才有可能釀酒。從文獻中得知，殷人耽於酗酒，足見當時糧食物資不虞匱乏。另外，商人也種了一些經濟作物，如桑、麻等。

　　此時畜牧業雖不是主要的經濟活動，但亦占極重要的地位。在遺址中發現，獸類骨頭非常普遍，其中六畜偏多。在畜牧業中，養馬已發展出一門專門之學，配合國防需要，有所謂的「馬政」，另鑑別馬匹健康與否，有所謂的「相馬術」；大概此時已出現專業的「馬醫」了。漁獵的活動，也是經濟活動之一，但非主要的項目。田獵的功能兼具習武、軍事、娛樂活動及部分經濟因素於一身。

　　殷商的文明，表現在青銅器方面；此一時期，青銅器鑄造的質或量，都展現相當高度的水準。有些史家甚至稱殷商文明為國史上的「青銅文

明」。殷商時期的各種器皿、祭器及兵器,大概都已用青銅器鑄造了;而這些不同器形的器皿,在夏代都以陶器充任。

在殷墟遺址中,到處都可見到與鑄造青銅器有關的遺存,如「紅燒土碎塊、木炭、將軍盔、煉渣、銅范及未冶煉的銅礦砂」等;甚至在某些坑內「銅范出土逾百,銅鍋出土數十」。另外,在遺址的發掘中,出現過重達二、三十公斤以上的孔雀銅礦、純銅的煉鍋及一些巨塊的煉渣;足見當時冶煉青銅器規模的宏大與對青銅礦需求量之大。

商代青銅冶煉的技術,已達到相當純熟的地步。當時已掌握了青銅合金的性能與特點;不同用途的器物,有不同合金的比例。鑄造青銅器的工藝程序,分工極為精細。殷墟出土的商王室祭祀禮器司母戊大方鼎,通高 133 公分、寬 78 公分、總重量達 875 公斤;司母戊大方鼎是目前殷商青銅器中第一重器,也是目前已發現的最大古代青銅器。

在殷商遺址出土的青銅器中,屬於生產工具的,有刀、錐、鑿、斧、錛、鏟、钁、魚鉤等;兵器方面有鏃、戈、矛、鉞;禮器有鼎、鬲、甗、簋、爵、觚、斝、觥、觶、卣、盉、尊、頗、瓿、壺、盂、盤等;另有一些車馬器及樂器等。在紋飾方面,青銅禮器上有淺浮雕的花紋,常見的有饕餮紋、雲雷紋、鳳鳥紋;到了晚期銅器上常常鑄刻銘文。

整體而論,商代的青銅器不僅在形制上表現出多樣性,而且從器物上精美而富麗的鏤刻上看來,其高度的藝術成就,雖周代重器亦無法過之。

陶瓷也是商代一項重要的手工業,其中表現出高度燒造技術的,如硬陶、刻紋白陶及原始瓷器等。這些器物均在高溫中燒成,質地堅硬;尤其是鄭州發現的早商原始瓷器,釉色光亮,胎骨細膩堅硬,已經接近瓷器。這一發現將中國瓷器的歷史往上提早到三千多年前。刻紋白陶的色澤、造型秀麗,鏤刻精美,是陶器工藝史上的傑出作品;刻紋白陶上未發現於其他時代,且數量不多但都集中在殷墟遺址中,大概是王室或貴族的專用品。

其他的手工業，如骨器類的裝飾品、工具、武器及屬於禮器性質的藝術品；常見的骨製品，如骨笄、骨簪、骨錐、骨針、骨鏃、骨匕以及象牙製品等。另玉器製作亦極為精緻，也是商代一項極富特色的手工業。商代玉器的用途，主要是禮器及貴族的配飾；使用雖不廣，但質與量卻要求甚高。殷墟婦好出土的玉器多達七百餘件，數量、質地均屬前所未見。這批玉器有琮、璧、圭、瑗、璜、鉞、簋等，器形多達二十餘種；其中有幾十件極富藝術價值的玉雕人像、人頭像及生動的飛禽走獸、水生動物的雕像。

遺址中亦有漆器殘片及紡織機的出土，這些都展現了殷商時期手工業發展的水準。就文明史的發展而言，殷商文明雖是古代文明開始不久的階段，但從整體技術與藝術的層面來看，這一時期展現出古代文明的第一次高峰。

三、兩周史事概述

㈠建國前周人的活動

1. 周族的興起

周族是居住在渭水邊的一個古老的部落，屬姬姓。周的始祖棄，生活在陶唐、虞、夏之間；其母為有邰氏姜嫄。傳說中「姜嫄出野，見巨人跡，……踐之而身動如孕者，居期而生子，以為不祥，棄之隘巷，馬牛過者皆避不踐；徙置之林中，適會山林多人，遷之；而棄渠中冰上，飛鳥以其翼覆薦之。姜嫄以為神，遂收養長之，初欲棄之因名曰棄。」棄好農耕，堯舉為農師。舜封棄於邰，號曰后稷，被尊為農業神。從姜嫄的「感生神話」生下棄，到棄於邰因號后稷，大抵周族是從母系世族社會過渡到父系社會之間。后稷之後十五傳，而周文王建國。十五傳分別是：

后稷→不窋→鞠→公劉→慶節→皇僕→差弗→毀隃→公非→高圉→亞圉──

公孫祖類→古公亶父（太王）→季歷（王季）→文王（昌）

后稷死後，其曾孫公劉率周族遷至涇水中游的豳（陝西郇邑）定居；這一段時期周的農業發展迅速，史稱「周道之興自此始」。但此地經常遭戎狄的侵略，因此古公亶父再率周族遷至岐山下的周原（陝西岐山）；從此始稱周人。周原下的周人，逐漸去戎狄化，設官分職，營築城郭建立武裝，擊潰周邊混夷。生活在此穩定下來，同時為日後周人的崛起奠下基礎。古公亶父死後被尊為太王。

遷至周原後，殷周之間建立關係。古公亶父之後為季歷，商周聯合起來共同抵禦西方戎狄。文獻中載季歷曾朝見武乙，得到賜地三十里，並任「殷牧師」一職，並號「西伯」。其後周人的日益茁壯，引起商人的不安，殷王室藉故殺了季歷，且甲骨文中有很多殷王室討伐周的記載。但大致來說，此時周的勢力尚不足以與商抗衡。

2.翦商與東進

季歷之後，姬昌繼位為西伯；此時商周之間的關係持續惡化。姬昌即後來的文王，在位時任用賢能，勵精圖治；並親自督促農事，以強化經濟實力。此舉引起商紂的不安，遂囚西伯於羑里（河南湯陰）。周人不得已以寶馬、美女賂商紂，請求釋放西伯。最後，商紂放了西伯；但西伯翦商的念頭一直沒有動搖過。

西伯歸周後，更加修治內政以吸引其他部落來歸，並配合對外軍事同時進行以擴張實力。他先北逐獫狁，先後征服了西北西戎等國；後又南伐蜀，擴充了疆土。然後逐漸東進，其間征服了邘（河南沁陽）、黎（山西黎城）、崇（陝西盧縣東）等殷商盟國。布署完畢後，西伯乃「作邑於豐，自岐下而徙都豐（陝西灃水西）」，控制了富饒的關中平原，周族至此強盛達到頂點。史稱「三分天下有其二」；但周文王還沒來得

及滅商就死了。

　　文王之子姬發繼位，即武王；王以「太公望為師，周公旦為輔，召公畢公之徒左右王，師脩文王緒業」。所謂「文王緒業」即積極備戰伐商，於是武王即位第二年，遂「東觀兵，至於盟津」，史載「諸侯不期而會盟津者八百」；但因時機尚未成熟，遂退師歸朝。

　　「盟津之會」第二年，武王再度興兵並聯合其他方國部落組成聯軍；再從盟津出發東渡黃河，師至朝歌（河南淇縣）附近，商王紂才清醒過來，但已來不及把東南主力部隊調回應戰，再加上殷商部隊紛紛「前徒倒戈」；於是戰事在匆匆地情況下收場，紂王敗逃登鹿臺自焚而死；商亡。周武王建立了周朝，都鎬京；享國二百多年。（見下頁圖：周原遺址平面圖）

西周世系表（十二世十三君，1046B.C.～771 B.C.）

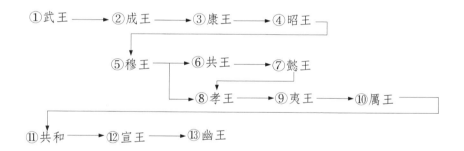

(二)西周的興亡

1. 西周前期：武王伐紂到成康之治

　　武王建立了西周，其疆域是三代中最大；大抵西起甘肅東部、東達海濱、北起今遼寧、南達長江。但周族以西邊小邦，驟然奄有偌大的領域，確實不易管理；再加上東方商族舊勢力，隨時伺機準備反撲。因此，

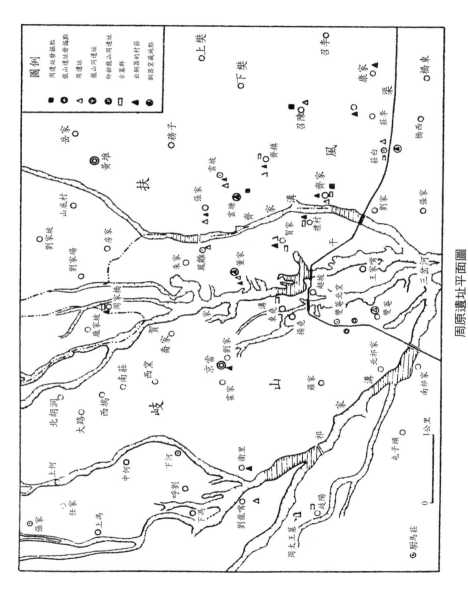

周原遺址平面圖

附圖採自《中國大百科全書》〈中國歷史卷〉。

武王滅商後，一方面籠絡安撫商人，如「散鹿臺之財，發巨橋之粟，以振貧弱萌隸」、「釋箕子之囚」、「釋百姓之囚」及修葺比干之墓；另一方面封紂子武庚於殷，令修盤庚之政。這些措施，確也收一時之效，局勢初步穩定下來。但武王猶恐武庚及殷民造反，因此仍派其兄弟管叔、蔡叔、霍叔等，率領周人在殷都一帶建立邶（朝歌之北）、鄘（朝歌之南）、衛（朝歌）三國，以監視武庚，稱為「三監」。

　　武王伐紂第二年就病故，成王即位；以其年幼，故由武王弟周公旦攝政。周公攝政引起管叔、蔡叔不滿；姬周流言四起，謂周公將不利於孺子。武庚見機不可失，便拉攏管叔、蔡叔，並聯合東方的奄（山東曲阜）和薄姑（山東博興一帶）等東邊方國發動叛亂。叛軍聲勢浩大，新興的政權似乎難以承受一觸即發的撼動。所幸周公與召公「內弭父兄，外撫諸侯」，並親率大軍東征；經過三年的鏖戰終於將亂事平定下來。

　　亂平後，周公除了營建東都於雒邑（河南洛陽），作為控制東方地區的中心；也將參與叛亂的殷民遷到成周附近以便監管。更重要的，進行大規模的「封疆建藩」，其目的在「以屏障周」。封建的表面是分封周室子弟、異姓貴族及古代帝王之後至各地建藩；其深一層的涵義，則在實施大規模的「武裝殖民」。西周分封前後數次，始於武王，經過成王而延續至西周末年，其中以成王的規模最大。文獻中說「周之所封四百餘，服國八百餘」。分封的地區遍及周朝全部領域。西周時期較重要的封國：武王弟康叔封於「衛」，都朝歌；太公姜尚封於齊，都營丘（山東臨淄）；周公旦封於魯，都奄（山東曲阜）；紂異母兄弟微子啟封於宋，都商丘（河南商丘）；召公奭封於燕，都薊（河北北京）；成王弟唐叔虞封於晉，都唐（山西翼城西）。

　　分封制度是西周一個重要政治制度，也是西周歷史的一個顯著的特點。分封制度使得西周政權在全國各地建立起來，透過分封將姬周的禮樂教化制度在各地推展開來；如此協調了貴族中的等級關係，社會逐漸穩定下來。另外，執政者亦注意到推展農事，經濟、社會亦因政治的穩

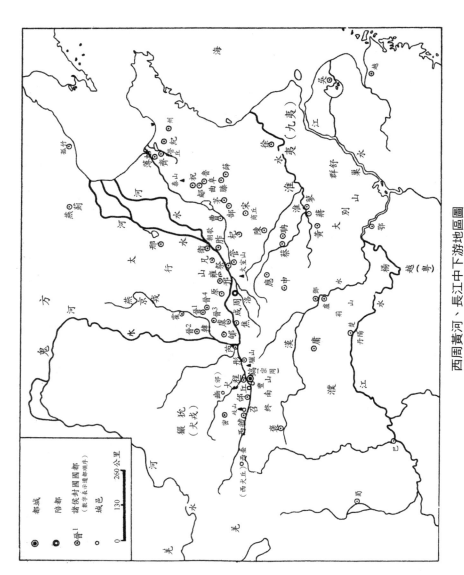

西周黃河、長江中下游地區圖

附圖採自《中國大百科全書》〈中國歷史卷〉。

定而繁榮起來，史稱成、康之時「天下安寧，刑措四十年而不用」。（見上頁，西周黃河、長江中下游地區圖）

2.西周中晚期：王室的衰微到平王東遷

西周前期的盛世，大約只維持半個世紀。康王之子昭王南征不返，穆王征犬戎無功而返。王室的威權一再被挑戰，自此「荒服不至」、「王室衰微」。建國初期那種明德慎罰的精神，逐漸淡薄。穆王耽於逸樂，竟曰「欲肆其心」、「周行天下」；而穆王時期諸侯之間已出現不和，但王室束手無策。懿王、孝王、夷王之間的傳位，竟打破了傳統中的嫡長子世襲制，如此更引來諸多的爭亂。夷王時諸侯來朝，夷王不敢坐受朝拜，竟「下堂而見諸侯」，王室尊嚴被破壞至此。

厲王時，一場「國人暴動」更使西周王室的聲望跌至谷底。關於「國人暴動」的起因，在於厲王執意推行「專利」政策，但又不許人民批評。所謂「專利」是專山林川澤之利，即把原來公用的山林川澤盡收王有，禁止國人漁獵樵采。表面上是將土地劃歸國有，實則為王室強行占有山林川澤。此舉不僅是阻止國人漁獵樵采而已，也涉及到土地私有制的干涉；同樣地，對於貴族的土地也產生一定的影響。《詩經》對此亦有描述：「人有土地，女（汝）反有之。人有民人，女復奪之。」厲王的「專利」觸犯了社會上的各階層。但他任衛巫監謗，發現有怨言者，殺之。於是「國人莫敢言，道路以目」；厲王卻以為得計，聲稱「吾能弭謗矣，乃不敢言」。

如此過了三年，國人在忍無可忍的情況下，發生了暴動。暴動中，攻入了王宮欲「襲厲王」；厲王狼狽奔逃至彘（山西霍縣），匿於召公家。「國人聞之，乃圍攻之」，要召公交出厲王；召公不得已乃以其子冒王，而被憤怒的國人殺死；厲王保住了性命。在厲王奔彘時，政事暫時委由共伯和代行；史稱「共和行政」。這一年是西元前八四一年，中國歷史從此有了明確的紀年。共伯和代行政事至第十四年，厲王死於彘；共伯和還政於即位的宣王。

　　「國人暴動」對周王室而言，無疑是一記沉重的打擊。從此西周王室的威信蕩然無存。歷史目睹周王室的分崩離析，似乎愈來愈清楚了。

　　宣王即位後，鑑於其父「專利」政策的教訓，乃「修政，法文、武、成、康之遺風」，一方面減輕賦稅，整頓政紀。周王朝一度呈現穩定繁榮的景象；史稱「宣王中興」。然而，盛況沒有維持太久，一場與姜戎的「千畝之戰」，摧毀了「宣王中興」的景象。敗績後，宣王為了廣拓財源，補充兵力，乃「料民於太原」。所謂「料民」，即清查戶口，嚴格管理逃亡人丁；「料民」的結果，更招致人民相率逃亡與更多的不滿。周王朝似乎已呈現末世的淒涼景況了。

　　繼宣王之後，幽王即位；他也是歷史上著名的昏君。在位期間任用善諛的虢石父為卿，使得「國人皆怨」；再加上連年的天災，使得百姓生活愈發困頓。幽王在位第二年，關中發生大地震，「三川（涇、渭、洛）皆震」，同時引發「三川竭，岐山崩」、「百川沸騰，山冢崒崩，高岸為谷，深谷為陵」的慘狀。大地震後所造成人民的流離失所，政府也無暇插手；無形中也激化了百姓與政府的對立，加速了王朝崩潰的原因。

　　天災之外，幽王寵愛褒姒而無心朝政，使得政事愈發廢弛。而廢后改立太子一事，更激發了朝廷內部的對立。幽王欲廢申后及太子宜臼，改立褒姒及其子伯服。宜臼逃往申，幽王遂伐申。申侯聯合姒姓之國繒及犬戎攻入王畿殺了幽王。幽王死後，申侯與其他諸侯立宜臼為平王於申；但虢公翰立另一王子餘臣為攜王於攜。後來，晉文侯殺了攜王，消除二王並立的局面；但平王也無力驅逐犬戎，於是在晉文侯與鄭武公的護送下東遷雒邑；時在西元前七七〇年，西周亡。東遷後的周王室，惟「晉、鄭是依」；王室的實力相當一個次等的諸侯國。

(三)西周的政教體制

1. 封建與宗法的奠基

　　「封建制度」是西周政治中，極為重要的一項制度。封建的本義，

是「封建親戚，以蕃（藩）屏周」；這是藉由分封將王室子弟或其他貴族，派遣到各地建立諸侯國，代表周天子行使對地方的統治權，以拱衛王室。也是透過軍事殖民方式建立大小不一的諸侯國，分布在天下各地，以構成四通八達的統治網絡，形成眾星拱月的政治格局。分封諸侯並非周初的權宜之計，而是西周的一貫制度；因為到了西周的中、晚期，王室仍陸續分封為數不少的諸侯。

　　但西周一共分封多少諸侯國？這個問題，從來沒有人講得清楚。《左傳》說：「昔武王克商，光有天下，其兄弟之國者十有五人，姬姓之國者四十餘人，皆舉親也。」《呂氏春秋》說：「周之所封四百餘，服國八百餘。」《荀子》說：「周公兼制天下，立七十一國，姬姓獨居五十三人。」《世本》、《文獻通考》則以為同姓與異姓諸侯共一百三十多國，另外散見金文亦有數十個之多。封國數字無法精確得知，這是因為最初封國星羅棋布、大小不一，有些得一縣之大，有些甚至於一縣之內有許多封國。

　　與分封制度關係密切的宗法制度，也是西周史上的一項重要的制度。分封是分級立宗制；從天子到諸侯都依等級遵守分封賜地的約束。即天子賜諸侯，諸侯在國內賜卿大夫，卿大夫賜予其後代士「采邑」。

　　宗法制的主要精神，則在立嫡長子繼承制；易言之，即嫡長子繼承父親的宗主地位，庶子則分封。在宗法制下，即使庶子比嫡子年長，也不能作繼承者；所謂「立嫡以長不以賢，立子以貴不以長」的原則。在周代的宗法制下，嫡長子與分封下去的庶子，有雙重關係；在親緣上是兄弟關係，在政治上是君臣關係。宗法內分大宗、小宗：周天子是天下共主，是所有姬姓貴族的大宗；諸侯對天子則是小宗。但諸侯在其封國則是大宗，卿大夫為小宗。

　　表面上宗法制是一種權力的繼承制度；以嫡長子繼承的形式確定下來。但深一層的意義，則在防止因為繼承問題而引發的紛爭。在宗法制下，等級尊卑的觀念非常嚴格；它是以血緣關係為鈕帶，以君臣關係為

綱紀，來維持王室內部的穩定和團結。

2.西周王權的強化

西周時期的王權，相較於前朝似乎得到更進一步的發展；周王室的地位與控制天下的權力明顯提高。周王以「天子」自稱，意即「天帝之子」；他是最高的統治者，也是天下共主，秉承天意君臨天下。因此，在觀念中普遍具有「溥天之下，莫非王土；率土之濱，莫非王臣」的痕跡。而這些觀念的確立，也反映了西周王權的逐步強化。

從外部的形式看，殷、周之間的國家格局有相似及相異之處。殷商時期方國林立，西周時期則諸侯分布各地；但是殷、周之間的方國與諸侯卻有很大的不同。商代的方國是依靠自己的力量發展起來的，他們與商王室之間缺乏一種內在聯繫的紐帶。而西周的諸侯國則是在封建制度下建立的，他們與西周王室存在一種無法分割的聯繫。兩者之間的差別，決定了殷、周王室行使王權的強弱差異。

西周的諸侯國大致可分成兩類，即與王室同姓的姬姓之國及異姓之國。前者與王室有自然血緣的關係；後者多為王室的姻親功臣。但不管是同姓、異姓，周王室都將此納入親緣關係中，以伯父、叔父、伯舅、叔舅相稱。使國家政治與親緣關係融合在一起，藉以凝聚向心力，而形成拱衛王室的局面。從國家行使政治權力上看，西周時期的諸侯國只是相對獨立的國家政權；因為對於王室而言，諸侯具有多方面的從屬關係。

在封建體制下，周天子對諸侯具有什麼權力呢？

(1)天子有巡視列國的權力。天子巡視諸侯稱「巡狩」；通過「巡狩」瞭解諸侯為政之得失，並據此予以賞罰。諸侯則定期朝見天子，稱為「述職」。諸侯朝聘述職的規定非常嚴格，「一不朝，則貶其爵；再不朝，則削其地；三不朝，則六師移之」。

(2)天子有監督諸侯之權。西周有「監國」制度，諸監代表天子行使對諸侯的監督權。銘文中「諸監」與諸侯相提，足見當時設置監國者不少。

　　(3)天子有廢立諸侯之權。文獻中記載周宣王依仗行使王權，強立魯武公的少子為嗣君，魯人不從，王起兵伐魯；廢嫡立庶而返。

　　(4)天子有滅國和處死諸侯國君的權力。如，周夷王在位時曾烹殺齊哀公。對諸侯國君的處置似乎掌握在天子手中；另諸侯封國的存續與否，亦由天子決定。

　　(5)天子有任命諸侯之卿的權力。文獻中載：「大國三卿，皆命於天子；次國三卿，二卿命于天子，一卿命於其君；小國二卿，皆命于其君。」諸侯執政之卿由天子任命，充分體現天子對諸侯國家政權的控制。

　　(6)納貢雖非王室主要的經濟來源，但諸侯有向天子貢納的責任及義務。貢納輕重依諸侯國距王都遠近決定；如果諸侯拒絕納貢，將受到懲罰。

　　以上所述，大抵說明了周天子對諸侯擁有廣泛的權力；端看上述，周天子之權顯然大過於商王，而控制天下的能力也在商王之上。

　　周天子地位的提昇及王權的逐漸強化，與國家型態的演進和西周政治制度有密切的關係。王國維在〈殷周制度論〉中論述古代王權演變的情況，認為夏商時期的天子與諸侯沒有君臣關係，天子只是諸侯的盟主而已。周人克殷，許多古國都遭滅除，西周新封的諸侯多是王室至親或功臣，天子的地位因此而尊；由諸侯之長變為諸侯之君，並通過宗法禮制，確定了天子與諸侯的君臣關係。

3.工商食官：井田制與手工業的發展

　　「井田制」是西周時期的基本土地制度。根據文獻「田里不鬻」的記載，大概此時土地尚無法自由買賣；因此，井田的所有權屬於國家。百畝為井田的基本單位，是一夫（一家或一室）所耕之地，又稱「一田」。田畝之間有灌溉渠，稱為遂、溝、洫、澮、川；田間之道路，稱徑、畛、塗、道、路。土地據此分割成方塊，像井字形，因而得名「井田」。

　　井田制度中一夫百畝，共九百畝，為一計算單位，所謂「九夫為

井」；其中百畝為「公田」，《詩經》說：「雨我公田，遂及我私」。「公田」亦稱「藉田」，《國語》說：「先王制土，藉田以力」，意即以民力耕中公田。《詩經》中說：「十千維耦」、「千耦其耘」，即在描述藉田下耕作的情況。

關於井田制度的稅制，文獻中有「貢」、「助」、「徹」的記載。「貢」是向貴族交納貢物；「助」是借民力以耕公田；「徹」之意則歷來解釋不一，但可視為「什一之稅」，此即《孟子》中所說的「夏后氏五十而貢，殷人七而助，周人百畝而徹，其實皆什一也」或「國中什一使自賦」。《孟子》之意為夏代一夫授田五十畝，收稅用「貢」法；殷人授田七十畝，收稅用「助」法；西周一夫百畝，收稅以「徹」法。若此則井田制度的實施，似從夏代已開始；但目前文獻尚不足以說明，故存而不論。

西周井田制度下的農業，比商代更進一步發展。金屬的耕具已出現，但仍以木、石、骨、蚌的農具為主。周人耕作的方式，以「耦耕」為主，即兩人合作耕種，如此既可深耕亦可提高生產力。另文獻中有「菑」、「新」、「畬」三圃輪種的記載，大抵周人已知用休耕方式來提高地力。在灌溉系統方面，遂、溝、洫、澮、川都與給水有關，顯示周人在耕種方面的知識。

西周時期的工商業，官府設工正、陶正、車正等官職管理，此即所謂「工商食官」的制度。在手工業中，西周是中國古代青銅器發展過程中，一段非常重要的時期。青銅器工藝在晚商達到繁榮的高峰，西周初期青銅器則直接繼承晚商風格而略有發展。從已發現的銅器與陶范來看，西周的青銅器厚重典雅，紋飾繁縟富麗，鑄造相當精良。尤其到了西周中期以後，青銅工藝的發展已逐漸形成具有特色的時代風格。從生產數量上看，中期以後的青銅器遠遠超過西周初期。在周原及灃鎬地區發現了多批窖藏銅器，一窖少則數十件，多則達百餘件。三門峽虢國墓地，出土銅器達一百八十一件，其他車飾、兵器等則超過五千餘件。數量增

多，表示生產規模的擴大。除青銅器以外，手工藝尚有玉器及彩漆工藝品的進一步發展。

在製陶業方面，主要表現在釉陶的燒製技術及瓦的出現。釉陶的燒製溫度須達 1,200℃ 左右；西周釉陶胎質細膩，結構緊密，吸水性弱，釉呈青色、黃綠色，有「原始青瓷」之稱。瓦的出現，是建築史上的一件大事；西周中期以後，大多數的房頂以瓦取代茅草。瓦的種類有板瓦、筒瓦及背飾雷紋的小筒瓦，這些都足以說明西周建築技術的水準。

西周時期製車的技術特別發達；當時的車，既是交通工具也是軍事裝備。西周的車分成兵車、田車、乘車、大車、羊車等；在車的配備上由轅、衡、軛、軾、輿等部分組成。一車由二馬、四馬或六馬拖拉，馬的配飾十分講究。因此，製造一輛車需包括多種工業，如木工、金工、皮革工、漆工、刮磨工、雕工等；若依文獻記載「古之為車也，漆者不畫，鑿者不斫，工無二技，士不兼官，各守其職，不得相奸」，那製車技術正足以反映西周手工業的整體水準。

在商業方面，亦設官管理；賈師管控物價，廛人則負責貨物交易的稅務。在京師及諸侯都邑中，設有固定及臨時交易的市集。交易方式以貝及金屬器為媒介；有時亦以物易物。《詩經》中說「氓之蚩蚩，抱布貿絲」及「握粟出卜」即為交換經濟的例子。

第二節　劇變的時代——春秋戰國

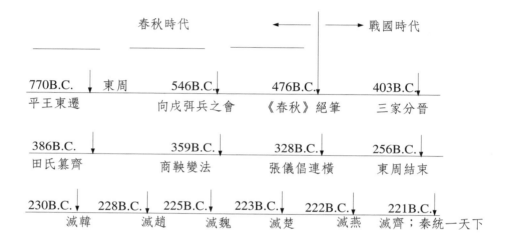

一、春秋霸政的更迭

　　周幽王死後，太子宜臼在申侯的擁立下即位於雒邑，是為東周平王。東周從平王元年至周赧王五十九年（西元前 770～西元前 256），共二十五王，歷五百一十四年。史學界習慣將東周的歷史，分成春秋（西元前 770～西元前 476）和戰國（西元前 475～西元前 221）兩個時期。[1]

---

[1] 春秋與戰國的斷限，歷來說法不一。有以魯哀公十四年(西元前 481 年)《春秋》絕筆為春秋下限；亦有認為周元王元年(西元前 475 年)為戰國始年；或以周定王元年(西元前 468 年)為戰國始年；亦有以韓、趙、魏三國列為諸侯之年(西元前 403 年)為戰國始年。

(一)平王東遷後的王室

平王東遷後地位一落千丈，王室除了喪失對諸侯的約束能力外，連名義上「天下共主」的稱呼，都幾乎不存。王室地位的衰微，主要原因在於王室本身沒有實力；王室東遷後，所轄的領土只有雒邑一帶，相當一個小小的封國。

其次，平王得以東遷惟賴晉、鄭；春秋初期晉國內亂無暇外顧，鄭國因此操王室權柄。鄭武公死後，平王欲立虢公為卿士，後因鄭莊公不滿而作罷。王室又因為了取信於鄭，雙方互相交換太子為質，史稱「周、鄭交質」。平王之後，桓王即位，鄭莊公更加專橫，曾派人搶收周王所屬溫地的麥及「成周之禾」，雙方因此結下仇恨，史稱「周、鄭交惡」。桓王為了削弱鄭伯權力，命虢公右卿士，鄭莊公為左卿士；鄭莊公怒而不朝。桓王十三年（西元前 707），王罷免鄭莊公卿士之職，並率陳、蔡、衛三軍伐鄭；雙方戰於繻葛，王師大敗。戰鬥中鄭將祝耼「射王中肩」，桓王狼狽逃回京師。王室尊嚴至此蕩然無存。

(二)春秋霸政的更迭

王室既無力統馭天下，大的諸侯國遂相繼而起。春秋前期，見於記載的諸侯國尚有一百七十幾個；較大的為秦、晉、楚、齊、魯、衛、燕、曹、宋、陳、蔡、鄭、吳、越等十四國。其中最為強大的，以中原地區的晉、齊，陝、甘一帶的秦，南方的楚。到了春秋後期，長江下游的吳、越亦曾力爭上游而盛極一時。而齊桓公、宋襄公、晉文公、秦穆公、楚莊王等，更被稱為「春秋五霸」。[2]

春秋前期首先稱霸為齊桓公。齊地處東方，負山背海，饒富漁鹽及礦產；國都臨淄是當時最大的工商都市。齊襄公（西元前 697～西元前

---

2 也有以齊桓公、晉文公、楚莊王、吳王夫差、越王句踐為春秋五霸。

686）在位時，內政不修，外迫於戎。公子糾與小白不堪襄公虐政出走；糾奔魯，小白奔莒。未幾，襄公被殺，齊國貴族國、高兩氏暗召公子小白回國繼位；其時，魯亦發兵護公子糾回國，並遣管仲於途中擊殺小白。管仲引箭射中小白帶鉤，小白佯死，管仲信以為真，立即送信回魯。魯軍與糾遂放慢腳程，而小白與鮑叔牙卻日夜兼程趕回臨淄。西元前六八五年，國氏、高氏等擁立小白為國君，即齊桓公（西元前 685～西元前 643）。

桓公即位後不計前嫌，接受鮑叔牙的推薦，任用管仲為相。管仲在齊桓公稱霸的過程中，扮演相當關鍵的份量。

管仲（？～西元前 645）字夷吾，齊人；輔佐桓公時，推動了一系列的改革：

1. 實施「相地而衰徵」

即按土地等級好壞分等徵稅；打破井田制度的限制，從租稅方面肯定土地私有。此舉調節了生產者的積極性，擴大稅源增加稅收。

2. 行政機構的革新，推行「參其國而伍其鄙」制度

所謂「參其國」，是將國中劃分二十一鄉，士居十五鄉，工、商各居三鄉，分設三官管理。鄉下有連、里、軌三級，亦設官而治。而「伍其鄙」則將鄙野分五屬，設立五大夫、五正官分管。屬下有縣、鄉、卒、邑四級，亦設官分管。整頓行政系統的目的，在使士、農、工、商各就其業，穩定社會秩序。

3. 加強軍事力量，「作內政而寄軍令」

將全國軍事力量分中、左、右三軍，各一萬人。齊君率中軍，國、高二氏分率左、右二軍；軍下分旅、卒、小戎、伍四級；軍下四級與鄉、連、里、軌等行政組織相應合而為一。這種把軍事組織與行政系統結合，充分運用「軍政合一」的作用；同時也利用了宗族關係強化了國家常備軍事力量。

4.任用賢能

國中有以「孝慈」、「聰慧」、「拳勇」聲聞者，由鄉長推薦試用，稱職者委任為吏；此即「鄉長所薦，官長所進，公所訾相」。「選用賢能」打破了世襲卿祿制，擴大了人才的來源。

總之，管仲自稱其安國之策，是「修舊法，擇其善者而業用之」；「舊法」即「百王之法也」，在不拋棄舊有的善法，擇其合適實際需要加以創造轉化而運用，對政治而言，就是新的發展。

齊國改革成功之後，先後制服魯、鄭等國。西元前六八一年，齊邀集宋、陳、蔡、邾四國出兵平定宋國內亂；戰後盟於北杏（山東東阿）；北杏之會是春秋時期諸侯會盟的開始。兩年後（西元前 679），齊再召集宋、陳、衛、蔡四國，會盟於鄄（山東鄄城）；鄄之會，齊桓公開始稱霸。

齊桓稱霸後，首先以「尊王攘夷」為名義，號令諸侯。「尊王」就是尊崇王室；「攘夷」則是抵抗蠻夷戎狄的侵略。「尊王攘夷」是一種策略性的號召，齊桓以天下的大宗「周天子」為號召，以團結中原各諸侯抵抗外族。在實力與名義的後盾下，齊桓公數年間「九合諸侯，一匡天下」。其中較重要的盟會，如「召陵之盟」、「葵丘之會」。

西元前六五六年，齊率宋、陳、衛、鄭、許、曹、魯等八國之師伐蔡，蔡請援軍於楚成王。八國再逼進楚境，楚在聯軍的壓力下，被迫簽訂「召陵（河南郾城）之盟」；會後楚成王派屈完帶包茅去朝見周惠王，表示尊崇周天子。「召陵之盟」是齊桓公尊王攘夷最高的表現。

「葵丘之會」將齊桓公的霸業推至顛峰。西元前六五一年，齊桓公在葵丘（河南考城）兩會諸侯。會中諸侯共同訂下：不可壅塞泉水，不可多藏米穀，不可改換嫡子，不可以妾為妻，不可使婦人參預國政，不可專斷殺戮大夫。與會諸侯並同時宣布「凡我同盟之人，既盟之後，言歸于好」。會後，周天子賜齊桓公祭肉、彤弓矢、大路，並令齊桓公不必下階跪拜。「葵丘之會」的基本精神，在維護分封制度與封國的內部

秩序。從當時的形勢上看，或有遏止分封貴族間彼此的爭奪，與團結中原諸夏共同捍衛中原文化。

但葵丘之會後，齊桓公在生活上已露驕奢，並寵信管仲臨終前特別叮囑必須遠離的豎刁、易牙之流的人。西元前六四三年，齊桓公病死，豎刁、易牙發動政變，殺掉一批大臣，立公子無虧為國君，於是引起其他公子之間的內亂。桓公屍體停柩六十七天不殮，屍骸長滿虫；齊國也中衰了。

齊桓公的霸業結束，宋襄公繼起圖霸；西元前六四二年，宋國聯合曹、衛、邾伐齊，並送齊太子吾返國即位，是為齊孝公。西元前 639 年，宋襄王召集楚、陳、鄭、蔡、曹、許等國盟於盂（河南睢陽）；宋襄王圖霸之心昭然若揭，但又自矜仁義，不帶兵赴會。結果被楚趁機戲弄且拘留一段時日才釋放。

西元前六三八年，宋伐鄭，楚出兵援鄭，與宋軍戰於泓（河南柘城縣北）；此時宋襄公又想靠所謂的「仁義」來建立威信，堅持「君子不困人於阨，不鼓不成列」。結果宋軍被楚軍擊潰，宋襄公且負傷而亡。宋國短暫的霸業遂告結束。

真正接續齊桓公的霸業，擔負捍衛中原文化的責任，是晉文公的稱霸。

春秋初期，晉侯的國君勢弱，但小宗曲沃莊伯的力量很強；莊伯之子武公在齊桓公稱霸時，滅了晉侯湣（西元前 677）。周釐王只得命曲沃武公為晉侯。

晉國的強盛是在武公之子晉獻公時期。獻公曾受士蒍之議，讓羣公子相互殘殺殆盡，進而提高君權加速改革；《左傳》、《國語》對於此描述深刻。獻公在位期間，從事改革收到相當的成效，同時兼併了周圍二、三十個方國，而成為當時一個強大的諸侯。但晉獻公生活奢靡，嬖寵驪姬。其後獻公信讒而逼死太子申生，立驪姬子奚齊。公子重耳及夷吾遂分別奔逃於狄及梁以避禍。

　　重耳在外十九年，歷盡艱難，後因齊、秦之助得以返國。西元前六三六年，重耳即位，是為晉文公（西元前 636～西元前 628）。

　　文公在位不長，但早年的歷練及晉原有的基礎，使他得以很快成就霸業。不過，晉文公仍積極推動了一些改革：如一、「輕關易道，通商寬衣」、「棄債薄斂」以發展經濟。二、安撫舊臣，選拔人才，以安定政局。三、「作三軍」以擴大軍隊。文公即位第二年，周王室發生王子帶之亂，文公出兵勤王，殺了王子帶並護送襄王回京；因而得到襄王賜地，同時提高聲望。

　　西元前六三二年，晉、楚爆發了城濮之戰，晉軍戲劇性的打勝了一場關係往後歷史發展的戰爭。城濮之戰是春秋時期最大的一場戰役，晉軍在戰略上堅定立場，得到諸夏諸侯的同情與擁護，戰術上「誘敵深入，各個殲滅」的運用正確；因此，發揮了以寡擊眾最佳戰例。戰後，晉文公在踐土（河南鄭州北）大會諸侯；周襄王也來參加，並冊封晉文公為「侯伯」（霸主）。

　　晉文公在位期間南拒楚軍，北卻戎狄，捍衛了中原文化。文公死後，襄公繼位，曾北敗狄人，西阻秦國，稱號「小霸」。但襄公死後，靈公即位，晉國發生內亂而國勢中衰。

　　南方的楚國，在春秋諸國中疆域屬最大。楚國的霸業完成在楚莊王（西元前 613～西元前 591），當時正值晉國中衰，為楚國北上爭霸提供了有利的機會。西元前六〇六年，楚莊王藉伐陸渾之戎，北上陳兵周境，向周大夫王孫滿「問鼎之輕重」，大有取代周天子之意。

　　西元前五九七年，楚出兵伐鄭，晉馳往救援；楚、晉兩軍大戰於邲（河南鄭縣），結果晉軍大敗。三年後，楚再度圍宋，宋仍求援於晉，晉竟不敢發兵。當時除了晉、齊、秦、魯等國以外，中原次級諸侯國幾乎都歸附於楚，尊楚為共主，楚國的聲勢於是大振。而往後的五、六十年間，就成為晉、楚爭霸的局面。

　　地處西陲的秦立國較晚；西周初期，秦的先祖非子因善於養馬而被

周孝王召至「汧渭之間」（陝西扶風、眉縣一帶）負責為王室養馬；周孝王並封他為附庸，許他在秦（天水隴西一帶）地築邑賡續嬴氏宗祀，號為「秦嬴」。周宣王時秦仲被周封為大夫，去討伐西戎，但秦仲戰死；仲子莊公遂被周封為「西陲大夫」。莊公後傳位於其弟襄公；周平王東遷，襄公派兵護送有功，王室遂賜予岐西之地。此時秦才由大夫提昇至諸侯的地位，並與中原各諸侯相互通使。

從此秦以自己的力量，開疆拓土，至秦武公（西元前 697～西元前 678）在位時，秦疆領有西起甘肅中部，東至華山一帶的關中渭水流域。但秦的霸業完成於秦穆公（西元前 659～西元前 621）時。

秦穆公即位時，秦國實力已足以稱霸西陲地區；但他不以此為滿足，仍積極東進力圖在中原建立霸權。西元前六二八年，晉文公去世，秦穆公派孟明視、西乞術、白乙丙襲鄭；但獲悉鄭有所防備，因此遂班師回國，途中被晉軍大敗於殽函（河南洛寧），秦軍三主將被俘。秦東進的企圖被阻；因此，終春秋之世，秦雖未伸足中原，但其「伐戎王，益國十二，開地千里」，卻始終稱霸於西戎。

南方吳、越的興起較晚，而且是在雙方混戰了幾十年後才北上爭霸。西元前五一四年，吳王闔閭即位；九年後，吳國大舉伐楚。西元前四九六年，吳國又伐越；但闔閭在爭戰中受傷而死，夫差繼位。次年，又興兵征越，越幾乎亡國。吳國接著北上征陳、宋、魯、齊諸國。西元前四八二年，吳王北上會諸侯於黃池（河南封丘），企圖與晉爭霸。但越國卻趁此時攻入吳國，吳王無心於盟會，匆匆引兵南歸。西元前四七二年，越國終滅吳，夫差自殺。

越王句踐滅吳後，亦北上會齊、魯等國於徐（山東滕縣），並致貢周天子，得周元王賞賜，命為「侯伯」。越國全盛時，《史記》載「當是時，越兵橫行于江淮東，諸侯畢賀，號稱霸王」。但越國根基畢竟太淺，會盟諸侯為其顛峰，此後就沒有作為了。因此，到了戰國時遂亡於楚。

(三)「弭兵」運動

在晉、楚兩國長期的爭霸中，受害最大的是夾在其中的一些二、三等的諸侯國家，正所謂「兩大之間難為小」。因為小諸侯國除了向霸主貢納以外，還要派兵協助作戰。以鄭為例，春秋時期鄭國為了自保及被霸主徵召而參與的戰爭超過七十二次以上；宋國出兵四十六次以上。曠日持久的戰爭所帶來的災難，令百姓深惡痛絕；尤其是依偎在兩強之間的宋國。

西元前五七九年，宋國大夫華元積極倡導國際間的和平運動；華元與晉、楚兩國執政素有交情，因此受到晉、楚的支持，雙方共同簽下了盟約：

> 凡晉、楚無相加戎，好惡同之，同恤菑危，備救兇惡。若有害楚，
> 則晉伐之；在晉亦如之。交贄往來，道路無壅。謀其不協，而討不庭，
> 有渝此盟，明神殛之，俾隊其師，無克胙國。

盟辭中，兩個超級強國的信誓旦旦，卻在三年後的「鄢陵之戰」（西元前 575），完全撕毀了。往後三十年，中原依然兵連禍結。

西元前五四六年，宋國大夫向戌再度倡議召開「弭兵會議」。向戌以「兵，民之殘也，財用之蠹也，小國之大菑也」勸說各國。而此時晉國困於內部的紛爭，國君主權下移，大夫爭權內鬥；楚則忙於應付長江下游吳國，給予的威脅。因此，當向戌提議召開弭兵，晉、楚與中原鄭、齊、陳、衛、邾、滕、曹、蔡、許諸國及一些小國國君及大夫紛紛響應，秦雖同意弭兵，但未參加。會中楚國提出「晉、楚之從交相見」，即除齊、秦之外，諸小國皆得向晉、楚兩國朝貢。「弭兵」之後，國際間暫時得到四十年烽火歇息的歲月。

「弭兵」表面上成功，實則無法施行長久。因為從晉、楚參加「弭

兵」之會的心態，即可看出與會者的誠意。當向戌提議召開弭兵時，晉國內部先行評估「弭兵」，晉大夫韓宣子就認為辦不到，但必須表示贊同；因為晉若「弗許，楚將許之，以召諸侯，則我失為盟主矣」。楚國如何？文獻未載，不詳；但恐亦如此心態。再者，「弭兵」運動的結果，實際上的獲利者還是晉、楚兩國，因為他們平分了國際霸權；其他與盟的諸小國需同時向兩個霸主納貢。是以「弭兵」並未真正帶來永久的停戰；它只是提供各國喘息和備戰的機會。

㈣諸侯的衰微及大夫執政

「弭兵」之會後，中原雖沒有發生大規模的戰爭，但政局卻有十分深刻的演變；在此之前，列國的形勢主要是諸侯稱霸及兼併小國；但在此之後的形勢，卻是大夫專政和大夫之間的相互兼併。從早期的諸侯稱霸與兼併小國，發展到國中卿、大夫的專權與兼併，象徵著西周宗法統治秩序的進一步瓦解；同時也意味著舊制度的崩潰與新勢力的崛起。卿、大夫的的專權與兼併，成為春秋後期非常明顯的時代特色。

西周初年，分封到各地的諸侯，初期依靠周天子的力量來鞏固統治，一時之間似也國內上下晏然；而封國內的卿、大夫尚缺乏足夠的經濟、政治及軍事的實力，甚至有些還受到人口條件的限制。因此，諸侯所分封出去的卿、大夫尚不足立即威脅到國中公室的地位。但時日一久，各諸侯國以所分封的卿、大夫的人數漸多；而國中土地並沒增加，因此諸侯所轄的領土日益縮減，最後演變成一則無力再分封，二則無土可封的地步。而卿、大夫則在宗族人口不斷繁衍下，逐漸擴張勢力。（見圖：春秋時期黃河、長江中下游地區圖）

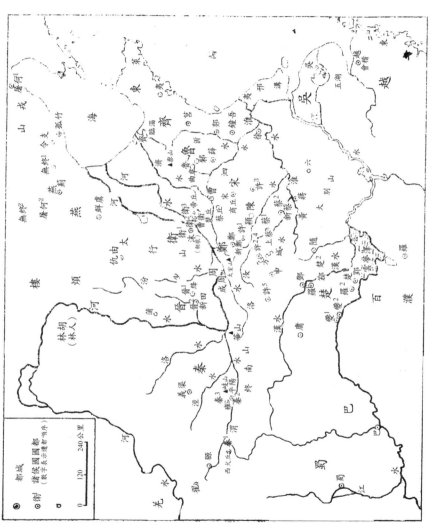

春秋時期黃河、長江中下游地區圖

附圖採自《中國大百科全書》〈中國歷史卷〉。

　　卿、大夫在列國取得政權的具體情況各不相同；但基本上都是在與國君相互鬥爭的情況下，逐漸竊取公室的權柄。春秋時期各國卿、大夫的世族組織，實際上都是從西周後期到春秋前期，因分封而發展起來的。在宗法制度下，他們是一族的大宗；在政治上，是封土內的國君，也擁有自己的武裝和經濟實力。因此，以此發展下去，卿、大夫的地位與權勢逐漸凌駕諸侯，有的甚至於把公室諸侯當做傀儡而踩在腳下。

　　卿、大夫世族的小國內，也設立了朝廷的組織；其中協助卿、大夫管理世族國家的是家臣，家臣中以大夫、家宰、邑宰是地位較高的人物。他們原始的身分都是士，但後來由士新升起來的家臣亦獲得大夫的身分。除了家臣以外，協助卿、大夫政事的還有「有司」等官職，他們的地位較低，各有官職，各管政事，而服從家宰、邑宰的領導。家宰、邑宰負有起用、提拔有司等地方官員的職權。

　　卿、大夫的世族國家中也有獨立的武裝；晉國郤克曾要求用自己私屬的武力去伐齊，可見其私屬武裝力量的強大。在卿、大夫的封邑，還有被邑宰所掌握的地方武裝；魯國季氏的家臣陽虎，曾指揮其私屬軍隊叛變了季氏。季氏另一個家臣公山不狃和叔孫輒，曾以季氏費邑的武裝把魯君、三桓、孔子等，圍困在季氏宮中。卿、大夫擁有獨立的武裝給大夫稱霸提供了必要的條件；但是當卿、大夫政治一旦為家臣所宰制操縱時，家臣所屬的武裝、封邑的武裝，就成為「陪臣執國命」的實力基礎。

　　因此，當世族的首領——卿、大夫在自己的封土內，稱「君」稱「公」設立朝廷，徵收賦稅，訓練軍隊的同時，到了諸侯國中則出將入相，掌握了諸侯國家的政治、軍事的實權。這些強大的卿、大夫的代表，在晉有韓、趙、魏、智氏、范氏、中行等六家；在齊有田氏；魯國則有季孫、孟孫、叔孫等三氏。他們都掌握了實際的權勢，而且不斷向公室進行奪權鬥爭；當時已有人預料這種「政在私門」的情況，勢必會演變成卿、大夫取代公室諸侯，而成為新的時代趨勢。

㈤游士的時代

　　春秋後期大量崛起的士階層，為西周宗法統治秩序崩潰前，再樹立另一個非常突出的時代標誌。

　　「士」原為封建時期最低階層的貴族，但這個階層的抬頭，對當時各國政治產生了非常重大的影響。士的來源，係從武士的階級轉化過來的。在西周初期大行分封時，他們就分配到各諸侯國中；後來諸侯在分封卿、大夫時，他們又被分配到卿、大夫邑中充當武士。春秋後期卿、大夫勢力逐漸膨脹時，單靠分配的武士，已無法滿足統治的需要；於是卿、大夫又在自己的宗族或家族的成員中，拔擢一批人晉升為武士。其中一些地位較高的武士，當了貴族的家臣，幫助貴族管理政事的官員。因此，士與貴族之間在政治上的聯繫關係較為密切，宗法上的血緣關係較為淡薄。

　　士的身分與地位起了變化，是在舊的宗法秩序開始瓦解的春秋中、晚期。這個時期，一些士與卿、大夫之間原有的從屬關係漸漸鬆懈，開始脫離原來的主人，而投奔到新的貴族家中。這正是舊的宗法隸屬關係在動搖，新式的君臣關係開始萌芽的表現。

　　在社會劇烈的變動中，除了士的身分產生了很大的變化以外，士的本身也不斷在分化中。孔子及其弟子都是士的階層，但是他們已經沒有采邑——意即沒有俸祿與食田了。但是他們以其本身的才藝在社會中謀生存，久而久之逐漸在社會中形成一種特殊的階層。這個階層，因其本事而成為卿、大夫在爭奪權力的過程中，網羅為其效命的最佳選擇。他們的執政成了後世中央集權下官僚政治的先驅；而他們也就成為新興起的官僚代表。

　　當士的階層活躍在政治舞臺中，世祿世官制度難免開始動搖起來。士階層的任官，屬非宗法性、無封邑、非世官世祿、沒有獨立割據的武裝力量，而直接受命於卿、大夫的指揮調動，其中最明顯的特色，在於

宗法下的封邑制度逐漸轉向中央集權的郡縣制。

　　從春秋到戰國的歷史中，不管是卿、大夫的奪權鬥爭中、列國的改革變法中，或是百家爭鳴的學術領域裏，都有大批的士在其中積極參與；同時對於推動春秋戰國時期的政治、經濟、文化、思想產生了巨大的影響。士的活躍成為春秋戰國時期一個重要的時代特色。

二、戰國時代的兼併

　　從原先一百多個諸侯，經過春秋時期的連年兼併後，只剩下二十幾個；其中又以秦、齊、楚、燕、趙、韓、魏七國最為強大。他們一個個自立為王，一樣積極在兼併其他小國，所發動的戰爭規模與手段都較春秋時期更大且殘酷，這段時期史稱「戰國時代」（西元前 475～西元前 221）。

　　戰國時代的兩百五十四年歷史，是由地區性的中央集權國家型態，相互兼併到全國統一的中央集權國家建立的過程。在這個時期有許多明顯的時代特色，雖是春秋中、晚期已初現端倪，但此時卻是將這些乍現的曙光大放異采；這是一段從過去的歷史經驗中，開啟了後來歷史發展的關鍵時刻。

(一)七國局面的形成

　　戰國時期的時代重心，全在所謂「七雄」的傾軋與兼併的過程中。七強中以楚的疆域最為遼闊，領有今湖北全部，湖南、江西、安徽的北部，江蘇的北部、中部，河南的南部及陝西的東南一隅；國都在郢（湖北江陵紀南城），後遷都於陳（河南淮陽）、壽春（安徽壽縣）。齊國占有今山東的大部及河北的東南部；國都在臨淄（山東臨淄北）。秦國在今甘肅東南部，一小部分領土伸入到今河南靈寶；國都在雍（陝西鳳翔），後遷櫟陽（陝西富平）、涇陽（陝西涇陽北）、咸陽（陝西咸陽

東北）。燕國則據今河北北部、遼寧西南部及山西東北角和內蒙一小部分；國都在薊（北京市西南），武陽（河北易縣南）則為燕下都。趙在今山西中部、東北部、東南部，向東延伸至河北東南部、山東西端及河南北端，向西則延至陝西東北部；國都在晉陽（山西太原西南），後遷至中牟（河南鶴壁西）、邯鄲（河北邯鄲）。魏國則據河東（山西西南部）、河內（河南北部），向西延伸至河西（陝西韓城、華陰），東至河北西南角一帶；國都在安邑（山西夏縣北），後遷至大梁（河南開封）。七強中以韓國境最小，只領有山西東南部及河南中部；國都在平陽（山西臨汾），後遷於宜陽（河南宜陽西）、陽翟（河南禹縣）、鄭（河南新鄭）。（見下頁圖：戰國諸侯稱雄形勢圖）

　　早在春秋晚期，國際間已逐漸浮現七國並立的局勢。周威烈王二十三年（西元前 403），周天子承認韓、趙、魏三家為諸侯；周安王十六年（西元前 386），王室也正式冊命齊田和為諸侯，七國並立的局面正式形成。七國中的韓、趙、魏、齊四國由春秋時期的晉、齊兩國的卿大夫執政發展而來，對於宗法傳統的破壞較為徹底。秦、楚兩國則歷來沒有嚴格的宗法傳統。燕國一向對宗法傳統保存較多，而在七強中國力最弱。魯、鄭、衛、宋等國，對宗法傳統的維護較為嚴格，同時在春秋末期執政的大夫又都是公族，因此對於宗法傳統的衝擊最小；而進入戰國以後，這些國家都積弱不振。種種情況似乎說明了，各國對於舊制度變革的程度與其發展有密切的關係。

㈡變法及七雄的發展

1. 魏國變法

　　戰國七雄中，以魏國的變法改革最早，同時也是最先強大起來。魏文侯在位時（西元前 445～西元前 397）招納一批軍事、政治的人才進行改革變法，如子夏、田子方、段干木、李悝、吳起、西門豹等人；其中以李悝的改革最著名。

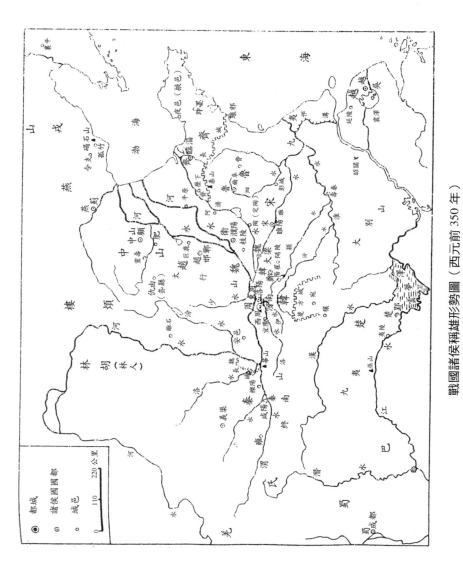

戰國諸侯稱雄形勢圖（西元前 350 年）
附圖採自《中國大百科全書》〈中國歷史卷〉。

西元前四〇六年，李悝在魏國推行改革，他制定了多項措施，如：

(1)廢除舊的世祿爵位制度，按照「食有勞而祿功」的原則，將祿位頒給有功於國家的人。

(2)推行「盡地利之教」及平衡糧價的「平糴法」。所謂「盡地利之教」是把土地分給可以耕作的農民，並要求農民「治田勤謹」，發揮土地的潛力，提高糧食的畝產量。「平糴法」則是在收成好的時候，由國家以平價購進糧食；年成壞時，國家也以平價出售，藉以調整糧價。

(3)制定《法經》六篇，包括盜法、賊法、囚法、捕法、雜法、具法。將盜法、賊法置於前兩篇，李悝認為「以為王者之政，莫急於盜賊，故其律始於盜賊」。而囚、捕兩篇，則以「盜賊須劾捕，故著囚、捕二篇」。雜法懲治「輕狡、越城、博戲、借假、不廉、淫侈、逾制」等六種違法行為。具法則是「以其律具其加減」。《法經》是中國第一部比較系統的法典；同時也是奠定後世法制基礎的一部法典。

李悝的改革，促進了魏國經濟的發展，為日後的發展提供了相當有利的條件。

在軍事改革方面，魏文侯從吳起之議，建立了一支精銳的常備軍隊——魏武卒。每個武卒「衣三屬之甲，操十二石之弩，負服矢五十個，置戈其上，冠冑帶劍，贏三日之糧，日中而趨百里。中試則復其戶，利其田宅」；此舉加強了部隊的戰鬥力。

在經濟與軍事成功的改革下，魏國逐漸「國以富強」，並「強匡天下，威行四鄰」，成為戰國前期最強大的國家。魏國的強盛，從文侯開始，歷魏武侯（西元前 396～西元前 371）直到魏惠王（西元前 370～西元前 319）初期。

西元前三六一年，魏惠王基於戰略地形的考慮，將國都安邑遷到大梁，因為安邑地處河東，受秦、趙、韓三國的包圍；惠王遷都大梁另一層考慮，也在積極布署軍事，圖謀統一三晉，以恢復春秋時期晉國全盛時的地位。西元前三五四年，魏聯合宋、衛攻趙，次年逼進邯鄲。齊威

王派田忌、孫臏發師救趙,在桂陵之戰擊敗魏國,但並未削弱魏國。此後魏國又聯合韓國打敗齊、宋、衛三國聯軍,並迫使齊、趙訂了城下之盟。此時西邊的秦屢東向逼魏,並一度攻入魏舊都安邑;因此,魏與齊、趙訂盟之後,立即發兵反攻,而迫使秦孝公在彤(陝西華縣西)講和。西元前三四四年,魏惠王召集秦及泗上十二諸侯盟於逢澤(河南開封南);此時魏國的聲勢達於頂峰。

逢澤之會後,魏惠王志得意滿,「廣公宮,製丹衣,旌建九斿從七星輿」、「乘夏車,稱夏王」,儼然是天子的排場。此舉受到韓國抵制,魏遂出兵攻韓而引起「馬陵之戰」。

西元前三四二年,魏進兵韓,韓求援於齊;齊雖答應救援,卻遲遲未發兵。第二年,魏、韓兩國均已師疲,齊威王遂派田忌、田嬰為將,孫臏為師,起兵伐魏救韓。魏惠遣太子申、龐涓率大軍迎敵。齊國以「減灶誘敵」之計,誘使魏軍以精銳部隊追趕。魏軍果然中計,兵至馬陵(河北大名)遇齊伏兵,追趕的魏軍悉數被殲滅;太子申被俘,龐涓自殺。至此魏國勢力中衰而至一蹶不振。

2.齊國改革

就在魏惠王全力發展國勢時,東西方的齊、秦亦同時進行改革。齊國的改革,始於田和之孫田齊,即齊威王(西元前356~西元前320)。相傳齊威王的改革,是受到淳于髡「此鳥不飛則已,一飛衝天;不鳴則已,一鳴驚人」的諷諫後,力圖振作進行改革。他任用騶忌為相,廣開言路,鼓勵人民的進諫;加強中央集權「謹修法律而督奸吏」,即嚴格實施賞罰分明,齊國吏治一時得以大治。在整軍方面,以孫臏為軍師,加強軍隊訓練,以「技擊」為名,強化軍隊戰鬥力;齊國的軍隊因此也以善戰聞名。

齊威王之後,齊宣王(西元前319~西元前301)繼位。齊國在威、宣王時期,在都城臨淄的稷門外,設置一座大學堂,聚集了各國的文人學士,專門著書講學。其中較為著名的,如:田駢、慎到、環淵、淳于

髡等七十六人，一時之間來自各地的從遊之士數千名之多。因此，這個學堂及其從遊之士遂被稱為「稷下學派」，對於戰國學術發展產生了一些影響。

3.趙國變法

同屬三晉的趙國，也曾在國際一片變法聲中，推動改革。趙烈侯（西元前 408～西元前 387）時，以公仲連為相，實行「選練舉賢，任官使能」，加強軍備並「節約儉用，察度功德」，國勢因而日益富強。到了趙武靈王（西元前 325～西元前 299）時，提倡「胡服騎射」，以機動騎兵加強軍隊的戰鬥力。當武靈王推動胡服騎射時，曾遭到大臣們激烈的反對；而武靈王親自前往說服。他曾命「吏大夫奴遷於九原（內蒙古包頭西），將軍、大夫嫡子、代吏皆貂服」；這是移民實邊的作法，目的除了開發邊地外，也鞏固了邊防。趙國於此聲勢坐大。

趙國的中衰，始因於武靈王的傳位出了問題；他把王位傳於少子何，而把長子章（號安陽君）封於代。長子章勢力大，對於武靈王的傳位極為不滿；西元前二九五年，章與國相田不禮發動政變。但叛變不成而被公子成及李兌所殺，公子成及李兌遂圍困武靈王於沙丘宮中，三個月後武靈王死；趙國國勢由是中衰。

4.楚國變法

春秋末期，吳軍入郢後，楚國一直無法提振元氣；直到戰國初年才漸有起色。但真正讓楚國恢復強盛的國勢，是到楚悼王（西元前 401～西元前 381）時任用吳起變法之後。

吳起（？～西元前 381）是衛國左氏（山東曹縣）人；魏文侯時任魏將軍，戰功卓越。文侯死後，受到魏國大臣排擠，被迫離魏入楚；而受到楚悼王重用，命為令尹進行改革。他變法的內容，主要是：

(1)廢除貴族特權，規定凡封君的子孫只要傳了三代，則收回爵祿；疏遠的公族，一律廢除公族籍屬，並「令貴人往實廣虛之地」。

(2)「明法申令，捐不急之官」；屬行法治，嚴格賞罰；裁減冗員，

削減過高的俸祿；嚴懲貪污，以「撫養戰鬥之士」。

(3)「塞私門之請」，以防舊貴族相互勾結，而干預政令。

(4)加強郢都防衛，把以前郢都版築填土的築牆方法，改用四版加高的建築。

(5)獎勵耕戰，提出「厲甲兵以時爭于天下」；並訂軍功「進有重賞，退有重刑」，提高楚軍戰鬥力。

經過吳起的改革，楚國聲勢大振，一時「南收揚‧越，北并陳、蔡」、「卻三晉」、「西伐秦」；楚疆恢復春秋舊觀。

但吳起的變法，與楚國貴族的利益衝突甚大。因此，楚悼王一死，楚舊貴族便聯合發動政變，進攻王宮追殺吳起。吳起知難逃，便伏身悼王屍體；但貴族不顧紛紛引箭射殺，以致「矢中王屍」。亂平，肅王即位（西元前 380～西元前 370）後，以「麗兵于王屍者，盡加重罪，逮三族」的法律，夷平楚國貴族七十餘家。

吳起雖變法成功，將楚推至戰國七雄之林。但時間不長，且變法內容只集中在中央集權與強兵方面；對於社會、經濟改革著墨不多，因此無法徹底改變楚國體質，軍政大權始終操在昭、景、屈三姓貴族之手，國勢遂逐漸衰落下去。

5.秦國變法

列國的變法中，最徹底且最成功的例子，莫過於秦國的變法。戰國初期，秦仍被東方各國視為夷狄而恥與為伍。一直到秦獻公（西元前 384～西元前 362）即位，從事改革，國勢才日益強盛。

獻公的改革，包括：

(1)宣布「止從死」，即廢除人牲殉葬制度。

(2)允許國內從事商業活動，此即「初行為市」。

(3)實行「為戶籍相伍」，即個體小農五家為一伍編入國家的戶籍。

(4)遷國都，推廣設縣；將國都遷至櫟陽，目的是為了此地近於魏國且「東通三省，亦多大賈」，適合商業發展。

　　獻公的改革，雖未徹底改變秦國的面貌；但改革的成果表現在對外的征戰亦有可觀。西元前三六四年，秦大敗魏於石門（山西運城西），連周顯王亦來道賀。西元前三六二年，再敗魏軍於少梁，並俘魏將公孫座。但獻公改革最積極的意義，在於為秦孝公及商鞅變法提供了有利的條件。

　　秦孝公（西元前 361～西元前 338）任用商鞅實施變法，是歷史上改革成功最著名的例子；並使得秦國從「諸侯卑秦」的境地，躍升為戰國中期以後的首強。

　　商鞅（西元前 390～西元前 338）原為衛國貴族之後，姓公孫，原稱衛鞅或公孫鞅；入秦後，因變法有功於秦而封於商，號商君，遂稱商鞅。商鞅好刑名之學，是法家代表人物。商鞅先（孝公三年，西元前 359）後（孝公十二年，西元前 350）兩次在秦變法；第一次變法的內容：

　　(1)鼓勵軍功，禁止私鬥。

　　(2)實行連坐法。

　　(3)獎勵耕織。

　　(4)鼓勵小農經濟。

　　第二次變法，影響深遠；主要的內容如下：

　　(1)推行縣制及什伍連坐。孝公之前，秦已置縣，商鞅普遍推廣縣制，把秦國劃為三十一縣。縣設縣令，掌一縣政務，縣丞是其助手；縣令及縣丞的任免，均出於國君。同時又將全國人民編入戶籍，規定五家一伍，十家一什，相互連坐告訐。這些措施都是為了中央集權的統治工作。

　　(2)廢除世卿世祿制，建立軍功爵制。規定宗室貴族中無軍功者，不得列入宗室屬籍；將秦國爵位定二十級，根據軍功大小制定尊卑爵秩的等級。軍功的確立，徹底摧毀舊貴族的政治壟斷，但亦培植了一批因軍功而受爵的新貴。

　　(3)重農抑商，獎勵耕織。規定「僇力本業，耕織致粟帛多者，復其身；事末利而怠而貧者，舉以為收孥」；又規定「民有二男以上不分異

者，倍其賦」。這是獎勵小農經濟，以促進生產。

(4)廢井田、開阡陌。承認土地私有及允許土地買賣，土地稅由國家統一徵收。此舉促使土地走向私有制的發展。

(5)統一度量衡，製造度量衡器，頒行全國。

(6)制定秦國法令，即所謂的「明法令」；並申明「刑無等級」。

(7)燒詩書，禁游學；並嚴禁私家請託或私通國外。戒戎狄舊俗，禁止父子兄弟同室居住。

(8)遷都咸陽，以利於向東的發展。

商鞅改革變法前後歷二十幾年，雖令「秦民大悅，道不拾遺，山無盜賊，家給人足。民勇於公戰，怯於私鬥，鄉邑大治」；但卻直接打擊到舊貴族的既得利益；因此，推動新令時遭受的阻力甚大。但商鞅以極為強硬的手段推動改革，他曾在渭水邊一次處決反對變法的七百多人；亦曾遷謫大批貴族至偏遠地區，以確保改革變法的成效；也曾因太子犯錯，而處罰太子虔劓刑、太子師公孫賈黥刑。因此，等到孝公一死，商鞅遂被車裂而死。商鞅雖死，但秦已奠下富強的基礎，為提供了日後秦始皇統一六國有利的條件。

秦孝公之後，為秦惠文王（西元前 337～西元前 311）。西元前三二八年，惠文王以張儀為相，並陸續取得魏國上郡及河西之地。張儀倡「連橫」政策，以離間齊、楚聯盟；西元前三一三年，楚懷王中張儀計與齊斷交入秦，最後竟被愚弄而客死於秦。張儀離楚後，又陸續遊說韓、齊、趙、燕，鼓吹連橫，破壞了東方各國的合縱。張儀因功受惠文賜五邑，號「武信君」。

惠文王之後為秦武王（西元前 310～西元前 307）；武王不滿張儀，張儀遂離秦入魏任相，一年後死於魏國。

武王之後秦昭襄王（西元前 306～西元前 251）即位。秦以白起為將，連破韓、魏、趙、楚等國軍隊，秦疆因此幾占國中大半。昭襄王另以魏人范雎之議，採「遠交近攻」的政策，聯合楚、趙孤立了韓、魏；

韓國黃河以北之地，盡入秦手。最後秦軍轉向趙國，西元前二六○年，「長平之戰」趙國被秦坑殺四十萬大軍；趙雖未亡，但從此一蹶不振。

西元前二五六年，秦再伐韓、趙，陷韓陽城（河南登封）、負黍（登封縣西）；秦軍逼進周王畿，王室應戰。周赧王（西元前 314～西元前 256）五十九年，秦破王師，赧王到秦國請罪，並把所屬三十六邑，三萬人口獻給秦。同年周赧王死，無人繼立，周王朝正式結束。

秦昭襄王之後，繼位的孝文王（3 天）、莊襄王（3 年）享國甚短。西元前二四七年，莊襄王之後子政即位，即後來的秦始皇。

嬴政即位年僅十三歲，國政由太后及呂不韋代行。呂不韋，衛國人；原係陽翟巨商，後因助秦在趙的人質子楚（即後來莊襄王）返秦，而相秦。王政即位，仍以呂不韋為相國，並進號「仲父」。及至王政長大親政，因後宮發生舍人嫪毐叛變事件，涉及太后與呂不韋。嫪毐被處死，呂不韋被流於四川，途中自殺。

秦王政親政，起用李斯，而依其計「陰遣謀士齎持金玉以遊說諸侯，諸侯名士可下以財者，厚道結之；不肯者，利劍刺之，離其君臣之計，秦王乃使良將隨其後」；魏人尉僚亦進言「以秦之強，諸侯譬若郡縣之君臣，但恐諸侯合縱……；願大王毋愛財物，賂其豪臣以亂其謀，不過亡三十萬金則諸侯可盡」。秦的統一六國，即在這種雙管齊下的政策中完成。西元前二三○年，滅韓；西元前二二八年，趙國滅亡；西元前二二五年，魏滅；西元前二二三年，滅楚；西元前二二二年，燕滅；西元前二二一年，滅齊。歷史進入「六國畢，四海一」的局面。

(三)春秋戰國的學術文化

《漢書・藝文志》將春秋戰國諸子學派分成儒、道、名、法、墨、陰陽、縱橫、農、雜、小說十家；其中又以小說家為「街談巷語，道聽塗說者之所造」，「君子弗為」，所以「諸子十家，其可觀者九家而已」。「九流十家」主導一個時代的大趨勢，是春秋戰國時期最顯著的

特色。

　　社會、政治及經濟的變動，引起學術文化產生根本性的變化，也是春秋戰國時期非常明顯的時代特色。東周以來官學衰敗，民間私學興起，逐漸演成百家爭鳴的局面。《漢書‧藝文志》說：「王道既衰，諸侯力政，時君世主，好惡殊方，是以九家之術蠭出並作，各行一端，崇其所善，以此馳說，取合諸侯。」大抵點出春秋戰國學術與時代環境彼此之間糾結的關係。因此，從春秋中、晚期以後，陸續出現了一批博學之士，他們或為各國君主針砭時弊，或提出新的思想，其目的都在取合用世。而他們的主張多少吸引一些從遊之士，久而久之自然形成一股學派；私學的興起，就在這樣的背景中發展出來。

　　從另一方面來看，王綱解紐，列國競逐。各國對內要求社會安定、富國強兵；對外要求生存、圖爭霸權。面臨經濟、軍事、政治、外交的複雜問題，統治者都在尋求治國平天下之道；而封建舊貴族已無法因應這個新變局。統治者遂舉才於平民百姓階級，這為私學的興起，提供了客觀環境。

　　九流十家中，以其中儒、墨、道、法的思想對當時及後世產生較大的影響，茲分述於下：

1. 儒　家

　　儒家以重現三代之治為理想，其代表性的人物為孔子。

　　孔子崇周禮，畢生以挽救東周「禮崩樂壞」的局面自居。孔子，名丘，字仲尼，魯國陬邑人（山東曲阜）；生於魯襄公二十二年（西元前551），死於魯哀公十六年（西元前479）。孔子的先世是宋國貴族，後遷居魯國，其父叔梁紇曾任陬邑大夫。因其早逝，而家道中落。孔子年青時擔任過魯國低級官吏；中年後相繼任中都宰、司寇等官，而「與聞國政三月」。去職後，先後遊歷衛、宋、陳、蔡、楚等十四國，向各國國君宣揚其政治思想。晚年再回魯國，從事教育及講學。他的言論，由其弟子整理《論語》一書，是研究孔子最重要的材料。

　　孔子生活在春秋後期，是社會變動相當大的時期。他認為「天下無道」，因此提出「禮治」的政治主張，來矯正時弊。所謂「禮」即「周禮」；嚴格遵守周禮中的「君君、臣臣、父父、子子」的等級秩序。而要實現禮治，必須提倡「仁」；「仁」的內容很廣泛，是一種強調內心修養的功夫，一種道德的標準，一種人際之間的關係；這種標準與「禮」是一致的，即所謂「克己復禮為仁」。因此「仁」與「禮」是孔子思想體系的核心。

　　孔子是歷史上第一個打破學在官府的局面，創立了私學，以禮、樂、射、御、書、數六科教育弟子。教學中，孔子提出「有教無類」的原則，先後收了三千名學生；其中較著名有七十二人。在孔子之後，以教育及相禮為業的，都被視為儒家者流。在他死後，儒家進一步發展，而形成許多儒家派別，如「子張之儒、子思之儒、顏氏之儒、孟氏之儒、漆雕氏之儒、仲良之儒、孫氏之儒、樂正氏之儒」；但都以孔子為宗師。

　　儒家發展到戰國，代表性人物為孟子及荀子。孟子，名軻，鄒（山東鄒縣）人；受業於子思，曾往來游學於魏、齊、滕、魯等國，後隱居於鄒，聚徒講學。《孟子》一書記載他的言論及思想。

　　孟子的政治思想，係以先王德行仁的治國。他主張行仁政、恢復井田、「省刑罰薄賦斂」、行王道反對霸道；同時提倡「民為貴，社稷次之，君為輕」的重民思想。

　　孟子也宣揚「性善論」，以「惻隱、羞惡、恭敬、是非」為人與生俱來的。從儒家的觀點看，孟子是繼承和發揮孔子學說的人，對後世影響很大，被尊為「亞聖」；儒家學說則被視為「孔孟之道」。

　　荀子也是戰國時期另一個儒家代表性人物。荀子，名況，字卿，趙國人。曾游學於齊國稷下，而充任學宮的「祭酒」。晚年游楚，受知於春申君，任蘭陵令，最後死於楚；著有《荀子》一書。

　　荀子主張「禮治」的政治思想；但他的「禮治」與孔孟所言不同。他主張「禮法兼用」，這是既隆禮又重法。禮是用來維護「貴賤有等，

長幼有序，貧富輕重，皆有稱者」；而法是為等級制度提供合法的法律依據。禮是根本原則，法是具體措施，兩者非但不對立，且應相輔相成。

荀子主張「性惡」，認為「饑而欲食，勞而欲息，好利而惡害」是人性；因此，沒有「君子」、「小人」之別。而性惡是社會秩序的亂源，所以他主張以「禮」與「法」去其惡性；人君必須「明禮義以化之，起法正以治之，重刑法以治之」。孟、荀的主張，表面上針鋒相對，實則頗具異曲同工的內涵。

2. 墨　家

墨家與儒家同為戰國時期的顯學。墨家的創始人為墨翟，做過工匠，善製工具與守城器械。墨家之「墨」，是起於對刑徒的稱謂；與其他各家不同的是，墨家者流是來自民間庶民階層。

墨家亦重道德；以「兼相愛，交相利」來代替人與人之間的仇隙。墨家與儒家的「兼愛」，立足點不同；墨子主張「愛無等差」、「視人之家若視其家」，提倡一種普遍而無等級的愛。從人際之間「兼愛」的觀點出發，到國際間的「非攻」，是墨家最鮮明的思想特徵。

墨子也反對儒家的禮樂教化及厚葬，認為這是勞民傷財；因而提出「非樂」與「節葬」的主張。

在政治主張方面，墨家提出「尚賢」與「尚同」的思想。

「尚賢」思想是儒、法、墨各家共同的主張，為往後中國政治史上開啟了「任人唯賢」的優良傳統。墨家對於「尚賢」，提出「官無常貴，而民無常賤，有能則舉之，無能則下之」、「不辨貧富、貴賤、遠近、親疏，賢者舉而尚之，不肖者抑而廢之」；這是打破階級制度的任賢舉才。

在「尚同」方面，墨子認為天下之亂是起於人們思想的不同，所謂「一人一義、十人十義、百人百義」，於是「天下之亂，如禽獸然」。解決之道，在「選擇天下賢良、聖知、辨慧之人，立為天子，使從事乎一同天下之義」。這是墨子對於國家起源和職能的基本認知。

整體來看，墨子的「尚賢」與「尚同」，一方面突破宗法制度，讓「農與工肆之人」賦予政治的權利；一方面又要求由上而下的「一同天下之義」，這是一種深刻的矛盾。這個矛盾反映出低下階層思想上的特點。

3.道　家

與儒、法、墨等積極用世不同的是道家的思想；道家的代表人物老子、莊子是避世、遁世的隱者。

老子、莊子是中國思想史上，屬較為特殊的典型。他們都不喜受當權者的約束羈絆，把功名利祿看作是對自己的傷害，以「終身不仕」來求得精神上的自由。對於政治上的主張，老子提出「絕聖棄智」、「絕仁棄義」、「絕巧棄利」；他所追求寧靜和諧的理想境界，是「小國寡民，使民有什佰之器而不用，使民重死而不遠徙。雖有舟車，無所乘之；雖有甲兵，無所陳之。使民復結繩而用之。甘其食，美其服，安其居，樂其俗，鄰國相望，雞狗之聲相聞，民至老死不相往來」；這是對原始社會的一種憧憬。

莊子則以「道」先於客觀事物而存在，是一種超自然的精神世界，也是一種產生世界萬物的本源。他認為透過修養可以得「道」，得「道」之後可以進入「真人境地」，可以解脫人生的苦惱、煩悶，以至於生死。

莊子也提出「齊是非」的相對主義；認為是與非在於相對的，沒有客觀標準。其他如貴賤、大小、美醜、善惡，都不是客觀事物性質決定的，而是從認識者主觀偏見所決定。

對於政治的主張，老、莊都主張「無為而治」；他們認為天下之所以亂，其根源在於治，且愈治愈亂。只有順其自然，方能使天下太平。所以他們反對當時的社會變革，幻想回到「至德之世」的太古洪荒時代。這些都反映出沒落階級悲觀失望的精神狀態。

4.法　家

法家人物是一批講究實際、推行變法革新的思想家。戰國時期法家

人物輩出，前期代表有李悝、吳起、商鞅、申不害，後期則有李斯、韓非等人；他們的學說都偏重在實際的政事。其中韓非更是集先秦法家思想大成者，著有《韓非子》一書。

韓非（西元前 280～西元前 233）認為歷史是向前發展的；他把歷史分為「上古」、「中世」和「當今」三個時代。其中「當今」是「爭於氣力」的時代，統治者要應世而變，所謂「世事變而行道異」、「事因于世，而備適于事」、「世異則事異，事異則備變」，「是以聖人不期修古，不法常可，論世之事，因為之備」。法家的政治主張，比儒家更強調歷史是處於「變」的發展；因此，法家批判儒家「法先王」的政治哲學，而提出「法後王」的主張。

韓非主張「法治」，以威勢強力為本，加強中央集權的統治。他提出「民固服于勢」的主張，只有靠威勢才能使百姓服從。韓非把君主的威勢喻為虎的爪與牙；人君丟了威勢，就受制於人臣，就像老虎丟了爪與牙，將受制於人的道理是一樣的。

對於儒家主張的「為政以德」，法家以「不務德而務法」來回應。法家以為道德教化不能使人為善，只有「重賞嚴罰」方能使百姓不敢挑戰法律，而不致為非作歹。要讓百姓守法，需守住「信賞必罰」、「有法必行」的重要原則。

從儒、法長期鬥爭的歷史來看，戰國中期以後法家略占上風。因為戰國中、晚期以後，法家學說深深地影響各國銳意革新的君主，「秦用商君，富國強兵；楚、魏用吳起，戰勝弱敵；齊威王、宣王用孫子、田忌之徒，而諸侯東面朝齊」，最後秦王用李斯、韓非之徒，終至滅了六國完成統一。

不過法家一味地迷信強力與威勢，單純地依靠嚴刑峻罰來統治，雖能收一時之效，但終究無法行之久遠；這也是法家思想中致命的錯誤。

㈣春秋戰國的社會經濟

「鐵」的出現，是鍛鑄工藝史上一件劃時代的大事。它的廣泛使用，具有區分時代的意義；一般而言，歷史區分石器時代、銅器時代與鐵器時代。在歷史上青銅器未能完全取代石器；但從鐵器出現後，石器則完全退出歷史舞臺。蓋鐵製工具堅固而銳利，遠超過青銅及石器。鐵器的使用，提高了開墾荒地的能力，加強深耕細作，推動了農業迅速發展。

據文獻記載，鐵最早見於西周與春秋之際。但目前考古並未見此時鐵的遺存。到了春秋中、晚期之後，鐵器已有很大的發展；除了文獻多有記載外，遺址中不乏鐵鑄器物或鐵劍的出土。

戰國中期和後期，鐵器的使用已相當普遍了。社會生產和生活各個層面中，都大量使用鐵器了。《管子》書中記載鐵器的使用遍及社會各階層，農、工器具，甚至於婦女紡織縫衣都離不開鐵製器具，大有「不爾而成事者，天下無有」之勢。從考古發現出土的鐵器地點除了遍布七國以外，在北方東胡、匈奴地區和南方百越，都有鐵器的出土。

除了鐵器以外，春秋戰國的農作技術的進步，表現在牛耕的出現與推廣。文獻中「耦耕」是以人力為耕種方式，但牛耕出現後，除了提高農業生產的效力以外，也說明了耕作技術與耕作制度向前跨越一大步。

土地制度的改變，也是春秋戰國時期的一大變革；西周的「井田」制度到了春秋逐漸產生變化。各國為了增加生產，不斷地開墾荒地，無形擴大了「私田」的面積；同時戰爭的因素，使得投入「公田」的勞動力減少，貴族的稅收亦形減少。因此，統治者逐漸放棄以「公田」作為租稅的標準。這種土地租稅的改變，在各國的變法中，似乎都被提出來當作革新施政的課題。同時為了獎勵軍功，土地所有權也被釋放出來；這對土地制度而言是一大變革。

青銅器的發展，並沒有因為鐵器的出現而沒落，反而發展到另一個高峰。青銅器的使用，在春秋戰國時期已逐漸突破貴族禮樂的範圍，擴

大到社會生活的各個領域中；此時除了禮器以外，青銅所鑄造的日用品，項目愈來愈多，如青銅農具及建築需要的青銅飾件。同時又依各地風格，而發展出不同地區的風格特徵。

　　春秋戰國時，手工紡織業主要是生產麻織品及絲織品。麻織品是一般人穿著用的衣料，需求量甚大。絲織則是紡織中的精品，特別引人注目。這類的手工藝品在春秋戰國時也發展甚快，當時各國都能生產甚為精美的絲織品。蘇秦游說趙肅侯時，一次得到的賞賜品中就有「錦繡千純」，可見當時絲織品的產量相當可觀。

　　髹漆是在器物表面上塗漆，以增加其美觀與堅固；所用的漆是漆樹皮的黏汁所提煉出，是人類至今掌握少數幾種天然塗料之一。商周時期已有漆器工藝；到了春秋戰國時期，漆器的發展更形迅速。目前出土漆器的遺址超過八十餘處，出土地區主要以戰國時楚地為多。

　　因為農、工業的發展，商品總量亦提高；因而出現商業的空前繁榮，各地區的物產都出現在中原市場。商品的流通也豐富了物質生活，同時也增加了商業活動的密集。春秋戰國時期，商人與商業的蓬勃發展，是此一時期極為明顯的時代特色。在商業活動中，扮演媒介的金屬貨幣，已逐漸被人們使用；春秋中、晚期已出現了金屬貨幣，到了戰國時期金屬貨幣更為大量的流通起來。不過，各國依其經濟狀況，個別鑄造不同成分與形製的貨幣，而同一個國家也不限於使用一種金屬貨幣。

　　商人的活動，大都在城市之中。春秋戰國時期，城市的數量與功能發展快速；不過，春秋的城市與戰國的城市有一些不同：其一、春秋時的城市，無論諸侯或卿大夫的邑，都是西周封建殖民的延續，城市的居民主要還是貴族和國人，城市的性質基本還是政治中心。戰國時期的城市，雖仍保持政治中心的地位，同時又發展成經濟中心；許多城市經濟上的重要性已超過政治上的重要性。其二、城市結構發生了變化，春秋時期城市的主體是貴族居住區，官府的手工業作坊偏於一隅。戰國時期諸侯國的都城由小城、大城或內城、外城組成。貴族居住於小城、內城，

其間居高臨下,建築豪華;一般小手工業及商人居住在大城、外城。市場亦為城市不可或缺的部分,「面朝後市」成為營建城市的統一規格。其三、春秋時城市不大,諸侯國國都不過九百丈,卿、大夫的城邑不許超過國都的三分之一,有些甚至只五分之一或九分之一。人口最多不過三千戶,一般只有幾百戶或更少;而這些規制在戰國時期只算是普通的城邑,「萬家之邑」、「萬家之縣」紛紛出現,占地數十里、人口幾十萬的通都大邑逐漸形成。

　　文獻中提及的戰國城市達數十處之多,除了列國都城以外,因商業、文化或其他功能而興起的都市,為數亦不少。城市中被各行各業及各種體育娛樂活動充斥;市場的喧鬧取代以往城堡肅殺的景象。

　　先秦歷史的發展,經過幾次重大的轉折。從氏族部落到封建宗法社會,是一大變革;再從分封建疆到列國競逐,歷史又轉入另一段過程。前後的時代固然有相承的關係,但不同的時期,卻明顯表現出不同的時代特色。春秋戰國處於古今一大變革時期;在此之前的歷史是穩定中的變動,而此時期則以撲天蓋地之勢,對於歷史的進程全面的翻轉。此後中國的歷史進入一段新紀元。

參考書目

傅斯年，〈夷夏東西說〉，《慶祝蔡元培先生六十五歲論文集》史
　　語所集刊外編，1935 年。

趙鐵寒，《古史考述》，正中，1965 年。

杜正勝，《周代城邦》，聯經，1979 年。

孫淼，《夏商史稿》，文物，1981 年。

許倬雲，《求古篇》，聯經，1982 年。

杜正勝，《古代社會與國家》，允晨，1992 年。

葉達雄，《西周政治史研究》，明文，1982 年。

張光直，《中國青銅時代》，聯經，1983 年。

許倬雲，《西周史》，聯經，1984 年。

中研院史語所「中國上古史編委會」編：《中國上古史（待定
　　稿）》，史語所，第二本 1985 年。

張光直，《中國青銅時代》（第二集）聯經，1990 年。

宋鎮豪，《夏商社會生活史》，中國社會科學，1994 年。

王仲孚，《中國上古史專題研究》，五南，1996 年。

楊寬，《西周史》，商務，1999 年。

勞榦，〈戰國七雄及其他小國〉，《史語所集刊》48：4，1977 年。

余英時，《中國知識階層史論（古代篇）》，聯經，1980 年。

許倬雲，《求古篇》，聯經，1982 年。

楊向奎，《宗周社會與禮樂文明》，北京，人民，1982 年。

中研院史語所「中國上古史編委會」編《中國上古史（待定稿）》，
　　史語所，第三、四本，1985 年。

陳良佐，〈春秋時代青銅農具普及的程度及其使用的範圍〉，《第

二屆國際漢學會議論文集》1986 年。

杜正勝，《編戶齊民——傳統政治社會結構之形成》聯經，1990
　　年。

杜正勝，《古代社會與國家》，允晨，1992 年。

王仲孚，《中國上古史專題研究》，五南，1996 年。

第四章

秦漢時期

廖伯源*

第一節　秦始皇之政治與秦朝之滅亡

一、秦始皇之政治

秦王政二十六年（西元前 221），統一中國，不再分封建國，而分天下為郡縣，建立以郡縣制度為基礎的中央集權政府。

中國傳統統治天下之制度有二，是為封建與郡縣。秦始皇既統一天下，建國之方略如何，應有所決定。大多數朝臣侷限於歷史經驗，咸持封建，以為不封建始皇諸子為王，無以鎮壓邊遠地區；且宗室封王，為天子之藩輔，可防權臣之篡奪。李斯則以為封建諸侯，日久諸侯成疏遠之親戚，列國獨立，各擁軍隊，爭權奪利，互相戰爭，又成戰國之局，

＊現任中央研究院歷史語言所研究員。

故反對封建。秦始皇接受李斯的意見，認為封建是戰爭的根源，「天下
共苦戰鬥不休，以有侯王。」始皇經十餘年之戰爭，有厭戰之心，為其
帝國的長治久安，乃盡廢封建，專行郡縣。「分天下以為三十六郡，」
其後征服北邊及嶺南，增加至四十一郡。郡置守為長官統治之，置郡尉
掌武事，置郡監主監察。每郡下轄數縣或十餘縣，縣置縣令或縣長為其
長官，又置縣尉掌武職。縣令長執行郡守之命令，治理其縣，年終上計，
將行政之成績向郡守報告。郡守遵行朝廷之命令，傳達於各縣，監督各
縣之政治；年終匯集各縣之上計，作全郡之計畫，上計於朝廷。秦始皇
為中央政府之首腦，通過中央政府及郡、縣二級地方政府，統治天下，
其命令下及天下之百姓。

　　秦始皇創製皇帝的名號，自稱為始皇帝，欲傳天下與子孫，二世、
三世，以至萬世不絕。秦朝的天下只傳了二世，僅十五年；但秦始皇所
建立的帝國政府制度，則為中國此後二千年的皇朝政府所沿襲。

　　秦始皇勤於政事，他規定白天黑夜各處理若干重量的公文，不處理
完不肯休息。統一天下後，他在位十二年間，五次巡行天下，長途跋涉。
始皇之出巡，左丞相從，途中百官奏事，始皇治事如在京師。其出巡非
郊游享樂可知，蓋為宣揚國威，鎮壓安定地方。

　　秦始皇對舊六國之地推行寢兵政策。始皇不復立封建的原因之一是
避免戰爭之再起。他的其他消弭戰爭之措施，如收天下之武器銷融之，
鑄金人十二，各重三十四萬斤。又夷去天下城郭險阻，蓋防民負險頑抗。
又殺豪傑、徙富豪，「徙天下豪富於咸陽十二萬戶。」目的是為了除去
舊六國各地之地方領袖，毀壞險要之地形，沒收民間之武器，使各地無
反抗朝廷之力量。

　　對三邊之邊疆民族，則盡力征服之，或夷為郡縣，使不能為患。始
皇統一天下時，匈奴強盛，勢力越過黃河，牧馬於河南地。始皇遣將軍
蒙恬領三十萬兵擊匈奴，匈奴退至陰山之北。始皇於陰山之南，沿河置
四十四縣，徙謫人以實其地，則其時秦之北邊，與匈奴以陰山為邊界。

匈奴雖退至陰山之北，尚未臣服，隨時可越陰山南下，乃築長城以防禦之。秦長城起自隴西臨洮，經隴西、北地、上郡一段為秦昭王時所築，秦始皇時逐匈奴至陰山之北，蒙恬監督修築之長城在黃河北岸，陰山之南，東向，於高闕塞接趙長城至代，再東築接燕長城於造陽，向東，離燕長城北移，至遼水沿北岸向東，渡遼水轉南，過鴨綠江，又南至今平壤之北轉西至海。

秦始皇於南邊併越、嶺南之地為郡縣。秦之南邊界到今越南之北部。

秦始皇又大修道路，多修繕拓寬延長舊有之道路，方便交通，此為鑄鎔中國為統一國家之重要措施。蓋交通至，然後政治力量乃容易深入。

秦始皇又統一度量衡與文字法律，使全國一致。度為長度，量為容積，衡即重量。六國之文字、法律有所不同，度、量、衡不一，秦同一之。又七國車軌軌距不同，輪印距離不一致，秦改其軌距，天下齊一，方便全國之交通。

二、秦朝之滅亡

秦始皇生於秦昭王四十八年（西元前 255）正月，九歲即位為秦王，即位二十六年滅六國，為皇帝，十二年後，於三十七年（西元前 210）七月崩，崩年四十六歲。

始皇有子二十餘人，而不立太子。統一天下後，始皇屢遣方士求仙術，冀長生，「惡言死，羣臣莫敢言死事。」或以為可求得不死藥，長生，故不立太子，羣臣以其惡言死，亦不敢請立太子。始皇長子扶蘇，於二年前始皇坑儒時，諫諍；始皇怒，遣扶蘇為監軍，監將軍蒙恬於上郡。

始皇崩於巡行天下之旅途，病危時賜璽書予公子扶蘇，令其會喪咸陽。書已封，宦官趙高行符璽事，留書不發。及始皇崩，左丞相李斯恐天下為亂，乃祕不發喪，僅隨行之始皇少子胡亥及宦官數人知始皇已死。

趙高曾教胡亥法律，二人相得；趙高以私人利害說服李斯，乃毀始皇遺書，另以偽書賜公子扶蘇、蒙恬，令自殺。又偽造始皇詔書，立胡亥為太子。及返咸陽，發喪，胡亥即皇帝位，是為二世皇帝。

　　二世以趙高為郎中令，領宮庭之宿衛，常侍中，信用其言，誅諸公子及大臣不禮敬高者。高又說二世居禁中，不朝羣臣，丞相李斯以下皆不得見。二世與高決事宮內，皆聽於高。高又譖陷丞相李斯，誅李斯三族。趙高為丞相。早於二世元年，陳勝、吳廣已先起反秦，天下豪傑隨之而起，立六國之後，僅燕王韓廣非燕公室。趙高蔽塞二世，使不知天下有變。二世亦自塞聰明，使者使關東返，言反者攻略郡縣者輒下獄，言盜賊不足慮者不見責，自是皆不敢復言有反者。二世二年冬，陳勝將周章等領兵數十萬西向至戲，近於潼關。二世大驚，乃赦酈山之徒，使章、邯為將，破殺周章、陳勝、項梁；三年，與項羽軍相拒於鉅鹿。邯等久戰無功，二世責讓之，邯遣人入請事，又為趙高壅蔽不得見，邯乃降於項羽。羽坑秦卒二十餘萬。趙高常謂關東羣盜不足畏，及秦軍敗，高恐二世怒，乃遣其婿閻樂領兵入宮，弒二世。趙高立始皇孫子嬰為秦王。子嬰誅趙高，夷其三族。

　　子嬰為秦王四十六日，沛公劉邦入武關，至霸上，子嬰降。及項羽領諸侯兵至，殺子嬰及秦宗室，秦亡。

　　始皇夷滅六國，統一天下；十五年後，秦亡。以武力征服天下之龐大帝國，竟這樣快就魚爛瓦解，原因何在？今試言之。

　　秦自商鞅變法以來，厲行法治，此秦所以能滅六國之重要原因。然厲行法治亦是秦亡之重要原因。秦法苛，六國未亡時，秦以苛法驅使百姓，秦民期望天下統一後之升平，尚可忍受苛法。及秦滅六國，以苛法推行於天下，六國百姓既有亡國喪親之痛，本已憎惡秦至深，秦又臨之以苛法，陷法者眾，天下赭衣半道，則六國百姓莫不有亡秦之心。始皇苛暴威厲，天下懾於淫威，不敢輕動；始皇一死，陳勝首事，天下起兵反秦者蠭起。秦民於天下一統後，見法不但不稍弛，苛厲更甚於前，大

失所望，不復有所憧憬，民氣一洩，上下離心。沛公襲破武關，無擄掠，「秦人喜，秦軍解，」及入咸陽，約法三章，除秦法，「秦人大喜，爭持牛羊酒食獻饗軍士……唯恐沛公不為秦王。」則秦之苛政重法腐蝕其政權之基礎可知，此其一。

秦繇戍征發繁重，且無有止期，民不堪其擾久矣。司馬遷謂始皇輕用民力，是也。始皇初即位，營酈山為陵墓，至死乃罷。及滅六國，於咸陽北阪倣築諸侯之宮室，及築離宮，咸陽周圍數百里，殿屋複道周閣相屬，又以咸陽宮廷小，別作阿房宮，刑徒作者七十餘萬人，至死未成，二世又續作之。

始皇滅六國後，不停征伐。遣蒙恬將三十萬兵北擊胡，匈奴北遁出陰山，遂修築萬里長城；另自九原南築直道至咸陽附近之雲陽。天下築馳道。又南征嶺南地，挖靈渠以通長江、珠江二水系，置桂林、象郡、南海，遣罪人戍守。

始皇徵發力役至巨，除正常之徭役、兵役外，又徵發身分受賤視者，如贅婿、賈人，嘗有市籍及父、祖曾有市籍者，仍然不足，「後入閭，取其左。」全國之丁口，有一半以上長期執役遠征。君之視民如草芥，則民之視君如寇讎，秦之不亡何待？此其二。

始皇崩在外，趙高說丞相李斯矯遺詔，改立少子胡亥。二世無知而殘暴，見愚於趙高，誅諸公子及大臣，不復上朝，事皆聽於趙高，高內懷奸險，顛亂朝政，秦雖無外戚之禍，而實亡於宦官趙高。此其三。

第二節　漢初之立國形勢與政治

一、漢初之立國形勢

　　秦亡,項羽為亡秦羣雄之領袖,大封羣雄為王,而自為西楚霸王。項羽欲為春秋五霸型之霸主,而不自為天子。自我設限,其敗亡已決於其分封之時;諸王各擁強兵,戰爭又起。

　　項羽封劉邦為漢王,主漢中、巴、蜀。劉邦有大志,漢元年(西元前206)四月就國,八月還定三秦,東向伐項羽,爭天下。其後楚漢戰爭三年餘。漢五年(西元前202),漢王聯合諸侯,大敗項羽於垓下,項羽自殺。諸侯擁立漢王為天子,漢王乃於五年正月甲子即皇帝位,是為漢高祖。

　　漢高祖初即位,僅為諸王之領袖。諸王多項羽所封,各據土擁兵,不得不承認其權位。韓信本漢王之大將,功高,平齊,擁重兵,自請為齊假王,漢王不得不封之為齊王。即皇帝位之後,漢高祖之首要政策為消滅異姓諸侯王。或用武力,或用詐計,幾年之內,各個擊破諸異姓諸侯王,臨江王共尉、燕王臧荼本項羽所封,高祖最先滅之。徙韓王信為代王,以禦匈奴,信降匈奴,國除。貶楚王韓信為淮陰侯。趙王張敖為高祖女婿,廢。又誅梁王彭越,淮南王黥布。至高祖崩,異姓王僅長沙王吳芮尚存。芮本番君,其封地又遠在江南,漢統治所不及,故任之。

　　秦併天下,十五年而亡。漢高祖歸納其原因,以為秦於天下盡設郡縣,子弟不復封建。故高祖即位之初,即已確定其建國政策:郡縣與封建並行。封建之目的為藩輔天子,異姓諸侯王不可恃,逐一消滅之,代之以子弟。

漢六年，高祖封長子肥為齊王，封弟交為楚王。其後陸續所封之諸侯王：九年，封子如意為趙王；十一年，封子恆為代王，子恢為梁王，子友為淮陽王，子長為淮南王；十二年，封兄子濞為吳王，子建為燕王。

高祖所封諸侯王，其國土大至「跨州兼郡」，各數十縣。諸侯王國之總面積大於皇帝直轄之十五郡。大致言之，皇帝直轄之郡縣為戰國時秦之故地，及韓、魏之大部分與楚之西部。

漢初諸侯王國之制度，同於皇帝之政府，所謂「宮室百官，同制京師」。諸侯王統治其國；其國之官員，除漢為置丞相外，其他百官，皆王自辟除。又王國自徵賦稅，自置軍隊。漢初之諸侯王國，幾是獨立國家。擁有廣土實權之諸侯王，雖有藩輔天子之作用，然其力量亦足於威脅天子。諸侯王國為漢初最大之政治勢力。

漢五年二月甲午，高祖即皇帝位於定陶，西都洛陽。戍卒婁敬說洛陽為都不如關中，張良亦以為然，高祖乃即日車駕入關，時咸陽已焚毀，乃於渭水之南別建新都長安。漢以秦之故地為基本，據崤、函之固，居高以臨關東諸侯。

漢王初入咸陽，與秦民約法三章：「殺人者死，傷人及盜抵罪。餘悉除去秦法。」此蓋一時之措施。及高祖臨御天下，大致仍沿用秦法。至宮室百官制度，莫不承秦制。朝廷之禮儀，則用秦博士叔孫通，雜採古禮與秦儀，蓋亦大致襲秦儀而去其苛繁者。是高祖初定天下，禮儀、制度、法律多沿襲秦。秦始皇以秦居水德，色上黑，漢初仍之不改，其他可見。

漢初另一政治勢力為功臣集團。漢高祖出身平民，從龍功臣，亦多是平民出身。西漢是平民所建立之皇朝。初起事時，漢高祖以不顧家而為同鄉推為首領，稱沛公，經亡秦戰爭、楚漢戰爭，最後敗項羽而為天子。同時起事及以後加入高祖之軍隊者，既有擁立之功，又有野戰攻城之勞；功高者為將軍，其次為隊率，為軍隊之骨幹，亦漢初政權之核心成員。為賞賜他們及加強他們對政權之向心力，高祖封功勞最高者為列

侯,凡一百三十七人,惠帝、高后、文帝又封二十五人。其他以功次賜關內侯以下爵位。列侯以縣為食邑,稱為侯國。朝廷任命之侯國相,統治侯國,徵收侯國之賦稅,交給列侯,作為列侯之收入,是所謂「列侯衣食租稅」。故列侯對其侯國無統治權,但極為富裕;又列侯世襲。

漢高祖出身平民,無世業可資。打天下時依靠功臣,建立帝國以後,亦依靠功臣統治天下。功臣在高祖、惠帝、呂后朝及文帝之初年為領兵之將率、朝廷高級官員之主要人選,百餘人聚居京師,外派者則為郡國守相,同功一體,利益與共,可謂是漢初勢力強大之政治集團。

秦始皇遣蒙恬討伐匈奴,使匈奴退出河南地,北徙到陰山之北。秦末大亂及楚漢相爭,中國無力北顧。此時匈奴單于冒頓,為英武之主,威服匈奴各部族,東滅東胡,西逐月氏,征服塞北之所有游牧民族,又南下越過陰山,牧馬河套及河南地。匈奴左方自左賢王以下,居東方,南向上谷及以東各地,東接穢貉、朝鮮。單于庭在中間,直代、雲中。右賢王及以下的右方王將居西方,當上郡及以西,接月氏、氐、羌。匈奴在中國北邊建立一龐大之游牧帝國。

漢高祖初即位,徙韓王信於邊,都馬邑。韓王信不敵匈奴之攻擊而降,匈奴南下至太原、晉陽。漢高祖親征,冒頓佯敗,漢兵三十二萬,多步兵,高祖先到平城。冒頓乃以精兵四十萬圍高祖於平城外之白登山,漢步兵在外,不得相救。圍之七日,因陳平之奇計,厚賄閼氏,冒頓乃開圍一角,讓高祖出與大軍會合南返。經此一役,高祖知匈奴強,漢無力征服,乃採用婁敬和親之策:以宗室女嫁單于,又每年厚賜「漢所餘彼所鮮」之酒米食物及布帛,約為兄弟之邦。此後漢對匈奴採守勢,無事和親,有事則命將防守,直至武帝元光二年始轉守為攻。

秦時開嶺南,置桂林、南海、象郡。秦末,南海龍川令趙佗行南海尉事,閉關自守,以法誅秦所置長吏不服者。及秦亡,「佗即擊并桂林、象郡,自立為南越武王。」漢興,高祖無力遠征,遣陸賈往立佗為南越王,與剖符通使。南越北與長沙接境,以五嶺為界。東鄰閩越,其界在

今福建之西部。西與夜郎鄰，到今廣西之百色等地。南界則至今越南之中部。南越之國土約略為今廣東、廣西兩省及越南之北部。南越王趙佗受漢封號，稱臣於漢，實則獨立。

高祖時，禁與南越關市鐵器。趙佗「乃自尊號為南越武帝，發兵攻長沙」，漢遣兵伐之；以嶺南溼熱，士卒疫病，罷兵。文帝時再遣陸賈使南越，趙佗稱臣，使人朝請，然居國仍稱帝如故，傳襲五代，至武帝元鼎六年始滅其國為郡縣。

二、漢高祖、惠帝及呂后之政治

(一)惜用民力，與民休息

戰國數百年，征戰不停；至戰國後期，莫不望天下統一以止戰爭，停徵發。及秦滅六國，然始皇好大喜功，繇戍徵發過於往昔，天下鼇鼇然，秦不旋踵而亡。楚漢相爭，又亂數年。漢高祖君臣起自民間，知民疾繇戍，欲休息安居，乃從民所欲。始皇北逐匈奴而拓土嶺南，漢高祖則屈己退縮，和親匈奴，又放任趙佗稱王南越。秦始皇、漢高祖用兵拓土之政策，極為不同。自高祖至武帝初，政治之宗旨蓋為簡單少事，與民休息。

蕭何治未央宮，高祖見其壯麗，甚怒，以為治宮室過度。惠帝元年，始城首都長安，至五年九月，城成。其間二次趕工徵發，咸於正月農閒之時，所發限在長安六百里內，又限作三十日即罷。是高祖惠帝，皆不敢過用民力。其後文帝不造百金之亭，亦沿習前代之節儉，惜民力之風尚。

中華百姓，天性勤勞聰慧，若無人為之干擾，得人自為利，不數年即臻於豐衣足食，社會富裕之境。惟歷代人君太奢多欲者眾，無為清靜者寡，使百姓常作無償之繇，農夫常離田畝，乃至百業蕭條，民不聊生。

漢初承戰亂之後，社會極為貧乏。「天子不能具均駟，將相或乘牛車。」其實君臣皆起民間，知民疾苦，少欲無為，使百姓得各致力於其生業。社會經濟因得復甦，成就西漢二百餘年之天下。

曹參為齊相國，厚幣請膠西治黃老學之蓋公，「蓋公為言，治道貴清靜而民自定。」曹參用黃老術治齊，「齊國安集，大稱賢相。」及漢相蕭何臨死，薦曹參可繼其任，參乃為漢相國，「舉事無所變更，一遵蕭何約束。」參擇木拙厚重者為吏，斥去刻深多事者。司馬遷稱讚曹參，謂百姓經秦之苛酷，「參與休息無為」，故天下稱美。

漢高祖愛惜民力，簡單少事之政，與曹參所行清靜無為，與民休息，兩者前後一貫。此實百姓受長期苛酷之政，天下大亂後之良藥。參治從蓋公黃老之術，故黃老之學乃為一時顯學。景帝時，竇太后好黃老，景帝、太子及宗室諸竇不敢不讀黃老之言，從其術。文、景之時，社會已日漸富裕，漸有興革改制之聲浪，及竇太后崩，武帝始得多事。

(二)呂氏之禍

漢二年，漢王敗於彭城，西返，其家人散亂不知所在，獨得子盈，乃立為太子。盈母呂雉，為人剛毅有膽識，敢為大事，高祖誅功臣，皆呂雉促成其事。呂雉二兄為高祖將，長兄呂澤死事，次兄呂釋之以功封建成侯；呂雉妹呂嬃為將軍樊噲妻。高祖諸婦，以呂雉最有勢力。然太子盈幾見廢。

漢王於定陶納戚姬，生子如意。高祖以為如意類己，戚姬又有寵，太子仁弱，故數欲廢太子，代以如意。叔孫通為太子太傅，引古今為說，以死爭護太子。張良為呂氏謀，卑辭厚禮迎商山四皓。高祖前不能致此四人，及見四人侍從太子，以為太子得人心，「羽翼已成，難動矣。」卒不易太子。

漢十二年，高祖崩，太子即位，是為惠帝，以母呂氏為皇太后。

呂太后怨妒，幽高祖諸幸姬，最怨戚夫人。招戚夫人子趙王如意，

毒殺之。又斷戚夫人手足，去眼，聾耳，藥啞之，置於廁中。惠帝見，大受驚嚇，以為非人所為，己為太后子，無可如何，然何以治天下？從此志氣消沈，病不聽政。

惠帝二年（西元前 193），齊悼惠王來朝。惠帝與王宴飲，以王兄，上坐，如家人禮。太后怒，欲毒殺王，王佯醉去。王恐不得離長安，乃獻城陽郡予太后女魯元公主。太后喜，齊王乃得歸藩。惠帝六年，悼惠王薨，子襄嗣，是為齊哀王。哀王二年，呂太后割齊之濟南郡，封其兄子呂臺為呂王。哀王八年，又割齊之琅邪郡，封劉澤為琅邪王。漢高祖封齊王最為大國，至此見削四郡，國土所餘無幾。

太后前已殺趙王如意，徙淮陽王友為趙王，以諸呂女為王后。王不愛后，后譖王，太后乃幽趙王友，餓殺之。又徙梁王恢為趙王，以呂產女為王后。后妒殺王之愛姬，王悲，自殺國除。呂后七年九月，燕王建薨，有美人子，呂太后殺之，除其國。高祖子非呂氏所生者七人，僅代王恆遠在北邊，淮南王長幼為呂氏所撫養，得以無事，他子於呂太后時，景況甚為悲慘。

功臣列侯集團為漢初之重要政治勢力，軍隊之將領，政府之高級官員，盡是功臣列侯。及呂太后秉政，攬權，功臣不欲與其衝突，退讓以避之。惠帝為呂太后親生，惠帝在位時，呂太后操縱權力，維持其子之政權，尚任用功臣。惠帝在位七年崩，呂太后轉而培植諸呂之勢力，排斥功臣。

呂太后欲與劉氏分天下，欲王諸呂，右丞相王陵持正，以高祖刑白馬，非劉氏不得為王，反對封王諸呂。左丞相陳平則不敢抗拒呂太后，謂諸呂可王。呂太后遷王陵為太傅，去其權。徙陳平為右丞相，而用其親信審食其為左丞相。左丞相居於宮中，「百官皆因決事。」陳平知太后不欲其與政，因外示日日醇酒婦人，不治事，乃得與呂太后相安。

高后元年，封其姪呂臺為呂王。二年呂臺薨，其子嘉嗣立，六年，廢嘉，以臺弟產為呂王，後又徙封產為梁王。七年封呂祿為趙王，八年，

立燕王呂通。又呂太后女魯元公主，其子張偃，襲母食邑，封為魯王。是呂太后姪及外孫封王者四人。又封諸呂十餘人為列侯。

　　呂太后又使諸呂女婚配諸劉。以魯元公主女為惠帝皇后，皇后無子，以美人子為子，殺其母，立為太子，惠帝崩，太子即帝位。帝年少，私言日後為母報仇，太后聞之，大怒，幽殺之，別立惠帝他子弘為帝。呂太后強授諸呂女為趙王友及趙王恢之皇后，兩趙王因此而死。

　　高后八年七月，呂太后病甚，以趙王呂祿為上將軍，將北軍，梁王呂產將南軍。誡諸呂必據兵衛宮，防功臣奪權。辛巳，呂太后崩，遺詔以呂產為相國，以呂祿女為皇后。齊哀王弟朱虛侯劉章、東牟侯劉興居在長安，令人往請其兄發兵西向誅諸呂，當與高帝功臣為內應。八月，齊王殺其丞相，發兵，又奪琅邪王兵，西進。齊王傳檄諸侯王，以「率兵入誅不當為王者」為名。漢相國呂產等遣潁陰侯灌嬰將兵擊之。灌嬰至滎陽，與諸侯王約，連和以待變。

　　京師之政權在諸呂，功臣見斥，「（周）勃為太尉，不得入軍門，陳平為丞相，不得任事。」陳平用計，令功臣酈商子酈寄說呂祿去北軍，就其封國。襄平侯紀通尚符節，以節矯內太尉北軍。太尉又令酈寄與典客劉揭先說呂祿，謂帝使太尉守北軍，令祿之國。呂祿信任酈寄，乃以北軍授太尉。太尉令朱虛侯劉章監軍門。丞相陳平令衛尉嚴守殿門，毋內呂產。呂產不知呂祿已去北軍，欲入禁中，已入宮門，不得入殿門，於廷中等候。平陽侯曹窋不敢擊呂產，請之太尉；太尉遣朱虛侯率卒千餘人入宮，揚言衛帝。朱虛侯入未央宮門，見呂產廷中，遂擊之，產之從官亂，產逃至郎中府吏廁中，見殺。朱虛侯又載使者節信，往斬長樂衛尉呂更始。還報太尉。太尉乃遣人分部悉捕誅諸呂男女。遣朱虛侯往見其兄齊王，令罷兵。灌嬰兵亦罷。

　　史書謂諸呂「欲為亂」，大臣誅之，蓋曲筆。諸呂無為亂之心，觀呂祿自去兵可知。大臣之所以誅諸呂，蓋為奪權。大臣與高祖共定天下，高祖委以朝政。然自惠帝崩後，呂太后稱制，重用諸呂，排斥功臣。呂

產、呂祿於功臣為小輩，無功而官職權力在諸功臣之上，諸功臣得聽其令，情甚難堪，久有報仇奪權之心。呂太后在時，功臣不敢發難，以太后為高祖之皇后，惠帝之母，討之無名，適足蒙叛逆之罪，故陳平以下皆隱忍。及呂太后崩，諸呂靠山已倒；功臣無所顧忌，故旋踵而誅之。其次，功臣所以誅諸呂，為安劉氏。蓋諸呂權勢太甚，幾與劉氏半分天下，其發展難以預料，難保他日不危劉氏，乃乘機清除他日之亂源。

　　功臣誅諸呂之後，以皇帝為呂太后之孫，恐其他日為呂氏報仇，乃誣少帝非惠帝子，別立高祖子代王恆為帝，是為文帝。而文帝之所以見立，因其母家謹良，則功臣廢立之目的可見矣。

三、文景之治

　　文景之治，為後世所豔稱。按兩帝之治蓋沿襲漢初以來清靜無為，「掃除繁苛，與民休息」，為吏者長其任，少興作繇戍，使百姓各致力於生業。經惠帝呂后十餘年之休養生息，社會已臻富裕，至文景之時，除災荒外，家給人足，戶口大增。政府之錢財糧粟入多於出，倉庫充滿，阡陌牛馬成羣。衣食足而後知榮辱，故「人人自愛而重犯法」，執法又寬，「罪疑從去，所以慎刑」，至於一年斷獄不過四百。所謂文景之治，百姓安樂富足，非兩帝獨力所致，乃漢初數十年政簡刑寬之結果。

　　文帝之治見譽於史家者如下：

　　愛惜民力，不重開疆拓土之虛榮，輕百姓之繇戍。將軍陳武等請征服南越、朝鮮；文帝以用兵勞民傷財，不敢肆欲逞能，拒不議軍。匈奴常背約入盜，文帝但令邊守備，不發兵征伐，蓋恐煩擾百姓。此其一。

　　文帝節儉，在位二十三年，「宮室苑囿車騎服御無所增益，」後宮衣被無文繡。嘗欲作露臺，以費百金為過奢，不作。秦漢皇帝在位時皆預修陵寢，文帝治霸陵，皆用瓦器，不用金屬，因山而作，不起墳，極節儉敦樸之能事。此其二。

　　文帝採鼂錯之言，令民入粟賜爵，國用饒。乃於十二年減天下田租之半，明年，田租全免，行之十三年，至景帝元年再令田半租，其後沿襲，成為制度。按漢初田租十五稅一，半租乃三十稅一。此其三。

　　漢代之主要賦稅，是為田租、口錢（算賦與口賦）、更賦三項。口錢為人頭稅，十五歲至五十六歲每人年繳一算（一百二十錢），稱為算賦；七歲至十四歲人納二十三錢，是為口賦。更賦本為力役之徵，不踐更之丁，可納錢三百代替力役。百姓無論有無財產土地，皆得繳納口錢、更賦；口錢且不分男女，兒童亦是納稅人，以至有貧民殺嬰以避賦稅。口錢、更賦不視財產之有無，而以人口為徵稅之依據，為漢代貧民逃離故鄉，成為流民之主要原因之一。流民不復申報戶籍，與政府脫離關係，成為「黑人口」，往往托庇於豪富之家。田租則是按田抽稅，自景帝元年以後，常為三十稅一。既按田抽稅，則無田者不必交納。秦漢行土地私有制，土地自由買賣，兼併嚴重，「富者田連阡陌，貧者無立錐之地。」文帝免田租，有利於地主，土地愈多，得益愈大，無土地之貧民反得不到國家之恩惠。是減免田租，並非救濟貧民，反造成更大之社會不公平。

　　文帝十三年，廢除肉刑。此其四。

　　肉刑為傷殘身體之刑，時肉刑有三，是為黥刑：臉上刻字塗墨。劓刑：割鼻。刖刑：斬左趾、斬右趾。文帝詔廢肉刑，以其他刑罰代替，有司乃擬定辦法：當黥者，髡鉗，即剃髮帶鉗作苦工。「當劓者，笞三百，當斬左止者，笞五百，當斬右止……棄市。」文帝准許施行。此一改變辦法，在當時已有譏為「外有輕刑之名，內實殺人。」因為斬右趾改為棄市，而斬左趾及劓刑改為笞五百三百，多笞死。按文帝自幼富貴，一生不曾身受刑罰，輕易批准，固可譏之不慎重其事。然文帝憐憫犯罪者一時觸法，則終身殘廢；欲以他刑代替，使得自新，其惻隱仁愛之心，則不可譏。其後景帝時又數次減少笞刑之鞭數，改變笞刑之方法及刑具，使受笞者不至死亡。

　　文、景兩帝時之政治形勢，及兩帝之為人，有所不同。文帝以諸侯王入為天子，乃功臣誅諸呂後所擁立，其時將相大臣皆高祖之功臣，宗室諸王又各擁大國，文帝克己謙讓，尊重功臣，寬待宗室。帝喜賈誼之籌策，然重違大臣之意，終不敢有所更張，而出賈生為長沙王太傅。帝愛弄臣鄧通，然委屈通以全丞相之尊嚴。張釋之為廷尉，論法數違上意，帝當時雖怒，終以釋之持議平而用其言。

　　景帝之時，高祖功臣多已不在，故景帝無所顧忌，偏信東宮舊人鼂錯，輕易丞相申徒嘉，嘉卒氣死。帝又濫削諸侯王郡縣，諸侯王恐削地無已，卒成七國之亂。景帝為太子時，入宮門不下車，張釋之追止之，奏其罪。及景帝即位，以前事出釋之為淮南王相。文、景父子之高下，顯而易見。

　　景帝元年，詔民「欲徙寬大地者，聽之。」蓋開放國有之荒地，任人開墾。史書文景之治為稱，蓋漢初清靜無為之治，百姓得各致力於其生業，社會日漸富裕，到文、景時，臻於頂點。景帝之治雖少可言者，然其不改乃父之政，不煩擾百姓如故，天下安樂富足，此所以景帝得與其父合稱賢天子。

四、削藩與七國之亂

　　漢高祖建國，郡縣與封建並行。封子弟為諸侯王，王國大者跨州兼郡，連城數十，諸侯王國之總面積大於皇帝所有之十五郡。諸侯王國之制度又與皇帝之朝廷同，諸侯王統治其國，其官員除丞相為皇帝所派遣外，其他百官皆王所自置，王國自徵賦稅，亦各建軍隊。漢初之宗室諸王為巨大之政治勢力。呂太后時致力於樹立三呂氏王國，欲與劉氏分天下。及文帝即位，深感諸侯王勢力過大，為皇權安全之隱患，欲樹立皇帝之權威，非削弱諸侯王之力量不可，自文帝始至武帝初，削弱諸侯王之力量為朝廷最重大之政策。

　　賈誼為文帝籌劃，以為諸侯王「強者先反……國小則無邪心」，故提出「眾建諸侯而少其力」之策：規定諸侯王國大小之標準，按新標準分割各諸侯國為若干國，封諸侯王之子孫為王，地盡而止。至於國土過大，分割成之新國多而子孫少者，則先為建國，待其子孫生而王之。此策若得實施，則十餘大王國分成百餘乃至數百小王國，各小王國皆力量甚小，必服從天子，不敢有異心。但是文帝不敢採納此法，因為推行此法損害諸侯王之權利，必引起反抗乃至內亂。

　　一計不行，賈誼又提出第二策：為制衡已成疏屬之諸侯王，文帝應封其子以大國。當時文帝除太子外，尚有二子：武為淮陽王，參為代王（王文帝為代王時之故地）。文帝以賈誼此策可行，乃徙淮陽王武為梁王，「得大縣四十餘城。」封帝子以大國，制衡已成疏遠親戚之諸侯王，不能根治諸侯王威脅皇帝之問題。蓋二三世代之後，文帝子之後代又成為當時皇帝之疏遠親戚。是制衡之策，治標而不治本。文帝不敢採行急進之改革，然其知分割大諸侯王國為數國有助於改善形勢，故其於不引起諸侯王眾怒之範圍內，儘量分解縮減諸侯王之力量。如齊文王薨，無子。文帝乃分齊為六國，盡立文王之叔六人（齊悼惠王子）為王；又「分淮南為三國，盡立厲王三子以王。」

　　文帝削藩政策謹慎小心，恐引起諸侯王之不滿反彈。景帝相反，大膽改革，用晁錯之策，大削諸侯王領土。諸侯王領土被削，怨怒，又「恐削地無已」，乃起兵反叛，是為七國之亂。

　　七國之亂以吳王濞為首。吳王濞是高祖兄仲之子，高祖封濞為吳王，「王三郡五十三城」。吳國之豫章郡有銅礦，冶銅鑄錢，「煮海水為鹽……國用富饒」，故吳國百姓不須納稅，繇戍者亦得資給。吳王「歲時存問茂材，賞賜閭里」，其他郡國之流民逃亡到吳，吳又予保護收容。故吳王甚受百姓之愛戴。文帝時，吳太子入朝，與皇太子賭博，相爭鬥，為皇太子所殺。吳王怒，稱病不朝，皇太子乃日後之景帝。故吳王與景帝，早有仇隙，及景帝削藩，削吳之豫章、會稽兩郡，吳王乃聯絡見削

之諸侯，以誅賊臣鼂錯為名，起兵。

　　反叛之七國為吳、楚、趙、膠西、膠東、菑川、濟南，其中後四國皆從原齊國分出，其王為齊悼惠王之子。趙王遂為趙幽王之子。楚王戊為楚元王交之孫。景帝三年正月甲子，吳王先起兵，六國亦各自起兵。七國兵無統一指揮，戰場有三：其一為吳楚兵，入梁，敗梁兵，圍梁孝王。梁城堅守，吳楚兵不敢向西前進。梁孝王為景帝弟，前此文帝封梁大國用以制衡疏遠之諸侯王，此時發生效用。其二為原齊國分出之四國欲脅齊同反，齊王城守。其三為趙國，趙王欲連匈奴。

　　吳楚七國反，景帝大為恐慌，問計於故吳相爰盎。盎對謂吳楚以賊臣鼂錯削奪諸侯地，故以誅鼂錯為名。乃獻計斬鼂錯，赦七國，復其故地。景帝乃斬鼂錯，遣盎與七國妥協講和。吳楚繼續進兵，景帝無所抉擇，只好出兵與戰。遣太尉周亞夫將三十六將軍擊吳楚；遣「曲周侯酈寄擊趙，將軍欒布擊齊，大將軍竇嬰屯滎陽，監齊趙兵。」

　　景帝三年三月，六國敗，趙國十月破亡。諸王失敗身死，國除為漢郡。漢朝廷之力量與諸侯王力量對比，大為增加，前此最強之二諸侯王國，吳國、楚國俱廢除，皇帝從此可為所欲為，不必顧忌諸侯王。所以數年後，於中五年，景帝頒下詔令，徹底改革諸侯王國之制度：諸侯王不得復治國，取消其統治權。天子為置吏，剝奪諸侯王對其國官員之任命權。降低諸侯王國官員之階級及減少其員額。諸侯王國勢力過大威脅漢朝廷之問題，景帝基本已解決。景帝以後之諸帝繼續推行此一改革，元帝初元三年，「令諸侯相位在郡守下。」成帝綏和元年，省諸侯王國之內史，「更令相治民如郡太守，中尉如郡都尉。」

　　武帝用主父偃之「推恩分封」之策，允許諸侯王請求以其國土之一部分封其子弟為列侯，皇帝代為分封。王國之中不得有侯國，故新封之王子侯國必須從王國分離出來，成為旁邊漢郡之一縣。推恩分封之策無強迫性，由諸侯王自願為之，故無人反抗，效果雖慢而顯著，至西漢末，諸侯王國多小至僅有數縣。

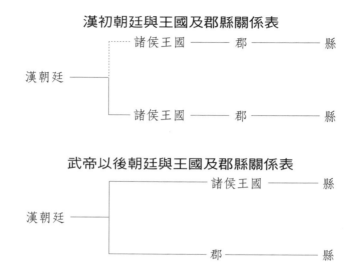

漢初朝廷與王國及郡縣關係表

武帝以後朝廷與王國及郡縣關係表

第三節　漢武帝之政治

一、政權基礎之擴大

　　漢高祖出身平民，從龍諸將亦幾全部為平民，前之史家有謂漢初為布衣卿相之局。高祖用功臣之力得天下，功臣以功封為列侯。功臣多來自淮、泗之地，及建立政權，朝廷之重要官員幾全是功臣。高祖至文帝之世，三公幾全是列侯，九卿亦以列侯占絕大多數；文帝十五年（西元前 165）之前，領兵之將軍全是功臣列侯。漢初四朝可考之郡國守相，功臣列侯約占 60%。漢初朝廷官員位高權重者，莫如丞相，直到武帝元朔五年（西元前 124）公孫弘拜相，自漢元年（西元前 206）以來八十年，丞相皆是高祖之功臣列侯及其子孫。又漢代仕進制度，顯官多經歷郎署，

漢初察舉尚未成制度，諸郎多出自蔭任與訾選，故有謂漢初有回復貴族世官制之跡象。

　　地方長吏薦舉其治下之人材，其起源當與地方行政制度建立同時或稍後，然皆長吏應詔薦舉，或主動為之，非制度。如高后時「選孝悌為郎」，為詔舉；文翁「以郡縣吏察舉。景帝末，為蜀郡守……選郡縣小吏開敏有材者……以為右職，用次察舉，官有至郡守刺史者。」文翁主動察舉屬官。至武帝以董仲舒之建議，於元光元年（西元前 134）「初令郡國舉孝廉各一人。」此後成為制度，郡國歲舉孝廉各一人，後增為二人。東漢和帝改以戶口為率，內郡每二十萬口歲舉一人，邊郡十萬口歲舉一人。漢郡國凡一百零幾，每年舉孝廉二百有餘。孝廉例拜郎中，宿衛皇宮，訓練數年，以年資功勞為次序，先後派出為中央政府之小主管或縣長吏，其中以為縣長吏為多。蓋漢代凡一千五百餘縣，縣長、縣丞、縣尉之空缺多於其他職位，故史書謂郎官「出牧百姓」或「出宰百里」。縣長吏再以年資功勞，可循序漸進，升刺史、郡國守相而至九卿三公。此簡化之漢代升官圖，其進路之起點為郡舉孝廉。自武帝確立郡舉孝廉之制度，加以「州舉茂材」、「詔舉」、「詔徵」、「公卿府掾屬」與「博士弟子」等仕進之路，天下各郡國每年皆有人進入政府為官，邊郡且有優待，官員平均來自各地，加強各地對中央之向心力，確立漢政權之地理基礎。又統治階層吸收新血，不復限於功臣子孫，政府官員新陳代謝，擴大漢政權之社會基礎。

　　秦以武力併六國，其官員以秦人及對秦有功者為主，故秦始皇之政權，社會基礎與地理基礎皆薄弱，此為秦帝國早亡之一原因。漢初政權同樣缺乏社會基礎與地理基礎，以除秦苛法，清靜無為，與民休息，令經濟復甦，百姓得以安居樂業，漢政權乃趨於穩定。及武帝建立察舉、博士弟子等多項仕進制度，官吏之來源擴大而各地平均，使政權之社會基礎與地理基礎日漸加強，穩固帝國之根基，成就漢家四百年之天下。

二、儒家學說成為官學

　　戰國時期各國攻戰略地，俱欲富國強兵。國君專制，國事日繁，乃養士以為顧問，如齊之稷下生，三晉及秦之博士。秦博士「掌通古今」，以議論為官，為國君之顧問，凡學問有一得之長，皆可為之；故諸子百家之學者皆得為博士，乃至於有占夢博士、真仙人詩博士。秦博士無員額之限制，多至七十人。漢承秦制，高祖至武帝初年，博士之制與秦同。

　　儒家言禮樂詩書，為治世所講究。武帝好事喜功，愛用儒術為飾，初即位，用儒者御史大夫趙綰、郎中令王臧之言，迎其師魯申公，議立明堂，興儒術。太皇太后竇氏好黃老，怒，以他事誅趙、王二人，免丞相竇嬰、太尉田蚡。此雖稍阻儒學之發展，固不礙其日後之昌盛，而成為漢之官學。武帝初，董仲舒對策，已請「諸不在六藝之科，孔子之術者，皆絕其道，勿使並進。」數年後，建元五年（西元前 136），「置五經博士。」其明年，太皇太后崩。武帝置五經博士時，太皇太后或已病重，不復干預政事；武帝不待其崩而急置五經博士，則其欲興儒術，亟急而不肯稍待。

　　置五經博士，即是所謂「罷黜百家，獨尊儒術」。蓋前此博士不限所學，此後則非五經之學者不得為博士。然〈武帝紀〉建元五年僅書「置五經博士」，不及其他；時太皇太后尚見在，恐置五經博士之初，非一時即盡廢諸百家博士。及太皇太后崩後，無所顧忌，乃漸廢省百家博士，僅餘五經博士。

　　五經者，《易》、《詩》、《尚書》、《禮》、《春秋》，為儒家之經典，武帝既僅立五經博士，五經乃成為官學。元朔五年（西元前124），武帝採公孫弘之議，為博士置弟子五十人，免其賦稅力役。地方政府選拔十八歲以上之學生，到京城從博士受業，一年後考試，通一經以上，補文學掌故缺，高第可補郎中，不能通一經者，罷遣之。其後博

士弟子每年考試成績分甲乙丙科，甲科為郎中，乙科為太子舍人，丙科為文學掌故，人數屢有增減，為重要之仕進途徑之一。博士弟子即太學生，其後太學生之人數疊有增加，元帝時多至千人，成帝末最多增至三千人。太學成為學術之中心，除注冊之學生外，游學之士亦多聚集太學，論學交游，東漢桓帝時，游學者多至三萬人。

五經為官學，修業者得仕進，則天下學子，無不讀五經，漢代之中國乃成為以儒家經典教化百姓之國。儒學從此成為中國學術之主流。西漢後半葉始，朝廷官員皆深受儒家之教養，直至清朝滅亡乃改變。

三、領土之擴張

漢高祖兵敗於平城白登後，與匈奴和親。此後直到武帝初，和親不絕，對匈奴之南侵，採防禦之政策。武帝元光二年，改守為攻，誘單于入塞，遣五將軍領兵三十萬於馬邑谷中伏擊匈奴。單于領十萬騎入武州塞，捕得雁門尉史，知漢謀，急退兵出塞。此後匈奴絕和親，常擊邊塞，入盜，然與漢尚通關市。

五年後，元光六年，匈奴入上谷，殺略吏民。漢遣車騎將軍衛青等四將軍領兵出塞擊匈奴。從此，匈奴幾每年入寇邊郡，殺長吏，殺略百姓。漢亦多次派兵遣將，出塞擊匈奴，久之，漸知克服匈奴之戰法。游牧民族逐水草移徙，「利則進，不利則退，不羞遁走」；驅逐匈奴，無損其力量，必須窮追，徹底擊潰，方能除患。匈奴皆騎兵，欲擊敗匈奴，漢必須有強大之騎兵。元朔六年春，「大將軍衛青將六將軍兵十餘萬騎出定襄，」全部為騎兵，因得於是年夏追擊匈奴，越過大漠，「大克獲。」又元狩四年，大將軍衛青與驃騎將軍霍去病各領五萬騎，步兵後勤數十萬人，越過陰山、大漠，於漠北擊匈奴。青圍單于，斬首萬九千級，追至闐顏山乃還。去病與匈奴左賢王戰，斬獲首虜七萬餘，封狼居胥山乃還。經此一役，匈奴力量衰落，對漢邊威脅大減；而漢損失數萬

人，馬十餘萬匹，故此後不復大擊匈奴。

　　漢擊走匈奴後，於其地設置郡縣；早在元朔二年，收復河南地，即河套以南之地，置朔方、五原郡。又匈奴居西方之渾邪王數為漢軍所破，恐為單于所誅，元狩二年，渾邪王殺休屠王，並將其眾合四萬餘人降漢。漢徙降者於隴西、北地、上郡、朔方、雲中五郡故塞外，置五屬國。又以其故地置武威、酒泉郡。元鼎六年，分武威、酒泉地置張掖、敦煌郡，徙民實之，是為河西四郡。

　　匈奴雖敗，退於漠北，然亦不肯臣服。終武帝、昭帝之世及宣帝甘露元年之前，與漢敵對。宣帝時，匈奴分裂，五單于爭國，呼韓邪單于對漢天子稱臣。

　　漢初兵力不及嶺南，南越王外稱臣於漢，內則帝制自為。漢文帝以來，與南越相安無事。南越之東北有閩越，閩越之北有東甌，皆土著之國，漢初立其酋長為王。武帝建元三年，閩越擊圍東甌，東甌告急；武帝使莊助以節發兵會稽救東甌，閩越兵退，東甌請舉國徙入漢郡，乃安置其國人於江淮之間。

　　建元六年，閩越擊南越，南越求救於漢。漢遣兵伐閩越，兵未到而閩越王郢為其弟餘善所殺。漢立繇君丑為越繇王，後又立餘善為東越王。元鼎五年，漢擊南越，東越王餘善持兩端，及漢破南越，以兵臨東越。東越發兵拒漢，元封元年，繇王居股等殺餘善，降漢，見封為東成侯。閩越之民皆徙處江淮間。

　　建元六年，漢既發兵救南越，南越王胡遣太子嬰齊入宿衛。嬰齊在長安納樛氏女，生子興。後十餘年，胡薨，嬰齊代立，以樛氏為后，興為嗣。嬰齊薨，興代立，樛氏為太后，國人多不附，太后恐亂起，欲倚漢威，乃上書請比內諸侯，用漢法。南越相呂嘉之宗族常與南越宗室互為婚姻，其宗人為長吏者七十餘人。嘉相三王，為國之重臣，國人信之，得眾心，力阻南越王內屬。武帝遣兵入越，呂嘉乃反，殺王、太后及漢使者，別立嬰齊之長男建德為王。元鼎五年秋，漢發兵五路，會番禺；

明年冬，城破，追殺建德及嘉，以南越之地置儋耳、珠崖、南海、蒼梧、九真、鬱林、日南、合浦、交阯九郡。

約在今貴州、雲南、西康省，秦漢時有所謂西南夷，或農耕邑聚，或移徙游牧，其君長以百數，各以為治。在今貴州省之南夷，以夜郎最大，在今雲南省者，則以滇最大，在蜀以西，白馬最大。秦時曾於此諸國置吏，漢初棄之，守蜀故關。

漢武帝時，遣郎中將唐蒙往南夷，招納夜郎及其旁小國，因置犍為郡。又遣司馬相如至西夷邛、筰，誘其內屬，「為置一都尉，十餘縣，屬蜀。」其後欲開西南夷道，大發士卒民工，長途轉輸，役苦無功，西南夷又數反，乃聽公孫弘之言，專事朔方，「罷西夷，獨置南夷兩縣一都尉」，令犍為稍得自保。及漢討南越，欲發南夷兵為助；南夷小國且蘭，其國君不欲行，因反，殺使者及犍為太守。漢發兵擊之，不下；及南越破，漢軍北返，因往誅且蘭反者，平南夷為牂柯郡。夜郎國君入朝，封為夜郎王，其他西南夷諸國多請臣屬，乃以其地置粵巂、沈黎、文山、武都四郡。元封元年，漢以兵臨滇，滇王降，請置吏入朝，乃賜滇王王印，置益州郡。

南越國與西南夷諸國情勢不同，武帝處置之政策亦不同。南越國始祖趙佗，真定人，以秦地方長吏，乘秦亡而割據立國，其治當倣中國之制度，五世經營，其地開發，與中原類似，故滅其國後，置為郡縣，亦與內郡無異。除珠崖郡以隔海，統治不便，元帝時撤治外，其他各郡終漢世皆內屬。西南夷則民族複雜，君長以百數，其部落酋長勢力根深蒂固；漢雖於其地置郡縣，其部落組織猶存，酋長之威望仍在，昭帝以後，蠻夷反叛者屢數。

戰國時，燕國略地至真番、朝鮮。秦始皇以其地屬遼東郡。漢初，退守以洵水為界，屬燕。燕王盧綰反，燕人滿聚眾千餘人，渡洵水居秦故地，役屬燕、齊之亡人及真番、朝鮮蠻夷，自立為朝鮮王，稍侵旁邑，服屬漸多，地方數千里。

　　滿傳子至孫右渠。武帝元封二年，漢使涉何以右渠不奉詔，於邊境使人刺殺送何之朝鮮裨王，朝鮮怨，攻殺何。武帝乃遣二將軍出擊朝鮮，明年，朝鮮王右渠為臣下所殺，遂定朝鮮；以其地為真番、臨屯、樂浪、玄菟四郡。

　　武帝聞匈奴降者言，匈奴西有月氏，與匈奴為敵，乃欲通使。張騫以郎應募為使者，往使西域，道經匈奴見拘，留十餘年。後騫亡走西向，走數十日，到大宛。大宛發譯者送騫至康居，康居傳致大月氏。大月氏既擊服大夏，據有其地，無報匈奴之心。騫出，十三年而還，雖無所得，然為武帝言西域各國之地理、物產、人民。騫又言西住西域，有匈奴為阻，往西南經身毒亦通西域。武帝以為臣屬西域，廣地萬里，增益天子之威德，乃大發使往南，復通西南夷。

　　元狩二年，匈奴渾邪王降，漢於其故地置武威、酒泉郡。元狩四年，漢軍大破匈奴，匈奴退至大漠之北。通西域之路開，張騫再出使，將三百人，馬牛羊金帛甚多，又多持節副使。騫到烏孫，分遣副使使大宛、康居、月氏、大夏。騫與烏孫使數十人返長安，其分遣之副使亦有與所使之國使來，於是漢與西域諸國通。

　　張騫以使西域貴，故上書求使外國者多，武帝好事，又欲求西域善馬，乃多遣使。使者有妄言無行之徒，或貪污財物，輕諾欺騙，外國以漢兵不能及遠，有攻劫漢使者。於是漢遣兵「擊破姑師、虜樓蘭王」，又築亭障至玉門。其後武帝求大宛之貳師馬，大宛拒絕。太初元年，武帝以李廣利為貳師將軍，將兵擊大宛。途經各小國多城守，不肯供食，貳師將軍不到大宛而還屯敦煌。次年，武帝再遣六萬兵以充貳師軍，牛馬驢橐駝十餘萬以運輸糧食兵器，又發戍卒十八萬屯酒泉、張掖，以為貳師後盾，徵發勞民，天下為之騷動。貳師軍至宛，宛貴人殺其王，獻馬。漢立宛貴人之善漢者為大宛王，罷兵而歸。而途經諸小國以漢富強，皆遣子弟入朝貢為質，漢與西域諸國之關係日密。自武帝時已遣公主婚烏孫王，宣帝時，遣校尉常惠持節護烏孫兵，以禦匈奴。又自武帝時，

遣卒到西域屯田，屯田渠犁，昭帝時又屯田輪臺，宣帝時又屯田車師，凡三校尉屯田。屯田既可為漢使者之補給，亦可支持漢在西域之駐軍。宣帝時，漢於西域置都護，護西域諸國。

　　漢初與民休息，高祖以和親事匈奴，文景亦懷柔四鄰，故邊疆少事。至武帝始大開撻伐，逐匈奴至漠北，收南越、西南夷、朝鮮之地為郡縣。班固謂「三方之開，皆自好事之臣。」蓋武帝有意拓土，臣下揣摩生事。經武帝之開拓，漢帝國之疆土達到最大之版圖。

四、府庫空虛與斂財之措施

　　漢初諸帝與民休息，無煩擾，少徵發，百姓得各致力於其生業，努力致富。至武帝初年，社會富庶而安樂，政府錢糧充裕。武帝恃此而征伐四夷，開邊郡，乃至立國威於萬里之外。然兵連不解，百姓苦役，征戰沙場者不論，幸而不在兵中，輸作負擔軍資，勞苦有若刑徒；健壯不得力田，老弱乏人扶養。國家耗費資財，空虛府庫，用度不足，因用興利之臣刮削天下。

　　積財難而緩，散財易而速。武帝即位十餘年，已花光三帝數十年之積聚。元光、元朔間，每年數萬騎擊匈奴，收復河南地，築朔方，又作西南夷道，作者數萬人，數年而道不通。又東於今朝鮮北部置滄海郡，千里饋饟，轉漕之費貴於所載者數十倍。元朔中，多年所藏之財貨及經常之賦稅收入既用盡，不足以支持戰爭。財政官員乃別出心裁籌措財源。

　　武帝聚斂財富之措施如下：

　　募民入奴婢得終身免除其賦役。民得買贖罪。蓋令富人得以財物交換賦役與司法之特權。

　　入粟為郎、入羊為郎。民得買二十等爵；又新造武功爵十一級，買武功爵第五級以上者試補吏，先除。是賣官爵斂財。

　　以白鹿皮方尺為幣，值四十萬，王侯入朝，必貢皮幣，乃得歸國。

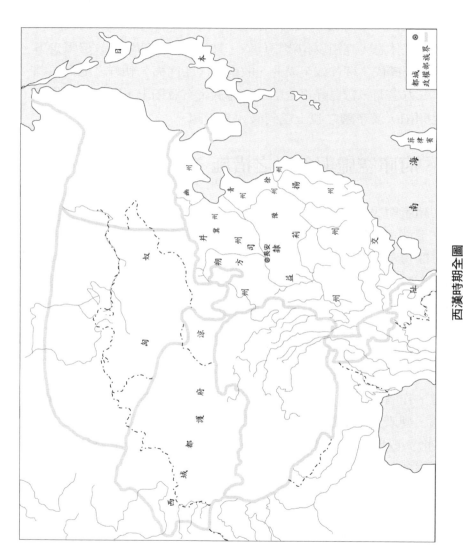

西漢時期全圖

本圖係根據譚其驤主編《中國歷史地圖集》複製。

元鼎五年，諸侯王、列侯坐助祭宗廟之黃金「少不如斤兩，色惡，王削縣，侯免國，」列侯奪爵者百六人。

元狩四年，大將軍衛青、驃騎將軍霍去病追擊匈奴至漠北，漢軍馬死十餘萬匹，軍資轉漕之費無數，國家財匱。大農丞東郭咸陽、孔僅領鹽鐵事，鹽鐵由官府經營專賣；鹽鐵為生活必需品，不可一日無，官府專賣獨占，擅其大利。鹽鐵專賣於昭帝時因民間之反對廢止數年，終以利益所在，又恢復施行。

中國自古以農為本，商為末。漢初民貧國困，高祖禁商人不得衣絲乘車，重其賦稅，惠帝弛禁。及武帝大興作，財用不足，議者歸咎於民捨本逐末，又施行反商之措施，以便斂財。算緡是其顯者：算緡分為工商稅與車船稅。工商稅是凡以商取利者，各自占其商品，率緡錢二千而一算，作坊則四千錢一算。車船稅則軺車一算，商人軺車二算，船五丈以上一算。不占，或占不實，罰戍邊一年，沒收其錢，告發者可得其半。按一算為百二十錢。工商稅僅對商人及工業作坊主徵收。車船稅除官吏可免稅外，遍及所有百姓，唯商人之軺車稅為常人之一倍。此法已定算緡不實沒入其財，告之者可得沒收財產之半；故日後告緡遍天下。武帝重其事，分遣使者到郡國治告緡，沒收所得財富以億計，「商賈中家以上大率破」。算緡是否每年算一次，史無明文。唯此挽救財政危機之辦法，乃苛捐雜稅，傷民太甚，其實行時間約在元狩、元鼎間約十年，用籌南北征伐之財用。

元封元年，桑弘羊為治粟都尉，領大農，統籌全國之平準。按平準之理，《管子》已言。平準為政府平抑物價之法：物賤買入，使物價不再下跌；至物貴時則賣出前所買入者，使物價不至再高。又有均輸：甲地物多價賤，則買入，運至物少價昂之乙地賣出，平均二地之物價。平準、均輸皆為平抑物價，一是於同一地以時間為操作；一是同時以不同地區為操作。可謂是同一事之二方法。

桑弘羊籌劃平準均輸之運作，置大司農部丞數十人，分部主郡國之

均輸，於京師指揮全國郡縣之買賣物資而統籌運輸。而且官府自營運輸，「召工官治車諸器。」其平準之物擴及所有可盈利之貨物。「大農之諸官盡籠天下之貨物，貴即賣之，賤則買之……故抑天下物價，名曰『平準』。」武帝與桑弘羊之目的除平抑天下之物價外，亦欲於買賣中牟大利。

　　桑弘羊主導之平準均輸，效果甚佳，籌得大量錢財供武帝巡狩、開邊、賞賜之用。但政府攏斷商業之利，主事者雷厲風行，執行者不敢荒怠，雖一時解決財政之危機，然括削民間，侷限百姓之經濟活動，必導至社會物資貧乏而經濟萎縮。長期而言，對社會經濟之增長發展，政府之攏斷反不如放任民間自發之經濟活動。再者，官員管理經濟事業，非其私人財產，盈虧無涉於私家，久之，必流於應付上官，上官督責稍怠，則聽其自生自滅，不求改善發展，蓋發展壯大後難於控制，不益私家而徒然辛苦；下焉者以衣食公家為當然，蠶食轉移，乃至掏空盜光。此所以政府之攏斷經濟事業必不能長久。

五、封禪、求仙與巫蠱

　　古代相傳「易姓而王，封泰山禪梁父者七十餘王。」封者祭天，禪者祭地，梁父乃泰山旁之小山，謂上泰山祭天，再下至梁父山祭地；王者受天命，祭天地以告成功。秦始皇并天下，以周火德，秦當水德，「以冬十月為年首，色上黑，度以六為名。」即帝位三年，登泰山，立石頌德，明其得天命，然後下至梁父而禪。

　　項籍封諸侯，「以十月為年首，而色上赤。」

　　漢二年，高祖因秦有白帝、青帝、黃帝、赤帝之祠，加立黑帝祠，其後襲秦儀禮，祭上帝山川諸神。

　　漢文帝時，魯人公孫臣上書，以為秦水德，漢代秦，當為土德，「宜改正朔，易服色，色上黃」。丞相張蒼以為漢乃水德之始，不用公孫臣

之言。文帝十五年春，黃龍見，拜公孫臣為博士，「與諸生草改曆服色事」。

及武帝即位，好儒術，用趙綰、王臧等，議立明堂，「草巡狩封禪改曆服色事」，阻於竇太后。太后崩後，武帝始尊儒術。然武帝又好神仙，信用之方士甚多，方士纔大言丹沙煉金、致仙人，得不死藥。武帝大信之。又有齊人公孫卿，言昔黃帝封禪泰山而登天，「漢主亦當上封，上封則能仙登天矣。」武帝乃效祭太一之禮封禪泰山，並改元為元封元年（西元前 110）。公孫卿又言：仙人好樓居。於是廣宮室，作通天臺，設具而祠，以招仙人。

其後又改曆，色上黃，數用五，乃改其年為太初元年（西元前104）。

自欒大以言招致仙人富貴，燕齊間言神怪奇方致仙者以萬數。武帝發船，令言海上神山者數千人求蓬萊神人，又予方士傳車，使招仙人、求神怪、采芝藥以千數。及平南越，又用越巫。求之數十年，耗財無數，所得與秦始皇同，留後人笑其受方士之愚弄而已。

求仙勞民傷財，巫蠱則傷及骨肉。武帝晚年，又有巫蠱之事。巫蠱之起，蓋武帝年老身弱，常感不適，疑他人以巫術害之；遣使捕捉巫蠱，小人乘機陷害，皇太子及皇后皆因此而死。

公孫賀之夫人為衛皇后姊，賀官丞相。賀子敬聲為太僕，盜用官錢千九百萬，下獄。時詔捕京師大俠朱安世，賀請以捕朱安世之功贖其子，帝許之。後捕得安世，安世聞丞相以贖其子，乃從獄中上書，「告敬聲與陽石公主通，及使人巫祭祠詛上，」埋木偶於甘泉馳道。有司窮治，丞相賀父子死獄中，族誅。衛皇后女陽石、諸邑公主及皇后弟子長平侯衛伉亦坐死。

江充前為直指繡衣使者，自以得罪太子，恐他日為太子所誅，因奏言謂武帝之疾，祟在巫蠱。武帝年老多病，疑左右巫蠱祝詛，乃以江充為使者，治巫蠱。充大張其事，酷刑迫供，株連死者前後數萬人。充又

言宮中有蠱氣,「先治後宮希幸夫人……遂掘蠱於太子宮,得桐木人。」時武帝在甘泉宮,太子懼不得自明,乃使人收捕江充斬之。太子白皇后,出武庫兵,發兵與丞相劉屈氂兵戰於長安中,死者數萬人,太子兵敗,亡匿見捕格死。太子有三男一女,皆死於是役,衛皇后自殺。

衛太子據於征和二年(西元前 91)死時三十七歲,已為太子凡三十年。太子死時武帝年六十五,尚有四子,是為燕刺王旦、廣陵厲王胥、昌邑哀王髆及日後之昭帝弗陵。武帝於後元二年(西元前 87)崩,太子死後,武帝不肯立儲君。燕王旦以依次當立,遣使請入宿衛,武帝怒旦有爭立之心,誅其使者。武帝於死前一日,立年僅八歲之幼子弗陵為太子,以霍光為大司馬大將軍,金日磾為車騎將軍、上官桀為左將軍,與丞相田千秋、御史大夫桑弘羊共受遺詔輔導少主。

第四節　政治制度及政局之轉變

一、政治制度

秦始皇滅六國,統一天下,建立秦帝國,帝國之政府組織大致與戰國時代秦國之政府組織相同而擴大。始皇建立皇帝制度,為帝國之元首,名為皇帝,又稱天子。漢承秦制,以後歷朝亦大致沿襲前朝之制度而有若干修改。故秦漢之政治制度,可謂是以後各朝代政治制度之基礎,直至清亡乃止。

帝國為皇帝之家天下,帝位及天下傳之子孫。皇帝為帝國之行政元首,統治帝國,對帝國之任何事有最高之決定權,其命令即為法律,中級(六百石)以上之官員,皆皇帝所任命。

秦漢帝國之政府組織包含中央政府及地方政府,地方政府分郡、縣

二級。地方政府為中央政府之分支機構，其長官為中央政府所任命，執行中央政府之命令，統治地方。秦初置三十六郡，後增至四十一郡，郡下轄十餘縣至數十縣。漢郡縣與封建並行，漢初王國亦置郡縣；景、武以後，王國之地位漸下降至與郡相同，稱郡國；縣則分縣、侯國、邑、道四種，數目屢有增損。西漢平帝元始二年（2），有郡國凡一百零三，縣凡一千五百八十七。東漢順帝永和五年（140），郡國凡一百零五，縣凡一千一百八十。

中央政府之最高級官員在秦及西漢為丞相，其職掌是「掌承天子，助理萬機」，即輔助皇帝，制定決策，並領導監督百官，執行皇帝之命令。西漢末，建三公制，丞相為三公之一。東漢行三公制，三公為太尉、司徒、司空。丞相、三公皆有組織龐大之府衙，府中掾史分曹辦事。

秦及西漢丞相之下有御史大夫，位在卿之上；御史大夫原為皇帝之秘書長。御史大夫有二佐官，其一為御史中丞，下轄御史及侍御史若干員，為皇帝之秘書，並監察百官。武帝置州刺史後，御史中丞又督刺史。由於在皇帝身邊為秘書，參與政事，地位昇高，漸事繁權大而與皇帝疏離，至景武之世，皇帝秘書之職掌漸為尚書所取代。御史大夫發展成為副丞相，御史、侍御史之職掌發展亦漸偏重於監察。

秦漢中央政府之分職機關首長稱為九卿，各主一部門之政事。西漢九卿多至十四員，東漢乃確定九位九卿之官。今簡述其職掌之發展如下：

㈠太常，原名奉常，景帝更名，掌宗廟禮儀，屬官有太史令、博士等，故太常又掌國家之文教事務。博士本掌通古今，各種學問之學者皆可充任，為皇帝之顧問，武帝建元五年後，博士僅以五經經師為之，其職掌增加教授弟子一項，其後此項工作發展為博士之主要職掌。

㈡光祿勳，原名郎中令，武帝太初元年改名，掌皇宮圍牆內各宮殿之守衛。屬官有大夫、郎等。大夫參與朝廷之議論，。郎「掌守門戶，出充車騎」，有議郎、中郎、侍郎、郎中，「皆無員，多至千人」。郡國察舉孝廉制度建立之後，孝廉例拜郎中，郎中在宮中服務數年後，派

出為縣長或其他階級相同之官員。郎中署成為官員之養成所。

㈢衛尉，「掌宮門衛屯兵」，領衛士萬人以上，守衛皇宮外圍牆及宮門。西漢皇帝居於未央宮。漢初有所謂南北軍，羣臣誅諸呂時，必控制南北軍乃得操縱京師之局勢。宋朝以來，學者多以衛尉所領衛兵為南軍。

㈣太僕，「掌輿馬」，主管宮廷之車駕與馬匹。其後發展為主管全國之養馬事業；屬官有邊郡六牧師菀令，主西邊、北邊牧師菀三十六所，分養馬三十萬頭。

㈤廷尉，「掌刑辟」，主管全國之司法行政事務。

㈥大鴻臚，原名典客，武帝更名，「掌諸歸義蠻夷」，蓋主管與外國關係事務，亦兼及諸侯王及列侯事務。

㈦宗正，「掌親屬」，主管宗室之事務，漢代之宗正人選，限於宗室。

㈧大司農，原名治粟內史，武帝更名。「掌穀貨」，蓋主管全國之財政與經濟事務。屬官有太倉令，管國家之倉儲。有都內令，管國庫之收入與支出。

㈨少府，掌皇帝之私人財貨，亦主管皇宮內之服務人員，包括宦官。屬官甚多，其中有尚書，原為皇帝身邊掌文書之數員小吏，其後發展為皇帝之秘書機關。漸取代丞相三公之職權，至魏晉時成為宰相。

東漢九卿，限以上九官，至於西漢，稱九卿者多至十四官，其多出於東漢九卿者如下：

㈩執金吾，原名中尉，武帝改名。職「掌徼循京師」，蓋主領京師之戍衛部隊，維持京城地區之安全。西漢三輔之都尉及其兵卒皆受執金吾節制。漢初有所謂南北軍，宋朝以來，學者多以中尉所領兵為北軍。

(十一)水衡都尉，武帝元鼎二年置。掌上林苑，蓋主皇家之池苑及其中之財產，分管少府之部分職權。水衡都尉之屬官甚多，其中之鍾官、辯銅主鑄錢。東漢省水衡都尉官，其所掌分予大司農及少府。

㈢京兆尹，㈣左馮翊，㈤右扶風。秦以京師地區為內史，景帝二年分為左右內史，武帝更名右內史為京兆尹，左內史為左馮翊，又改主爵都尉之名為右扶風，治內史右地。京兆尹、左馮翊、右扶風稱為三輔，為西漢京師地區之三郡，以其郡為首都所在，故其長官地位較一般郡太守崇高，其官名亦不稱太守，而以其郡名為名，稱京兆尹、左馮翊、右扶風。此三官乃京師之地方長官，得與朝廷議，西漢時人亦稱之為九卿。東漢都洛陽，京兆尹、左馮翊、右扶風在東漢只是普通之郡太守。

皇帝統治天下，對帝國之重要事務，有最高之決定權。然天下事繁，非一人之力可盡為，必有輔佐之者。秦漢丞相「掌承天子，助理萬機」，助理至何程度，則因人而異，皇帝親信丞相，可委之以政；皇帝集權，則丞相「但受成事」，又皇帝集權於宮內，必於宮內用大批秘書，內宮秘書襄助政事日久，權力漸大而地位漸高，漢代之尚書是也。皇帝、宰相、皇帝秘書之間之權力依附及衝突，為皇帝制度下政治局勢變化之根源。

以政治制度及決策權之運作言，秦漢之政治格局可分前後二期：

㈠前期自秦始皇至漢武帝中葉，承戰國時期之制度，國事集中於丞相府，丞相府僚屬先作文書作業，呈丞相作決策；重大事項上呈御覽，皇帝除對特別事件別有指示外，多例行批准。

沛公入咸陽，蕭何「獨先入收秦丞相御史律令圖書藏之……漢王所以具知天下阨塞，戶口多少，強弱之處，民所疾苦者，以何具得秦圖書也。」秦之行政文書藏於丞相御史府，蓋丞相處理全國政事，御史於宮中審覈丞相之決策，於皇帝批准丞相之決定前提供監察之意見，故得秦丞相御史圖書可知天下事。

不同皇帝有不同之作風。秦始皇勤政集權，政由己出，「丞相以下但受成事」。蓋始皇勢強威重，自有主意，日久丞相不敢決策，唯承望上意。始皇既不肯分權宰相，但一人不足於盡理天下事，則身邊必用不少助理，如用宦官助理政事。始皇時樞機局勢之發展，與漢武帝中葉之

後漸於宮內建立組織龐大祕書機構，削弱丞相決策權之趨勢相類。唯始皇在位日短，漢初諸帝之統治風格又大異於始皇，故漢前期政事之決策，丞相之權力大而作用重要。

漢高祖大度，不親小事，與丞相蕭何相知深，委政丞相，政事集中於丞相府，丞相處理決策，奏上執行，事急且「以便宜施行，」而後奏上。漢八年，蕭何營作未央宮，高祖自前方還，「見宮闕壯甚，怒」。是建皇宮之大事，高祖亦完全委任丞相，至完工始知大小型狀，則丞相之決策權可知。惠帝時蕭規曹隨，其後呂后、文帝、景帝俱無大改作。國家政事由丞相府僚屬作規劃處理，丞相決策，皇帝批准；所異者為不同之皇帝對批准前之審覈寬嚴而已。

㈡後期自武帝中葉至東漢亡，皇帝集權，於宮內建立龐大之祕書與輔政機關，輔助皇帝或皇權之執行者作決策。宰相（丞相、三公）對決策之參與及權力日漸萎縮。

武帝集權，尚書漸成為皇帝之秘書，組織與權力日漸擴大，政策之決定移入宮中，丞相對政策決定權縮小。昭帝時，宮內之權臣執政，領尚書事掌握國事之決策權，丞相但於宮外執行宮內作成之決策。宣帝親政，決策於宮內，尚書之職權有增無減；東漢光武帝、明帝、章帝時亦歸此類。在皇帝年幼或不理政事時，諸將軍領尚書事輔政，其人且多為外戚，皇帝或太后委以政事；或皇帝委任宦官；如西漢元帝、成帝、哀帝及東漢和帝、安帝、順帝、桓帝、靈帝時。

二、霍光專政

武帝崩，昭帝即位，年僅八歲，其母趙倢伃已死，霍光等五人輔政。然昭帝時大司馬大將軍霍光獨攬大權，「政事壹決大將軍光」，蓋霍光於宮內自領尚書事，掌握皇帝之決策權。

尚書為少府之屬官，侍於皇帝左右，主文書。漢初重丞相，國家大

事之籌措規劃，於丞相府決之，然後上奏皇帝，皇帝但准或不准其事，不處理其詳細之內容；即使皇帝別有成見，公卿依旨籌劃，其詳細內容，亦由公卿之屬吏草擬，丞相決定之後，再呈皇帝批准。唯皇帝既為國事之最高決策者，其身邊之文書，必漸漸有權。景武之世，尚書漸漸代替御史，成為皇帝之祕書，尚書組織亦漸擴大。呈上皇帝之行政報告、吏民上書，都先經尚書處理，尚書或查資料法規，明其所言是否有理，或書其內容之要點，使皇帝容易閱讀，又在其上書明解決之辦法，方便皇帝之決策，然後呈上皇帝過目批署。皇帝之詔令，亦由尚書遵囑起草為文而外傳。武帝時，尚書僅為幕後之祕書，不公開出面辦事。武帝亦使宦者任尚書之職，稱為中尚書或中書，宦官為尚書令則稱中書令。司馬遷為中書令，其友人任安「予遷書，責以古賢臣之義，」應以「推賢進士為務」。時人已以尚書在天子左右，有推薦人材之力。蓋武帝政自己出，丞相凡事上呈，事亦經尚書處理後，再上武帝決策，尚書對決策漸有影響。及武帝崩，昭帝年幼，霍光自領尚書事，批閱尚書呈上之行政文書，代替昭帝作決策。霍光領尚書事實是代昭帝行使皇帝之權力，尚書事務之重要，乃大為明顯。

　　霍光非皇帝而行使皇帝之權力，必調整制度以鞏固權力並合法化其作為。霍光領尚書事之前無此官稱，霍光自領尚書事並使其成為加官之官名，此後權臣代行皇帝之權，皆可加官領尚書事而為之。其次，將軍本領兵征戰之官，有事任命，事畢即罷。霍光為掌握權力，雖不出征而長期為將軍，指揮京師之軍隊，其親信而地位高者亦於京師為將軍領兵而為其輔佐。霍光為將軍二十年，至死乃罷，其親信張安世為將軍十九年，韓增亦十九年，趙充國十五年，此後成為制度，將軍常置，任期長。長期為將軍可以控制京師之武力，加官領尚書事則可代替皇帝作決策，日後外戚權臣執政之條件，霍光專政時已開創，且為之先例。此一制度於西漢後期之外戚專權時加強，東漢光武、明帝雖政自己出，但並無改革此制度，其後皇帝年幼，太后臨朝，外戚亦可憑此制度把持朝政。則

自霍光專政至漢亡，政治格局可謂一貫相承。

　　以國事之決策權而言，漢代四百年可大致分為兩期。前期自漢初至武帝初，政事之決策，在丞相府大致已完成，皇帝批署而已。武帝中葉以後至漢末為後期，皇帝（或臨朝之大后）主持政事之決策，以尚書為祕書；皇帝不親政事時，領尚書事代行皇帝之權，對尚書呈上之政事作決策。

　　與霍光同受遺詔輔政者有四人，其中車騎將軍金日磾及左將軍上官桀與霍光同，俱為入值宮內，侍從左右之宮官；丞相田千秋與御史大夫桑弘羊則為最高級之行政官員，領導監督百官執行政策，處理推行全國之政務。霍光決策於宮內，摒田千秋與桑弘羊二人於宮外，謂千秋曰：「今光治內，君侯治外」；千秋亦謙退，不肯有所言。案田千秋本為高祖廟衛寢之郎，巫蠱事後上書，言衛太子惶恐無反意，感動武帝。武帝立拜千秋為太鴻臚，數月，拜為丞相。千秋資歷淺，又無材能，以一言合意為丞相，為百官所輕。又武帝政從己出，決策不用丞相，其後期七丞相，五人見誅，故武帝晚年，丞相已習慣順服奉詔，執行武帝之政策，不敢稍有責疑。及霍光領尚書事決策，千秋亦奉詔行事，不敢違抗。

　　車騎將軍金日磾亦從宮官起，霍光以女妻日磾子。日磾輔政年餘卒。

　　左將軍上官桀少為羽林期門郎，累官至太僕，為九卿，武帝崩時為左將軍，奉遺詔輔政。桀資歷高於霍光，其子安娶霍光女，兩家相親，桀常代光決事。上官安之女，即霍光之外孫，年僅六歲，立為昭帝皇后。安以后父封侯，拜車騎將軍。光獨裁，桀父子亦欲爭權，後卒與光決裂見誅。

　　御史大夫桑弘羊於輔政五人中資望最重，其為武帝籌財數十年，鹽鐵算緡，均輸平準榷酤，武帝征伐四夷，開邊郡，立威西域萬里，費用賞賜廣大，賴弘羊籌措，得財用不匱。霍光由宮內小臣，越諸大臣而秉政，最忌弘羊，始元六年（西元前 81），使郡國所舉賢良文學議罷鹽鐵專賣。徐復觀謂鹽鐵會議得以召開，蓋霍光利用社會輿論以打擊桑弘羊

之聲望。弘羊陰結上官桀父子，武帝子燕王旦、武帝女鄂邑長公主等，謀推翻霍光，光以謀反之名盡誅之。

　　武帝好大喜功，過用民力，經武帝五十餘年統治，公私貧困，百姓苦繇戍，流民以百萬計，盜賊四起，武帝晚年罷田輪臺，蓋有所覺悟。昭帝立，霍光秉政，「輕繇薄賦，與民休息」，社會經濟得以復甦。

　　昭帝八歲即位，二十歲（元平元年，西元前 74）無子而崩。時武帝子廣陵王胥尚在，羣臣議立，咸持廣陵王。廣陵王於元狩六年（西元前 117）封王，此時約五十歲，霍光不欲立長君，而立武帝孫昌邑王賀。二十八日後，又以賀「行淫亂」為名，廢之。實則賀不欲為傀儡，行使皇帝之權力，霍光秉政已十餘年，兩人爭權，光乃以惡名廢帝。

　　霍光又立宣帝，宣帝為武帝曾孫，衛太子孫。巫蠱事時，衛太子與其夫人子媳俱死，其孫號皇曾孫，生數月為孤兒。昌邑王賀廢時，曾孫十八歲，霍光選其繼位，蓋以其孤立無援。宣帝隻身入宮，聽從霍光擺布，宣帝左右之侍御，亦多霍氏之親黨，備受監視，宣帝得小心防範，免為所陷，故宣帝極怕霍光。宣帝禮高廟，霍光驂乘，帝「如芒在背」。霍光繼續專政，直至地節二年死，宣帝乃得親政。令皇帝懼者，必不得善終，光死後，霍氏以謀反之罪名族誅。

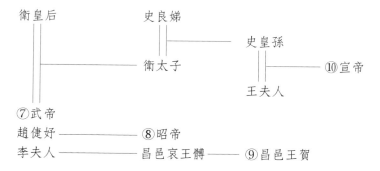

三、宣帝政治

(一)雜王霸道之治

宣帝生於憂患，幼年孤苦，故頗通世故，知民間疾苦。及親政，沿襲昭帝時之少擾百姓，與民休息。宣帝勤於治事，五日一朝百官，討論國事。拜刺史郡守國相，必親自召見，察其言行。地方長官之賢良有政績者，增至賜金而不調其職，蓋恐調遷過頻則下民不安。九卿位缺必選郡太守之有治績者，故宣帝之世，號稱良吏者最盛，《漢書·循吏傳》中之傳主，多是宣帝時人。蓋宣帝關心地方吏治，課督地方長吏甚勤，能吏見重用而多，能吏而仁愛教化百姓，興利除害者，則為循吏。

宣帝自謂漢家制度是雜霸王道，其治不純用儒家之德治，亦雜以法家之「信賞必罰，綜核名實」。京兆尹趙廣漢為能吏，以違法擅權，鞫獄不實，又摧辱丞相，坐下獄腰斬。韓延壽歷數郡太守，所至皆大治，然為御史驗其供張過盛，延壽亦反劾御史大夫蕭望之為左馮翊時放散官錢百餘萬，所告不實，見劾「誣愬典法大臣……狡猾不道，」坐棄市。又司隸校尉蓋寬饒剛直廉潔，而以「好言事刺譏，奸犯上意……不得遷。」「上方用刑法，信任中尚書宦官，寬饒奏封事曰：『方今聖道漸廢，儒術不行，以刑餘為周召，以法律為詩書。』」又引《韓氏易傳》言帝王禪代。宣帝下其書有司議，竟見劾「意欲求禪」，下吏，寬饒自剄北闕下。又光祿勳楊惲與太僕戴長樂相互告劾，惲言語犯諱，與長樂皆免為庶人。惲又有怨語，出惡言，宣帝怒，惲腰斬，「諸在位與惲厚善者……皆免官。」是宣帝以法繩吏甚苛。

(二)匈奴臣服入朝

自武帝時衛青、霍去病征伐匈奴，匈奴北退至漠北，力量大衰；然

匈奴不肯臣服，間或侵邊寇掠。武帝後年及昭帝時仍間中往討伐。宣帝時，匈奴內亂，分為五單于，互相攻擊，死者數萬，畜產大耗，人民飢餓。呼韓邪單于爭戰不勝，為求自保，遣使稱臣，又遣子入侍，為質；單于並願入朝天子。甘露三年正月，呼韓邪單于來朝，朝位在諸侯王上，饗賜甚重，二月，單于北歸，漢遣萬六千騎護送，使單于居漠南，北邊郡供給穀食。匈奴郅支單于西遁，後於元帝時為西域都護甘延壽、副校尉陳湯等發西域兵誅之。自呼韓邪單于稱臣，漢朝與匈奴之關係變為宗主與藩屬，此後至西漢亡，匈奴不復南擾，受漢監護，不得收留漢之亡人，亦不得受西域諸國之質子。單于多次入朝，漢亦以大量物資賞賜供給，其急時又以糧食救助。武帝窮天下之力不能服匈奴，宣帝垂拱得之。內亂為喪國之階，匈奴可以為例。

㈢西域都護府之設置

漢武帝伐大宛後，罷兵而歸。西域諸小國以漢富強，多遣子弟入朝貢為質，漢與西域諸國之關係日密，武帝又遣公主婚烏孫王，且遣卒屯田渠犁，武帝晚年雖拒絕丞相之請於輪臺屯田。然以輪臺屯田可補給出使西域之漢使者，故昭帝時卒屯田輪臺。

匈奴雖北退，然與漢爭西域，西域諸國多依偎漢與匈奴兩大之間，有時且助匈奴殺漢使者。昭帝元鳳中，傅介子使大宛，道經樓蘭、龜茲國，責其王前教匈奴遮殺漢使，王謝。及介子從大宛還到龜茲，知匈奴使在，因率其吏士擊斬匈奴使者。其後大將軍光遣介子往刺殺樓蘭王，介子至樓蘭，與其王飲，與王屏語，使壯士殺王，樓蘭命人左右散走。介子持王首級安返長安，以功封侯。漢人立功絕域之勇氣慨可見。

漢嫁烏孫之公主上書謂匈奴與車師欲侵烏孫，請漢救兵。宣帝初，大發十五萬騎，五將軍分道出。又以常惠為校尉，持節護烏孫兵，自西方東擊匈奴。五將軍無功，烏孫兵大有斬獲，惠以功封侯。後霍光再遣惠往懲龜茲前殺漢使者，惠領兵五百，發西域諸國兵四萬餘，圍攻龜茲，

龜茲屈服，因斬其罪首而還。

宣帝以侍郎鄭吉領渠黎屯田，吉「發諸國兵攻破車師，遷衛司馬，使護鄯善以西南道。神爵中，匈奴內亂，匈奴日逐王欲降漢，使人告吉，吉發渠黎、龜茲諸國兵五萬人迎日逐王降者凡萬二千人，將詣京師。西方匈奴勢衰，吉威震西域，朝廷因令吉并護車師以西北道，以並護南北兩道，故號都護，都護之官號為「都護西域騎都尉」。吉為首任都護，乃於離西域諸國遠近均等之處立莫府，治烏壘城，鎮撫諸國，諸國服從。

武帝時已屯田渠黎，昭帝時加屯田輪臺，宣帝時又屯田車師，凡三校尉屯田。屯田既可為漢及西域使者往來之補給，亦可支持漢在西域之駐軍。

後匈奴郅支單于西奔康居，都護甘延壽與副校尉陳湯發諸國兵圍攻郅支單于，誅之。

自鄭吉始，至王莽時，西域都護凡十八人。

第五節　西漢末宦官外戚政治及王莽篡漢

一、西漢末宦官外戚政治

㈠宣帝以後外戚宦官權勢大盛之原因

西漢外戚之政治權勢，不論呂氏，可分為前後二期，其分界在宣帝朝。宣帝之前，外戚富貴，但不能與政，且出名者人數少。而自宣帝始至西漢亡為後期，外戚更為富貴，且多冠大司馬諸將軍之號，領尚書事而於宮內參與政事，皇帝常假與權力。此期外戚出名者人數眾多，至王元后一家凡十侯五大司馬，達於極盛。

　　宣帝之後，外戚之政治地位重要，權勢大盛；此為霍光專政之結果之一，其理由有二：

　　其一、霍光以臣下專政，乃自領尚書事，批閱尚書呈上之行政文書，代替昭帝作決策，取得國事之決策權；又為鞏固其權位，乃長期在宮內為將軍，控制京師皇宮之武力。此制度之改變方便日後之外戚成為權臣。

　　霍光非皇帝而行使皇帝之權力，必調整制度以鞏固權力並合法化其作為。霍光領尚書事之前無此官稱，霍光自領尚書事並使其成為加官之官名。宣帝親政，政由己出，領尚書事者退而為皇帝之顧問，參與政事，輔佐決策。其後成帝尊重其舅王鳳，使其領尚書事，得批閱尚書呈上之文書作決策，代行皇帝之權。領尚書事之制對有能力之皇帝無礙，對無能力而親信外戚之皇帝又甚為方便，故此制沿用至東漢末。此後權臣代行皇帝之權，皆可加官領尚書事而為之。

　　將軍職掌領兵征伐，本「有事委任，事畢即罷」，為臨時任命之官職。霍光專政，為鞏固其權位，雖不出征而長期於京師為將軍，領京師之軍隊，至死乃罷。其重要助手亦長期於京師為將軍，領兵為其輔佐。此一改變宣帝以後沿習而成制度，外戚輔政者多冠大司馬諸將軍之號，將軍成為一常任之官職，京師經常有二、三將軍而且任期甚長。又將軍之地位高，金印紫綬，與丞相同，領京師及宮庭之武力，有權；將軍又無忙碌之行政事務，得常在宮中親近皇帝。故受寵幸之外戚皆樂於為將軍。

　　其二、霍光為繼續專政，廢昌邑王賀，立宣帝。宣帝本已淪為庶民，突然見立為天子，隻身入宮，於宮內幾無舊識，為霍光之傀儡。霍光為緊密控制，所有重要職位，特別是京師及宮廷宿衛掌兵之官職，盡以其子孫女婿部屬為之。宣帝左右之侍御，亦多霍氏之親黨，備受監視，宣帝得小心防範，免為所陷，故宣帝極怕霍光。宣帝在此環境之下，必有屈辱之感，亦必生反抗心理：欲建立自己親信團體以代替霍氏親黨，真正掌握皇帝之權力，絕對控制京師及皇宮之武力，報復此屈辱。此所以

霍光死後，宣帝即大量引入親信，逐霍氏親黨出宮外。由於宣帝以平民為天子，不同於正常之太子有其東宮官屬，亦不同於諸侯王入主有其舊王國官屬。宣帝幼年以祖父衛太子造反死，身世複雜，朝臣欲仕進者為免受牽連，皆不欲與其有關係。宦官身分低下，仕進無望，較無顧忌，故宣帝年幼時，照顧之而為其所依附者，史氏為其祖母之娘家，許廣漢為其妻父，張賀及許廣漢是宦者，故宣帝親用外戚宦官，此成為先例，元成哀帝沿襲此風，都大量重用外戚。

霍光改革將軍制度與創設領尚書事制度，及宣帝親用外戚之心理，此二理由使宣帝以後外戚權勢大盛。

(二)宣帝、元帝、成帝、哀帝之外戚與宦官

宣帝親用之外戚，除上述之許氏、史氏外，後又尋得其母家王氏；又許皇后為霍光妻所酖，宣帝後立其微時在長安所識王奉光之女為皇后，奉光封邛成侯，其家稱邛成王氏。

許氏光寵最盛，許廣漢新居入第，「丞相、御史、將軍、中二千石皆賀。」御史大夫魏相奏霍氏違法事，因廣漢奏封事。後又因廣漢奏去上書之副封。魏相已為御史大夫數年，得朝見，更可上書言事；然其所言機密，不欲霍氏之領尚書事知者，乃請許廣漢代為上達。是外戚為宣帝與朝廷大臣之溝通媒介。

元康中（西元前 65～西元前 62），匈奴擊漢屯田車師者，宣帝與後將軍趙充國等議，欲伐匈奴。魏相時為丞相，上書勸阻，恐宣帝不聽，請宣帝與其岳父許廣漢、舅王無故、王武「詳議乃可」。宣帝母家貧，其舅王無故、王武恐為文盲。至於許廣漢，前於昌邑國為郎，有罪下蠶室為宦者，其對政治軍事之識見，恐亦不高明。但魏相以丞相之尊，恐宣帝不納其言，希望此三人勸阻伐匈奴。則於宣帝朝，最見親信而言見納者，厥為外戚。宋朝蘇轍解釋此事，謂：「三人者非賢于趙充國也，然其與國同憂樂，無徼倖功名之心，則過於充國遠甚。」所言是也。此

亦為皇帝信任外戚之一重要原因。

宣帝之外戚多出身寒微，難當大任，然宣帝仍擇其中可用者以為將軍：神爵元年，以許廣漢弟延壽為強弩將軍，五鳳二年，遷為大司馬車騎將軍輔政，至甘露元年薨。又宣帝疾病，拜祖母史良娣之姪史高為大司馬車騎將軍，受遺詔輔政，領尚書事，蓋以太子托屬史高。

宣帝又以太子師傅兩人輔政，蕭望之為前將軍光祿勳，周堪為光祿大夫，皆領尚書事，與史高同佐助太子。

元帝即位，蕭望之、周堪以師傅受尊重。蕭望之推薦散騎諫大夫劉向給事中、侍中金敞，在帝左右參與謀議。史高無才能學術，不為望之所敬，故與中書令弘恭、中書僕射石顯為黨與。弘恭、石顯為宦官，在宣帝時已受重用，「久典樞機，明習文法」，三人在皇帝前論議常與蕭望之等對立。望之白請以士人為尚書，代替中書之職，與恭、顯等沖突更深。恭、顯等令人「告望之等謀欲罷車騎將軍（史高），疏退許、史狀」。望之、堪、向皆因此免官，望之自殺。

數年後，弘恭死，石顯為中書令，牢梁為中書僕射。元帝不親政事，以顯「中人無外黨」，長日在宮內，可以信任，故委政於顯，大臣奏事，皆交顯轉上皇帝而作決定，故百官莫不敬事顯。顯巧慧，知元帝之愛憎忌諱，常能說服元帝，故依附之者常得善官，得罪之者則為中傷，以他事致死。元帝時外戚雖富貴，然外戚之權重不如石顯。元帝朝可謂是宦官把持朝政。

元帝崩，成帝即位，以舅王鳳為大司馬大將軍領尚書事輔政。王鳳欲獨裁，不容石顯仍以中書令掌樞機，乃遷石顯為長信中太僕，顯離權失勢，免。數年後，於建始四年（西元前 29）省中書官，中書謁者令更名為中謁者令。成帝尊重王鳳，凡事鳳同意乃可。成帝欲拜劉歆為中常侍，左右爭謂未曉大將軍，帝乃語鳳，鳳以為不可而止。

宣帝母之姪王商，官至右將軍、左將軍輔政，後為丞相，商為人守正威重，不肯屈節於鳳，鳳用閨門內事中傷之，商罷官憂死。

　　成帝無子，有疾，其弟定陶恭王來朝，兄弟友愛，欲留恭王於京師。大將軍王鳳不便，以日蝕說帝遣王之國，帝不得已於鳳，流淚遣王。京兆尹王章上奏以為日蝕為大臣專政而發，「今政事大小皆自鳳出」，鳳反推咎於定陶王，誣罔不忠。太后從弟音侍中，側聽王章所言，以告鳳，鳳上疏求退。太后為之垂淚不食，成帝惶恐，留鳳。鳳起視事，使尚書劾王章，章下獄死。

　　王鳳輔政十一年（西元前 33～西元前 22），「王氏子弟皆卿大夫侍中諸曹，分據勢官滿朝廷。」而「郡國守相刺史皆出其門」。陽朔三年秋，鳳病，臨死，強力薦其從弟御史大夫音自代。成帝乃以音為大司馬車騎將軍領尚書事。音輔政八年（西元前 22～西元前 15），薨，成帝又以鳳弟商為大司馬衛將軍，輔政四年（西元前 15～西元前 12），薨，又用商弟光祿勳根為大司馬驃騎將軍領尚書事，輔政五年（西元前 12～西元前 8）。時太后兄弟多老死，根薦其姪莽以自代。莽從侍中騎都尉光祿大夫超遷為大司馬，輔政年餘，成帝崩，莽避哀帝外家，免。計成帝在位二十六年（西元前 33～西元前 7），輔政者盡是太后兄弟及姪，前任薦後任，一家獨占權勢，有若世襲。王夫之謂王氏權勢綿延如此者，蓋太后內主於宮中。故其謂「亡西漢者，元后之罪，通於天矣」。王氏兄弟奢侈僭越，成帝怒，欲治其罪，卒恐傷老母之心而貰之。王氏所以不得罪而長保權勢，皆太后之力也。

　　成帝無子，晚年立弟定陶恭王子定陶王為皇太子，帝崩，太子即位，是為哀帝。

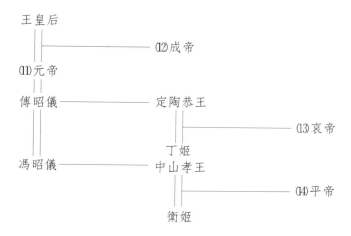

　　哀帝祖母為元帝傅昭儀，生定陶恭王。哀帝母乃定陶恭王丁姬，二人俱隨哀帝入京。哀帝尊成帝母為太皇太后，祖母傅氏為帝太太后，母丁姬為帝太后。傅、丁興起，太皇太后詔大司馬王莽避哀帝外家，莽乃乞退。是外戚與政，已成習慣，前帝之外戚應避今帝之外戚。哀帝時，傅太后之姪傅喜、傅晏皆至大司馬，傅氏凡四侯，「九卿二千石六人，侍中諸曹十餘人。」丁太后弟丁明為大司馬驃騎將軍輔政，太后叔父丁望為左將軍，丁氏封侯二人，「九卿、二千石六人，侍中諸曹亦十餘人。」唯傅、丁之權勢不如王氏在成帝時，蓋哀帝寵愛董賢，賢權勢最重。

二、王莽新政

　　王莽父曼，乃元后弟，早死。成帝時，元后兄弟俱封侯，曼已死，不得封。莽諸從兄弟皆將軍列侯子，以輿馬聲色相競；莽孤貧，恭儉有禮，勤學行修。伯父大將軍鳳病，莽侍疾連月；鳳臨死薦莽。莽拜黃門郎，遷射聲校尉，再遷騎都尉光祿大夫侍中，又以太后外屬，得封為新

都侯。莽結交英俊，恭謙下士，俸入盡散予賓客；莽又「敢為激發之行，處之而不漸愧」，聲譽過於諸父。其伯父大司馬王根輔政五年，乞退，薦莽以自代。綏和元年，成帝超擢莽為大司馬輔政，時年三十八歲。莽輔政歲餘，成帝崩，哀帝即位，外戚傅氏、丁氏興起，莽退，之國。

成帝時王氏執政，言災異者歸咎於王氏。及哀帝時，傅、丁在位，政治亦不見好，言事者有言當起用王莽，哀帝乃召莽至京師。哀帝命短，在位六年而崩，其間丁太后及傅太后已先後崩。哀帝崩時，莽姑母太皇太后收取璽綬，授權莽維持政局。莽奏免大司馬董賢，賢自殺。太后以莽為大司馬，迎中山王奉成帝後，是為平帝，帝年九歲，太后臨朝，委政於莽。

莽以哀帝外戚行事為鑑戒，防備平帝外戚；謂平帝為成帝後嗣，平帝母衛姬及外家俱不得入京。

莽以大司徒孔光名儒，太后所敬；凡莽所不悅而欲其免官致罪者，皆令光為奏上，光素畏慎，不敢不奏。紅陽侯立太后親弟，莽恐太后受其言，令己不得肆意。乃奏立舊惡，遣就國，後又遣使者令立自殺。莽翦除異己，拔擢附順，朝廷異口同聲，稱莽功德。

又凡莽所欲，使其黨奏上，莽涕泣固讓，然後受之。其黨奏莽有安漢家之功，宜賜號安漢公。太后詔以莽為太傅，號安漢公；莽固辭乃受。莽欲專斷，使其黨奏言大后不宜親小事，太后乃下詔，令安漢公、四輔平決諸事，二千石初除皆入對安漢公，審其可否。於是莽合意者親問加恩，不合意者免之，掌百官之任用權。

元始四年四月，莽以其女為平帝皇后，莽進號為宰衡。五年十二月，平帝崩，元帝無後。宣帝曾孫數十人，莽惡長君，選玄孫之最幼者廣戚侯子嬰，年二歲，謂卜相最吉，以為平帝嗣。時有符命，文曰「安漢公莽為皇帝。」太后詔莽攝行皇帝之事，南面朝羣臣，決事，莽僅朝太后時稱臣。明年，改元曰居攝。以周成王稱孺子，周公居攝，故號平帝嗣子曰孺子。

居攝元年四月，宗室安眾侯劉崇以莽居攝專制，必危劉氏，起兵反莽，攻宛，兵敗死。莽黨白太后謂劉崇謀反，以莽權輕，宜重之。太后詔莽朝太后得稱「假皇帝」。居攝二年九月，東郡太守翟義於都試起兵，立宗室嚴鄉侯劉信為天子，檄斥莽欲絕漢室，眾十餘萬。莽遣八將軍擊義，十二月，破翟義於圉，莽以為得天命，乃謀為真皇帝。三年九月，莽母死；莽自以居攝踐祚，「承皇天之命」，不得服其私親，乃不行母喪，僅緦縗，「如天子弔諸侯服。」莽篡意已顯，邪人造作符命謂莽當為真天子，前後數起。及哀章獻金策書，謂赤帝行璽傳予黃帝，莽乃據之即真天子位，國號曰新，改正朔，易服色，以居攝三年(8)十二月朔癸酉為始建國元年正月之朔。

王莽之篡漢，其基礎起自成帝時王氏五大司馬輔政二十餘年，王氏之故吏遍天下；太皇太后在宮內為之支持。哀帝崩後，太后委政於莽，莽乃遂漸掌握皇帝之權力；平帝、孺子年幼，莽肆意擺布，及其篡位即真，不過換一名號而已。

西漢經學，思想之主流為陰陽災異之天人感應說，儒生解經，莫不用之。天人感應說謂人君得天命而立，人君之政治莫不引起天之反應，政治敗壞，災異乃出，政治修明，祥瑞輒現，災異祥瑞，蓋天示人君以譴告或嘉許。政治敗壞極至，災異屢現而不知省悟悔改，乃革其天命，更命有德。陰陽五行災異之說，必為「革命論」，蓋非革命無以言五行生剋易代，亦無以戒懼人君。天下非一家一姓之天下，乃天下人之天下，天命無常，有德者居之，此革命論為西漢天人感應說之中心思想。

王莽由安漢公而居攝，其篡漢之跡日顯，然儒生無據君臣之義反對之者。劉崇、翟義起兵反莽，謂莽必危劉氏，絕漢室；而天下不見呼應崇、義者，以至莽輕易撲滅之。蓋革命論為當時流行之學說，學者多信奉之；以為既然劉氏德衰，喪其天命，王氏以德治，得天命而興，取而代之，並無不妥。所謂王氏以德治，蓋莽所標榜為儒家天下大同至治之理想。元始五年，莽「又奏為市無二賈，官無獄訟，邑無盜賊，野無飢

民，道不拾遺……之制，犯者象刑。劉歆……等十二人皆以治明堂，宣教化，封為列侯。」按「犯者象刑」，則「市無二賈……道不拾遺」等事，應有其推行實施之條例，非僅徒具空言。今考其事，莽所奏云云，為古儒家之理想，乃人類社會至今尚不能臻之境界，遑論二千年前。又宣教化封侯，標榜王氏以教化為治民之本。其公言標榜如此，社會輿論所注意者於此，至其與現實狀況之差異，則常為忽略，社會對新興政權之最初態度常如此。及其日久，不見政治有所改善，其言行之落差乃見責疑，反對者隨之而起，其新政策之受害者反對尤烈。時人對新莽之治亦然。

自武帝始鑄五株錢，沿用至平帝時。王莽居攝，變漢制，更造大錢、契刀、錯刀，與五株錢凡四品並行。莽即真天子位，罷刀錢及五株錢，更作錢貨六品、黃金一斤值錢萬、銀貨二品、龜寶四品、貝貨五品、布貨十品，「凡寶貨五物，六名，二十八品……百姓憒亂，其貨不行。」私用五株錢者罰徙邊。「於是農商失業，食貨俱廢，民涕泣於市道。」因僅存小錢直一、大錢五十，餘皆不用。天鳳元年（14），罷大小錢，再行金、銀、龜、貝、布之貨，與前所行者價值不同。莽之貨幣前後數易，其所以改造，蓋依經文而復古。西漢已發展至相當高之貨幣經濟，且有長程貿易，若干地區為特殊作物之專業生產區，非貿易不得生存，而貿易之必不可缺者為貨幣。王莽但為復古，完全無視經濟之法則，亂改貨幣，結果是「每壹易錢，民用破業，而大陷刑」，造成經濟之大災難。加以其他破壞經濟之改革，使「富者不得自保，貧者無以自存，起為盜賊……戰鬥死亡……陷罪、飢疫，人相食，及莽未誅，而天下戶口減半矣。」

古代有無井田制，無定說。《孟子》述井田制最詳，謂田皆邑主（國家）所有，邑主授田予農民耕種，八家耕一井之地，農民成年受田，年老則還田。土地不得買賣，則農民之財產大致相等，是政府「為民制產」。蓋孟子所在之時代土地私有，自由買賣，兼併大行，無田之農民

景況甚苦。孟子之言井田，或有托古改制，望執政者實行，以解民困之意。漢代儒生言田制者，多謂井田制為最好之土地制度，無土地兼併，民亦無貧富之分。如董仲舒謂井田不行之後，民得買賣土地，兼併乃起，以至「富者田連阡陌，貧者無立錐之地」。又謂急切間難於恢復井田制，可先「限民名田」，即每人所有土地，不得多於限額，用塞兼併。哀帝初，儒者師丹輔政，亦建言限田及限奴，哀帝且下詔「吏民名田皆無得過三十頃」。以不便於外戚權勢之家，其事乃寢。後哀帝賜寵臣董賢二千餘頃田，則自違其法令。

　　王莽於始建國元年（9）四月下詔，實行「王田」制：「更名天下田曰『王田』，奴婢曰『私屬』，皆不得賣買。其男口不盈八，而田過一井者，分餘田予九族鄉里鄉黨。故無田，今當受田者，如制度。」王莽以井田制為唐虞三代之聖制；其頒行之王田制，雖不用井田之名，然井田制之要素，如土地國有，不得買賣，八男耕一井田，受田等，王田制皆有之，王田制乃井田制之翻版。

　　土地私有，自由買賣之制，至西漢末年，行之已有五六百年。漢代豪富之家，莫不以規田占地為務；蓋漢代農業經濟占全社會經濟之絕大部分，土地為農業生產必不可少之生產工具，亦為社會最重要之財富。豪富者必占有大量土地，即使其發家非以農業，發家後亦必大量購買占有土地，亦藉土地之傳承使其家族成為世家大族。又大小地主自耕農，其人數占全戶口之大部分，改變土地所有制，必對其造成大小不等之影響，大者損及其財富，小者亦擾其耕作，則此改革引起社會之極大動亂。余英時謂世家大族初無起事反莽者，及行王田制，世家大族之利益受損害，乃有舉宗起兵反莽。光武中興之功臣，多出自世家大族。是王莽改革田制，可謂自壞其政權之基礎。

　　蓄奴婢之歷史甚長久。秦漢社會得買賣奴婢，奴婢不僅用於家內之服侍，亦用以生產。漢初季布為奴，作田事。竇廣國為奴，百餘人燒炭山中。蜀卓氏冶鐵，僮千人。張安世家僮七百人，「皆有手技作事」。

前述師丹倡言限田，兼及限奴；王莽詔行王田，亦兼言奴婢更名私屬，不得買賣。世家大族蓄奴，少數用於服侍，多數用於莊園之生產或其他手工生產。不得買賣奴婢亦損害世家大族之利益。

　　秦漢社會官私奴婢甚多，然尚未多至為奴隸社會。蓋秦漢社會之主要生產力為自耕之小農。此每逢大亂之後，國家欲經濟復甦，發展農業生產，必解放奴婢為庶民可知，高祖、光武之釋奴婢是也。

　　自宣帝甘露中匈奴呼韓邪單于稱臣入朝，北邊不復有戰事，西域遠服，四夷安輯。王莽自居天下共主，威陵四夷，更名匈奴單于為「降奴服于」，高句驪為「下句驪」；四夷稱王者皆更為侯，句町王不服，莽諷牂柯太守詐殺之，東北與西南夷皆亂，西域諸國亦叛，莽輕起邊釁有如此。莽又徵募天下三十萬兵，糧草三百日，輸北邊郡，先到者屯戍，俟其齊集，十路同出討伐匈奴，分拜呼韓邪單于子孫十五人為單于。使者督趣郡縣徵發丁卒，委輸物資兵器糧食，以軍興法從事，天下騷動。

　　王莽又據〈周官〉、〈王制〉之文，改革制度，變易官名、地名，重劃郡縣，「歲復變更，一郡至五易名……吏民不能紀。」廢漢爵制而別置五等之爵，封爵者眾，又託以地理未定，不予邑祿，諸侯有窮至庸作者。

　　王莽又改官制，官名盡變，職掌淆亂。以己專權篡漢，故防備大臣，事無大小，皆自決之，有司但受成事；然事多政繁，難以勝任，待決之事連年不決，已決當行之事多延誤不行，至衛卒三歲不得交代，邊兵之衣食不以時至。五原、代郡兵數千人起為盜賊。又改吏祿制度，複雜瑣碎，「課計不可理，吏終不得祿，各因官職為姦，受取賄賂以自共給。」秦漢行之二百餘年之政府制度，莽肆意破壞，至其統治功能喪失。

　　莽之改革，皆附苛法，犯法乃至議其法者，罪至徙邊或死刑。「坐賣買田宅奴婢，鑄錢，自諸侯卿大夫至于庶民，抵罪者不可勝數。」

　　初，百姓以飢寒起為流民盜賊，流轉掠食，人數雖眾，不敢攻城殺官。吏有上言其實，王莽大怒，以為盜賊羣聚為黨，是為逆亂；凡謂其

為飢寒之民者，當治其罪。於是「莫敢言賊情者，亦不得發兵，賊由是遂不制。」翼平連率田況發民四萬人為兵守境，赤眉不敢入境。莽責況「未賜虎符而擅發兵。」況上言謂降滅盜賊，當選用良牧守，堅壁清野，安民固守，使賊無所食，攻城不下，則易滅。朝廷所遣將率使者，煩擾地方，糜費百姓，當盡徵還。莽惡況言，徵況。「況去，齊地遂敗。」莽遣太師王匡、更始將軍廉丹討賊關東，所過放縱，殘破地方甚於盜賊。

　　赤眉、下江兵、及青、徐賊皆無文號旌旗，其首領或稱巨人、從事、三老、祭酒；莽以其烏合之眾，不足畏。地皇四年，劉伯升等起，皆稱將軍，攻城略地，移檄告民，莽乃憂懼。三月，平林、新市、下江兵將共立光武帝之族兄劉玄為帝，改年更始元年，置百官，莽愈恐懼。莽大遣軍東討，兵破敗。更始將李松領二千餘人入關中。關中各縣應之者甚眾，各數千人，兵會長安城下，掘莽妻子父祖冢，燒九廟、明堂、辟雍。十月初一，兵入長安，百官逃走一空。二日，火燒未央宮。三日，莽避之漸臺，眾兵追至，商人杜吳殺莽。六日，更始將李松入長安。

　　王莽新政，有追求社會公平正義之社會改革意義，此近代以來學人多推崇之者。然莽治之弊在脫離現實，慕古不化而輕於改作，為實現不切實際之理想，輕易改變廢除行之長久而為百姓所習慣之制度，代以空疏不周之新法，煩擾天下，驚動萬民，動搖國本。莽自即位為天子，攬權自決，百官但受成事，至國事多荒廢。為小事而輕起邊釁，不惜徵發天下以伐匈奴。其治尚苛，制度愈改而法愈密，民犯法者多。又莽愛財，聚斂百姓而諸侯百官不得祿；關中已亂，省中黃金尚有六十萬斤，宮中他處亦各有數萬斤，錢帛珠玉甚眾，然賜軍士人僅四千錢，軍人皆不欲為之作戰。

西漢帝系表

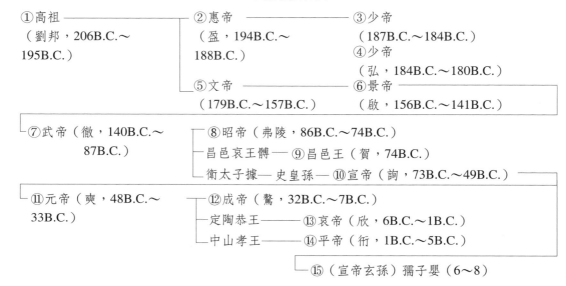

第六節　光武中興

　　光武帝劉秀，漢高祖九世孫，景帝子長沙定王發之後。光武之家族，為宗室之旁枝，族人為列侯，世代仕宦，是南陽蔡陽之世家大族。

　　光武兄伯升於地皇三年（22）十一月舉宗起事，南陽劉氏兵以伯升為首。不久，與新市兵、平林兵、下江兵合縱。明年，更始元年二月，新市、平林、下江兵諸將率立光武族兄劉玄為皇帝。伯升為大司徒，光武為太常偏將軍。三月，光武與諸將攻下昆陽。王莽遣大司徒王尋、大司空王邑等將兵百萬圍昆陽。六月，光武與諸將出城擊莽軍，殺王尋，莽兵潰敗。伯升別領兵攻下南陽之首縣宛。

　　伯升之威名甚盛，更始忌而殺之。時光武方敗王尋軍，聞訊，馳詣

宛，當是對更始有所解釋，不敢為伯升服喪，亦不與伯升官屬私語，極其隱忍之能事，以求脫嫌。更始拜光武為破虜大將軍，然不使領兵，令行司隸校尉事，整修洛陽宮府。則見疑羈縻之意甚明。後光武疏通更始左右，見遣出使河北，乃得脫困。

更始元年十月，光武出使河北，掛破虜大將軍行大司馬事之官銜，實不領兵，僅領屬吏數十人，到河北招降郡縣。十二月，王郎在邯鄲稱帝。光武得數郡太守之支持，更始二年五月，與更始派在河北之其他軍隊擊滅王郎。更始封光武為蕭王，令「罷兵詣行在所」，蓋不欲光武在外領兵。光武不就徵，始獨立，後且襲殺更始之幽州牧苗曾、尚書令謝躬，兼并其軍隊；又擊降銅馬、高湖、重連等農民武裝力量，「眾遂數十萬，故關西號光武為銅馬帝，」因領有河北諸郡。

更始在長安，諸將各擁兵，不聽號令，政亂，更始且受諸將脅持。赤眉入關中，陷長安，殺更始。

建武元年（25）六月己未，光武即皇帝位於鄗。其後陸續削平羣雄，建武六年，山東悉平，十二年十一月平蜀，統一天下。

光武出自世家，其主要功臣之家多為世家大族；或因此謂東漢政權之性質為世家大族之政權。此說謬。蓋既為皇帝，則不再是世家大族，其統治以維護其家天下為第一要務，其次，是國家之利益。世家大族不過是一戶口比例甚小之社會階層，其利益往往與國家或皇帝之利益沖突，亦往往與占戶口大多數之自耕農階層利益沖突。皇帝不可能壓縮國家利益以照顧世家大族之利益，除非政權不穩，地方勢力強大，朝廷必須依靠世家大族之支持。東漢除末年之外，朝廷之統制力甚強，郡縣服從中央，詔令可到達最基層之行政官署而執行。至於功臣多為世家大族出身，功臣於天下平定後，以功封侯，其利益與朝廷之利益結合；功臣任職高級官員，有參與政策謀議之機會，可以影響決策，但其影響之方向必是為皇帝之利益及國家之利益。正常情形下，皇帝不可能接受損害其利益及國家利益之意見而改變其政策。換一方向言，漢高祖出身平民，從龍

功臣亦多來自社會下層；西漢之政權性質亦不是平民之政權。蓋高祖既為皇帝，即不再是平民，其施政以考慮家天下及國家之利益為先。

　　光武之建立政權，經起事造反，推翻王莽之政權，敉平爭天下之羣雄，與新開國有天下者無異。光武出自西漢宗室，自視承繼西漢之帝統；盡廢王莽之改革，回復西漢之制度，兩漢制度，前後一貫，故自東漢以來，皆謂光武中興漢室。

　　東漢的宰相制度是三公制，與西漢的丞相制不同。西漢丞相一人，「掌丞天子，助理萬機」。成帝末年，改丞相制為三公制，哀帝又有所改革，均時間甚短。光武帝確定三公制：太尉掌兵事，司徒掌民事，司空掌水土事，是把西漢丞相一人所掌，分由三公擔任。其不恢復在西漢行之二百年之丞相制，而採用末年之改作，當是鑑於權臣篡奪，乃分散相權。即使對已分散權力之三公，光武仍不放心，經常查覈。史書謂光武「躬好吏事」，蓋光武勤於政事，常親自審閱三公上呈之行政文書，再作決策；政自己出，而非對三公「所言皆聽」。

　　漢末仲長統謂光武「雖置三公，事歸臺閣」，「三公之職，備員而已」（49／1657）。「臺閣」乃指尚書。所言與事實不符，然後人多引用為說。三公已處理之行政文書，上呈御覽，光武親自審閱；因光武好吏事，攬事用權，可謂事歸光武，不可言「事歸臺閣」。蓋尚書為皇帝之祕書，助理皇帝審閱三公呈上之文書，或助查律例，或指出三公建議之缺失，或提出其他辦法，幫助皇帝作決策，而皇帝之決定亦由尚書寫為詔令。東漢尚書是文屬於少府之中級官員（尚書令秩千石，尚書僕射、尚書俱六百石），光武視之如奴僕，「尚書近臣，至乃捶撲牽曳於前」，尚書為光武帝之文書助理，不可能代替三公之職權。三公之職，終東漢之世為宰相之任。唯尚書以掌皇帝之祕書事務，其職權於東漢日趨膨脹，漸漸侵蝕三公之職權。

　　漢儒解經，摻入陰陽五行學說及讖緯；大要言之，西漢說經好言陰陽災異，東漢說經莫不言讖緯。陰陽災異必言革命，天命有德。此說為

王莽篡漢之理論基礎，前節已詳。王莽又利用讖緯之圖書符命，為其得天命之證據。光武帝亦極信讖緯。

讖緯本為二事。讖者，「詭為隱語，預示吉凶。」即今之預言。讖書所資甚廣，文字之外，又有圖說，故又稱圖讖。

緯書則是「經之支流，衍及旁義。」作緯書者為提高緯書之地位，謂聖人既傳經，恐其意難明，又別為緯書以詳之。實則皆漢儒所造作而推名孔子。易、書、詩、禮、春秋五經各有諱書外，樂、孝經亦有緯書，故稱五經七緯。七緯各有緯書若干種。按緯書當是漢儒解經之傳，末流附會，言怪誕，說預言，又推名孔子。以其講神怪奇異，與讖相類，故漢人已混淆緯書與讖書，視為同一物，合稱讖緯。

王莽利用圖讖篡漢。光武帝則極為相信圖讖，蓋其尚未起事，已有讖文謂「劉氏復起，李氏為輔」，《河圖・赤伏符》且謂劉秀將為天子。劉歆於哀帝建平元年（西元前 6）改名為秀。光武年輕時與家人閒談，皆謂讖文之劉秀指國師公劉歆，光武笑謂焉知不是指其自己。及光武領有河北，其部下諸將勸其稱帝，皆以〈赤伏符〉為言。光武之即位詔書曰：「『……讖記曰：劉秀發兵捕不道，卯金修德為天子……敢不敬承。』」〈赤伏符〉之出現早於光武即位最少三十餘年，結果劉秀真的為天子，此或是光武篤信圖讖之原因。

鄭興、尹敏不善讖，光武不喜，以此沈滯。桓譚非議圖讖，光武大怒，以譚「非聖無法」，「將下斬之。譚叩頭流血，良久乃得解。」東漢五經立博士者十四家。《春秋》左氏、穀梁二家經師不曉圖讖，不得立學官。光武帝時，立學官標準之一為是否以圖讖說經，立學官之十四家章句，皆採圖讖為說。上有好者，下必甚焉。人主所好，干祿之徒必競相為之。故東京學者，多言圖讖，以圖讖說經，則與緯書合流。此所以東漢時人已多不知讖、緯之異，而統稱之為讖緯。東漢雖有不少儒生如張衡、桓譚之輩非議讖諱，然讖緯為一時之顯學，則可以確言。時人又稱讖緯為內學，五經為外學。讖緯在東漢經學中，實占重要地位。

　　光武好讖，常用圖讖決事；其後諸帝祖述，故東漢多以讖決事。

　　東漢不都關中，而都洛陽，此事影響東漢歷史發展極大。光武定都洛陽，其原因有如下數端：其一，光武信讖決事。案王莽時已因信圖讖之言，而有遷都洛陽之意。始建國五年，「長安民聞莽欲都雒陽……莽曰：『玄龍石文曰：「定帝德，國雒陽」。符命著明，敢不欽奉！以始建國八年……在雒陽之都……』」是王莽遷都洛陽之主意來自圖讖。光武定都洛陽，亦當有受圖讖之影響。其二，長安殘破，不可為都。蓋赤眉亂關中，「燒長安宮室市里……宗廟園陵皆發掘」。其三，經濟因素：西漢都長安，關中人口大增，農業生產不足供應。漢初已須自關東漕運粟，歲數十萬石。宣帝時，「歲漕關東穀四百萬斛以給京師，用卒六萬人。」此為國家巨大之經濟負擔，文帝納鼂錯之言，令民入粟得賜爵，得以爵除罪；武帝時，推廣趙過之代田法，教三輔農民以增產；宣帝時，耿壽昌奏行常平倉等，皆為關中之糧食不足。光武移都於洛陽，就食關東，糧食不必西運。

　　建武元年十月，光武定都洛陽。都洛陽固省東糧西漕之費，然有其他弊端：關中鄰羌、匈奴，西漢都長安，天子所在，除三輔屯重兵外，亦嚴禦西邊、北邊。東漢遷都洛陽，三輔少兵，邊塞鬆弛，故羌胡內移；光武時已有棄涼州之議，其後又數有其議。至漢末時，不但涼州已成漢胡雜處之區，即三輔亦多羌胡。光武都洛陽，與周平王東遷有類似之處。

　　建武年間，匈奴內亂，南邊八部大人共立呼韓邪單于之孫右薁鞬日逐王比為單于，亦稱為呼韓邪單于，求內附。光武立比為單于，於是匈奴分南北部，各有單于。此乃以夷制夷，以南匈奴牽制北匈奴，使不能為患中國；袁安所謂「欲安南定北之策……故匈奴遂分，邊境無患。」然為維持此一親附中國之力量，則在其衰弱時須扶持之。建武二十六年，詔乃聽南單于入居雲中，其地在長城之南，黃河以北，已是塞內。其年冬，南匈奴為北匈奴所敗，又徙南單于於西河郡之美稷縣，其地在黃河以南。以後又每年供給財物糧食，凡歲值一億九十餘萬。國家花費如此

之大，當然要使南匈奴對中國北邊的安定能有所助力。因設置使匈奴中郎將，領兵護南單于，在南單于與北匈奴對敵時，給予軍事支援，又監察約束南單于，使其作為符合中國的利益。北匈奴受漢與南匈奴之聯合攻擊，漸往西遷；和帝時，大將軍竇憲北伐，北匈奴大敗，「北單于逃走，不知所在」。南匈奴遷入塞內，北匈奴西走，匈奴故地空虛，鮮卑乃入居其地，發展壯大。惟終東漢之世，鮮卑尚未成漢帝國之患。

第七節　外戚宦官交替執政

　　光武帝、明帝鑑於西漢外戚之篡奪，乃不使舅氏在樞機之位。明帝且使外戚互相糾察，使其不敢犯法，可謂防範甚嚴，外戚在兩帝治下富貴而無權。然章和以後，外戚之禍，猶甚於西京，究其原因，有如下二端：其一，自霍光專政之後，權臣把持朝政之制度性因素並無改變，中朝將軍長期在宮中掌握京師及皇宮之武力；領尚書事之制更為制度化，或稱為錄尚書事，領錄尚書事在宮內領導尚書之樞機作業，輔佐決策，有時且可代行決策。外戚為中朝將軍而領錄尚書事，既可控制京師皇宮之軍隊，又可參與決策乃至代替皇帝太后作決策。光武防範外戚，不令在樞機之位，然不知改革外戚用以控制樞機之制度，可謂治其標而不知治其本。故太后臨朝，幼主在位之時，外戚之禍又再起。

　　其二，東漢明帝之後，皇帝多早逝，繼嗣童稚，母后臨朝。太后女主，常依賴父兄，外戚之權勢乃盛。今先列東漢諸帝之即位年齡及崩年如下：

	即位時年齡	在位時間（年）	崩時年齡
光武帝	31	33	63
明帝	30	19	48
章帝	19	13	33
和帝	10	18	27
殤帝	百日	9（月）	2
安帝	13	20	32
少帝（北鄉侯）		6（月）	
順帝	11	20	30
沖帝	2	5（月）	3
質帝	8	2	9
桓帝	15	22	36
靈帝	12	23	34
少帝（皇子辯）	17	5（月）	17
獻帝	9	31	遜位後 14 年薨，薨年 54

　　若以十八歲為成年，東漢諸帝，僅初年三帝是成年後即位，和帝以下，諸帝即位時皆未成年，乃至有僅數歲或數月大者。此所以東漢母后臨朝者特多，凡六后，是為章帝竇皇后、和帝鄧皇后、安帝閻皇后、順帝梁皇后、桓帝竇皇后、靈帝何皇后，於其為太后時臨朝。所謂太后臨朝，就是在皇帝童稚時由太后執行皇帝之權力，代皇帝作決策。太后孤立宮內，必親信任用父兄，故東漢之太后臨朝，即外戚得勢之時。竇憲、鄧騭、閻顯、梁冀、竇武、何進皆以太后之父兄在太后臨朝時為諸將軍並領錄尚書事，其純謹者富貴權重，跋扈者則酖弒廢立，無所不為。

　　更有甚者，東漢皇后多無子，或以他姬子為子，或用外藩入繼，臨朝之六太后，僅最後一位，即何太后有子。太后無親生子，母子有間，對外戚之依靠委任更為殷切。乃至於有太后因帝非親生子而不肯歸政者。如和帝鄧后，立安帝，臨朝凡十五年，至崩乃已，時安帝已二十八歲矣。太后延長其臨朝之時間，則外戚得以持權之時間亦延長。

　　太后臨朝，不但親用外戚，亦委任宦官。蓋太后女主，與朝廷大臣商議國事，籌措計畫，甚為不便，除親用自己之父兄外，亦依賴任用宦官。「和帝鄧后以女主臨朝，「朝臣國議無由參斷帷幄，稱制下令不出房闈之間，不得不委用刑人，寄之國命」。又靈帝何皇后為太后，后兄大將軍何進說太后盡誅宦官。太后不聽曰：「且先帝新棄天下，我奈何楚楚與士人共對事乎？」宦官之政治功能，初為助理文書作業，又常為太后與朝臣之中間人，傳達太后與朝臣對國事之意見；及親信而有權勢，間中得影響決策乃至代為決策。太后臨朝亦是宦官權勢興起之機會。

　　再者，太后臨朝，外戚用事，當皇帝尚未成年，尚可兩安。及皇帝已長，太后以帝非親子，不肯歸政；或已歸政而舅氏仍跋扈用事，皇帝欲奪回權力。朝廷大臣相隔太遠，關係不深，政變事大，腹心難尋。皇帝長於深宮，所識非婦人外戚，即為宦官，欲誅除外戚，捨宦官無可謀議者。如和帝「即祚，幼弱，而竇憲兄弟專總權威，內外臣僚莫由親接，所與居者唯閹宦而已，故鄭眾得專謀禁中，終除大憝。」又桓帝欲除外戚梁冀，如廁時獨呼宦官唐衡，問左右與外家不相得者為誰。唐衡乃引進其他宦官，謀議共誅外戚。皇帝左右熟悉者，僅宦官可同與謀議，共舉大事。

　　皇帝太后之信任宦官，蓋以宦官之地位低微，人主對之無所顧忌。朝廷大臣地位崇高而天下知名，其為吏治民數十年，有才能經驗，門生故吏遍天下，皇帝對其不放心。宦官則刑餘之醜，人所不齒，人主不必防其有篡奪之心。此所以漢元帝謂宦官石顯「中人無外黨」，可以信任而委之以政。且以近人論官僚政治之理論論之：官僚有自主性，欲維持一定法度，自視為人民之公僕，而非君主之私臣；若國家人民之利益與君主之私意衝突，官僚常勸諫君主乃至面折廷爭。宦官則居於深宮，侍於左右，純粹為君主之私臣，不會因「自主性」而與上意牴牾，可與君主無間，特別容易受信任。再者，宦官常侍左右，知君主之好惡忌諱，能中君主之意以遷就之，君主或受其擺布而不自知。

　　章帝以後，外戚與宦官權力交替，形成循環：皇帝早逝，嗣子幼弱，太后臨朝，舅氏用事，亦用宦官。及皇帝漸長，不滿外戚之跋扈，乃陰結其乳母及左右之宦官，起而奪外戚之權乃至誅滅外戚。事成之後，酬庸宦官或依靠宦官，宦官乃得與政事而建立權勢。至皇帝又早崩，又有新太后之家崛起。下文就其事而言之：

　　章帝竇皇后無子，殺梁貴人，以其子為子。章帝崩，和帝十歲即位，竇太后臨朝，后兄竇憲專總權威，其兄弟親屬亦富貴有權。和帝十五歲，與宦官鄭眾謀議奪太后外戚之權，誅憲等。事成，和帝親政，鄭眾以定策功封侯，「由是常與議事，中官用權自眾始焉。」

　　和帝鄧皇后無子。元興元年（105）和帝崩，年二十七。和帝鄧皇后立和帝少子隆，是為殤帝，太后臨朝。殤帝即位時生僅百日，明年八月崩。太后與兄車騎將軍鄧騭定策，立安帝。安帝為章帝孫，清河孝王慶子，即位時年十三，太后繼續臨朝。后兄鄧騭拜車騎將軍儀同三司、大將軍，兄弟常居禁中。安帝成年，太后仍不肯歸政。安帝於二十八歲時（建光元年，121），太后崩後，乃得親政，積怨甚深，因誅鄧氏。

　　安帝閻皇后無子，宮人李氏生皇子保，后鴆殺李氏。建光元年，鄧太后崩，安帝親政，閻皇后兄弟顯等並典禁兵。后有寵，使人譖皇太子保，廢為濟陰王。延光四年（125）春，安帝崩，后為皇太后，臨朝，以顯為車騎將軍儀同三司。太后與顯等定策迎立章帝孫，濟北惠王子，北鄉侯懿為皇帝。安帝子「濟陰王以廢黜不得上殿親臨梓宮，悲號不食，內外羣僚莫不哀之。」少帝立二百餘日而疾不解，及崩，閻顯等白太后徵諸王子未至。中黃門孫程等十八宦者合謀，擊殺閻氏同黨之宦者江京等，迎濟陰王即位，是為順帝。帝詔誅閻氏，閻太后亦詔發兵擊濟陰王，尚書朝臣多從順帝，閻氏敗，誅。順帝封起事有功之宦者孫程等十九人為列侯。順帝即位時年十一，時無外戚，孫程等宦者以擁立功，酬庸加恩，大為親信，又任以大官，言事皆聽，宦官干政，權勢日益鞏固。

　　順帝即位七年後，於陽嘉元年（132）立皇后梁氏。陽嘉四年，以后

父執金吾梁商為大將軍。永和六年八月，梁商薨，后兄河南尹梁冀代為大將軍。建康元年（144）八月，帝崩，時年三十。梁商為人謙柔，不以權干法，且其時順帝年已長，親政，順帝時無外戚干政。

順帝梁皇后無子，帝崩，立虞貴人子炳，是為沖帝，年二歲，皇后為皇太后，太后臨朝。五月後，永熹元年（145）正月，沖帝崩。太后與大將軍梁冀定策，立質帝，質帝為章帝玄孫，即位時年八歲。帝知梁冀驕橫，嘗謂其為跋扈將軍，冀惡之，令左右鴆弒帝。質帝在位僅年半。太后又與梁冀立章帝曾孫蠡吾侯志，是為桓帝，時年十五。太后以其妹為桓帝皇后。大將軍梁冀橫暴，「專擅威柄，凶恣日積，機事大小，莫不諮決之，宮衛近侍，禁省起居，纖微必知。百官遷召，皆先到冀門，牋檄謝恩，然後敢詣尚書……天子恭己而不得有所親豫。」梁太后於和平元年（150）歸政桓帝，同年崩。然冀輔政如故，權移主上者又九年。延熹二年（159），梁皇后崩後，桓帝乃謀誅梁氏。如廁召宦者唐衡，問與外家不相得者，衡乃引宦官徐璜、具瑗、單超、左悺等，與帝盟誓舉事。先收梁氏於宮內之黨羽，再發兵圍梁冀府第，冀自殺。又盡捕梁氏親屬黨與，「連及公卿列校刺史二千石者數十人，故吏賓客免黜者三百餘人，朝廷為之空。」可見梁氏黨羽根連勢結。

誅梁氏之功，宦者最大，順帝封唐衡等十三宦者為侯，又親用之。「自是權歸宦官，朝廷日亂」。而宦官之親屬為州刺史及郡守國相者始多，貪贓不法，括剝百姓「與盜賊無異，」天下魚爛，百姓歸向朝廷之心漸失。

桓帝晚年，以宦官亂政，與清流士人沖突，引發黨錮之禍。士人下獄者供宦官子弟為同黨，宦官恐懼，不敢追究，乃釋黨人。桓帝崩，無子，皇后與其父竇武定策，立章帝玄孫解瀆亭侯宏，是為靈帝。帝年十二，竇太后臨朝，以太后父竇武為大將軍。竇氏父子兄弟居中用事，引用士人有清譽者為助，任以重職。武說太后盡廢宦者，太后不從；武乃使人考宦者罪惡。宦官乃謂竇武欲廢立，因擁帝守宮門，劫持太后，下

詔收捕武等。武不受詔，領北軍五校士數千人，與宦官指揮之五營士及宮中之虎賁羽林對陣。王甫使其軍士大呼竇武造反，京師軍人素畏服宦官，武軍散走降服，武等自殺，竇氏盡誅，朝中正人多見誅。此役可謂是朝臣正士與外戚合流，共同對抗宦官；其敗也，固可見宦官勢力強大，而忠臣盡，餘者心灰，人心不附朝廷，瓦解之勢已成。

　　宦官既誅外戚，遷太后，靈帝年僅十三，宦官無所顧忌，乃再鉤黨，黨錮之禍又起，且連及親屬門生故吏。時宦官執政，專制天下，宦官親屬黨羽為公卿列校牧守令長者，人數甚多。及王甫、曹節死後，又有所謂「十常侍」，乃十二位中常侍，控制朝政，貪污枉法。且教靈帝搜括財富，令天下田畝稅十錢，為修宮錢；而百官上任，亦責助軍修宮錢，大郡至二、三千萬。靈帝「常云張常侍是我父，趙常侍是我母。宦官得志，無所憚畏。」靈帝何皇后得立，亦承宦官之助；靈帝時，宦官權勢發展極至。

　　靈帝在位二十二年，於中平六年（189）崩。帝兩子，何皇后生皇子辯，王貴人生皇子協。皇子辯即帝位，年十七，皇后為皇太后，太后臨朝，皇子協為陳留王。太后兄大將軍何進聽中軍校尉袁紹言，欲盡誅宦官，太后不許。紹又說進召四方猛將領兵向京師，以脅太后。前竇武與宦官對陣，禁兵畏服中人，散降略盡，武以此敗；何進以此事為鑑戒，欲召外兵。然其主簿陳琳諫，謂召外兵恐亂京師。故何進召外兵，極為小心，使其「府掾太山王匡東發其郡強弩，并召東郡太守橋瑁屯成皋。」至於前將軍董卓，前此二次違詔，不肯去兵，逗留河東郡觀變。何進不但不召董卓入京，反令其領兵西去，遠離京師，屯關中上林苑。袁紹擅自召董卓，卓知京師將亂，引兵急進。

　　何進屢說太后誅宦官，言洩。宦官乃候何進入宮，於禁中閉門殺之。進部曲將在宮外聞進被害，與袁紹、袁術兄弟領兵攻入北宮，盡殺宦者。中常侍張讓、段珪等數十人劫帝及陳留王出奔。追兵急，宦者投河而死。帝還京，董卓亦領兵入京，亂政。

　　東漢外戚宦官權力交替之過程：外戚之權勢發展較早，如章帝和帝安帝時，外戚竇憲、鄧騭、閻顯已為朝廷之權臣，其時宦官尚為宮內侍從執役之小臣。外戚之權勢發展快速而直接，皇帝太后委之權力，即成權臣。外戚之權勢崩壞亦速，太后崩而宮中無支持之者，即離權失勢，且以前咎而得罪。蓋前后之家與後后之家對立，互相爭權，難於共存，故外戚權勢之發展是一家一家各自單獨發展，無所謂蓄積與傳承。宦官之權勢發展較慢，蓋其地位低，皇室以宮奴視之。然其久在帝后之側，深知好惡諱忌，逢迎而得歡心，中意而見親信，助理御前文書，傳言宮廷內外，久之依賴加深，不可一日不在，則權勢自然擴大。宦官數百千人聚居宮內，階級有序，上下一體，利益共同，長在帝側而行事周密，其權勢得以傳承而積聚，故愈晚而勢力愈大，於宮內根深蒂固，終成尾大不掉之勢。順帝以後，宦官之權勢愈來愈強大，外戚竇武聯合朝臣，仍非其敵。宦官事急脅持帝后為質，最後與漢室同終於盡。

第八節　黨錮與地方割據

一、士風與黨錮

(一)士　風

　　漢武帝以來，察舉與徵辟成為政府吸收人才的重要途徑。察舉以「孝」、「廉」為科目，著重道德之修養。徵辟更以被辟者之德行、聲譽為條件。使有志於仕途者莫不敦品勵行，以孝悌清廉修身，影響所及，整個社會都以孝順友愛廉潔相尚，造成社會風氣純樸善良。論者謂歷代風俗之美，以東漢為最，或是也。此為言漢代士風所應先強調者。漢代

士人之風習，可分下列數端言之：

1. 孝

孝為士人修身所最為重視者，蓋孝為政府推行教化所著重，亦選舉制度之科目。士人有不孝之行，必為士論所卑。孝之表現，生者奉養順意承歡，死者厚葬久喪。西漢行三年之喪者尚少。蓋政府無提倡，官員無三年之喪假。及至東漢，士人之未仕者為避不孝之名，未有不行三年之喪者。東漢官員仍無三年之喪假，或有去官行喪者。至於為顯孝行過人，有行六年喪服，乃至二十餘年者，則為少數人偏激之行，不可以士風視之。

2. 廉

廉亦漢代政府及士人所重，亦選舉之科目。漢律有贓吏禁錮，不得仕為吏之條。蓋不廉無以為治，故以法律嚴懲。士人修身以廉，臨財不苟，非當得者一介不取，以清節自勉。至於推財、讓爵，雖少數人過情之行，亦當是因孝、廉之風習所激發者。

3. 尊師敬府主

漢人尊師，蓋書少難求，自修不易，必師弟誦習相傳，乃得成學；而學成者又得取富貴。

漢代官制，長吏自辟屬吏。是士人見辟入仕，府主有引進提攜之恩。察舉為孝廉、茂才、廉吏，府主為舉主，又有薦舉之德。仕途之順滯，故吏與前府主仍休戚與共。故漢人最重府主，府主屬吏之間君臣為稱，屬吏為府主行喪送葬。其特出者挺身急府主之難。

4. 手刃親仇

親仇不共戴天，漢人常親手報仇，不假有司。即使父母之死理虧，仇人所為合法無罪，為人子者，仍當報仇，社會輿論亦同情此種行為。法司對報仇之案件，亦多不追究。有報仇後自首投官者，官不肯受，官乃至為之自去官職者。

5.廣交游

漢察舉徵辟以名聲選士，故士人廣交游。隋唐以後科舉以考試拔才，士人十年窗下，以寡交游為戒。此漢與後世士風之大較。漢選舉既重名聲，士人必得見識於舉主，乃得仕進；於是士人交游、游學日盛，蓋不欲埋名荒村，希望結黨助，增名譽，必先廣交游。戰國養士之風，蓋其濫觴，天下一統之後，其風稍殺，然視時君網禁之疏密，賓客隨時盛衰。明察之主，以賓客興大獄，諸王大臣常以養士為戒，正可見賓客交游之盛；雖有一時之禁，旋即復盛於前。漢末政衰網疏，士人交游更盛。京師之太學，為士人會集之所，又得親近名流，故游學者多，桓帝時「至三萬餘生，然章句漸衰，而多以浮華相尚。」所謂浮華者，蓋不以經學為務，而羣居議論，臧否人物，乃至批評時政。

6.好品評人物

漢代既以德行、聲譽為取人之標準，則士人羣居，難免品評時人，定其高下，乃至於互相標榜。漢官考課制度，長吏每年考課其屬吏，分為九等，每人各予數字之評語。此制度為士人所熟悉，亦傚其法，私下品評鄉黨時流。漢末許劭與從兄靖「俱有高名，好共覈論鄉黨人物，每月輒更其品題，故汝南俗有『月旦評』焉。」其時論列人物者決不止許氏兄弟。晉文經、黃子艾有名聲於洛陽，「洛中士大夫好事者承其聲名，坐門問疾，猶不得見。三公所辟召者，輒以詢訪之，隨所臧否，以為與奪。」又郭泰、橋玄等，亦善品評人物。而時人亦好求為己品題；如「曹操微時，常卑辭厚禮，……（求許劭品題，劭謂操）『君清平之姦賊，亂世之英雄。』操大悅。」

品評語亦傚考課之習慣，多為四字。品評語加於姓字之後，成一七字之褒貶語。其事在光武時已有：侍中戴憑以經學精通，問難最明，時人謂之曰「解經不窮戴侍中」。章帝時，魯丕為當世名儒，兼通五經，關東號之為「五經復興魯叔陵」。丁鴻參與白虎觀會議論五經，才最高，時人稱其為「殿中無雙丁孝公」。此類七字評語日後漸多，至桓靈之世

最盛，士人有名者莫不有之，如「天下忠誠竇游平」（竇武），「不畏強禦陳仲舉」（陳蕃），「海內所稱劉景升」（劉表）等。第一次黨錮之後，互相標榜之風氣更盛，且分等級，最高者為三君，其次八俊、八顧、八及、八廚等。竇武、陳蕃、劉淑為三君，「君者，言一世之所宗也。」

　　品評人物之風習，起自何時，雖無確考，西漢時應已有其事。至漢末而盛極。

(二)黨錮之禍

　　士人有改善政治社會之責任感。其參與政治，對政治社會之缺陷，提出改革之意見，乃至攻擊政治社會之黑暗與惡勢力。徐復觀謂西漢去戰國並立之局不遠，皇帝制度建立不久，士人論政，偏向限制皇權，攻擊皇帝一人專制。東漢士人對行之已久的皇帝制度，慣性承認現實，注意力集中於其中最黑暗之部分，如外戚與宦官。東漢外戚興起較宦官早，章帝、和帝時，外戚竇氏已權高勢重，故士人之彈劾攻擊，對外戚亦先於宦官。唯外戚之家前後不相銜接，宦官則成一集團，故越後宦官之權勢越大。桓帝誅外戚梁冀後，宦官因功得寵，權勢大盛，奢僭，其家族橫行鄉里，或為官吏貪贓枉法，士人對之譏評彈劾，乃至執法治之，引起宦官之怨恨反擊，誣其結黨，而生黨錮之禍。

　　李膺為士人領袖之一，持風裁，士見其友接者，即可成名，至其所貶斥者，即為士論所卑。李膺為司隸校尉，掌治京師不法事，無所迴避；宦官懼怕，休沐不敢出宮。時河內張成以善卜交通宦官，見知靈帝。成占卜當赦，因教子殺人。李膺收捕之，適有大赦，當免罪；膺不從赦令，案殺之。成門生牢修「上書誣告膺等養太學游士，交結諸郡生徒，更相驅馳，共為部黨，誹訕朝廷，疑亂風俗」。靈帝怒，下令郡國逮捕黨人。第一次黨錮之禍因此而起。

　　所謂黨錮，乃是禁錮黨人。漢代有禁錮之刑罰，禁錮者不得仕為吏。

在皇帝制度下，最忌臣下百姓結黨，蓋不欲有政府以外之團結力量，更怕黨人形成反對政府之力量，故歷朝嚴治朋黨。誣士人結黨，最能令皇帝嚴治其事。

桓帝所怒，乃是李膺等養士結黨，誹訕朝廷。衡於李膺等人之行事，互相標榜，羣居議論，士人聲響隨其褒貶而定高下。公卿徵辟，郡國察舉，隨其臧否予奪。名士郭泰自洛陽返鄉，諸儒送之者車數千輛。范滂黨獄釋，「南歸，始發京師，汝南、南陽士大夫迎之者數千輛。」則牢修所告，桓帝所怒，似非無的放矢。桓帝就黨人之行為而為之禁，就當時之政治習慣言，似不可厚非。

第一次黨錮發生於延熹九年（166）。在京師與郡國同時大捕黨人，京師收捕李膺、范滂等凡二百餘人，郡國亦各捕數百人不等。京師之黨人移至宮內之黃門北寺獄考案，由宦官審訊，嚴刑酷打，迫招同黨。李膺等頗牽連宦官子弟，宦官恐懼，乃勸帝以天時赦之，皇后父竇武亦諫。桓帝乃於次年六月，大赦天下，除黨錮，改元永康。

桓帝於永康元年十二月崩，無子，皇后與其父竇武於建寧元年（168）正月立靈帝，帝年十二，皇后為皇太后，臨朝。太后父竇武為大將軍，陳蕃為太傅，二人同心輔政，引用正人於朝，司空王暢、太僕杜密、宗正劉猛、河南尹劉祐、尚書令尹勳、屯騎校尉馮述等皆天下名士，李膺又得起用，為長樂少府。九月，竇武等請誅宦官，事洩；宦官挾帝矯詔起兵，與武戰，武兵敗死，皇太后遷於南宮。

中常侍侯覽山陽人，山陽東部督郵張儉舉劾覽家殘暴百姓，所為不軌。儉鄉人朱並承望侯覽之意，上書告儉與同鄉二十四人共為部黨，謀反。靈帝詔捕儉等，時在建寧二年十月；大長秋曹節因諷有司奏前司空虞放、太僕杜密、長樂少府李膺等百餘人為黨人，皆死獄中，妻子徙邊，黨人之五服內親及其附從者皆禁錮，又下詔州郡大捕黨人，天下豪傑及儒學行義者多見株連。是為第二次黨錮。

第一次黨錮為時僅數月，桓帝主宰其事，宦官行事得請桓帝同意，

亦恐牽連自己親屬，不敢擴大。第二次黨錮起，靈帝年僅十三、四，在位不久，宦官於一年前誅外戚竇武，移太后南宮，宦官為所欲為。故第二次黨錮不須藉口，諷有司奏素所不喜之大臣若干人結黨，即下詔大捕黨人，又廣為株連。至中平元年，黃巾起，天下大亂，中常侍呂強表請解黨錮，謂黃巾烏合之眾，不足懼，然若禁錮之士人絕望於朝廷，與黃巾合流，則大事去矣。靈帝大恐，即下詔盡赦黨人。計自建寧二年（169）始，至中平元年（184）止，第二次黨錮歷時凡十六年。

漢政府與士人互相依存。政府錄取士人為大小官吏，統治天下；政府無士人則無所以組織政府，不能行使統治權。士人為官吏，受俸祿給養乃至富貴，為其一生致力之目標；士人不得任用，則無所以為事，不得遂生平之志。若希望不絕，尚可繼續努力、等候；若上進之路絕，則不復心向政府，轉為他求，悍蠻者乃至與謀反者合流。禁錮本為對贓吏之刑罰，使貪污之官吏「不得士為吏」，即免官職而不得復錄用。蓋以貪污不廉者無為官之資格。漢末宦官以此刑罰對付政敵，黨人死獄中，妻子徙邊，五服之親屬及門生故吏禁錮。且京師與天下郡國皆鉤黨，乃至郡國各有名額，又廣為株連，天下士人皆受衝擊，時間長達十八年。受株連者無罪而禁錮，十八年不得仕宦；十八年中之苦難不論，黨錮解後，年事已高，一生已無事業可言，必生怨恨，不復以效忠劉氏朝廷為事。所以董卓亂京師，天下州郡多據土保境自守，不再貢獻上計，天下瓦解。趙翼謂西漢諸帝無虐民之政，故新莽末起事爭天下之豪傑，多以漢宗室為號召。東漢末，割據者少有以劉氏為號召，黨錮傷天下之心，或為其一原因。黨錮動搖國本，史家謂之黨錮之禍，非言過其實。

二、地方割劇之形成

靈帝中平元年，黃巾亂起，朝廷遣將擊黃巾。黃巾大致平定後，又有涼州賊邊章、韓遂之入侵三輔，又河北諸山谷寇賊如黑山賊等數十輩，

侵擾地方，朝廷大舉征討。所遣討賊諸將，以皇甫嵩、朱雋、董卓三人領兵征討之時間較長，前二人立大功，謹守臣份。董卓則領兵入京亂政，引起漢帝國之崩解。

董卓先拜東中郎將，擊黃巾。後為前將軍，討涼州寇賊邊章、韓遂等。中平六年初，朝廷徵董卓到京師為少府，去兵。董卓上書謂其所領兵為湟中義從及羌胡，難制，不肯去兵，不就新職。此為第一次有領兵長官違詔，擁兵自重，靈帝實無法安枕，故又下詔拜董卓為并州牧，以兵屬左將軍皇甫嵩。董卓接受拜命，為并州牧，但不肯去兵，而請求領兵到并州履任。會靈帝崩，董卓「駐兵河東，以觀時變。」少帝立，何皇后為皇太后，臨朝；太后兄大將軍何進輔政。進久欲誅宦官，太后不聽，進不能斷，事久不決。袁紹等鼓動何進，使其召外兵入京，以脅迫太后。何進召外兵，然以董卓前此再違詔命，擁兵自重，恐其入京生事，令其西「屯關中上林苑」，遠離洛陽。稍後何進又傳詔，令董卓往討南匈奴單于於扶羅。袁紹深恐何進放棄消滅宦官之計畫，背進遣人私召董卓領兵入京。

何進謀誅宦官，事洩。宦官乃先於宮內殺何進，閉宮門，守太后及帝與陳留王。何進部曲知進見殺，與袁紹等攻燒宮門，入宮盡殺宦官，宦官「將帝與陳留王數十人步出穀門，奔小平津。」至黃河，後追兵急，宦官跳河死。次日，公卿大臣迎帝，董卓亦領兵至。董卓氣甚盛，大臣令其卻兵避至尊，卓怒罵大臣，不但不卻兵，反領兵入城。按其時皇帝年幼，公卿甫經大亂，無人敢持正議，禁止董卓領兵入城，遂令董卓得恃其兵力，亂朝綱，未幾擅廢少帝，立陳留王，是為獻帝。天下州郡以京師亂，不復朝貢上計，多守境自保，或互相攻戰兼併，漸成地方割據之局。

有兵及地盤為建立地方割據之必要條件。漢末割據一方者多為州牧郡守。漢代地方行政制度，郡太守為一郡之元首性長官。郡太守擁有其郡之行政權、司法權、財政權、軍隊之指揮權及其郡屬吏之任命權、選

舉權。在中央政府之控制力轉弱時，郡太守有割據自治之條件。但東漢郡國凡一百零五，一郡之領土面積太小，人口太少，以一郡割據自治，成功之機率不大，必須向外發展，兼併鄰近之州郡，所謂「非據一州，無以自立」。州刺史監察州內之諸郡行政，以監察者之地位，漸奪郡太守之權。尤其是刺史督趣諸郡兵討賊，漸掌握一州之軍事指揮權。至東漢後期，州刺史成為一州之行政長官，「惟名與秩尚仍舊制耳」。中平五年，若干有亂事之州，其刺史改為州牧，提高秩祿。州刺史或州牧領轄數郡至十餘郡，地廣人眾，於中央政府衰弱，不能宰制地方時，州刺史或州牧乃成為地方之割據者。漢末割據一方者，多原為州牧、刺史，或占據地盤後加領州牧之號者。

　　漢末政衰，寇亂頻起，太常劉焉以為天下將亂，先自為謀，以避戰禍。因上書建議改州刺史為州牧，而陰求為益州牧。靈帝中平五年（188），以焉為益州牧，太僕黃琬為豫州牧，宗正劉虞為幽州牧，皆以九卿秩中二千石居職。州牧職任之重，得比九卿。劉焉出京為益州牧時，侍中廣漢董扶求為蜀郡西部屬國都尉，太倉令巴西趙韙去官，俱隨焉之益州，咸顯示其心去王室，自求多福之意。以小見大，其時人心渙散，各自為謀，不復心向朝廷可知。

　　劉焉為益州牧，到職，安置已定，不復與朝廷交通，而致力於樹立權勢。郡縣長吏有不服者，擊誅之，代以親信。及勢力穩固，有僭越之志；董卓亂京師，焉無討卓之意。興平元年（194），劉焉卒，其子璋繼承。劉焉父子於益州建立割據政權。唯焉對本地豪強安撫利用不足，誅殺立威太過，又過於依賴東州人之支持，失益州士人豪強之心，其政權社會基礎不足，故不能持久，日後為劉備所取代。

　　靈帝晚年，中郎將公孫瓚為幽州地區之最重要軍事將領；以張純及烏桓丘力居等亂久不平，公孫瓚討伐無功，朝廷以宗正劉虞為幽州牧。劉虞成功安撫叛夷，平息亂事，朝廷令瓚「受虞節制」。稍後董卓亂政，遷虞大司馬，瓚奮武將軍。公孫瓚見天下將亂，以樹立勢力，霸占地盤

為務，不服幽州牧劉虞之節制。後擊敗劉虞，於幽州建立割據政權。

董卓亂京師，後將軍袁術出奔南陽。時長沙太守孫堅領兵北上討董卓，以南陽太守張咨為障礙而殺之，從袁術。袁術遂領有南陽。劉表初任荊州刺史，為袁術兵阻，不得到任。劉表上書請以袁術為南陽太守，蓋權力縱橫，互相妥協利用。袁術又上請以孫堅領豫州刺史，使孫堅領荊、豫之卒討董卓。袁術、劉表二人留後，各自開拓地盤，建立地方割據政權。孫堅北上討伐，及其南返，無處容身，只能依附在袁術之下，欲奪荊州，攻擊劉表而戰死。

劉表於董卓亂政後受命為荊州刺史，僅部分郡縣奉號令。表結交荊州地方豪族，誘斬宗賊帥而領有其眾，討伐荊州境內之盜賊亂黨，漸次削平，威名大盛，荊州守令之前不聽號令者多歸順，表「理兵襄陽，以觀時變。」時獻帝在長安，見劫於李傕等，傕以表為鎮南將軍、荊州牧。表領荊州七郡，「南接五嶺，北據漢川，地方數千里，帶甲十餘萬」。北方戰亂，士人流移到荊州者有千數，表收容之。建安十三年，劉表死，其次子琮嗣為鎮南將軍荊州牧。曹操南征，琮降。

袁術據揚州、徐州及兗州之部分，不知經營地方，無心治理百姓，常以抄略為資。建安二年，袁術因符命僭號為帝，置百官，廣後宮，奢淫過甚，不恤部曲士卒，終至眾叛親離。時又天旱飢荒，袁術「資實空盡，不得自立」，憂憤而死。

孫堅死後，其子策向江東發展，定揚州。策死，其弟權承襲，立吳國。後於赤壁敗曹操，領土南擴至交州，又東占荊州。權後稱帝。

董卓亂時，袁紹亦出奔東方。卓拜袁紹為勃海太守，紹不肯處於冀州牧韓馥之下，積極擴充私人勢力。韓馥「素性恇怯」，無割據一方之企圖，於強敵壓境之時，缺乏奮鬥之意志，輕易放棄冀州，讓與袁紹。袁紹初領冀州牧時，冀州所隸諸郡尚多不服，紹擊定之。紹後平黑山張燕，破公孫瓚，兼有冀、青、幽、并四州之地。後與曹操相爭，為曹操所敗。

　　曹操於靈帝時官至濟南相、典軍校尉。及董卓之亂，操東出，散家財，起兵討卓。初平二年，據東郡。三年，擊平附近郡縣，領兗州牧。擊黃巾，受降卒三十餘萬，號青州軍。四年，擊徐州牧陶謙。建安元年，獻帝自長安東歸，操迎帝都許，因挾天子以令天下。操據兗、徐、豫、冀、青五州之部分，與袁紹所據鄰；後二人決戰於官渡，操勝。紹死，諸子爭立戰亂，曹操因擊破紹諸子，統有北方。

　　初平元年（190），東方州郡長吏十餘人同時起兵，眾各數萬，推袁紹為盟主，討卓勤王。二月，卓徙獻帝都長安，卓屯洛陽，與東方兵相持。東方州郡長吏多久屯不戰，唯長沙太守孫堅數敗董卓。二年，卓焚洛陽，西退關中，堅入洛陽，平塞卓所發掘諸陵。三年，司徒王允與呂布殺卓；卓將李傕、郭汜等攻長安，布兵敗東走。傕等殺允，專擅朝政。興平二年（195）李傕、郭汜相攻，關中亂，七月，車駕東返，沿途攻戰逗留，至次年，建安元年，六月方至洛陽。洛陽宮室燒盡，倉儲空虛，百官飢乏。八月，曹操遷獻帝於許，此後政出曹操。建安二十五年（220），魏王曹操薨，其子丕嗣。冬十月，獻帝遜位，禪讓。魏王丕稱帝。明年，劉備稱帝於蜀。後孫權亦稱帝於吳，天下三分。

都城
政權部族界

東漢時期全圖

本圖係根據譚其驤主編《中國歷史地圖集》複製。

東漢帝系表

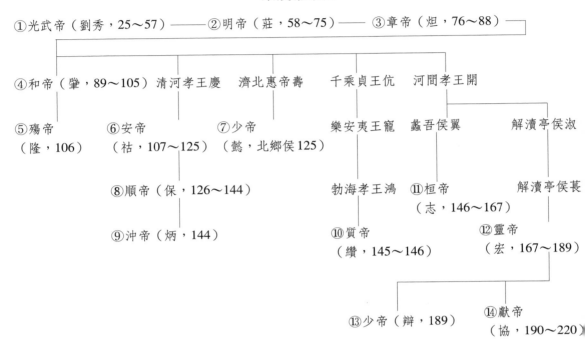

參考書目

錢穆，《秦漢史》，自印本，香港，無出版日期（1956 年或稍後）。

呂思勉，《秦漢史》，臺灣開明，1969 年臺一版。

林劍鳴，《新編秦漢史》，五南，1992 年。

嚴耕望，《中國地方行政制度史》甲部《秦漢地方行政制度》，中央研究院歷史語言研究所專刊之四十五 A，1990 年（1961 年初版）。

錢穆，《兩漢經學今古文平議》，東大，1971 年臺一版。

徐復觀，《周秦漢政治社會結構之研究》，新亞研究所，香港，1972年。

徐復觀，《兩漢思想史》卷二，學生書局，1976 年。

徐復觀，《兩漢思想史》卷三，學生書局，1979 年。

祝總斌，《兩漢魏晉南北朝宰相制度研究》，中國社會科學出版社，1990 年。

廖伯源，《歷史與制度──漢代政治制度試釋》，香港教育圖書公司，1997 年（臺灣商務，1998 年）。

第五章

魏晉南北朝時期

蔡學海*

第一節　三國的鼎立

一、曹操兼併北方

　　曹操（155～200）崛起的時代，正是劉氏王朝內部矛盾重重、儒學和圖讖結合所造成的大動亂的時代。由於王朝內部外戚的專橫、宦官的亂政，與豪門的驕縱，造成了吏治的敗壞、社會的不安，以及應付外患的無能和巨大的耗損，終至民不聊生，挺險作亂。正好兩漢以來結託於儒學的陰陽家五行說所演成的「讖緯之學」，也在此時大行，遂給陰謀造反的野心家攫為煽惑民眾的護身符。張角倡言「蒼天已死，黃天當立」，一呼四應，旬月之間，盜匪蜂起，全國震動，漢帝國因之呈現瓦

---

*現任東吳大學歷史系教授。

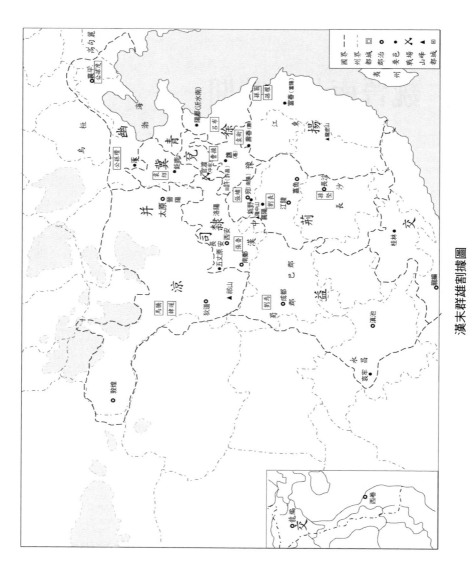

漢末群雄割據圖

本圖係根據國立編譯館《中等學校本國歷史地圖集》複製。

解的形勢。迷信思想煽惑著苦難的百姓，遂使大亂一發不可收拾。

　　自黃巾大亂（靈帝中平元年，184）以後，變亂連年，農村經濟破產，人民死散。唯一受益的，是一些豪門勢族，他們結寨築壘，接受難民的依附，結為地方的武裝集團，自食自衛，始而協助政府平亂，終而獨立發展。至中平五年，採納太常劉焉設置州牧加重職權的建議以後，地方勢力更得到法律的保障，發展更為迅速。終於在董卓亂政以後，形成了羣雄割據的混亂局面。

　　在董卓挾持獻帝西走長安之時，羣雄割據的情形，大致是董卓在關中，不久為王允、呂布殺害，卓部將李傕、郭汜等又攻殺王允，逐走呂布，繼據其地。劉焉占益州（今四川之地），劉表領荊州（今兩湖一帶），公孫瓚據幽州（今河北東北部），袁紹制冀州（今河北、山西一帶），袁術盤揚州（今淮南、江北一帶），陶謙控徐州（今江蘇北部一帶），曹操稍後也取得兗州（今河北西南部與山東西北部），漢中（今陝西南部）、遼東（今遼寧）、江東（今太湖流域）則分別為張魯、公孫度及孫策等所有，而呂布和劉備尚依維於二袁或曹操之間。

　　當時，以袁氏最得人望，尤其袁紹（～202）更是天下人心之所歸。紹出身汝南的世族，父祖曾四世三公，門生故吏遍及天下，加上他本人頗具「姿貌威容」，又能折節下士，故登高一呼，立即成為關東討董卓聯軍的盟主。等建安四年（199），消滅公孫瓚，統領幽、冀、青、并四州之後，聲勢更盛，即使陽奉獻帝在許昌的曹操，也不能不遷就他幾分。

　　不過，曹操亦非等閒之輩，擊敗袁紹統一北方的，正是曹操其人，曹操字孟德，沛國譙（今安徽亳縣）人。祖父曹騰是東漢桓帝時的名宦官，父親曹嵩是騰的養子。靈帝時，嵩買得了一個太尉高官，貪污狼藉，曹氏宗屬也因此盤據州郡，惡勢力頗大。這種背景，對曹操的出身頗有不好影響，所謂「贅閹遺醜」，正表示當時人對他的家世的鄙視。加上他生性任俠放蕩，不治生業，遂不為時人所注意。這種情形如與袁紹相比，顯然不能並論。但是曹操卻別有過人之處，不但精於權變，明於利

害，而且善於用兵，這比袁紹的「多端寡要，好謀無決」，自然又要高明許多。

　　論曹操崛起的經過，開始於二十歲被舉為孝廉，歷任洛陽北部都尉、頓丘令等官。因為參加討剿黃巾賊有功，漸露頭角。董卓專政，他不願意為卓所用，毅然散發家財，募集宗族部曲，參加討卓行列，不幸因係烏合之眾，始戰即潰。此後操募兵，即注意精兵原則，先後在揚州招募善戰的丹陽兵，勁勇的泰山兵，而得在初平三年（192），擊潰青州（今山東中東部）黃巾餘黨，雖然攻降卒三十餘萬，男女百餘萬口，選其精銳編為「青州兵」。但這支部隊並不樂為操所支使，所戰皆敗，只好改令屯田。這是後來官渡一戰，操兵不能多出的原故。興平二年（195），獻帝正式命操為兗州牧，曹操的地位提昇，建安元年（196）獻帝從長安董卓殘部中逃出到洛陽，曹操又能親迎至許（今河南許昌），挾天子以號令諸侯，勢力因之更盛。

　　曹操迎獻帝都許之後，就占有了河南。關中的一些地方勢力在他假借天子的命令下，也都服從他。建安二年到四年的三年中，他先後攻殺徐州的呂布，逐死揚州的袁術，擊走徐州的劉備，奄有司、豫、兗、徐各地，成為黃河以南的最大勢力，隔河與袁紹對立，並為北方二雄。

　　一條河擋不住豪閥們爭奪土地的野心，袁紹在消滅公孫瓚後，勢力大增，便想南下向曹操問罪。簡選精兵十萬，鐵騎萬匹，準備與曹操一決勝負，建安五年，袁紹進軍黎陽（今河南濬縣東南），曹操亦屯兵官渡（今河南中牟縣東北）備戰，軍隊不及袁紹一半。自二月至八月，操軍漸感不支，以至一度想要退兵，賴謀士荀彧諫阻乃止。這時，適有袁紹謀臣許攸前來降附，知紹軍虛實，情況乃急轉直下，由曹操親率步騎夜襲袁紹軍糧所在的烏巢（今河南延津縣東南），盡燒其輜重，而袁紹派攻曹操本營的「精勇」高覽及張部又來投降，一時，紹眾大潰，袁紹僅得與八百騎脫免，紹軍被殺的多達七、八萬人，主力大失，一蹶不起，史稱「官渡之戰」，是曹操統一北方最具決定性的一次大戰。

　　官渡戰後二年，袁紹病死，控制下的四州，也漸次落於曹操之手，建安十二年（207），操進一步揮軍烏桓，清除了來託的紹子熙與尚等殘餘勢力，北方的勢力，至是，除了一個遼東公孫康外，其餘都歸於曹操的控制之下。他並且遷烏桓民眾十餘萬戶入居關內，檢選其精壯者編成戰士，「烏桓名騎，震動天下」，曹操的勢力，又向前推進了一大步。

　　曹操既定北方，便想趁勝經略南方。建安十三年，他先授意獻帝晉升他為丞相，獨專漢政，再積極籌劃南征事宜，終於與孫權、劉備的聯軍，發生了一場「赤壁之戰」。曹操不幸失敗，只好放棄急併江南的企圖，一面積極從事內部的篡位準備，一面改向經營西北。建安十六年，擊走馬超，平定關中。十九年，攻城韓遂，克服涼州。二十年，親征漢中，降服張魯。不過，到了二十四年，漢中又為劉備所攻取，成為蜀漢日後進的前哨基地。此時，曹操的生命也已進入日暮之期，建安二十五年（220）正月，死於洛陽，享年六十六歲。

　　檢討曹操一生的表現，最大的貢獻厥在統一北方。他曾自誇說：「設使國家無有孤，不知當幾人稱帝，幾人稱王。」這幾句話是頗具真實性的。河北不再割裂戰爭，人民的痛若才得以改善。綜合他成功的因素，大概可以歸納成下列幾點：

(一) 雄才大略，器識過人

　　曹操是一個有多方面的才藝的人，不但擅於文學，更懂法政，尤諳兵法，所以能夠芟除羣雄，統一北方，絕非偶然。

(二) 利用漢帝，號令天下

　　在一個封建意識仍強的社會裏，皇帝依然是權力中心所在。三國時代，大部分知識份子普遍存在著這種心裏，所以袁紹會因不迎帝而失去知識份子的支持。

㈢拉攏知識份子，拔舉人才

曹操出身閹宦，為了沖淡世人對他不好的印象，極力拉攏上大夫合作。並多次頒布求賢令，「唯才是舉」，給予適當的職位，擴大了曹操集團的社會基礎，其中最重要的是穎川苟彧（163～212），不但個人才華高，而且帶進了許多賢士，成為曹操謀士集團的中堅力量。

㈣推行屯田政策，解決糧食和流民問題

東漢末年，天下大亂，人民流亡，土地荒蕪，糧食空前缺乏。曹操一面大力募民屯田，一邊命令部隊軍屯，所在積穀，同時解決了糧荒和流民亂兵的問題，大有助於社會的安定和勢力的加強。

不過，曹操也不是一個完人，他的矯枉過正，他的私心，都留給了曹操政權及中國歷史不良的影響。

㈠殘害知識份子

知識份子歸附曹操，主要是要為漢帝效忠，但曹操籠絡知識份子，卻別有用意，無非是希望變成他篡位的助手。因此，若有不能順遂他的心意的，便會遭受他的迫害，苟彧反對他稱王、稱帝被害，孔融不滿曹操專擅被殺，都是實例。

㈡不重視道德名節

宦官的家風，向少道德名節，凡事重功利。曹操在三次求賢令中，便公然宣稱，只要「有治國用兵之術」，即使「不仁不孝」，亦勿令「有所遺」。雖收一時治亂之效，但歪風所及，歷魏之世，竟無一人能為魏殉國者，無怪乎司馬氏能輕易轉移魏鼎。

㈢蓄意僭奪漢室

　　表面看來，曹操並未篡位，但這只是限於當時獻帝尚無過錯，清議尚存、孫（權）劉（備）方盛，使他無法下手，不是他道德過人、慈善為懷。事實上他是有計畫的在努力建造曹氏天下的。從廢三公自任丞相，到省併幽、并郡縣於冀州而擴大屬領地，到稱魏公、魏王，至於用天子旌旗、出入警蹕，儼然天子自命，誰說沒有稱帝的野心？

　　曹操的篡奪手段，後來即為晉及宋，齊、梁、陳所承襲，直至楊堅建隋，可謂惡例傳世。

二、三國局面的成立

　　赤壁一戰，曹操慘敗，西北立即擾動，統一南方的事業遂受阻延；孫權也趁機控制長江全線，據與曹操對抗；劉備更以取得的荊州為憑藉，進取益州，另圖發展。所以這次戰役，是三分天下的最重要關鍵。

　　赤壁在今湖北黃州，舊屬荊州的界域。戰前，荊州原為劉表所占有，地方千餘里，甲兵十餘萬，物富民安，為一時的樂土。加上地勢險要，北據漢、沔，利盡南海，東連吳、會，西通巴、蜀；以及劉表獎崇學術，學者匯聚，遂令羣雄垂涎覬覦，咸認荊州是「取天下」的根本。可惜劉表缺乏遠略，只求保境安民，不能進一步開疆立業，徒致固守自限。曹操在兼併北方之後，認為這是天賜良機，便積極準備南征，何況這時他心目中的另一個英雄劉備，也在荊州新野（今河南新野縣南）、樊城（今湖北樊城）之間，刻因劉表的疑忌而困頓不展，攻不荊州，正可同時消滅劉備，一舉兩得。如果運氣好，順江東下，還能撲滅孫權，統一中國不難。這是曹操的如意算盤。

　　建安十三年（208）七月，曹操親率八十萬大軍征劉表，表適於此時病危，次子劉琮繼位，聽部屬之言，投降曹操，劉備被迫，倉卒退依駐

在夏口（今湖北武昌縣西）的劉表長子劉琦，以求背水一戰。

劉備（161～223）字玄德，涿郡涿縣（今河北涿縣）人。雖是漢代宗室的後裔，卻是破落的窮家，少與母親相依為命，以販履織鞋為業。平日喜歡結交名士豪傑，性重情感。黃巾之亂期間，因糾合徒眾，徒討有功，才漸露頭角。在羣雄之中，他的憑藉最差，崛起較晚，因而早期的顛仆也最烈。曾先後依靠過公孫瓚、陶謙、曹操和袁紹，正當諸大豪傑在火拚之際，他還在羣雄夾縫中討生活，雖有英雄之名，卻無長策久安之計。

當袁紹被曹操打敗後，劉備失去依靠，只好南走荊州投靠宗室劉表，暗中壯大自己的勢力。在荊州寄食的七年之間，他不但深得民眾歡心，而且廣結俊彥，幸運的訪得了一位忠誠多智的少年隱士諸葛亮（字孔明），擔任謀主，形成一個「荊州士人集團」，鼎助他創業，這時，他才夠資格稱得上是強者。

諸葛亮在出山（時年二十七）為劉備策劃時，曾對劉備分析世局，並提出「興復漢室」的四個原則，是為著名的「隆中對」。他以為曹操有政治、軍事的優勢，孫權有地理的優勢，中原和江東都已無可發展的餘地，只有荊、益兩州地勢險要，物產富饒，而其主人又闇弱不能守，是圖謀發展的最好對象。於是建議：1.占取荊、益二州，作為復興基地；2.以曹操為主敵，聯合孫權共同抗操，暫時維持鼎立局面；3.確保襄、樊和漢中兩大戰略要地，等待機會，北向宛（今河南南陽縣治）、洛和關中，兩面包鉗中原，以成霸業。4.最後再東下滅吳，統一中國，復興漢室，不愧是識見宏遠的戰略家。

關於荊州的重要性及劉、孫聯合抗曹的見解，頗與江東孫權這邊的魯肅的看法相契合。他以為江東與荊州毗連，曹操勢力一旦侵入荊州，則江東便要陷於西北兩面攻擊的威脅。雙方利害即然一致，一場聯合作戰，便此發生。

孫、劉聯軍以周瑜、程普率領的三萬水軍為主，劉備助攻，總共不

過五萬人。曹操方面，本身的兵數十五六萬，加上受他裹脅同行的荊州兵七、八萬，合計約二十三四萬。曹操率此大軍，不免趾高氣揚，以為中國分裂的局面，此番必將由他統一無疑。相傳他的「短歌行」，就是在引軍東下時作的，文中充滿著霸氣，結語有「周公吐哺，天下歸心」，隱然有天下一統，萬民推戴之意。可是聯軍這邊的主將周瑜，也一樣充滿信心，因為他認為許多條件都對聯軍有利。

建安十三年十月，兩軍在赤壁遭遇，果然，初一接觸，操軍便告失利。既而黃蓋向周瑜獻計，率軍向曹操詐降，趁機實施火攻，繼以輕兵追擊，殺得曹操計無所出，率領殘部鼠竄，留下守將分守江陵和襄陽後，黯然北歸。

曹操此役失敗之後，數年間，不敢再出師南下，劉備和孫權遂得利用時間發展勢力，乘機坐大，逐漸造成三分的局面。分析這次的成敗，大致可以歸納成下列幾點：1.操軍遠來疲憊，加上水上不服，未戰已多染疾病；2.北方騎兵，不利南方水戰，必須仰賴新附的荊州水軍，但荊州甫遭新痛，不願真心助戰；3.操軍推進過急，糧食補給不易，加上大寒用兵，馬草缺乏，不利持久作戰；4.關、隴地區馬超、韓遂勢力正盛，曹操有後顧之憂，不能從容備戰。5.孫、劉聯軍，占術得利；又知處境危劣，猛作困獸之鬥，哀兵必勝。

赤壁戰後，曹操回到北方，一面刻意加強他的政治權力，一面努力經營西北邊務；而劉備則趁機奪取荊州洞庭湖以南土地，尋求屬於自己的土地；周瑜也攻取江陵。不過周瑜去世後，孫權接納魯肅的建議，將戰後所得的南郡等地供給劉備，好讓劉備安置降附的劉表故吏，以相結好，共拒曹操。至此，劉備才有了一個獨立的勢力範圍。

十六年，劉備接受益州牧劉璋之請，率軍入蜀，以共拒曹操自漢中來侵。不久，採納龐統「兼弱攻昧」以建霸業的建議，於十九年利用機會擊敗劉璋，代領其地。第二年，曹操也降服了漢中的張魯。這時，劉備感受到很大的壓力，便想先發制人，計畫對曹操發動一次大攻擊。先

於二十二年率將進攻漢中，再於二十四年命關羽自江陵北伐，相互呼應，結果，不但這邊奪得了漢中，那邊關羽的軍威也震動了「華夏」，逼得曹操至想遷都到許，以避鋒銳。這一年，真是劉備勢力最鼎盛的時候。

這次戰略運用的成功，證明諸葛亮「興復漢室」包鉗原則的可行，可惜當時孫權為了自己的利益，在不能統一天下的情況下，既不願見曹操過強，也不願見劉備過盛，以便維持鼎立的態勢，因此，當他看到劉備勢盛的時候，便顧不得同盟，大扯劉備後腿。孫權的地位，舉足輕重。

孫權（182～252）字仲謀，吳郡富春（今浙江富陽）人。他的事業頗得益於他父兄的遺業。他的父親孫堅，是一名很出色的軍人，曾擔任過長沙太守，是關東討董卓聯盟中的一員勇將，曾與袁術結合，奉術之命討劉表，不幸戰死。兄長孫策，繼父崛起，由袁術手中要回乃父舊部，回渡江東，別圖發展，占有丹陽、吳、會稽、廬江、豫章及廬陵六郡之地，奠立了孫氏在南方建國的基礎。建安五年，不幸為仇家刺死。孫權繼起，當時不過十九歲。史載孫權才能出眾，尤善於結納賢士，乃兄策即曾說過：「舉江東之眾，決機於兩陣之間，與天下爭衡，卿不如我；舉賢任能，各盡其心，以保江東，我不如卿。」權後即以此長處結合南北豪族、賢士，堅固政權，內剿山越，南拓交廣，而外與曹、劉抗衡。

孫權立國的性格與曹、劉略有不同。曹操以兼併兩國、竊篡漢統為原則；劉備則以消滅曹賊、「興復漢室」為號召。至於孫權，雖亦想創立大業，但沒有傳統的束縛，因此，他的對外政策可以靈活運作，只要合乎其本國利益，無不可隨著外在形勢的變化而調整。赤壁戰前，江東危急，便與劉備結盟抗曹；戰後懼備強大，又毀盟殺關羽奪荊州。原來，在建安二十年，孫權見劉備已取得益州，便以交還荊州為藉口，出兵強占劉備所屬的長沙、零陵、桂陽三郡，首先破壞盟約，後劉備因全力防止曹操自漢中來攻，忍讓與和，劃湘水為界，平分了之。但是孫權不以此為滿足，在二十二年「聯劉」要角魯肅去世後，更又利用關羽北伐之際，不惜向曹操稱臣自效，命呂蒙趁虛狙擊關羽，與備結仇。

二十四年，曹操為劉備大敗，二十五年（220）正月、死於洛陽。同年十月、曹丕逼獻帝退位，改元黃初，國號改稱魏，是為魏文帝，建都洛陽。曹丕篡漢後，劉備誤聞獻帝被害，也於次年（221）三月即位稱帝，以繼承漢室自命，國號仍用漢，改元章武，遷都成都，是為漢昭烈帝。後世因成都舊為蜀郡所在，同時也為了與兩漢政權相區別，常以「蜀漢」相稱。孫權在劉備稱帝的當年，尚向魏稱臣，受封為吳王，第二年才脫離臣屬關係，建元黃武；至二二九年，又改號稱帝，易元黃龍，定都建業（今南京），是為吳大帝，三國地位從此平等。

論三國的領土，魏國最大，大致擁有今日河南、河北、山東、山西。遼寧等省全部，陝西、甘肅、熱河、察哈爾，安東，安徽、江蘇，湖北等省一部。吳國其次，約有今日浙江、福建，江西、廣東、湖南等省全部，江蘇、湖北、安徽、廣西的一部，與越南的東部。蜀漢最小，只有今日四川省大部（小部分屬於吳國）、陝西、甘肅、雲南、貴州、廣西等省一部。

三國疆域大小不同如此，卻能鼎立數十年不相下，分析原因，至少有下述幾點：

1. 地勢限制

魏勢雖然較大，但吳與蜀漢都有險要地勢可以據守，魏對之一時亦無可如何。蜀漢有「重險之固」，吳有「三江（吳淞江、錢塘江、浦陽江）之阻」，何況還有長江天塹，足讓魏文帝望江興嘆。

2. 吳漢同盟

吳與蜀漢同盟，固可強化力量，打敗曹魏，一如赤壁之戰，此外，還有延長魏的國防線，分散兵力，以及聲東擊西之效。使魏不敢任意出兵。

3. 經濟衰敝

三國初期，北方郡縣殘破，百姓流亡。魏地雖然較大，人口也較多，但非短期可能振興。吳與蜀漢殘破雖然較小，但吳有山越之亂，蜀漢以

一益之地相抗，也都不是容易的事。

4.人才鼎盛

三國創業的君主，曹操性機警，以權術馭人；劉備性寬厚，以性情感人；孫權性沉毅，以意氣動人，而都能延納賢才異士，遂使競爭趨於激烈。曹操長期控制漢廷，漢官兼為魏官，人才最多，文士以荀彧、荀攸、郭嘉最有名，武將則張郃、司馬懿、曹真為敵人所畏懼；蜀漢宰相諸葛亮被公認是天下奇才，武將關羽、張飛、趙雲所向披靡；吳相顧雍為三代以來所少有，武將周瑜破赤壁、呂蒙殺關羽，威震遠近。

三、三國的政治與經略

(一)諸葛亮輔佐蜀漢

劉備稱帝後第一件大事便是伐吳，為關羽報仇。雖然羣臣力諫，行前張飛也為部將所殺，但都未使劉備氣沮，未能改變他的決心。章武二年（222）二月，劉備自秭歸（今湖北秭歸縣）出發，自江南翻山而進，另命黃權督率長江以北諸軍配合。當時諸葛亮正督軍漢中，沒有隨行，備手下缺乏謀略之士，以致犯下作戰大忌。在夷道猇亭（今湖北宜都縣北）屯兵，竟沿途樹柵結營，連綿不絕。為吳將陸遜所乘，施以火攻，漢軍死者數萬，舟艦器械，水陸軍資，一時略盡、劉備大敗而遁，黃權在江北無法退回，則降於曹魏。次年，劉備病死永安（今四川奉節），臨死託孤於諸葛亮，劉禪即位，是為後主。賴亮勵精圖治，整軍經武，才得繼續維持鼎立的局面。

諸葛亮（181~234）字孔明，琅琊陽都（今山東臨沂）人，是世宦子弟。父母死得早，十一歲時，因青州黃巾賊再起，兄弟逃難，乃兄瑾往江東，他則隨叔父玄避往荊州，住在南陽（今河南南陽）附近的隆中，距州治襄陽不遠，時與學者名流過往切磋，受益頗多，獨對訓詁章句不

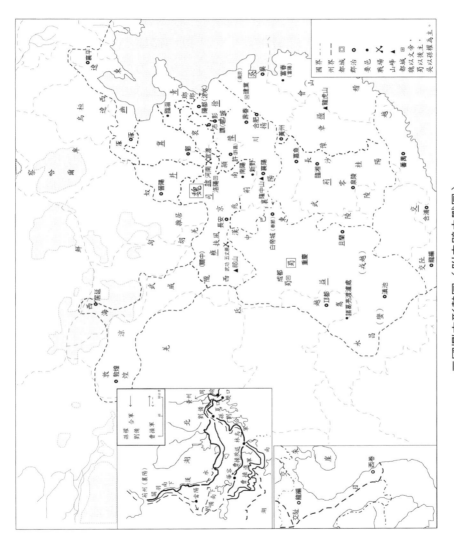

三國鼎立形勢圖（附赤壁之戰圖）

本圖係根據國立編譯館《中等學校本國歷史地圖集》複製。

感興趣，讀書只愛擷要勾玄，注重實用主義。

　　論亮的思想，大致是「儒體法用」。他在政治上尊漢反曹，明白宣言「漢賊不兩立」，正是春秋大義所表現的儒家氣象；他追隨劉備，受命於敗軍之餘，誠心誠意「翊贊宗傑」，「以與微繼絕克復為己任」，又是大丈夫出處所繫，表現了他的儒者操守。另一方面，他沒出山前，自比管仲、樂毅；出山以後，嚴刑峻法；晚年更給劉禪手寫管子、申子、韓非子等法家經典，都表現他對法家思想的嚮往與實踐。

　　亮以丞相領益州牧輔國，明揭「興復漢室」為立國最高原則。當時，先主方死，幼主無能，國內是豪門驕恣，夷越未馴；國外則荊州新失，吳漢失和，何況更嚴重的還有魏的威脅。面對著這樣嚴重的內外危機，亮為達其目標，只有為其不可為了。

1. 堅持聯吳政策，專力謀魏

　　這是亮對於天下大勢的運用，明認非連吳無以對魏，所以儘管吳曾殺關羽侮辱蜀漢，亮仍遣鄧芝與陳震先後往吳結好。陳震且和吳訂下了無限期的防禦同盟，明白指「魏」為公敵，緩和了魏的南進態度。

2. 修明政理，團結內部

　　劉備新到四川，戎馬倥傯，一切政務，均待料理，奈何未及著手，便撒手西歸，這一切工作，就只有由亮承擔，「鞠躬盡瘁」了。

　　(1)以和讓擺平境內的歧異份子：劉備初建國，歸心未一，難免分歧。亮以安撫對付劉璋舊部，以爵祿封堵政治洩氣者的嘴巴，以重禮延請消極中立者出仕，以真誠感動政敵，以寬容感化驕恣份子，以才德拔舉直屬幕友，終於上下輸誠團結。

　　(2)建立文治政府：亮雖兼擅軍、政，但嚴守宮、府、營三者的分際，努力維護文治政府的體制。於地方，雖有都督，但只負責軍事，民政仍歸太守。更難能的是對國家負責，切實執行皇帝所同意的大政，尤其不用大權篡位，竊取私利，更發揮了宰相制度的真正精神。若與曹操相比，判別忠奸，最應從此處著眼。

(3)樹立法治的權威：蜀漢承繼劉璋寬弛之後，豪門仗勢壓之惡習依然存在。亮於是「開誠心、布公道」，力加整頓，「無惡不懲，無善不顯」，一時，風紀肅然，邦人愛畏，豪門為用。

3.南撫夷越、免除後顧之憂

南進「南中」（在今四川南部和貴州，雲南一帶），採用「心戰為上，兵戰為下」的原則，七擒七縱頑酋孟獲，平服夷越，施行以夷治夷政策。從此，終亮之世，未再起亂，而亮亦得資其壯士、金財，舉兵北伐。

4.務農殖商，發展經濟

專設堰官妥善管理「國之所資」的都江堰，確保農業豐收，又在漢中盆地及前線的渭水之南分兵屯田，改善軍糧的供應。並發展名貴的蜀錦、恢復鹽、鐵的官賣，利禆國用，為鼎立奠定良好的經濟基礎。

5.北伐曹魏，誓復中原

亮明知曹魏對付不易，卻仍發兵，因為他知道發兵才有希望。從建興六年（228）至十二年（234），共與魏接仗六次，後人稱為「六出祁山」。每次都因糧盡而退，最後一次陳兵在渭水之南的五丈原，邊墾邊守，準備作持久之戰，奈何天不假年，亮終以五十四歲的英年，積勞病死軍中，令人掬淚一哭。

關於諸葛亮的才能，陳壽評論說：「治戎為長才，奇謀為短；理民之幹，優於將略。」明白指稱軍事能力不如政治才幹。這是史家就事實表現所作的一種公評。不過，吾人對他的軍事才能仍然十分敬佩，因為即連當時與他對陣的敵軍主帥司馬懿，在觀察漢軍退出後的營壘處所後，都不免要讚嘆說：「天下奇才也。」至於亮的軍事失敗，魏方將帥曹真與司馬懿，才略均極超凡，足以抵抗漢軍，固是重要因素，而地形限制，行軍運補困難，以及身兼託孤大任，責在國家安危，不敢履險出奇，和吳不能真心合作，也都是客觀上不易克服的因素。

在政績與人格上，無疑的是受到讚美最多的兩個方面。政治上，陳

壽評之為：「識治之良才，管、蕭之亞匹。」人格上，更是一生淡泊清亮，既不愛王爵求聞達，也不為私人多置產業（死時僅桑八百株，田十五頃），受到世人無限的景仰，紛紛求為立廟，為文歌頌。若與曹操相比，簡直是不同的兩個類型，只可惜後世學操易人多，學亮難人少，這也是中國文化發展的一個危機。亮死後，蜀漢還有三十年的歷史，其間主要仍遵循亮先前所定的規模而已。

(二)司馬氏專擅魏政

魏自曹丕篡漢至於滅亡，前後凡四十六年，若分成兩期，前期包括文帝丕七年、明帝睿十三年，合為二十年；後期經廢帝芳十四年、高貴鄉公髦六年、元帝奐六年，共二十六年，如此，便可以明顯的看出前期的政權還掌握在曹氏手裏，後期則司馬氏累世專政，終至篡位。

論及司馬氏的得勢，早在前期司馬懿得到文帝的信任時便已開始。司馬懿（179～251）字仲達，河內溫縣（今河南溫縣）人，世家出身，少有才名，為曹操所徵。不過，因為懿有「狼顧」（身不動而臉可轉向正後方）之相，且城府深阻，知有陰鷙個性，不很倚重。但當曹丕在位，兩人卻甚相得，臨終且遺命與曹真、陳羣、曹休共同輔政。曹真去世，他以知軍取得軍權，一面抵抗蜀漢，一面討滅遼東的公孫淵，建立重大的武功，奠定了他在曹魏政權中牢不可破的地位。

明帝駕崩，他再度與宗室曹爽（曹真子）受遺命輔佐八歲的小皇帝曹芳。爽以宗親，位居首席，廣交權門新一代子弟名士，欲做重大改革，而排擠老官僚，懿只好稱病家居，暗中與利益與共的舊黨人密切串連，陰圖再起，乃利用爽與諸弟隨帝芳至高平陵祭祀明帝的時候，霍然而出，發動政變，迫交兵權，族誅曹爽及其同黨，奪得大權。從此，魏室便逐步走上了滅亡之路，擁曹之黨，也陷於苦境。

司馬懿奪權之後，私心大增，再傳兩個兒子師與昭。他們在淮北、淮南擴大軍屯，增強經濟實力，以保持對抗蜀吳的優勢。而對所面對的

曹氏宗屬與舊部的強大壓力，則步步為營，除了一面積極收攬人心，培養司馬氏的威望外，更努力設法剷除中央與地的反對勢力。從帝芳嘉平三年（251）之後，七年中，先後平定了三次擁曹派的地方勢力，懿平王凌、師定毋丘儉、昭滅諸葛誕，都起於揚州都督任內。中央方面，則於嘉平六年，發動一場大整肅，司馬師藉口中書令李豐與魏帝有密謀，執殺之，再誣指大將軍夏侯玄及帝后之父張緝，為豐的同黨，一併斬除，然后廢掉帝芳。面對恐怖的統治，羣臣震恐，競以因循避禍，演成了清談虛無的風氣。

帝芳既廢，高貴鄉公髦繼位，司馬昭專恣益甚。髦親率宿衛討昭，為昭的親信賈充的衛隊所刺。昭又立常道鄉公奐，是為元帝。至是，魏廷內外不滿司馬氏的主要份子，大致被誅除殆盡，司馬昭於是轉移目標攻蜀漢，希望建立不世的武功，做為篡位的憑藉。

先前曹丕篡位代漢之時，鑑於東漢覆亡的教訓，曾訂出許多防止失國的措施：不建親藩，不任外戚，不用宦官。但最後仍然江山不保，究其原因，不外乎是政治上的不信任精神與矯枉過正所產生的偏差，最重要的有兩點：

1. 曹操獎勵無行有能的人的政策，產生了兩種極端行為，一是極端的反現實主義，對於世間權勢的蔑視；一是極端的現實主義，隨勢力而旋轉。於是對於篡弒之事，遊戲視之，當然有利於司馬氏之奪權。

2. 曹操力行中央集權，為世家豪族所不願，一批大族正好為司馬氏所吸收，加上九品官人制度的維護，地位更鞏固，而擁曹的新興勢力則尚待發展，最後司馬氏終能取得勝利。

(三)孫吳開發東南

吳在奪取荊州之後，地位更加鞏固。此後，除積極發展經濟，剿撫域內「山越」之外，還向更南的地區發展。這種發展，與魏向朝鮮半島、日本海、蜀漢向西南的發展，同樣對漢族中國領土內非漢族諸種族的開

化，具有重大意義。

　　吳國之穩定發展，與其「人才輻輳，猛士如林」有關。得力於孫權用人之能舉賢任能；優寵世家大族，禍福與共。贏得羣臣上下「各盡其心」。其間宰相的角色尤為重要，它是國家「安危之大司」。吳在早期便能找到像顧雍的好宰相，關係至為重大。顧雍（168～243）字元嘆，是吳郡的大族。孫權用他，是因為他在「執道嚴正」之外，還能「辭色和順」。為相之後，更是積極負責，留意政府興革事宜，默默行事，決不推諉塞責，也不貪功務利。在任十九年，給孫吳的政權奠定了良好的基礎。顧雍之後，陸遜（183～245）也頗能「濟之以仁」。由於他們的努力，使得吳在亂世中能保存一塊乾淨土。

　　在安定的政治環境裏，孫吳的經濟改革也得到相當的發展。江南自漢以來，便已逐次開拓，到東漢末年，牛耕已經普遍，水利灌溉推廣到會稽附近。等天下大亂後，北方南下避難的豪族與人民，帶來更多的資金與進步的農業技術，使農業發展更向前進步了不少。這時，孫吳師法曹魏，普遍推行屯田，成績相當良好，不但擴充了耕地的面積，產量也大增，左思〈吳都賦〉稱：「四野則畛畷無數，膏腴兼倍」，經濟因之大定。農業之外，商業也發達，吳都建業，不但商賈雲集，甚至還有外國商人前來交易；廣州則是中國與南洋貿易的要港。當時南洋一帶的國家如扶南（今東埔寨）、林邑（今越南），即遠在歐洲的大秦（羅馬帝國），也有往來。吳的海外商業發達，大概和造船業發達有關，晉滅吳時，就曾接收了吳國舟船五千多艘，其中較小的，都可以裝馬八十匹。為此，他們敢向海外冒險，史載曾通使遼東，並派兵尋找夷州和亶州。夷州較近找到了，亶州較遠未及。夷州據今人考證，可能是現在的臺灣或琉球，亶州則可能即是爪哇、或菲律賓、日本。

　　在吳的內部問題中，「山越」的艱撫是艱苦的，從獻帝建安五年（200）開始，到吳帝權赤烏五年（242）討平山越止，前後共周旋了四十多年，不可謂不久。它的困難，在於他們分布廣，北接長江，東到浙

江,西至江西,周旋數千里,而且居地險要,山谷萬重,加上平時和大族交接,為大族所控制、利用,才使剿撫工作倍加艱辛。不過,當山越被討平、離開世居的叢林之後,他們或加入政府軍隊,或參加屯田工作,或分散到部分大族家中,擔任部曲或佃客,對江南的開發,都有很大的貢獻。同時,因與漢人生活交流,而逐漸融合到漢民的熔爐中,為日後南朝的偏安政府提供了一個重要基礎。

四、三國的滅亡

蜀漢在諸葛亮死後,由蔣琬、費禕相繼掌政。他們兩人都是亮在臨死前向後主推薦的賢才,不過,他們都自認不如亮,因而凡事只依亮之遺規行事,未敢「徇功妄動」,對姜維之屢次謀兵北伐,也常加勸阻。一二十年間,蜀漢政權雖然趨於保守,但在強敵壓境之下,還能維繫不墜,亮生前的遺惠,不可謂不大,王夫之就曾說:「蜀漢之祚,武侯(亮諡號忠武侯)延之也。」

等蔣、費去世之後,姜維得遂宿願,連番七次大舉,雖然給魏造成不少困擾,但也損害了蜀漢本身的國力,引起了民怨。正好這時後主寵信宦官黃皓,國事漸壞,藉故排擠姜維,維遂不敢回都,還避洮陽(今甘肅臨潭縣西南),從此,不但軍、政不合,中央與地方也發生嚴重裂痕。魏相國司馬昭見有機可趁,即發兵攻蜀。魏元帝奐景元四年(263)八月,大舉南下,姜維雖在劍閣(今四川劍閣縣北)遏止了鍾會,但卻防不了鄧艾的迂道奇襲。鄧艾自陰平(今甘肅文縣西北)抄小徑繞無人地區的劍閣背後,到江油(今四川江油東),逼近成都,倉卒間,後主遣諸葛瞻(亮子,後主婿)迎擊,不幸戰死綿竹(今四川德陽縣北),後主見大勢已去,只好投降。蜀漢滅亡,歷二主,四十三年(221~263)。翌年,帝禪被遷往洛陽,以「樂不思蜀」終。

那邊司馬昭在消滅蜀漢後,也於咸熙元年(二六四)進位為王。次

年八月，昭病死，其子司馬炎繼位，十二月，廢元帝為陳留王，遷之於鄴，自即帝位，仍都洛陽，改元泰始，國號晉。一幕漢魏「禪讓」的醜劇，再次重演，魏亡，前後五主，凡四十六年（220～265）。

司馬炎篡位後，又開始籌劃平吳事宜。這時，吳在蜀漢滅亡之後，形勢孤單，同時，內部政治又是問題重重，國勢日下。大致說來，吳在孫權壯年時期，政治相當良好，晚年因多於內寵，諸子爭立；世家豪族勢力膨脹，任用校事（秘密警察）實施恐怖統治，才使政治日趨敗壞。

諸子爭位，起於太子登的早死，兄弟爭位，各樹黨羽，導致日後大臣宗室，相繼亂政，成為政治敗壞的根源。當時的大臣，事實上也就是社會上的世家豪族，孫吳為防患他們不軌，特設校事官，以為監緝，由於用法深刻，將相大臣，常以罪聞，人人自危，害人誤國。

孫亮、孫休的時候，政治已經不安定，交州、揚州已有民亂。孫皓繼位，荒淫酷虐，大興土木，搜刮民財，政經並壞，內亂迭起，加上豪族驕恣不仁，危害鄉民，國事遂不可問。

晉武帝咸寧五年（279），晉出兵二十餘萬，六路齊進，吳軍望風潰退。最後，晉軍王濬一路自蜀浮江而下，直抵吳京建業，孫皓出降，吳亡。從東漢末年，分裂數十年的局面，到此又歸於統一。吳前後凡經四主，五十九年（222～280）

三國鼎立局面的存滅，不在國家規模的大小，而在於當政者之是否能持續改革，這是很明顯的，亦可見國家的興盛，與改革間的關係是多麼的密切！

第二節　兩晉的興替

一、短暫的繁榮

　　司馬懿和司馬師、司馬昭父子三人，狐媚隱謀，積極篡奪，昭子司馬炎坐享先業，終於篡魏建晉。炎本人雖然缺乏經國遠謀之見，但在建國初期，確曾想到要有所作為，做了若干改革，期能「更制垂後。」在經濟方面，調整曹魏以來的屯田制和賦調制度。先是廢除屯田制中的民屯（泰始二年，266），解放屯民為自由民，均平賦役，使離逃的屯民回歸土地，而後在平吳之後，再簡併租調為戶稅，七十畝占田只課五十畝，並可多墾多占，提昇生產力。在社會方面，則於泰始四年，頒布新律令，去除舊律苛稅，使更傾向於倫理化，求其律，禮並重，消除了曹魏刑先禮後的偏差，利便百姓遵行。多方配合的結果，最後終能順利消滅孫吳，統一中國，並使中國得以在長期的變亂中，出現一個短期的繁榮。

　　以人口而論，滅吳後兩年，比之滅吳時三國總戶口，戶增加兩百多萬，口增多二倍以上。戶口增加如此快速，顯然是社會安定、經濟發達所造成的隱性人口出現與自然增長的結果。平吳之後，天下無事，社會一片繁榮，史謂：「人咸安其業而樂其事」、「牛馬被野，餘糧委畝」。

　　不過，好景並不長久，這種繁榮的局面，前後只維持了二十五年（平吳前的十五年和平吳後太康期間的十年），便因下列因素使得西晉內部爆發了一連串的嚴重巨變，從賈后亂政到八王之亂，以至胡族變亂，不但使得昔日的繁榮為之破滅，甚至還差點把政權拱讓於胡族。

(一)政治綱紀的廢弛

同馬氏執政,效法曹操的權謀詐術,一時,道德節義之士,紛入清談,明哲保身。而參與司馬政權的,本來就是一批可以共安樂,不能共患難的富貴功名之士,如今得藉清談作護符,自更可不顧本分,輕棄職責了。

(二)武帝的荒怠

武帝本人並無何才幹,全是靠的他祖宗的餘蔭。所以是一個標準的紈綺子弟,腐化不振。後宮美女萬人,就是淫靡荒怠的寫照。皇帝既提倡荒淫,士族焉得不傚效。人既荒淫,奢侈、貪污便接踵而生,一切衰象,於是接連而起。

(三)政策的不當

西晉政府最失當的政策,便是在政治上對世家豪族讓步,以及恢復封國制度。他們的如意算盤,原以為這樣就可以造就輔佐帝室的兩翼,而使政權確保無虞。未料,事實竟和他們的希望相左。

1.優待世家豪族

同馬氏累世顯達,貴為世族。因此,司馬懿的兒媳也都來自世族,用以提高門第地位,此外,更不惜以厚祿高官作為籠絡,以博取世族的擁戴:

(1)經濟上,武帝平吳前後的經濟措施,雖使百姓獲得更多的自由,但人民的自由,又正好便利於豪族的掠奪。再說,百姓所占得的土地面積,與世家所得的,也懸殊不能比。一個丁男所占,和一個第九品的下級小官相比,兩者相差何止十四倍!何況豪族還可私下任意併奪,占有下的龐大人口,也享有免除租役的特權。所有這些,都只有深化豪族的奢侈、腐化的弊害而已。

(2)政治上，當時所實行的九品官人法，鞏固了世家豪族占據政府官位的特權。這種辦法，表面上看來似是公道，實際上，各地方的大小中正官，多半是由本地世族出身的官僚，尤其是在中央政府任職的高官來兼任，世族相護，宦途高位，永遠是高門的囊中物，因而貴族腐化頹廢的積習，也就難望破除了。

2.恢復封國制度

武帝篡魏之後，深知自己所以能夠篡奪成功，完全是由於曹魏皇室孤立的原故，因此，即位之後，便實行封建，大封宗室，以對抗世族中的野心家。最初諸王都留在京師任官，咸寧三年（277），外戚楊珧等為獨擅朝政，開始建議諸王就國。允許國王自選文武官員，並可出任都督諸州軍事，權力漸專。等平吳以後，中央裁撤州郡兵備，刺史無兵可領，地方武力遂完全落在諸王之手。這些國王既各擁龐大徒黨與權力，便生野心，伺機坐大，賈后之亂與八王之亂，便是這樣產生的。

㈣惠帝的愚闇

太熙元年（290），武帝去世，太子衷繼位，是為惠帝。彼人天生才能不足，史載曾在華林園聞蝦蟆聲，竟問左右說：「此鳴者為官乎？為私乎？」其後天下荒亂，百姓多饑餓而死，他又懵懂的說：「何不食肉糜？」可見庸凡之一斑。這種才能，面對世族勢力的不斷擴張，宗室權力的迅速膨脹，以及這些勢力發的過程中所形成的衝突等，自難以應付勝任了。

二、慘烈的內爭

㈠賈羊之爭

晉室篡位以後，並不意味著魏末以來政爭的結束，一個以賈充為首，

一個以羊祜為代表的對立勢力，繼續發展著。

賈充是司馬氏真正的心腹份子，曾在魏帝曹髦率領衛隊進攻司馬昭相府時，領軍反抗，並使成濟刺殺魏帝，為晉馳逐，而為名士所不齒。後來又在武帝與齊王攸王位繼承的較量上，力保武帝，而為武帝所親重。所以，他所代表是舊世族、親司馬的集團。羊祜則出身九世二千石的名門，愛重自然放達的名士。雖是司馬師妻弟，但因早年娶了夏侯霸的女兒，而有較濃厚的傾曹色彩（曹操父親嵩本出夏侯氏），因此，祜所代表的是名士，親曹的集團。

羊祜雖然具有外戚的身分，可是到底他是親司馬師的人，不如賈充之親「今上」武帝得勢，也沒有賈充之陰狠，最後終為充所排擠，被外放為荊州都督軍事，從此長期留居在外。羊祜集團為了挽回劣勢，曾幾次反撲，一次發起伐吳軍事，一次倡議改立太子。

伐吳之事，最先由羊祜提出，而為張華、杜預等人所贊同，希望藉吳勢衰弱，建立軍功，及早回歸中樞權力中心。雖然軍事如願成功，但羊祜早已在平吳的前二年病逝，所以，此事對羊派而言，並無何實質的作用。只有張華的聲望獲得提高，成了羊派領袖繼任人選。

反賈充的集團在張華的領導下，擔心賈充勢力會因女兒賈南風嫁太子衷為妃而加強而延長，於是藉口太子衷賦性昏愚，不足擔當國家重任，建議改位武帝弟齊王攸，希望藉帝位繼承的大變化來制勝。但遭到太子衷母家楊氏，以及賈充集團的一致反對，功敗垂成，張華也因此而失勢，羊派遂告落敗。

(二)楊賈之爭

張華失勢後，賈黨的頭子賈充不久亦去世，此後，其黨便靠黨羽荀勗、馮紞及太子妃賈南風等人支撐。而同時，弘農楊氏也開始與賈充分裂，成了對敵。

弘農楊氏，為無與倫比的純粹士族。司馬氏與之聯姻，原是為了提

高自己的門第聲望。後來武帝甚至有意培養成為士族的代表，以便與皇族勢力合成輔佐帝室的兩翼。因此，當皇后楊艷臨終，要求武帝續娶她的從妹楊芷時，武帝只好聽從。沒想到楊芷做了皇后後，他的父親楊駿的聲勢便立刻壓倒一切，權傾天下。乃利用武帝臨死不能言語之際，由楊后強奏乃父單獨輔政，把持了朝中一切大政，為此而引起了賈氏與宗室諸王的不滿，造成了兩大勢力的反抗，於駿不利。

賈氏名南風，為賈充繼室郭槐所生。兼有乃父險詐，與乃母悍妒的性格，荒淫且尤過之。曾經親手殺人，也曾以戟妒擊太子的懷孕侍妾，並且與人雜通，事後滅口。惠帝即位，南風為后，不甘屈居於楊駿，開始利用宗室不滿駿的情緒，慫恿宗室王起兵討伐，期收漁翁之利。

荊州都督楚王瑋（武帝子）接受了賈后的煽動，勒兵入京，誅殺楊駿及其黨羽，死者數千人，楊太后也同時被廢，至於餓死。從此，晉室大權旁落於賈后之手。

(三)賈后亂政

賈后即掌大權，為掩飾自己的過咎與野心，表面上仍徵請輩份較高、資望較深的汝南王亮（懿子）為太宰，出面主政，另命開國功臣衛瓘為太保，皆錄尚書事，共同輔政，而自己則退居宮中指揮操縱。

可是，事與願違，亮性固執，獨行獨斷，不稍假借，賈後頗為失望與不滿。這時，楚王瑋也以誅楊駿有功，恃功跋扈，為亮，瓘所不安，彼此發生摩擦。賈后見機可趁，進一步製造他們之間的緊張。然後藉口亮、瓘陰謀廢立皇帝，一面矯詔罷免亮、瓘，一面密令楚王瑋發兵圍攻兩府，執殺亮、瓘，誅及子孫。

楚王瑋在殺害亮、瓘之後，氣勢甚盛。賈后懼瑋權大，於己不利，於是又假借「矯詔擅殺」的罪名，將瑋捕殺，宰制全局。以上諸事，都發生在元康元年（291），真可謂政潮迭起，而賈后迴旋其間，終得大利，正可見她的手段的陰狠與毒辣。

　　賈后既完全掌握大權，便得從容指委親黨匡輔。其中較重要的是張華、賈模與裴頠。華於時為庶族，無逼上之嫌，而且為人儒雅有謀略，頗負時望；模與頠則均后黨，前者為后之族兄，深沈有謀，後者以才見稱。三人頗能同心協力，終於創造了一個短暫的清明時代。元康時代八年，稱得上是一個治平之世。

　　不過，賈后生性悍妒淫蕩，治平期間，賴賈模盡言規勸，才得暫時收斂。其後，野性漸發，對模漸感不耐，委任也日漸衰退。賈模面對這種現象，憂懟莫名，而在元康九年（290）抑鬱以終，從此，賈后左右再沒有可以向她盡忠言的人了，任她淫虐荒亂，好不容易建立起來的善政，很快的又被她毀滅了。同年，她竟不顧眾怒，廢殺太子遹，另外引發一場更大的政治風暴。

㈣八王之亂

　　太子遹為惠帝妃謝淑媛所生，因賈后無子，得立為太子。但為賈后所嫉忌，遂與太子的擁護者相對立，不能相容。賈后因誣陷太子謀反，要惠帝賜死，賴張華、裴頠力勸，始暫廢為庶人，但其母仍難逃一死。

　　太子無罪被廢，羣情憤怒。趙王倫將計就計，挑撥賈后早日除去太子，以為事後起兵的藉口。永康元年（300），賈后果然毒殺太子。倫隨即與乃兄梁王彤共同起兵，遣齊王冏（齊王攸之子）率兵入宮，廢后為庶人，並殺張華、裴頠等所有賈后親黨，不久，再矯賜賈死，攬總大權。但倫生性庸愚，權落嬖佞，政治益壞，為其他宗室諸王所不滿，紛紛起兵討伐，於是激起了慘烈的流血大鬩牆，史稱「八王之亂」。

　　汝南王允首先發難，不幸為倫擊敗，倫即於永寧元年（301）迫惠帝禪位，尊為太上皇，自即帝位，改元建始。這事激怒了齊、長沙、成都、河間四國，因而聯兵討殺趙王，迎帝復位。後來四王彼此攻伐，成都王穎和長沙王乂合殺齊王冏，成都王、河間王顒和東海王越又聯殺長沙王，成都王挾惠帝逃長安依顒，京師大亂。最後，東海王合幽、并二州兵力，

攻入關中，打敗成都、河間兩王，迎惠帝回洛陽，尋敗殺兩王，再毒死惠帝，立武帝之子熾，是為懷帝，改元永嘉。至是，晉室諸王骨肉相殘的慘劇，才算告一結束。

　　總計這幕慘劇的演出，從永康元年（300）起，到光熙元年（306）止，前後達七年之久，戰爭從中央政權的爭奪，擴大到地方的廝殺，生民塗炭，死於戰爭中的人民，不下二、三十萬，司馬氏的統治力因之大為削弱，住在中國境內的各胡族，蠢然思動，繼之大舉叛亂，中國從此淪於長期破碎的局面。

三、晉室的南渡

(一)西晉滅亡

　　惠帝末年，關中饑亂，洛陽（今甘肅泰安）的巴氏李特父子首先倡亂，帶領饑民入蜀就食，占有成都，並在惠帝永興元年（304），建國大成。由於蜀地偏處，於中原政局影響不大，因此，史家通常以同年稍後的并州匈奴劉淵的起兵為胡族造亂的開始。

　　劉淵曾隨儒生學習漢學。晉惠帝時，受命為匈奴五部大都督，統領五部，乘八王之亂據左國城（西晉從美稷改名，今山西離石縣東北）叛變，以繼承漢朝正統自命，建立漢國，聲勢頗盛，再遷平陽（今山西臨汾）。

　　永嘉四年（311），劉聰為帝，派將連年南寇。晉輔政太傅東海王越率朝廷重臣名將勁卒移防於項（今河南項城），以為對抗，但為懷帝所不滿，憤其專橫，命將聲討，越因憂憤死。王衍以善玄談有盛名，被推為元帥，怯辭不敢就，反奉越還葬東海。至於苦縣（今河南鹿邑），為石勒所追，慘遭殺敗，十餘萬將士，無一倖存，宗室四十八王及文武大臣數十人，全成俘虜。晉室武力，至是喪失殆盡。

這時，洛陽發生饑荒，百官流散，劉聰等趁機攻城殺掠，死傷慘重。劉曜且擄走懷帝，抱取惠帝羊皇后，縱燒宮廟。可憐洛陽城自董卓破壞後，幾經經營，稱復舊觀，如今又成瓦礫廢墟，時為永嘉五年，史稱這場災難為「永嘉之禍」。

殘局由愍帝（武帝孫）在長安勉強支撐，至建興四年（316），糧盡出降，西晉結束，共五十二年。明年，北方翊晉諸將，共勸司馬睿在建康（今南京）即位，以對抗北方的胡亂，史稱東晉。

(二)東晉中興

睿是司馬懿的曾孫，琅玡王司馬伷的孫子，嗣琅玡王司馬覲的兒子。這個家族曾因都督徐州諸軍事，參與平吳之役，而受注目，又因封地和東海王越相鄰，八王之亂時，彼此成了同黨。懷帝永嘉元年（307），越輔政，乃提睿為都督揚州江南諸軍事。隨後，睿並接納軍司馬王導的建議，移鎮於建業（今南京，愍帝時避諱，改稱建康），伺機待動。

王導（276～339）出身琅玡世族，是王祥之後，名清談家王衍的族弟，富於智謀。因為地緣關係，與睿過從甚密，因此，當日諸多帷幄密謀，率為導瞻，他人鮮能預聞。導在移建之初，即盱衡局勢，權衡得失，為睿制定了一套建國的策略，一方面努力調和江東的地方勢力，減少南北衝突；一方面安輯中原的流士，共謀國事；然後希望藉「寬和清靜」的手段，建立濟世之大業。經過十年的努力，到愍帝遇害，元帝即位時，已大致上了軌道。

初當睿以中朝藩王客寄南來的時候，首先遇到的困難是江東世族的抗拒。《晉書》說：「（睿）徙鎮建康，吳人不附。」其中原因，有下述幾點：

1. 心靈上的隔閡

南北雙方除了生活習慣不同之外，學風、社會風氣也有差異。江東視中原玄談的「通達」為放蕩、邪途；中原以南人儒統的保守為蔽塞、

落伍。

2.江東世族對於原吳特權的懷念

孫吳的政權本來就是建立在地方豪族的合作上，世族享有特權，故而對吳的滅亡，難免懷有故國之思，時想復國。

3.晉廷對南人待遇不公平

晉滅吳後，江東世族勢力仍在，但卻不能公平到朝任官，憤恨不平。即雖任官，亦常遭構陷，周處於征討關中氏齊萬年之役，因主帥梁王彤惡意不救而枉死；陸機因征長沙王又兵敗，為冤家誣陷為心存異圖而族滅，不能無恨。

由於吳人怨憤不平之情深切，所以，在惠帝末年以後，部分不滿份子便利用中原多事之際，興兵造反，石冰、陳敏、錢璯等人，相繼為亂。東晉元帝時，周玘亦嘗謀除盤據要津的難官，雖謀洩憂死，但仍鄭重屬咐他的兒子周勰，務必代完心願，而有聯絡吳興郡功曹徐馥起事，殺吳興太守，聲討王導之舉。

睿所遇到的第二個重大困難是江北南下的流民處置問題。據統計，自永嘉至劉宋末年，政府控制下的南渡人口約有九十萬，占當時政府領民的六分之一，即六人當中，便有一人是北來僑民。這些南遷的北人之中，包含著不同階層的人士，如何適當的安排，使他們的物質生活及沈重鬱悶的心情兩得其解，實非等閒小事。

此外，魏晉以來的清談風氣，隨著流民的南渡，也跟著在江南盛行，名士如阮孚、阮放、謝鯤、胡毋輔之等人之放達，深為當時貴游子弟所慕仿，勢力不弱。遂成為實行申韓政治的一股阻力，此一事實，使王導施政時不得不有所顧忌。

針對以上情勢，王導採取了若干重要的因應措施：

(一)調和江東的地方勢力

司馬睿在初渡江東時，吳人態度冷淡，王導首先與族兄揚州刺史王

敦聯合北來的世家大族，公開對琅玡王表示擁戴，藉揚州的軍威，及北方大族的團結，鎮懾南人輕鄙的心理，然後建議開放更多的職位，盡力引納「南金」（南方名士），倡導吳、僑通婚，學習吳語，並旌表吳人先賢，交歡南人。用以廣結人心，改善雙方的關係。

(二)安輯南遷的北方僑民

北來的流民，大致上，武人集團多集居於前線的襄陽及京口附近，而文化士族則退往較後方、較安全的江陵或會稽一帶。其他各種下層的低級士人及庶族，則散居各地，與吳人雜居。

晉末大亂，南北士族遷徙，無不以保家護宗為首要任務，因此總是極力尋求更多的家族利益，為此，王導只好盡量滿足北來大族名士的企望，使參與政權，一時，「亡官失守之士」，「多居顯位」，成為新政權的操控者。對於一般人民，則順應他們不願著籍南土之情，僑置郡縣，設立牧司，為之輔輯治理，同時，並寬免他們的調役，以加強對新政府的向心力。

(三)優容清談的士人

王導深知西晉朝政之弊在於寬弛，所謂「政教凌遲，姦人乘釁。」但王導還是採行了「寬和清靜」之策，這一方面固因王導了解清談之中亦自有其政治理想，「簡易之教」，亦可建立濟世之業。一方面更是情勢使然，清談名士之要求。觀乎後日庾亮「任法裁物，以失人心」；殷浩善玄言，時人相謂「深源（浩字）不出，當如蒼生何！」，不難推想優容政策之不得不行。

由於王導的盡心輔佐，調和了東晉境內的各種人等，共同推戴元帝在江南立國，和衷共濟，終能在大敵當前的情況下，轉危為安，則晉中興之大業，導實居首功，元帝尊為「仲父」，溫嶠美稱為「江左夷吾」，不但不虛美，亦且實至名歸。

四、胡族的變亂

所謂「胡」，本是匈奴「Huna」的專名，去「Na」著「Hu」，故音譯為「胡」。秦漢以來，匈奴即為北方最大的邊族，因此，便以「胡」作為所有北族的通稱了。

晉惠帝未年，胡族開始大舉叛亂，勢力較大的有匈奴，羯、鮮卑、氐、羌各族，統稱之為「五胡之亂」。這些胡族都是經由長期的移徙，逐漸定居內地的。自漢至晉，一兩百年間，種族漸繁，勢力漸大，至晉初，因緣時會，而乘機崛起。

他們的發展情形，大致如：

㈠匈奴、羯

匈奴是南匈奴之後，與突厥或馬札兒人接近；羯是匈奴的別部，其名早見於《史記・貨殖列傳》，與歐羅巴人同種，操印歐語。匈奴自西漢宣帝時，呼韓邪單于南下降漢，初住漠南，而開始與漢人雜處。東漢初，又有降者，住於西河郡美稷縣，至於漢末，華化漸深，遂改姓為劉。晉武帝時，來附者漸多，並許遷居於內地，一時，并州（山西）為滿。羯曾隨匈奴入居中國，散居於上黨郡的羯室（今山西遼縣）。文化較低，仍過游牧生活。

㈡鮮　卑

屬東胡族，血統與蒙古接近。世居遼東、遼西塞外。東漢和帝時，北匈奴敗亡，鮮卑乘機進占其地，勢力因而漸盛。至桓帝，進占蒙古之地，為患中國甚烈，部眾漸近北邊。晉武帝時，還居於大棘城（今遼寧義縣西北），接納大批士族和流人，文化大進，遂及河北。

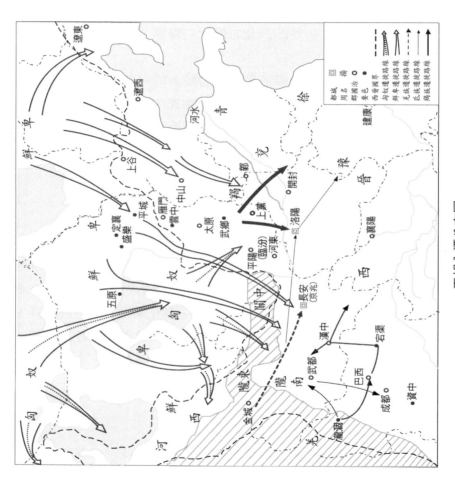

五胡內遷分布圖

本圖係根據國立編譯館《中等學校本國歷史地圖集》複製。

(三)氐、羌

均屬藏緬語系。氐人本居甘肅東南部，東漢末，逐漸分散到陝西、四川及甘肅東部。至晉，關中百萬人口，氐羌已居半數。羌族原分布於青海和甘肅西南部、四川省北部，以其居於中國之西，故史家稱之為西羌。東漢時，入居於甘肅東部及陝西省北部地區，並為中國重大邊患。晉初，遍布於關中諸郡，是五胡之中勢力最弱的一族。

大致說來，胡人內居的範圍，到西晉初，已相當廣濶。因為文化較低，常遭漢人輕視、欺凌，甚至掠為奴隸，或成為豪族的佃戶。不平的待遇，難掩憤怒，因而時生暴動，有志之士遂以為憂。武帝時，侍御史郭欽即曾疏請徙胡，將胡人遷返塞外，以防止胡亂再生；惠帝時，山陰附令江統作「徙戎論」，更伸郭議。可是胡人內徙已成根深蒂固之勢，談何容易。最後，終因晉中央腐朽已深，八王內爭兇殘，以及不斷地天災，造成社會大亂，遂使暴動更為加深，至於不可收拾。

一般人對這次胡人參與的叛亂，總喜歡以「五胡亂華」相稱，儼然將胡族與漢族看成絕對對立的兩個敵對民族，而胡族之亂遂成為漢族的外患。但事實上，若細察當時的實際情況，則仍不過是中國內亂而已，即干寶所說：「非鄰國之勢」。理由如下：

(一)這些胡族早自西漢以來即漸附中國，長期和漢人雜居，接受漢化。其上層領導人，且都知道漢學。甚至改用漢姓、採用漢語、起用漢士。羌人雖不說漢語，卻感染很深的中國人習性。同時，和漢民一樣，他們可以在漢人政府做官，也必須向漢人政府輸供租賦，負擔徭役。可知他們早也是中國的一份子了。

(二)當時所謂的胡亂，事實上是漢族中、下級士族人士和胡族的武人共同領導貧困的漢胡難民，向西晉政權及高級官僚世族所做的反抗行動，他們造反的動機與目的，和漢族人氏的竊亂行為，可謂無何差別。例如山東豪族王彌的歸附劉淵，成了匈奴建國的三大支柱之一（另一為石

勒）：後來羯人石勒建國以漢人張賓為主謀，都是著例。

再說，他們的政權也多和龐大的難民有密切的關係。例如巴氏李特在四川所率領的是關西六郡來的流民；劉淵在山西起事，有不少正是「并（山西）土饑荒」，人心思變，前來歸附的遠人；而石勒以奴隸身分在饑餓暴動中崛起，他的趙國更是建立在與流民的良好關係上，可見所謂胡亂，並非單純的胡人造反，而是胡漢不分的國內社會動亂。

以上所述二點，說明一個事實，即所謂的胡亂，不過是一種胡漢聯合的叛亂，只因所表現的形式是胡主（軍事）漢從（文謀），令人產生錯覺，以為是胡族自外入侵。

西晉既亡，東晉偏安江左，江淮以北，成為胡人紛爭的局面。自惠帝永興元年（304）巴氏李成稱帝起，下至南朝宋文帝元嘉十六年（439）北魏拓跋氏統一北方止，一百三十六年間，胡漢權勢，曾先後建立了二十幾個國家，與南方的漢族傳統政權相對峙。北魏崔鴻曾將其中較重要的十六國事蹟，撰成《十六國春秋》，史家因把北方這個時期，稱為十六國時代。

北方分裂的時期中，只有前秦曾一度短暫的統一過北方，其餘的時間都長期處於分裂的狀態。當東晉為劉裕（宋武帝）篡滅（420）後，十九年間，北方也為鮮卑拓跋燾（北魏太武帝）所統一，歷史用進入南北朝對立的新階段。

十六國時代，史事繁亂，大約可以分成四個時期：

(一)前趙後趙對立時期

匈奴漢劉聰攻陷晉兩都，疆域大增，跨有黃河南北及山東、關中，幾至中國之半，勢力最大，由於胡漢風情不同，採行分治政策。不久，聰死，子亦為臣下所弒，劉曜乃自立於長安，改國號為趙，是為前趙。一般說來，聰、曜都深染漢化，兼通漢學。但縱武好殺，都失之不仁。

稍後，石勒（羯族）與曜交惡，也在襄國（今河北邢臺）自立，史

稱後趙。自是，兩人中分漢地，以洛陽為界。後勒率兵攻殺劉曜，消滅前趙，併其土地，而稱霸北方。

勒性雖強悍好殺，但敬事趙郡（今河北趙縣）張賓（322）。賓識鑑高遠，料事準確，頗具影響力。雖仍採胡漢分治法，但能接受漢人的一些治國方策，除了勸課農桑外，還能尊重士人。同時，並令胡人不得蒸母報嫂，努力改善胡人風俗。藉漢族文化改革落後的羯族文化，一方面爭取漢人的認同，一方面強化治國力量，確是石勒高明的地方。

及石虎（勒從子）即位，遷都於鄴。由於教養不足，石氏子孫率多殘暴虐殺。虎攻城殺人，少有遺類；執理國政，亦荒淫暴虐。虎死，諸子爭立，殘殺亦烈。虎義孫冉閔乘機發動政變，改國號為魏。

閔本漢人，原姓冉，至是回復漢姓，並改行漢制。閔知胡人終不為用，於是下令誅殺胡羯，鄴都內外，幾無倖免，前後二十餘萬人，是十六國時代最大的一次屠殺，冤冤相報，慘絕人寰。冉閔既大殺胡羯，兵源成了問題，擋不住諸胡的夾攻，最後為東北的慕容氏所滅。此期四十七年（306～352）。

㈡前燕前秦對立時期

前燕為慕容儁所建。自西晉初以來，經廆、皝父子兩代慘澹經營，依循「魏晉舊法」，修明政刑，延納漢士，施行屯田，國勢迅速竄起，至皝，遷居龍城（今熱河朝陽縣），自稱燕王。傳子儁，乃乘石虎去世，襲取幽、冀，擒斬冉閔，自稱燕帝，遷都鄴城。在位期間，中原安定，盡占遼東及關東地區。人力物力均頗雄厚。儁死後，國勢始衰，終為前秦所滅。不過，前燕三代以漢為法，變牧為農，已階段性的終止了中原的民族紛擾，為前秦的成功提供了借鑑。

前秦為苻健所建，稱帝前，曾因大事招誘漢人，國勢漸盛，及至擊退東晉桓溫的北伐軍，勢力遂而大固。由於氐人漢化較深，尚知省刑薄賦，興學崇儒，因而頗具氣象。

　　傳至符堅，因治兵強。利用燕將慕容垂的歸降，大敗燕軍，遷其國主暐及王公以下鮮卑四萬餘戶於長安，前燕滅亡。此期十八年（353~370）。

(三)前秦全盛時期

　　符堅博學多藝。大用漢人王猛，企圖以漢人文化為中心，融合國內各族為一家。猛為北海劇縣的寒素，氣度雄遠，臨事但務大略。前後掌政十七年，破殺豪貴，助堅集權中央；而又勸農講武，獎掖賢士，國勢由是大盛。史載王猛治秦，境內昇平，百姓豐樂，工商貿易，遠近通達。符堅與王猛亦因此成了亂世中最有作為的政治家。

　　符堅在內部安定富強之後，便開始向外發展。東滅前燕，西南侵占東晉的梁州、益州（今湖北北部、西部和四川），西取前涼，北滅拓跋鮮卑的代，並派呂光征西域，降服三十餘國，完成了北方的統一工作，國勢達於頂點。

　　這時，前秦的內部包容著許多種族，儘管符堅採行「和戎之術」，平等看待各族，但各族並未真心擁戴，無時不在尋求復國與獨立，種下淝水（在今安徽壽縣境）之戰失敗的主因。東晉孝武帝太元八年（383），符堅為了滿足他個人「混一六合」的野心，不顧王猛生前所給的忠告，以及諸多親信的勸阻，而採納異族慕容垂及姚萇（戈仲子‧襄弟）的慫恿，冒然對正統名分所在的東晉發動大規模的戰爭。雖稱八十七萬大軍，但因係烏合之眾，仍然不免為敗。狼狽北竄，最後為姚萇所殺。統一不久的北方，至是再告分裂。此期十三年（371~383）。

(四)後燕、後秦、北魏爭奪時期

　　符堅自淮南敗歸後，在他卵翼下的外族，紛紛叛離獨立。於是姚萇在西邊占關中，建後秦，以長安為都城。慕容垂徇下河北，都中山（今河北定縣），於東邊建後燕。其他，在北邊尚有鮮卑拓跋珪據盛樂（今

綏遠和林格爾縣）為北魏。在西邊還有鮮卑慕容沖據長安（後遷山西長子）為西秦；乞伏國仁據苑川（今甘肅靜遠）為西秦；氐族呂光據姑臧（今甘肅武威）為後涼。

　　太元十九年（394），北方局勢再度發生變化，後燕慕容垂滅了西燕，陸續擴增土地，恢復了前燕的版圖。而後秦姚興（萇子）也先後擒殺了前秦主苻登，破降西秦，攻城後涼，控制了西起河西，東至徐、兗的廣大地區，與後燕對為北方最大的兩個勢力。唯此時新興的拓跋魏勢力也逐漸強盛，對兩國造成重大的威脅。

　　涼州的民族較複雜，自東晉安帝隆安元年（394）起，發生劇烈的變動，先後建了三個新國，一是鮮卑禿髮烏孤據廉州（今甘肅碾伯縣）為南涼；一是匈奴沮渠蒙遜據張掖為北涼。元興二年（403）後涼消滅後，其後年，李暠又據敦煌為西涼。

　　後燕在後涼分裂後也跟著分裂，自慕容垂晚年攻擊北魏，故敗於參合坡（內蒙涼城東）後，元氣已大傷。及病死，便被北魏截為南北兩部，一部由垂弟德率領，南下定都廣固（今山東益都縣）為南燕；另一部則退還龍城，後為漢人馮跋所取代，稱為北燕，後燕遂亡。

　　後秦姚氏為內遷的羌人，漢化程度較高，因此，自建國開始，即能以漢法治國。特別是姚興在位時，大用漢士，整飭吏治，發展儒學，勸勵農業，及至於提倡佛教，國力最盛。及至晚年，外因叛將匈奴人赫連勃勃（夏）的狼掠，死後國內又起蕭牆，終於四一七年東晉劉裕的北伐軍所滅。

　　總之，到安帝義熙五年（409），北方的形勢是西有後秦、西秦、南涼、北涼、西涼、夏、仇池，東有南燕、北燕，北有後魏，共計十國。從這一年起，東晉的雄將劉裕開始發動北伐。北魏的拓跋氏也完成鞏固復國基業的準備，而全力參與霸權的爭奪，北方的形勢因而為之大變。

　　義熙六年，劉裕北伐，滅南燕；十年，西秦滅南涼；十三年，裕更滅後秦，而於恭帝元熙二年（420），篡東晉，建宋朝，開啟南朝之局。宋

永初二年，北涼滅西涼，據有涼州全境。但北魏兵力獨強，屢逼夏國，夏敗西奔，襲滅西秦，後為鮮卑吐谷渾（在今青海）所滅。四年，後魏太武帝燾繼位，國勢更盛，既破夏得統萬諸城，又先後滅北燕和北涼，統一北方。從此，十六國紛擾之局告終，南北南對峙的新局面開始。此期共五十六年（384~439）。

縱述十六國情勢，有幾個特點：

㈠種族多，國家多，而且建國的時間長短不一，暴起暴落，顯示時代的不穩定性。相對地，也就增加了東晉政權的鞏固性。

㈡國家的性格，是一種胡漢的聯合政權，胡人建國固須以得到漢人支持為基本，而漢人建國，同以結合胡人力量為條件。透過這種關係，胡漢逐漸混合為「中國人」。

㈢五胡政權，武力當道，往往殺人遍野，人口大量傷亡的結果，經濟蕭條，邑落破壞，社會文明遭到嚴重摧殘。

㈣十六國混戰時代，若干國家固然也推行漢化，但保持中國文化成績最卓著的應屬河西的前涼及其後繼者。由於該地當時少受天災、人禍，加上涼主張軌等能夠興學崇儒、敦禮敬忠、勸農行商，一時社會安定、經濟富庶，河西也就成了北方的學術重心，因之大師輩出，中國北方之文化事業由是得以維繫不墜，對日後北魏之學術、政治影響甚大。

至於詳細的諸國興亡情形，請見下列一覽表。

名族	國　名		開創者	興亡時期（西元）	國祚年數	盛　時　疆　域	國　都	被　滅
	自稱	史稱						
匈奴	漢	前趙	劉淵	304至329年	26	今隴、晉、豫、秦四省各一部	先都平陽後遷長安	後趙
	涼	北涼	沮渠蒙遜	401至439年	39	今甘肅河西之一部	先都張掖後遷姑臧	北魏
	鐵弗	鐵弗	劉虎	318至（未詳）		今山西邊外及河套地	初都新興後遷朔方	北魏
	夏	夏	赫連勃勃	407至431年	25	今陝西北部及河套地	統萬	北魏
羯	趙	後趙	石勒	319至351年	33	中國北部之半	先都襄國後遷鄴	冉魏
鮮卑	燕	前燕	慕容廆	321至370年	50	今河北、山東、山西、河南、遼寧五省之地	由龍城遷薊再遷鄴	前秦
	燕	後燕	慕容垂	383至407年	25	今河北、山西、山東、河南、遼寧等省之一部	先都中山後遷龍城	北燕
	燕	西燕	慕容泓	385至394年	10	今山西、陝西二省之一部	初都長安後遷長子	後燕
	燕	南燕	慕容德	398至410年	13	今山東、河南二省之一部	廣固	東晉
	秦	西秦	乞伏國仁	385至431年	47	今甘肅西南部	先都宛川後遷抱罕	夏
	涼	南涼	禿髮烏孤	397至414年	18	今甘肅西部	先都樂都後遷姑臧	西秦
	遼西	遼西	段務勿塵	303至338年	67	今河北北部及遼寧	令支	前燕

	代	代	拓跋猗盧	310 至 376 年	67	今山西北部及內蒙一帶	盛樂	前秦
	宇文	宇文	宇文普回	(未詳)至 344 年	44	今熱河省及河北省東北	遼西紫蒙川	前燕
巴氏	成	後改稱漢	李雄	304 至 347 年	76	今四川及陝南雲貴一部	成都	東晉
氐	仇池	仇池	楊茂搜	296 至 371 年	44	今甘肅東南部	仇池山中	北魏
	秦	前秦	苻健	351 至 394 年	18	今華北全部及西南一部	長安	西秦
	涼	後涼	呂光	386 至 403 年		今甘肅寧夏新疆之一部	姑臧	後秦
羌	秦	後秦	姚萇	384 至 417 年	34	今陝西甘肅河南三省	長安	東晉
漢	涼	前涼	張軌	314 至 376 年	63	今甘肅、寧夏、新疆之一部	姑臧	前秦
	魏	冉魏	冉閔	314 至 376 年	3	今河北、山西、河南、山東四省	鄴	前燕
	涼	西涼	李暠	400 至 421 年	22	今甘肅西北部	先都敦煌後遷酒泉	北涼
	燕	北燕	馮跋	409 至 436 年	28	今遼寧熱河及河北一部	龍城	北魏
	蜀	蜀	譙縱	405 至 413 年	8	今四川省	成都	東晉

五、東晉的內爭與外伐

　　就東晉政府而言，當時的內爭與外伐，實同屬一事，因為內爭固為爭奪政權，而外伐也是為了累積聲望、儲蓄稱帝的資本，所以，對中央政府的威脅都是一樣的。

　　東晉政府所以既怕內爭，又懼外伐，主要是因為中央政本身的實力不足。司馬睿在江南建國，本來就不是出自他本人優越的才華或強大的兵力，而是來自世族的支持，諺云「王與馬（司馬氏），共天下」，即十足透露出東晉政權的性質所在。若非世族王敦、王導兄弟在軍事上、政治上的支援，恐難順利建立。所以，東晉的王室，實質上不過是諸世家大族中的一個族而已。所謂「朝廷賦役繁重，吳、會尤甚。」正說明朝政所行，不過三吳（丹陽、會稽、吳郡）一隅。

　　魏晉南北朝是一個世族政治的時代，這種世族不同於西周以來的封建制度。它是東漢以來，因緣際會，憑藉政治勢力、累世經學、經濟力量，以及曹魏的九品官人法所形成的豪族。

　　這種勢力，留在北方淪陷區的，往往築塢結壘，保固自己，以與新政權討價還價，維持地位。渡江南下的，則多帶部曲賓客同行，在東晉政府的妥協下，繼續享受西晉以來的種種特權，蔭戶霸官，對山固澤，占據州郡，勢傾皇室，操控朝政，號為「門閥政治」。以是，東晉朝廷始終只有南面之尊，而無總御之法。王導、庾亮、桓溫、謝安、桓玄，先後執政。至後期，皇權與士族兩皆腐朽，桓玄一滅，大權改落京口流民帥出身的劉裕之手。東晉大權既落藩伯，則世族之犯上，實際上就是世族與世族之爭。

　　政出多門，權去公家，幾經變亂，東晉政權搖擺不安，所以不致顛覆者，就是因為豪族間有許多衝突，彼此對消勢力之故，至於北伐，則變成內爭中的一種附帶手段而已。

　　東晉初期，劉琨在北方與胡族周旋，不幸為石勒所敗，投依幽州段匹磾，後為段所殺，竟是出自王敦的授意。這是北方豪族與過江豪族的衝突。

　　吳大族周玘、周勰父子不滿北來大族的歧視，曾先後謀舉兵犯闕，雖被元帝放過，最後仍為王敦所滅。這是過江豪族與吳大族的衝突。

　　祖逖北伐，元帝派心腹吳族戴淵為都督，做逖的頂頭上司相牽制；王敦選在祖逖死後造反，是對豫州刺史祖逖、兗州刺史郗鑒、湘州刺史甘卓、益州刺史應詹等，有所顧忌。成帝時，歷陽（今安徽和縣）內史蘇峻不滿執政庾亮裁制，聯合壽春的祖約（逖弟）造反，劫持成帝，專攬朝政。幸賴江州刺史溫嶠說服荊州刺史陶侃合作而平定。以上三事，均是過江豪族間彼此的衝突。

　　至於荊、揚間的衝突，主要是因為他們同是東晉最大的兩地方勢力。原因是：1.揚州為京畿所在，穀帛之所資出，是政治中心，常由執政兼任；荊州形勢險要，甲兵所在，是軍事中心，加上荊州刺史常兼督附近諸州軍事，地廣兵強，勢凌中央。2.兩州戶口最殷實，旗鼓相當。其永嘉亂後，南徙人口中的武人集團，也分別以荊州的襄、樊和揚州的京口為集中地，戰鬥力較強。

　　荊、揚衝突事件中，大致上都是上游兵壓制下游兵：

(一)王敦之亂

　　由於元帝猜忌，信用劉隗、刁協而起。荊州刺史王敦起兵後，元帝憂憤而死。明帝繼位，因為敦弟王導仍舊忠於晉室，指揮下游藩伯臨淮太守蘇峻等才得平定。

(二)庾亮挾制中央

　　蘇峻之亂後，庾亮乘陶侃之死取得荊州領導權，與王導爭權，致令王導「內不能平」，罾其「污人」特甚。亮死後，才見緩和。

(三)桓溫之亂

穆帝即位，朝廷改派徐州刺史桓溫接替剛去世的庾翼（亮弟）為荊州刺史，荊州變成了桓氏的禁臠。溫有野心，想奪權，為朝廷所防。曾在桓溫西滅成漢之後，引用名士殷浩為揚州刺史督下流諸州軍事與他相抗。後，溫在殷浩北伐失敗後，控制內外大權，為藉軍功樹威權，發動三次北伐，但第一次伐前秦，第三次伐前燕，都在揚州的中央不能合作下，糧盡而退；第二次討平姚襄，建議還都洛陽，亦為朝議所沮而受阻。軍事既敗，溫轉而廢帝奕，立簡文帝，準備禪代，又遭侍中謝安、王坦之刻意周旋，直到溫病死，才化除危機。

(四)桓玄之亂

安帝即位，孝武帝弟司馬道子依然弄權，政事昏亂。這時，桓溫子玄在荊州甚有勢力，乘機游說刺史殷仲堪、兗州刺史王恭聯合起事，發兵入京。雖然王恭為殺，但玄已取得江州，仲堪將楊佺期也得到雍州。隆安三年（399）玄為獨霸上游，又揮師襲殺仲堪與佺期，併奪其地，晉室不能禁。元與元年（402），攻入京師，殺道子父子。明年，玄得寸進尺，廢安帝自立，改國號為楚。但不久，旋為揚州北府舊將劉裕所滅，迎安帝復位。而晉室大權也因此移落劉裕之手。

關於東晉的北伐，在北方胡漢政權紛爭的時際，本應有所作為，但卻得而復失，一事無成，主要是欠缺團結精神的緣故。若能上下同德，內外一心，並非不可作為，淝水（即南淝水，今安徽壽縣境）之戰，就是一個最好的例子。

謝安（320～385）在桓溫竊篡失敗病死之後出執大權，當時整個內外情勢對東晉都頗為不利。內則孝武帝無能（中央），桓氏敵意仍在（地方）；外則前秦苻堅已統一北方，蓄意南侵。應付不好，隨時有亡國的危險。安盱衡輕重，便從安定內部首先著手，對桓氏子孫依然示好。以

溫幼子玄襲爵為南郡公，溫弟沖為揚州刺史，弟豁為荊州刺史，豁子石秀為江洲刺史，盡占三流優勢。由於謝安的雅量宏裁，感動桓沖，讓出揚州，屈就徐州，兩人對輔朝政，第一次出現大和諧。後來豁死，晉廷改沖接任荊州，和諧如故。第二步，安再強化中央軍力，命兄子謝玄為南兗州刺史，使利用淮南江北強悍的民風，在京口（今江蘇鎮江）訓練一支屬於中央的軍隊，驍勇善戰，號稱北府兵（京口為建康的北衛而得名），一改過去外重內輕的局面，不必再為「解奴為兵」而苦。

　　不久，前秦苻堅親率八十七萬大軍，大舉南侵，結果被謝石（安弟）所率領的八萬晉軍擊潰，慘敗四竄，北府雄兵，在此次戰役中小試牛刀，即大獲全勝，萬方矚目，而東晉亦得以繼續苟延殘存。檢討此役的成敗，有幾點值得注意：

　　㈠苻堅的前秦民富國強，而謝安亦能突破兵源與經濟的困境。苻堅治國已如前述。謝安一方面在三吳地區進行檢籍，以增加稅收；並搜檢逃亡的士兵，徵調王公官員的奴客充軍，使兵源增加。另一方面，則採行按口稅米政策，只有現役軍人可以免稅，而保證了軍糧的供應。

　　㈡東晉以北府兵為主力，驍勇善戰，指揮統一，又有桓沖領導為數十餘萬的荊州兵團相配合，防守長江中上游；秦軍為烏合之眾，指揮不易，若干異族將領如慕容垂、姚萇等且觀望不進。

　　㈢東晉運用心理作戰成功。既以哀兵姿態應戰，鼓作士氣，又在附近的八公山上佈置疑兵，沮挫敵志，更有降秦的東晉舊將朱序提供情報，並在秦兵調防之時，製造秦兵失敗的謠言，擾亂敵人軍心；苻堅恃眾輕敵，自作主張，輕易接受撤軍再戰的請求，以致一退不可復合，荒亂潰敗。

　　㈣最重要的是在謝安的主政下，內外和諧，萬眾一心，大家為保全命脈而拼命；苻堅則部族雜亂，人各異志，無心作戰。

　　淝水戰後，北方分裂，雖然東晉又乘勝收復了不少北方的失地，黃河以南州郡都來歸附，荊州軍也克復了四川和漢中一帶。但當時晉室沒

有光復故土的決心，世族自私自利之心態復萌。謝安雖有大功，卻被司馬道子排擠，出鎮廣陵；許多出征的將領，乘機抄掠「生口」，作為私產。你爭我奪，全不知國家、人民為何物？國家如何復興？東晉能夠維持一百多年的歷史，外敵分裂的因素實重於內部的團結奮發。

六、東晉的滅亡

　　桓玄篡位，東晉實際上已經滅亡，雖然劉裕後來夥同北府舊將共同推翻了玄，迎安帝復位，但安帝不過是一傀儡，大權唯裕是問。何況東晉後來滅亡還是亡於劉裕的篡位，所以，前此劉裕在政時期，實即等於是劉裕的朝廷。

　　北府兵將討伐桓玄成功後，裕以資格較老，執掌大政，其餘諸將，分布州郡。至是，東晉形勢為之一變，下游操縱上游，裕於是逐次發展勢力，培養聲望，做篡位的準備。

　　義熙五年（409）裕以南燕主慕容超屢次侵擾淮南北諸郡，滅之。會後方教匪乘虛肆虐，再回兵平定內亂。八年，命朱齡石伐後蜀，光復四川。然後，回頭整肅內部異已，先後消滅荊州刺史劉毅和豫州刺史諸葛長民，復趕走荊州刺史司馬休之。

　　內部既定，便利用北方形勢波動之際，再發動一次大規模的北伐。義熙十二年，北方大國後秦因屢遭夏國攻擊，國勢大衰，又逢國君姚興初喪，新主姚泓懦弱多病，國內不安，裕即以心腹劉穆之留守建康，自率大軍北上。一種克復許昌、洛陽等地。明年，分兵兩路，團攻長安，泓出降，遂滅後秦。

　　正當北方光復在望，奈何後方的劉穆之突然病逝，裕恐根本動搖，急忙回京，留下幼子義真（十二歲，裕次子）駐守長安。不幸，諸將不協，彼此殺害，長安遂又為夏的赫連勃勃攻下，義真全軍覆沒，裕登城北望，流涕而已。從此，劉裕精銳盡失，無力再圖大舉，懼夜長夢多，

乃轉而謀晉。義熙十四年，鴆殺安帝，另立安帝（德文）。元熙二年
（420），重襲魏晉禪讓老路，登位稱帝，改國號為宋，易元永初，是為
宋武帝，東晉告終，享祚一百零三年。

第三節　南北朝的分合

一、南朝的興廢

　　南北朝的名稱從唐人李延壽的《南史》、《北史》得來。南朝與北
朝的對立，開始於宋文帝元嘉十六年（439）鮮卑拓跋氏所建的北魏（亦
稱後魏）統一北方，終止於隋文帝開皇九年（589）滅陳，中國復歸統
一，其間其一百五十年，史稱「南北朝時代。」不過，一般史家為了方
便起見，通常都從劉裕（宋武帝）建宋的永初元年（420）算起，如此，
則又正與南朝的時間相終始。

　　南朝自劉裕建國，篡奪相尋，共歷宋、齊、梁、陳等四朝，合計一
百六十九年（420～589）。由於與吳、東晉同建都於建康，因此，常合
稱為六朝。

　　宋武帝先世為彭城（今江蘇銅山）人，五胡變亂期間，隨父遷居京
口（今江蘇鎮江）。家世貧寒，曾販履為生。後入北府兵，漸露頭角，
終創大業，武帝生性節儉，嚴禁侈靡；注意民生經濟，實行土斷（將南
來的北方僑民，編入住在地的戶口抽稅）；拔擢人才，不拘門第；整飭
綱紀，抑制權門，一時政風樸質，可惜在位三年便去世。傳子義符，居
喪無禮，為大臣徐羨之等所廢，改立文帝義隆。

　　文帝在位三十年（424～453），注意吏治，勸課農桑，減輕稅負，
並且倡興學校，而致於小康，史稱「元嘉之治」，是宋代最強盛的時期。

文帝後為太子劭所弒，劭又為孝武帝駿所討誅。自後亂逆相承，同室操戈。傳到明帝，更加猜忌，劉氏子孫，摧殘殆盡，國勢因此大為衰弱，終為權臣蕭道成所篡，改國號齊，是為齊高帝。

齊高帝先世東海蘭陵（今山東嶧縣）世族，後遷南蘭陵（今江蘇武進）。至道成，已非顯貴，曾說：「吾本布衣素族。」但為政清儉，並能崇儒，勵精圖治，常說：「使我治天下十年，當使黃金與土同價。」無奈天不假年，在位四年（479~482）便死，由太子賾繼位，是為武帝。

武帝嚴明有斷，對內留心政事，對外與北魏修好，十餘年（482~493）間，百姓豐樂，盜賊屏息。史稱「永明之治」，與元嘉並為南朝盛世。不過，性喜奢華，後宮多至萬人，侈風日熾。

武帝以後，其餘各帝都無政績可言，唯見弒殺相仍，一如宋朝。尤其高帝兄子蕭鸞為甚，兩行廢弒而自立（明帝），殺盡高帝子孫，政治大壞。傳至和帝，為宋室疏屬蕭衍所篡。

蕭衍代齊，改國號為梁，是為梁武帝。他本以文學著名，即位後，躬行節儉，任用賢能，制造禮樂，敦崇儒術，文物之美，為漢族偏安江左以來所僅見，在位四十七年（502~549），蔚為南朝最盛的時期。晚年因為篤信佛教，以致政刑寬弛，官吏貪污，又因優遇僧尼，大造寺廟，出家者多，影響經濟，而使社會出現衰微現象。

不過，武帝的直接失敗的原因，還是由於想經營北方。當時北魏分裂為東西，東魏大將侯景（懷朔鎮人，原屬羯族）叛國來降，武帝便利用他，使出兵北伐，但兩次都失敗而回，這時，東魏與梁，具以無力再戰，彼此願意通和，豈料，竟引起侯景不安，憤攻建康臺城（即宮城），大肆殺掠。一時，梁室諸王平時有異心者，各顧私圖，按兵不救，坐視臺城淪陷，忍見武帝憂餒而死，大權於是落於侯景之手，至及篡國為漢。後賴武帝子荊州刺史蕭繹，憑藉上流軍經優勢，始予平定，史稱「侯景之亂」。但江南已大為破壞，建康成了廢墟；世族大見殺害，江南世族勢力也從此式微。社會經濟嚴重破壞與人口大量傷亡的結果，不但造成

了梁朝國勢衰敗，也強力促成了南北朝北強南弱的格局。

　　繹在江陵（今湖北江陵）自立，是為元帝，在位三年，為西魏所執，西魏於是另立武帝孫蕭詧為傀儡，史稱後梁（或稱西梁，三十三年）；這時，元帝舊將王僧辯也與陳霸先奉元帝少子方智在建康即位，是為敬帝。後來，霸先襲殺僧辯，再廢敬帝篡位，改國號為陳。後梁則延至五八七年，入亡於隋。

　　陳霸先即位，是為陳武帝，吳興人，家世寒微，曾隨梁宗室蕭映至廣州，才漸露頭角。侯景之亂，南朝的世家大族勢力驟然衰落，江南未經戰亂之地的地方豪族，趁機崛起。因緣際會，陳武結合這大批庶族強豪，共同建立起陳的政權。

　　陳武建國，對於前朝宗室和臣屬頗能保全，雖弒敬帝，卻未大殺梁朝宗族，並且還多用敵將。後傳位兄子蒨，是為文帝，恭儉勤政，愛悅文義，與武帝朝並稱治世。傳至末帝後主，為人性寬厚，長於詩文，但沈湎酒色，君臣酣歌，不理政務，無視北方隋國之強大，終被滅亡，結束了南北朝長期的對峙。

　　南朝的勢力，一般說來是比北朝衰弱的，這可從南朝疆域之日漸縮小看出。由於雙方經常發生戰爭，彼此國界不甚固定，不過，大部分的時間，均以淮水為界。至其變化的情形，大致是愈變愈南。宋代初年，藉宋武帝劉裕過去北伐的聲威，南朝疆域較廣，南北國界在黃河以南，大約是以今日山東、河南等省的中部為分界，西邊則保有秦嶺以南之地。但自宋明帝以至齊、梁兩代，國界縮退到淮河兩岸及襄陽一帶，即今日江蘇、安徽、湖北三省的北部。梁末，又喪失陝南、四川等地，繼而雲貴地區也宣告淪陷。至於陳代，只能保有長江以南一小片地方，比三國時代的吳國都不如。

　　南朝勢力既不如北朝，則何以彼此間仍能維持一個一百五十年的對峙局面，分析原因，略可歸納成下面幾點：

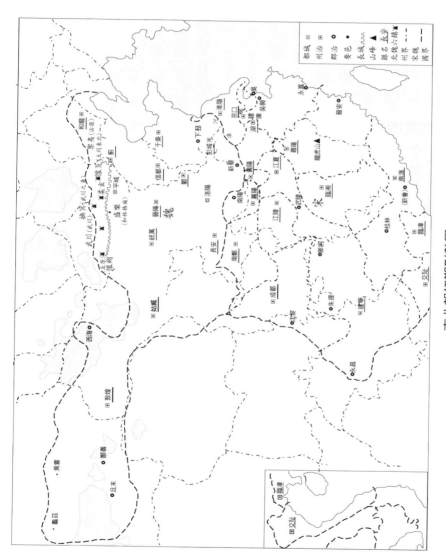

南北朝初期形勢圖

本圖係根據國立編譯館《中等學校本國歷史地圖集》複製。

㈠地理因素

建國江南，若能全據長江，即可保全國家。南北朝時代，長江上游的荊、益二州，一直都掌握在南朝手裏，自是阻止北朝南略的重要關鍵，何況南朝一般都還能控制江、淮諸重鎮。直到梁末失去江北，情況才略有改變，至陳朝喪失荊、蜀，南朝才失去保障。

㈡意識因素

儘管南北雙方都曾經過長期的種族混合，雙方政府亦曾努力調和境內的種族衝突，但彼此都自認為本身才是正統所在。南朝為漢族政權，其來有自，自然不成問題。北魏稱南朝為「島夷」，以駁擊南朝之稱北魏為「索虜」，正統意識至明；其後，東魏、北齊以北魏繼承人自居，西魏、北周不甘示弱，也積極建立關中本位中心。王權正統意識的不同，造成彼此的對抗。

㈢經濟因素

南北朝承東晉十六國長期混亂之弊，國力均感疲憊。南朝的國勢，以宋文帝元嘉以及梁武帝天監兩個時代為最盛，但在財力上，前者有「一時水旱，便有罄匱」之感，後者也有「帑藏空虛，日不暇給」之憾；於兵力上，則戶口減耗，力役入於私門，國家兵源，皆有不足。其在北朝，戶口減耗及土地荒蕪的現象，直到北魏中朝仍然存在，何況當時還須抵抗北方大敵柔然，花費彌鉅。孝文帝遷都之後，費用更廣，甚至要減少官俸應急。下迨孝明帝，情況更壞，而不得不預徵租調。雙方經濟既都凋弊，自然無力擊倒對方。

㈣政治因素

南朝皇帝為操縱軍政大權，往往親信小官，以致佞幸當道。在中央

是中書舍人害政；在地方則以不登流品的典籤監視藩鎮，乃至任意誅殺，因此，常生衝突，骨肉相殘。另一方面，皇子教養不良的結果，也製造了不少荒唐帝王。宋齊「子孫屠戮」、「荒淫無禮」，不絕於書，使得政治無法上軌道。其梁、陳景況雖然較好，但梁武後期紀綱不振，陳後主沈迷酒色，也都嚴重的敗壞政治常軌。在北朝方面，魏室家庭也多變故，不得令終的皇帝，多達六人。而孝文之遷都洛陽，本期國家富強，但遷都之後，皇室、大臣卻與武人對立，馴至造成北鎮軍人公然舉兵叛國。風紀不整，內部矛盾，可見一斑。分裂後的北朝，西魏及後來的北周較振作，但見逼於其東面的東魏及其後繼者北齊，和南面的南朝，一時難以發展：東魏、北齊則「宮闈多醜」，衰亂之態可見。政治的荒亂，削弱了國力的凝結，彼此都奈何不了對方。

㈤社會因素

南北朝都是世族社會。南方自東晉以來，世族即掌控政軍大權，權勢在握。他們多數雖不積極進取，但尚能有某種程度的作為。等劉裕建宋以後，起用宗室、寒素，採取中央集權，世族便開始從軍權線上退下，自甘消退。視繁職、武事為畏途，以文飾浮華為能事，士風因而大壞，遑論作為。故當梁帝時侯景之亂，一場浩劫，終使世族社會為之衰落。其在北朝，軍政大權本即掌握在鮮卑人手裏，漢人世族即使想作為，都不免如北魏崔浩、北齊楊愔之被族誅。而此時的鮮卑世族，復感染漢人奢華之性，腐化不堪，正所謂「世逐浮競，人習澆薄」。至於君臣氣節，亦有不比南朝高明者，如于翼是西魏功臣于瑾之子，尚宇文泰女，但當楊堅執政時，竟遣子通表勸進；李穆深受宇文泰恩盼，竟亦遣使送楊堅十二環金帶御服，致擁戴之意。世風如此，那堪作為。

二、北朝的隆替

北朝自北魏道武帝拓跋珪始建魏國,至隋文帝滅陳,共二百零三年（386～589）。其間北魏至孝武帝脩,分裂為東、西二部,凡一百四十八年（386～534）。東魏都鄴,高氏擅政;西魏都長安,宇文氏操縱大權。其後,高洋篡西魏建北齊,宇文覺篡西魏建北周。五七七年,北周再滅北齊,統一北方。不過,四年後又為隋文帝所篡。如此再過八年,始統一全國。

拓跋氏屬鮮卑族,發祥於今東北大興安嶺北段東麓和嫩江西岸支流甘河的上源一帶。當曹魏之世,繼匈奴南遷之後,占居匈奴故地。西晉初,移居綏遠北部定襄。晉末,值胡族倡亂,助討匈奴有功,受封陘（陘嶺,今雁門山）北為代公,遂在山西北部建代國,晉愍帝並進封為代王。數傳至什翼犍,為前秦苻堅所滅。淝水戰後,北方分裂,犍孫珪乘機於東晉孝武帝太元十一年（386）,糾合舊部復國、建元登國,改國號為魏。東晉安帝隆安二年（魏天興元年,398）,徙都平城,進稱帝號,是為北魏道武帝,由於珪小時,曾在犍為前秦消滅後,被送往長安,有機會讀書,《宋書》說他:「頗有學問、曉天文。」可以說,北魏至珪,才有若干中國文化,也奠定了他日後改革的基礎。

道武帝在位,曾仿漢制,進行若干改革。一方面打散部落和組織,使同編戶平民,以配合漢族社會,發展農業;並任命部落酋長擔任國君的近臣,建立新的君臣關係,以加強國君的權力。又設官置學,起用漢士,用以擴大政權的社會基礎,一個倣效漢人的政治組織於焉萌現。此後歷明元、太武二帝,並為北魏開展的時期,前後六十餘年（386～451）。除了不斷開拓疆宇之外,也努力吸收漢文化,吸取治國經驗。

道武帝曾擊敗高車（高車本名敕勒,也作鐵勒）等北方部族,占有

黃河以南（河套）的廣大牧地，一時馬壯兵強，於是南向爭取中原。大師一出。又連連擊敗後燕部隊，將勢力往前推進到現在河北一帶。明元帝即位，也屢破柔然兵，國勢日盛。又乘南朝劉裕之死，攻占了宋的司州（今河南中部）全部，以及兗州（今山東魚臺東南 70 里以北）、豫州（今河南項城以北）的大部分。等太武帝繼位，除了趕走柔然，使暫時不敢再侵漠南之外，更一口氣消滅了夏、後燕和北涼，攻取關中、遼河流域和涼州各地，完成黃河流域的統一工作，而與南朝對立。

　　隨著北魏軍事勢力的擴張，每次都有大量的文武將吏、男女（平民）生口（奴婢）、以及無可計數的牲畜寶物被俘獲，這不但增加了他們的財貨，大批的漢族男女生口，還成了他們的農業生產的主力，因而迅速轉化了游牧的部落組織，走向農業的城廓國家。尤其是一批漢人知識份子，更是推動北魏國家建設的菁英。

　　北魏的文士，在滅後燕以前，主要是代北人士。下燕之後，開始有大批中州讀書人加入，「苟有微能，咸蒙擢用。」到平定北涼，河西羣儒隨後東進，而與慕容燕以來儒業相匯合，從此造成北魏一代的文化盛況。

　　這一批文士，生處胡人政權之下，為了隱忍，通常比較保守，因而，所從事的學術研究，也多以實際的經史為主，了無南渡衣冠清玄之習。這種學問，正好符合魏初建國的需要。道武帝初建臺省，置百官；立太學，置五經博士，就都是以這批文士為主力的。儘管在整個北魏國家官吏之中並不是占多數，但任用漢士的意願與政策的方向，對往後的漢化產生極重要的影響。據統計，在明元帝時，州刺史一職，漢人仍只占 2.1%，但到太武帝時，則陡升到 40.1%。中央相職方面，明元帝時，漢人占 13.7%，至太武帝時，也增加到 24.7%。由於漢士一直受到重視，故漢人勢力也陸續有所增長，不意，竟而發生胡漢衝突。

　　漢士對北魏的政治興革，作用是很大的，尤以清河崔氏及渤海高允為最。如道武帝議國號，便從崔宏建「魏」之議；制官制，亦以宏為總

裁。宏子浩，尤受寵於明元帝和太武帝，明元時，浩「恆與軍國大謀，甚為寵密。」太武帝即位，諸多政事，也多出於浩的主謀。浩即因所受禮遇特隆，而遭到鮮卑人的忌妒與排擠，最後竟以浩所主修的國史有譏鄙胡人文化淺薄的嫌疑為藉口，加以族誅，一時株連甚廣，清河崔氏無遠近，范陽盧氏、太原郭氏、河東柳氏，無不坐罪連累。顯然這個事件的發生，已不單純是崔氏一人的問題，而是漢人勢力過分膨脹所造成的衝突的結果，崔浩被殺之後，漢人之仕魏廷者，雖不無畏懼之情，但若能謹慎應付，仍可被接納。高允歷事五朝，光寵四世，終享百齡，極為魏主所寵任。此外，高閭、李訢也頗受禮遇，都是顯例。尤其是高允曾建議州郡立學，使更多漢人得以進入仕途，對漢人勢力的無形擴張，與魏人漢化趨勢的導引，厥功至偉，後來文明馮太后和孝文帝之漢化運動，不過是漢化的一種結果，而不是開創。

儘管北魏的漢化日有進展，但統治上的危機仍然嚴重的存在，北魏是個靠武力征服建立起來的王朝，因此有種族對立的問題。從建國開始，到孝文帝太和九年（386～485）百年間，各民族的抗叛次數便多達八十餘次，這種現象，即使到達孝文帝即位初期，亦未緩解。計自即位的延興元年到太和五年（471～481）的十年間，次數幾近二十次，幾乎平均每年二次，而且其中多數為漢民族所舉，透露出漢化進程發展的急迫性。這是馮太后和孝文帝漢化改革的背景。

馮太后是文成帝的皇后。出身於漢族官僚家庭，祖父和伯父都是北燕的國王，父親於降魏後，曾官至秦雍二州刺史。自小由身為太武帝昭儀的姑母撫育長大，十四歲被選為文成帝的貴人，後立為皇后。由於她的家世，和所受的教育薰陶，使她知曉漢人傳統文化和治國的經驗。

孝文帝自小由馮太后「躬親撫養」，長大綜賅經史、釋、老，好學善文，儼然是漢文化儒家的教養，這種教養使他成了一位深慕華風的胡人帝王，並且成了馮太后漢化改革路線忠實的繼承人與有效的執行者。

馮太后，性嚴明而多智略，雖猜忍卻不宿憾，故為羣臣所擁戴。加

上稱制期間，孝文幼小（五歲即位），乃至孝謹不欲參事（二十四歲親政），使她得在道武帝以來，國君大權日漸專重的時潮中，掌握「省決萬機」的權力，配合「能行大事」的才幹，有權有能，遂使漢化政策得以順利推行。先是在太和八年推動「俸祿制」，依官職大小給公田及穀調，以斷貪勵廉，肅清吏治。隨後又行均田制，及隴西李沖之議，推行三長制。一面把廣大的荒地設法均分給人民，增加生產；一面重組村社，改鎮戍為州郡，並設置鄰（五家）、里（五鄰）、黨（五里），各置長官，取代舊有的宗主督護，以整理戶籍，杜絕豪門強宗的蔭冒，增加賦調。

　　受到馮太后漢人意識的影響，以及對漢人文化的喜愛，孝文帝一心一意推動長期以來所進行的漢化政策，不畏任何困難，即使有許多鮮卑高族反對，他仍然依計行事，太和十八年，排除萬難，毅然遷都洛陽，甚至不惜以大義滅親的手段，毒死反對的太子元恂，可看出他過人的魄力。事實上，孝文帝之遷都，也有其不得不爾的客觀情勢：

(一)經濟因素

　　北魏的文化型態，已自游牧轉重於農業，而當時農業的重心正在洛陽所在的所謂「河北數州」，為了糧食供應的方便，遷都洛陽，可以減少漕運的困難。

(二)政治因素

　　中州世族在鮮卑政權的統治下所以能生存，自有其強固的條件做背景。崔浩死後，中州大族仍見重用；頒行均田制度，大族的耕牛及奴婢亦可分田；以及三長制之必須以大族為長等，都可看到大族勢力之不可忽視，都反應出鮮卑政權之不得不去屈就大族。為此，孝文了解如果要想統一中國，就必須承認中州大勢力的事實，與之連結，所以，他必須遷都，以接近漢人勢力的中心。

(三)軍事因素

自太武帝擊潰柔然主力，北魏開始注意南疆的擴張，及文明太后執
政時代，已南略至青、徐一帶，為鞏固南疆的統治，而不得不南遷，以
作有效的鎮壓。

(四)文化因素

從經濟、政治、軍事各方面而言，孝文帝的南遷，勢有必然，但南
遷地點可有多處，如明元帝即曾想遷鄴，就形勢而言，鄴確較洛陽為佳，
適合戰時的需要。不過，如就教化而論，則洛陽自周以來，即為我國文
化古都，宜於昇平之用。如今捨鄴就洛，正可看出文化因素之被重視。

孝文遷洛前夕，會先行頒布新律令，革去腰斬、族誅等酷刑，向漢
人宣示他是一個可以信賴的「勝殘去殺」的好皇帝，以為安撫。遷洛之
後，隨即採取一連串的漢化措施，劍及履及。舉其大要，可以分為下列
幾項：

1. 定姓族：將鮮卑貴族與漢世族類比，作身分的轉化。
2. 改姓氏：易鮮卑的複姓為漢族的單姓。
3. 變籍貫：南遷者都以現籍地洛陽為家鄉。
4. 禁歸葬：遷洛之民，不得還葬北方。
5. 禁胡服：改著漢人衣冠。
6. 斷北語：以漢語為唯一的通行語言。
7. 定官制：模仿兩晉和南朝，改革政府組織和官稱。
8. 變度量：以《周禮》的規定為標準。
9. 鼓勵胡漢通婚：通過聯姻，加強政治聯盟。

事事以漢制為依歸，無非想儘快的與漢人社會融合為一體，以完成
他的文治理想。

這是一種全盤的漢化，而且是一種強令征服者屈服於被征服者的改

革，竟然能在短短五年之內實現，而且幾乎沒有遇到棘手的阻礙，不能不佩服孝文帝是一個有智慧，設計周密的傑出改革家。

孝文帝的漢化政策，主要的目的，在將狹隘的部族政權轉型為一個大一統的中國政府，以標示北魏王朝就是華夏正統文化的繼承者。就鮮卑族而言，雖然後來融合於漢族而消滅於無形，但對當時鮮卑文化的推動，確實進了一大步。當然，若就整個中華民族而言，則他是民族的偉人，由於他的努力，使得中華民族又吸收了更多的民族文化與血液，從而更加豐富了民族的內容。

不過，孝文帝雖使當時的鮮卑文化推進了一大步，卻也因為他的急進，而埋下了國家分裂的危機。孝文遷洛五年即死（時年三十三歲），英年早逝，壯志未酬。可惜他的繼承者沒有他的才幹，追不上他的理想，而其他的鮮卑人，也多不能了解他的心意，最後在一場大亂中，北魏被屍解了。

鮮卑族本以武功起身，高門子弟，無不以當兵為榮。當初太武帝為防患未然入侵，曾在馬邑、雲中一帶界設兵鎮，自西而東，設置了懷朔（今綏遠五原固陽境）、武川（今綏遠武川）、撫冥（武川與柔然二鎮之間）、柔玄（今綏遠興和）、懷荒（在興和和沽源間）與禦夷（今察哈爾沽源、多倫二縣地）六鎮。當時所簡將帥，無不親賢，所選兵勇，莫非高門。不但不廢仕宦，而且偏得復除，榮顯異常，為時人所忻慕。奈何自遷洛之後，情勢大變，不但出路橫遭阻隔，一生推遷，不過軍主。而且社會地位與生活水準也大為低落，與南遷的鮮卑貴族相較，居京師者得列上品通官，享受錦衣玉食，留戍北邊的，則下如奴隸，役同廝養，相去何止天壤。高低氣壓相差太過，一場暴風雨終於無法避免。

孝明帝正光五年，即梁武帝普通五年（524），沃野鎮民破六韓拔陵首先聚眾叛變，殺害戍主，立刻引起北方各鎮的響應，一時難以收拾，後來秀容（山西朔縣西北）爾朱部落，乘機崛起，才把一場風暴給鎮服下來（528）。然而，這於整個北魏的局勢，已無所補益，因為爾朱榮在

平定各地後，又率眾渡河入洛，沈殺胡后及胡漢百官王公卿士二千餘人，朝廷為之一空，洛陽漢化的鮮卑政權為之頓挫。不過，爾朱氏雖取得優勢，卻不能控制大局，因為他為人殘暴，難允眾心，為各方所反對。反對的勢力，主要來自久受戰亂痛苦的漢族高門武裝，以及他的手下部將，最後為他的部將高歡所取代。

　　歡入洛陽，立孝武帝。永熙三年，即梁武帝中大通六年（534），孝武見逼於歡，又出奔長安依宇文泰，歡別立孝靜帝，徙都於鄴，而泰也弒害孝武，另立文帝，便於控制，魏於是分裂為東西二部。雙方的疆界大致是以弘農（今靈寶）及黃河為界，以東屬東魏，以西歸西魏。

　　高歡出身於北魏懷朔鎮（陝西榆林）的貧困人家，血統上或漢或鮮卑，雖有爭議，但無論如何，他的鮮卑色彩是非常濃厚的。為此，許多胡人將佐傾心為他效勞，受他指揮，成為歡黨主力。所以當爾朱榮去世，他得以從爾朱榮的部眾中脫穎而出，順利收編六鎮殘部，移往山東、河北發展，並結合高氏等當地漢人豪族士人，成為最大的軍閥勢力，控制大局。此外，歡的成功，還和他承襲洛陽政府的資源有關，他不但繼承了北魏主要的東方疆土，並接收了洛陽人物，使他在財力和人力上都得以從容佈置。尤其是這塊土地上的人物，經過孝文、宣武以來數十年的漢化調養，學術大盛，人才資源豐富，只要稍把北魏末年以來的貪污腐敗風氣加以整頓，便可將特政權迅速納於文治的正軌，這是最重要的一環。

　　一般而言，高歡父子雖是鮮卑反漢化潮流中的梟傑，但尚能敬重漢家高門大族，因而頗得漢世族的擁戴。這些世族不但幫忙高歡成立大業，而且在長子高澄遇刺身亡之後，仍支持歡之次子高洋篡東魏建齊，史稱北齊。高洋在位，漢人勢力繼續抬頭。原因是：1.他曾誅殺諸元子孫，致魏室無有遺種；2.命經學大家李鉉、邢峙為太子師；3.任弘農名儒楊愔總攬庶政，有機會培植漢人勢力。

　　楊愔總攝機衡，百度修敕，有「主昏於上，政清於下」的美譽。但

漢化迅速擴張的結果，引起了鮮卑親貴的不滿，加上楊愔極力衛護趙郡漢女李皇后所生的太子高殷（廢帝），更引起疑忌，終於爆發了一場胡漢大衝突，殷被推翻，愔等若干漢臣則被殺，洋弟高演（孝昭帝）登位，政權重新歸於鮮卑大臣之手。

及演死，其弟高湛（武成帝）殺太子即位，用范陽祖珽執政，漢士才又抬頭，大用士人為縣令，一掃長期以來用人雜濫之弊。珽並奏立文林館，延攬文學之士五十餘人，命富有民族意識的顏之推主持其事，想藉機培養漢人人才。可是，最後仍不免引起鮮卑人的猜忌，遭到罷黜，漢勢再度受挫。

鑑於高澄及其以後諸在位者之子無法繼位的教訓，高湛提早禪位於高緯，以求確保，但高緯心無法紀，侈奢無度，寵信佞臣，又殺了一批漢官，齊政大壞，國勢由是削弱，最後為西邊日益強大的北周所併。

綜觀北齊政局的演變，其君位繼承之不能確定穩固以及胡漢衝突之傷害，實為北齊衰亡的兩大癥結。

北周為宇文泰子宇文覺自西魏篡建的，其一切規模都奠基於西魏時泰所立下的創制。泰原為爾朱榮舊將賀拔岳的屬下，為一漢化的鮮卑種（一說南匈奴人），落籍武川，隨岳駐關中，後來岳為歡黨殺害，始受岳部推舉，出領岳軍，繼守關中。

賀拔氏是北州鮮卑望族，既善於戰陣，又好交豪傑，復誦經史，誠為北鎮武人中一大傑出人才。為此，他手下的人，不乏勇將、謀士，而且是胡、漢並處。後來泰之所以能夠專制西魏，再度推行漢化，即得自於岳這筆遺業。

但泰並不以這筆遺業為滿足，因為論民力與財力，西魏所據有的關中，自東漢以來即為一荒殘僻陋之區，處處不堪與據有富庶中原的東魏相比，也無法和江南的南朝政權相較量。泰於是極力的招撫山東、關隴，乃到江南來的望族，參與建國的行列。

一面則藉重漢儒，使參預政事，從事政治改革，其中以武力蘇綽、

范陽盧辯貢獻最大。蘇綽曾為訂六條詔書：*1.* 先治心；*2.* 敦教化；*3.* 盡地利；*4.* 擢賢良；*5.* 恤獄訟；*6.* 均賦役，懸為改革的指導思想和施政的總綱領。六條詔書最主要的精神在採開放的賢才主義，取代封閉的門閥階級獨占，以創造新局勢。盧辯則完成蘇綽據《周禮》改訂官制所未竟之業。

　　至於具體表現，在經濟上繼續推行均田制度，但做革新，不再給奴婢、耕牛授田，以限制豪貴兼併土地，而利奴婢回歸土地為編民。又平均賦役，依年景的豐儉分四等而定多寡，以寬解人民的負擔壓力。不但解決了經濟問題，並且創造社會公平。在政治上則改革北魏以來腐敗的吏治，既加重官吏的政治責任，為民負責；復拔擢賢良，破除門閥。解決了北魏孝文帝改制以後所形成的世族門閥問題，也實質地使鮮卑族日漸湮沈，增加漢人騰達的機會，加強了漢化的推動。在軍事上，也接納蘇綽府兵的建議，大力招募漢族豪右的鄉兵，免其租稅和力役，正式納入專司戰鬥的鮮卑部落軍體系，並任命這些豪右為「鄉帥」，納入實際統兵的六柱國，比附周官六軍之制，增強軍旅。而為配合其部落氏族兵制的色彩，並開始恢復胡姓，同時也對漢人賜胡姓，強調國家的一體性。大統十六年，進一步在均田制六戶（時百姓依財富分為九等）中下等以上之民中「籍民」，選擇有材力之士入伍，再放大基礎。

　　宇文泰集合鮮卑、漢人組成的政權，後人稱為關隴統治集團。當政權比較穩定之後，除了一面抵抗東魏的進攻外，還在侯景亂梁以後，攻取四川（553）及江陵（554），並在江陵立蕭詧為傀儡政權，將領土擴大到四川、湖北，不但建立了日後經略江南的據點，更大大的擴張了財富區，為北周的強大立了堅實的基礎。

　　後來，宇文泰的子孫，即依其規模，繼續擴張。在北周武帝時，進行得更積極，除一面採行新制訂的官制，一面廢毀佛道，實踐儒術外，同時還廢除都督中外諸軍事府，直統於皇帝，集中軍事大權。再擴大府兵組織，使更為平民化。所謂「改軍士為侍官（言待衛天子也），募百

姓充之，除其縣籍」，專司戰鬥。由國家直接廣募均田農民，不再侷限於豪右鄉兵及中下等以上材力之民，兵源更寬廣，於是兵員加多，一時增至十七萬員，比宇文泰時的五萬，幾近增加了三倍，史稱「是後夏人半為兵矣」。又因軍人的身分提高，部屬觀念自舊日部落思想轉化為君主直屬，戰鬥力量大增。

　　周武帝在勵精圖治實行改革的同時，復北與突厥和親，南與陳朝通好。完成外交上的部署之後，然後親自率軍東進，而於建德六年（577）消滅北齊，統一北方。

　　不幸，武帝在滅齊的第二年便死，傳位於宣帝。宣帝是一個荒淫失政的君主，淫亂宮人，誅戮大臣，杖背后妃，無所不為，內外恐懼，都希望有一個較好的皇帝。而這時候，國內政治已漢化，部隊又大部是漢人，尋找一個漢人做皇帝，自然是他們的目標。宣帝即位一年，便傳位於靜帝，自為「天元皇帝」，此時，宣帝后父楊堅（隋國公）乘機攬政。越一年，宣帝崩，近臣假造詔書，命堅入朝輔政，出任右大丞相，集軍政大權於一身，並大殺宇文氏宗室，而後進爵隋王。靜帝大定元年，即陳宣帝太建十三年（581），進一步篡位自立，改國號為隋，北周遂亡。再過八年（589），挾北方軍政優勢，又敗滅南方的陳國，重造中國統一的新局面。

三、南北朝的融合

　　隋滅陳，完成南北統一，並未遭遇到強烈的抵抗，可謂相當順利。事實上，這種成功，算不得是隋的大成就，只能從南北形勢作比較，是北朝勝南朝的一種表現。廣義的南北朝，似可從四○三年劉淵叛晉算起，一直到五八九年隋文帝滅陳為止，一百八十六年間，北朝雖然文化落後，戰亂頻仍，但是因為戰爭激烈，一般說來，態度上都比較積極、進取，不像南方之陶醉於優越的文化傳統，滿足於物質生活的富裕，而喪失日

新月異的上進精神，而流於侈靡腐化，終至失敗於北朝。

　　分析北朝統一南朝的因素，都可以以上面的背景為基調，逐一探討，大致可以概括成下列數項：

(一)政治方面

　　隋文帝繼承北周各項有力的改革，勵精圖治，府庫充實，又能勤政愛民，頗有新興之象；陳後主則繼承南朝萎靡之風，驕淫奢侈，不恤百姓，加以羣小用事，政治廢弛，毫無振作之氣。

(二)社會方面

　　北朝雖亦盛行門閥制度，但因北方世族身處異族政權控制之下，進退無以由己，所以較為謹慎厚重。尤其北周宇文氏得國之後，遵行古禮，壓抑浮侈，社會風氣較佳；南方世族則憑恃擁立朝廷之功，霸占經濟優勢，自訂政治特權（如行九品中正制），畫分嚴格的門第階級，排斥寒素。所以上層則巨室華奢，生活糜爛，下層則寒門貧困，備受輕視，彼此乖異不合。

(三)學術方面

　　北方注重經學，崇尚儒術，講究經國濟民之道，屢屢發動政治革新，富有誠謹實際的積極精神；南方環境較安定，發展玄學，崇尚清談，帶有避世的佛老思想，不見有北方積極的改革運動，呈現輕浮淺徼的消退精神。

(四)軍事方面

　　隋的軍隊，既承北朝的優良府兵制，又有嚴格訓練的騎兵，素質、戰備都比較優秀，戰鬥力較強；陳的部隊，既乏尚武精神，又缺馬匹，而朝廷將相也多昏庸怯懦，作戰能力薄弱。況且當時隋已控制江北和荊、

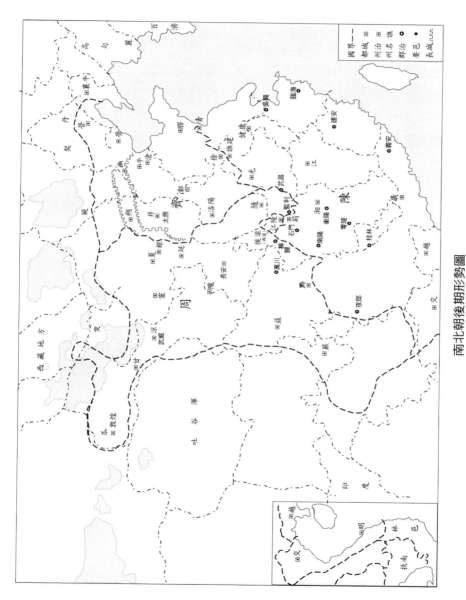

南北朝後期形勢圖

本圖係根據國立編譯館《中等學校本國歷史地圖集》複製。

蜀之地，完全占有地形上的優勢，而陳則乏險可據，誰勝誰敗，釐然可判。

從以上的分析，不難知道北朝終將統一南朝，但是如果光是武力的統一，也必是一個貌合神離的湊合，亦必難以建立起一個團結和諧的新朝。隋朝統一中國之所以有其歷史意義，即在於他是順應局勢，將南北兩方長久以來相激相成的混融局面，拉合在一起，凝結在一塊，從而建造起一個內容豐富、規模龐大、精神旺盛的新帝國，這真是一個實質上的統一。

這個混融局面的產生，使得大家感覺到繼續分裂只是一種痛苦，一種浪費，於是統一變成了共同的願望。這個混融的局面，是由許多相同點組合而成的，它包括：

(一)種族文化的混一

南北混戰，人民遷徙流離，南北雙方，又各自對外發展，人口俘散不一，於是造成了種族的重新組合，文化的相互影響。這時，漢人無論在數目上、在文化上，都較占優勢，此一混融，也就自然地往漢化之路進行。經過長期的演進，胡漢隔閡、對抗，已大為消泯，相反地，一種新的民族、新的文化，即於此融凝出來。

(二)政治傾向的趨同

胡人擔心漢人奪其政權，一向採取集權政策，而南朝自宋以後，世族勢力衰退，皇帝改採中央集權，如此，雙方政治傾向趨於一政，南北分立，遂失意義。何況此時北方政權已重歸漢人手裏，正統意識的對立，也已大為降低，代之而起的是尋求一個賢明的皇帝與良好的政府。

(三)厭亂心理的產生

變亂太多，社會疲乏，人心思治，勢所必然。南北朝對立，時間過

長，壓亂心理的作用，使得對敵的目標消失，不再明分彼此。甚至因朝代變易過速，士庶習慣於易主的意識，對於何人統治，已不再堅持。

　　總之，隋文帝的統一中國，固然表示北朝比南朝振作，也說明了南北統一的必然性，但更說明了國家的統一，必須建立在人民的共同願望，共同思想，與共同的生活方式上，才有實質的意義。

第四節　亂世中自覺的文化

一、文化的生態環境

　　魏晉南北朝，在一般人看來，是一個社會痛苦、政治混亂的黑暗時代；但在文化史家的心目中，卻是精神自由、解放，而且富於智慧、濃於熱情的時代。因此，無論社會制度、思想、宗教、史學、文學、藝術、科學等各方面，都能得到長足的發展。這中間最重要的關鍵，又當數自我意識的覺醒，這個也就是當時的時代精神。

　　而自我意識的覺醒，又以政治、社會、經濟的衰亂為溫床。大致說來，魏晉南北南朝的衰亂，源自於東漢以來的舊政權的腐化無能，以及新政權的依舊黑暗自私。前者起於東漢的上下隔閡，民情不能上達。不但內朝與外朝分隔，士大夫與王室溝通不易；其王室萬世一姓，以及累世經學累世公卿，更隔離了民眾。在在都阻斷了人民參政之路，致使寄生王室身邊的外戚，宦官得以乘機弄權，敗壞政治。導致社會變亂，經濟蕭條，人民死亡流離，終至政權崩解。後者在魏晉，先是挾天子以令諸侯，剷除異己；接著是欺人孤兒寡婦，狐媚取人天下，乃至於玩弄狠詐淫威。要的只是私家利益，照樣不能攫取人心，離心離德，天下只有繼續瓦解。馴至引發胡人大暴亂，造成三四百年的長期裂變。

　　動亂分裂的時代問題多，為了因應新的環境，許多新的事物，因之隨著轉生。當統一的政權崩潰，內外交戰，兵連禍結，政府沒有能力保障人民的生命、財產時，擁有雄厚的經濟基礎和武力豪族，於是聚族、集眾建築塢堡、壁壘以自保，自成獨立的莊園社會。不但經濟自給自足，而且擁有兼具宗法、軍事、生產性的私人武裝的部曲。這使得他們擁有堅強的參政實力，迫使亂世中割據之雄，以及新出現的脆弱的朝廷，不得不極力拉攏，馴至於寵賜土地、佃客，下放特權，以為巴結，以增固本身的勢力與地位。利益互惠的結果，豪族變成了世族，一方面造成政治貴族化，形成閥閱政治；一方面則因中央的分權，弱化了政治對學術的干預，而為思想的自由發展開創了契機。

　　同時，世族所擁有的優越政治地位，與雄厚的經濟實力，也深刻的影響到他們的審美意識。一種悠遊自由的心態，與優裕的物質條件，使他們可以擺脫現實政治與現實功利，盡情遨遊於文藝欣賞與創造之間，追求超脫的精神的愉悅。個性的解放在這種悠閒的審美活動中，受到空前的重視。

　　戰亂的頻仍，社會動盪不安，加之新政權黑暗自私，不免使人大興人命危險、政治絕望之嘆。對於人生社會，既感到無助與悲苦，便埋怨君臣、制度之不當，乃至以為舊日儒家倫理道德，不過是大奸巨滑之徒用來掩飾種種卑鄙的惡行的遮羞布，於是紛起排擊抵制。阮籍由「本有濟世志」，走向「不與世事，酣飲為常」的消極避世態度，以及嵇康「非湯武薄周孔」、鮑敬言倡「無君論」，反對國家、君臣、政治制度的存在等反對政治壓迫的主張，都流露出對舊社會的極端不滿，與趨向自覺、解放精神的追求。這種現象反映出儒學已失去了統治人心的力量，以及對道家個人主義與自然主義的嚮往，並透露出宗教在亂世中的需求。

　　另外，一種新的人才主義的興起對於上述的思潮，也有推波助瀾的作用。亂世中，生存本來就不容易，無論個人、家庭、政團、政權，要想生存、自立和發展，在在無不須要發揮人的主觀努力，或者人才的優

勢，而使得個人的聰明才智得到極大的重視與鼓舞。特別是曹操的「唯才是舉」的用人政策，對舊日道德至上的賢能標準，最具摧枯拉朽的作用。他認為要想在逐鹿中原的羣雄中取得勝利，非充分發揮人才的作用莫由，於是下令，不管「盜嫂受金」，抑或「負污辱之名，見笑之行，或不仁不孝」，只要有「治國用兵之術」的，都可以錄而用之，影響所及，對於儒學與名教，自然是一種嚴重的打擊，所以曹氏、司馬氏、何曾、賈充之徒，可以罔顧禮法，實行他們篡位、貪贓、排異、殺人的惡毒計畫；但卻也促成了人們擺脫束縛、勇於思考，以尋求人才的情義，以及國家重新統一與治國的理論的風潮，從而形成了中國歷史上第二個百家爭鳴的時代。

二、門閥制度

　　門閥制度是理解魏晉南北朝史的要津，因為當時的政治、經濟、思想文化各方面的特徵，很大的程度都是由門閥制度所決定的。

　　門閥在魏南北朝的文獻，有著許多不同的稱呼，從社會地位上看，或稱門閥，或稱閥閱；從家門的貴盛上看，有人稱為高門、門第；從身分的華貴上看，有人稱為膏梁、甲族；從權勢上看，則曰勢族、族家；從家族的綿延看，則稱世族、世家；從姓氏觀點看，可稱為著姓、右姓；從家族名聲看，便稱名族、高族；若從政治、社會、文化方面看，則通稱士族。不管如何稱呼，都是社會上享有最高地位的家族。

　　這些稱呼，源自於古代的閥閱之稱。中國古代達官貴人家的大門外有兩根柱子，左邊的叫閥，右邊的叫閱，經常用來榜貼本戶的功狀，所以閥閱是做官人家的一種標幟。魏晉南北朝的門閥源自於東漢的世族，形成於魏晉，盛行於東晉，南北朝以後逐漸衰微。東漢的世族，主要是憑藉政治力、經濟力，或知識力而起，然後利用在朝為官的資源，擴大家族的勢力。這種世族勢力，到東漢末年，已經相當雄厚，不過因為兩

次黨錮之禍而衰頹了下來，因此，魏晉的門閥，並非由東漢直接過渡而來，而是另一個紀元開始。

自東漢到魏晉，造成門閥的重要關鍵，是魏晉時期的九品官人法。當初曹丕聽取陳羣的建議，推行九品官人法，主要是為了解決因地方荒亂，人離鄉土，鄉舉里選困難的問題。其重要的內容是以中央官擔任州的大中正，以及郡的中正。中正官依九個等第的區分，負責為各州郡的人才定品，吏部再根據中正官的「品狀」，任用官員。

這種辦法，初意雖不拘門閥、任人惟能，但不久即淪為門閥獲取高官厚祿的工具。因為中正官為權貴之家所把持，沒有任何制度上的約束，舉貶由己，端看家世，門閥子弟莫非上品，於是政府的重要官職為門閥士族所壟斷，成為世襲官僚。

東晉以後，由於國土分裂，門閥階層分化成幾個集團，在南方，有由北方播遷而來的，稱為「僑姓」，以王謝袁蕭為大；有原居江南的，叫做「吳姓」，顧陸朱張為右。其在北方，有以洛陽為中心的華北士族，稱做「山東郡姓」，以崔盧李鄭為雄；有以長安、山西南部為重心的，呼為「關中郡姓」，以袁裴柳薛楊杜為上。另外，北魏統一北方後，效法漢制，亦定族姓，以其來自山西大同古代國，而稱「代北虜姓」，規定鮮卑穆陸賀劉樓于嵆尉八姓，等同於山東四姓。

門閥制度是世家豪族政治、經濟勢力高度發展的產物。為了永遠保有其特殊地位與利益，他們規劃有一套等級制度，以便和庶族地主嚴加區分。例如為：保持高貴的血統，特別講究門當戶對的婚姻，只許在同等士族之間通婚，而不許與庶族婚媾，如果「婚宦失類」，就會受到士族的羣起非難。此外，他們並重視下列各項規範，以維繫士族的特殊身分。編撰家譜，以嚴防庶族假冒；禁犯家諱，以提醒對方的尊重；自矜門第，以強化「士庶天隔」；重視家學，以鞏固家族勢力地位。

一般而言，中國中古門第是有其共同的特質的。基本上，士族門第是一種社會現象，他們所以能長久擁有統治階級的權力，主要是因為他

們擁有獨立於政治之外的社會、經濟，乃至文化的勢力，使得政權的掌握者不得不和他們妥協，以換取他們的擁護，而使自己的統治權合法化。其次，士族是實質意義上的貴族，而非法理上的貴族。他們沒有爵位，沒有制度、法律上的保障，完全是依仗本身的社會力量和勢力所撐起的。再者，門第的聲望和地位，一般是全國性的，不但在本地區郡望最高，而且是「四海通望」，為天下所共認。

　　儘管如此，南北雙方的士族，在性格上還是有若干差別的。 1.門望上，南高北低。南渡者本已有較高的地位，非留滯者所能比。 2.政治上，南士借上凌下，北士附下抗上。南士借擁戴王室之名，占奪新土，視南疆如殖民地；北士在胡人政權壓迫下，不得不厚結民眾，以博取統治者的重視。 3.社會上，南方流行小家庭制，北方重視大家庭。南士無政治壓力，無須戒防；北士有異族統治的壓力，須抱存恤之同情。 4.學術上，南方尚老莊玄虛，北方重經術政務。南士既早有地位，便不願為世務煩心；北士處境艱困，須勉立功業以圖全。

　　由上面的比較看來，北士積極，而南士消退。這是為何北方國勢強，而南方弱的一個重要原因。由於南士消退，使得他們逐漸退出軍圈，也不堪繁劇的政務，故當侯景為亂，只能坐以待斃了。

三、相權的變化

　　秦漢以三公九卿為中央政府，隋唐以三省六部為政務中樞，但無論如何，都是專制皇權支配下的中央政府，其職能和性質要都沒有變化，但組織和運行的機制卻別有發展。三省六部制的最大特色，主要是在於輔政參議機構的設置，以及決策與行政的調整。而這一特色形成的過渡階段正是魏晉南北朝時期。

　　「宰相」一詞，在中國政治制度史上，很少是一個正式的官名，通常是指輔佐皇帝行使權力，處理國家政務的主要官吏。以魏晉南北朝而

言，究竟那些官吏才是宰相，因於法無明文，因而常常有不同的看法。不過，綜合歷代宰相的特質，會發現宰相必須至少具備兩個條件，即必須擁有議政權和監督百官執行權，即所謂「入則參對而議政事，出則監察而董是非」，缺一不可，必如此，才能完成「助理萬機」的任務，而產生「股肱」的作用。執此以言，則知兩漢的宰相是固定的，始終是三公：而且魏晉南北朝的宰相也有「常官」，始終是尚書令、僕射或錄尚書事。至若皇帝所寵幸而「勢傾天下」的官吏如由宦官、恩幸所擔任的中常侍、中書通事舍人，乃至漢代的尚書長官，以及魏晉南北朝的中書監、令，門下侍中等，都不應視為宰相，因為他們都不過僅僅握有一部分宰相的議政權，而且這種權力並不是穩定的、普遍的，只是皇帝為了一時之需，臨時賦予而已，事過境遷，或皇帝更換，其權力便會隨時被取消。充其量，或者勉強可稱為「內相」。即使後來到隋唐，門下、中書長官也演變為宰相，但也只能稱做「并相」，因為並未取代尚書長官。

尚書臺之獨立成為中央機關，始於曹魏。尚書於兩漢，本為少府屬官，在殿中主發書，故又有「中臺」之稱，為天子的私臺，因而權力漸大，至於外戚雖以大司馬兼將軍輔政，如不錄尚書事，即不能預聞尚書奏事，權寄反不如宦者。不過，兩漢的領尚書事、錄尚書事之官，仍是臨時設置，不是常職。兩漢三公的相權，到東漢末魏初，由於戰爭頻繁，客觀上迫使曹操必須大權獨攬，政由己出，乃轉移於尚書。三公從此式微，淪為優崇之位。

自建安元年，獻帝以曹操為錄尚書事，「內參機密」，尚書臺實際上已落在曹操之手，對曹操負責。等到建安十八年曹操封魏公，各項政務都轉到鄴城的魏國來處理，尚書臺於是從許都遷到鄴城，因而徹底從內廷獨立出來，成為最高行政機關，其首長尚書令自然也就成了宰相，負責出納王命，敷奏萬機，總理政令、選舉、罪賞諸事。其後，南朝至梁時，尚書臺改稱尚書省，北朝則自北魏開始稱省，仍為行政中樞。

與尚書同為宮中官吏的侍中，當東漢中後期至魏晉，尚書逐漸向宰

相機構發展，承擔外勤事務之際，皇帝為了保證統治的品質，提高統治效率，便從侍中之中挑選優秀者來評省尚書奏事，幫助自己審批文書，因而逐漸成立了專門機構，或者另設新的機密機構分擔一部分要務。前者後來即成了門下省，後者變為中書省。

中書之官，始於建安年間曹操為魏王時所設的秘書監，掌文書、奏事。至文帝，一方面因為創業時期已過，懈怠沈溺，一方面為獨攬大權，卻又力有所不勝，而不得不經常垂詢於「掌王言」的秘書監，於是將尚書臺遷到宮外，而將原在王府的秘書改為中書，置省，設於宮中，以監、令為長官，替代尚書臺出納政令，成為新的中書決策機關。其職任至西晉，因人選漸由世族出任，而益顯重，「專典詔命」，以「非惟文疏而已」。官位雖仍在尚書令之下，但權力已凌駕其上。至是，國家決策機關與行政管理機關有了分職。

與此同時，門下省也參與出納詔命，與中書分權。門下的長官為侍中，始於秦代，本為皇帝侍從之臣，因為職司顧問應對，又得參機密，因此漢魏以後，地位漸隆。任專者，且至於管綜萬機大小。從此，中書省和門下省在宮內對掌決策，尚書省在禁外掌管行政權力，三省分權分職的格局於焉形成。

論三省權責，如按《晉書‧職官志》以及《宋書》、《南齊書》、《隋書》各史〈百官志〉所載，尚書任總機衡，無所不統，中書掌出納王命，侍中掌盡規獻替，拾遺補闕。但實際上，自晉至南朝，三省的權責的輕重，常因是否得以參議政事而有所不同。只有和禁內決策機構相結合，才是相權完整的真宰相。

三省在兩晉南北朝的發展，大致晉武帝時，尚書為上，中書及門下雖較尚書親近皇帝，但權位不能凌越。至惠帝賈后專政，尚書重臣頗遭殺戮，中書監令以地處樞近，多承寵任，獨掌決策，權勢一時轉高。及晉室南渡，尚書省仍為發號施令之機關，權臣往往以錄尚書事兼揚州刺史或再加中書監令，而為宰相之常任。至末年而益盛，但亦因此遭忌，

受到摧殘。齊梁以後，尚書令僕漸成優崇之職，不甚理政。至陳，權落中書舍人，尚書令僕徒擁宰相虛名而已。其在北朝，亦以三省為制，尤親尚書、侍中，此蓋尚書自來即居顯位，而侍中為內朝心腹近職之故。當時，依然政依近官，侍中、侍郎秉持決策，而有「小宰相」之稱，尚書綜理庶務而已。

至於三省內部的組織機構，尚書省發展得最為完善，至南北朝後期，已確立了六部二十四司的規模，合理穩定。而中書、門下兩省，則依然富有較多的宮官色彩，組織龐雜不專。包括三省間職權畫分不明確，說明了這時的三省，仍只是處於試行階段，尚未成熟定型。

不過，三省制的成立，已象徵著新的「參議機構宰相制」取代了「個人開府宰相制」，這使宰相權從個人轉移於一個國家機構。此機構設於宮中，由皇帝直接操控，不但可收集思廣益之效，提高決策的品質，還可免於大權旁落。這是三省制成立的重大意義。

四、思想的解放

魏晉思想，究竟為消極或積極，向有不同的見解，但若就思考之自由言，解放是可貴的。在新的時代裏，提出與時代相應的思想，適切的反應一個時代的特色，勿寧說是值得稱許的。故有謂「這幾百年間是精神上的大解放，人格上思想上的大自由」；或稱其是「新自覺與新思潮」；或說「是一個哲學重新解放，思想非常活躍、問題提出很多、收穫甚為豐碩的時期」等，都說出了這個時代的思想特色與貢獻，不無見地。

魏晉思想的解放，起於儒學獨尊地位的坍塌，盛於玄學的流行，以及儒釋道三家的並長。

儒學的式微，頗受政治社會大環境的影響。儒學本是大一統的學問，東漢末年以來，中央集權削弱，政治分崩離析，朝廷對學術的干預弱化，

對新起的豪貴族而言，相對是一種解放。他們不必再受中央政府的約束，一定要謹守儒學，儒學獨尊的地位，自然就難以繫保了。

　　其次，漢末魏晉時期，兵戰連年，人民轉死無數，命如朝露，天下才能之士，為求苟全，不再尊尚節義，乃是不足為奇之事。加之，魏晉之際，政治黑暗，「名士少有全者」，面對如此恐怖局面，禮教全無用武之地，亦迫使學者不得不別尋新的生命寄託，或貪慕神仙，甚至於放浪曠達、及時行樂，置名教於不顧，亦足令儒學衰微。

　　再者，兩漢儒學的核心為「天人感應」的宇宙論，後來，董仲舒為這套宇宙論系統圖式所建立的五行、陰陽、「天人感應」等觀念，被今文學家推衍為讖緯神學，陷於迷信；而從經學內部崛起的今文經學的反對派—古文經學派，又著意於經書的整理，偏重名物訓詁，失於繁瑣。到了魏晉，這種「拘虛迂闊之意」遂「為世人所厭」，而受到空前的冷落。

　　魏晉學者既厭棄兩漢經學之拘虛迂闊，無補實用，便捨之而直接向先秦古籍中去另找大道的根源和人生的真諦。他們終於發現了原始的孔、老思想的契合點，而發展成六朝盛行的「三玄」之學。這是何晏、王弼從《周易》、《老子》、《莊子》三部書中演繹出來的創見。何晏以為「有之為有，恃無以生；事而為事，由無以成」。王弼亦說：「天下之物，皆以有為生；有之所始，以無為本」。都以為天地萬物本都是以「無」為體；而以「無為」為用的。以無為體，故能無不有：以無為為用，故能無不為。即因天地本來無為於萬物，所以萬物得能各適其所用。這正如《荀子》所說：「埏埴（以水和土）以為器，當其無（凹空），有器之用；鑿戶牖以為室，當其無，有室之用。」如果將虛處完全填實，便變成了泥塊、土堆，毫無用處了。道之所以無為而無不為者，其理如此，這是所謂的「貴無論」。他們甚至於以有況名教，以無喻自然，而說「名教本於自然」，希望重新確立名教的權威。這表明玄學一開始，是帶有兼綜儒道的意味的。由於時當曹魏正始年間（240～249），便稱

為「正始玄風」。

談玄成為一種風氣後,諸家競逐,所談的內容和意境,遂各有不同。有認為「自然一體」、「萬物一體」,或「任自然以托身,並天地而不朽」的,前者如阮籍,後者如嵇康。這種主張,要都以為一切個體都是這個大自然整體的一部分,因此,每個人都必須隨自然整體之性,一如人的五官,各有不同的功能,但都與身軀連成一體,都應當維護身軀的存在,而不應當殘害斷裂肢體,否則,只有「殘生害性」(阮籍語),因而以為名教禮法既與自然違逆,便不過只是「亂危死亡之術」(同上)而已,而嵇康至乃提出「越名教而任自然」的主張,以突顯自然的重要。這種思想的提出,正當是司馬氏大誅依附曹爽一派的世族官僚,並以舜禹禪讓以及湯武弔民伐罪故事為掩護,篡奪曹魏政權之際,故主要是在對慘酷而令人憤慨的政治社會現象,發洩他們內心的憤懣和表示對司馬氏專政的嚴厲的抨擊。

有以為世界上各種有形有象的具體存在物,就是各自有生之物的本體,裴頠對此提出了「崇有論」,主張「總混羣本,宗極之道」。所謂「總混」,即是總和、混合之意。所謂「羣本」,即指萬有本身,亦即裴頠所強調的最高「宗極」的「道」。因而他的「宗極之道」,不在萬有之上,而是萬有的總和與混合,當然更不是何、王「有生於無」的「無」了。裴氏的主張,同時並在說明萬物產生的根據不在萬物之外,而在萬物的自身。這也就是「自生必體有」的觀點。即說萬物的產生只是「自生」,都是自己生成,以「有」為本體,如果「有」遺缺了,萬物自然也必遺缺。裴頠的目的,是想對惠帝元康年間盛行的虛無放縱,不遵禮法所造成的「風教陵遲」的風尚,有所糾正。

有以為現象界一切事物都是獨自地、孤立地、無所依憑地生成變化的。郭象在總結和綜合「貴無論」和「崇有論」之後,提出他如此的「獨化論」。他認為萬物世界既「非無之所化」,也無「真宰使之然」,而是「獨化」自一種晦暗不明、渾然無別的「玄冥」之境,「塊然自生」,

沒有任何條件和原因，其生存變化只是「不知所以因而自因」。這種論調很容易陷入命定論，不得已，他只好說：「死生變化，維命之從也。」遂有所謂「天性所受，各有本分，不可逃，亦不可加」的「性分」說。由於性分屬先驗性，所以人類的智愚是「天性」早就決定了的，不可改變，即身分地位，亦莫皆然。此說有藉「各安其分」的玄學「真理」麻痺人們，使貴賤等級合理化的嫌疑。

有以為宇宙萬有都由在太虛中無形無象的元氣所構成的，東晉張湛可為代表，由於長期內亂外患，播遷、傷亡，大家對社會的前途及自己的命運，既無辦法，又無信心，因而轉而關注自身的「生死解脫」問題。張湛對此提出了「羣有以至虛為空，萬品以終滅為驗」的根本命題。這個見解是集中王弼「貴無」、郭象「萬物自生」、魏晉「本末有無」的本體論，乃至兩漢的以「元氣」為核心的宇宙構成論結合而成的。先肯定在現實之外別有一個超現實的絕對的太虛存在，再由此太虛中的元氣凝聚而自生萬物，復因氣散而消歸太虛。因此，萬品雖有終滅，卻得反本歸宗，超生死，得解脫，而與太虛一體永存。

玄學發展之際，印度大乘般若學適時傳入，因而對玄學的發展產生重要的影響。大體上言，玄、佛初一接觸，即一拍而合的，其重要的關鍵即在於二者的哲學意趣之相近。1.般若學的凡所認識都為虛幻的「空」與玄學的以「無」為本的主張相即；而其終竟生死輪迴達於涅槃的「解脫」學說，亦與當時士大夫擺脫外物束縛以求自我解脫的心理趨向近似；2.般若學重視直覺體驗式的對外部世界把握的思辨方式與玄學強調用心靈體驗的直覺方式去把握玄奧的形而上的本體的「道」，在思維上頗相一致；3.般若學主張在污不染，在禍不殃，與玄學主張逍遙放達，歸依自然，有異曲同工之妙。為此，佛學受到玄學家的歡迎，引佛入玄；而佛家亦得以玄學解釋佛教教義。彼此交學，相與辯難，而成風氣。

前者初由「涇渭孔釋，清濁大懸」之排斥，漸至儒佛不異之受納。孫綽〈喻道論〉說：「周孔救弊，佛教明其本，共為首尾，其治不殊。」

劉勰〈滅惑論〉說:「孔釋教殊而道契,解同由妙。」乃至梁朝皇侃用佛理解釋儒學,撰為《論語義疏》,都是著例。

　　而後者,則往往以玄學討論的「本末有無」的中心問題,格義入佛,而產生各種不同的般若派別。重要的如「心無宗」,支敏度等以為「無心於萬物,而萬物未嘗無」,強調只要主觀上心如太虛,不執於物,就符合般若學的「空觀」理論。至於外物,因物各有其自性,故可承認其「未嘗無」。這與郭象的「獨化論」的主張相似。其缺點在於只從主觀方面排除外物對心的干擾。又如「即色宗」,支遁以為「色不自色,雖色而空」,指所有事物(色)的背後都是沒有自性(不自色,自性即本體)的,所以所有千差萬別的種種現象都是假有(雖色而空)。雖則後一句與郭象萬物各有其自性不同,但前一句背後無本體卻頗近似。此派主要在反對「心無」派的不空外物的思想。其缺點是還保存了假有,而沒有進一步去論證這種假有也是空的。又如「本無宗」,道安以為「無在萬化之先,空為眾形之始。」認為「無」與「空」為萬有的本體,是先萬有而存在的。這點和「以無為本」的王弼思想接近而又不同,與張湛的思想則相符合。王弼以為「無」雖是「有」的本體,但並非如張湛所主張,在「有」之上另為一物。道安又主張「元氣陶化,形象稟形」,認為天地萬物都是由虛空中無形無像的元氣所演化形成,更與張湛的「元氣論」相同。這派思想的缺點在於執著於「無」。認為「有」離不開「無」,即「無」亦不能離開「無」,也就是把「非無」、「非有」都看成了「無」,而不知「無」不過是假名,並非實有。

　　以當時流行的「本末有無」思想去了解大乘般若學,都只是割裂了有無的關係,未能「契神於有無之間」,對真正般若空宗的中道思想是偏頗欠正確的。這種缺點,到僧肇撰寫「不真空論」,才回歸到佛法的正軌。他根據《中論》,認為宇宙形形色色的事物都是因緣和合而成,沒有自性,故是「非有」,是所謂「空」;雖然形形色色的事物沒有實在的自體,卻各有不同的形象,所以又是「非無」,是所謂「不真」。

此非有非無的思想，是來自於「即萬物之自虛」的命題，其意義是直接就世俗假有的事物本身來認識其虛空本性，而不是像心無宗那樣離開事物來空卻自心。若能了解此非有非無的真相，即能對「性空」的世界本體做直觀的認識，而達於涅槃的彼岸。從此使中國佛學進入了一個新的紀元。

玄學發展的「無」、「有」之爭，事實上也就是「自然」與「名教」之爭。此事初起於嵇康、阮籍的不肯出仕，到東晉初「王與馬，共天下」，高門世族的利益已與政權打成一片，從政治觀點而言，自然與名教的衝突已獲得解決。不過，社會風俗的問題，仍有等努力。玄學家所提倡的「稱情直往」，依然深刻的影響著傳統的禮法。有鑑於士的個體自由是以家族本位的羣體綱紀為其最基本的保障，而不得不重視任誕之風的限制，遂而有玄禮雙修的風尚。此風後來得到佛教節欲的助力而穩定發展，至南朝後期，士風已從絢爛而復歸於平淡，而風俗方面的名教危機，也因此獲得了解決。

佛教在社會上的巨大影響，道教亦不能例外，祂不但從佛教處吸取營養以完善自身，甚至私竊佛經以成道書，乃至促使一些道教徒「依傍佛教」。陶弘景一手創立了道教的神仙世界，自己卻宣稱是勝力菩薩下凡，正是希望借用佛教的影響與力量來發展道教的勢力。

儒、玄、佛、道彼此吸收、融合的結果，促成了儒釋道「三教調和」的理論的出現。自東漢末年的牟子，「銳志於佛道，兼研《老子》五千文，玩五經為琴簧」以來，儒佛道三教調和的浪潮，未有止已。或從本末內外觀點論優劣，如傅玄說：「儒學，三教之首」；或從利弊論互補，而有五褒之「既崇周孔之教，兼循老釋之談」；或從殊途同歸論會同，一如北周道安所說：「三教雖殊，勸善義一。」遂使三教日漸融合，壯闊了中華文化的內涵。

總之，六朝盛行的玄學、談空、說有，方內方外人士，各言其理，反覆設難，妙論泉湧，可說中外諸說並行而不悖，周孔佛老相反而相成。

一時著述之多，思想之奇，在中國學術史上，為戰國以外所僅有。

　　至於北朝，雖於哲理未能洞究幽微，但能從儒家舊學之中，力尋經世治國之道，期能恢復漢族元氣，漢化胡人習俗，所以學風亦盛，橫經受業之侶徧於鄉邑，往往而然。修五禮，正六樂，橫經著錄，亦復不可勝數，其貢獻自不在小。

五、宗教的發達

㈠佛教的入傳

　　魏晉南北朝時代，是佛教在中國發展的一個重要階段，以人數言，南方於西晉有僧尼三千七百人，到梁朝則增加到十餘萬；北方，於北魏孝文帝太和元年（477）全數不過七萬七千多人，到北齊北周，全境竟高達三百萬。發展迅速，可見一斑。

　　佛教傳入中國，始於東漢明帝時代。開始有楚王英（劉秀子）齋祀「浮屠」（佛陀）之舉，繼而有使臣蔡愔到大月氏迎印度「沙門」（和尚）攝摩騰和竺法蘭到洛陽白馬寺譯經之事。末年，陸續又有少數外地僧侶來華傳教，並翻譯佛經，其中安世高和支婁迦讖（支讖）並稱漢代兩大譯師，以禪經和般若經為主。不過，信仰的人依然不多。

　　在統治者的支持下，三國兩晉時代佛教才開始流傳開來。史載魏明帝、吳孫權都曾興建佛寺。至西晉後期，洛陽佛寺已有十餘所，成為佛教傳揚的重要據點。其間，陳思王曹植愛好佛經，且作梵唄。同時，民間也開始有人出家當和尚，第一個為嚴佛調，有婦女出家當尼姑，阿潘是首位。魏末，中印度律學沙門曇柯迦羅游化洛陽，譯出《僧祇戒心》，為出家人授戒，朱士行最早登壇受戒，改變了以往只剪頭髮，不受歸戒的規矩，而開啟了中國有正式的比丘、比丘尼的新頁。

　　此期佛教的主要活動，以譯經為主。三國以吳地支謙為著，所譯以

《維摩詰經》影響最大，強調信佛不一定出家，只要堅定的信仰和自覺的修行。西晉以竺法護最傑出，注重大乘般若學經典的翻譯，對般若性空的闡揚，貢獻厥偉。

　　東晉十六國是開始盛行的階段。由於長期戰亂，不但人民求寄託，南北兩地的統治者，為了自身的利益，亦都大力利用佛教，尤其北方的後趙、前後秦、北涼為甚。後趙石勒曾重用佛圖澄，門徒幾及萬人；前秦苻堅不惜出兵襄陽，以迎道安到長安主持佛事，領眾數千人，曾兩次分散徒眾四出傳教，使黃河、長江流域的佛教，得到進一步的發展；後秦姚興亦出兵涼州，迎鳩摩羅什到長安，尊為國師，使主持佛經翻譯，義學沙門來者三千多人，無論譯經、教化，都遠超前代，特具時代意義。

　　其在南方的東晉，統治者亦多好佛，孝武帝至在殿內立精舍，請僧居住。於時，南方有廬山東林寺及建康道場寺兩個佛教中心。前者由慧遠主持，結白蓮社，倡導念佛法門，為淨土宗初祖。又熱衷弘法，主持譯經，一時名僧清士，望風來集，盛況空前，奠定了江南佛教深厚基礎。後者有佛馱跋陀羅，傳習禪法，道場寺遂有「禪師窟」之稱。所譯《華嚴經》，對佛教發展，貢獻亦大。

　　翻譯佛教經典仍是這個時期的佛教重要活動。其成績遠勝前代。鳩摩羅什和佛馱跋陀羅最為著名。前者曾系統的譯出大乘佛教中觀學派的經論，對大乘空宗理論的移植和弘揚，厥功至大。而其捨古樸求達意的譯風，給人的印象尤為深刻。至於後者，多譯禪經，為後來大乘佛教瑜伽學開立先河。

　　此外，中國佛教學者此時也開始有了成長，不讓外來和尚專美於前。道安、支遁（道林）、僧肇都在佛教理論上有相當的造詣，都曾對般若性空的解釋，提出過不同的見解（如前所述），特別是僧肇，全面的批判總結了以往各派的般若學思想，把般若學推進到一個新的階段。

　　南北朝是趨於隆盛的階段。一般而言，南北朝的帝王大部分都是重視和提倡佛教的。於南朝，以梁武帝、陳武帝、陳文帝為甚，他們都曾

捨身，帶頭信奉佛教。梁武帝且幾將佛教抬高到國教的地位，並且講經撰著，大建佛寺。佛寺之多，高達二八四六所，空前炫赫。

其在北朝，雖有如北魏太武帝及北周武帝的毀佛，但絕大多數仍信佛，度僧、立寺、造佛，大事興教，故毀後都能迅速恢復。除了僧侶大量增加之外，北方佛教以重儀式為特色，所以佛寺眾多，北魏末即有三萬餘所，至北周統一北齊，更增至四萬餘所。石窟更著名，自符秦開鑿莫高窟（敦煌東南鳴沙山麓）之後，北魏又先後開鑿雲岡（山西大同武州山）、龍門（洛陽伊闕龍門山上）、麥積山（天水）諸大石窟，規模宏偉、雕飾工致；北齊亦開鑿天龍山（山西太原）、響堂山（河北磁縣彭城鎮）石窟，前者與雲岡、龍門齊名，後者窟壁所鐫刻的石經，更是房山石經的先驅。都是中國佛教文化史上的盛事。

在譯經方面，南北朝仍持續進行，未曾間歇，不過和東晉十六國時代偏於大乘般學有所不同，此時是廣泛的涉及印度各個教派，所以各類佛典具全，為此，研究風氣便有不同，形成了專攻某類經論，出現不同學派的現象，少說也有十多個，為唐代佛教立了基礎。但因是初成時期，彼此間並未有宗派意識，與隋唐的宗派性、排他性不同。

(二)道教的興革

道教創立於漢末三國動亂之際。初創階段，主要流行於苦難的人民社會之間，其思想則來自方士之將神仙長生思想和黃老之學中的神秘思想的結合。於漢中、巴郡一帶，有張陵、張衡、張魯祖孫三代傳授的五斗米道（因其領導人以天師自居，故亦稱天師道），以符水治病，奉《老子》為經典；在山東、河南、河北等地，則有張角傳播的太平道，奉《太平經》為經典，倡言「黃天太平」，為黃巾賊所利用。後者雖為東漢王朝所鎮壓，前者亦為曹操所收服，但流行並未中斷。

魏晉南北朝時期，道教的成熟與定型，主要表現在兩個方面，一是道教組織的整頓與改革，形成了具有全國性影響的道教流派，二是道教

理論的建設與完善，出現了大批奠定道教發展的經典著作。

　　張魯被曹操收編後，五斗米道一方面化整為零向民間傳播，一方面則向上層發展，以其長生不死之道為世家大族所熱愛。但在張魯死後，始終未成為全國性的組織，因此，組織渙散，綱紀鬆弛，易遭利用，如西晉時代李特、李雄之入四川，即與五斗米教有關；而東晉孫恩、盧循為亂江南，關係更為密切。這些狀況，對統治者造成衝擊，引發警覺，無時不想找機會改革。

　　重大改革，一次在北魏，由嵩山道士寇謙之領導的「清整道教」活動。他早年「修張魯之術」，後來即假託太上老君下界授他「天師」之位及道經二十卷，利用太武帝和重臣崔浩的信任，借助國家政權的力量，對道教進行整頓。他以「除去三張偽法」（指張陵祖孫傳授的五斗米道）、襲用佛教輪迴轉生思想，以及「修身煉藥，學長生之術」為手段，並用「專以禮度為首」為旗號，制定出一套壇位禮拜、衣冠儀式，進一步將道教規範化，使更符合於統治者的需要。從此，道教大受崇敬，自太武帝以後，北魏諸帝初即位，都要到道壇受符籙，成為故事。

　　另一次則在稍後的劉宋時代，廬山道士陸修靜祖述天師道和神仙道教，依據宗法思想和制度，為教民置治（教區）錄籍，規定神職人員的升降制度，並吸收佛教儀式，編制新的道教齋戒儀式，以為後世典式，並且擴大了道教在社會上，特別是統治階級中的影響。

　　道教的教規、儀範經過寇謙之和陸修靜修訂之後，便逐步定型。至於梁代，陶弘景在已有的基礎上，繼續吸儒、釋兩家思想，充實道教的內容；建構道教神仙系譜，敘述道教傳授歷史；並完善道教的養生學、醫藥學和煉丹術。使得上層化的官方道教從形式到內容，都更為健全和充實，而受到統治者崇奉和扶植。

　　魏晉南朝的道教，宗派上，除了天師道之外，還有南方的靈寶派和上清派，以及北方的樓觀派。事實上，根本上並無不同，只有若干主張上的差異。靈寶派起於東晉初年，上清派創於東晉哀帝年間，樓觀派建

於北魏太武帝時期。靈寶派以《靈寶經》為主經，上清派以《上清經》為重要經典，樓觀派則崇奉《道德經》、《西升經》和《老子化胡經》。靈寶派以元始天尊易天師道的太上老君為最高神，修行上強調集體修道，特重天師道的齋教科儀。上清派則別以元始天王為最高神，強調個人修煉，最重存神服氣。樓觀派堅認佛教為老子西出化胡所創，與佛教爭正統，其他修煉方術上，與天師道並無特殊差異。

魏晉南北朝道教的成熟還有一個重要標誌，即理論的完善和道書的大量出現。東晉初年葛洪撰《抱朴子》，開始為道教建構了一個比較完整的理論體系。其內篇論證了人可以成仙的依據，研究了人成仙的具體方法，包括採集方藥，煉製金丹，存神養氣等多種道教方術，是丹鼎派不可少的作品，外篇講道教為人處世的原則，又是道教哲學的著作。而上清派的道書《黃庭經》，詳細探討氣功修煉的問題，則為內煉派奠定了以後發展的良好基礎。

往後道書即迅速出現，數量可觀，葛洪作《抱朴子》時，所見道書有六百七十卷，劉宋陸修靜修訂《三洞經書目錄》時，增為一千零九十卷，及至《隋書‧經籍志》，已高達三百七十七部，一千二百一十六卷。有謂道書的大量湧現，是為了要和佛經競爭的關係，果真，則宗教的競爭亦可推動文化的發展的。

六、文史藝術的成熟

魏晉以降，儒學失落，一統帝國瓦解，以及中外交通頻繁，引發了人們對於宇宙物質多樣性法則的全新認識，從而推動了史學、文學乃至藝術進入本體獨立發展的軌道。

史學上，從《隋書‧經籍志》看來，其數量為四部中最多的一部，其中又以雜傳、地理為突出，並以私家修史盛行為特色。個中原因雖然不免有發揚民族精神，以及為官府保留史料的成分，但亂動、解放、門

第，無疑地，更為重要。生命朝不保夕，希望留下痕跡；文化不再統制，可以各抒所懷；士庶區隔，需要家傳維繫。在在都促成了史書的大量湧現，並且明顯地「以達事為主」，不復依經論史，而使原先附屬於春秋類的史書，一舉突破經學的附屬地位，獨立成部，自立發展。

　　文學上，「緣情」和「神思」等必備的特徵，已從禮教倫常中挣脫出來。西晉陸機《文賦》稱「詩緣情而綺靡」；劉勰《文心雕龍》說「詩者，持也，持人情性」；鍾嶸《詩品》以為詩歌的特徵是「搖蕩性情，形諸舞詠」，都為「緣情」張皇。此外，陸機還說「心游萬仞」，劉勰並說「寂然凝慮，思接千載」，葛洪亦說「心存魏闕」，則是強調藝術必賴想像、神思。由於文學家能夠重視這項文學自身的規律，並落實實踐，遂使文學自六藝之外的雕蟲小技成為「經國之大業，不朽之盛事」（曹丕語）變為可能，從此擺脫了經學的附屬地位，進入自覺的大道。

　　就實而言，此期文學閃爍著自覺的光焰。詩歌上承詩經、楚辭、漢樂府，下啟唐詩。建安七子的作品氣勢雄偉，慷慨悲壯；陶淵明歸隱的詩作兼具平淡與爽朗之性；謝靈運開山水詩之先河，令兩晉玄詩退隱；鮑照、庾信使五言詩、七言詩趨於成熟，為李白、杜甫提供營養。散文亦多佳篇，諸葛亮的〈出師表〉情意真切，感人肺腑；嵇康的〈與山巨源絕交書〉嘻笑怒罵，直抒胸臆；李密的〈陳情表〉語氣懇切，委婉動人；陶淵明的〈桃花源記〉刻劃「怡然自得」的理想世界，為千古至文。文學批評，首出曹丕《典論·論文》，揭櫫「文以氣為主」的命題，擺脫儒家倫理教條，使文學成為可以永存自我的不朽之業。其後梁朝劉勰著《文心雕龍》，側重自然情性，為一條貫系統的體大思精之作，為後世所重。詩評則有鍾嶸的《詩品》，主張「吟詠情性」，反對玄言、用典，有其一定程度的貢獻。

　　藝術上，由於中外文化與國內民族文化的多向交流，致使門類陡增，從內容到形式都有新的突破。書法是中華文化的獨創，此期全盛。漢魏之際，始有張芝、鍾繇以書法名世。衛瓘、索靖繼起，以二妙並稱。衛

夫人（鑠）發揚家學，穆若清風；王羲之傳其筆法，矯若驚龍。王氏繼鍾繇完成了隸書為楷書的過渡，又改張芝的章草為行草，並另創行書，殆皆冠絕古今。唐太宗譽其盡善盡美，自謂「心慕手追，此人而已」！遂為千古定論！其於北朝，素多豪氣，參雜胡俗，益顯雄渾，所為碑碣，亦可自有千秋。

　　繪畫也隨書法之後，成了獨立的藝術。東晉顧愷之以絕世奇才，用「游絲描法」創為「女史箴圖」，傳神之妙，為謝安譽為「自蒼生以來所未有」！至劉宋宗炳，融通三教，飽遊丘壑，圖式山水，提倡「暢神」之美，而導山水畫趨向境界最高的藝術。同時，又有評畫專著相應產生。南齊謝赫的《古畫品錄》，以六法評論畫作品質的高低。後四項應物象形，隨類傅彩，經營位置，傳模移寫，為作畫的基本技術，無所謂高論。第二項骨法用筆，強調畫者心意，務使揮灑勾勒，皆隨筆力，直透紙背，展現生氣。至於第一項氣韻生動，則重整體的美趣，透過畫者內心所感，將對象的氣質精神，一一靈活諧和展現，使栩栩欲生，宛若天衣之無縫，令人神往。為中國畫樹立出最高標準。

　　藝術固受道家、玄學崇尚自然的影響，但也受外來文化的感染。繪畫方面，如張僧繇畫臉部陰影，不先作成輪廓，而用彩色層層塗成的「沒骨皴法」，就是學自西域（脫胎於印度的「勾臉法」）；謝赫「繪畫六法」則是脫胎於印度佛經中的「佛像六法」。隨著雲岡、龍門和敦煌等的開龕，西方技法風格也隨之入傳。壁畫中如塗色鮮明，全無陰暗之分，便是波斯作風；如色調強烈，圓渾堅實，便為北印度手法。

　　這種影響，在雕刻上，表現得更為明顯。雲岡巨像，頭身手足，均極勻稱，體貌莊嚴雄偉，是為犍陀羅風格。至龍門刻像，始於沈雄之外，別加深思之狀，慈悲之容，而轉漢化。不過，北方齊、周，波狀之衣飾少而瓔珞加多，仍是笈多王朝的新式藝術。

　　除了文史藝術而外，自然科學也有所發展。劉徽注《九章算術》，求得圓周率為三‧一四一六，祖沖之更廣及小數點下七位，早於西方千

年。祖氏並以銅機轉動指南車，製造日行百里的自動游艇，與馬鈞之發明翻車，運水灌田，一樣奇特。王叔和所撰《脈訣》，傳到近百年猶為學醫者發蒙必讀之書。而賈思勰之《齊民要術》，對於耕種、園藝、家政都有切合實際的指示，有助於增進農村的繁榮。

　　總而言之，魏晉南北朝四百年的歷史，是一個充滿著既相反卻又相成的不可思議的奇特時代。禍作福階，理由亂來；毛蟲之化為蝴蝶，終須九死而後生。若能跡其混亂，澄清矛盾，未嘗不可如浴火鳳凰，重振高飛。長時段觀察歷史，理趣易明，這段歷史提供了一個良好的樣例。

各朝代帝系表

一、三國帝系表

(一)曹魏帝系表

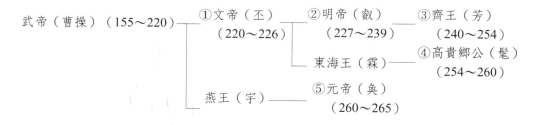

```
武帝（曹操）（155～220）┬①文帝（丕）┬②明帝（叡）┬③齊王（芳）
                        │ （220～226）│ （227～239）│ （240～254）
                        │            │            └④高貴鄉公（髦）
                        │            └東海王（霖）─   （254～260）
                        └燕王（宇）────⑤元帝（奐）
                                          （260～265）
```

(二)蜀漢帝系表

```
①蜀漢昭烈帝 ──────────── ②後主（禪，223～263）
  （劉備，221～223）
```

(三)孫吳帝系表

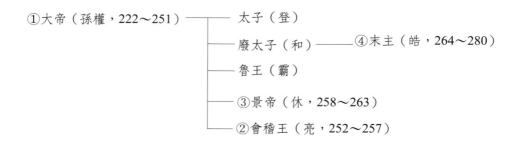

①大帝（孫權，222～251）—— 太子（登）

—— 廢太子（和）—— ④末主（皓，264～280）

—— 魯王（霸）

—— ③景帝（休，258～263）

—— ②會稽王（亮，252～257）

二、兩晉帝系表

(一)西晉帝系表

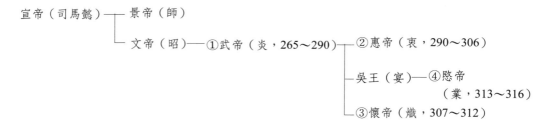

宣帝（司馬懿）—— 景帝（師）

—— 文帝（昭）—— ①武帝（炎，265～290）—— ②惠帝（衷，290～306）

—— 吳王（晏）—— ④愍帝（業，313～316）

—— ③懷帝（熾，307～312）

(二)東晉帝系表

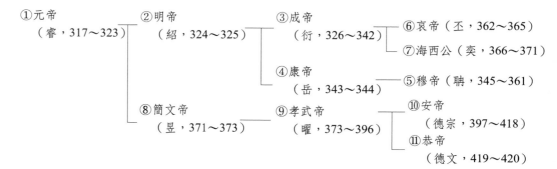

①元帝（睿，317～323）

②明帝（紹，324～325）

③成帝（衍，326～342）—— ⑥哀帝（丕，362～365）

—— ⑦海西公（奕，366～371）

④康帝（岳，343～344）—— ⑤穆帝（聃，345～361）

⑧簡文帝（昱，371～373）

⑨孝武帝（曜，373～396）—— ⑩安帝（德宗，397～418）

—— ⑪恭帝（德文，419～420）

三、南朝帝系表

(一)宋朝帝系表

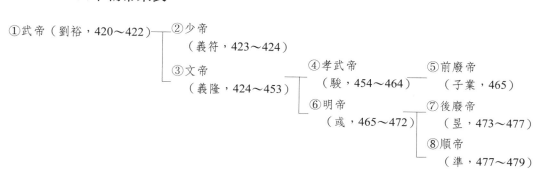

①武帝（劉裕，420～422）──②少帝（義符，423～424）

③文帝（義隆，424～453）

④孝武帝（駿，454～464）──⑤前廢帝（子業，465）

⑥明帝（彧，465～472）──⑦後廢帝（昱，473～477）

⑧順帝（準，477～479）

(二)齊朝帝系表

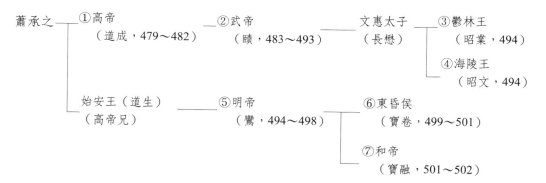

蕭承之──①高帝（道成，479～482）──②武帝（賾，483～493）──文惠太子（長懋）──③鬱林王（昭業，494）

④海陵王（昭文，494）

始安王（道生）（高帝兄）──⑤明帝（鸞，494～498）──⑥東昏侯（寶卷，499～501）

⑦和帝（寶融，501～502）

(三)梁朝帝系表

帝
蕭衍，502～549）──昭明太子（統）──（後梁）①宣帝（詧，555～562）──②明帝（巋，562～585）──後主（琮）（585～587）

②簡文帝（綱，550～552）

③元帝（繹，552～555）──④敬帝（方智，555～557）

㈣陳朝帝系表

陳文讚 ┬ 始興王（道談）┬ ②文帝（蒨，560～566）── ③廢帝（伯宗，567～568）
　　　　│　　　　　　　　└ ④宣帝（頊，569～582）── ⑤後主（叔寶，583～589）
　　　　└ ①武帝（陳霸先，557～559）

四、北朝帝系表

㈠北魏帝系表

①道武帝　　　　　　　　②明元帝　　　　　　　③太武帝
　（拓跋珪，386～408）　　（嗣，409～423）　　　（燾，424～451）── 景穆太子（晃）──

┌ ④文成帝　　　　　　　⑤獻文帝　　　　　　⑥孝文帝
│　（濬，452～465）　　　（弘，466～470）┬　（宏，471～499）──
│　　　　　　　　　　　　　　　　　　　　│　　　　　　　　　⑩節閔帝
│　　　　　　　　　　　　　　　　　　　　├ 廣陵王（羽）　　　（恭，531～532）
│　　　　　　　　　　　　　　　　　　　　│　　　　　　　　　⑨孝莊帝
│　　　　　　　　　　　　　　　　　　　　└ 彭城王（勰）──　（子攸，528～530）
└ 南安王（楨）── 章武王（彬）── 章武王（融）── ⑪廢帝（朗，531）

┌ ⑦宣武帝（恪，500～515）── ⑧孝明帝（詡，516～528）
│
├ 廣平王（懷）────── ⑫孝武帝（脩，531～534）
│　　　　　　　　（西魏）
├ 京兆王（愉）────── ①文帝　　　　　　　┬ ②廢帝（欽，552～553）
│　　　　　　　　　　　　（寶炬，535～551）│
│　　　　　　　　　　　　　　　　　　　　└ ③廢帝（廓，554～556）
│　　　　　　　　　　　　　　　　　　　　（東魏）①孝靜帝
└ 清河王（懌）────── 清河王（亶）──　　（善見，534～550）

㈡北齊帝系表

神武帝（高歡）──①文宣帝（洋，550～559）　　──②廢帝（殷，560）

　　──③孝昭帝（演，560～561）

　　──④武成帝（湛，561～564）─⑤後主（緯，565～576）─⑥幼主恆（577）

㈢北周帝系表

文帝（宇文泰）──②明帝（毓，557～560）

　　──①愍帝（覺，557）

　　──③武帝　　　　　④宣帝　　　　　⑤靜帝
　　　　（邕，561～578）　（贇，578～579）　（闡，579～581）

參考書目

徐亮之，《張良與諸葛亮》，臺北華世出版社，1975 年 10 月初版。

徐高阮，〈山濤論〉，《中研院歷史語言研究所集刊》，第四十一本第一分，1969 年。

唐長孺，〈晉代北境各族變亂的性質及五胡政權在中國的統治〉，收入氏著《魏晉南北朝史論叢》，北京三聯書店，1955 年。

陳寅恪，〈東晉王導之功業〉，收入《陳寅恪先生論文集補編》，九思，1977 年 9 月初版。

孫同勛，《拓跋氏的漢化》，臺大文史叢刊之一，1962 年 12 月。

蘇慶彬，〈元魏北齊北周政權下漢人勢力之推移〉，《新亞學報》，第六卷，第二期，1964 年。

谷霽光，〈三國鼎峙與南北朝分立〉，《禹貢半月刊》，第四卷第一期，1947 年 3 月。

王仲榮，《魏晉南北朝史》（上、下），上海人民，1979 年 12 月。

喬衛平總監，《中國文明史——魏晉南北朝》，第四卷上中下，地球，1992 年 1 月一版。

顧奎相、陳涴，《中國古代改革史論》，遼寧大學，1992 年 12 月。

沈剛伯，〈論文化蛻變兼述我國歷史上第一次文化大革新〉，《中山學術文化集刊》，第四期，1969 年 11 月。

錢穆，《國史大綱》（上），臺灣商務，1967 年 10 月臺 11 版。

祝總斌《兩漢南北朝宰相制度研究》，中國社會科學，1990 年 10 月一版。

湯一介，《郭象與魏晉玄學》，谷風，1987 年 3 月。

余英時，《中國知識階層史論》（古代篇），聯經，1980 年 8 月初

版。

湯一介，《魏晉南北朝時期的道教》，東大，1988 年 12 月初版。

第六章

隋唐及五代時期

廖幼華 *

第一節　隋朝的肇建

一、胡化漢人的崛起

　　北魏以少數民族統一北方時，是由鮮卑軍隊專任戰鬥，漢人則事農工供應衣食。但至魏孝文帝遷都洛陽、勵行漢化以後，鮮卑人沾染了漢人奢侈文弱的習性，漸次喪失豪勇善鬥的特質；反之在少數民族進入黃河流域後，漢人生存受到嚴重的威脅，在客觀的環境與主觀的意願下，北方漢族也感染胡風，具備驍勇善戰的特質，這些胡化的漢人逐漸成為戰場的重要成員。例如西魏宇文泰在關中的軍隊，除了武川鎮出身的胡族兵將以外，也包括當地漢人土豪所領導的鄉兵。為了統合這些軍事團

體，宇文泰建立「府兵制」，把關中平原及隴山地區胡、漢族中具才智者凝聚為一體，一方面建立關中的正統地位，以袪除文化上的自卑感，另方面可使鮮卑人保有勇武性格。這個象徵胡、漢統合的結構，史學家陳寅恪稱之為「關隴集團」，這個集團聲氣相近，互通婚姻，彼此連結緊密牢固。到了北周武帝時，漢人將領已為數眾多，掌握了很大的軍權。除此之外，制訂政策、治理國事本是漢人的專長，胡人即使在中原建立王朝，亦不得不藉助漢人長才，文士因此獲得重用，甚至主掌朝政、操控政權；北周末年大權就落入漢人楊堅、劉昉及鄭譯等人手中，至此軍政全由漢人掌控，漢人勢力復起，成為楊堅代周的重要原因。

二、楊堅代周

　　隋文帝楊堅，據說是漢代太尉楊震的後裔，此說若屬實，楊家原應屬於漢族高門，不過楊堅的父親楊忠，和宇文氏一樣出身於武川鎮，是北周開國勳臣，也是八柱國十二大將軍之一，因此日本學者懷疑楊氏是假冒漢人貴族出身，很可能出身胡族、或是胡化的漢族；不論其是否出自弘農楊氏高門，至少楊忠已是胡化很深，為胡漢混合的「關隴集團」成員之一。

　　楊堅因世代掌握軍權，官高爵顯，名望極盛，被推為漢人武將的領袖，北周宣帝對之十分猜忌，曾經企圖殺害。大象二年（580）五月宣帝病重，召劉昉、鄭譯囑咐後事，詔立幼主為靜帝，劉昉等見靜帝年僅八歲，而楊堅名望俱高，乃矯詔命其入總朝政，出任中外兵馬事、左大丞相，集軍政大權於一身，宗室諸王既無才幹又欠缺實力，根本無法抗拒，宇文氏政權便輕易落入楊氏手中。當時與王室關係密切的相州總管尉遲迴，與楊堅都是頗允時望的「后父」，聞變後倉促起兵，不過年已老邁，號召力不足，除了司馬消難、王謙、宇文胄等少數人響應外，並沒有引起廣大迴響，因此起兵六十八天就被鎮壓下來。

　　大象三年（581）二月，靜帝禪位於楊堅，改國號為「隋」，年號開皇，是為隋文帝。楊堅從專掌周政到稱帝，前後不到十個月，故趙翼《二十二史箚記》認為：「古來得天下之易，未有如隋文帝者。」

三、隋的統一

　　自西晉永嘉之亂，中國南北分裂動亂近三百年，期間雖不乏英明君主或謀略之士企圖統一全國，卻都功敗垂成。隋文帝奪位成功以後，即展開平陳的準備工作。此時陳朝後主在位，雖善詩文，卻奢侈浪漫，不理政事，國勢日漸衰微。文帝先以賀若弼鎮廣陵，韓擒虎駐盧江，暗中準備。又採取高熲的計策，每當陳秋收時即發少量兵聲言出擊，並在陳境放火焚燒穀倉，使疲於奔命，也導致陳日漸窮困。開皇八年（588）十月隋文帝下詔伐陳，命晉王楊廣擔任各路兵馬統帥。十二月楊素率舟師自三峽順流而下，擊敗陳沿江守軍，前線告警文書不斷，都為佞臣施文慶、沈客卿等扣留。賀若弼、韓擒虎遂相繼渡江，南北兩道同時進攻陳的首都建康。當時建康還有十多萬軍隊，後主怯弱日夜啼泣，蕭摩訶屢請出戰，都未獲准。直到隋軍兵臨城下，陳後主才倉皇派軍，卻又戰略失策，將十餘萬大軍布陣城東，南北長達二十里，導致進退失據，首尾不能呼應。待陳將任忠叛降，引韓擒虎大軍入南門，陳後主與張貴妃、孔貴嬪同躲藏井中，被隋軍所擒。由隋軍渡江到後主被擒，為時不到一個月。建康陷落後，陳將周羅喉、荀法二人尚扼守江夏，隋命陳後主招降，江南於是底定，剩下少數抗命不降的，也先後被隋軍擊敗。

　　隋之能夠迅速平陳，除了仰仗強大的軍力優勢以及經濟實力以外，陳朝內部問題重重也是關鍵原因。永嘉亂後，黃、淮流域雖然歷經五胡動亂，但開發早、勞動力充足，水利發達、農業生產興盛，經濟實力和人口數都超越南朝。在人文氣質方面，北方漢人久處胡人統治之下，沾染胡人剽悍善戰的特質；反之，南方則崇尚文弱，戰鬥力遠遜於北方，

兩相比較，北強南弱之勢已然可見。陳後主雖富於文采，卻缺乏政治領導才能，不能明斷是非，辨別忠佞，任用施文慶、沈客卿及孔範等小人，貪污營私、打擊異己，君臣生活奢靡荒淫，從隋軍壓境陳後主仍受到隱瞞渾然不覺，即知其必敗。

四、文帝的治績

㈠政治改革

隋朝自統一中國後，國勢強盛、府庫充盈，這些都是文帝創造出來的局面，他在政治及經濟上的改革，不但奠定了唐代三百年的基礎，對後世也產生很大影響。在政治方面改革有：

1. 改變政風

文帝節儉務實，注意吏治，尤其厭惡南北朝以來的貪污風氣，以嚴酷刑罰對付不法官吏，曾經暗中派人行使賄賂，凡接受賄賂的官員就被處死。又常在殿廷上責打官員，群臣為之戰戰兢兢，不敢犯法。此外他又十分的愛民，不但把人民服力役的天數，自北周的四十五天減為二十天，又解除鹽酒專賣，以利民生。在文帝整頓吏治、愛惜百姓的措施下，政風大為改善。

2. 加強中央統治力

為增強君主權勢、穩固統一政權，隋文帝一方面取消秦漢以來地方長官對政務的自主權，把全國官員的任用及考核全部收回中央，又規定地方死刑判決需送大理寺覆審，這樣不但增強對地方的控制，中央權力也大為提高。另方面文帝又廢除九品官人法，而以科舉制度取代，打破了世族壟斷仕途的局面，門閥不再是政治上的特權階級，君主權勢也更為鞏固。

3.精簡地方行政層級

魏晉南北朝地方政府為州、郡、縣三級制，南北朝時期各政權的版圖都比統一時代小，為了維持體面，州郡數目仍然力求眾多；東晉南朝又有僑州、僑郡及僑縣的設置，甚至將原先舊州縣分成好幾個新州縣，結果是州郡數目愈來愈接近，郡轄的縣數也愈來愈少，例如北周每州所轄不及三郡，梁朝每郡平均轄縣也不及三個，州郡縣間的差距太小，不但阻礙了中央命令的下達，也造成冗官過多，浪費國家公帑。隋文帝遂於開皇三年（583）罷全國諸郡，以州統縣，形成州、縣二級制。

(二)經濟措施

隋代國計的富足是後世所公認的，而文帝的經濟措施則是帝國富足的基礎。主要有以下三項：

1.整理戶口，實施均田制

文帝鑑於魏晉以來逃戶嚴重，百姓多蔭附於世族，所以實施嚴密戶口調查，開皇五年（585）展開「大索貌閱」行動，結果戶籍增加一百六十四萬餘口，其中丁壯占了四十四萬三千人，不但增加了政府的稅收，對豪強也是一項重大的打擊。其後又採行高熲「輸籍法」，令州縣官每年檢查戶口，使得隋的戶口數逐年增加。戶籍清楚是實行均田制的必要條件，隋沿用北朝均田制度，滅陳後又將制度推行到南方，開墾了南方大量荒地，政府稅收亦隨之增加，隋代國計之富足，此為重要原因。

2.營建新都，開鑿廣通渠

長安雖為西漢舊都，但歷經戰亂，都城已非原先風貌，加上井水鹹苦，已經不適合居住，文帝遂令宇文愷在長安城南龍首山營建新都大興城。大興城設計成棋盤狀，街道整齊寬直，劃分為一一○坊。為了解決首都飲水問題，還建立渠道自城南引水入城。新都建築宏偉、規劃完整，城市功能齊全，因而躍居當時東亞第一大城，其後日本的平安京（今之京都）即仿此而建。此外，關中雖然號稱富足，但仍然無法充分供應首

都龐大人口所需糧食，以往關東糧食雖然可以溯黃河、渭水到達長安，然而此時渭水已逐漸淤塞，不能航行大船，宇文愷於是引渭入河，開鑿一條與渭水平行的人工運河，解決了京城的運輸問題，這條水道名為廣通渠，直到唐朝都是重要漕運幹道。

3.設置糧倉

文帝所設的倉，分為官倉和義倉兩種。官倉屬於中央所有，儲積租稅米糧供朝廷使用。隋建都關中長安，糧食常賴關東補充接濟，但漕運有三門砥柱之險，糧食供應有青黃不接的隱憂，文帝於是分別在衛州、陝州及華州設立黎陽倉、常平倉與廣通倉，先把關東的糧食分儲在這裏，再分段運輸到京城，以節省漕運的時間、人力與物力，也使首都糧食供應不虞匱乏。義倉又稱社倉，是民間自置的公共糧倉，儲糧依人民貧富分等捐納，以備飢荒時賑濟。文帝採納孫平建議，建立義倉，規定諸州百姓軍人收穫時，捐出糧食存入當地所屬社（縣以下的地區單位）的倉內，由社的管理人「社司」管理帳目和儲存等事宜，當災荒或收成不好時，即開倉賑濟飢民。義倉的設立對人民而言，無疑是一項有力的保障。

第二節　隋的亂亡

一、煬帝奪位

隋朝的富強由文帝奠定，不過他雖然精明幹練、勵精圖治，卻猜疑心重，既使父子之親也難獲信任，這個性格上的大缺點，終於被奸臣劣子所利用，因而發生家變。文帝有五子，皆為獨孤皇后所生，文帝常以此自豪，認為不會發生嫡庶之爭。太子楊勇，性格寬和仁厚，但率意任情不喜歡矯飾，生活奢華又多內寵，這點深為節儉的文帝及善妒的獨孤

后所不滿。晉王楊廣富於文采，富心機又善於矯飾，為了迎合父母喜好，他摒除聲色，而獲得「仁孝」美譽。又聯絡朝臣楊素、宇文述及張衡等共為譖言，誣奏太子有異謀，開皇二十年（600）多疑的文帝終於廢楊勇為庶人，改立楊廣為太子。

　　仁壽四年（604）文帝病臥仁壽宮，楊廣以文帝將死，遂聯絡楊素先做準備，不料宮人誤將楊素回信送給文帝，文帝閱後大怒，傳旨召楊勇入宮，楊廣得訊後立即調東宮衛隊「守護」仁壽宮，並派張衡入文帝寢宮「侍疾」，未久即傳來皇帝駕崩消息，楊廣即位，是為煬帝。《隋書‧張衡傳》隱約指出文帝係為張衡所害，背後主使者當然就是楊廣。

二、煬帝的敗政

　　煬帝即位之初，承先帝餘蔭，國家繁庶、四夷來朝，有機會繼漢朝之後開創另一個盛世，可惜煬帝性格猜忌殘忍、不能納諫，又窮奢極欲、好大喜功，僅僅在位十三年，就把文帝辛苦建立的基業完全傾覆。煬帝的窮奢好大可從他巡幸及營建規模的盛大看出來。煬帝喜好巡幸，幾乎年年出遊，而且場面都十分盛大，以大業元年（605）出遊江都為例，隨行一二十萬人，船隻數萬艘，船隊排列起來長達二百餘里，所經州縣，五百里內百姓都要來「獻食」。此外為了出巡的舒適，煬帝令沿途建造離宮四十餘所，又接受術士的說法，以大興城不利其命星，遷居洛陽。為鞏固洛陽防務，徵調民伕數十萬人，挖掘一條圍繞洛陽北、東、南三面的兩千餘里壕溝。每月徵調兩百萬人修築洛陽城，工程日以繼夜，役夫不得休息，情況如《隋書‧食貨志》所言「僵仆而斃者，十四五焉。每月載死丁，東至成皋，北至河陽，車相望於道。」大業三年（607）為了煬帝北巡，又發河北十餘郡丁夫開築馳道，穿過太行山直抵并州。同年再發丁男百餘萬築長城，這次工程死亡人數高達十之五六。煬帝這種濫用民力、不恤民生的作法，必然造成農村經濟萎縮、社會動亂，這是

煬帝最為人詬病之處，也是隋朝滅亡的主要原因。

　　煬帝開鑿運河也徵用人力三百萬以上，但運河開通後，對向來南北阻隔的中國交通大有助益，不但加速了南方的開發，對後來唐、宋兩朝的國力以及統一都有極大幫助，這是煬帝眾多營建中唯一對後世民生有大助益者。隋代開鑿的運河共有五條，其中除了廣通渠為文帝所開，其餘通濟渠、邗溝、江南河及永濟渠都是煬帝所鑿。煬帝所鑿運河雖然號稱綿延四千餘里，其實並非全部新開挖者，多是利用舊河道疏濬、加寬而成，或是鑿一段新河道將兩條舊河道連接起來。而其為後世所詬罵，主要是修築目的在個人玩樂，而且過分役使民力，故直至今日煬帝開鑿運河仍被視為其惡行之一。

三、群雄並起

　　煬帝奢侈浪費的生活與頻繁的興作，給人民帶來的只有死亡和飢餓，再加上三次遠征高麗的調兵集餉，使得全國紛擾不安，百姓被逼得只有反叛一途。不過首先揭竿起義的卻不是飢民，而是擁立煬帝有功的重臣楊素之子楊玄感，大業九年（613）他趁煬帝二度征高麗時起兵黎陽，後雖失敗被殺，各地起事卻如野火燎原般不可收拾。

　　隋末群雄根據其出身約可分為二類：㈠隋朝官員及府兵系統。包括李淵、李密、蕭銑、翟讓、王世充、薛舉、李軌、劉武周、梁師都等人，尤其薛舉、李軌等四人都出自西北府兵系統，擁有堅強的地方實力。㈡群盜系統。如竇建德、劉黑闥、高開道、徐圓朗等人，這些人多分布在大運河沿線，是煬帝調伕興役的直接受害者。陳寅恪先生認為竇、劉等出自山東的豪傑，都有性格強勇、工騎射、組織堅固、從事農業，以及姓氏多有胡族色彩的特點，因此認為是北魏屯兵營戶的後代。這個集團後為李世民、李建成討平，重要成員如李勣、魏徵等人投效唐朝，成為初唐名將與名相。

　　大業十三年（617）以前，參加叛變的成員大都是尋常百姓，其後大批的隋官也加入叛變行列，這一轉變有重大的意義；一般而言，百姓的變亂多半因生活窘迫而起，屬於經濟性的目的，而官吏則受權力慾望驅使，屬於政治性目的，當變亂領導者由百姓轉為官員時，起兵的目標也由經濟謀食轉為奪取皇位、建立新政權，而且他們也比飢民集團的素質高，更有組織、紀律。因此當叛變成員轉變時，就已注定隋朝滅亡的命運。

第三節　唐朝的建立與唐初政局

一、唐統一天下

　　隋煬帝曾任揚州大都督，十分喜愛江南風土文化，大業十二年（616）到江都後即無心北歸，但他的衛隊「驍果」多是北方人，聽到北方大亂急欲北歸。十四年（618）「驍果」領袖聯合朝臣縊死煬帝，率眾北返。當煬帝遇害的消息傳到長安，已經在關中站穩腳步的李淵，立即接受代王的禪位，改國號為唐，是為唐高祖。

　　李淵，正史記載其為隴西人氏，漢代名將李廣及東晉末年割據隴西的西涼王李暠都是他的祖先。不過根據陳寅恪先生的考證，李氏祖先應該是河北趙郡的破落戶，不是門第顯赫的隴西家族。雖然也有學者懷疑李氏祖先可能是胡人，不過史學家大致認為李氏為漢人無疑，只因久居武川擔任武職，又數代與胡族通婚姻，沾染胡風甚深。

　　大業末年李淵擔任太原留守，見天下大亂、煬帝無意北歸，乃起兵南下攻占關中，再以這兩處為基地掃平群雄。群雄中最先被唐氏消滅的，是對關中威脅最大的薛舉父子和李軌。薛舉曾自稱大秦皇帝，擁眾十三

萬，稱霸隴西，唐以李世民討平之。李軌起兵河西，自稱大涼王，唐高
祖欲拉攏以制衡薛舉，李軌不從，次年為叛兵所執，送長安被斬。解除
來自西面的威脅後，唐轉向經營東邊，第一個用兵的對象是山西劉武周。
劉武周引突厥南侵，李世民大敗來兵，劉武周逃奔突厥，反被所害。唐
穩定山西後，進軍討平盤據洛陽、國號鄭的王世充。河北羣豪是李唐統
一戰爭中最棘手的對象；高祖起兵之初，李密就曾以盟主自居，看不起
李淵，後雖受王世充逼迫不得不投靠高祖，未久卻又叛唐，失敗被殺。
竇建德是河北羣雄中勢力最大者，具才智謀略又驍勇善戰，李世民費了
很大的功夫才生擒他，不過河北勢力並未因竇建德被擒而瓦解，其舊部
劉黑闥不久即號召部眾，完全恢復舊有地盤，唐先後遣世民、建成討伐
之，才得平定。至於徐圓朗、輔公祐則為李神通、李勣、李靖等討平，
羣雄中只餘梁師都，侷限於夏州一隅，依突厥為援苟延殘喘，唐的統一
戰爭至高祖武德七年（624）大致完成，到太宗貞觀二年（628）梁師都
堂弟殺其降唐後，才真正完成全國的統一。

　　高祖在位九年，對外掃平羣雄，於內則頒行均田租庸調法、推行新
律令、設學校、制訂貨幣等，政績頗為可觀。但若依史書的記載，高祖
似乎是一個被動、優柔寡斷又懦弱的人，在幾次重大軍事決策時都遲疑
不定，幸賴次子李世民做出正確的決定，才挽救局勢之危急。不過根據
近人李樹桐先生的考證，高祖事實上是一個具才幹的明君，絲毫不平庸，
史書之所以會有這樣的記載，是許敬宗承太宗之意偽造了國史，以誇大
李世民的功勳，證明其得帝位的正當性，後來的史家不察，繼續沿用這
一不正確的記事，遂給後世高祖平庸的印象，事實並非如此。

二、玄武門之變

　　唐太宗，是中國歷史上難得一見的賢君，在位二十三年，建立了唐
代聲威遠播、富強康樂的「貞觀之治」。只是這一個豐功偉業的皇帝，

他的王位卻由兄弟鬩牆的殘殺中產生。

高祖統一全國後，皇室內部卻因繼承權的問題有了激烈的衝突，高祖的皇后竇氏共生四子，其中除三子元霸早死外，長子建成、次子世民及四子元吉都頗有才幹，尤其是秦王世民能征善戰、智勇兼備，在初唐討平群雄戰爭中功勞最大，開始有了奪嫡之念。太子建成並非無能之輩，只是位居儲君，較少親臨戰場，因此軍功不及秦王顯赫。兩派人馬各自集結勢力；建成一方面聯合元吉、曲意拉攏高祖的妃嬪，以作為內助。另方面又企圖收買秦府人馬如尉遲敬德、段志玄等，並將世民謀臣房玄齡、杜如晦排擠出洛陽，以削弱秦王的力量。世民在長安日漸窘迫，企圖出走洛陽，依靠山東勢力與建成分治，但為建成識破而未成。世民既然無法東行，只有走上政變一途，武德九年（626）六月終於爆發了玄武門之變。

玄武門是長安太極宮的北門，也是宮廷衛軍司令部所在，轄有雄厚的兵力。事變前一天世民向高祖密奏建成、元吉淫亂後宮，及二人企圖加害情形，高祖允諾於次日處理此事。世民事先買通玄武門守將常何，得以埋伏在宮城北門；建成雖然得到張婕妤的警告，但認為玄武門是其勢力範圍，常何原為舊部，絲毫不以為意，入門後遂與元吉同遭殺害。李世民原是勢力較弱的一方，卻能扭轉局勢奪得大位，關鍵在於控制了玄武門。唐朝在「關中本位政策」尚未破壞之前，軍政布局內重外輕，政治革命只有從中央發動才可能成功，地方起事則無論如何名正言順，都終歸失敗。玄宗以前共發生四次中央政治革命，除了玄武門之變以外，另外三次分別是：神龍元年（705）迫武后退位、中宗景龍元年（707）太子重俊政變，及景龍四年（710）李隆基政變，勝敗關鍵都在玄武門，掌握了玄武門就獲得成功的保障。

玄武門之變雖然造就了後來的貞觀盛世，卻也給後世留下惡劣影響，此不啻昭告後世子孫，太子之位是可爭奪而得，自此之後，唐室骨肉相殘之爭幾乎無代無之，太子地位的不穩定造成皇位繼承權的激烈爭奪，

也影響到朝臣的結黨及宦官的分派,為患子孫甚烈。

三、貞觀之治

　　從太宗貞觀初年,經高宗、武后、中宗、睿宗,到玄宗天寶末年的一百二十餘年,是唐朝最光輝燦爛的時期,不論文治武功都斐然可觀,歷史上赫赫有名的「貞觀之治」及「開元盛世」都出現在這一時期中。

　　唐太宗李世民,是中國南北朝以來胡漢混合文化下所產生的一位怪傑,他兼具胡族勇猛善戰、積極進取,與漢人謙虛好學、重視文治的雙重特質,胡文化的背景不但使他「視四夷如手足」,對外來文化也能採取寬容的態度,盛唐時代的寬鬆民族政策與文化開放態度,都跟他的出身背景有相當關係。除此之外,太宗的性格也是造成貞觀之治的重要原因,依據史書記載,他令人稱道的優點有:度量寬宏能納諫從善、知人善任、坦率真誠及虛心好學等。在貞觀名臣中只有長孫無忌、房玄齡、杜如晦等少數人出自秦府舊僚,其他不論是劉武周、李密部屬,或建成舊部、隋朝降臣,他都能捐棄前嫌,委任重用,因此貞觀朝人才濟濟、文武兼備的情況為史上少有。此外,由於隋亡的殷鑑未遠,太宗非常重視治道,為了重視吏治,他把各地都督、刺史的名字寫在屏風上,注明政績好壞,作為升遷任用的參考;並命五品以上京官,輪流值宿於中書省,以便皇帝隨時垂詢民間疾苦與政治得失。又時時以煬帝拒諫為戒,他不但個人勇於納諫,更把諫官的職權擴大,登基不久即令三品以上官入閣議事時,諫官要隨之入內,隨時糾正缺失;魏徵對太宗的直言諫諍,更是傳頌千古的佳話。

　　太宗晚年發生太子承乾與魏王泰的兄弟之爭。太宗有十四子,長孫皇后所生者三子,分別是太子承乾、魏王泰及晉王治。承乾好聲色喜游獵,仰慕胡人生活,不愛住在宮殿裏,喜歡說突厥話、穿戴胡厥服飾、住在帳篷中;曾經打造大銅爐,命人偷盜百姓牛馬,親自屠殺烹煮。並

表示「一朝天下，當帥數萬騎北走，解髮為突厥，歸附突厥可汗。」絲毫不以文化燦爛的大唐為豪，又說「我為天子，極情縱欲。有諫者，則殺之，不過殺數百人，眾自定矣。」與太宗的寬容納諫完全不同。而魏王泰具才幹、富文采，享有令名，兩人各樹黨羽，爭鬥愈來愈白熱化。太宗最初並無意廢太子，調任魏徵為太子太師，以匡正承乾過失、杜絕天下疑慮。不料魏徵未久即亡故，從此父子間失去溝通的管道，承乾行為也愈荒唐。承乾自覺太子位置不穩，聯絡漢王元昌、駙馬杜荷及侯君集等反叛，結果事跡不密，被廢為庶人。承乾、魏王對太子位置的爭奪鬥爭，是太宗最大的傷痛，為免後世子孫重蹈覆轍，形成太子之位可經爭奪而得的印象，在長孫無忌的堅決主張下，放棄具野心、才略高的李泰，改立性格柔弱的晉王李治為太子。貞觀二十三年（649）太宗駕崩，李治即位，是為高宗。

四、武氏篡唐

高宗朝初年，由母舅長孫無忌及耿直之臣褚遂良輔政，於內維持帝國繁榮安定，對外則討伐突厥，征服高麗、百濟，創造了「永徽之治」。高宗個性軟弱，缺乏明君應有的決斷力與氣魄，永徽盛世是憑藉著太宗留下來的雄厚政治資本與貞觀賢臣名將的輔佐，但在武后得寵排除舊臣後，政局於是改變，李氏江山旋即易姓。

武后是中國歷史上唯一的女皇帝，也是一位特立獨行、行事作風頗有爭議的女皇帝。他生來貌美，性格堅毅、巧慧明敏又善體人意，十四歲時被召入宮中為太宗才人，在後宮長期的勾心鬥角生活中，學習到權術的運用，也深深體會到權力的重要，因此利用高宗對他的悅慕，在太宗死後並未如一般妃嬪般移居感業寺，反被王皇后接入宮中，用來打擊與之爭寵的蕭淑妃。武氏入宮之後得到高宗極度的寵愛，王皇后、蕭淑妃因而失寵，她不惜親手扼死襁褓中的女兒，誣陷為王皇后所殺，使高

宗廢后改立武氏，長孫無忌、褚遂良、韓瑗與來濟一直都以「皇后出身名家、無大過錯又係太宗為高宗所娶。」及「武氏曾侍奉先帝」為理由激烈反對，直到李勣表示立后是「陛下家事，何必更問外人」後才堅定了高宗的決心。史家陳寅恪認為李勣贊成高宗廢后的主要原因，是因為二人同屬山東勢力，與長孫無忌等關隴集團出身不同，基於集團利益而贊成廢后。不過據近人研究，認為當時反對廢后者並非全為關隴人士，李勣的支持武氏，事實上與長孫無忌爭權、想恃寵固權有很大的關係。高宗意決後，首先貶逐褚遂良，再以「謀行酖毒」罪名廢王皇后、蕭淑妃，冊立武昭儀為皇后。

武后最為史家詬病的有以下幾點：㈠攘奪政權，臨朝登極甚至改換國祚。㈡重用酷吏，殘殺李唐子弟及反對者，為達目的不惜殺害親生之子。㈢宮闈穢亂，違反道德規範。傳統的中國歷史向來都是以道德史觀為敘事主軸，武后的所作所為自然不容於一般史家。事實上歷史人物是無法脫離歷史舞臺而單獨存在，個人的作為也難逃時代之影響，唐朝是一個胡漢混合的開放社會，受胡人風習的影響，女性地位比較高，受到的壓抑束縛也少，因而形成女子開朗、勇敢、活潑的精神面貌，以及獨特的行事風格、思想觀念等，他們在家庭中地位較高，「婦強夫弱，內剛外柔」的現象十分常見，當時朝野竟形成一股「畏妻」風氣。武后身處這種環境中，本身又具備通古今、知權變的政治修養和剛毅果敢的政治家素質，在高宗罹患昏眩疾病、不能勝任繁瑣朝政時，取而代之似乎是順理成章的事，只是她野心太大，想要另立朝代，做一個開國女皇帝，才為後世史家口誅筆伐。縱觀其一生作為，都在為鞏固權位做努力，不論是殘殺皇室子弟、或是採取恐怖告密政策，利用酷吏來消滅反對者，甚至對親生子女也不留情，都是為了保住權位。她既是一國之君，當然也該享有帝王的權力與尊貴，蓄男寵「以男而事女」，在她看來也抵不過歷代君王的「後宮佳麗三千」。以進士科考試吸收新進人物，扶持成為新興集團，用來對抗舊功臣集團，這本來也只是為增加政治資本而做，

卻因此造成舉國好文、朝中主要官吏無不由文章出身的現象。

　　武后稱帝以後的政績，因後代史家對其行為不滿，有意的不予紀錄，目前很難知道詳情。不過以她干政和稱帝總共四十餘年間，政治都能維持相當水平、唐室聲威亦能保持不墜情況來看，政績理應頗為可觀，後來開創玄宗朝開元之治的功臣名將也多由武后培植出來，通鑑評武后云「挾刑賞之柄以駕馭天下，政由己出，明察善斷，故當時英賢亦競為之用。」可說是公允之論。大致說來武則天在唐朝一直享有崇高的地位，很少受到貶責，除了上述原因外，與繼位者為武后親生兒子，不能貶責自己的母親有很大的關係。

　　長安四年（704）宰相張柬之、崔玄暐及朝臣敬暉等五人趁武曌臥病機會，擁立中宗復位，唐的國號又再恢復。武則天於同年死去，享年八十二歲。總計她掌握政權四十三年，其中以皇后預政者二十四年，太后稱制四年，稱帝十五年。她臨終前囑咐兒子，可以為其立碑，但不需立傳，遂留下千古猜疑的「無字碑」。對於這位叱吒風雲的一代女皇，傳統史家的評價是貶多褒少，甚或有貶無褒，直到近年海峽兩岸競相為文討論，武則天也才有一個持平的評價。

五、女禍餘波

　　自從武則天開了女皇臨朝之例後，唐室后妃、公主中具野心者，就企圖效法染指政權。唐中宗即位後，他的皇后韋氏、女兒安樂公主、武則天的愛女太平公主、以及由武則天一手培養出來掌管表奏、參決政事的宮廷女官上官婉兒等紛紛參與朝政，是唐朝宮廷婦女參政最活躍的一個時代。

(一)韋后專政

　　武后在位時重用武氏諸子姪，並曾動念以武氏承繼大周王朝政權，

後雖經狄仁傑等以母子親情勸說,打消了「傳侄不傳子」的念頭,但在武則天有意栽培下,兩家互為婚姻,維持著親密關係,武家權勢也一直不墜。中宗復位後,武三思(武則天侄)與韋后、上官婉兒私通,中宗都不予追究。有了中宗的祖護和後宮的奧援,武三思於是設法除去張柬之、敬暉、袁恕己等擁立中宗的功臣,朝中大權隨即落入韋、武二人手中。

由於太子重俊並非韋氏親生,向為韋后所惡,安樂公主常公開凌辱重俊,又要求中宗廢太子,改立自己為皇太女。太子無法忍受這種屈辱和威脅,景龍元年(707)發動政變,雖然殺了武三思及武崇訓,卻因玄武門失守失敗被殺。事變之後韋后氣焰更盛,大權獨攬,兄弟子侄總領京城兵馬,營私受賄、賣官鬻爵無所不為,安樂公主驕恣尤甚,宰相以下的官員多由她引用。中宗對母女二人行為漸感不快,韋后一方面擔心其與馬秦客、楊均私通的事外洩,一面受了安樂公主的慫恿,於是母女合謀在餅中置毒,毒死了中宗,立十六歲的溫王重茂為少帝,韋后以太后的身分臨朝攝政。

韋后雖然想效法武后,由太后臨朝而登基做女皇帝,但韋后不論才智或政治手段都遠不及武后,對於相王李旦(睿宗)和太平公主頗為顧忌,想先除去二人,再謀思登帝。相王生性澹泊、不喜權位,對政治並無興趣;但是他的第三子李隆基則勇敢而有才略,喜結交英雄豪傑,皇宮禁衛軍中許多將領都是他的好友。在得知韋后陰謀後,李隆基瞞著父親,與姑母太平公主合謀發動政變,攻進玄武門,捕殺韋后、安樂公主、武延秀及上官婉兒等。政變成功後,少帝傳位於相王,改年號為景雲元年(710),是為睿宗,李隆基則因誅除韋氏的功勞,被立為太子。

㈡太平公主爭權

太平公主是武后之女、睿宗之妹,為人沈敏多謀略,頗有政治野心,武后生前即以太平公主很像自己而對之特別寵愛,神龍元年擁立中宗和

景龍四年誅討韋后的兩次政變，太平公主都參與其事。睿宗對她言無不從，軍國大事多由她參決；朝廷自宰相以下的大臣進退，往往取決於公主一言，公主的三個兒子都封為王，可說已極人間之富貴。

太平公主對政治卻有更大的野心，她發現李隆基英武有為，為恐將來難以駕馭，有意更換一個庸懦的人為太子，以便久專政權。他屢次在睿宗前讒毀太子，並收買太子左右以為耳目。由於睿宗對政治實在沒有興趣，不堪朝政的紛擾，太極元年（712）不顧太平公主反對，堅持傳位太子自為太上皇。太平公主無可奈何下，退而求其次，勸說睿宗仍以太上皇名義自總大政，並與宰相竇懷貞、崔湜等密謀廢立皇帝，甚至企圖毒害玄宗。玄宗左右張說等也知道公主的陰謀，勸帝先下手為強，玄宗在弟弟李範、李業、宰相郭元振、宦官高力士的協助下，誅除了太平公主及其黨羽，睿宗也藉此機會不再過問政治。而自武則天以來婦女長期干政的風氣，也至此暫告一個段落。

六、開元之治

武則天死後，歷經幾次宮廷喋血，唐玄宗李隆基登上了皇位，他在位四十九年，是唐代在位時間最久的君主。這位自命不凡的天子勵精圖治、選賢任能、發展經濟，把帝國的聲威再推向高峰。可惜他當政後期志得意滿，任用小人，政治出現種種弊病，終於導致「安史之亂」，唐王朝也自此由盛而衰。因此自來史家都以「安史之亂」作為劃分唐代歷史的基準，前半段時期內政安定、四夷來朝；後半期則藩鎮割據於內，回紇、吐蕃為患於外，國家長期處於紛擾動亂局面。

玄宗開元年間政治昌明、經濟繁榮、文治武功均盛，是唐代繼貞觀之後的第二個盛世。玄宗之所以能創造這個盛世，除了勵精圖治、崇尚節儉及虛心納諫等個人因素外，慎選官吏、任用有才能的正人君子也是關鍵的原因。武則天當政時，出於籠絡人心的需要，選用官吏頗為冗濫，

故當時有「補闕連車載，拾遺用斗量」說法。中宗復辟後，韋后、安樂公主把持朝政，用人更不守章法；安樂公主納賄賣官，先準備好敕文，要求中宗簽名蓋御印，然後斜封交中書省辦理，時人稱以這種方式獲得官職者為「斜封官」。不僅安樂公主如此，其他如上官婉兒等也都用這種方式納賄賣官，每年少則數千人，多則上萬人成為斜封官，官吏的素質如何可想而知。唐玄宗針對這種情形，大刀闊斧的裁汰冗官，並且明示自今以後「官不濫升，名不虛受」；又制訂內外官互調制度，以增進中央和地方的相互瞭解，使得官吏的素質大為提昇，中央對地方的隔閡減少。

　　玄宗也十分注意選用賢德之士，尤其重視宰相的任用，所以開元宰相多半品德才能兼備。例如姚崇治事敏捷而公正，有「救時宰相」的美譽。宋璟博學能文，為人剛正耿介又喜直言諫諍，善於依法行政，使官吏能盡責守職；後世都認為開元之治應歸功於姚、宋。其他宰相也各有所長，例如張嘉貞善於治吏，張說長於文章，李元德、杜暹尚節儉，張九齡、韓休二人正直勇於諫諍等，這些賢相共同締造出開元的盛世。

　　在經濟改革方面，玄宗即位前土地兼併相當嚴重，農民配田不足，難以負荷稅役，出現「天下戶口逃亡過半」的景況。玄宗令宇文融在全國展開大規模的括戶和檢田行動，並把檢括出來的土地按均田制分給無田的農民使用，經過四年的整理，戶口增加八十八萬戶，檢出大量土地，國家收入增加百萬。另外佛教勢力惡性膨脹，寺院僧侶兼併土地、逃避賦稅也是嚴重問題。他採納姚崇的建議，大加裁汰僧尼，勒令還俗者一萬二千人，又嚴禁新造佛寺、禁鑄佛像及寫經等，貴族官員亦不得與僧尼往來。經過這一連串的努力，開元年間唐朝的經濟社會出現了空前的繁榮，人口也急遽增加，開元二十八年（740）的全國戶口幾乎是貞觀年間的兩倍。詩聖杜甫形容這個時代是：「憶昔開元全盛日，小邑猶藏萬家室。稻米流脂粟米白，公私倉廩俱豐實。九州道路無豺虎，遠行不勞吉日出。齊紈魯縞車班班，男耕女織不相失。」道盡當時昇平繁華的景象。

七、天寶治亂

在四海昇平的陶醉下，玄宗開始躊躇滿志，寵任奸佞，沈迷在奢華、縱情聲色的生活中。開元二十四年（736）玄宗罷免個性耿直、凡事據理必爭的宰相張九齡，改任善於迎合旨意的李林甫為相，從此政治逐漸紊亂，李林甫代張九齡為相成為盛衰的轉捩點。

(一)李林甫專政

李林甫是唐的宗室，由於依附宦官高力士而得到重用。他雖具備相當才能，卻性格奸佞陰險，好以甜言蜜語引誘別人卻暗中出手傷害，有「口蜜腹劍」及「肉腰刀」的稱謂。為能揣測皇帝心意，暗中勾結妃嬪宦官，以刺探玄宗動靜，故言必稱旨，深獲玄宗喜愛。張九齡罷相後，李林甫一人獨掌大權，排斥朝中方正賢能之士，陷殺骨鯁諫諍大臣，他曾告誡諫官說：「今明主在上，羣臣將順之不暇，烏用多言。諸君不見立仗馬乎？食三品料，一鳴輒斥去，悔之何及！」明白警告朝臣不可多言。從此朝中上下噤口，玄宗也愈來愈受蒙蔽，政治敗壞愈難以收拾。

李林甫與武惠妃勾結，陰謀廢掉太子，改立武惠妃所生壽王李瑁。由惠妃女婿楊洄指稱太子與鄂王、光王有異謀，玄宗未予深察即賜死三子。李林甫屢勸玄宗立壽王為儲君，但玄宗認為忠王年長又仁孝恭謹，不能決定，最後聽信高力士「但推長而立，誰敢復爭」之言，仍立忠王為太子。李林甫以其並非自己所推立，意圖加害，所幸太子謹慎無過，終獲保全。李林甫縱橫朝廷十餘年，直到楊國忠出現才有與之抗衡的人。天寶十一年（752）李林甫憂憤而死，是唐代任職最久和最受皇帝信任的宰相，他在職期間蒙蔽玄宗、杜絕言路、妒賢忌能又排抑勝己，埋下安史之亂的禍根。

㈡楊國忠掌權

　　玄宗自武惠妃死後常鬱鬱不樂，後來看上兒媳壽王妃楊氏，便授意楊氏自請出家為女道士，藉此與壽王離婚，再伺機接入宮中。楊氏貌美絕世，性情聰穎，通音律、善歌舞，玄宗對他的寵愛程度超過了武惠妃，雖然封為貴妃，不過一切禮儀和待遇都比照皇后。

　　楊貴妃既然得寵，他的家人也同受恩遇，三個姊姊都封國夫人，賜第於京師。楊氏家族顯赫一時，地方官吏對楊氏的請託，看得比皇帝詔書還重要，四方賄賂也絡繹不絕送至楊府。楊家族人中對天寶政局影響最大的就屬楊國忠，楊國忠原名楊釗，是楊貴妃的族兄，為人強辯輕浮，既無學問又無品德，好飲酒賭博，向為鄉里鄙視；因貴妃緣故得到玄宗的信任，在京師一帆風順，不數年即歷任兵部侍郎、京兆尹加京畿關內採訪使等職位，不久便取代李林甫擔任宰相。楊國忠為相後，政治愈發不可為，他對朝臣頤指氣使，凡是不依附自己的便予革職或貶官。李林甫雖然奸佞但具備相當能力，政事還可按照成規處理，對於邊將也駕馭得很好，安祿山便十分敬畏他，對之奉命惟謹。楊國忠在這兩方面都遠不及李林甫，他與安祿山互相敵視，為了證明自己所言「祿山必反叛」的正確，對安祿山再三挑釁，激其反叛。承平百餘年的龐大帝國，從此動亂分裂，步入衰途。

第四節　安史之亂

一、安祿山的崛起

　　安祿山是營州的「雜胡」，也就是突厥與西域胡人的混血，因為通

曉六種蕃語，開元時在幽州邊境擔任「互市牙郎」職務（翻譯官）。唐統一西域、漠北後，在沿邊廣設都督府，打通了北邊的東西向交通，基於經濟、國防的需要，當時北方的少數民族往來十分頻繁，彼此混雜錯居在沿邊各地。此時府兵制度已經敗壞，天下人多不樂從軍，軍事上對於胡人的依賴愈來愈大，而邊境居民結構的轉變，也使得當地的文化與中原愈形疏離。安祿山具胡人血統，通曉各種語言，驍勇善戰，又對玄宗表現得忠心耿耿，當然是統領這一複雜地區的最好人選。天寶元年（742）先任命他為平盧節度使，其後又兼任范陽、河東兩節度使，北邊軍政大權盡入其手，以胡人身分掌握如此大權者，在唐代他是第一人。

　　唐皇室本身有胡人血統，對種族觀念相當淡薄，政治上絕無種族歧視之事，因此從高祖開始就重用蕃將。太宗朝時四夷歸服，各部落酋長競相入朝為將，為唐守邊；這些胡人將領不僅有才幹、識大體而且忠心，為唐朝立下汗馬功勞，他們平時安居無事，遇有征戰則率領部落兵出擊，並不委以方面之任。到了玄宗時代這些胡將或已漢化、或因入朝為將與部落長期疏離，征戰守邊的功能大為減低，為了因應邊疆局勢的變化，朝廷也以漢人文官擔任節度使，表現良好者甚至可以入朝為相。自來一般史家都認為，李林甫為了鞏固權位，杜絕節度使「出將入相」對他造成的危險，才建議玄宗用寒微蕃人安祿山為將；其實以當時局勢來看，李林甫的私心固然有之，不過唐朝自府兵制度敗壞後，外重內輕之勢的形成，以及邊境形勢與邊兵組成份子的改變，應該才是玄宗重用胡人的關鍵原因，完全歸罪於李林甫，恐怕有將複雜史實簡單化的危險。

二、起兵叛變

　　安祿山既兼三鎮節度使，手握政軍大權，眼看玄宗不但荒怠朝政，楊國忠專制弄權，漸萌反叛異志。他組成一支包括突厥、奚、契丹、同羅及漢人混合編制的軍隊，又廣蓄戰馬、牛羊等牲畜，為戰爭做積極的

準備。天寶十四年（755）安祿山遣人入奏，請以蕃將三十二人取代漢將；宰相楊國忠、韋見素向玄宗力言祿山必反，玄宗不但不聽，還把宗室女榮義郡主許嫁給祿山之子安慶宗，以為安撫。玄宗令安祿山來京師參加婚禮，安祿山深恐楊國忠對其不利，因此拒絕前來，並於十一月率領大軍及所轄部族十五萬人，以討楊國忠為名，自范陽南下，安史之亂遂告爆發。

安祿山起兵後，由於國內長治久安，聽聞亂起無不驚駭；長期文治、重文輕武的結果，也導致地方武備空虛。叛軍沿太行山東麓南下，河北州縣望風瓦解。楊國忠不瞭解事情的嚴重性，還認為亂事在「旬日」之間可以解決。這時名將安西節度使封常清正好入朝，贊同楊國忠的看法，自請到洛陽籌備戰守。玄宗殺了安慶宗，命郭子儀為朔方節度，率軍北出，拜榮王琬為元帥、高仙芝副元帥，領大軍東征討伐安祿山。十二月，安祿山叛軍攻陷洛陽，封常清率領殘部退守陝郡，途中遇見高仙芝的大軍，封常清建議退守潼關，以保京師長安。正好安祿山攻下洛陽之後，志得意滿準備稱帝，沒有乘勝追擊繼續東進，唐朝本可以藉此機會反攻，可惜監軍宦官邊令誠與封、高不和，誣指二人盜減軍餉、不戰而棄陝郡百里之地；玄宗不查，斬封、高兩人於軍前，高仙芝被殺時，士卒鼓譟為之呼冤，其聲震地。玄宗昏庸、受蒙蔽至如此地步，全然失掉正確判斷的能力，其後軍事行動的失敗，完全是可預料的事。

高仙芝軍隊退到潼關以後，關東之地全部落入安祿山手中。玄宗強迫在京養病的哥舒翰為兵馬副元帥，率軍進駐潼關。正當此時，河北常山太守顏杲卿聯合堂弟平原太守顏真卿反抗安祿山，河北郡縣紛紛起而響應，本來事情大有可為，不料太原尹王承業爭功，坐視史思明大軍圍攻顏杲卿而不救，結果顏杲卿兵敗被擒，大罵不屈被割舌而死。黃河以北之地重又落入安祿山手中。

當初玄宗命郭子儀統軍東征時，郭子儀推薦朔方將領李光弼足當大任，玄宗乃以李光弼為河東節度使。在河北二度淪陷時，李光弼帶領善

戰的朔方軍由井陘東出，直搗常山郡，成功的切斷范陽與洛陽間的聯繫，又與郭子儀聯兵大敗史思明軍隊，河北十餘郡起兵殺叛軍守將而降，安祿山軍隊進退失據，軍心大為動搖。郭、李本打算乘勢攻取安祿山老巢范陽，安祿山也怕這一著，正準備放棄洛陽，回保范陽，潼關形勢卻有了轉變，安祿山得以扭轉局勢。

三、馬嵬之變

　　哥舒翰以帶病之軀鎮守潼關，身體狀況已難指揮大軍，軍政盡交予部將處理，諸將間卻彼此爭權，號令不一，士氣相當低落。在戰守策略方面，哥舒翰考慮到潼關的地勢險要，易守難攻，因此採取堅守策略，絕不輕言出擊。就當時情況而論，唐在河北的戰事進行順利，范陽岌岌可危，只要守住潼關，安祿山就有兩面夾擊的憂慮，因此潼關的守軍絕對不可輕言出戰，以免影響大局。但是楊國忠懷有私心，相信「今朝廷重兵盡在翰手，翰若援旗西指，於公豈不危哉。」的說法，力請玄宗命哥舒翰出關擊賊。玄宗不顧郭子儀、李光弼對哥舒翰戰略的支持，一再催促哥舒翰出兵，哥舒翰不得已，撫胸痛哭後引兵出關，結果大敗被擒，潼關因而失守。

　　潼關既失，附近地區如河東、華陰，馮翊等郡地方官吏都紛紛逃亡，長安大為震動。楊國忠以蜀郡為其舊地，如果玄宗幸蜀，他不僅安全無虞還可繼續掌權，所以首建幸蜀之議，於是玄宗以親征為名，在天寶十五年（756）六月初九的黎明離京西行，隨行的除了宰相楊國忠、韋見素、貴妃姊妹、少數皇室成員及宦官外，所有住在宮外的王公妃主與大臣們都沒來得及跟隨。天明，皇帝西逃的消息傳出來，長安立即秩序大亂，人心惶惶競相逃亡。京兆尹崔光遠派人到洛陽請降，安祿山命人帶兵至長安，將不肯投降的皇室成員及官吏全部殺害。玄宗從小經歷武則天殘殺宗室的教訓，即位後友愛兄弟、保全宗室，甚至在宮中建立「百

子千孫院」，不過危急之際仍是棄之不顧，實在是件諷刺的事。

　　玄宗離開長安後，發現沿途縣令已經逃亡，宦官徵召的官吏和百姓竟無一人前來，皇孫們飢餓不得飽食；次日，車駕行至馬嵬驛（陝西省興平縣馬嵬鎮），將士們飢疲交迫，憤恨中殺掉楊國忠與貴妃姊妹，並逼迫玄宗將貴妃縊死，史家稱此次事變為「馬嵬之變」。

　　玄宗繼續西行，途中一群父老攔路請留太子，結果玄宗留下太子，獨自入蜀。太子接受建寧王李倓及宦官李輔國的建議，前往靈武投靠朔方軍，並在到達靈武後即皇帝位，改元至德，是為肅宗。自潼關失守之日起，唐朝進入最危急的狀況，玄宗在毫無部署的情況下倉皇西逃，命懸於一線，所幸安祿山部眾進入長安後，只知縱情聲色，沒有追擊玄宗的打算，玄宗父子才得順利西行，為此後唐的復興留下生機。

四、平定亂事

　　肅宗即位之初，局勢仍然混亂危險，郭子儀由河北撤兵回靈武，雖然給新朝廷帶來很大的信心，不過河北又被叛軍攻陷。靈武小朝廷侷促西北一隅，財政拮据，供應軍需十分困難，正當危急之際，局勢卻有了重大轉變。首先是至德二年（757）安祿山被他兒子安慶緒刺殺於洛陽，安慶緒昏懦無能，這對叛軍而言是一個重大打擊。其次，由於張巡、許遠的死守睢陽，阻止了叛軍的南侵，江淮地區得以保全，南方物資才能經由漢水輸送到靈武。再則是李光弼的固守太原，阻止叛軍西向攻擊靈武，給了唐朝喘息、重整武備的機會。

　　至德二年，靈武獲得江淮物資支持，軍需問題得到解決，隴右、河西及西域的勤王軍隊以及回紇的援軍也陸續到達，於是展開收復兩京的軍事行動。九月，唐軍首先收復長安，十月，郭子儀與僕固懷恩大敗安慶緒的軍隊，叛軍倉皇逃出洛陽，肅宗與太上皇先後返回長安。這時關中、河南的叛軍已被清除，除了安慶緒占據的鄴城附近地區以外，整個

河北地區，至少在名義上已全部歸屬唐朝。

　　安慶緒自敗逃鄴城以後，勢力大為衰微。唐命郭子儀、李光弼等九位節度使圍剿鄴城，安慶緒遂向勢力強大的史思明求救。史思明和安祿山同是營州雜胡，在安慶緒戰敗後，成為叛軍中最有實力者，他應安慶緒要求，率軍南下解救鄴城之圍。唐軍兵力雖眾，但各自為戰，監軍宦官魚朝恩缺乏軍事知識，卻又處處掣肘，戰爭結果可想而知。史思明擊敗唐軍後，以弒父奪位罪名將安慶緒斬首，然後併吞安慶緒的兵馬，自稱大燕皇帝，改元順天，以范陽為燕京。

　　唐軍鄴城大敗之後，魚朝恩為推卸責任，在肅宗前面極力說郭子儀壞話，肅宗乃召郭子儀回長安，以李光弼守洛陽。史思明得知郭子儀被廢後，率軍南攻，李光弼知洛陽不易守，放棄洛陽移師河南，兩軍對峙相持年餘。肅宗聽信魚朝恩的建議，強迫李光弼反攻洛陽，結果唐軍大敗於洛陽北面北邙山下，李光弼退保聞喜，史思明本欲乘勝追擊，但不久為其子史朝義刺殺。史思明所領導的部將多為安祿山舊部，不太聽令於史朝義；而且叛軍雖然奪回洛陽，但是黃河兩岸歷經戰火，殘破不堪，實力已大不如前。

　　寶應元年（762）四月，太上皇與肅宗相繼去世，太子李豫即位，是為代宗。代宗隨即命僕固懷恩向女婿回紇登里可汗請援，共同進討史懷義。十月，代宗以長子李適為天下兵馬元帥、僕固懷恩副元帥，會合諸道節度使及回紇兵進攻洛陽。史朝義與唐回聯軍大戰，結果兵敗軍隊被斬首六萬，史朝義倉皇逃回范陽老巢，不料范陽守將李懷仙已經降唐，朝義想東奔契丹，被李懷仙軍隊追擊，自縊於林中，安史之亂終告平定。

　　安史之亂從天寶十四年安祿山起兵起，歷經安慶緒、史思明、到代宗廣德元年（763）平定史朝義止，共經過七年三個月，動亂遍及河北、山西、河南、山東、安徽、陝西等省，這些地方不但遭到叛軍的燒殺擄掠，也同樣受到回紇、朔方軍隊的蹂躪，例如唐回聯軍收復洛陽後，藉口洛、鄭、汴、汝等州曾為叛軍之地，大肆收刮，導致士民無衣可穿，

淪落到以紙蔽體的地步。唐朝雖然平定叛變，但是國力耗損嚴重，此後政權雖然又維持了一百多年，但盛唐景況不復得見，留下的藩鎮問題也一直無法解決，最終導致帝國的衰微與亂亡。而從安史亂後，唐朝不論在制度、社會或夷夏觀念上都有很大的轉變，因此一般史家都把「安史之亂」作為唐朝前後變化的分水嶺。

第五節　安史亂後的政局

一、藩鎮的割據

　　唐王室雖然具備胡人血統，也曾是武功強盛、威服四夷的強大帝國，但到開元以後，兵制敗壞，軍人地位低落，帝國瀰漫著文弱、厭戰的風氣。因此安史亂起幾無抵禦的能力，全賴駐紮邊區具胡漢混合特質的朔方軍，以及回紇外援來平定亂事。但是外援既不可恃，對於功高的朔方將領也不敢信任，何況安史餘黨勢力強大，也非一時之間可以消滅，因此在打敗安慶緒之後，代宗對於叛軍餘黨採取招降、姑息的政策，不但沒有解散他們的武力，反而授以廣大地盤及節度使的官職，因此安史之亂雖稱平定，事實上唐朝並未真正收復失地，為往後留下無窮禍患。

　　當時被代宗任命為節度使的安史降將就有：魏博節度使田承嗣、盧龍節度使李懷仙、成德節度使張忠志、淄青節度使侯希逸與相衛節度使薛嵩等。他們大都是胡人或胡化的漢人，名義上他們是唐朝的職官，但事實上並不接受中央政府的控制，在節度區內不論是人事任免、軍隊的調任與擴充、賦稅的徵收等等，都自行決定，甚至公然與中央為敵，成為跋扈的藩鎮。在這些藩鎮中，以田承嗣勢力最強又最囂張；他為安祿山、史思明父子立祠，稱為「四聖」，目中已無唐朝天子，又趁昭義節

度使薛嵩死亡的機會，奪取昭義部分地盤，朝廷討伐失敗，只能任其所為，坐視其繼續在河北、山東一帶騷擾鄰鎮。代宗既無力制止，其他諸鎮便羣起仿效，囂張跋扈形同唐朝的敵國。

(一)涇原兵變

大曆十四年（779）代宗駕崩，德宗李适繼承帝位，頗能勵精圖治，即位後便下詔免除四方貢獻、罷梨園使及樂工三百餘人、嚴禁宦官納賄、加強行政效率等，起初藩鎮頗為畏服。可惜他剛愎自用，信任奸臣盧杞，在對付藩鎮時又缺乏政治技巧，一昧以武力征討，知進不知退，最後引發大規模的藩鎮叛亂。

德宗朝爆發第一次藩鎮反叛，是在建中二年（781）成德節度使李寶臣死亡時，德宗有意把藩鎮的任免權收回中央，結果寶臣子李惟岳與魏博節度田悅、淄青節度李正己及山南東道節度使梁崇義，共同舉兵叛唐。亂平之後，朱滔、王武俊等需索不遂，田悅乘機煽動，又共同舉兵南下，發動了第二次藩鎮大叛變。建中三年（782），朱滔、田悅、王武俊與李納四人同時稱王，共推朱滔為盟主，又與淮西節度使李希烈勾結，遣使勸李希烈稱帝，希烈自稱建興王天下都元帥，並派兵四出抄掠，河北、河南又再陷入混亂局面。德宗派遣涇原等鎮兵往討之，涇原節度使姚令言率兵五千經過京師，因未得到賞賜大失所望，行到長安東滻水時，張旗鼓譟而還，德宗倉皇出奔奉天（今陝西乾縣）。叛軍入城後推舉幽州節度使朱滔之兄朱泚為帝，朱泚自稱大秦皇帝（後改稱漢帝），親自率兵進擊奉天，史稱這次動亂為「涇原兵變」。

涇原亂起之時，朔方節度使李懷光正在攻打魏博，聽到奉天危急，率軍晝夜奔馳趕回救援，打退了朱泚。李懷光向來與宰相盧杞不合，又自矜功大，以為皇帝必定召見，但德宗聽信盧杞讒言，竟不召見李懷光，於是懷光數度上表申述盧杞罪惡，德宗不得已貶逐盧杞出京，但懷光仍然疑慮不安。

　　興元元年（784）德宗採用翰林學士陸贄的建議，下「罪己詔」自責，赦免李希烈等河北藩鎮，以專力對付朱泚，又停徵一些苛捐雜稅，結果天下人心歸悅，王武俊、田悅、李納三人也主動去掉王號，上表請罪。在局勢大有轉機之際，李懷光與皇帝卻互相猜疑；懷光暗與朱泚通謀，企圖襲取奉天，逼得德宗逃往梁州，所幸懷光部將大都不願背叛唐室。同年，李晟收復京師，朱泚率眾西逃，為部將所殺，德宗才結束逃亡生活回到長安。貞元元年（785）李懷光兵敗自縊而死，自此河北的幽州、魏博、承德、淄青四鎮，表面上都已歸附中央，只有淮西李希烈仍不歸降；次年淮西大將陳仙奇毒殺李希烈，歸降唐朝，全國才告底定。

　　經過這次的逃亡，德宗返回長安後對藩鎮一意姑息，然而姑息適足以養奸，許多原來恭順的藩鎮也開始抗拒中央，貞元十四年（798）吳少誠於淮西舉兵，朝廷征討失敗只好赦免他，從此藩鎮的氣焰更盛；德宗朝可說是唐代藩鎮最跋扈的一個時期，直到憲宗即位後，才對這些藩鎮展開征討。

(二)憲宗中興

　　貞元二十一年（805）德宗病逝，太子誦繼立，是為順宗。順宗因身體不佳，自即位起就行動不便，八月，太子李純與宦官俱文珍發動政變，順宗於是讓位李純，改元元和，是為憲宗。元和共有十五年，制服了許多強大的藩鎮，是唐代的「中興時期」。憲宗即位之初即十分贊同宰相杜黃裳的看法，決定以武力對付抗命的藩鎮，但是鑑於德宗的失敗，不能同時對所有藩鎮宣戰，只能由較弱的開刀。由於西川節度行軍司馬劉闢在節度使死後，自命為節度使，又抗命不奉詔，遂成為憲宗重整綱紀的第一個目標，結果劉闢失敗被押送京師處死，西川的跋扈行動迅速被制裁，中央聲威大震。

　　從西川亂平起，到元和十三年（818）憲宗逐一討平夏綏節度留後楊惠琳、鎮海節度李錡、昭義節度盧從史、成德節度王承宗、淮西節度吳

元濟、淄青節度李師道等。而魏博節度使田弘正、義昌節度使程權，及幽州節度使劉總也先後歸順了朝廷，尤其是魏博地區從田承嗣以來一直是化外之地，屢屢抗命，憲宗策略運用得當，在不費一兵一卒情況下，就使跋扈抗命五十年的魏博鎮，重新接受中央的統治。田弘正入朝後，請留居京師，在憲宗不許情況下，他還是把子弟留在長安，以免自己死後子弟又繼任節度使。田弘正可以說是安史亂後河北藩鎮中難得一見對唐忠心的節度使。

　　憲宗自認創造了父祖以來難得一見的中興局面，自此志得意滿，生活奢侈，以斂臣為相，拒納忠諫，又喜好神仙之術，多方詔求方士，祈求長生，但是他在服食金丹後，變得暴躁易怒，時常罪責宦官，宦官人人自危。元和十五年（820）郭子儀孫女郭妃與宦官王守澄、陳弘志共謀殺了憲宗，太子李恆即位，是為穆宗。

㈢藩鎮再叛

　　穆宗性喜遊樂而怠於政事，朝政都把持在王守澄手中，政治敗壞，而朝中牛李黨爭正烈，中央威勢漸衰，於是河北藩鎮又再叛變。長慶元年（821）盧龍節度使劉總上奏請求棄官為僧，同時又請將節度區分為三道，以削減盧龍節度區的力量，並主動把有功而難制的將領朱克融（朱滔之孫）等送到長安。結果穆宗不了解劉總的苦心，不但敕令朱克融返回盧龍，還派文士張弘靖出鎮盧龍，張弘靖不尊重當地習俗，不能與士卒共甘苦，常以「反虜」辱罵當地士卒，盧龍軍士於是擁立朱克融，再與中央斷絕了關係。

　　穆宗即位未久，成德節度使王承宗病歿，朝廷命魏博節度使田弘正改任成德節度，田弘正以魏博、成德向為世仇，請求帶領二千魏博兵護衛安全，由中央供糧，朝廷恐開先例，弘正四次上書，穆宗都堅持不允，結果承德都知兵馬使王庭湊煽動軍士殺了田弘正，朝廷以進討無功，只得任命王庭湊為節度使。當承德亂起之際，唐室啟用田弘正之子田布為

魏博節度使，並領軍討伐王庭湊，結果以缺糧大敗而回，諸將逼田布「行
河朔舊事」，田布不從而自殺，部眾擁立史憲承為留後，朝廷為了安撫
只得同意他為節度使，從此河北三鎮又回復到分裂割據的局面。只可憐
田氏父子一片忠心，平白斷送在不識大體，斤斤計較於小利的穆宗手裏。

　　自穆宗再失河北，經敬宗、文宗到武宗的二十餘年間（821～
846），河北一直內亂相繼，節度使更易頻繁，而朝廷不得置一詞；只是
從武宗以後，河北三鎮雖仍自外於朝廷，但因內困於悍兵，自顧尚且不
暇，已不如當初的跋扈。

二、宦官的亂政

(一)宦官的得權

　　唐初太宗鑑於前代宦官干政的教訓，定制宦官不得干預朝政，僅掌
「門閣守禦，庭內掃除，廩食而已」，地位相當低微。及至玄宗時，高
力士因參與誅除太平公主的政變，深受寵信，又令其省覽奏章，遂勢傾
朝野。自此之後唐室皇位繼承的鬥爭，都與宦官合謀而達到目的，肅宗
以後皇帝除了德宗之外，無一不是由宦官擁立，因此宦官取代了宰相，
成為中央大權的掌握者。此外，開元之後募兵制度興起，兵、將間的關
係遠較府兵時期密切，朝廷對手握重兵的將領不放心，於是以宦官為監
軍，從此宦官不但在中央掌握了政權，在地方又控制了軍權。

　　從玄宗到肅宗、代宗三個朝代，是唐代宦官勢力迅速發展的時期。
當安史亂起之際，肅宗北走與即位靈武都是宦官李輔國的計謀，肅宗回
長安後，使之掌管禁軍，官兼數職，權勢更大。代宗即位，以李輔國擁
立有功，尊之為「尚父」，李輔國曾對代宗說：「大家但居禁中，外事
自有老奴處分。」由此可見其專權、囂張的情形。代宗利用與輔國不合
的宦官程元振，逐漸取而代之。李輔國被殺後，程元振掌理禁軍，專權

兇狡程度還超過李輔國，引起四方藩鎮的不滿，被免除官職流放遠州。魚朝恩繼之而起，代宗曾委任他為「天下觀軍容宣慰處置使」，成為討伐安史叛軍的實際統帥，他對郭子儀十分嫉視，屢次掣肘朔方軍的討伐行動，後因私設監獄，陷害大臣，甚至脅迫皇帝遷都，而被賜死。魚朝恩死後，皇帝曾一度收回宦官的政治、軍事大權，宦官的凶焰因此平息一段時間，但德宗年間發生「涇原兵變」，宦官竇文場、霍仙鳴因保駕有功，被起用為禁軍統領，於是禁軍軍權重又回到宦官手中。

(二)與外廷的衝突

宦官勢力的急速膨脹，嚴重影響到外廷士大夫的權力，尤其這些宦官囂張跋扈，依恃皇帝寵信為所欲為，早為一般朝臣所不恥，因此有部分大臣利用皇帝對宦官的不滿，進行誅除宦官的工作，「永貞內禪」與「甘露之變」就是兩次士大夫與宦官的最大衝突。

1. 永貞內禪

順宗即位後，重用東宮舊屬王叔文，首先貶斥聚斂之臣京兆尹李實，繼之又罷擾民的宮市、五坊小兒、以及免除地方進奉等等，政局為之一新。可惜王叔文急躁求功，企圖剝奪宦官兵權，結果引起宦官反擊。宦官俱文珍利用太子想早日作皇帝的心理，趁著王叔文丁憂去職機會，聯結西川節度使韋皋等上表，以順帝有疾不能視事為辭，請太子「勾當軍國政事」，順宗不得已傳位太子，只當了七個月的皇帝，史家稱這一次事件為「永貞內禪」。

憲宗即位後的第一件事，就是貶逐主持「永貞革新」的主要份子；結果王叔文賜死、王伾被流放開州，韋執誼、韓泰、韓曄、柳宗元、劉禹錫、陳諫、凌準、程異等八人俱被貶至遠州司馬，因此這次改革又稱為「二王八司馬事件」。歷來史書受到韓愈《順宗實錄》的影響，對王叔文多所貶抑，例如《新、舊唐書》指王叔文為小人，《資治通鑑》也稱王叔文、柳宗元及劉禹錫等為「邪黨」。事實上這種評價很不公平，

也十分不合理，清代以來已有學者不同意這種看法，認為王叔文等人只是宮廷內爭的犧牲者；韓愈雖為唐代著名文學家，但因與俱文珍有深厚交情，故在撰寫《順宗實錄》時偏袒俱文珍，後來史書基於韓愈文名，照章引用，遂使王叔文等人蒙冤至今。

2.甘露之變

太和元年（827），唐文宗李昂即位，在他之前已有憲宗、穆宗兩位皇帝死於宦官之手，就連他自己也是由宦官王守澄所擁立，為了擺脫宦官的控制，他與宰相宋申錫合謀誅除宦官，卻因事機不密，宋申錫被誣陷欲擁立漳王謀反，貶死於開州，成為文宗這次失敗行動的代罪羔羊。

宋申錫事件之後，文宗轉而重用王守澄的黨羽鄭注與李訓，宦官以二人與王守澄交厚，對之並不猜疑。二人為文宗策畫，採用分化而後擊破的策略，首先提拔宦官仇士良為神策軍左軍中尉，以分割王守澄權力；再杖殺謀害憲宗的兇手陳弘志，及流放一些掌權的宦官，未久，又毒殺王守澄。經過這次的清算以後，原則上已經把王守澄為首的宦官勢力剷除乾淨，只剩下掌握禁軍的仇士良與魚弘志。

太和九年（835）文宗上朝時，韓約奏稱有甘露降在左金吾衛的石榴樹上，文宗命李訓前往勘驗，李訓回報認為不是甘露，文宗再派仇士良與魚弘志率宦官察看，仇士良等人到達金吾左衛後發現有伏兵，奪門而出，與李訓爭奪文宗，結果文宗軟轎被宦官搶入後宮。仇士良等人命神策軍殺入中書、門下兩省，又殺諸司、衙門官吏千餘人，李訓、鄭注與宰相王涯、賈餗、舒元輿等同遭殺害。史稱這次事變為「甘露之變」。

甘露之變後，文宗成為宦官傀儡，自認為受制於「家奴」，比周赧王、漢獻帝猶且不如，不數年即鬱鬱寡歡而死。文宗以後的皇帝，從武宗、宣宗、懿宗、僖宗到昭宗，無一不是由宦官所立。而朝中大事也都由北司（宦官）決定，南衙（宰相）不過奉行文書而已，外朝朝臣在政治上並無決策權。在宦官專政下，朝臣若不與之反抗鬥爭，就只能依附其下，求取權位。而宦官也一樣利用朝官之間的矛盾，來鞏固、擴展自

己的權勢，唐代後期的黨爭就由此而來。

三、牛李黨爭

中國歷朝都有朋黨之爭，唐代也不例外，如睿宗時太平公主與太子李隆基的對抗就是一例，但是唐代黨爭中持續時間最長、規模最久也影響最大的，當屬牛李黨爭。所謂的「牛李黨爭」，按照一般的解釋，是指以牛僧儒、李宗閔為主要首領的集團，與李德裕為首的李黨，兩者間的爭執與抗爭。至於黨爭的原因，長期以來傳統史家多認為是雙方在出身（新興進士科舉與傳統經學世家）、與習尚（進士尚浮華，經學出身者重家學、家風）上的不同。根據近人的研究，唐朝自武后崇重科舉以後，世人皆輕經學重進士，一般關東經學大家族的子弟為求仕途順遂，也投身科舉考試，因此李黨陣營中有進士出身者，而牛黨中亦不乏經學之士，可見若以出身來劃分兩黨成員，尚有不足之處，需要從政見不合與仕途之爭兩方面觀察，才能得到事實的真相。

牛李黨爭始於憲宗朝，當時的宰相李吉甫主張對跋扈的藩鎮採取武力制裁，而為進士李宗閔在賢良方正的策試中所譏詆，李吉甫即是後來李黨首領李德裕的父親，這次事件已為「牛李黨爭」埋下了種子。穆宗常慶元年（821）進士科舉考試發生舞弊，李德裕主張進行複試，導致中書舍人李宗閔被貶，從此二人各分朋黨，互相攻訐，拉開了相互鬥爭的序幕。

牛李兩黨都沒有黨綱，也沒有黨的組織，但是在政治上確實存在著嚴重的分歧，例如李黨對藩鎮及外族主張討伐，重振中央的威權，牛黨則寧願息事寧人，不要輕啟戰端。因此憲宗、武宗在位李黨得勢期間，對藩鎮採取較強悍的態度。穆宗、敬宗與文宗初年牛黨當權，對河北三鎮則一意姑息安撫。在對外政策上，牛李兩黨的主張亦完全不同，表現最明顯的就是「維州事件」。文宗大和五年（831），西川節度使李德裕

趁吐蕃內亂，招降維州大將悉怛謀，執政的牛僧孺、李宗閔以此舉將激怒吐蕃，而激烈反對，強迫李德裕送還維州及悉怛謀，導致吐蕃在邊界用極慘酷的方式殺了悉怛謀。雙方對外的態度由此可見。

唐朝自安史亂後，宦官逐漸成為中央政府的樞紐人物，牛李黨爭雖然延續憲、穆、敬、文、武、宣六朝四十年，事實上這段時期的政治決策者是宦官，外朝朝臣不論是牛黨還是李黨，都僅是奉命行事而已。在宦官政治之下，外朝士大夫既不敢與宦官抗爭，只好依附其下分享政權，因此牛李兩黨各自勾結不同的宦官。宦官自己也分派系，互相奪權鬥爭，而內廷宦官鬥爭的結果又反映到外朝，可見牛李黨爭只不過是宮廷內宦官派系鬥爭的表面現象，雙方所爭的主要是執政權，也因為這個緣故，兩黨得勢時均未大興冤獄，或大開殺戒，尚不至於釀成如東漢黨錮之禍的大傷害。

從憲宗朝到文宗朝，雙方鬥爭互有勝負，直到宣宗以後，宦官間產生同類意識，彼此團結一致，也不必與外朝士大夫分別連結，外朝失掉內廷扶持，鬥爭也歸於消滅。另一方面，懿宗之後國內寇亂迭起，中央禁軍損傷嚴重，宦官勢力也隨之衰微，即使如此外朝仍然難與之抗衡，昭宗因不滿宦官專橫，密謀誅除宦官不成，反為所囚，宰相崔胤只得詔藩鎮入援，結果宦官雖然被藩鎮朱全忠誅除盡淨，朝廷權柄也落入軍閥手中。

四、李唐王朝的滅亡

唐自憲宗中興後，本來日漸衰弱的中央政府再度復興起來，可惜繼任的穆、敬二帝皆非英明之主，於內宦官專權，外則朝士相爭不暇，政治一直不能邁入正軌。武宗雖為宦官所立，但英明果斷，又重用李德裕，宦官氣焰暫時減弱，政治頗有起色，不但平定昭義的割據，黠戛斯也遣使來朝。宣宗繼立，李德裕被貶，外廷幾無人才可言，宣宗雖有「小太

宗」之稱，事實上卻非賢能之君，生性忌刻，多疑苛察，大中年間的安定是承繼武宗朝的結果。懿宗在位十四年，荒怠政事，寵任宦官，由於篤信佛教，不惜削減軍費，搜刮民財來崇飾佛院，江淮地區逐漸動亂。唐朝自安史亂後，國家財政多仰賴江南，懿宗朝南方的民變不止，江淮經濟受到影響，這是唐朝由亂而亡的開始。

(一)唐末的民亂

懿宗咸通元年（860）浙東人裘甫率眾千餘人作亂，浙東觀察使征討不成，幾乎全軍覆沒，後雖被平定，但是裘甫叛亂的性質與以往卻大不相同，不但黨徒眾多、危害層面廣，也有別一般經濟性的搶奪，是一種意圖否認朝廷的政治性的叛變。裘甫之亂是晚唐第一次大規模的民亂，但是唐朝並沒因此得到警惕，不久又再發生桂林戍卒龐勛之亂。

懿宗初年南詔攻陷交趾，朝廷調動江淮、嶺南兵丁前往救援，分了其中八百徐州兵戍守桂林，當初言明戍期為三年，到咸通九年（869）桂州戍期早已超過，戍丁屢次求歸，朝廷都不允許，戍兵乃推舉龐勛為首領，打回徐州。龐勛一路招徠盜賊，聲勢更形壯大，最後賴沙陀軍的勇敢善戰才得討平。

自懿宗以來天下已是連年災荒，農村經濟破產。僖宗即位時年僅十二歲，唯知嬉戲，不但不能改革弊政，對於樂工、伎人賞賜動輒以萬計，國家財政更形困難。乾符元年（874）王仙芝首先倡亂於山東，他以「天補均平大將軍」名義號召天下，痛斥朝廷賦斂繁苛、官吏貪暴，於是百姓爭相歸服，曹州人黃巢也聚眾響應。及王仙芝敗死，黃巢併其餘眾，勢力大盛，廣明元年（880）黃巢北上攻陷洛陽、潼關，宦官田令孜奉帝逃往興元（今陝西南鄭），黃巢在長安縱兵殺掠，並即帝位，國號大齊。

僖宗出亡後，各地勤王之師曾一度收復京師，但因號令不一，長安又被黃巢攻陷。唐朝只好重用沙陀兵，沙陀李國昌令子李克用率兵入援，連戰皆捷，黃巢部將朱溫（後賜名朱全忠）於是降唐，唐賜為宣武節度

使。中和三年（883）李克用收復長安，黃巢東走，又為李克用所敗，逃入泰山自殺，其甥林言斬其頭向唐投降。

　　黃巢死後，餘黨秦宗權勢力轉盛，在蔡州稱帝，並攻陷東都洛陽，秦宗權部眾較黃巢殘暴尤甚，縱兵四出燒殺搶劫，導致關中、河南地區千里無人煙。直到昭宗龍紀元年（889）部將申叢擒宗權降於朱全忠，歷時十五年的大動亂才告結束。這次動亂不但遍及黃河、淮河、長江及珠江四大流域，嚴重的破壞了南方的經濟；沙陀李克用也因平亂有功，趁勢崛起，成為唐末頗有實力的藩鎮。

(二)唐的滅亡

　　唐末流寇之亂甫告平定，藩鎮交兵又繼之而起。當時節度使以朱全忠與李克用最強，兩人在追擊黃巢時交惡，自此相互攻戰不已。昭宗時崔胤為相，對宦官宋道弼的專橫十分厭惡，遂依附朱全忠為外援。光化三年（900）崔胤指使朱全忠上表指斥宋道弼危害社稷，宋道弼被賜死，宦官劉季述等恐懼禍及於己，囚昭宗於東宮，但以畏懼朱全忠，不敢對崔胤下手，遂予崔胤可趁之機，一面召朱全忠入援，又連結神策軍將孫德昭殺害劉季述等，迎昭宗復位。劉季述雖死但是宦官韓全誨等仍然專權，崔胤又召朱全忠入衛，韓全誨劫持昭宗往投鳳翔節度使李茂貞。朱全忠率兵進入長安，又西攻鳳翔，擊敗李茂貞，奉昭宗返回京師，除了殺掉宮內宦官三百餘人，又令全國藩鎮將各地監軍宦官就地正法，危害唐朝百餘年的宦官全被屠殺殆盡，而內外大權也盡入朱全忠手中。天祐元年（904）朱全忠殺崔胤，逼昭宗遷洛陽，不數月又弒昭宗，立十三歲的太子為帝，是為昭宣帝（又稱哀帝）。天祐四年（907）朱全忠篡唐自立，國號梁，改元開平，是為後梁太祖，唐亡。唐自高祖建國起歷二十君、二百九十年（618～907），如扣除武后稱帝的十五年，則唐實際國祚二百七十五年。

第六節 唐代的制度

一、中央政治制度

隋唐中央政治制度承襲南北朝，不過隋代立國時間短促，制度建立尚未完備。唐承隋制，太宗又把隋制擴充改進，成為中古時期最優良的制度。安史亂後唐室面臨前所未有的大變局，政治制度也隨之因應變動，就行政制度而言，主要行政機構如三省、六部等組織，雖然沒有多大變化，但是實際執行政務的機構就有很大差異，組織原則也截然不同。簡單來說，安史亂前政治制度的組織原則，重在上下分層負責，亂後的組織原則重在縱的聯繫與控制。

隋代中央政府組織中重要的機關有五省（尚書、門下、內史、秘書及內侍）、三臺（御史、謁者及司隸臺）、九寺（太常、光祿、衛尉、宗正、太僕、大理、鴻臚、司農及太府）、五監（國子、將作、少府、都水、長秋）及十二衛十六府。其中最重要的機關是五省中的尚書、門下及內史三省，以三省的長官（尚書令、侍中、內史令）共議國政，同居宰相之職，不過此時三省的職權劃分及相互關係還相當混淆。直到唐太宗貞觀三年，將三省的權責劃分清楚，三省制度才算成熟。

唐代中央政治制度的特點，在於將宰相職權分而為三，中書、門下、尚書三省各有所司，分別主掌擬議、審查與執行三項職權，如此不但使政令在頒發之前先經過周詳的考慮，同時也互相牽制，避免一省獨大，出現專權的行為。不過權力分化後，三省有時會站在自己立場論事，或者固執護短，甚或陽奉陰違。為了避免爭執摩擦，太宗設立「政事堂」，以便於溝通意見。三省的長官尚書令、侍中、中書令都是宰相，但自太

宗即位後，以其曾任尚書令一職，羣臣不敢居其位，遂不設尚書令，而以左右僕射為尚書省長官，所以也是宰相。唐代宰相員額較多，是採取「羣相制」，因此宰相並不限於三省的長官，其他官員只要加有「同中書門下三品」、「同中書門下平章事」或「知政事、參預朝政、平章國事、參知機務」等等，均為宰相，都可以入政事堂議事。

如果把唐代政治制度以安史之亂劃分為前後期，那麼開元時期就是唐代前期典型代表。在執行程序上，由宰相羣協助皇帝決定大政方針，頒發制令於尚書省；尚書省上承皇帝與宰相的制令，製成政令，下達予九寺、諸監、諸衛與地方政府去執行，並自處於監督的地位；九寺諸監及地方政府等承受政令，負責實際執行之責。所以盛唐時代的中央行政組織是三層制，宰相機關（政事堂）與尚書省為政務機關，九寺諸監與地方政府等是事務機關，上下分層負責，構成完整的行政體系。所以六部與九寺職務看起來似乎重複，事實上一為政策機關，一為執行機構，九寺諸監絕非冗閒的機構。

唐代的宰相制度雖較以往數朝進步，不過再好的制度都難免遭到人為的破壞，尤其在君主制度下，接近皇帝機會多的的后妃國戚等，都是破壞制度的主要人物。從高宗到玄宗五朝，壟斷朝政侵奪相權者，舉其大者就有：武后、韋后、安樂公主、太平公主等。不過這些都是因個人受寵，而出現一時侵權的行為，並非制度本身的問題。除此之外，唐朝君主也愛用文詞經學之士；玄宗時設翰林學士，不過只掌理四方表疏，還未參與機密，安史亂後才由翰林學士起草詔敕，德宗以後諸皇帝都對之頗為親近，不但參決大政，也是宰相的儲備人員，諸此種種都侵奪了宰相的職權。

安史亂後唐室為了統治方便，廣設使職，如度支使、判戶部、鹽鐵轉運使等等。這些使職與以往部、寺、監、衛最大的不同，在於兼攬政務與事務兩層職權，使司長官不但制定頒發政令，還設置直屬業務機關，直接指揮監督政策的實施。而且這些直屬業務機關的設置地點，遍及四

方重要州府，相對而言，諸使的權力就比安史亂前的尚書省還要大。這種侵權的組織到後來遍及軍事（樞密使、神策左右中尉）、刑法（三司使）、禮儀（禮儀使）及馬苑建築（閑廄宮苑使）等等，剝奪了原來的部、寺、監的職權。由此可知，唐代前期制度的組織原則是上下分層負責，後期則是縱的聯繫。前期制度的優點是權責分明，不容易發生弊端，但是上層機關對下層機構只能監督，而無指揮權，行政效率比較差，遇到亂世就無法因應，只好改為縱的聯繫與控制，這是安史亂後政局動盪的必然結果。

二、地方政治制度

隋代地方政制，在文帝初即位時以州郡數目過多，罷全國諸郡，將北周的三級制改為州縣二級制；未久又承襲北周之制，於重要的州置總管府，以刺史兼總管，統轄鄰近數州，又似三級制。煬帝廢總管府，改州為郡，改刺史稱太守，於是成為名符其實的郡縣二級制。

唐代的地方政區劃分，承襲隋朝為州、縣二級制（玄宗時州一度改稱為郡，仍為二級制）。除州、縣外，尚有府與道，府是州的同級單位，道則是州上的虛級單位。唐太宗貞觀年間，依照山河形勢分天下為十道，睿宗景雲年間增為十三道，玄宗時又再析為十六道。最初每道只設巡察使（後改置按察使，採訪使），監察州縣的政務，因此這時的道只屬於監察區，並未成為一種地方行政區劃。天寶年間，唐在沿邊設立十個節度使，肅宗又將巡察使改稱觀察處置使，以節度使兼任當地觀察處置使，使軍事區和監察區合而為一，雖然唐政府在正式組織法上，從未承認「道」為地方政府的一級，但事實上道已成為州、縣的上級單位，在實際政治運作上，已演變成道、州、縣三級制。

唐代地方行政的「府」有三類。㈠京都及行在府。設在京師、皇帝曾駐留過地方，或特別重要之處，如京兆府、興元府及江陵府等。㈡都

督府。都督府是由總管演變而來,多設在衝要地區,每府兼統數州軍事,卻不能完全控制各州政治,是一個軍事單位。㈢都護府。唐在邊疆設置都護府,以安撫蠻夷部落及抵抗外寇。都護府下轄羈縻府、州,而各羈縻府、州的都督、刺史則由各部落酋長充任。唐在全盛時期曾先後設置八個都護府,主要的有單于、北庭、安北、安東、安西及安南六個都護府,這些都護府所轄羈縻州縣對唐中央只是名義上的臣屬關係,並不像一般正式州縣必須擔負租調或兩稅的義務。

三、考選制度

隋開皇七年,文帝鑑於門閥的流弊,廢除九品中正制,改行貢舉,建立明經,秀才與賓貢三科,令諸州每年選送三人至京師參加考試。到隋煬帝大業年間,又設進士科,士人及第者授以官職,這是科舉考試的開始。唐承隋代科舉之法,並加以改進,使制度更為完備。唐代選用人才任官,有制舉與科舉兩種辦法,分述於下:

㈠制 舉

是由皇帝徵召以待非常之才者。制舉是一種不定期的考試,由皇帝自定科目名稱、親臨策試,由於制舉要選拔的都是「非常之才」,故一經錄取即授予美官,因此不少已經有任官資歷的官員,又再參加制舉,以求取君主的賞識重用。

㈡生 徒

唐朝於中央設立官學,學館畢業生徒可直接參加尚書省的考試,考取便可任官,這類出身稱為「生徒」。

(三)鄉　貢

專為不由學館出身的士人設立，應試士人先向州縣報名參加考試，合格錄取者即鄉貢舉人，可以赴京師與學館生徒一同參加考試。

唐代取士，由生徒進身的不多，制舉又不常舉行，因此以鄉貢最盛。鄉貢又稱貢舉或科舉，考試的科目眾多，主要的有：秀才、明經、進士、明法、明書、明算、童子等科，其中較著者為秀才、明經、進士三科。明經科考試以帖經、墨義及策問為主，由於及第容易，故不為士人所貴。而進士科則於帖經、時務策之外，還兼試詩、賦，不但及第困難，錄取名額又少，向為朝野所重，尤其自貞觀、永徽以後，唯進士一科獨盛，士人皆以進士登第為榮，縉紳雖位極人臣，若不由進士出身終不為美；唐高宗宰相薛元超就曾經表示：「吾不才，富貴過人，平生有三恨，始不以進士擢第，不娶五姓女，不得修國史。」把不由進士出身，當作平生第一恨事，深刻說明士人重視進士的心理。

唐代的科舉制度，由於取才任官有一公平客觀的標準，仕途不再為少數集團所壟斷，不論名門或寒士一律公平競爭，是一種比較優良的選才任官方法，因此自科舉制度建立以後，在中國延續千餘年，成為政府選用人才的主要管道。不過科舉考試注重文章詞藻，導致士人崇尚浮華；帖經墨義又束縛思想，讀書人埋首經籍間，不重視實際的「器物之學」，中國科學的落後這也是主要原因。

四、財稅制度

隋唐的賦稅制度大抵承襲北魏均田制，由政府授田給人民而徵其租賦。隋朝男丁年十八即授田百畝，其中八十畝為露田，種植農作物，二十畝為種植桑、棗、榆的永業田；婦女只受露田四十畝，露田老死還官，桑田則不須歸還。

　　唐朝改露田為口分田，桑田為永業田。男子年滿十八歲授田百畝，其中二十畝為永業田，身死可以傳後，不必歸還；八十畝為口分田，死後須歸還國家。年老殘疾、重病者給田四十畝，寡妻妾則授田三十畝。不過這種授田辦法只限於人少地多的「寬鄉」，田地不足的「狹鄉」則配田減半、或者更少。以工商業為生者，在寬鄉授田減半，狹鄉則不予配田。事實上，即使在寬鄉地區配田不足的情形也很普遍，尤其隨著時代的推移，政府擁有可供均田分配的土地愈來愈少，已埋下均田制度破壞的因子。初、盛唐時期國家常賦分為租、庸、調三種，自安史亂後，丁口死亡逃逸，戶口更難整理，均田還授制度破壞殆盡，德宗遂廢租庸調制，改行兩稅法。

(一)租庸調制

　　隋代的賦稅有田租、戶調與力役三種。租，是對田的徵稅；隋朝男女均可受田，故規定一對夫婦每年繳納粟三石，單丁則為一半。庸，是課徵力役；每丁每年為國家服力役二十日，是為役。調，即桑田之稅；規定凡是宜蠶之鄉，每年輸納絹一疋（四丈，後改為兩丈），加綿三兩；如受麻田者則輸納布一端（五丈），及麻三斤。

　　唐承襲隋代賦稅之制，仍行租庸調制。只是唐朝去除了女子授田的規定（寡妻妾除外），所以租稅的對象是丁男，每丁每年納粟二石，是為租。庸則每丁每年為公家服役二十日，不應役者可以交納絹布代替，以每日折絹布三尺計算；如政府有事需要增加力役，則加役十五日免除「調」，加三十日「租」、「調」全免。調是每丁按照當地出產繳納絹、綾、布等，如果是納絹，歲繳兩丈、綿三兩，繳納布者加麻三斤。唐代賦稅除了租庸調以外，還有一些徵調百姓為官員服役的雜徭（如守陵墓、執衣等）及雜稅（戶稅、地稅、青苗錢等）。例如戶稅及地稅的徵收，都是以戶為根據，不論王侯、士庶都需負擔，富者多繳，貧者少納，是一種比較公平的賦稅。

租庸調的原則是「有田則有租，有戶則有調，有身則有庸」，既無重斂病民的弊病，又可杜絕土地兼併，納稅項目清楚，負擔公平，符合儒家「為民置產」的精神，與前代相比，賦稅也較輕，具備輕徭薄賦的精神，可說是一種優良的稅制。唐代實施均田制以後，國家稅收大增；且因府兵制的士兵就是均田的農民，府兵授田後，為國家服役就要自備糧械，可節省大量軍費負擔，因此均田制的實行還維持了府兵制度。這種稅制雖然好，不過必須在社會秩序安定、人口流動不太大的地區，才能有效的實施，否則戶籍、田籍不清楚，必然滋生逃戶、規避徭役以及兼併土地情形，最終導致貧民失產、土地分配懸殊，甚至無田可配，逼使政府採行新的賦稅制度。

(二)兩稅法

均田制度的實施，有賴於戶政的良好。唐自武后以後，戶政不修，到了開元年間戶籍已紊亂不堪，均田難行，富豪趁機兼併，制度已然崩壞。安史亂後丁口嚴重流失，戶籍散佚，租庸調制無法再實行。因此德宗建中元年（780）宰相楊炎建議行兩稅法，實施的重點是：

1. 兩稅法徵稅的對象為「戶」。不論主戶或客戶，凡是居住在當地的，一律登記入簿成為納稅人。

2. 每戶納稅多寡，以該戶貧富情況為準，富有者多納，貧困者少納。

3. 政府財政收入原則是「量出以制入」，以大曆十四年為計算基準，來決定各州徵收的稅額。

4. 每年分夏、秋兩次繳稅，夏稅在六月底以前繳完，秋輸則在十一月前完納。

5. 賦稅的徵收以錢計算，不徵收絹、粟等實物。

6. 除兩稅之外，其他稅目一概取消。

兩稅法可以穩定國家的稅收，革除賦稅不公的弊病，由於採取「量出為入」的理財原則，國家用度也不致匱乏，這是兩稅制的優點。但是

兩稅法實施後，對人民只徵租而不授田，喪失「為民置產」的美意，而且兩稅「量出以制入」的原則，沒有節用的意味，與傳統儒家薄賦、節用的理財觀念不合。尤其兩稅初定時，規定除了兩稅之外，其他稅目一概取消，可是實際上政府的雜稅名目甚多，又是「有事加稅，無事不減稅」，直接加重了人民的負擔。另外兩稅的徵收概以「錢」計算，最初物重錢輕，人民的負擔還不重，但不久之後變成物輕錢重，等於變相加稅，更增加人民納稅的壓力。不過兩稅法卻具備了公平、固定、便利與容易施行的特質，成為後代稅制的基礎。

五、兵　制

㈠府兵制

隋朝承襲北周實行府兵制度，但更擴大徵調，以增加兵額，而且隋的府兵在實質上與北周有相當大的差異，北周府兵是軍民分離，府兵全部編入「軍籍」，與一般百姓的「民籍」不同。隋文帝平陳後，改革制度，把府兵編入民戶，府兵與民戶一樣可以授田，府兵戶除了有當兵的義務及免除賦調的權力以外，其他與一般民戶相同，從此府兵制兵民合一。全國的府兵分為十二衛，每衛置將軍一人，以分統諸衛之兵。兵府大多置於關中地區，以達到拱衛中央、兵權集中的效果。

唐朝兵制雖然沿襲隋代，但為因應時代變化，期間變動頗大。一般而言，唐代的兵制演變可以分為三個階段：唐初到玄宗時期採行府兵制，為第一個階段；第二階段由玄宗到安史之亂，此時府兵制敗壞，改用募兵制；從安史之亂到唐朝滅亡，中央禁軍與地方藩鎮軍分途發展，屬於第三階段。

唐初承襲隋代府兵制，而組織更為嚴密。高祖時兵府只設在關中地區，到了太宗才把兵府擴充到全國各地，共設置六百三十四個折衝府，

各地折衝府都有自己的名號；在集中軍權、拱衛京師的考量下，與隋朝一樣，折衝府多設在關中地區，占全國兵府總數的五分之二以上。全國的折衝府分統於十六衛，十六衛的總部都在京師，負責統領全國的兵府及宿衛京師。折衝府分為三等，上府有兵一千二百人，中府千人，下府八百人，估計太宗時全國府兵的人數超過八十萬人。政府在設置折衝府的地區，依據「先富後貧，財富若均，先取多丁」的原則選民為兵，中選者，二十歲開始服兵役，六十歲除役。府兵平時務農習武，到冬季農閒時，在折衝府的最高長官折衝都尉的率領下，做攻防演習。府兵平常有宿衛京師（又稱番上）的責任，遇邊疆有警，則需隨將出征，事畢將歸於朝，兵散於府，是一種兵農合一的徵兵制度。

　　歷來史家對府兵制度都頗為稱讚，主要原因有以下幾點：府兵平時可以農耕自給自足，國家不需要耗財養兵，有事臨時命將領兵出征，事畢府兵即解散，沒有武將擁兵自重的危險。同時府兵多由殷實農家選來，身體強健，而且基於愛護家園的心理，既使遇到危難、不合理的情況，也不容易叛變，效忠性很高。其他大多數的農民則可以安心務農，免除兵役的困擾。但是府兵制度的本身也存在很大缺陷。首先，府兵自費當兵需自備器械糧食，這對一般農民而言是一項很大的負擔。其次，國家有事才臨時命將領兵出征，兵將彼此不熟悉；府兵又多由內地調來，不論對戰地的氣候、地形或敵情都不瞭解，征戰效果當然大打折扣。因此近代有學者認為，府兵在宿守京師及守疆衛土上，雖然力有餘裕，但對外征戰的能力其實有限，因此唐代前期征鎮軍隊的主體，極可能是專為征行、鎮防目的徵召而來的「兵募」，故不可高估府兵在開疆拓土上的貢獻。除了兵募以外，羈縻州胡人組成的邊兵與城旁子弟等也是戰功彪炳，可見唐代聲威遠播的功勞，不可盡歸之於府兵。

(二)彍　騎

　　府兵制度為兵農合一制，與均田制的關係密不可分，但是唐自武后

以下，均田制度破壞，擔任府兵的農民在喪失土地後，已無力負擔裝備糧食，只有逃亡一途。尤其高宗以後征戍頻繁，府兵傷亡慘重，逃避兵役者愈多；再加上宿衛京師的府兵，多為權貴役使，形同家奴，社會地位低落。政府對之也日益冷淡，軍官歷年不遷，士兵死事無人聞問，因此人皆不願充任府兵，到玄宗時代府兵制度已全面破壞。

玄宗開元十一年（723），宰相張說以輪番宿衛的府兵不能按時到達，而且逃亡過多，出現兵額不足的情形，於是奏請將宿衛兵改為募兵，招募十二萬人為「長從宿衛」，次年改稱「彍騎」。自此之後，諸折衝府的士兵空缺，不再補充，府兵制雖未明文廢棄，但實際上折衝府已無兵可交，徵兵制變成募兵制，民兵改為職業兵，兵農亦分業。開元十三年（725）玄宗以彍騎分隸於十二衛，彍騎自此正式代替府兵，專師京城守衛，而邊境防務則委由節度使統領的邊兵。但到了天寶年間，彍騎逐漸腐化，招募雜濫又訓練不足，素質很差，幾無作戰能力。而此時節度使的募兵數目多又強悍，形成外重內輕的形勢，到安祿山興兵叛變，彍騎不堪一擊，唐室依賴藩鎮及異族之力，才能平定亂事。亂平之後藩鎮遍布全國，對朝廷構成嚴重威脅，皇帝所恃者惟餘禁軍。

(三)禁　軍

唐代京師的軍隊有南、北衙兵。南衙兵就是十六衛之兵，由府兵番上者所組成；北衙兵即禁軍，由招募而來，近似皇帝的私人衛士。兩者同為中央軍隊，共同負責保衛京師與宮禁。北衙禁兵成立於高祖時，武德年間由諸衛中選出精壯之士，號稱「屯營」。太宗由其中選出善騎射者，作為隨身衛士，稱為「百騎」。武后時擴充百騎為「千騎」，中宗又再擴充千騎為「萬騎」，並將其分為左右營，到了玄宗朝改萬騎為左右龍武軍。左右龍武軍與高宗時選取府兵成立的左右羽林軍，合稱為北門四軍，組成天子的衛隊。肅宗至德二年（757），以禁軍兵力單弱，又置左右神武軍，與原先的四軍合稱為北衙六軍。神策軍，原是隴右節度區內

的邊兵，於安史亂時入援中央，但以隴右淪陷不得歸，遂滯留於河南。唐代宗出亡河南時，以神策軍護駕有功，將其納入禁軍之列；尤其自德宗貞元十二年（796）以後，多以宦官充任左右神策軍統帥，宦官集團不但從此掌握中央兵權，神策軍亦因是成為禁軍中最盛大的一支武力，此後直到唐末，神策軍都是中央的主要軍隊。

第七節　隋唐的對外經略

隋唐時代在中國四境的異民族，東北有靺鞨（渤海國）、高麗、新羅及百濟，北方有東突厥、鐵勒、回紇活動在蒙古到新疆的廣大地區，西面的青海、西藏一帶則是吐谷渾與吐蕃的活動範圍，至於南方有南詔在雲南建國。其中對隋唐兩朝為患最烈的是突厥、高麗與吐蕃。

一、朝鮮半島三小國

隋文帝初年，高麗王屢次遣使入朝，卻又暗中和陳朝通好。隋統一中國後，高麗王大為恐懼，開始整兵積穀為戰爭作準備。開皇十八年（598）高麗王率靺鞨眾萬餘騎寇掠遼西，文帝遣漢王諒與王世積率水陸軍三十萬討之，高麗王大懼，遣使謝罪。而隋兵亦因疾病與缺糧，死亡十之八九不能再戰。此役雖未成功，但終文帝之世，未再對高麗用兵，高麗也對隋表示恭敬。

煬帝大業三年，詔高麗王入朝，高麗王畏懼不奉召，並於遼水沿岸暗中設防以禦隋，煬帝於是傾全國之力征伐高麗。第一次在大業七年（611），發水陸兩軍一百一十三萬人，諸軍分道而出，預期在高麗首府平壤會合，結果海陸兩軍俱敗，逃回遼東的只有二千七百人。經過這次失敗，隋朝損失的人力、物力十分可觀，理應休養生息；更何況高麗對

隋朝而言，並無立即、嚴重的威脅，實無必要在短時間內再發動戰爭。煬帝卻無視大局，又在大業九年（613）第二次征高麗，結果戰事緊急之際，負責督運糧械的楊玄感在黎陽起兵反叛，許多達官子弟都加入陣營，聲勢頗為浩大，煬帝迅速撤軍，彌平楊玄感的亂事。隔年，煬帝無視國內的民怨，又再發動第三次征伐。高麗經過前兩次的戰爭，已是民窮財盡，無力抵抗隋軍的再度攻擊，於是遣使請降；結果兵退以後，高麗王仍然不肯入中國朝貢，再次證明遠征高麗只是一場徒勞無功的行動。

從實際狀況來看，煬帝征高麗只是要高麗王入朝，為了達到這個目的，無視征高麗所需面臨的諸多困難，如遙遠而困難的補給線、遼東漫長的冰封期與降雨期等。近代史家認為煬帝的三征高麗，是以虛榮、不服輸的心態，在打一場難以求勝的戰爭。結果不但損害隋朝威望，還造成民怨沸騰，國家動亂，成為隋朝覆亡的重要原因。

唐初，朝鮮半島分為高麗、新羅、百濟三國。高祖時高麗王高建武遣使來朝，高祖以隋為鑑，接受其稱臣，並冊封高建武為遼東郡王、高麗王。貞觀十七年（643），高麗權臣泉蓋蘇文弒主，專擅國政，並屢次聯合百濟侵略新羅，唐朝勸阻無效，太宗遂決意親征高麗，貞觀十八年（644）以李勣、張亮為行軍大總管，分海、陸兩道進擊平壤。最初軍事行動進行頗為順利，唐軍連續攻下蓋牟、卑沙、遼東諸城，但是高麗軍死守安市城，與唐軍相拒六十日，太宗眼見天氣漸寒，無法繼續作戰，只得下詔班師。這次的遠征，總計攻拔高麗十城，遷移高麗戶口七萬人入中國，只是仍然沒有達到屈服高麗的最終目的。太宗回軍後，高麗隨即入貢，但仍繼續侵略新羅，對唐無禮，太宗兩次遣將討伐均無大功。二十三年（649）太宗又命造船儲糧，準備大舉進攻高麗，結果事未發而駕崩，征伐之事因而停止。

高宗繼位後，朝鮮半島三國都遣使入貢，但是高麗仍然與百濟聯合，侵略新羅，新羅向唐求救。高宗認為高麗與百濟之所以難以平定，是倚仗日本援助的緣故，遂改變戰略，先攻擊百濟斷絕外援，再征討高麗。

顯慶五年（660）唐以蘇定方率軍渡海擊百濟，一舉攻下首都，百濟王率
羣臣投降。同時日本亦遣水師援救百濟，龍朔三年（663）唐將劉仁軌大
敗日軍於白江口，燒毀日本船艦四百艘，百濟全境於是完全平定。百濟
既平，高麗陷於腹背受敵局勢，但仍然不屈服。乾封元年（666）泉蓋蘇
文死，諸子內鬨，唐遣李勣率軍進討，唐軍連戰皆捷，總章元年（668）
攻下平壤，高麗王投降。唐在高麗設立九都督府、四十二州，並置安東
都護府於平壤。

　　唐之所以屢征高麗，主要目的是為了保護新羅，但是高麗、百濟平
定後，新羅卻又猖獗起來，不但收容高麗叛眾，還侵占百濟故地，高宗
先後以劉仁軌、李謹行討平之。至此朝鮮半島完全平定，但是帝國西南
的吐蕃勢力漸盛，唐室不得不分心對付，對於朝鮮半島的控制力也逐漸
減弱，從安東都護府設置地點的逐步內縮，先由平壤移到遼東，玄宗時
又再遷至營州，可見唐朝已經失掉對遼水以東的控制權。

二、東突厥

　　隋初最大的外患是來自北邊的突厥，文帝即位時，北周千金公主曾
泣請沙缽略可汗出兵為周報仇，文帝為此沿邊設防，屯兵數萬以禦之。
開皇五年（581）突厥內亂，四可汗爭立，隋採用長孫晟「遠交而近攻，
離強而合弱」的離間之計，使得各可汗間彼此猜疑，互相攻擊，而分為
東、西突厥。東突厥活動於大漠一帶，開皇五年曾遣子入朝，屈服於隋，
但不久兩可汗爭權發生內亂，文帝扶持突利可汗（後賜名啟民可汗），
先後嫁安義公主與義成公主予啟民可汗，助其招撫餘眾，於是東突厥臣
屬於隋。煬帝時裴矩欲效法長孫晟的離間之計，可惜行之不得法，為啟
民之子始畢可汗看穿，又恨裴矩擅殺其部下，乃於大業十一年（615）煬
帝北巡時，將其圍困在雁門，幸義成公主詐稱北邊有急，始畢才解圍而
去。雁門之圍後隋朝本身陷於內亂，自顧尚且不暇，給突厥良好發展機

會，實力大為增強。

　　隋末中國內亂，東突厥再度強盛，當時整個漠北地區，西從契丹，東至高昌皆臣屬於突厥。隋末中國起兵的羣雄都曾向其稱臣，唐高祖於起兵之初，也和他聯絡，以金帛為酬換取援助。突厥不欲中國統一，對每個起兵者都給予支持，因此唐逐一討平羣雄後，突厥大為不滿，更是頻年入寇。武德九年（626）趁太宗初即位，還侵入渭水北岸，太宗冒險親到河邊，許突厥以重利，才得退兵。

　　貞觀初年東突厥大雪成災，人畜死亡慘重，同時頡利可汗又與其姪突利可汗衝突，突利不堪頡利的壓迫向唐朝投降，給唐朝一個復仇的好機會。貞觀三年（629）太宗以李勣、李靖率兵十餘萬北伐，大敗突厥，頡利被俘；太宗採納溫彥博的建議，把突厥降眾安置在幽州到靈州間的邊塞上，為唐守邊，這些人後來成為唐朝對外軍事的主要武力來源，為唐立下汗馬功勞。東突厥滅亡後，漠南盡為唐有，於是四夷君長共尊太宗為「天可汗」。

　　唐高宗調露元年（679）東突厥首領阿史德溫傅反叛，單于大都護府管內二十四州酋長皆起而響應，眾至數十萬，唐雖派兵討平，但仍然叛亂時起，未曾終止。武則天稱帝後，東突厥勢力愈強，聖曆元年（698）默啜可汗還一度入寇，大肆殺掠而去，自此之後連年寇邊。直到玄宗開元初年，默啜因衰老昏聵，部眾叛離，其兄取而代之後，才與唐維持和平關係。開元二十二年（734）以後突厥內部大亂，玄宗趁機出兵討擊，大獲全勝，天寶四年（745）東突厥餘眾歸降唐朝，從此東突厥阿使那王朝結束，回紇則取代了東突厥的地位，成為李唐北方的強大外患。

三、西突厥

　　西突厥疆域很廣，從阿爾泰山以西經新疆北部到中亞細亞，都屬其統治範圍，控弦之士數十萬，國勢十分強盛。武德初年，高祖想利用西

突厥來牽制東突厥，曾對其多方結好。貞觀初年西突厥連年內亂，終於在十二年（638）分為東、西兩部，彼此相互攻伐，西域諸小國也分屬於兩部。高宗永徽二年（651），西部西突厥沙鉢羅可汗統一了西突厥的東、西兩部，入寇唐境，顯慶二年（657）高宗命蘇定方討平之，並在原來西突厥的統治區內廣設州府，隸屬於安西都護府之下，於是唐的西境遠至今日伊朗與裏海。

高宗時代，西突厥一度與吐蕃聯合侵略安西，唐用裴行儉計謀打敗西突厥，從此西突厥日漸衰落。武后之時東突厥勢力再起，西突厥受其侵略散亡殆盡，天授元年（690）西突厥殘部七萬人投唐，入居中國內地。中宗之後，西突厥又在原地興起，實力已衰微許多，雖然曾入侵唐境，都為唐軍所敗。後曾一度降服於突騎施，但到肅宗以後，回紇興起，突厥餘眾又轉依附於回紇，不再成為唐的外患。

四、經營西域

魏晉南北朝時，因突厥強大及吐谷渾的崛起，阻斷了西域之路，北朝與西域諸國並沒有密切的聯繫。隋文帝時啟民可汗內附，煬帝又擊破吐谷渾，西域之路復通，煬帝對西域相當有興趣，派裴矩為互市監，除招徠胡人前來貿易外，又利誘西域人朝觀京師。大業五年（609）煬帝西巡燕支山，西域的高昌、伊吾等二十七國還曾晉謁煬帝、貢獻寶物。

隋末中原大亂、西域諸國又再臣服於西突厥。唐初，伊吾與鄯善相繼內附，西域西南部分地區又重入唐朝版圖。貞觀十二年（639），西突厥內亂，勢力大衰，予唐重新經營西域的機會；由於高昌位處西域各國入唐必經之路，卻勾結突厥，斷絕貢道，於是成為太宗經營西域的第一個對象，派遣侯君集、薛萬徹率兵討伐，並在高昌敗降後，於其地置安西都護府，留兵鎮守，確保此後東西交通的暢通。龜茲位於高昌西面，亦處中亞往來中原交通大道上。唐高祖時龜茲曾遣使入朝，到貞觀二十

一年（647）後對唐漸失臣禮，又侵略鄰國，唐太宗遂令阿史那社爾、郭孝恪率兵征討，攻破龜茲、疏勒、于闐等國，至高宗顯慶二年（657）平西突厥後，再將安西都護府由高昌遷到龜茲，唐在西域的威勢達於頂點。不過高宗末年以後，吐蕃興起，時常北侵安西地區；而西方的大食也在此時昌盛，向東方發展，影響唐在西域的威權，殆安史亂起，中原陷於戰爭內亂中，吐蕃遂取代唐在西域的地位。

五、吐　蕃

　　吐蕃的國土主要在青康藏高原地區，距離中國遙遠，唐代以前與中國並沒有來往。相傳其第一代國王為仰賜贊普，約與中國的漢文帝同時，到第三十一世棄宗弄讚，才開始與中國交通。貞觀八年（634）棄宗弄讚遣使朝貢，並向唐朝求婚，太宗不允，吐蕃懷疑是吐谷渾從中作梗，遂發兵攻打吐谷渾，又破党項諸羌，入寇松州。貞觀十二年（638）唐以侯君集督師討伐之，敗吐蕃於松州城下，弄讚遣使謝罪又再向唐求婚。十五年（641），唐以宗室女文成公主下嫁弄讚，文成公主好佛，弄讚特為她修築寺院宮室，中國文化及佛教也因此傳入吐蕃；弄讚還派遣子弟入唐國學，學習詩書，並聘請中國人典掌表疏，吐蕃因此漸染華風。

　　高宗時棄宗弄讚死，吐蕃又再反叛，擊破吐谷渾，雄霸西土。咸亨元年（670）高宗派薛仁貴討伐，結果大敗於大非州，士卒死傷殆盡，吐谷渾遂為吐蕃吞併，從此年年寇唐，党項諸羌亦盡入吐蕃手中，成為唐朝西陲嚴重邊患。武則天掌權後，首先收復淪陷於吐蕃的的安西四鎮，景龍四年（710）中宗又以宗女金城公主嫁贊普棄隸宿贊，邊境得以維持一段安寧的時日。開元年間，吐蕃自恃強大，與唐函件用平等稱謂，又進寇甘州，勢力更為猖獗，玄宗先後數度發兵討擊之，雖小獲勝利，但是犧牲慘重。到安史之亂爆發，唐邊防守軍內調，吐蕃遂乘機占領西部廣大地區，又聯合回紇入侵，成為中唐以後唐朝的大敵；一直到德宗以

後「聯回制吐」策略確立，唐與回紇、南詔、大食諸國聯兵討伐之，吐蕃勢力才衰微下來。

六、回　紇

回紇是鐵勒諸部之一，分布在突厥的北邊，民風剽悍善戰，精於騎射，突厥強大時，常依附為附庸。唐初，回紇叛離東突厥頡利可汗，成為薛延陀的附庸。太宗貞觀十九年，薛延陀多彌可汗在位，因猜忌好殺，不為部眾所喜，回紇遂趁其新敗於唐朝時，與其他部落共擊薛延陀，殺多彌可汗，盡得薛延陀故地。此後唐與回紇維持了十餘年和平關係，並一度出兵助唐討伐高麗及西突厥，但到高宗龍朔元年（661）一向與唐親善的回紇酋長婆閏去世，繼任酋長聯合鐵勒諸部犯邊，高宗以薛平貴討伐之，並徙燕然都護府於回紇，更名為瀚海都護府，回紇酋長皆受都督官職，受唐朝管理。

武則天時東突厥復盛，回紇一度臣服於突厥，但至開元末期東突厥內亂，回紇又與唐朔方節度使王忠嗣合攻突厥，到天寶四年（745）回紇已完全占有東突厥故地，成為當時北方第一強國。雖然如此，他與唐朝邦交尚稱敦睦，直到安史亂起，還曾四次遣兵入援，助唐收復兩京。肅、代兩朝為了抵禦強大的吐蕃，都採取聯絡回紇以抗吐蕃的政策，肅宗還將幼女寧國公主及榮王之女小寧國公主嫁給回紇可汗，以維持雙方良好關係。不過回紇是一個貪財的民族，每戰必索報酬，又對唐要求「絹馬交易」，以他特產的馬一匹，交換四十匹絹。馬是戰爭決勝的重要關鍵，中國內地不產馬，向回紇交易，雙方各取所需，本來是順理成章的事，只是回紇貪得無厭，交換的馬體質弱劣，根本不堪作戰，回紇以大量劣馬向唐傾銷，據保守的估計，僅代宗朝的十七年，唐在買馬上就用掉絹一千五百萬匹以上，但因有求於回紇，也只好容忍。

德宗即位後，因其為雍王時曾出使回紇，受到很大侮辱，故對回紇

甚為厭惡；同時有一些唐朝將領，對回紇的驕橫也深感不滿，亟思加以制裁，德宗遂與回紇絕交，轉與吐蕃議和。但是吐蕃自始即無遵守約定的打算，不但照樣入侵，貞元三年（787）還趁與唐會盟時，伏兵誘殺唐將渾瑊。德宗於是接納李泌的建議，再恢復連回抗吐的政策，自此之後，歷經順、憲、穆、敬、文宗諸朝，雙方一直維持友好關係，不過絹馬交易帶來沈重的經濟負擔，唐為此付出的代價頗為可觀。

七、南　詔

　　南詔本是居住在今雲南省西部的蠻族六部之一，高宗時曾遣使入朝，玄宗年間南詔開始強大，合併六詔為一國，威服羣蠻，成為唐朝南陲邊患。在開元以前南詔雖有擴張領土的野心，但對唐室尚稱恭敬；天寶九年，西川將領鮮于仲通與玄宗佞臣楊國忠狼狽為奸，迫使南詔叛唐而臣吐蕃，唐雖數次派兵討伐，盡皆鎩羽而歸，總計因征伐南詔而喪失的士卒，多達二十萬人。

　　代宗時，南詔苦於吐蕃的賦役壓迫，於是脫離吐蕃獨立，但並未依附於唐，係依違兩者之間，時與吐蕃合兵寇掠西川諸州，或受唐招降，與蜀人相安無事。宣宗大中十三年（859）南詔王死，世子世隆繼位，唐室以他的名字與太宗、玄宗名諱相近，不行冊禮。世隆乃自稱皇帝，國號大理，並派兵攻擊播州，又向東南發展，與安南聯兵，兩陷交趾，兵鋒所及深入黔桂地區；又傾國犯蜀，圍攻成都。直到僖宗朝高駢為西川節度使，大修守備，南詔本身也因干戈頻興，國力衰竭，才接受中國的招降，從此不再入寇，直到滅亡前一直與唐維持著和平關係。

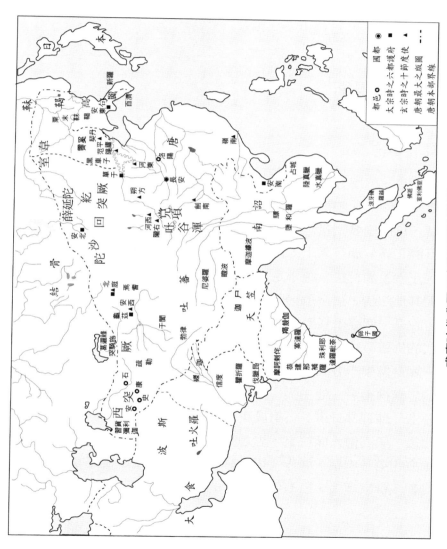

盛唐時代我國四鄰與亞洲形勢圖

本圖係錄自王壽南《隋唐史》。

第八節　隋唐學術宗教與社會風習

一、隋唐學術

(一)經　學

東晉以後，經學分為南北兩派，兩派各有所宗，治學方法也不盡相同。隋時南學漸盛，陸德明作《經典釋文》，偏重南學而風行一時。到唐太宗時，以儒學多門章句繁雜，命孔穎達、顏師古等綜合南北經說，撰成《五經正義》頒行天下，作為明經考試的標準，自此經學統一。但自《五經正義》頒行後，經學定於一尊，於是學子們只讀《五經正義》而不研習其他注疏，更不敢另闢異說，反而阻礙了經學研究的進步，因此唐代可說是一個經學衰微的時代。

唐代的佛學發達，才智之士競相投身佛學研究，對正統儒家思想欠缺興趣，顯得儒學十分衰微。例如韓愈，不但是唐代的大文豪，也是儒家思想的忠實擁護者，他主張「文以載道」，所謂的「道」，就是儒家思想；曾上〈諫迎佛骨書〉，對於唐代佞佛的風氣，甚不以為然；但他貶到潮州後，與高僧大顛往來，思想頗受影響，排佛的態度也不如以往強烈。韓愈的弟子李翱，曾作〈復性書〉，表面上是遵循儒家經典，其中卻夾雜許多佛家理論，已有儒釋合一的跡象，被認為下開宋代理學的先河。

(二)文　學

隋唐的經學、儒學雖不發達，文學卻粲然可觀，是中國文學史上的

黃金時代。隋唐承續魏晉南北朝之民族大融合，受到邊疆民族文化的影響，文學呈現出健壯、活潑的氣質。尤其唐代國勢強大，視四夷如手足，對於各種文化都能包容並存；再加上社會安定、經濟富足，也助長了文學的發長。

1.詩與詞

隋代詩歌樂府盛行，著名的詩人有薛道衡、虞世基、李德林、王冑、盧思道、楊素等人；隋煬帝也喜歡作詩，尤以樂府歌辭為佳，文句綺麗，音調和諧，雖多描寫宮廷淫侈生活，仍不失為佳作。

唐代為中國詩歌的黃金時代，上有朝廷進士科舉的提倡，下有樂工倡伎的傳誦，故名家輩出，作品的數量也達到空前。清乾隆皇帝敕撰《全唐詩》，其中詩作四萬八千九百餘首；作者二千三百餘人，廣及社會各個層面，上至皇帝、王公大臣，下至道士、妓女，無所不有，可見詩歌的普遍流行。唐詩大致可分為古詩、律詩及絕句三種。古詩源起於兩漢，有五言、七言之分，律詩創於南朝齊武帝時，也有五言、七言的分別，其格律及形式到唐朝才完備；絕句起源於南北朝，每首限四句，最初為小型古詩，沒有一定的格律，到唐演變為小型律詩，始稱絕句。

唐詩依其時代先後及風格，可分為初唐、盛唐、中唐及晚唐四個時期：

(1)**初唐**　由高祖武德四年起，到睿宗太極元年（618～712），前後共九十五年，是唐詩的發軔時期。這一時期著名的詩人有王勃、楊炯、盧照鄰、駱賓王等初唐四傑，以及上官儀、沈佺期、宋之問、陳子昂等。

(2)**盛唐**　由玄宗開元元年到肅宗永泰元年（713～765）的五十二年，是唐代詩壇的全盛時期，名家輩出，爭妍鬥麗。這一時期著名的詩人很多，舉其要者有：張九齡、王維、孟浩然、李白、杜甫、高適、岑參、王昌齡等。其中尤以李白、杜甫最為傑出，人稱「詩仙」與「詩聖」。

(3)**中唐**　從代宗大曆元年起，到文宗太和九年（766～835），這一時期的詩作雖然強調技巧，更注意內容的深刻化，但作品風格未能突破

盛唐而有創新。著名的詩人有劉長卿、李端、韓翃、盧綸、吉中孚等所謂的「大曆十才子」，以及韋應物、柳宗元、張籍、韓愈、元稹、白居易、孟郊、賈島、李賀等。

(4) **晚　唐**　由文宗開成元年到昭宣帝天祐三年的七十一年（836～906），是唐詩的結束時期。這段時期政治衰微，詩格也日趨卑下，氣度狹促，缺少蓬勃健壯之美。晚唐著名的詩人有杜牧、李商隱及皮日休等。

「詞」是「典子詞」的簡稱，尤是歌詞的意思。隋唐時期，中國本土的傳統樂和西域音樂融合成一種新音樂，即所謂的燕樂，「詞」即是配合燕樂用以歌唱的一種文學樣式。詞的樂譜甚多，各有一定的格律，作者必須按譜填詞，不可逾越。最初詩人如戴叔倫、韋應物、劉禹錫、白居易等，都有依曲拍而為長短句的詞，但是不論意境或風格，都未脫離詩的範圍。直到晚唐溫庭筠專力於詞的創作，詩歌形式才完全成熟，詩與詞也正式區分。詞成立於中唐時期，五代時臻於成熟，宋之後詞的發展達到高峰。

2. 小　說

(1) **筆記小說**　唐代的筆記小說頗多，它的性質類似軼事掌故，是作者將所見、所聞紀錄下來的短篇小文。其中較著名者，如：劉餗《隋唐嘉話》、張鷟《朝野僉載》、王仁裕《開元天寶遺事》、李德裕《次柳氏舊聞》、李肇《唐國史補》等等，所記多有根據，可作為史料的參考。此外，尚有記載風俗掌故及地理的筆記，如劉恂《嶺表錄異》、柳宗元《龍城錄》等，雖然當中紀錄不少怪誕傳聞，但所記地理、風俗卻頗為真實、可貴，可以補充正史之不足。由此可知，筆記小說在史學上的貢獻，遠大於文學上的價值。

(2) **傳奇**　唐代以後，小說的體裁變得曲折而有組織，進入成熟的階段，發展出一種傳錄奇聞的文體「傳奇」。唐代傳奇不但著作數量多，而且故事動人，文辭華麗，有些作品已具有高度的文學價值。傳奇就性

質而言，可以分為愛情、俠義與志異三大類。

甲、志異類：是敘述神奇異想的小說，唐代傳奇中以這一類作品最多，較著名的有：沈既濟《枕中記》、李公佐《南柯太守傳》、王度《古鏡記》等等。

乙、愛情類：敘述才子佳人風流韻事的小說，具代表性的作品有：蔣防《霍小玉傳》、白行簡《李娃傳》、許堯佐《柳氏傳》、元稹《鶯鶯傳》等等，都是情節曲折、文筆動人的著作。

丙、俠義類：這一類傳奇以記述俠士、俠女為主，其中著名的有：張說《虯髯客傳》、楊巨源《紅線傳》及裴金刑的《崑崙奴傳》與《聶隱娘傳》等等。

以上這些著作，雖然文體仍傾向駢麗，但是行文簡潔，敘事婉轉曲折，不但為當世傳頌，而且成為元、明戲劇家改寫的資料。

(3)**變　文**　變文是唐代佛教徒為宣講教義所使用的一種文體。唐佛教興盛，雖然主要佛經都已經譯出，但是文字深奧，不利於宣傳，因此俗講僧用通俗語言在民間講唱佛經故事，他們所講的腳本，就是變文，即「改變佛經原文演為通俗故事」的意思。後來為文士採用，用來演唱民間故事，於是這種韻、散文夾雜而文白兼用的文體，便逐漸發達成為民間文學。後世的話本小說、章回小說及彈詞都源於此。

(三)史　學

唐代十分重視修史的工作，不但設立起居郎及起居舍人為專職史官，太宗還成立史館，這是中國史官制度上一大轉捩點。此外，官修國史的風氣也是由唐開始，在政府的支持下，先後完成了數朝的歷史，例如房玄齡的《晉書》、姚思廉《梁書》、《陳書》，令狐德棻的《周書》、李百藥的《北齊書》，以及魏徵的《隋書》等。在私人著述方面，則有李延壽的《南史》與《北史》。這八種史書後世均列入正史，成為二十四史的一部分。除了修撰前代歷史，唐代注史的風氣也很興盛，在這方

面的名著有：司馬貞《史記索引》、張守節《史記正義》、顏師古《漢書注》，以及李賢（章懷太子）的《後漢書注》等，都是考證精密的重要著作。

在典章制度的紀錄方面，最著名的當屬《通典》，這是中國成書最早又最豐富的政治制度史，體大思精，簡而得要，是一部廣受好評的政治史寶典。《唐六典》成書於玄宗開元年間，是一部專記唐代前半期官制、職掌的書籍，敘述詳細，是研究唐代政治史不可或缺的史書。劉知幾的《史通》是中國第一部討論史學的專書，對過去歷史著作成果作了一次總分析與批評，內容廣博，見解精闢，實為史學方法的名著。

二、隋唐宗教

㈠佛　教

佛教於兩漢之際傳入中國，因社會動亂不休，人們祈求由宗教獲得心靈的安寧，而逐漸興盛起來。南北朝時代，南朝君主多崇信佛教，其中如宋明帝、齊明帝及梁武帝信仰尤其虔誠，更加速了佛教在南方的發展。佛教在北方也擁有廣大的信徒，雖經北魏太武帝與北周武帝的滅佛，並沒有摧毀佛教的基礎，社會崇佛風氣依然不衰。隋文帝由於本人信仰佛教，所以大力提倡，不但詔令全國都邑廣建佛寺，聽任百姓出家，又令計口出錢以興建佛寺及抄寫佛經。煬帝也信奉佛教，曾向天臺宗智者大師受戒，還設置翻經館及翻經學士。佛教在兩位君主的提倡下，發展十分興盛。

唐初，由於佛教信仰過盛而出現一些弊病，高祖也不滿當時的僧道逃避徭役，不守戒律，曾打算要淘汰天下僧尼、道士，因發生玄武門之變，未能實際執行。唐太宗雖崇信道教，但未排斥佛教，到貞觀中葉以後，對佛教態度還轉為積極，支持玄奘的譯經工作。高宗、武后及中宗

都篤信佛教，在這幾位君主的提倡下，佛教更加興盛。玄宗時代雖曾淘汰僧尼，但是佛教信仰已經生根，並未造成影響，自此之後的唐代皇帝，除了武宗曾有「會昌滅佛」舉動外，餘皆都信奉佛教，佛教於是成為民間的普遍信仰，散布到社會的各階層和角落。

　　隋唐是中國佛教的全盛時期，經過魏晉以來長時期的發展，佛學也在此時漸趨成熟，除原傳入的宗派以外，又自創宗派，使佛學更為中國化。魏晉南北朝流行的宗派有成實、淨土、三論、涅槃、律、地論、攝論、毗曇、禪等，大都承襲自天竺，未有新創者；到了隋唐時代，由於中國人對佛學的長期研究，已能積聚心得創新佛學，例如隋唐新增加的天臺、華嚴、法相、俱舍、真言（又稱密宗）等五個宗派，其中天臺宗及俱舍宗就是由中國人創立的。禪宗雖源於印度，在印度卻一無進展，反而在中國發揚光大，把佛教從繁文縟節，繁瑣的思辨和天竺的形式中解放出來，使之更為簡易化和中國化，禪宗的這種變化，可以說是佛教史上的一大革命，自此之後，禪學滲透到中國人的生活中，中國的詩、畫及學術思想都感染了禪的意味。

㈡道　教

　　隋朝因兩位皇帝崇信佛教，道教始終不振。到了唐朝，由於高祖認老子李耳為遠祖，對道教十分尊崇。太宗將老子地位提昇於釋氏之上。高宗不但屢加尊號於老子，又稱老子之書為《道德經》，命王公百官皆需學習。玄宗對道教信仰尤深，在兩京及諸州設置「崇玄學」，使學士應貢舉，以提倡道學的研究。由於皇帝的提倡，道觀興建也遍及天下，根據《新唐書・百官志》的記載，全國道觀有一千六百八十七所，僅長安城中就有三十餘所，可說是道教的興盛時代。玄宗之後佛教雖再度繁盛，道教卻未因此衰微；武宗還採用道士趙歸真之言，於會昌五年（845）下令毀壞佛寺四萬餘所，迫令二十六萬僧尼還俗，沒收寺產良田，佛家稱此次事變為「會昌法難」，與歷史上另兩次滅佛行動合稱為

「三武之禍」。但到宣宗以後又開佛禁，皇帝本人也信奉佛教，道教的地位再度降低。唐朝的道教以其與皇室的密切關係，雖然從未遭到嚴重打擊，卻不如佛教的流傳廣布與影響深遠。

道教能得到唐室的歡心，除了用它證明李氏是出自「神裔」的政治目的外，能進獻長生不死的丹藥也是主要的原因。唐代食藥之風本來就相當流行，中唐以後諸帝與大臣尤喜服食道家丹藥以求長生，太宗、憲宗、武宗、宣宗的死亡，都與長期服食丹藥有關，可見道教在當時的影響力。不過道教除了《道德經》以外，缺乏深具智慧的經典，不如佛藏博大精深；一些宗教儀節也不如佛教合理，因此得不到知識階層的尊奉，也難獲一般民眾信仰。

(三)其他宗教

流行於唐代的宗教，除了道教是創自本土以外，其餘都是外來宗教，當中除了佛教以外，還有景教、祆教、摩尼教及回教等。景教為基督教別派，於貞觀年間傳入中國，太宗下詔在長安建波斯寺，其後又在諸州建立寺院；玄宗時以景教出自大秦，改名為大秦寺。到了德宗朝，大秦寺僧景淨為記述景教德業，立「大秦景教流行中國碑」於長安。武宗禁教，景教與其他外教同遭禁斷，宣宗時雖然弛禁，但景教已經衰微。

摩尼教傳入中國始自武后時代，玄宗開元年間雖然一度禁止中國人民崇信，但仍允許西域人信奉，及安史亂起，信仰摩尼教的回紇人入援，才開始興盛起來，代宗曾敕令建摩尼大雲光明寺於長安，其後又應回紇要求在荊、揚、洪、越諸州及太原、河南兩府建立光明寺。唐為拉攏回紇才興建摩尼寺，到武宗初年回紇為黠嘎斯所滅，唐於是停廢江淮等地摩尼寺，至排佛事起，摩尼教也隨其他宗教一併罷廢，不過此教在諸新教中實力最強，信徒也最強悍，一遭武宗禁止，即紛紛起而反抗，仍然私組教會傳習，直到唐亡仍未止歇。

回教約在高宗初年由海路傳入中國，最初只在廣州一帶流行，安史

亂後，大食人來華經商者漸多，遂請於互市地區建立寺院，於是寺院愈多，但仍限於南方地區。此外，回教也隨著大食勢力的東漸，傳入中亞及天山南路。不過回教在唐宋時期並不興盛，一直要到元朝以後，才流傳於中國各地。

三、隋唐社會風習

隋唐承襲魏晉南北朝遺風，是一個受外來文化影響很深的時代，又由於李唐王室出自北朝胡化漢人，對於夷夏觀念十分淡薄，盛唐時期雖然屢次對外征討，但只要外族降服，便待之如手足，不加猜防。在夷夏一家觀念下，外族入居中國的為數極多，依據學者統計，從貞觀初年迄天寶末的一百二十年間，外族入居中國者至少在一百七十萬人以上，不但文化隨之傳入，當中又有不少人與中國人通婚，所以唐代無論在血統或文化上，都受到外來的影響。

唐人勇於吸收外來文化，除了表現在接納各種宗教以外，日常生活中的食衣住行也普遍受到影響，這種胡化風氣在玄宗年間表現最為明顯，安史之亂以後，唐人夷夏觀念逐漸增強，胡化風潮才隨之轉淡。唐人普遍喜好西域的歌舞、技藝與衣食；以西域的音樂最為流行，不論是龜茲樂、疏勒樂、西涼樂、安國樂、康國樂及高昌樂都獲得各階層的喜愛。由於西域音樂多與舞蹈配合，如胡旋舞、胡騰舞、柘枝舞、渾脫舞等也因此傳入中原，這些動作迅捷，音樂輕快活潑的舞蹈非常流行，不但受到士庶的歡迎，而且深入宮中，得到統治階層的喜愛。娛樂方面如波羅球（類似今日馬球）、繩技、潑寒（又名乞寒）、雙陸（類似今日跳棋）等都由西方傳來。此外如葡萄酒、燒餅等胡食，以及窄領、小袖、短衣、長靴等胡裝，均風靡一時；《舊唐書・輿服制》記載開元末年，貴人御饌盡供胡食，女士皆衣胡服，就是這種情況的最好寫照。不過到了安史亂後，唐人喜好胡風的情況已有所轉變，白居易詩云「小頭鞋履窄衣裳，

清黛點眉眉細長，外人不見見應笑，天寶末年時世妝。」可見天寶之際的胡妝，到了憲、穆宗時代，已成為世人駭笑的對象。這種轉變與唐人夷夏觀念改變，對異族文化逐漸歧視有很大的關係。

在社會風俗方面，唐人沿襲魏晉南北朝以來的一些胡人獨特風氣，都是以往儒家社會比較少見的，例如殘殺、淫亂、功利主義、女權較高、財婚等等。流風所及，唐代士大夫大多好干謁競進，熱中權勢，生活奢侈浪漫，以至於政治社會風氣不良，都與功利主義有關；嗜欲多則天機淺，史家認為唐代除了少數僧侶外，欠缺大思想家，反而是「能臣」極多，就是受這種風氣的影響。

第九節　五代十國

五代十國，是唐宋朝間的一個動亂分裂時代。五代是指唐亡之後，原先在黃河流域割據的藩鎮，所建立的梁、唐、晉、漢、周五個朝代。為避免與前朝同名的朝代相混，後人把每朝加上一個「後」字，稱為後唐、後梁等。五代自朱全忠（梁太祖）篡唐起，到後周趙匡胤陳橋兵變建國止，共計五十四年。每個朝代的國祚都很短促，梁十六年，唐十三年，晉十一年，漢四年，周十年，這在中國歷史上是一個很罕見的例子。五代存在的時間雖然短暫，但史家以其上承李唐，下啟趙宋，故將之列為朝代更替的正統。

十國也都是由藩鎮演變而成，在朱全忠篡唐前後，各地節度使相繼稱王獨立，逐漸形成十國，其中包括前蜀、吳、吳越、閩、楚、南漢、荊南、後蜀、南唐及北漢。他們興起的時代不一，滅亡的時間也先後不同。十國中除了北漢立國在黃河流域以外，其餘九國都在南方。其實當時與五代並立的並不只這十國，大概史家為求數目整齊，故有此稱謂。十國中有將近半數的國家，國祚都超過整個五代時期，整體而言，十國的

政治不但比北方安定，也因戰爭動亂較少，經濟文化發展也超越了北方。

一、五代的興亡

(一)後 梁

西元九○七年，朱全忠篡唐自立，國號梁，建都汴梁（後又遷都洛陽），是為梁太祖。當時的割據諸鎮，除了梁以外，尚有晉、岐（李茂貞）、前蜀、吳、吳越、楚、閩、南漢、燕及荊南等十大勢力，其中晉、岐、前蜀、吳四個是與梁敵對的勢力；尤其是晉王李克用，自唐末就與朱全忠交惡成仇，長期征戰不已。及李克用病死，子存勗襲晉王位，為人有膽略，英勇善戰，屢敗朱全忠。梁乾化二年（912）朱全忠兵敗後慚憤發病，其子友珪趁機將之刺殺，然後即帝位。朱全忠少子友貞當時任東都（開封）指揮使，聞變起兵討有珪，有珪自殺，友貞即帝位於開封，是為末帝。

李存勗趁梁內亂積極拓地，河北諸地大都臣服於晉，梁人只能扼守黃河以自保。末帝隆德三年（923）李存勗稱帝於魏州，國號唐，是為唐莊宗，不久即發兵攻梁，末帝自殺，梁室滅亡。

(二)後 唐

李存勗滅梁後，建都洛陽，原先臣服於梁的藩鎮，轉向後唐朝貢，一時聲威頗盛。莊宗以為基業已固，轉而肆情縱欲，親近伶人，又聽信宦官讒言冤殺重臣郭崇韜，導致全國震動，叛亂四起。莊宗命李克用的養子李嗣源前往討平叛亂，不料李嗣源在軍隊挾持下叛變，入據汴梁；唐莊宗親征，半途中矢而亡。嗣源入洛陽稱帝，是為唐明宗。明宗在位八年，務從節儉，兵革稍息，又連年豐收，人民得以休養生息。

明宗死後，由養子李從厚繼位，是為閔帝。當時另一養子李從珂鎮鳳

翔，女婿石敬瑭鎮河東，二人皆因擁有重兵而受朝廷猜忌；閔帝欲移敬瑭鎮成德，從珂鎮河東，從珂遂舉兵反，閔帝出奔遇害；李從珂進入京師，自即帝位，是為廢帝。廢帝與石敬瑭素不和睦，得位後令其移鎮鄆州，石敬瑭拒不奉詔，後唐遂發兵討之。石敬瑭向契丹耶律德光稱臣請援，並約定事捷之後割燕雲十六州為酬；耶律德光自率五萬騎入援，大敗後唐兵，廢帝自焚死，後唐滅亡。

(三)後　晉

契丹立石敬瑭為帝，國號晉，是為後晉高祖。此時契丹已更改國號為遼，高祖對之極為恭順，不但尊遼太宗為「父皇帝」，自為「兒皇帝」，除每歲輸帛三十萬匹，並依約割燕雲十六州與遼。十六州是中國北方重要戰略地帶，自石敬瑭割與契丹後，華北天然國防盡失，黃河以北無險可守；而外族也以此為根據地，南侵中原朝廷，兩宋之所以積弱不振，即種因於此。

西元九四二年，後晉高祖死，石敬瑭兄子重貴繼位，是為出帝。出帝對遼稱孫而不稱臣，由是後晉與遼交惡，契丹屢次南侵，均為後晉擊敗。出帝自連戰大捷後，驕奢日甚，又以奸臣馮玉執政，賄賂公行，朝政日壞。西元九四六年，後晉以杜重威督軍北伐，耶律德光也率軍南下，雙方相遇於恒州，隔滹沱河對恃。杜重威欲效石敬瑭故事，暗中通款於遼，耶律德光假意應允，重威乃率二十萬大軍投降，並隨契丹南下汴梁，出帝既無力再戰，惟有投降一途，立國甫十一年的後晉於是滅亡。

(四)後　漢

耶律德光滅晉後，入據汴梁，用中國衣冠文物制度，本想藉此收服人心。但是契丹游牧性格很難革除，他沿用契丹舊法，不為部眾籌備軍食，縱容他們四出劫掠「打草穀」，致民怨沸騰，紛紛起而反抗，德光深感漢人難治，又因天氣漸熱，乃率眾大掠北歸，行至欒城病死。後晉

河東節度使劉知遠得到消息後，率兵進入汴梁稱帝，是為後漢高祖。

劉知遠於即位次年亡故，後漢諸將擁立知遠幼子承裕繼位，是為隱帝。隱帝即位之初，諸大臣輔政頗為盡職，國家粗安。及隱帝漸長，對輔政的郭威、史弘肇、楊邠、王章等功高權重深感不安，乃殺史、楊、張三人，並滅其族。其時郭威任鄴都留守，不在汴梁，但留在京師的家屬也盡遭殺害，隱帝又密詔殺郭威，郭威遂舉兵入汴，隱帝迎戰失敗，為亂兵所弒。郭威擁劉知遠姪劉贇為帝，但郭威部眾對於劉贇的繼立頗為疑懼，此時正逢遼兵入寇，太后命郭威率兵出禦，大軍行至澶州，將士譁變，擁郭威為帝，裂黃旗充御服，並返師汴梁，太后下詔禪位郭威，後漢滅亡。後漢歷二世二君，立國僅短短四年（947～950），是五代中國祚最短者。

(五)後　周

郭威即位，史稱周太祖，後周是繼朱全忠之後，經過後唐、後晉、後漢三個沙陀人王朝後的另一漢人政權。周太祖時期政治頗有改善，但是在位三年即死。養子柴榮即位，是為世宗。世宗英武明察，為五代令主，文治武功均有可觀。五代可以說是徹底的武人政治，從朝廷到地方都由武人掌權，文士常遭到凌辱或殺害，直到世宗才改變這一情形；他有計畫的消滅武人政治，延聘儒學之士，考察制度，訂正禮樂刑法及改革稅收等，為後周及宋朝奠定了安定強大的基礎。此外，他又極力整頓禁軍，斥去年老羸弱者，代之以青壯，於是中央禁軍精強無比。顯德二年（955）世宗首先西伐後蜀，取得今甘肅東部的階、成、秦三州，以及陝西南部的鳳州。次年，世宗又親征南唐，交戰三年，奪取南唐江北之地，繼而北向伐遼，從滄州直趨遼境，取得遼瓦橋關以南的瀛、莫、易三州；正打算揮師北上攻取幽州，突然罹患重病，不得不班師回京，回到汴梁後立即去世。由年僅七歲的兒子繼位，是為恭帝。翌年（960）殿前都點檢趙匡胤發動「陳橋兵變」，篡奪帝位，後周滅亡。

二、十國的興亡

(一)前　蜀

唐朝末年，四川節度使王建在朱全忠篡唐後，稱帝於成都，國號蜀，據有今四川、陝西及甘肅東部。蜀地素有「天府之國」譽稱，唐末士人又多流寓其間，故國勢頗為興盛。傳至其子王衍，因年少荒淫，政治日漸敗壞，為後唐莊宗所滅，享國三十五年（891～925）。

(二)吳

為唐淮南節度使楊行密所建，建都江都，據有今江蘇、安徽、江西一帶之地，為南方大國。在後唐篡唐後獨立，與朱全忠對抗；楊行密死後，子楊渥繼續與梁對立。吳以地廣民饒，又能保境安民，國家頗為富足。後為南唐所滅，共傳四主，國祚四十六年（892～937）。

(三)吳　越

唐鎮海節度使錢鏐在哀帝時封為吳王，兼有今江蘇、浙江及福建部分之地。梁太祖即位，受封為吳越王，建都杭州。吳越與梁較親近，又與吳接壤，雙方曾交戰不已，直到梁末才罷兵言和。後晉時獨立，頗注意興修水利，故農業發達，是十國中經濟最為繁榮者。後為宋朝滅亡，享國八十六年（893～978）。

(四)楚

為唐潭州節度使馬殷所建，建都潭州；朱全忠篡位時馬殷曾經入貢，封為楚王，擁有今湖南省及廣西省北部地區。後晉時獨立，楚頗為強大，可惜馬殷死後諸子爭位，國政日衰，為南唐所滅。傳國五十六年（896～951）。

㈤閩

　　王潮在唐昭宗時任福建觀察使，居福州，數年後以政績良好，升為武威軍節度使。次年王潮死，弟王審知繼為節度使，受梁封為閩王，領有今福建省之地。王審知節儉愛民，又通商海外，不論經濟或政治都頗為可觀。至後晉時國亂，被南唐所滅，享國五十三年（893～946）。

㈥南　漢

　　唐末以劉隱為清海軍節度使，鎮廣州；後梁初年封為南平王，據有今兩廣之地。劉隱好賢禮士，頗能吸引人才，對開發嶺南有相當的貢獻。劉隱死後，弟劉龑繼立，於後梁貞明三年（917）稱帝，國號大越，次年改稱為漢，史稱南漢。傳國五世後，為宋所滅，國祚六十七年（905～971）。

㈦荊　南

　　為後梁荊南節度使高季興所建，建都江陵，轄地在今湖北省西部地區。在十國中占地最小、勢力也最弱，因此他先後向吳、南漢、閩、後蜀等國稱臣，以求保存。宋朝初年，宋軍出兵討伐湖南，借道荊南，於過境時入據江陵，荊南主李繼沖只好投降，傳國五十七年（907～963）。

㈧後　蜀

　　同光三年（925），後唐莊宗於滅亡前蜀後，命孟知祥為西川節度使，數年後孟知祥吞併東川，打算據地自雄，後唐明宗無奈，只得封他為蜀王，次年（934）他自行稱帝，史稱後蜀，領有今四川、陝西及甘肅東部地域。知詳死，傳位子孟昶，作風荒淫導致政治日漸敗壞，宋遣兵討伐之，結果孟昶兵敗投降。共傳二主，國祚三十三年（933～965）。

㈨南　唐

　　南唐為李昪所建，李昪原為吳臣，後篡吳自立（937），國號唐，建都金陵。西元九四三年李昪死，子李璟嗣位，後唐的國力達到頂峰，先後討滅閩、楚等國，可惜李璟好佞惡直，於是羣小競進，政治也日漸敗壞。至李煜襲位，雖然以擅長寫詞著稱於世，卻無處理國家大事的能力；宋朝開寶二年（974）太祖遣兵南伐，李煜出降，南唐立國三十九年而亡。

三、五代十國經濟與文化

㈠五代十國的經濟

　　唐自安史亂後，西北國土淪於吐蕃，境內又有藩鎮反叛，大河南北頻為戰場，經濟已呈衰敗之勢。五代承襲唐末遺風，兵驕將悍，以下犯上蔚為風氣，因此各朝國祚都很短暫，國君更迭頻仍，既無心也無力於建設，更促成中原經濟的快速衰敗。本時期經濟破壞的主因有：

1.軍閥混亂的直接禍害

　　五代各朝皆屬藩鎮、軍閥型的政府，缺乏宏遠的建國規模與計畫，政治黑暗，不事建設，導致經濟衰微。除了戰爭頻仍，無時或息以外，統治者又多手段殘酷，放任士兵劫掠百姓，致社會凋弊，人口減少。

2.苛重的賦稅剝削

　　五代的苛捐雜稅很多，除了正稅之外，朝廷與地方長官時常任意加稅，有些項目已達匪疑所思的地步；例如後晉趙在禮擔任宋州刺史時，百姓視為眼中釘，後傳言其將調往他州，趙在禮因此向百姓收取「拔釘錢」，就是任意剝削的最好證明。

3.外族的侵凌

　　契丹是五代時中原王朝的最大外患，五代各朝對其競相輸誠，契丹

也時常入侵劫掠，嚴重破壞中國社會經濟，尤其他們以「打草穀」方式籌備軍食，對黃河南北地區殘害尤為酷烈。

　　黃河流域自商周以來，就是中國的政治、經濟及文化中心，經過唐末五代的兵禍災荒，農村經濟嚴重破壞，人口大量死亡或流徙外地，已喪失往日的地位，南方的長江流域遂取而代之，成為中國的重心。

　　南方自魏晉南北朝以來，就是黃河流域逃離戰火流民的棲息地，隨著人口的增加，以及農耕技術的傳進，南方經濟也愈加發展，到了中唐以後已是國家稅收的主要徵集地域，韓愈就曾言「今天下財富所出，江南十居其九」，這個說法雖然有些誇大，但是江南經濟地位的重要，由此可見一斑。唐末五代間北方戰爭不止，社會動盪不安，南方相對而言戰禍較少，社會也比較安定，於是北人紛紛南遷，再創另一移民高峰，長江流域的發展也更為深入。例如吳與南唐先後建國於長江流域，均能保境安民，發展經濟；吳越立足太湖流域，大興農田水利，發展耕織及海外貿易，商業頗為興盛；另外如南漢積極開發嶺南，招徠胡商前來廣州貿易等等，這些都讓南方經濟更加繁榮，遠遠超過了烽火連天的北方，而成為當時的經濟重心。

㈡五代十國的文化

　　五代的君主多為胡人或出身行伍，好戰嗜殺，並不重視文化的發展，而一般士人為躲避戰亂相率南逃，更促成北方文化的衰退。反之，南方不但地域廣大，戰爭少，政治相對的安定，經濟也較為發達，各國君主又多崇尚文教，禮遇士人，因此南方學術文化遠較北方繁榮，中國的文化重心也因此移到南方。十國的君主不但重視學術，本身也是文化的愛好者。例如後梁明宗時，宰相馮道奏請國子監依石刻印行九經，對文化的傳播貢獻很大。而南唐君主李璟、李煜（後主）都是著名詞人，尤其李煜更有「詞聖」之譽，流風所致，南方文風特盛，在詩詞書畫各方面均頗有成就。

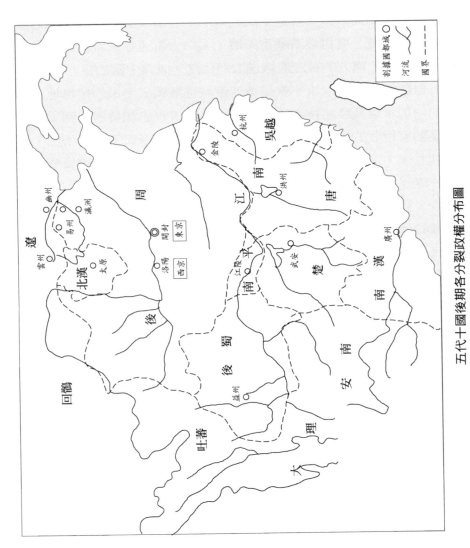

五代十國後期各分裂政權分布圖

本圖係錄自王壽南《隋唐史》

唐朝世系表

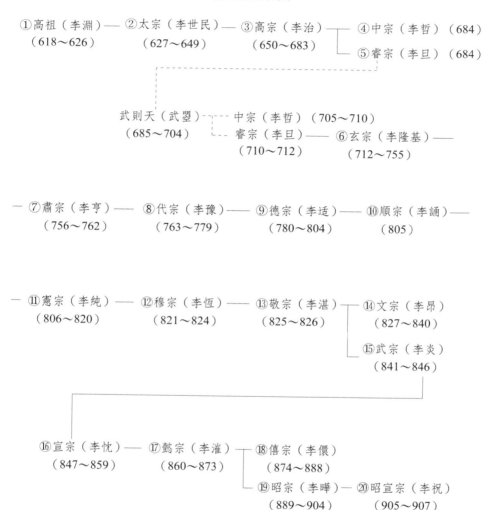

①高祖（李淵）——②太宗（李世民）——③高宗（李治）┬④中宗（李哲）（684）
（618～626）　　　　（627～649）　　　　（650～683）└⑤睿宗（李旦）（684）

武則天（武曌）┬中宗（李哲）（705～710）
（685～704）└睿宗（李旦）——⑥玄宗（李隆基）——
　　　　　　　（710～712）　　（712～755）

—⑦肅宗（李亨）——⑧代宗（李豫）——⑨德宗（李适）——⑩順宗（李誦）——
（756～762）　　　（763～779）　　　（780～804）　　　（805）

—⑪憲宗（李純）——⑫穆宗（李恆）——⑬敬宗（李湛）┬⑭文宗（李昂）
（806～820）　　　（821～824）　　　（825～826）│（827～840）
　　　　　　　　　　　　　　　　　　　　　　　└⑮武宗（李炎）
　　　　　　　　　　　　　　　　　　　　　　　　（841～846）

⑯宣宗（李忱）——⑰懿宗（李漼）┬⑱僖宗（李儇）
（847～859）　　　（860～873）│（874～888）
　　　　　　　　　　　　　　　└⑲昭宗（李曄）——⑳昭宣宗（李祝）
　　　　　　　　　　　　　　　　（889～904）　　（905～907）

參考書目

王炎平，《牛李黨爭》，西北大學，1996 年。

王吉林，《唐代宰相與政治》，文津，1999 年。

王壽南，《隋唐史》，三民書局，1986 年。

王壽南，《唐代藩鎮與中央關係之研究》，大化書局，1978 年。

毛漢光，《中國中古社會史論》，聯經，1988 年。

李樹桐，《唐史考辨》，臺灣中華書局，1972 年。

李錦繡，《唐代制度史略論稿》，中國法政大學，1998 年。

邱添生，《唐宋變革期的政經與社會》，文津，1999 年。

高世瑜，《唐代婦女》，三秦文化，1988 年。

高明士，《隋唐貢舉制度》，文津，1999 年。

馬馳，《唐代蕃將》，三秦文化，1990 年。

袁剛，《隋唐中樞體制的發展演變》，文津，1994 年。

章羣，《唐代蕃將研究》，聯經，1986 年。

陳寅恪，《陳寅恪先生論文集》，九思文化，1977 年。

張國剛，《唐代政治制度研究論集》，文津，1994 年。

張澤咸，《唐代階級結構研究》，中州古籍，1996 年。

傅樂成，《漢唐史論集》，聯經，1977 年。

雷家驥，《隋唐中央權力結構及其演進》，東大，1995 年。

劉健民，《隋代政治與對外政策》，文津，1999 年。

嚴耕望，《嚴耕望史學論文選集》，聯經，1991 年。

第七章

兩宋時期

王德毅*

第一節　宋朝的開國與文人政府

　　宋朝的開國君主為太祖趙匡胤，他是涿郡人。趙氏望於天水郡，後世史家常用「天水一朝」稱呼有宋。太祖出身於武將世家，生於後唐明宗天成二年（927），及長，狀貌雄偉。父親弘殷，以軍功累升至殿前副都指揮使。太祖曾從世宗征淮南，又隨其北伐，積功遷升為殿前都點檢，歸德軍節度使。顯德六年（959）仲夏，世宗在北伐征途中生病，回師不久就崩殂了，年止三十九，其子恭帝即位，乃一幼主，由母后垂簾聽政。次年正月初一日，接獲鎮守北邊疆吏的戰報：「契丹結合北漢入寇」，周帝命太祖統領宿衛諸將北征以禦之。當時主少國疑，且自後唐明宗以來，軍士擁戴其統帥為天子便已習為常事。太祖於三日出師，駐兵開封之北的陳橋驛，軍中密有傳言：「策立點檢為天子。」次日清晨，軍將

齊集於太祖的寢所，表達擁立之誠意，太祖還未及答話，就有人將黃袍
披在他身上，於是眾將皆羅拜，高呼萬歲。於是共同回師開封，軍令甚
為嚴明，遂受周禪，即天子位，國號曰宋。此即後世所艷稱的「陳橋兵
變」，清代詩人查慎行有詩云：「千秋疑案陳橋驛，一著黃袍便罷兵。」
在改朝換代之後，並未見有契丹結合北漢入寇之舉，那麼原先捍衛北邊
的將領所陳的契丹入寇一事是虛報敵情了，此事遂成了千秋疑案。

　　自唐朝後期藩鎮割據，互爭雄長，中原地區已陷入混戰狀態。不久，
黃巢之亂起，全國動盪起來，兵連禍接又達十年。之後大亂雖終於完全
平定，而唐朝政權卻被平亂功臣朱全忠所禪代，國號曰梁。在以後的五
十三年間，不斷的改朝換代，共歷五代、八姓、十三位君主，歷史上沒
有再比這一時期政權變動再劇烈的了。這一時期政治特色，便是軍士擁
立其統帥為天子。在政局變化無常的時候，民生最為痛苦，因而人心望
治也就日益急切，誰有心創造一個長治久安的局面，並朝向此一目標努
力，誰就被天下蒼生愛戴。試觀五代時期兵驕將貪，擁立統帥為皇帝，
人人有功受賞，軍紀早已蕩然，升斗小民如何能堪？然宋太祖與前代的
開國者不同，他在為部下擁立的時候，卻提出了三項要約，命部下遵守：
㈠太后和皇上是我北面奉事的主人，你們不得侵擾。㈡朝中大臣都是我
的同事，也不可凌犯。㈢國家的庫藏和百姓的財物，更不能掠取或搶劫。
能遵守的一定加賞，違背的決不寬貸。這和漢高祖入關約法三章極為相
類；漢高祖軍紀嚴明，令秦民心悅誠服，相較於燒阿房宮的項王，自有
天淵之別。宋太祖回師開封，也是軍紀嚴明，朝中禪代大禮順利舉行，
然後一切歸於正常，開封商家營業完全沒有受到影響。這一次的改朝換
代，真讓人耳目一新，開封百姓在欣慶之餘，立刻意識到太平之日已不
遠了。

　　宋太祖為了穩定政局，仍重用前朝大臣，下詔大赦，內外百官軍士
皆得到爵賞。並立下誓約，藏之太廟，有「厚待柴氏（周世宗子孫），
不殺大臣及言事官，不加農田之稅。」頗能收攬人心，廣延人才，以後

也形成不殺士大夫的傳統，在我國歷代政治史上是少見的。尤其難得的是崇奉儒家思想的治國理念，且始終一貫，也是值得大書特書的事。當然首先要面對的是如何完成統一大業之事，因為自唐末以來已離亂分裂近百年了，事實上統一大業是由周世宗首先開創的，他的大戰略是先取淮南財富之區，次取燕雲十六州國防要地，不幸中道崩殂。而今宋太祖就要繼承周世宗遺志，完成其未竟之大業。不過太祖對契丹心存畏懼，也極怕一旦失敗將危及其剛剛建立的新政權。所以決定先南後北的策略，一則是南方是分裂的，且兵力薄弱，易於一舉而下，不僅擴大國家版圖，也可增加財賦，廣攬人才，擴充武力，助長聲勢。二則可免將來北伐時的後顧之憂，即使與遼和平競爭，亦可立於不敗之地。但此策亦有一個後遺症，那就是深怕武力不足以對抗契丹，導致懼外心理的日益嚴重，外患始終如影隨形，國威永遠不能伸張，終難逃亡國之禍。

太祖對南方用兵的次第，是先攻取據有江北的荊南，於乾德元年（963）平定，遂控有長江中游之地，然後揮軍南下湖南，滅了楚國。三年滅後蜀。開寶四年（971）滅南漢，八年又滅南唐，而吳越和閩都極恭順，不必用兵，早晚都會歸附。只有北漢依恃遼朝為外援，太祖曾御駕親征，並未攻下。終太祖之世，雖未完全統一，但其在位一十七年，即超過享國最長的後梁，已走出五代的陰影了。

太祖自少至壯皆未脫離軍旅生活，既知征戰之苦，生靈塗炭，地方割據之患，也深知武人專橫之弊。所以要想長治久安，就必須偃武修文，欲革軍士擁立之惡習，就必須收軍權。遂制定重文輕武、強幹弱枝兩大重要國策。太祖比較信任的股肱之臣是趙普，君臣常私下談論如何治天下？太祖問道：「天下自唐朝末年以來，數十年間，帝王凡易八姓，戰爭不斷，百姓塗炭，這是什麼緣故呢？我想以後永遠不要打仗，真正的與民共休息，為國家作長遠計劃，應當怎麼辦呢？」普首先頌讚太祖能為天下蒼生著想，真是萬民的大幸。然後說：「造成現在情況之故，是因為藩鎮的權力太重，朝廷的勢力單薄，君主弱而臣下強，所以政權更

替快速，難以長治久安。為今之計，只要稍微削奪藩鎮之權，收回其精兵，控制其錢糧，以後天下就安寧了。」太祖聽了後，已心領神會。當時王審琦、石守信、高懷德等人各自擁有重兵，都是太祖的舊同事，雖皆忠心事上，保國衛民，但為防其萬一有軍事政變發生，遂召集他們一同前來，於晚間飲酒敘舊，在酒酣耳熱之後，將服事左右的人屏退，然後說：「我若不是靠你們一致擁戴如何能有今天呢！內心真的是永遠感念著你們的大德。但我今天深深地感到做天子不容易，還不如做節度使快樂，每夜都無法睡得好。」諸將聽了都無法理解，立刻問道：「這是為什麼呢？」太祖立刻很坦率的回答道：「那很簡單，誰不想當皇帝呢？」意思是耽心諸統帥都有被部下擁立的可能性，到那時他的皇位就保不住了。王、石、高等人有些緊張，一再保證不會有貳心。太祖還是告訴他們：「我不是懷疑你們，一旦你們的部下中有貪富貴的，將黃袍披在你們身上，即使你們不想當皇帝，能由得你們嗎？」諸將始了然皇上心意，一起叩首，眼含熱淚，齊聲說：「臣等很愚蠢，真沒有想到這一點，請求陛下憐念，指示一條活路。」太祖說：「光陰飛馳，人生苦短，人活在世上不過是為了享受榮華富貴，積些金錢，住大房舍，欣賞歌舞，為兒孫謀久遠之計，我和你們各自約為婚姻，君臣之間沒有猜疑，這不是很好嗎？」諸將都很感激，各自回第。第二天，每人都上表稱病，請罷兵權。太祖都予以安慰，厚賜錢帛和住宅，叮嚀他們住在京師養老。此即「杯酒釋兵權」的故事。自此之後，禁軍便成為天子的親軍，消除了軍人操縱君主廢立之患。

　　太祖為貫徹「重文輕武、強幹弱枝」兩大國策，乃採行下列措施，以建立文人政府，推行文治：

(一)罷宿將典兵，創立禁軍更戍法

　　太祖為了改變軍人氣質，曾令武臣多多讀書，以明治國之道。聖賢書中教人忠君愛民，戒貪知命，就不會有非份之想了。諸將罷除兵權後，

禁軍皆戍衛京師，令諸州召募強壯之士教以武藝，以補禁軍。邊境有急，則臨時選將領禁兵前往征討，將既不能專其兵，兵亦素不習其將，便不可能發生軍士擁戴統帥為天子之事。平時守邊之軍隊，採行定期換防之制，一則令其習於各地水土，二則令其行軍習勞苦，名曰：「番休更戍」。其用意為免得久住一地會生事，造成不安。太祖自稱其養兵之策為百代之利，「蓋凶歲有叛民而無叛兵，不幸樂歲變生，有叛兵而無叛民。」絕不會兵民一起叛亂，天下可長保無虞。

(二)命文臣知州事，取代節度使

太祖對讀書人最有好感，曾說：「宰相當用讀書人。」武人多貪暴不法，大將出任節度使便更跋扈，殘虐百姓。文臣則能守禮法，知尊朝廷。建隆元年七月，擢任文職出身的呂居潤權知鎮州，遂開以知州取代方鎮之端。以後每召一節度使至京師，就賜一第宅留住京師，然後派一朝官出守之，稱為權知軍州事，軍謂兵政，州謂民政，有時也派武臣，交互任用，三年一代，皆由朝廷選任，掌管一州（或府）之政，宣布教化，勸課農桑，旌表孝悌，凡賦役、錢穀、獄訟、兵民之事，皆總負責。尾大不掉之積弊就革除了。

(三)置諸州通判

乾德元年（963）四月，始置諸州通判，以分節度使之權，名曰監州。通判位在知州下，雖名意上為郡之佐，其實在監視地方首長，使之不得為所欲為，出任者皆為儒臣，而又出於朝廷特命，身價不同，節度使或知州對之，不無顧忌。其職為掌貳郡政，與長吏均禮，凡兵民、錢穀、戶口、賦役、獄訟等政，與長吏共同簽署，有可否裁決權，本州文書不經通判簽署不得發出，即使誤發出去，亦屬無效。所轄內官員如有職事修舉或有所廢曠，得直接刺察上奏天子，故通判為天子布在四方的耳目之臣。

㈣收地方財權歸於中央

五代時軍需浩大，賦稅已很繁重，而節度使亦常加稅，多為無名橫斂之賦，所以民生凋敝。節度使又將所收賦稅留存為本鎮使用，不上供於朝廷。太祖設諸州通判專主財賦，將所收賦稅全部解歸京師。又設諸道（後改為路）轉運使，將各府州所收錢穀、布帛等皆總計其數，列為上供財物。各地茶鹽等利源，也派文臣任監官，所入盡歸朝廷。地方沒有財權，自然不會再發生尾大不掉之情況。

這些政策是相互的，都是依循趙普所建議的「制其錢穀、收其精兵」兩大原則而制定的，循序漸進，終於達成強幹弱枝之目標。

隨著南方諸割據政權次第平服，或自動歸順，所需之文官逐漸增強，興學養士乃成治國先務，太祖於建隆三年詔增修國子監，與太學合一，曾數次臨幸，以轉移人心，使知嚮化。判國子監崔頌聚生徒講說經義，太祖深嘉之，命官致送酒果。國子監亦開始收藏書籍，平荊南、平蜀、平江南，皆盡收其書籍，又增建崇文院專典收藏。至開寶八年（957），藏書已多達四萬餘卷。同時又獎勵私人興學，或頒賜扁額，或贈與典籍，甚至賜給官田以供生徒衣食之資，於是文教大興，奠定宋代學術振興和人才輩出的基礎。至於人才之選拔，雖延用唐五代之科舉制，而在制度上則加嚴，首先於建隆三年革除知貢舉與及第人間之師生關係，一則表明是恩出皇上，並非恩出私門，再則可防止呼朋結黨。又於乾德元年廢除公卿聯名舉薦士子之制度，以免有損於公平競爭的精神。更怕有司考選或有遺才，或受人情關說，乃建立糊名法和天子親試之制，自開寶八年以後，確立科舉三層制——鄉試（亦稱解試）、省試（亦稱會試）和殿試（亦稱御試）。為了獎勵寒門出身的人有更多上升之機會，乃規定世祿之家不得與寒畯爭，如已因恩蔭得官者再來應舉，即使高中，也要降低名次。這些新措施很有創意，誠如南宋學者呂中所說：「文治精美已露於立國之初。」這是一點也不錯的。

第二節　宋與遼夏的關係

　　前節所述宋太祖為挽救晚唐五代之弊，厲行重文輕武、強幹弱枝兩大國策，使宋朝很快的走出五代的陰影，而不致淪為第六代。五代梁唐晉漢周之國號，前代歷史早已有之，故每代之前皆加一「後」字，如後梁、後唐等。而宋之國號，南朝劉裕即曾創建過，何以史家不稱趙匡所建之宋曰「後宋」？而曰趙宋，曰天水一朝。原因是宋朝國祚久長，次於劉漢，超過李唐。從真宗初至哲宗末（998～1099）的一百年間，文治大行；除與遼夏有過短期戰爭外，國內沒有發生過大的動亂，人民總算度過了較長的和平安定日子，在國史上還是很少見的。但矯枉過正，乃造成長期的積弱不振，這也是不爭的事實。因為武將久受猜忌和歧視，使他們無心建功立業。朝廷既集權又集財，使各路州縣完全處於被動狀態，即使在發生水旱之災時，都不能作權宜的措施以救濟饑民。偶爾有少數有擔當的地方官，干冒抗旨之罪，先行開倉賑濟，再行奏明事由，願受貶責，實在有些無奈。如一旦有盜賊竊發，州縣則一籌莫展。如朱熹所說的「太祖鑑五代藩鎮之弊，盡奪藩鎮之權，兵也收了，財也收了，賞罰行政一切收了，州縣遂日就困弱。」所言並不為過。就因為長期積弱不振，纔招致嚴重的外患，北宋先有遼朝，次有西夏，後來金軍入侵，國以淪亡。南宋與金相抗一百多年，勉強支撐，最後為蒙古所滅。這些後遺症，當然為太祖始料所不及，但歷史的發展確是如此的。

　　茲先敘述宋與遼朝的關係：

　　遼朝為契丹人所建立的王朝，其八部大人耶律阿保機梁貞明二年（916）建號稱帝，改元神冊，不再奉中國正朔。其子耶律德光，幫助後唐太原守將石敬瑭奪取帝位，建國號曰晉。石敬瑭依先前約定割讓燕雲十六州給遼朝，於是北方門戶洞開，遼的領土突然大大增加，且占有長

城以南的重要地區，已具問鼎中原的形勢。後晉建國十一年，便被遼朝破滅了。德光雖未能長據中原，但對以後建都開封的王朝仍構成嚴重的威脅。所以周世宗冒暑北伐，只克復瀛、莫二州及三關之地，便因病還師，中道崩殂，尚有幽薊燕雲等州未復，留給宋朝去經營了。

　　宋太祖在穩定政權後，以統一南方為首務，既無意對北漢用兵，對遼則更是採行和平友好之策，故終太祖之世，宋遼沒有發生戰爭。太宗繼位後，由於南方諸國皆已削平或自動納土，十國中只有北漢還存在，勢必要早早削平，以竟全功。乃於太平興國四年（979）春用兵北漢，遼朝即派兵來援，路阻不能進，北漢旋即敗亡。太宗認為出師順利，乃乘戰勝餘威，轉而東進，越過太行山，北向進取幽州，不幸兵敗於高梁河，太宗身中流矢，只好退師。到了擁熙三年（986），太宗派大將曹彬、潘美等分道北伐，又不幸曹彬敗於歧溝關，帝乃詔班師。以後便不再出師伐遼。

　　宋遼戰端已開，隨時有發生戰爭之可能，邊境也常有小衝突。而且遼在兩勝之後，對宋不無窺伺之心，也很想收復瓦橋關以南之地，當時遼聖宗在位，承天皇后聽政，乃於統和二十二年（真宗景德元年，1004）九月大舉攻宋，戰報傳來，宋之君臣十分震駭。真宗召大臣問方略，參知政事王欽若請求暫幸金陵，而同知樞密院事陳堯叟則請幸成都，只有宰相寇準力排眾議，請真宗御駕親征，並舉薦殿前都指揮使高瓊統兵先渡河禦敵。真宗乃下詔親征，於十一月二十日發京師，二十六日抵澶州，宋守邊將士見之，軍心大振。宋遼兩軍對峙，宋軍亦小有斬獲，適有遼之主戰派大將蕭撻攬（亦作凜）以輕騎攻略宋軍陣地，被宋軍射殺，遼勢受挫。而真宗並沒有直搗幽薊之志，又不想久戰，所以特派通曉契丹語的曹利用假崇儀副使使遼，以求和議。在遼朝方面，承天皇后聽從降遼之宋將王繼忠「結好息民，休兵解甲」可以雙贏之議，亦遣使至宋表達言和的誠意，於是兩國氣氛和緩，經往返相商，乃達成「澶淵盟約」。其盟約要點如下：

1.歲幣

宋每歲以絹二十萬疋、銀一十萬兩助遼，由三司差人送至雄州交割。

2.疆界如舊

沿邊州軍各守邊疆，兩地人戶不相交侵。

3.共同打擊犯罪

如有盜賊逋逃，彼此勿令藏匿。

4.保持現狀、互不侵犯

兩朝城池依舊存守，不得創築城隍，開掘河道。至於稼穡隴畝，南北勿縱搔擾。

兩朝換文，稱為誓書，各自對天發下重誓，以期永遠信守。在宋遼對峙四十四年之後，能夠締結這一具有劃時代意義的盟約，也是極為難得的。探討箇中原因，其一是：宋遼交戰二十多年，為時已久，棄戰言和，勢所必然。宋難以盡復燕雲之地，遼亦不可能奪回關南州縣，謀和反而可以保障現已擁有的一切。其二是：兩朝君主都非好大喜功者，（是年宋真宗年三十七，遼聖宗年三十四。）且能聽納臣下之建議。而宋許遼歲幣銀絹三十萬兩疋，也算相當優厚，遼用以佐軍國之需，這是議和所得之長遠實惠，而交戰則所費浩大，甚至國困民窮。其三是：宋大臣寇準之堅請真宗御駕親征，穩定軍心，又能從容應付，掌握敵情，在遼主戰派將領戰死以後進行議和，較為順利。其四是：王繼忠之從中疏解，受到兩朝的信任，曹利用的善於折衝尊俎，終於化干戈為玉帛。

前述澶淵盟約具有劃時代的意義，這一點可從對以後的影響看出來，宋遼自締結盟約始，至宋徽宗政和七年（1117）宋金結盟攻遼止，凡一百一十多年，宋遼間沒有發生過戰爭。而且宋遼約為兄弟，真宗為兄，聖宗為弟，並尊稱其太后為伯母或叔母。以下宋仁宗為兄，遼興宗為弟，準此以序行輩，到了哲宗繼統後，遼道宗尚在位，則哲宗為姪孫，道宗為叔祖。（宋人編《宋大詔令集》卷二三二載〈賀大遼皇帝正旦書〉首云：「正月一日，姪孫大宋皇帝謹致書於叔祖大遼聖文神武……天祐皇

帝闕下：」）每年兩朝信使往還不絕於途，有賀正旦使、賀生辰使、賀太后生辰使，皇帝崩殂則遣告哀使，新君即位則遣告登寶位使，二使一前一後出發。相對地，就要立刻遣弔祭使、賀登寶位使，皆有來有往，從不差失。所持稱賀國書有云：「有少禮物，具如別幅。」所帶的禮物都開在禮物清單上，對方可以照單點收。相鄰兩國能有如此的親密關係，且維繫一百多年，在國史上是空前絕後的。而且遼朝統有幽薊燕雲等州之地，得到宋朝的承認，該地區漢族居民也只有認同遼朝，遼自此也就更認真的推行兩元政治，尊重漢人的生活方式，結果是契丹人完全漢化了。在宋朝方面，北方外患和平解決了，纔能用全力抗拒西夏入侵，逼西夏稱臣。同時在長期和平安定中，振興教育，發展農業，帶動工商業的進步，所創造出的精深文化成就，足令四鄰心悅誠服，影響所及，又不僅遼朝而已！

　　不料在澶淵盟約締結後的三十八年，也就是仁宗慶曆二年（1042），宋與夏正發生戰爭，宋君臣已很憂恐。遼以為有機可乘，乃遣南院宣徽使蕭特末與翰林學士劉六符為特使，向宋提出要索關南故地的交涉，並責問在河北沿邊加強防衛，頗有違約之嫌，究為何故？西夏為北朝的藩屬，且夏王曾尚公主，南朝對夏用兵，為何不預先通報？這突然而來的外交壓力，更要沉穩應付，庶免陷於兩面作戰。仁宗乃特選派右正言知制誥富弼為回謝使，進行交涉，說明關南地為前代所收復的，無關本朝；本朝只堅守景德之誓約。而元昊無故侵犯，為安百姓，只有征討。至於修陂塘，是為防水患，訓練兵馬更是邊臣的常職，請北朝不必多疑。富弼抵遼朝後，謁見遼興宗，說以和戰利害，極言「通好則利歸人主，用兵則利歸臣下。」並一一解說遼朝提出的問題以釋其疑。在領土的談判上，富弼提出這是前一代留下的故疆，如要各欲求異代的故土，對北朝並不利。最後說：「北朝既然以得地為榮，則南朝必然以失地為辱，兄弟之邦，怎可使一榮一辱呢？」此話頗能打動遼興宗之心，終為之感悟。經兩次往還，乃達成新的誓約，宋每年贈遼歲幣：銀增十萬兩，絹增十

萬疋。遼朝見好即收，這一次的波折總算擺平了。

　　好景不長，過了三十二年，又引發第二次交涉。神宗熙寧七年（1074）春，遼遣興復軍節度使蕭禧來宋，聲言河東路代州所建鋪舍、斥堠北邊侵入遼朝蔚、應、朔三州之境，請宋廷差官前往與北朝所差職官重行劃定。神宗一面遣太常少卿劉忱往河東查辦，一面遣兵部侍郎韓縝為回謝吏，互相爭辯，各自堅持，久久不能解決。次年閏四月，再派知制誥沈括為特使赴遼報聘，議定以分水嶺為界。因為邊界綿亙三州，初未言明究為何山？後來竟泛指沿邊之山名，所以宋遼重新劃界，宋朝損失一些疆土。史稱：神宗以此事問王安石，安石答道：「將欲取之，必固與之。」神宗從其言，事乃定。

　　再述宋夏的關係：

　　西夏拓跋氏，本屬党項羌，其族散居夏州。唐朝末年，拓跋思恭任夏州刺使，助唐室平定黃巢之亂，以功授定難軍節度使，賜姓李，領有銀、夏、綏、宥、靜五州之地，子孫世襲，歷五代至宋，中原戰亂，無力撫遠，李氏乃坐大。宋建國後，思恭的裔孫李彝興獻馬三百匹，太祖賞以玉帶。太宗太平興國七年（982）彝興之孫繼捧率族人入朝，並獻上五州之地，太宗大喜，授以彰德軍節度使，但其族弟繼遷不服，乃率領一部份族人逃往地斤澤，臣事契丹，圖結外援，以謀長期抗爭。太宗賜李繼捧名趙保忠，令其回鎮銀、夏，向李繼遷進行招安。不久，繼遷來降，太宗授以銀川觀察使，賜姓名趙保吉。可是二人並不安分，又陰謀反叛，宋遣馬步軍都指揮使李繼隆等將兵往討之，攻破夏州。惟宋軍因不熟悉地理環境，李繼遷乃利用游擊戰術，常常逃脫宋軍追擊。不過到真宗即位後，李繼遷又來投誠，真宗不願長期用兵，遂將銀、夏等五州之地悉以與之，並授以定難軍節度使，封為西平王。帝認為可以寬陝西之民，可以恩結夏人，長保和平。殊不知適得其反，等到他們養精蓄銳後，仍會再叛，李繼遷性情桀驁，是極反覆的。

　　李繼遷卒後，其子德明繼之，對宋朝頗為恭順，宋夏間維持了二十

多年的和平，但其子元昊深以臣於中國為失策，認為應當有一番作為，創立王霸之業。到仁宗天聖九年（1031），德明卒，元昊繼立，便開始為他的對宋侵略戰爭作準備，於繼位後的第二年，遂攻環慶路，殺掠居民，宋廷僅下詔約束，並沒有出師討伐。是年元昊稱制，改元廣運。至第七年，建國號曰大夏，自稱仁孝皇帝，升首都興州為興慶府，開始叛宋。康定元年（1040）正月，元昊突然出兵攻擊延州，知州范雍毫沒防備，臨時告急於鄜延副總管劉平、石元孫入援，二人力戰而死。幸而天降大雪，難以久戰，元昊急速退兵，延州始免淪陷。宋廷得知陝西軍事危急，命樞密院同宰相共議守邊之策，咸以為當選通曉軍事之文臣前往守邊。遂命韓琦先往陝西安撫軍民，並召知越州范仲淹回京，遷龍圖閣直學士，與韓琦一同被派為陝西經略安撫招討副使，且命仲淹兼知延州，以代范雍。韓、范二人同心合力守邊三年，已將形勢扭轉過來。范仲淹推薦鄜州判官种世衡修築城壘，命守軍屯田，以為長期固守之計。並聯絡西部諸熟羌，以斷元昊右臂。又識拔名將狄青於諸偏卑將校中，青勇敢善戰，銳不可當，頗能鼓舞士氣，終於轉敗為勝。夏人稱范雍為大范，稱仲淹為小范，嘗相互告誡說：「不要有攻打延州的主意，今日小范胸中有數萬甲兵，不比大范那麼容易欺侮。」韓琦本來主攻，不認同仲淹主守，自遭慶曆元年（1041）二月好水川之敗後，乃改採守策，堅壁清野，使敵人不敢持續入侵，邊境乃益形穩固。所以沿百姓共為之歌謠以頌之，有云：「軍中有一韓，西賊聞之心骨寒；軍中有一范，西賊聞之驚破膽。」終於迫使元昊在三年（1043）元月向宋求和，最初只稱男不稱臣，宋仁宗雖厭戰，但夏向遼稱臣，故必須先正名分，方可許和。至次年五月，元昊始遣使進誓表稱臣，宋冊封元昊為夏國王，每年賜與銀七萬二千兩，絹十五萬三千匹，茶三萬斤，總數為銀絹茶二十五萬五千兩匹斤，名曰歲賜。然元昊在其國中仍自稱皇帝，宋朝只得到一個虛名，以歲賜換來和平之實利。

據前述宋遼贈幣交涉，宋每年納給遼的歲幣銀絹各增十萬，遼興宗

志得意滿，又想到宋與西夏交戰屢次失利，遼如出兵伐夏必獲大捷，一則向宋誇示遼之兵力強大，所向無敵；再則欲對元昊言行敖謾也要略示一些薄懲，乃於重熙十三年（慶曆四年，1044）冬出征西夏，不料竟受到重創，遼興宗深以為恨，又怕宋朝知道他喪師之事，乃降低姿勢，與宋親善。而西夏也不願陷於兩面作戰，遂迅速地向宋朝進誓表稱臣，當時三國關係的變化是很微妙的。

元昊卒於慶曆八年（1048）正月，其子諒祚繼立，年方一週歲，外戚專政，常常出兵騷擾邊地居民，宋廷以夏方在國喪，朝臣多以伐喪有違禮義，非中國所當為，只戒飭邊吏嚴防。自仁宗後期至神宗初年，西邊並不綏靖，西夏國主由諒祚傳到秉常，年方七歲，由母梁氏主政，雖上表請宋朝冊封，而仍不斷地侵擾慶州及綏州。到了元豐四年（1081），神宗獲知夏國內亂，秉常被母所囚，遂興問罪之師，命种諤出鄜延，高遵欲出環慶，劉昌祚出涇原，李憲出熙河，王中正出河東，凡五路出兵，會師於靈州。宋軍遠征，糧餉常不濟急，夏人用堅壁清野之策，卒使宋軍以乏食敗退。次年，宋又築永樂城，命給事中徐禧統兵守之，夏人又傾力來攻，城破，禧所統兵全軍覆沒。神宗聞知永樂之敗，甚為悲痛，至是不再言用兵。而西夏經數年戰禍，國內亦分裂，亦無力繼續侵宋。

第三節 由慶曆革新到熙寧變法

北宋的歷史可分三個時期：自太祖至真宗凡六十三年（960～1022），是為前期，創建國家，穩定政權，確定治國方略，革除前代積弊，由開國到守成，期望國泰民安。自仁宗至英宗凡四十五年（1023～1067），是為中期，承襲前期所奠定的文治基礎，平穩發展，表面上看是和平安定的，但內部的確有些隱憂，而北邊的遼、西邊的夏皆強大，是前期遺留下來的外患，雙方戰爭隨時都會發生。自神宗至欽宗凡六十年

（1068～1127），是為後期，在中期革新失敗之後，問題就更多了，最後在內外交困之下，逐漸喪失了政權。

北宋內部的隱憂莫過於兵弱與財匱，一般學者多認為這是過於重文輕武造成的，當然一代的制度也關乎這一代的未來發展，而此一代人的思維方法，或多或少都會受到該時代的影響。權位是政治人物最熱中追求的，至高無上的君主權位絕不容許任何人向他挑戰，所以要創立一些制度以鞏固君主權位。因此在宋代以後逐漸走向君主集權。於是，君主的意志遂決定政策走向。仁宗與神宗在外患刺激下，要想國富民強，就只有主導革新或變法。

(一)兵　弱

宋代是行募兵制，前已敘及太祖曾言「養兵為百世之利」，也只是從一個角度去思考的，並沒有想想兵農分離之後，在士農工商之外，兵也是一種職業。一個壯丁應募當兵後，便要受國家給養，兵越多費用越大，養兵之費全靠賦稅之入，根據仁宗時三司使張方平的會計概算，禁軍平時一卒之費一年要有五十緡，廂軍三十緡，如養兵一百萬人，三分之二為禁軍，三分之一為廂軍，則一年當費四千三百多萬緡，國家歲入總計六千多萬緡，養兵已用其十之七，萬一有戰事發生，耗費就更龐大了。宋代常在凶年募兵，免得饑民羣起作亂，而這些人之中又不乏遊手好閒之徒，讓素質不良之人長期在軍中，則百姓對禁兵的觀感是不會太好的。嚴格的說：平時訓練不夠嚴，也會影響禁軍整體的戰力，這是宋代兵弱的根源。誠如元初學者馬端臨所說：「宋兵雖多而不精，根本不能保國衛民。」最後徒耗國庫，仍為至弱之國。

(二)財　匱

北宋太祖、太宗崇尚恭儉，國用尚足。真宗在與契丹締結澶淵盟約後，心理上有些不平靜，為了自我安慰，乃受王欽若之慫恿，封禪泰山，

奉迎天書，藉以誇示夷狄，提升宋朝地位，實則適得其反。真宗在開封建玉清昭應宮以供安天書，大興土木，極為煩費勞民，乃開奢靡之端，國用因以不足。仁宗以後，養兵日多，兼之對夏連年用兵，財政便更加困難。總而言之，宋代之大弊在官多兵冗，但以科舉取士逐年加多，官員勢在必增。宋又採厚祿養廉之策，如是者年復一年，財政就更為困難了。

到了仁宗慶曆三年（1043），宋朝已開國八十四年，國家確實出現了一些積弊，除上述兩大問題外，尚有天災發生，民間儲蓄至少，如一旦饑民流離失所，便有暴亂之虞。上自中央、下至諸路、州、縣，行政效率不彰，漸漸形成苟且之習。自西陲戰爭發生，顯示出以文臣主持作戰計畫之失，在軍事最急迫的戰地，尚發生文武不和，此又以文制武之過。西事尚未了結，而遼朝又遣使要索關南之地，兩方面來的壓力，頗使宋廷為難，後雖運用高度智慧一一解決了，但西北邊的外患仍是存在的，君臣深深感覺到：不發奮不能圖存，不革新不能救亡，這是北宋有識的朝臣所共同推動革新或變法的關鍵。

慶曆革新的靈魂人物為范仲淹，他是蘇州人，於太宗端拱二年（989）生在徐州，二歲時父親逝世，母親謝氏貧無所依，乃改嫁於齊州朱姓商人，遂從其姓，名說，隨繼父來到歷城縣。長大以後，明白了自己的家世，就獨自到長白山一個寺廟中攻讀詩書，生活極為清苦，但志氣卻越來越堅，要以天下興亡為己任，其名言為「先天下之憂而憂，後天下之樂而樂」。數年後再到南京應天書院就學，到大中祥符八年（1015），考中進士，步入仕途。在擔任公職的歲月中，不管是在中央或地方，無不忠心謀國，誠意理民，盡力於為地方興利除害，尤積極創辦學校，教育人才，為宋代士人從政立下一個典範。在宋對西夏用兵最為緊要的關頭，臨危受命，出知延州，安撫陝西，三年之間，穩住戰局，立於不敗，卒致元昊稱臣，所以深受仁宗所倚重。慶曆三年九月，仲淹被任命為參知政事，富弼為樞密副使，杜衍、韓琦亦在政府，四人同心

輔政，天下亦想望太平。仁宗乃開天章閣，屢次詢問急應興革之道，令他們就當今切要之事可以立刻付之實行者，列舉奏上。仲淹於是條陳十項改革方案。奏道：「我宋已建國八十多年了，綱紀和制度都已受到侵害，現在外有異族的侵略，內有各地盜賊的擾亂，而且官員升遷的管道不暢通，百姓賦稅的負擔很繁重，不可以不進行改革以救國救民。因此，窮就要變，變就可通，所以為了正本清源，特提出十大要項，請速施行。」所言極善。茲分述如下：

1. 明黜陟

文武官員升遷要依照其功績，不是靠年資，應嚴加考核其功過，有功者賞，有過者罰。

2. 抑僥倖

近年恩蔭太濫，大臣子孫、親戚及門客受恩蔭得官者應加以限制，以杜絕僥倖。

3. 精貢舉

請求廣設學校，讓後生皆可入學，將來在學三百天纔能參加科舉考試。考試進士時，先考策論，再考詩賦。

4. 擇官長

地方官皆得其人方可言吏治清明，應由各路的監司負責考察州縣官才能良否，有績效者特加保舉。

5. 均公田

公田即朝廷撥給各級地方官員之職田，以職田之租稅收入，作為官吏的補助費，但分配不合理，應求其公平。

6. 厚農桑

請令各州縣官興水利以減少天然災害，增加農業生產量，使各地農民皆豐足，即可減少轉運之勞費。

7. 修武備

請仿傚唐代府兵制度，募集京畿地區強壯丁男，春夏秋務農，僅在

冬季施以軍事訓練，以減少募兵，大大節省養兵之費。

8.減徭役

宋代職役繁多，農民負擔沉重，影響農桑，請省併戶口較少之縣，以減輕差役。

9.覃恩信

朝廷之赦恩應立即貫徹施行，免得失信於民。

10.重命令

政府所下之命令，應事先專委主掌政事之臣詳加研議，既經頒布，就應執行，切莫朝令夕改。

仲淹所上十事，前八事均指特定之專案政策，後兩事則是朝廷施政的大原則，如不能堅持一貫、徹底實行，還不如不改革，以此來堅定仁宗的意志。富弼也在同一時間奏上二策，其一為裁抑僥倖，其二為更換不稱職的監司，以澄清吏治，與仲淹所陳抑僥倖、擇官長吻合。仁宗極心嚮仲淹，乃下詔著為令，立即實行，只有修武備一項，輔臣多以為不可冒然行之，乃作罷。但其他七項推行也各有困難，例如抑僥倖，無疑已剝奪了大臣的特權，明黜陟與擇官長二者，必然造成人事的大搬風，引起一些人的恐慌。厚農桑與減徭役皆直接關係到民生，但非短期內能夠見效。只有興學校一事畢竟為國家之百年大計，地方官多很熱心聯合當地官紳積極興建，對宋代教育發展有極大的貢獻。

領導革新的政治人物，除了有理想、有抱負外，還要具備行政歷練、性情堅忍之條件，在面對複雜的人事問題時，更要能任勞任怨，排難解紛。畢竟不是每個同僚都如同自己，如何捨短取長，因才任職，期使人和，庶幾減少革新的阻力。然仲淹和他的好友歐陽修、余靖、蔡襄、石介等，多喜好批評，常用高道德標準論人，指責反對革新的朝臣為小人，於是保守派齊力反撲，在仁宗面前共同彈劾仲淹等為朋黨，恐不利於社稷。歐陽修乃奏上一篇〈朋黨論〉，加以反擊，說明君子與君子以同道為朋，是不會專權自利的。但雙方仍難化解，朝臣對立的形勢既已造成，

政令的推行就不能順利了。至四年六月，范仲淹宣撫陝西及河東：八月，富弼宣撫河北，歐陽修亦出為河北轉運按察使。次年春，杜衍亦罷相出知兗州，韓琦罷樞密副使出知揚州。至此，慶曆革新完全失敗。到至和、嘉祐年間（1054～1063），仁宗在位日久，轉向以無為而治，雖再度起用舊臣富弼、韓琦共同輔政，卻只求平靜，不願生事，於是因循苟且之習也就更加嚴重了。

　　仁宗后妃所生皇子皆早卒，至嘉祐中，宰相韓琦等奏請早立宗子為皇子，然後再正位東宮，以安社稷。帝乃過繼濮王之子宗實為子。八年（1063）四月仁宗崩，皇子宗實即位，是為英宗，尊皇后曹氏為皇太后，仍用舊臣輔政。帝健康狀況素不甚佳，繼位之初，即已不豫，由曹太后垂簾權同聽政。次年改元治平，至五月，帝已康復，皇太后還政。太后共垂簾一年餘，內臣從而離間，使兩宮互相猜疑，幸賴韓琦從中調和，得以化解。但英宗親政後，大臣請命禮官討論尊奉濮王典禮，共主張應尊稱帝生父濮王為皇考，此乃親親之義。然而侍從之臣王珪、司馬光、范純仁、呂誨、呂公著等皆反對，認為皇上由小宗入繼大宗，今已親為仁宗之子，得繼大位，當以仁宗為尊，人亦無二親，故請尊稱濮王為皇伯，乃本尊尊之義。此即濮議之爭。因為韓歐共同主張稱皇考，諫官呂誨等便上章彈劾他們迎合皇上，共指其為奸邪。本來只是禮法上的小事，卻成了政爭之開端，影響以後的政治發展。

　　英宗在位四年，於治平四年（1067）正月崩，其子神宗即位，年方二十。他在為皇子時，十分好學，常讀書至夜分。侍講王陶伴其讀書，兼任說書，帝每見必行師生禮，中外皆稱其賢。及即位，勵精圖治，很想有一番作為。曾閱讀《太宗實錄》，看到太宗伐遼失敗，身被敵人冷箭射中，箭瘡每歲必發作，後竟因此而崩。而數十年來，宋每年還向遼納歲幣，他不禁感嘆地說：「為人子孫當如此嗎？」於是激起他雪恥圖強的心志。雪恥必先強兵，強兵必先富國，富國之道在於理財。帝曾以邊事與元老重臣富弼相商，弼回奏說：「陛下即位未久，應當廣布仁德，

願未來二十年口不言兵。」又曾問翰林學士司馬光如何能財用足？光答以要在於帝王戒奢與政府節用。他兩人的論點雖有些迂闊不切於事，但確也合乎孔孟之道，只是不合乎神宗的大有為之志。帝最後選用了王安石，相談之後，君臣心意完全契合，遂推動大規模的變法。

王安石字介甫，撫州臨川人。慶曆二年中進士第四人，學問品性皆高超，深受時人所欽敬。最先知鄞縣，勤政愛民，在任三年，曾走訪各山野村落，問民間疾苦。任滿改調以後，百姓為他建生祠以為永念，可以想見他受愛戴的程度。以後擔任京中朝臣，也有很好的聲譽。到嘉祐五年（1060），安石上了一封萬言書，向仁宗提出一些應興應革的主張，只是當日政治崇尚保守，仁宗雖讚賞安石而不能用。稍後英宗臨御，亦無所更張。政治上的積弊也就越來越大了。神宗為太子時，即已心儀安石，及即位，便用安石知江寧府，進而召入為翰林學士，然後拜參知政事，擢任宰相。神宗要效法唐太宗創立功業，雪先世之恥，以問於安石，安石答以「陛下當法堯舜。唐太宗所為不完全合乎法度。」有關足國用的問題，安石則說：「善理財者不加賦而國足用。」神宗十分滿意，一切言聽計從，君臣相得，義兼師友，雖漢昭烈與諸葛亮不能遠過。司馬光曾說：「上與介甫如一人。」並不為過。

王安石推行的新法大要如下：

1.制置三司條例司

為國家最高理財機構，由宰相兼領，以總天下之利，並約計政府全年收支。

2.農田水利法

設水利官，負責考察各地已廢陂塘溝洫，勸告並協助農民修治，以利灌溉，減輕水旱災害。

3.均輸法

諸路設發運使，使有無相通，移賤以就貴，既便轉輸，又省勞費。

4.青苗法

以諸路常平錢借貸給民戶，出息二分，春散秋斂，免民戶受高利貸之剝削，名曰散青苗，有強迫性質，且貸者五家互保，以防其不償。

5.免役法

旨在革差役之弊。令當役戶依照物力高下出免役錢，非當役戶及寺觀出錢助役，名曰助役錢。又增收二分以備水旱，名曰免役寬剩錢。官府用此錢募僱居民充役，故亦名募役法或僱役法。

6.市易法

在京設市易務，許民戶以房財抵押貸款購買官物，期內收息二分。逾期不還者，再追加百分之二的罰款。

7.方田均稅法

以東西南北各一千步為一方，相當於四十一頃六十六畝一百六十平方步。歲以九月開始丈量土地，登記其長闊四至，驗田地肥瘠，定為等級，攤派賦稅，以求均平。方內田地皆各歸其地主名下，以防止隱漏逃稅。

8.保甲法

以鄉村戶相鄰十家為一保，選主戶有心力者一人為保長。五十家為一大保，選主戶最有心力及物力最高者一人為大保長。十大保長為一都保，選都內主戶最有行止心力、材勇為眾人所服及物力最高者二人，為都副保正。另選一家兩丁以上，通主客戶計之，以其一為保丁，於冬季集中訓練，教以武藝，負責地方治安及煙火之防範。

9.保馬法

陝西五路義勇保甲願養官馬者，由監牧以現有之馬給之。或者由官府給現錢令其自買飼養，一戶養一匹，給予減免戶內賦稅之優待，平時養馬戶可以使用所養之馬，戰時則專供軍用。每年官府檢查一次，病死者由養馬戶補償。

10.太學三舍法

凡初入學者為外舍生，每月、每季都有考核，每年終有一次大的考試，考入優等，再參以操行成績，合格者升為內舍生。由內舍生升上舍生，亦經同樣考評。上舍生督教加嚴，通過各項考試，成績考入優等者，即可釋褐予出身，走入仕途。用此法可以革除科舉只重學藝不重行實之流弊。外舍生以二千人為額，內舍生限三百人，上舍生一百人，所以不是靠在學年月升舍，有在學十年尚未釋褐的。

上述十項是比較重大的，其中以理財為著眼點者居一大半。神宗對王安石雖然言皆聽計亦從，也給予安石以最大的權力，又將一些反對新法的元老和較保守的大臣都逐出廟堂，或罷，或致仕，或外放。並起用最支持新法的官僚，已經可以為所欲為，理應達成績效纔是，但結果還是失敗了，這又是為何呢？看來理想與現實是有落差的，茲從六方面加以分析：

1.王安石剛愎自用，不肯接受別人的意見

司馬光曾說：皇上都能察納雅言，然而「介甫不通商量。」又說：「介甫只喜人附已，」「介甫不能容物。」此雖反對派的批評，然亦所言不差。即使安石門人陸佃也察覺到他個性太剛，在神宗面前討論時政，有所爭辯，竟也疾言厲色，反而是神宗改容聽納。這樣的個性如何能與人共事呢？所以早年的好友如呂公著、程景、程頤、蘇軾等人，都因為意見不合而告絕交。所謂：「逆耳之言不近於前，則不測之禍將隨於後。」這句話用在王安身上完全適合。

2.拘泥古制

王安石常引用孔孟之言以反擊異議者之言論，責他們沒有讀書，所言皆為流俗之見。其論青苗法，則比於《周禮》泉府之官。制定吏祿，則比於孟子所謂「庶人在官者祿以代其耕」。募民充役，則謂本於周官之府史胥徒。又以保甲法源於三代，先王皆是以農為兵。以市易法、均輸法比於漢之平準、均輸，皆是古制。安石又親撰《周禮新義》，頒之

學官,令天下士子皆通習之,自信用此即可致君如堯舜,這是他新法的
淵源。

3.用人不當

王安石人好人譽己,指責所有反對新法的人為空疏、流俗,但推行
新法不能不用人,迎合者遂得重用。所以君子皆去,小人便乘虛而入,
對推行新法有害無益。例如呂惠卿,是一個投機政客,最會奉承王安石,
安石屢次推薦他,一路由制置三司條例檢詳官而同修起居注,而翰林學
士,而參知政事,二人關係極密切,不可一日分離,但當安石罷相後,
惠卿任參政,怕安石東山再起,卻在神宗面前進讒言,竟說安石罔上要
君,是一個失意政客,往往倒行逆施。這未免太狠毒了。其他章惇和曾
布,也是支持新法的,二人均非正人君子。安石晚年深自悔恨,常手書
「福建子」三字以消心中之憤,蓋以呂惠卿為福建人。

4.朝臣黨同伐異,意氣用事

司馬光是始終反對新法的,不免有些情緒性的言論,神宗亦難以接
受。光又曾用道德勸說安石道:「要慎防小人利用改法以為進身之階。」
安石自然也聽不進去,反而更為堅持己見。安石的江西鄉人劉放、劉恕、
黃庭堅、曾鞏都反對新法,蜀人范鎮、張方平及蘇軾兄弟也深詆之,其
言亦失於刻薄,遂使雙方各不相讓,走入極端,此乃士大夫素喜黨同伐
異有以致之。

5.新法方面太廣,推行操之過急

前述王安石新法重大者有十項,規模遠大於范仲淹之慶曆革新,安
石過於迷信創立法度,認為有了法度就可以天下大治了。殊不知推行法
制完全仰賴奉公守法的官吏,當時州縣因循苟且之習尚未革除,焉能在
同一時間內推行如此多的新法?監察御史裏行張商英曾在熙寧五年
(1072)向神宗建言:「免役、市場、保甲三者,得其人,緩之即為利;
非其人,急之即為害。」但神宗沒有採納。就前所述保甲法而言,保長
也是選差的。後又令相鄰三十戶結為一甲,輪差甲頭,負責催稅,那又

與差役法有何不同呢？百姓的感覺確是納了免役錢，並未真免役。此皆失於考慮未周，驟然行之，流弊就大了。

6. 新法重在理財利國，而非專意利民

王安石變法旨在富國，故其所創新法都是為了開源節流，青苗法重在放款收二分息，州縣為了達成朝廷要求，強令民戶借青苗錢，反而造成擾民。免役法是為救差役法之弊而設，當役戶應出免役錢，然向來不充役的貧民下戶也要出助役錢，則內心必然有所不願。州縣在僱役時則力求節省，所以一年所收的役錢常足兩年之用，所餘之錢或移作他用，或充上供財物。當保長、甲頭輸差合法化以後，更有保丁負責維持地方治安，則各種色役皆不必再僱了。於是役錢便轉變為新的稅入。

綜合上述新法失敗的六項原因，總而言之，新法之實行的確害大於利。當元豐八年（1085）神宗崩殂後，哲宗即位，年止十歲，由祖母高太皇后垂簾聽政，召用司馬光為門下侍郎，光即上疏請罷新法，越快越好，且特別指出此是為民除害，請皇上「切不可泥三年不改父道之說」，當時確有朝臣以子不改父道進言，故光因以及之。次年（元祐元年）二月，光拜左僕射，又上言廢除新法如救焚拯溺，不能拖延，而且由太皇太后攝政，乃是母改子之法，非子改父之道。於是已推行十多年的新法，在很短的時間內就全部廢除了，回復到熙寧以前。是年九月，司馬光病卒，繼其居相位者有呂公著、呂大防、范純仁、劉摯、蘇頌等數人，施政皆平穩，所以成就了元祐之治。史稱：「元祐致治之盛，庶幾仁宗。」此乃是高太皇太后權同聽政達八年，能進賢退不肖，上下祥和纔得來的。到元祐八年（1093）九月，太皇太后崩，哲宗始親政，心理上有些不平衡，乃想一反太皇太后盡用舊黨主政之行，遂起用元豐時大臣。於是侍御史楊畏遂上疏「講求法制，成就繼述。」其意為子繼父志，紹述新法，乃於次年改元紹聖，召章惇為相，蔡卞、蔡京皆受重用，開始政治上的大報復，於是元祐大臣一一得罪，宰相呂大防、范純仁遭罷，翰林侍讀學士蘇軾先降知英州，再安置惠州。又追奪司馬光、呂公著贈諡，對於

亡故的大臣都不放過。元祐間所修《神宗實錄》本舊黨立場，必須重修，並追究其修史官員罪責，於是范祖禹永州安置，趙彥若澧州安置，黃庭堅黔州安置，其罪名為詆誣先帝，真所謂欲加之罪何患無辭了！元祐間所廢新法又皆一一恢復。

　　以政治人物的政治立場來稱呼其所隸屬之黨派，凡執行新法的稱為新黨，反對新法的稱為舊黨。舊黨中又分三派，一為朔黨，以劉摯、梁燾、王巖叟、劉安世為首領，朝臣中河北籍官僚多屬之。二為蜀黨，以蘇軾、蘇轍兄弟為首領，呂陶為羽翼。三為洛黨，以程頤為首領，朱光庭、賈易為羽翼。彼此之間也互相攻擊，各自以其學問所專精者菲薄對方，尤以蜀洛二黨為甚，互不相讓，也毫無一點警覺性，等到章惇專政以後，均被視為元祐黨，一一遭貶竄，實在是非常悲哀的。到了元符三年（1100）正月，哲宗崩，無子，立其弟端王，是為徽宗。最初由向皇太后權同處分軍國事，為消除黨爭，採調停之說，在人事方面作了一點調整，新舊黨並用，首先起用韓琦之子忠彥為門下侍郎，再除右僕射，與新黨之曾布共政，次年改元為建中靖國，暗含合衷共濟的政治目的。但向太后不願久垂簾，半年後就還政了，徽宗親政之後，完全改變了方向，曾布主張紹述，竟以強勢排擠韓忠彥，二人皆想拉攏蔡京為助，薦之為尚書左丞。京極陰險，專肆傾軋，韓忠彥既罷，又逐曾布，布被罷，京即代其位。蔡京由此大權獨攬，高唱紹述，改元崇寧，意即崇尚熙寧變法，其用意是在利用新法進行政治報復，專門打擊元祐舊黨，大興黨獄，於元年（1102）八月籍宰臣司馬光、呂公著、文彥博、范純仁等及侍從之臣蘇軾、范祖禹等，尚有餘官秦觀等及元符未上書言事者，總計三百零九人，名曰奸黨，御書刻石，立於端禮門，名曰「元祐黨人碑」，並禁錮黨人子孫，不得任在京差遣，其禍不下於漢末黨錮之獄。自此以後，朝中沒有一位正人君子，蔡京終於導引徽宗走向逸樂之途，北宋之亡也就不遠了。

第四節　由北宋到南宋

　　北宋雖亡於欽宗靖康元年（1126）之金人入侵，但實際上是亡於徽宗。前述的新舊黨爭，影響太深遠了，既違背宋代立國本於仁厚的傳統，更喪失天下仁人志士之憂國心，有政治理想和有志節的士大夫，多不願在朝為官，而依附在蔡京威權之下的朝臣，只是為了做官享榮華富貴，由是政風敗壞，引起民怨，國本動搖，卒埋下亡國之禍。徽宗少長宮中，不知民間疾苦，平生喜好字畫、古器物，又愛詩詞，此非帝王所應為。而蔡京凡四次入相，前後專權十八年，自宋開國以來，還是第一人。王安石在熙寧年間得君甚專，仍有臺諫論列其缺失，至蔡京竟然交結宦官童貫為內應，常常請降御筆，以杜臺諫之口，這是安石所引以為恥的。大觀元年（1107）正月，蔡京再入相，政和二年三入相，大倡豐亨豫大之說，收集古器、修宮殿、立道觀，揮金如土。自江南搜求奇花異石珍禽，運來京師，名曰花石綱，在宮中建萬歲山，名曰艮嶽，置放其中，以供徽宗遊觀寫生。江南深受花石之擾，民不堪命，到宣和二年（1120），方臘遂在睦州作亂，江浙由是震動，影響國家稅收，情勢已十分嚴重。歷三年餘始將亂事平定，雖屬慶幸，然國力已是大耗，距亡國也就不遠了。所以《宋史》就批評說：「自古人君玩物而喪志，縱欲而敗度，鮮不亡者，徽宗甚焉！」所言誠是。對於欽宗，《宋史》所論，則只有傷感。有云：「享國日淺，受禍至深，考其所自，真可悼也夫！真可悼也夫！」所謂「考其所自」，自然是徽宗所造的亡國之因。

　　當然北宋之亡的直接原因是金人入侵，但此外患也是徽宗時招來的。案金朝為女真人所建，屬於通古斯族，居住在現今的長白山、松花江之間，姓完顏氏，一向臣事遼朝。到遼天祚帝在位時，女真領袖阿骨打以遼使來索貢物極橫暴為由，起兵叛遼，一戰成功，攻下寧江州，乃於政

和五年（遼天慶五年，1115）建號稱帝，國號大金，年號收國，成為遼朝大患。到政和七年，徽宗接納宦官童貫的建議，聯合女真夾攻契丹，夢想把遼消滅後，便可以收復燕雲故地，宋君臣一向缺乏知己知彼的信息，也無判斷敵我形勢的能力，想法過於天真，而徽宗尤為一輕率寡謀的皇帝，乃於次年（重和元年）派馬政和呼延慶自登州出發，航海到高麗，再越過鴨綠江，抵達女真軍前表達結盟心願，金朝立即遣使李善慶隨同宋使來開封，願意修好。到宣和二年（1120），再派趙良嗣前往，商議夾攻契丹之約。約文如下：

　　1. 宋金夾攻遼朝，宋攻燕京，金攻上京。

　　2. 事定之後，以燕京一帶漢地與宋，宋以原先給遼之歲幣全部轉給金。

　　3. 女真兵出松林，攻古北口，宋軍自雄州趨白溝，雙方夾攻，不得違約。

　　此即所謂海上盟約。此外尚有附帶約定，即金方要求宋補給糧餉，又言：「兩國夾攻，土地得者有之，本朝自取，不在分割之限。」似乎金朝已了解宋兵不強大，故先為此說以困住宋朝。而宋朝毫無遠見，一切聽金朝要求。四年三月約定出兵。四月，徽宗派童貫為河北東路宣撫使，出師巡邊，與遼人戰，不利，至十月，兵潰於盧溝，弱點已完全暴露了。而金人進兵順利，攻下燕京，遣使來宋商議割地之事，金以先有「土地得者有之」的約言，乃堅持「自我得之，則當歸我。」故不肯交割。宋不得已，只好另約「別輸燕京代稅錢一百萬緡」給金，纔算將燕京贖回。金人在撤出燕京時，子女金帛職官民籍全部席捲而去，宋所得的只是一座空城。宋任命王安中為燕山府路安撫使，蔡靖知燕山府。先前遼之常勝軍郭藥師以所部降宋，宋廷命其駐守燕山府，因為童貫力保其可以倚任，徽宗信之，未加防範，等到宣和七年金人來攻燕山，郭藥師竟然又以所部降金，成為侵宋的急先鋒。

　　遼亡後，宋金成了鄰國，宋弱金強，宋之命運就可想而知了。當宋

金欲結盟約夾攻契丹之初，知樞密院事鄧洵武深以為不然，奏言當想想唇亡齒寒的道理，且宋遼百年盟誓，亦當信守，違之不祥。甚至說：「與強女真為鄰，孰若與弱契丹？」此道理十分淺顯，但徽宗正心嚮蔡京、童貫，沒有察納。果不出其所料斷，宋違誓約，兼併了弱的契丹後，自己的災禍已逼在眼前。金知宋積弱，可以力取，便速作侵宋的準備。東路由完顏宗望（幹離不）領軍，先攻下燕山府，再南下攻中山府。西路由完顏宗翰（粘罕）統帥，在攻陷朔、代等州後，即圍太原。徽宗知道大勢已去，乃於宣和七年十二月內禪，欽宗即位，次年改元為靖康。靖康元年（1126）正月，幹離不所率領之五萬大軍已渡過黃河，進圍開封，朝臣分主戰主和兩派，議論不決。李綱主固守，以待諸路勤王之師。事實上，幹離不孤軍深入，也是兵家大忌，兵食皆靠搶掠，宋如堅壁清野，號召諸路勤王之師斷金歸路，可能全軍覆沒。宋廷不此之圖，唯以求和為得計。幹離不與粘罕原約定在開封會師，幹離不出乎意料的順利，而粘罕之軍隊圍攻太原，守將張孝純固守，粘罕久攻不下，難以進兵，故不能與幹離不軍會師。幹離不生疑，也怕久圍不利，於二月十日與宋約和退師。宋允賠償軍費金五百兩、銀五千兩，並割河間、中山、太原三鎮與金。但在幹離不退回燕山後，宋廷又反悔，堅稱寸土不可割，詔三鎮堅守。至九月，粘罕攻下太原，得知幹離不戰果豐碩，也遣使向宋要索金銀，宋不與，遂意圖用兵。幹離不亦以宋拒割三鎮為毀約，作為再次用兵的口實。十月，金軍兩路南侵，河北州縣相繼淪陷，至閏十一月，開封再度被圍，宋廷仍是和戰不決，互相指責，各陳己見。金二元帥要求宋帝親來金營求和，大索金銀絹帛，宋廷向民間搜括，仍難滿足其所欲。次年二月，徽欽二帝再至金營，卒被扣留不遣還。二帝成了人質，宋臣民有求必應，將從寺廟娼妓之家所掘地僅得的財寶都奉獻了，金帥仍不放回二帝。三月，金人大捕宗室，廢趙氏，議立異姓為國君，乃以太宰張邦昌為大楚皇帝，都金陵。然後退兵，將二帝帶走，又擄俘皇后、皇子、公主及宗室等，史稱靖康之難，北宋政權至此就結束了。金兵既

退去，開封四郊已野無人煙，春燕回來竟無處可巢，而棲於樹枝。

　　張邦昌所建之楚國，是被金人扶持的偽政權，宋朝臣民都不能接受，金兵尚在開封時，宋臣不便多言，一旦金兵退去，御史中丞呂好問及監察御史馬伸等共同勸諫張邦昌說：「相公知道中國人心所嚮嗎？前時只不過畏懼女真兵威而已！今女真既去，還能常保如此情況嗎？盍不趁早委政元祐皇后，然後迎立康王。」所謂元祐皇后，即哲宗皇后孟氏，她本為高太皇太后攝政時為哲宗所禮聘，哲宗內心並不喜歡，於紹聖三年被廢，故其名不在《玉牒》中。徽宗初，尊為元祐皇后。靖康之難，舉族北遷，后獨倖免。至是，張邦昌恭迎她入居延福宮，垂簾聽政。親下手書，昭告天下，明言已遣人至濟州奉迎徽宗第九子康王構，時任天下兵馬大元帥，以繼宋朝之大統。五月一日，康王至南京應天府，為羣臣勸進，即天子位，尊孟皇后為太后，改靖康二年為建炎元年，是為高宗。高宗身經戰亂，頗思收人心，乃首先起用主戰派素有人望的李綱為右僕射，懲處一批主和誤國之臣和助敵為惡之朝官，以示中興氣象。當時河南州縣並未淪陷，中原人民仍效忠宋室，但高宗並非大有為之君，只想保住皇位，宗澤任知開封府兼東京留守，請帝還都，帝極畏怯，不從。又不能重用李綱，綱任相不到三個月就被罷免了，竟用黃潛善、汪伯彥二奸臣為左右相，殊不洽眾心。太學生陳東、歐陽澈上書直言朝政缺失，請求高宗親征，迎回二帝。卻為汪、黃所進讒，把東、澈二人冤殺了，行路之人聞之，不禁流涕，深深覺得喪亂將不能止了！宋朝自太祖開國，立有不殺士大夫及言事官之誓約，陳東及歐陽澈僅是一介書生，手無寸鐵，卻遭棄市之刑，未免太殘暴了！由此可見高宗之昏庸與缺乏人君之器量。尤其國難當頭，最需要廣收人才，開創中興大業，卻用殺伐來立威，無怪乎此後只有偏安江左了。

　　高宗聞得金兵又南下，於建炎元年九月先渡淮河，駐蹕揚州。至三年二月，又因金帥完顏宗弼（兀朮）統兵渡淮來犯，高宗又倉皇渡江至鎮江，又到杭州，以後背海立國，偏安江左凡一百五十二年，史稱南宋。

南宋為國史上偏安最長的政權，具有重大的歷史意義，遠遠超過東晉。可述者有四：

(一)漢人所建政權之延續

五代中之後唐、後晉及後漢皆為沙陀人所建，自後周到宋始由漢人建立政權。北宋面對西北二邊之強敵，勉強支撐，保住中原政權。在遼亡夏衰之後，山東豪傑自動自發地入太行山區打游擊戰，皆刺「赤心報國誓殺金賊」八字，號八字軍，發揮了牽制金兵南侵的作用，對高宗能夠穩住軍心全力禦侮有著無形的幫助。金人在興起之初，尚不能立即全部消滅宋朝，到中期以後就更困難了。結果是金先宋而亡，要等到蒙古族興起，纔由元世祖忽必烈統一中國。

(二)中原人民的南遷

在靖康之難以後，中原人民大舉南遷。追隨高宗南渡的軍隊大半是北方軍人，中興四大將韓世忠、岳飛、張俊、劉光世皆北方人，其後人都定居在南方。原先北方的官宦之家或名門大族，當然不願被異族統治，皆隨宋室南遷。河北、京東居民多往東南遷徙，有的遷至嶺南或福建，京西及陝西居民多移往四川，總計不下一百多萬人。使南北人民融合，風俗習慣與飲食交互影響，農業生產加速進步，南方的地位更加重要了。

(三)以儒家思想為主的傳統文化繼續保持與發揚

北宋時理學興起，二程弟子中有閩人，在南方傳道授業，後來成就了朱熹，能集理學大成，影響深遠。另外，史學家多受司馬光影響，不僅編年史書大量增加，更創作新的史體。文學方面，詩詞與古文都不減北宋，並開創通俗文學。相較之下，南宋教育進步，北方的金朝就太落後了。所以元朝的統一中國，在軍事與政治上是北方統一南方，而在學術與文化上則是南方統一北方。

㈣海外貿易

浙東、福建面臨大海,明州、泉州為最好的商港,皆設有市舶司,向南洋出口瓷器及茶葉。浙東、閩南的造船業也很發達,所造的大船為尖底,適合遠洋航行,外形亦非常壯觀。元明兩代的海外經營與海洋發展,都是在南宋經營的基礎上而向前邁進的。

上述四點是比較明顯的。在蒙元統一以後,元代著名的學者多為南方人,特別是兩浙地區的人才最盛。明太祖的開國功臣如宋濂、劉基均是浙人,這是南宋奠定的基礎。如果沒有兩宋政權,那就很難出現一位像孔子一樣的大思想家、大教育家,如朱熹者,由南宋中期至今八百多年,他的影響還是存在著。

其次所要述的是宋金間的戰而和、和而戰之關係,自高宗至寧宗八十多年間,宋金曾簽定三次和約。

南宋能夠偏安,學者多認為是依靠長江天險,阻止了女真的鐵騎南下。我想這只是地利而已,尚不足以完全說明宋所以能偏安之故。就以在紹興十二年(1142)所訂之和約而論,其所以能締結成功,也必有堅實的憑藉,這憑藉就是雄厚的國防力量。南宋有六十萬大軍,在靖康之難以後,確實畏懼金兵,幾乎是聞風就逃,真正逃不掉,也只有迎戰。在奮力抗禦之後,也能取得小勝。如建炎三年冬,兀朮自建康渡江,橫掃江西,又東下攻越州,高宗倉皇逃到明州,又匆匆泛海抵達舟山。四年正月,金兵追到明州,為張俊所敗。到了三月,江南天氣漸熱,金兵亦不習南方水土和水鄉澤國之戰鬥生活,準備自鎮江渡江北歸,為韓世忠所阻,不得渡。兀朮溯江西上,欲至建康再謀渡江,世忠率師疾追之,一再給予打擊。兀朮到建康後,又遭到岳飛的腰擊。最後雖能逃走,卻不敢再談渡江之事。所以雖說靠長江天險,還需要能防江的軍隊和善於用兵的將領,方能發揮較大功效。宋高宗在金兵退走後回到越州,改名紹興府,次年亦改元紹興。最後定都杭州,改名臨安府,局面纔完全穩

定下來。在以後的八年中，宋金在不同地區數度交鋒，吳玠、吳璘兄弟守四川，有和尚原之捷及仙人關之捷。韓世忠守淮東有大儀鎮之捷。岳飛於平洞庭巨寇楊么之亂後，兵力增強，乃移鎮鄂州，先後用兵收復襄陽、唐州、隨州、鄧州，經營為北伐大軍之基地。另外，張俊經略陝西，劉光世坐鎮淮西，韓世忠宣撫淮東，由西到東的防衛線相當堅強。先前金朝扶植劉豫建國號為齊，以與南宋對抗，圖謀收漁人之利，結果偽齊屢次南犯，皆告失敗，南宋將士信心大增，對金兵也不似先前的畏怯了。金人覺悟到劉豫沒有利用價值，乃於紹興七年（金熙宗天會十五年、1137）十一月將齊國廢除。金朝的主政者完顏昌（撻懶）接見宋之求和使臣王倫，願約和，許以河南、陝西地歸宋。於天眷元年（紹興八年）派遣張通古隨同王倫來到臨安，以詔諭江南使為名。此事之主持者為秦檜，當然高宗亦很願意，不過以詔諭為名，乃是令宋向金稱臣之意。所以引起樞密院編修官胡銓的極度不滿，特上封事請斬秦檜、王倫以謝天下，高宗不獎忠耿之臣，反而將銓除名，編管昭州。可見高宗欲和之心意甚切，用放逐言事之臣以打壓輿論。事實上，完顏昌的主和外交，卻遭到主戰派兀朮的強烈反對，認為喪權辱國，乃發動軍事政變，將完顏昌殺死，和議遂告破裂。紹興十年（1140）五月，金兵分四道入寇，三京再度淪陷，宋高宗不得不起而應戰，任命韓世忠、張俊並為河南北諸路詔討使。六月，兀朮攻順昌，為劉錡所敗，退回開封。稍後，岳飛部將張憲光復潁昌，王貴收復鄭州，飛亦有郾城之捷，實在是河山再造的大好機會。但高宗卻聽信秦檜主和之議，乃詔諸將罷兵。在金朝方面，與宋交兵前後已長達十六年（1125～1140），已至民窮財盡，在戰事順利時，軍士常保鬥志，而今突遭敗創，士氣便低落了。兀朮也深切了解，只要高宗稱臣納幣，自然願意約和，還可以美其名為「存亡繼絕」的義行。在宋朝方面，戰爭帶來國庫空竭，讓河南北地區人民飽受戰禍，議和可以與民共休息。甚至高宗亦可以大言不慚地說：「朕兼愛南北之民，很有仁心。」朝中主戰派大臣早被罷免了，主和派秦檜掌控一切，高宗

言聽計從，四大將中張俊迎合秦檜，劉光世因疾已請奉祠，只有韓世忠及岳飛主戰，而飛最為激烈，成了秦檜的眼中釘，必欲置之死地而後快。當然要害死岳飛必須靠皇權，故檜先向高宗建議收軍權，以防武將跋扈。高宗性格一向猜疑，私心又特重，乃連下詔書召回諸大將軍授以樞密使、副使，以韓世忠為樞密使，岳飛為樞密副使。然後秦檜再收買岳飛舊部王俊告變，誣岳飛自言與太祖皆是三十歲除節度使為心懷不軌，情理切害。往年敵人犯淮西，被御札十三次，沒有立急前往救援，有抗旨之罪。又有意圖據襄陽叛變，皆是扣大帽子。飛即被下詔獄，審訊很久，始終呼冤，只大書「天日昭昭！天日昭昭！」八個字，竟於十二月二十九日賜死，天下冤之。飛自結髮從軍，內平劇盜，外抗強胡，大小數百戰，保住東南半壁江山，最後還被誣以謀反之罪遭賜死，家產被充公，妻子被流放，天下仁人志士聞之，又有誰不血冷心寒呢？岳飛死了，宋金和約也締結了。其要點如下：

1.疆界：東以淮河中流、西以大散關為國界，宋割唐、鄧二州及商、秦之半與金。

2.兩國關係：宋稱臣奉表於金，金冊封宋主為皇帝。高宗上金熙宗表文首句為「臣構言」，金帝賜宋詔書首句為「咨爾康王趙構不弔」。

3.歲幣：宋每歲貢金朝銀二十五萬兩、絹二十五萬匹，春秋在泗州交納。

4.慶賀使節：每歲金皇帝生辰及正旦，宋遣使致賀。

5.金歸還徽宗梓宮及高宗生母韋太后。

這是不平等的條約，宋高宗還比不上石敬瑭，竟然向不共戴天的仇人稱臣，情何以堪！和約中根本不提淵聖皇帝（欽宗），是不是怕他回來運作復辟，奪去高宗的帝位？這是高宗和秦檜所不願看到的。在強調與金議和時，倡言是為民抒解困難，減輕賦役的負擔，殊不料和議之後，卻大興土木建宮室，一樣是勞民傷財。秦檜更令各州縣奏上祥端，以彰

顯秦檜主政之功效,正所謂粉飾太平,麻木自己,不知趁此良機發奮圖強,以防萬一,要知弱國是沒有外交的,和約也只是一張隨時可撕破的外交文書。

　　到了紹興十九年(金熙宗皇統九年,1149)十二月,金完顏亮弒熙宗而自立,是為海陵帝,改元天德。亮生性傲慢、殘忍、多疑,有統一寰宇的野心,夢想只要消滅南宋,西夏和高麗就會自動歸順了。首先將都城遷至燕京,以配合未來之統一。並在開封訓練軍隊,作為將來對宋用兵的軍事基地。另在登州訓練水師,以備渡江時所需。等到一切準備妥當,乃於正隆六年(紹興三十一年)冬發動侵宋戰爭,水陸並進,海陵帝親自督師,所統軍隊號稱八十萬,先聲奪人,南宋君臣大為緊張,秦檜早在六年前已死,在強敵壓境之下,是不可以進行和平談判的。高宗乃下詔親征,也號召敵後軍民起義歸正,共滅此酋。同時任命知樞密院事葉義問督視江淮軍馬,中書舍人虞允文參議軍事,兵部郎中馮方咨議軍事,檢詳諸房文字洪邁主管機宣文字,一同到建康防衛,共議破敵。當時王權所帶之兵剛退到建康,軍心渙散,虞允文親到軍中激勵將士,告以勇敢殺敵,立功者即刻升賞,畏敵怯戰者罰無赦。將士們皆回應說:「唯舍人命。」十一月八日,金兵欲從采石磯渡江,被虞允文所統領的水師打敗。這次的勝利雖說有點僥倖,但也不能完全歸功於天時地利。在此同時,金國的水師自膠東南下,航行至膠西之陳家島,被南宋李寶所率水師擊退。當時山東忠義人魏勝號召義士三百多人光復海州,與李寶相呼應,使金之水師無法再南下。海陵帝缺乏水師的應援,顯然有後顧之憂,乃造成采石之敗。在宋軍方面,虞允文從容指揮,使士氣大振,能發揮其所長,制敵所短,這是勝利的關鍵。海陵帝於失敗之後,乃向東移師至揚州,準備從瓜洲渡江,一時求勝心切,軍令極嚴,反而使軍心動搖。就在海陵帝親統大軍進攻南宋之時,東京留守完顏雍卻被部下所擁立,即皇帝位,是為世宗,改元大定,乃命使者持詔書到揚州,引發兵變,左領軍大都督完顏元宣等遂弒海陵帝,即刻退兵回河南,宋軍

遂次第收復淮南諸州縣。一場大的戰禍很慶幸的渡過了！

　　金世宗於政局穩定後，不欲與宋繼續交戰，乃於大定二年（紹興三十二年）正月遣使至宋告即位並議和，且將戰爭的罪責完全歸之於海陵帝。而今海陵帝既已身亡，則二國就可以恢復舊好。不過宋臣認為金國無故興師，則是大義已絕，和約也就不存在了！如要恢復舊好，則應歸還河南之地。高宗所遣的賀金主即位使，報聘國書即用的敵國禮，意味國交平等，不再稱臣。雙方立場差距極大，難以再談，所以兩國仍處於戰爭狀態。這年六月，高宗行內禪大禮，傳位於孝宗，自稱太上皇，退居德壽宮。孝宗是太祖的七世孫，為伯字行。高宗後宮既無子，朝臣多請先養宗子於宮中以繫天下望，而太宗之後皆被金人掠去，在南方的宗室多為太祖及廷美之後代，當時臣民多希望立太祖後，使繼大統，以慰太祖在天之靈。故孝宗自六歲即養於宮中，同時入選的尚有伯浩，經過高宗長期觀察，確定立孝宗。高宗一向堅信和議，經完顏亮興師來犯之後，方悟「偷安忍恥，匿怨忘親」之失，而生倦勤之意，將對金和戰的問題留給孝宗去處理。孝宗是有志恢復的，先革積弊，汰冗官，許百官言事，問民間疾苦，勤政愛民，時稱「朝奏聞而夕報可」，是一位賢君。帝不願再向金稱臣，而金又不斷遣使來責舊禮，且有用兵跡象，故不得不作應戰的準備。首先平反岳飛的冤案，湖北軍民為之振奮。次即重用始終反對和議的張浚，命為江淮宣撫使，駐節於揚州。次年改元隆興。隆興元年（1163）四月，張浚請求北伐，決議出師，而三省及樞密院並未參預其事，可說有些不尋常。張浚所重用的兩位將領邵宏淵、李顯忠於五月出師，渡淮共伐，二人皆楊存中舊部，互相猜忌，不能協濟用兵大事，張浚統御無方，出師之初，雖能光復宿州，但金師紇石烈志寧率大軍來攻，李顯忠與之戰，邵宏淵不來援助，宿州得而復失，顯忠退師，又敗於符離，宋軍傷亡甚眾，器甲損失尤慘。孝宗聞北伐大軍失利，為之大痛，恢復故疆之夢破碎了。張浚因符離之潰而引咎乞致仕，朝中大臣又主和議。次年，孝宗乃遣禮部尚書魏杞為金國通問使，幾經會商，

乃成隆興新約：*1.*疆界如舊。*2.*宋金為叔姪，金為叔，宋為姪。*3.*改詔表為國書，宋國書開頭為「姪宋皇帝……」書名，下接「謹再拜致書於叔大金聖明仁孝皇帝闕下……」。金國書則開頭為「大金皇帝致書於宋皇帝，」不書名，不書謹再拜，不用尊號，不稱闕下。*4.*歲幣各減五萬，即銀二十萬兩，絹二十萬疋。比紹興和約改善很多。事實上金世宗亦不欲對宋陷於長期作戰，只是想求得勝利，以戰迫和，最後目的達到了。金世宗在位二十九年，史稱「小堯舜時代」，雖說過於美化，但畢竟為一治世。至於宋孝宗雖有恢復之心，但經一次失敗後，對用兵已相當謹慎。與金締和約後，改元乾道，最後改元淳熙。乾淳合計二十五年，也是一個小康時代，百姓安樂，戶口繁息。至此宋室渡江已六十多年，培養了很多人才，文史、藝術、哲理、考古之學，皆有極高的成就。臨安的繁華也不減於汴京。但孝宗不僅未走向奢侈安逸，而且始終不忘武備，所以金世宗常戒邊吏不要生事。南北長期和平競爭，正是雙贏的局面。到淳熙十六的（1189）正月，金世宗崩，太孫即位，是為章宗。二月，孝宗行內禪，傳位光宗，在一年多以前，太上皇駕崩，孝宗欲行三年之喪，為大臣諫止，退位後便可完成心願。歷代皇帝能以孝著稱的，要算宋孝宗為第一人了！

第五節　南宋的衰亡

　　宋金隆興和約以後，宋孝宗致力生聚教訓，金世宗銳意內治，下及宋光宗、金章宗承之，宋金間宴安無事者三十餘年。光宗體弱多病，性非純孝，卻多猜疑，其後李氏卻強悍而多忌，挑撥太上皇（孝宗）與皇上（光宗）間的父子之情，使光宗對孝宗心懷埋怨，更助長其疑心病。其後孝宗生病，光宗也不去問疾，父子之情已沒有了。朝臣紛紛上章，動之以情，有「太上之愛陛下一如陛下之愛嘉王（寧宗）」之句，光宗

亦不聽。紹熙五年（1194）六月，孝宗崩，光宗亦臥病不起，不能執喪，於是中外洶洶，大臣不知計將安出？宰相留正見國事堪憂，乃請致仕，即刻出臨安而去。知樞密院事趙汝愚認為皇上既以重病不能成服，懇請傳位太子嘉王，此事當由太皇太后（高宗吳皇后）主張。乃商請知閣門事韓侂胄代為轉奏，侂胄為太皇太后幼妹之子，素善慈福宮宦官張宗尹，因得以請見太皇太后，懇請太皇太后暫且垂簾，行內禪禮，奉嘉王即位，為孝宗發喪卜葬，光宗尚一無所知。

　　寧宗之立，趙汝愚實有功勞，但韓侂胄亦自謂有定策功，希望能升任為節度使。寧宗的韓皇后為同卿女，侂胄的曾孫女，侂胄與肖胄為兄弟行，皆為韓琦的曾孫，是以侂胄被視為外戚。紹熙五年八月，汝愚拜右丞相，召朱熹任侍講，以輔佐君德，本來是很好的安排，但卻引起韓侂胄之不滿，遂陰謀排斥汝愚。最能引起皇帝重視的話便是「宗室主政將不利社稷。」汝愚是太宗的八世孫，歷世以來，沒有宗室擔任宰相的，汝愚沒有避嫌，易受政敵中傷。次年改元慶元，元年（1195）二月初，汝愚罷相，落職奉祠，不久又被責降，安置永州，行至衡州即得病，二年正月病卒。韓侂胄既能排斥汝愚，漸漸得政，朝臣多有迎合者。朱熹任侍講時，曾上疏論韓侂胄之奸，又乘經筵進講之便數申論之，寧宗並沒有察納，而侂胄仍深恨之。熹是理學家，東南士子多歸之，其學說以誠意正心為主，自謂此古人為己之學，當時亦稱道學。韓侂胄以道學之士多不附己，遂斥之為偽學，請求禁止，於是有「慶元黨禁」，自宰相趙汝愚、待制朱熹、餘官劉光祖等，以及武臣、太學生，凡列名黨籍的共五十九人，朝中正人君子被排斥一空。侂胄權事更盛，自慶元二年秋拜開府儀同三司，到寧宗開禧元年（1205）七月，遷平章軍國事，位在丞相上，侂胄已專政九年，頗思建不朽功業，既可鞏固自己權位，又可轉移士人眼光，收回因黨禁而失去的士心，適聞漠北蒙兀兒族興起，已為金之大患，乃建請北伐，收復河南故地。寧宗既信任侂胄，朝臣也多迎合，根本沒有考量敵我形勢及用兵之勝算究有多少，便冒然於二年九

月下詔伐金。在一個月之前，金即引誘已三代相襲鎮守四川的吳曦投降於金，金封他為蜀王，宋北伐更是名正言順。不過宋失掉長江上游之支援，已屬不利，迨至出師，屢戰屢敗，不到半年，金兵已渡淮迫近長江。韓侂胄深知難以再戰，遂遣使求和。由於金所提談和之條件太苛，其意為要韓侂胄之首級，使侂胄大怒，還想要繼續用兵。朝臣恐怕再戰下去國家將不保，禮部侍郎史彌遠乃透過楊皇后之兄次山向后建言，於三年十一月合謀誅侂胄，然後再函侂胄首級遣使與金議和。次年改元嘉定，和議成。其新約為：*1.* 兩國疆界如紹興約。*2.* 宋主稱金主為伯父。*3.* 歲幣各增十萬，即銀三十萬兩，絹三十萬疋。*4.* 宋以犒軍銀三百萬兩與金朝。開戰所付出之代價太重了！所幸此後，金已衰微，蒙古勢力侵入漠南，迫使金宣宗南遷到開封，已無力再侵犯南宋了。

　　不幸地，南宋小朝廷走了一個韓侂胄，卻來了一個史彌遠，彌遠之專權尤甚於侂胄。自嘉定元年（1208）正月彌遠除知樞密院事兼參知政事，十月拜右丞相兼樞密使，十一月因丁母憂而辭職，但在半年後就起復了，自此獨相二十五年，宰相成了他的終身職。權勢之盛，掌權之久，在兩宋三百二十年的歷史中，首屈一指。寧宗本來有四子，皆先後夭折，乃選太祖十世孫與愿養於宮中，後立為皇太子，賜名詢。到了嘉定十三年（1220）七月，太子薨，寧宗又選皇姪貴和為子，賜名竑，封濟王。濟王對彌遠專權日甚一日，早已心懷不滿，曾表示將來繼位為人君，就要將彌遠貶責到瓊州。彌遠是一位很陰險的政客，知道濟王喜歡彈琴，就從民間買了一位善於鼓琴的美人納給濟王，令她日日觀察濟王的言行回報給彌遠，彌遠也厚贈其家財物。因為濟王很喜歡此一美人，不疑有他，很自然地說出自己的心聲。彌遠得報，心甚不安，遂暗中與同鄉後進鄭清之密謀，更選寧宗另一皇姪貴誠教育之。經鄭清之一段時間觀察和體認，所得的總印象是「的是不凡」。清之以告彌遠，彌遠十分滿意，並向清之說：「事成，彌遠之坐即君坐也。」到了十七年閏八月，寧宗病危，史彌遠又使楊次山之子楊谷、楊石稟告楊皇后速定大計，立貴誠

為皇太子，一夜凡七次往返，后始終不從。最後楊谷、石拜且泣說：「一旦發生軍事政變，我們楊家就完了！」后乃同意。寧宗崩，彌遠即稱詔立貴誠為太子嗣皇帝位，是為理宗，並矯詔廢濟王，出居湖州。理宗很感念史彌遠擁立之功，仍以其為相，又獨相九年，至紹定六年（1233）冬十月始以疾罷相。鄭清之已先拜右丞相。可見二人狼狽為奸，陰謀廢立，乃一大逆不道之事。推原彌遠所以堅決立理宗，並非為了社稷，而是全為貪權固位的一己之私。更令天下臣民不平的是，在次年湖州發生兵變，號稱要扶佐濟王，事敗，史彌竟逼濟王自盡，以免再有妄人舉兵擁立。事後，朝中儒臣紛紛上疏為濟王申冤，其中以大理評事胡夢昱所論最忠誠切直，而利令智昏的理宗全無動於衷，史彌遠更誣夢昱以黨附叛逆的罪名，予以革職，貶責象州。所以說理宗之即位不得其正，以致三綱絕、五常滅，又偏袒史彌遠，使天道公義不得而伸張，有志節的士大夫如崔與之、陳宓、李燔等，皆終其生不肯接受理宗的詔命。理宗除兩度任命鄭清之為相外，又重用史彌遠之姪嵩之，所薦用之言官皆為權臣的親信，遂使綱紀紊亂，軍政不修，邊備廢弛，所以說南宋的衰亡實自理宗開始。

　　宋代外患嚴重，士大夫基於《春秋》大義，高唱尊王攘夷。因為舊有領土被割讓，所以收復故疆的心願始終是很強烈的。北宋末年極欲收復燕雲，乃聯合女真消滅契丹。南宋後期，又想收復河南故土，特別是東都、西京為北宋諸帝陵墓所在之地，已有一百年沒有祭掃了，因此又聯合蒙古消滅女真。但是舊外患去，新外患來，兩宋之亡頗為類似。本來在史彌遠主政之初，是堅決主張與金和好的，但在金宣宗南遷汴京後，中原大亂，民生疾苦，很多河南百姓渡淮投入南宋的懷抱，沿邊州縣呈報到朝廷，基於人道和義理，不得不加以收容或救濟。當然收納愈多，問題也就愈多，既增加財政困難，又助長治安的惡化。起居舍人真德秀就曾上疏請絕斷每年納金的歲幣，不當再遣使通好。在心理上，宋朝君臣也是久屈思伸，於是自嘉定十年（1217）始，宋便不對金輸歲幣，遂

引起金朝的不滿，乃發兵攻宋之光州，又分兵攻樊城。宋金既已開戰，兩國和好遂絕，宋隨即遣使臣苟夢玉開始與蒙古通好。這時蒙古勢力方興未艾，西征南伐，已是所向無敵。在理宗寶慶三年（元太祖二十二年、1227），成吉思汗消滅西夏，便想假道於宋攻打潼關、唐州及鄧州，不幸兵到秦州便因病逝世，其後繼者為窩闊臺汗，仍遵行此一戰略，所以宋蒙的聯合乃是雙方共同的意願。紹定五年（元太宗四年、1232），元兵攻下汴京，金哀宗南遷蔡州，金已快要滅亡了。次年，元遣宣撫使王檝來襄陽商議聯合攻金之約，鎮守湖北的史嵩之派大將孟珙出兵支援。宰相鄭清之也想建立邊功，以提高其名望，贊成聯蒙以滅金。端平元年（1234）正月，宋蒙聯軍攻破蔡州，金哀宗自縊死，金亡。孟珙獲金主遺骸及玉帶、金銀牌等凱旋而歸，由史嵩之獻上八陵圖，理宗乃遣使謁陵祭掃，至此，南宋君臣終於雪了靖康奇恥。

　　宋蒙夾攻之約，根據紹定五年（1232）宋所遣使鄒伸之回國後的報告，謂蒙古許以河南地歸宋，當時汴京尚未為蒙古攻下，姑且作此承諾。及至蒙古控有河南，形勢已不同了，宋君臣似乎沒有體認到這一點。金亡後，史嵩之首先請求經理三京（東京開封府，西京河南府，南京應天府），朝臣真德秀、洪咨夔持不可，而鄭清之則主之，又守兩淮之將領趙范、趙葵、全子才等亦建議守河據關以為固，當收復三京。乃倉促間於六月出師，初期雖有小勝，進據汴京，又西攻洛陽，最後不幸慘敗而歸。蒙古又遣使南來，責宋敗盟，蓋蒙方認為當以蔡州東南之地與宋，其西北之地，理應歸蒙古。從此宋蒙失和，宋雖立即遣使報謝，然已無法挽回。宋面對強敵蒙古，應當積極加強邊防纔是，但理宗君臣仍不改苟安之習。適逢蒙古此時專力經營西方，未暇南向攻宋，給宋以休養生息的機會，惟以理宗所選任的宰相多為權奸，其較著者如鄭清之、丁大全、賈似道等，皆為專權誤國之奸凶，極為清議所不容，致使國事愈不可為。就在理宗嘉熙至淳祐年間，四川常有兵難，已極混亂，如四川不能保，則長江中下游就極危險，幸好選任一位天才軍事家余玠，出任四

川制置使，玠能利用四川的地理環境，建設了八個山城，將州治移於其上，易於防禦，最著名的如在合川縣釣魚山上所設的山城，將合州州治移於其上，便在開慶元年（1259）蒙哥汗（憲宗）親率大軍來攻打時發揮了最大的功能，蒙哥汗在山城下戰死了！這真是一件難以預料之事。

在理宗寶祐六年（元憲宗八年、1258）冬，蒙古蒙哥汗自將大軍攻打四川，命原先南征交趾的大將兀良哈自交廣北上，轉攻湖南。又令皇弟忽必烈自河南出兵，於次年八月，渡過淮河，進軍鄂州。理宗先以右丞相兼樞密使賈似道為江淮宣撫大使，率師駐節漢陽，又以樞密副都承旨向士璧帶兵救潭州。九月，蒙哥汗在釣魚城下戰歿之消息由知合州王堅派人報告給賈似道，似道匿不以聞。在此同時，忽必烈也得到此一凶聞，急欲北歸爭奪皇位，又以攻鄂州也不順利，怕退兵遭宋師追擊，相峙至閏十一月，賈似道遣宋京至忽必烈軍前議和，許以稱臣、納歲幣、銀絹各二十萬，以長江為界，忽必烈乃解鄂州之圍北歸，賈似道於是趁機清理戰場，隨即以肅清韃寇奏聞，但對與忽必烈議和之事則隱而不言。理宗竟以賈似道有再造之功，贈少師，封魏國公。景定元年（1260），忽必烈即大汗位，後改國號為元，是為元世祖，建元中統，遷都於燕京，名曰大都。世祖派郝經為國信使，告即位，兼請宋履行和約。賈似道深怕謊報大捷之事洩漏，遂將郝經拘留於真州，既不使其覲見宋理宗，亦不許其回去復命，就這樣被軟禁了十六年，直到度宗咸淳十年（元世祖至元十一年，1274），伯顏大舉對宋用兵，江北皆陷，遣使詰問拘留行人之故，始放歸。賈似道欺君邀功，在強敵壓境之下，仍視國家存亡如兒戲，其亡國之罪是無可脫逃的。

賈似道自景定元年起獨攬大權，因為財政困難，又養兵之費亦不足，竟然意想天開地欲行富國強兵之策，乃倡為公田法。其法是由國家出錢回買官民戶限外之田，可得一千萬畝，每歲可得六七百萬石之租，可以充足軍餉，可以免除和糴米，可以停止造紙幣，可以平抑物價，可以安定富室，一舉而得五利。理宗對他言聽計從，遂立刻實行，自浙西開始，

用強制的方法，將百畝以上民戶之田回買三分之一，以畝租一石之田給十八界會子四十萬文，以下遞減。會子是通行於江南的一種紙幣，自高宗時代開始發行，三年一界，為新舊交換，可以展三年，使兩界並用。因為對換現錢不易，以致會子越來越貶值，民間交易多不願接受，如同一張廢紙，今用十八界會子買民田，如同強迫沒收土地，遂引起民怨。不久又發行新紙幣，名曰關子，號稱等同現錢，因為朝廷已沒有信用，貨幣改革也失敗。又由於田租額太高，無人願承租公田，乃令原田主包租，益使民戶負擔加重，造成東南大擾，南宋的根本也就動搖了！由理宗到度宗，賈似道始終專政，而度宗之立，又為賈似道所主持，故度宗稱他「師臣」而不名。軍政大權全由一人掌控，其為禍實是不可勝言的。

　　當理宗之末年，南宋已經很艱危了，有才能之疆吏已不多見，能建樹軍功的則更少之又少。而賈似道擅長忌才害能，所有的功勞都要據為己有，陷害其他建立軍功的封疆大吏。王堅是抵抗蒙古大軍入侵四川功勞最大的，也不加重賞，使他鬱鬱而死。向士璧救援潭州、曹世雄斷蒙古兵渡江的浮橋，皆誣以所用軍餉有失陷，坐繫獄死。甚至宰相吳潛最有人望，以似道進讒言而遭罷，貶居循州，後被毒死。守邊之將帥對似道皆極痛恨，但亦無可奈何，而擔心將被迫害的邊帥，乃憤而投降蒙古。如知瀘州劉整與曹世雄一同立功，怕被加害，遂於咸淳四年（1268）舉城降元，向忽必烈建議圍攻襄陽，願為先鋒。忽必烈採納，隨即出兵，圍攻襄陽及樊城。襄、樊被圍五年，賈似道不派兵救援，劉整隨元丞相伯顏來攻樊城，以回回炮攻之，九年正月城破。襄陽不能守，呂文煥亦舉城降元。呂文煥與沿江諸州帥守多有舊誼，在他的呼號下，紛紛投降。呂文煥有舟師，可自武昌順江而下，與劉整並為攻宋之主力將，他們成了元世祖平宋的功臣。咸淳十年（1274）度宗崩，子㬎即位，年方四歲，謝太后垂簾聽政。是年十二月，朝臣以形勢危殆，多上疏言「非師相（賈似道）親出不可。」有詔賈似道都督沿江諸路軍馬。德祐元年（1275）正月，似道出師，師次蕪湖，與元兵戰於丁家洲，似道大敗，逃到揚州，

再回臨安，所帶十三萬大軍皆潰散。元兵渡江後，攻略江西，又攻浙西，進圍臨安。賈似道雖被罷，亦無濟於事。二年正月，德祐帝奉表稱臣求降，以右丞相文天祥為乞和使。三月，帝降元。宋遺臣又奉廣王、益王至福建，雖明知不可為，仍竭盡心力；雖歷千辛萬難，仍始終不屈不撓。最後張世傑兵敗而死，陸秀夫至厓山，背負帝昺一起投海而死，宋亡。文天祥兵敗被執，過零丁洋時，乃寫下「人生自古孰無死，留取丹心照汗青」的詩句以明志。至燕京，被囚三年，始終不屈，被殺，其衣帶中早已留下堅持決成仁取義的絕筆詩。真是可歌可泣！

第六節　宋代學術

　　宋朝自開國至亡，始終重文輕武，所以能成就一代之文治。三百多年間，學者輩出，在學術上的成就已超越漢唐，元明亦有所不及者。在重文輕武的國策下，重視教育乃是理所當然的。自唐末五代以來，已興起私人講學之風，至宋朝，書院紛紛設立，渡江後雖政權偏安一隅，但書院不斷設立，成為碩師大儒傳道授業之所，後生晚學聞道習業的另一天地，此有別於官學教育。推究南宋後期書院講學所以盛極一時，其原因有六：

1. 各路州縣學荒廢

　　州縣學設於州縣治所在地，遇到戰亂就會受到影響，陷於停頓。州縣學雖設有專職教官，也要仰賴縣官之關注，如學田的維護，都需要藉重地方官的公權力。

2. 官學教育之陳腐

　　州縣學所傳授的課程偏重應付科舉考試，有所謂勤習程文或時文，就是專為應舉取功名的，已失教育的本旨。有志於道者多不願入地方官學。

3.義理之學興起

自北宋周敦頤、程顥、程頤和張載倡理學，至南宋朱熹、陸九淵，強調求學問之本旨在明義理，所謂聖賢教人之道在明人之所以為人者，頗有理想性，青襟學子欣然影從。

4.山林講學之樂趣

書院多設於山林泉石之風景區，與大自然接近，遠離世俗之城市。來此求學的弟子，他們動機純潔，真正嚮往求道修業。且著名書院多由名學者主講席，有號召力，來此弟子既多，日久必多所陶鑄。

5.慶元黨禁之刺激

韓侂胄摧殘學術，目理學為偽學，指理學家為奸黨，遭到放逐。理學家不能從政，難以行道，遂避居山林幽勝之處設書院講學以傳道，強調求道在明吾身之全體大用。

6.師承門戶之爭

南宋孝宗以後，理學家朱熹與陸九淵之思想差異很大，遂各成學派。朱謂性即理，陸謂心即理，弟子又各承師說，漸起門戶之爭。其後，門人或私淑弟子也紛紛設立書院以傳其業。

由上述六項原因看來，書院講學的風氣與理學的發展是分不開的。書院可以補官學之不足，濟地方官教化之所窮，以孝弟忠信培養做人的基本原則，可以提升整個社會的品質，減少社會的亂源，所以南宋雖然很積弱不振，但國內並沒有發生過大的動亂，這與教育之發展不無關係。就因為教育較前代普及，所以纔有較高的學術成就，茲就理學、史學和文學三方面加以論述。

一、理　學

宋儒治經不尚章句及文字的訓詁，往往以新義詮釋聖人立言之本旨。孔子是大聖人，不得行道之位，乃退而講學，於是刪《詩》、《書》，

定《禮》、《樂》，贊周《易》，修《春秋》，使堯舜、禹湯、文武、周公之道永遠流傳於後世，行道是一時的，長不過數十年，而載籍傳道是永恆的，可達千年萬世。雖然歷代政權更替頻繁，遭逢亂世也會受到打壓，但只要有賢者出，以明道為志，則不絕如縷的道統就可接續了。宋代經學家認為，聖人立言皆有苦心，可以用之於修己（內聖），也可以施之於安人（外王），從政的目的在於行道，並非貪圖高官厚祿。在六經中又以《春秋》足以代表孔子，是義理之大源，宋代理學與史學的根本思想皆自此出。理學亦稱道學，《宋史》於〈儒林、文苑傳〉之外，又特立〈道學傳〉，將周、張、程、朱及其門人的學行事跡，彙編於其中，以別於一般的儒者。故理學家所尊奉的孔孟遺言，是先秦的儒家思想，而不是漢儒的注疏，因為漢儒的思想中雜有陰陽家的成份。理學家除尊經外，特重《論語》、《孟子》，配合《大學》、《中庸》，合稱四書，士子進學必自讀《大學》始，先知道讀書在窮理，然後誠其意，正其心，修其身，齊其家，凡此皆小我之事，然後擴而充之，以及於大我，此即治國、平天下。正如朱熹所說：「其道坦而明，其說簡而通，其行端而實，蓋將有以振百代之沉迷，而納之聖賢之域。」是有條不紊的。其次研讀《中庸》，以明性命與天道，探究宇宙之本源，以達天人合一。然後及於《論、孟》，以明聖人之所以教人者，一以仁義為依歸。準此以上溯諸經，古聖先王遺言盡在於此，道統就可大明了！所以儒家思想是理學家思想的根本來源。其次，道家天地萬物由道而生之說，五代以來隱者陳摶所傳的太極先天圖，輾轉經三傳而至周敦頤，遂為周氏《太極圖說》所本，用以解說《易經》。程氏兄弟早年治學也「出入老釋者數十年，」自然受到道家和釋氏的影響。佛教禪宗談靈覺，道頓悟，即是朱熹所說的「一旦豁然貫通焉，則萬物之表裏精粗無不到，而吾心之全體大用無不明矣！」人除視覺、味覺、聽覺、嗅覺和觸覺之外，尚有心靈的感覺，可以稱之為靈覺。禪宗將第六感稱之為意識，指心靈之識所觸及者。朱熹說：「人心之靈莫不有知，」此乃與生俱來的。心為

身之本，養心即是在修身。陸九淵更強調存心，摒去私欲使心不亂，則就更接近禪宗了。所以老釋二氏之思想，成為理學家思想的另兩個來源。此一三家合一的儒學思想，近代學者遂名之曰「新儒學」，用以與先秦的儒家思想作一區別。

北宋理學家以周敦頤為首，所著《太極圖說》，陳述天道是陰陽，地道是剛柔。人道是仁義，用以推明天地之根源，探究萬物的始終，人生在天地之間，亦為萬物之靈，既不可違天地之道，更應實踐人道，故終生一切言行皆依仁由義。另一著作為《通書》，發揮仁作育萬物、義成就萬物之理，更提出誠是天地人共通之道，人若無欲則必誠。繼周敦頤的為張載、程顥和程頤，教人分辨理和欲，理是公的，故曰天理；欲是私的，故曰人欲。二者是相對的，去一分人欲，即可增一分天理。人應以理制欲，不可以欲制理，人欲橫流必帶給自己甚至人羣一些災難。例如仁義禮智信五德，就是天理，可以抑制人的私欲，增長公義，如此可以變化氣質，如張載所說的只要「矯惡為善，矯懶為勤」就好了！善和勤是一個人最好的氣質。二程進一步陳述人之情，人有喜怒哀樂愛惡欲七情，是不可或缺的，也是不能壓抑的，在於發和未發之間，只有存誠去偽，則每發皆中節。他們教人的兩句話是：「窮理以致其知，反躬以踐其誠。」只有不斷研究聖賢之道纔能知之深，僅知還不夠，又必須逐一實踐出來，實踐以後再反躬自省，看看每日的言行合不合乎天理，合則存之，不合則勉之，誠是最高的準則。

到南宋，最著名的理學家是朱熹和陸九淵。朱熹是集理學大成的名儒，為二程的第四代傳人，生於徽州，長於福建，師友、姻戚及門人多為閩人，所以稱為閩派。他的學問最淵博，一生的著作也最多，影響於後世也最大。他教人先勤讀聖賢的遺著，然後纔能了解聖賢之為人，進一步去法聖賢，認真做下去，雖不能為聖人，亦可以為賢人，所以人皆可以為堯舜。他提示的格物窮理的方法是：「因其已知之理而益窮之，以求至乎其極。」其意是不斷的研究，最後就會完全貫通。他是如此下

功夫的治學，所以學問最淵博。這也就是古人所說的「人一能之己百之，人十能之己千之」的道理。致知之後就要不斷力行並反省，則所知更真。他極重視做人的道德，這是人與禽獸之分野，治學與修養是不能偏於一面的，要齊頭並進。他發揮孟子性善說，認為仁義禮智是性，惻隱、羞惡、辭讓、是非是情，都是由心來統帥的。性是存之於內的，情是見之於外的，內外相合、表裏一致就是誠。至誠者做事有始有終，一以貫之。不誠的人如讀書一曝十寒，最後便是空無所有。又朱熹繼承二程「涵養須用敬，進學則在致知」之說，謂敬是專一之意，與誠互通，就不會有所誤了。不過陸九淵堅持以心為身之本，吾人的心與聖人的心都是一樣的，心既然一樣，理就一樣。士子當先立乎大者遠者，只要用心直接追求，即是以聖人之心為心，就可成為聖人，此法極為簡易。他的名言是「古聖相傳只此心」，不必博覽羣經，那太浪費時光了，遂以泛觀博覽為支離事業，求諸於心是易簡功夫。他說：「宇宙便是吾心，吾心便是宇宙，」天下萬事萬理，求之於心是即可解決。所以朱陸的思想差異甚大，朱子主張先察識而後涵養，而陸子則是先涵養而後察識。朱子重在格物窮理，即所謂道問學；而陸子則偏於存心養性，即所謂尊德性。朱子言性即理，陸子言心即理。朱子謂涵養要用敬，陸子則主用靜，故朱評陸為接近禪宗，而陸亦謂朱為支離。因為陸九淵講學於浙東象山書院，故稱為象山學派。

　　南宋孝宗時之理學家，除朱陸之外，尚有在衡州講學的張栻，稱為湘學派，金華的呂祖謙為金華學派。稍後繼起的有永康的陳亮為永康學派，永嘉的陳傳良和葉適為永嘉學派，大體而言，比較重視經世與事功，為受時代環境造成的。

二、史　學

　　宋代史學特別興盛，著作又最多，尚流傳於今日者亦極可觀，這不

能不歸功於當日的出版業，但與傳統的士大夫重視史學亦有關係。史學可用之於經世，當政者應習知前代的興亡治亂，善惡是非，以為法戒。創業興國雖依賴良好的典章制度，但維持正常的運作，則必付之於良吏。當然內外官吏數以萬計，不可能人人皆良，而權力也會使人腐化，稍有差失，則補救不易。故治國如臨深履薄，居高位者尤當慎之。所以平日應留心於細微之處，防止可能發生的弊端，前代史中所載的亂因是可以借鏡的，宋朝君主也很重視歷史，常命儒臣編纂歷代君臣事跡，在朝廷的獎勵下，私家修史遂盛極一時，這是元明清的史學家所比不上的。此外，宋人治學的興趣比較廣，喜歡收集古器物、碑刻，進行研究，與舊史記載相互比較，編成專書，如歐陽修的《集古錄》，趙明誠的《金石錄》，洪適的《隸釋》、《隸續》，都強調碑刻的記載對研究古史的貢獻，於是金石學乃成為史學的輔助科學，這是唐代以前的史學家所較少留意的。宋代史學家研究古史常持懷疑態度，去做一番考證工作，進一步也疑經，甚至改正經傳文字，其勇於疑古的精神，確為前代史家所不及。

　　宋代史學家修史常抱一種目的，如同孔子修《春秋》是籍褒善貶惡為後世垂法戒，其志在撥亂反正。這就是義理觀念。歷史學家不只是記載前人的言行，還要考量其所使用的語句，有時一字一句之差，就會有不同的評價。史家所著的前代史，不是為古人看的，是供今人和今後的人讀的，到底要給讀者什麼？絕對不只是一堆陳年往事，而是更有對是非善惡興亡治亂之區別和評析，令讀者看了以後有耳目一新的感覺。司馬遷的《史記》中所附的「太史公曰」，就是為「述往事，思來者。」所以義理史學為宋代史學的一大特點，史家以繼《春秋》為職志。宋代的理學家也不只是只談道統、說心性、論宇宙萬物之理，也有他們一致的歷史盛衰觀。程頤評唐玄宗開元為盛，天寶為衰，盛則治，衰則亂，而治亂之分在於人君之用人，用六分君子則治，用六分小人則亂，用七分君子則大治，用七分小人則大亂。此一觀點，大大地影響了司馬光。

司馬光在《資治通鑑》裏，敘述到關鍵性的興亡治亂史事時，就加一段「臣光曰」，反覆申述興亡治亂在人而不在法。他說用君子則興治，用小人則亂亡。不僅以此向神宗進諫言，也用以警示後世之為人君者。其用意在有助於治道，故神宗賜此書名。至於志在繼承《春秋》的，則有歐陽修的《新五代史》，專尚褒貶，認為五代是亂世，生在亂世的人飽受苦難，而在朝的大臣只知道隨政權更替而浮沉，真正是朝秦暮楚，圖保官位，卻不能解民倒懸。例如歷仕五朝的馮道，真不知他忠於誰？竟然還自稱曰長樂老，歐陽修便嚴厲的批評他「真可謂無廉恥者矣！」後世之為臣者應當引以為戒。在仁宗時詔修的《新唐書》，於〈本紀〉部分由歐陽修執筆，在〈太宗紀贊〉中，除稱讚太宗「功德兼隆」外，卻又本《春秋》責備賢者之法，批評他「牽於多愛，好大喜功。」令後世欲成人之美的君子深感嘆息。另有朱熹的《資治通鑑綱目》，綱是簡述大事，目是詳述此事之原委，但其所最關注的是歷代的正統。編年史是依朝代、帝王廟號、紀元、年次以及於紀事，此為正統，在分裂時代正統要大書，非正統用細書注於下。例如三國時代，朱熹認為漢朝並沒有亡，乃以劉備所建的蜀漢為正統，稱備為昭烈帝，年號章武，以曹丕為漢賊，其所建之魏國為偽政權，改正了司馬光《資治通鑑》以魏為正統之失。朱熹的這一觀點，無疑是他身處偏安的南宋時代有關的。

　　自司馬光修《資治通鑑》後，編年史體盛行，《通鑑》紀事上起戰國之初，下迄五代之末，共一千三百六十二年，是一部空前的編年史著作。他的一位助手劉恕修成《通鑑外紀》，起包犧氏，迄春秋末，自周共和元年（西元前847）庚申始紀年，下接《通鑑》，則編年史合計便長達一千八百年。到南宋孝宗時，李燾繼《通鑑》修成《續資治通鑑長編》，始自建隆元年（960），終至靖康二年（1127），為北宋一祖八宗一百六十八年的編年史，卷帙極為浩瀚。寧宗時，李心傳又繼《續長編》修成《建炎以來繫年要錄》，為南宋高宗一朝三十六年的編年史。就因為《資治通鑑》的問世，稍為變更其體例，隨之朱熹的《通鑑綱目》出

現了，於是有了綱目體。袁樞又成《通鑑紀事本末》，是以歷史大事為核心，立為一事目，依時序記其發生與終結，於是有了紀事本末體。理宗時有陳均的《皇朝編年綱目備要》，是繼朱熹而作。楊仲良的《續長編紀事本末》，則為繼袁樞而作。

　　宋朝官修的本朝史，種類實繁，其要者有紀傳體的國史，如太祖至真宗的《三朝國史》，仁宗英宗的《兩朝國史》等；又有編年體的實錄，一個皇帝一部，如《太祖實錄》、《太宗實錄》等。此外，專記典章制度的則有會要，專記帝王英斷嘉謀的則有寶訓，專記仁政美俗的則有聖政記，洋洋大觀，無一不是空前的。

　　宋代政治較前代開明，文網不密，士大夫常就朝野見聞，撰成專書，故宋人所留下來的雜史、雜說等類的著作極多，如宋敏求的《春秋退朝錄》，司馬光的《涑水紀聞》，邵伯溫的《邵氏聞見錄》等皆是。如將各方面的見聞分門別類敘述之，則有李心傳的《建炎以來朝野雜記》。彙輯宋金和戰史事之公私記載二百多種而成的專史，則有徐夢莘的《三朝北盟會編》，始自宋徽宗政和七年（1117）宋金海上盟約的締結，終於高宗紹興三十二年（1162）金朝海陵帝被弒於揚州，前後四十六年，最稱詳實。再就傳記類史籍而言，尤稱繁富，專述名賢一生事蹟的年譜，是由宋人開創的，名臣逝後，其子孫皆特輯錄先人生平行事為「言行錄」、「遺事錄」或「家傳」，以便傳信後世。朱熹就將自太祖至徽宗八朝名臣言行彙編為一書，名曰《八朝名臣言行錄》，凡二十四卷，前五朝收五十五人，後三朝四十二人，皆為一代名臣。另外，杜大珪的《名臣碑傳琬琰集》凡三集，都一百零七卷，採自墓誌銘、神道碑、行狀、實錄中之附傳等，下集多採自曾鞏的《隆平集》，凡收二百二十一人。此二類史書，為元、明、清史家所襲用，成書二十多種，宋代史學影響後世之巨就可想見了！

　　宋代史籍至為廣泛，不僅典章制度、律令刑法之著作全歸史部，就連地理類的著作也都列入，因為各地山川氣候、物產風俗不同，區域之

廣狹，戶口之眾寡，皆關乎政令教化。朝廷所任命之州縣長官，皆應入境問俗，參酌民情以施政，以是地方志的纂修，乃成為地方首長和本地士紳共同的責任。地方志是一府州縣之史，集輿圖、疆域、山川、建置沿革、物產風俗、古蹟名勝、職官、選舉、賦役、軍備、人物、祠祀、寺觀、園亭、冢墓、金石、藝文、災異等項目於一編，唐代以前所無，至宋而備，明清以後，此類史書大量增加，就連鄉鎮也都修志了。又宋臣出使鄰國，或任官遠方，多手記行程和見聞，名曰「日錄」或「行程錄」，亦有名「圖經」、「圖抄」者，如北宋沈括的《熙寧使虜圖抄》，徐兢的《宣和奉使高麗圖經》，南宋范成大使金有《攬轡錄》，出任四川制置使有《吳船錄》，陸游出任夔州通判有《入蜀記》，皆依日序記所經歷，至為詳悉。

　　總之，宋代史學在我國傳統史學中的地位是極崇高的，元明清三代史學皆受其影響。

三、文　學

　　宋代科舉考試分三場，其中一場為詩賦，這是想取得功名的讀書人平時都要習作的。另兩場為論、策，亦屬古文。所以宋代士大夫都是靠文學起家，雖不是人人都享盛名，但當時有文集或詩、詞集傳世，據《宋史藝文志》和《宋史藝文志補》所著錄的，也有一千多家。陳起所編刊的《江湖小集》及《江湖後集》，共收南宋詩人一百一十家，還不是最有名的。

　　唐朝韓愈倡導古文，反對駢體文，主張文以載道，當時和之者甚少，影響面極小，所以在唐末五代的一百多年中，駢體文仍盛行。至宋初，以楊億為首的西崑派仍盛行，只有王禹偁、柳開以古道相倡，但習古文之風仍不振。直到仁宗天聖年間，歐陽修和尹洙、穆修共同鼓吹熟讀韓愈文章，倡印《昌黎集》供士子勤習，文風纔為之一變。稍後歐陽修知

禮部貢舉，專取文章古雅者，凡用辭險怪，文句浮誇、晦澀的舉子皆遭黜落，其志就在變革文體，被黜落的士子或心存不滿，但錄取了蘇軾，蘇轍和曾鞏，他們的文章確皆為羣士所共推重，於是文風一變，而尚古雅。明代學者茅坤曾編《唐宋八大家文鈔》，唐代只選了韓愈、柳宗元二人，宋朝則有歐陽修、蘇洵、蘇軾、蘇轍、王安石和曾鞏六人，而韓柳二人的文集，也是靠宋代古文家收集刊刻得以傳世。歐陽修是宋代古文運動的靈魂人物，才備眾體，不僅以詩詞歌賦，文尤雄健，蘇軾稱頌他「論大道似韓愈，論事似陸贄，記事似司馬遷，詩賦似李白。」一代文宗，當之無愧。蘇軾兄弟才高，行文很有氣勢。軾所撰史論，議論橫生，王安石評蘇軾文章像《戰國策》翻版。轍之文則較乃兄溫雅高妙，不致如乃兄因文字賈禍。王安石頗像孟子，其文甚有霸氣。曾鞏的散文雄實，不空洞，自成一格。實則，宋朝名臣如范仲淹、司馬光等，雖不以文學家名世，但各有所長，奏議說理明白，看法深刻，足證其憂國憂民甚深。宋室南渡後，文風不減，士大夫多崇拜歐蘇王曾，各取其所好，加以學習，又經過國難，為文之際，難免有些激昂慷慨。例如陳亮所撰的〈中興論〉、〈上孝宗皇帝書〉，可為代表。

　　宋詩雖比不上唐詩溫厚而自然，但也有其特色，當時君主和士大夫都喜歡賦詩。有遊山玩水的寫景詩，有居官遠方的懷鄉詩，有觸景生感的抒情詩。較為普遍的則是同僚宴飲以賦詩為樂的唱酬詩，有互相較量的意味，看看誰的才思最敏捷。北宋的古文家都擅長賦詩，歐陽修尤其具代表性，他和詩人梅堯臣是好朋友，二人常相唱和，彼此推崇。王安石早年的詩意氣風發，遣字用辭多不含蓄，有「天下蒼生待霖雨」之句，頗為自許。晚年已退閒，大風巨浪經過了，賦詩極留心格律，造句謹嚴。較著名的詩人為黃庭堅，被尊為江西詩派的宗主，與蘇軾齊名，時人合稱蘇黃。北宋的名臣如寇準，雖以功業見稱於當時，也有詩集傳世。理學家邵雍亦能詩，吟詩雖其餘事，傳世詩集也多達二十卷，收有一千多首詩。南宋詩人有名的為尤袤、楊萬里、范成大和陸游，號稱四大家。

范詩多詠田園之樂，被稱為田園詩人，陸詩忠憤悲壯，愛國情切，被稱為愛國詩人。南宋後期詩人以劉克莊最有名。稍後之文天祥、謝枋得、謝翱，皆目睹亡國之禍，所賦詩多為激烈悲切，感人至深，所謂：「亡國之音哀以思！」的是如此！

　　宋詞與唐詩、元曲齊名，被譽為一代之文學。王國維的《人間詞話》評論五代、北宋之詞最有境界和最具格調，足以代表這一時代的文學，後代的人是難以倫比的。其所以如此者，是後人只有模擬，已失掉了原創性。北宋的名詞家前期有晏殊，仍保有五代遺風。中期為蘇軾，他的詞作非常多樣化，懷古、詠史、贈別之作最感傷人，這是因為他的人格高尚，個性豪放而又多情之故。他的好友秦觀，詞賦皆冠絕一時。晚期有周邦彥，其詞音律嚴整，亦善鋪敘。兩宋之際有女詞人李清照，她經歷了逃難生活，又中年喪夫，故詞多哀歎。稍後之姜夔，有音樂素養，他的詞都可以歌唱。至孝宗時，有高度愛國情操的辛棄疾，他的詞豪邁且悲壯，可以繼蘇軾，故後世常以蘇辛並稱。同時期詞人張元幹和張孝祥，也是反對與金議和的，詞中多感傷時事，也是愛國詞人。南宋末年詞人以劉克莊最有名，他身經政局的不安，在仕途上也不順利，所填詞多憂國之思，也渴望河山光復。

　　戲曲、小說和話本是宋代的通俗文學。宋代的滑稽戲亦稱雜劇，專供優人飾演，說出一些有趣的對白，博得觀眾一笑。其中雖說的是故事，也含有諷刺時事之意。小說也提供說書人照本述說。南宋臨安便有以說書謀生的街頭藝人，根據話本講說，音調隨故事情節高昂，以吸引觀眾注意。存於今日尚有〈錯斬崔寧〉、〈拗相公〉等小說，所記述的是椿公案。

兩宋世系表

（北宋）①太祖（趙匡胤）（960~976）

德昭 —— 惟吉 —— 守度 —— 世括 —— 子爽 —— 伯旰（仵）

德昭 —— 德昭 —— 德芳 —— 惟憲 —— 徒有 —— 世將 —— 令諭（僔）

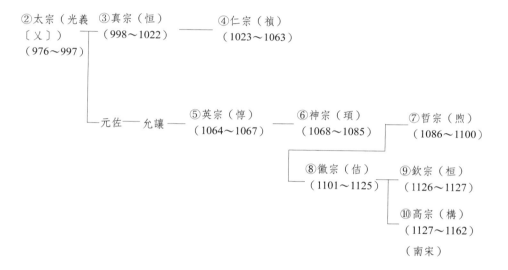

②太宗（光義〔乂〕）（976~997）

③真宗（恒）（998~1022）

④仁宗（禎）（1023~1063）

元佐 —— 允讓

⑤英宗（惇）（1064~1067）

⑥神宗（頊）（1068~1085）

⑦哲宗（煦）（1086~1100）

⑧徽宗（佶）（1101~1125）

⑨欽宗（桓）（1126~1127）

⑩高宗（構）（1127~1162）（南宋）

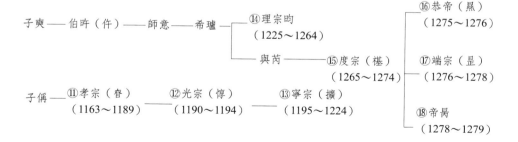

子爽 —— 伯旰（仵）—— 師意 —— 希瓐

⑭理宗昀（1225~1264）

與芮

⑮度宗（禥）（1265~1274）

⑯恭帝（㬎）（1275~1276）

⑰端宗（昰）（1276~1278）

⑱帝昺（1278~1279）

子偁

⑪孝宗（眘）（1163~1189）

⑫光宗（惇）（1190~1194）

⑬寧宗（擴）（1195~1224）

參考書目

方豪，《宋史》，中國文化大學影印中華文化出版事業委員會排印
　　本，2000 年。

黎傑，《宋史》，大新書局，1964 年。

劉伯驥，《宋代政教史》，臺灣中華書局，1917 年。

張孟倫，《宋代興亡史》，臺灣商務，1965 年。

鄭鶴聲，《中國近世史》，中央政治學校（上下冊），1930 年。

陳安仁，《中國近世文化史》，商務，1936 年。

陶晉生，《中國近古史》，東華書局，1979 年。

姚瀛艇，《宋代文化史》，雲龍，1995 年。

楊渭生等，《兩宋論史研究》，浙江大學，1998 年。

錢穆，《宋明理學概述》，臺灣學生書局重印本，1977 年。

吳康，《宋明理學》，華國，1955 年。

蔡仁厚，《宋明理學——北宋篇》，臺灣學生書局，1977 年。

蔡仁厚，《宋明理學——南宋篇》，臺灣學生書局，1980 年。

陳鐘凡，《兩宋思想述評》，臺灣商務印書館重印本，1938 年。

錢穆，《朱子新學案》，三民書局，1971 年。

張須《通鑑學》，臺北開明書店重印本，1948 年。

臺大中文所，《宋代文學與思想》，臺灣學生書局，1989 年。

朱瑞熙，《宋代社會史》，弘文館，1986 年。

陶晉生，《宋遼關係史研究》，聯經，1984 年。

黃寬重，《南宋時代抗金的義軍》，聯經，1988 年。

宋史座談會，《宋史研究集》一～三十輯，國立編譯館。

第八章

遼夏金元時期 ————————

王明蓀*

第一節　契丹民族與遼朝

一、木葉山的部族

㈠契丹族的先世

在今內蒙古自治區昭烏達盟翁牛特旗的老哈河西南，有遼代稱為永州的地方，當地的木葉山有契丹始祖奇首可汗、可敦與所生八子的祖廟，這是契丹族傳說中先世的來源。根據契丹族的傳說是古代有男子乘白馬沿土河（老哈河）而下，又有一婦人乘灰牛駕車沿潢河（西喇木倫河）而下，二人相遇於木葉山，遂結為夫婦生有八子，即為始祖奇首可汗與

*現任中興大學歷史系教授。

衍生的古早八部落，青牛白馬或為人名或為圖騰部族。

　　契丹族原屬於鮮卑宇文部的一支，當四世紀中期宇文部為慕容鮮卑所攻破，契丹族因而分離出走，奇首可汗約即為當時領導出走之領袖。北魏登國三年（389），契丹與近支的庫莫奚族受到北魏攻擊，退到土河之北，潢河西、南一帶，所謂的松漠之間，這就是契丹古八部的生聚之地。

　　古八部臣服於南方強權的北魏，各部都與之有朝貢關係。將近百年的時間，北方草原又有柔然的興起，東方的高麗勢力也往西擴張。契丹受兩強的侵迫，於太和三年（479）南下尋求北魏的保護，因而被安置於白狼水（大凌河）之東，遼西一帶地方。七十餘年間，契丹部族逐漸繁衍，但始終未形成聯盟的集團勢力。北方的政治版圖也漸產生變化，柔然與鐵勒爭戰三十餘年，勢力削減，又以內亂而漸衰微，突厥乘機遂有興起之勢。北魏也分裂為東、西二部政權，而後形成北齊、北周二朝廷。強權勢力的興衰消長，對契丹弱勢而言，雖或可能略有擴張的機會，但仍是夾於強勢之間，稍有不慎，則不免受迫，甚至遭瓜分擊滅的命運。

　　當六世紀中期時，契丹族的基地在遼西朝陽一帶，北齊朝廷為免邊境受到侵擾，於是出兵攻往大凌河而擊潰契丹，並將降服的部眾分別以州郡的設置來監管；也有部份契丹人往東依附高麗而去。而後契丹族漸發展成為十部，有兵馬三萬。其時北方草原突厥興起取代柔然的勢力，南方華北地區也有隋朝的建立，然則契丹仍夾於兩大之間。部份契丹部族臣服於突厥而時有叛離，部份部族臣服於隋朝但又有侵擾邊境之舉，於是在大業元年（605），隋朝與突厥聯合出兵，擊潰契丹，部族分別臣屬於兩強權之下，形同瓜分之局。

㈡契丹與唐朝

　　唐初契丹形成以大賀氏為首的部族聯盟，號稱大賀氏八部，遂成為契丹族的主體，其時有兵四萬餘，在隋末唐初擾攘之際，也是北方草原

的一個小勢力；因之，唐初頗有意攏絡契丹以抗拒突厥。契丹部族聯盟長咄羅與其他部族長都有遣使通好於唐朝的舉動，到貞觀二年（628）時，部族聯盟長摩會率族人內附，唐太宗頒賜「旗鼓」，正式承認摩會為契丹的領袖（可汗），於是契丹擺脫北方草原的突厥勢力而親附南方的中原朝廷；這對契丹族的發展有極大的轉變。

唐朝對未歸附的北方民族通常是置州監管，因此有部份契丹部族置州而歸營州都督所管轄。貞觀二十二年，部族聯盟長窟哥來請內附，於是設立松漠都督府安置其部眾，窟哥為都督，封無極縣男，賜姓李氏名盡忠；其下各部族設州，部族長為州刺史。這是效法漢朝對南匈奴的模式，將北方民族納入國家經營的體系內，而採間接統治的方式。同樣地，契丹近支的奚族聯盟長可度者也設為饒樂都督，各部族長為州刺史。契丹與奚成為唐朝北方國防的守禦者，並出兵參與唐軍對外戰爭，對號召北方民族起了相當的作用。

契丹與唐朝的良好關係到武則天時發生極大變化。唐營州都督趙文翽侵侮契丹，李盡忠與別部族長孫萬榮共同舉兵殺文翽而反，雖然唐高宗時松漠都督李阿卜固與奚族曾聯兵反唐，但旋即平服，牽涉不大。此次李盡忠等反唐規模頗大，唐軍有相當損失，河北陷於兵燹，山東震駭。李盡忠死後，孫萬榮繼續領導反唐，經三次大規模戰爭，加上突厥、奚的助唐攻略，孫萬榮終至敗亡；契丹殘部歸往突厥。松漠都督府一時遭廢置，直到開元二年（714）李失活率部歸唐，於是又恢復松漠都督府如初。

契丹經變亂後勢力中衰，內部又有掌兵馬的貴族可突于專權，終至推翻大賀氏的領導，另立遙輦氏的屈列（洼可汗）為聯盟長，同時傾附突厥。唐朝自不能坐視，聯合大賀氏兵馬官李過折出兵進擊，攻殺可突于、屈列，李過折繼為松漠都督，然不久為迭剌部長涅里所殺，涅里欲擺脫唐朝勢力，為唐幽州節度使張守珪所破，奔往漠北；遙輦氏的迪輦組（阻午可汗，唐賜姓名為李懷秀）被立為聯盟長。契丹大賀氏聯盟遂

成為遙輦氏聯盟，為唐朝勢力所控制。

　　遙輦聯盟受制於張守珪、安祿山，但安史之亂時契丹則依附突厥，而後則常朝貢於唐。不久回鶻擊敗突厥，契丹又轉附於回鶻，對於唐朝也並未中斷朝貢關係；但仍然是夾於兩大而皆維持對兩大的關係這種局面。唐代中期以後，契丹為「中衰」時期，但大體上不再有戰禍之害，屈附於兩大之間尚能保持安定。九世紀近中期時，黠戛斯與唐朝分別擊敗回鶻，北方草原的權力結構發生變化。黠戛斯占有回鶻故地但未能統一漠北，契丹遂有發展的空間。當時唐朝出兵擊殺回鶻監契丹使，導致唐朝勢力進駐，契丹自以全力結交唐朝為策。武宗會昌二年（842）契丹聯盟長屈戍（耶瀾可汗）來附，唐賜給「奉國契丹之印」；此後契丹臣奉於唐，逐漸發展至唐末時已有復興之勢。

二、草原勢力的興起

㈠耶律阿保機的建國

　　在大賀氏聯盟晚期曾設有二衙官掌管聯盟的兵馬，前面所說的可突于、李過折二人即是。到迭剌部的涅里扶立阻午可汗建立遙輦聯盟時，將二衙改為二府，仍總管聯盟的兵馬、軍事，這個軍事首長稱為「夷离堇」，同時也掌管聯盟的司法權，而後部族長也漸用「夷离堇」的名號。涅里為迭剌部的耶律（世里）家族，在整個遙輦聯盟時代耶律家族各世代都有出任統軍馬首長之職，或者出任迭剌部族長，為顯赫的貴族世家，勢力極為強盛，涅里即為遼朝的建國者耶律阿保機的七世祖；可知耶律家族的背景是由長期的經營而來。

　　遙輦聯盟時期逐漸將游離於聯盟之外的契丹人集合起來，並將部族加以整編。在耶律家族的協助下，開始注重治鐵、桑麻、畜牧等農工生產之事，加強聯盟的管理與組織，建立初步的制度與官署。到九世紀晚

期，正值唐末的衰微，中原多事以至於北邊無暇經營，契丹因得以擴張，如韃靼、奚、室韋等族都役屬於契丹；這些征討的戰功可說都是耶律家族所建立，也因之掌握了「國政」。

　　南方中原的唐朝正處在分崩離析的狀態，各節度使藩鎮割據地方，強大的藩鎮無不積極擴張勢力。面臨北方契丹的強藩河北為盧龍節度使劉仁恭，山西為河東節度使李克用，都是兵強馬壯的地方勢力。契丹遙輦聯盟最後一任領袖痕德菫可汗常受困於劉仁恭的「燒荒」政策，即秋季收獲時，將搶收剩餘的物資燒盡，不使契丹取得；俟初春時，出兵攻擊捱過寒冬、物資耗盡的契丹，往往能成功奏效。耶律阿保機掌兵馬專征，對北方的民族、南方的河北、河東都有顯赫的戰功，因而升為「總知軍國事」，實際上掌握了聯盟的大權。連續多年的征戰，不但征服許多北方民族，也重創南方的強藩劉仁恭，阿保機因之成為契丹興盛強壯的新希望。當痕德菫可汗死後，阿保機被各部族長推戴為可汗，結束了遙輦氏的聯盟領導；他即是遼朝的開國皇帝。

　　契丹聯盟領袖在傳統上是由聯盟的各部族長推戴擁立，部族長當時稱為「大人」，由八部大人推選的方式，頗有民主選舉的意味，但部族聯盟長並無絕對的權力，早期是在軍事行動時，八部族長由聯盟長召集聚會共商大計，平常各部族、氏族自行管理領導。每三年各部族聚會推選聯盟長，授以「旗鼓」為其領袖可汗的象徵，但「三年一代」的傳統自大賀氏主政時都由其家族承繼，遙輦氏時期亦如此，而各部族長往往也由特定的家族世代出任，如迭剌部的耶律氏，這頗有世襲的現象產生，世襲配合推選形成契丹特殊的「世選」制度。若遇災疾或畜牧衰退時，八部大人需聚會另推聯盟長，但仍在領袖家（氏）族中選出，除非有重大因素發生變更；如前面所述可突於推翻大賀氏另立洼可汗以及涅里別立阻午可汗成遙輦聯盟。阿保機的受推舉取代遙輦氏，是因為痕德菫可汗無所作為，又受困於劉仁恭，而契丹的擴張興起歸功於耶律家族，阿保機的權勢地位及其擊敗劉仁恭，形成各部大人對他的欽服，終至有耶

律聯盟的新政權產生。

　　阿保機繼位時正值朱全忠簒唐建立（後）梁朝的開平元年（907）。耶律家族的成員若依三年一代的傳統都有可能被世選為可汗，因阿保機恃強不肯受代，遂引起連續三年三次的「諸弟之亂」，內戰的人馬、物資等損失頗為慘重。接著是聯盟中的其他七部，也結合逼迫阿保機遵照傳統交出旗鼓以受代，阿保機遂退出聯盟，領導部眾往居於其根據地的漢城而去。漢城是因中原戰亂，藩鎮暴虐貪殘，民不堪其苦而往關外營生之地，大抵在內蒙東部與遼西一帶，其中部份是由阿保機安頓流亡或俘獲的漢人而建。漢城中有士、農、工、商各色人等。代表漢文化在塞外的聚集地，卻成為阿保機新興勢力的重要基礎，豐富了契丹草原文化的內涵。

　　不久，阿保機設宴誘殺七部大人，重新掌握聯盟的領袖權，同時依漢制稱皇帝（遼太祖），建元「神冊」（916），二年後又營建皇都（後稱上京，在內蒙昭烏達盟巴林左旗），接著創制契丹文字、訂法律，進一步整編部族，定官府、制度等，儼然類似漢家皇朝；而此時的部族聯盟已變成草原帝國的型態，中央集權也逐漸形成。

　　阿保機建國後對北方草原仍繼續伸張勢力，以征戰擴大版圖，對內則鞏固政權，強化中央集權。當時南方的後梁與河東李克用家族競爭劇烈，阿保機與李氏結盟暫時免除山西一面的爭戰，以致力於對幽燕一面劉仁恭家族的攻略。當河東李氏取代後梁建立後唐朝時，契丹的南向發展即變成對後唐的衝突。阿保機一生對南向發展並未得逞，反而是向東攻滅了唐朝時立國的渤海國，不但解決了東方背後的可能威脅，又擴張了版圖與大量物資、人口，並將渤海國改成東丹國，封皇長子耶律倍（突欲）為人皇王來統治。耶律倍當太祖死時未爭得繼位，又受其弟德光的壓迫，遂投奔往後唐，後唐滅亡後時亦遭殺害。

(二)遼太宗的中原經營

契丹的南向發展並不順利，受到中原強大兵力的阻擋，除非中原戰亂相爭，始有機會被引入長城之內。天顯元年（926）遼太祖阿保機死，皇后述律攝政一年後，由次子德光繼位為太宗。天顯十一年，後唐朝的晉王石敬瑭在河東舉兵，向後唐末帝李從珂宣戰，同時求援於契丹，願意割給河北、山西的燕雲十六州地方，並用父禮、稱臣來事奉遼太宗。石敬瑭因得到契丹的軍援而擊滅李從珂，建立後晉朝政權；史稱其為「兒皇帝」。而燕雲十六州的割讓，喪失長城的關隘險要，使得北方門戶洞開，對後來中原朝廷的國防有極大的影響。

石敬瑭靠事奉契丹取得天下，因而受到鄙視與人心不服，國內常生叛亂。繼位的晉出帝石重貴順應反契丹的情緒，對遼太宗稱孫而不稱臣，引起耶律德光的不滿， 有意南下攻晉。契丹幾次進攻不利，但終於在會同九年（946）底攻滅後晉朝；其間得到一些有野心的晉軍將領的協助。

耶律德光受中原朝臣奉為皇帝，建國號「大遼」。由於缺乏治理漢地的人才，只有沿用後晉的大臣，但他們都敷衍行事，契丹又從無治理中原的準備與規劃，只見收拾錢財與劫掠的「打草穀」行為，因此社會動蕩引起叛變；而節度藩鎮們表面稱臣，實際心存觀望。毫無政策章法的統治僅僅三個月即結束，耶律德光以南方炎熱為理由，倉促引兵北返。在河東的節度使劉知遠乘機舉兵進占中原，留守的遼軍將領被驅逐北撤；劉知遠建立後漢朝。耶律德光死於北返途中，遼的中原經營以失敗劃下句點。

遼太宗北返時，挾帶後晉朝一些官員、宮廷技術人員等，同時將中原禮儀、典章、文物等取走，這些對遼朝建國的規模頗有影響，也充實了契丹文化的內涵。

(三)兩個傾向不同的帝王——世宗與穆宗

遼太宗死於北返途中，當時南征軍團尚未回到契丹本土，北院大王耶律吼與南院大王耶律洼等貴族、將領商議擁立人皇王耶律倍的長子阮（兀欲）為皇帝（世宗）；阮在南征軍中受推戴，使得皇位回到太祖長子系統。在漠北本土繼位人選有太宗之弟李胡、長子耶律璟，述律太后決意支持李胡，發兵拒戰南征軍。當大規模內戰即將暴發時，經皇族耶律屋質出面折衝調停，說服雙方而化解爭端；世宗的皇位因之確立。

世宗重用擁立功臣，其中不乏與述律太后有仇怨的貴族，或為投機份子，未必對世宗忠貞竭誠，故曾發生過叛變。然而在文化立場上這些反叛者多係本土主義者，對世宗的傾向漢文化極為不滿。由於世宗出身太祖長子人皇王耶律倍，是漢化相當深的家庭，加之隨太宗南征，親身到臨中原皇都，體驗過漢文物禮制之盛與人文薈萃之美；對中華風俗的仰慕就表現在其朝廷之中。故史書上常見世宗傾用後晉文臣，輕慢契丹貴族的記載，嫌棄本族文化低落、風俗粗鄙，難免導致本土主義者的敵對。

在位五年的短時間內，世宗頗留意於中原政局的變化，有向南發展的傾向，曾兩度攻略河北地區，冊封在山西的劉崇為北漢朝皇帝，並決議與北漢聯兵攻擊繼後漢而建立的後周政權。由於契丹各部族長無意南下攻略中原，而世宗強行決策進軍，引起內部的分歧與緊張；耶律察哥等貴族遂發動政變，乘世宗飲宴酒醉時刺殺之。時為天祿五年（951）。

政變時掌禁衛親兵的耶律屋質會同諸王發兵平亂，並奉太宗長子耶律璟為帝（穆宗）；遼朝皇位復回到太祖次子系統。穆宗同樣地排除曾擁立世宗之人，而與皇位糾紛有關的派系在往後的叛亂中都可看出，皇族的宗親諸王有幾次的叛變，反應出世宗、穆宗兩朝皇位的紛爭與中央朝政的不穩定。

穆宗與世宗相異之處主要表現在於對漢文化及南方中原的態度。中

原後周朝的初建時，北漢請遼出兵協助攻後周，穆宗雖派軍援，但未主動積極。而後北漢遭後周的攻擊，穆宗派軍援助並將後周擊敗，但也未積極進取。應曆九年（959），後周世宗親自北伐攻向燕雲之地，穆宗採防守禦敵的消極策略，周軍攻下三關州縣的關南地方，穆宗似不以為意，認為燕雲十六州本是中原割讓之地，損失關南地方不過是還給漢人而已。後因周世宗攻燕京幽州之地時以病撤退，雙方戰事終止；次年，趙匡胤建立宋朝。

世宗出身漢化家族，傾慕華風。穆宗則好遊獵、酗酒，行事風格頗似遊牧可汗的本色，但卻不恤政事，賞罰無章，又常因細故殺人，遭致愁怨，尤其是近侍奴僕在惶恐中度日；然而穆宗終於也死在其手。

三、南北競爭與三國鼎立

(一)千載助興王——遼的鼎盛

世宗次子耶律賢當穆宗時已結納一些朝臣，隱然形成勢力，穆宗人望不佳，當被刺殺時，耶律賢受契丹、漢人的貴族將臣擁立為帝（景宗）；皇位又轉到太祖長子系統。景宗正值人心望治的氣氛，故為政任人不疑，信賞必罰，尤其以重用漢人賢才如郭襲、韓匡嗣、室昉等人，使國政呈現中興氣象，也開啟漢人在遼朝統治階層邁向興盛的局面。

景宗時重要的問題是與南方中原宋朝的戰爭，初即位的保寧元年（969），宋太祖即曾揮兵北上，因失利而還。八年後宋攻北漢，也因遼出兵而敗退。趙光（匡）義繼位為宋太宗後，全力北進，謀取統一並收復燕雲之地；於是遼、宋展開長期的戰爭。從景宗乾亨元年（979）宋擊敗遼軍而攻滅北漢，至聖宗統和二十二年（1004）遼宋訂「澶淵之盟」止，其間二十六年，雙方斷續處在戰爭狀態之中。當宋滅北漢後即轉向攻取幽州，遼大敗宋軍於高粱河；而後戰事並未中止，長期間續進行著。

　　聖宗耶律隆緒為景宗之子，即位年幼，故由母后承天皇后攝政，她明達治道，賞罰信明，知人善任，遂使遼朝走向鼎盛時期。承天后所用賢臣如耶律斜軫、耶律休哥、室昉、韓德讓等皆為一時之選。又開科取士，拔擢漢人秀異份子，奠定與中原宋朝比美競爭的基礎。統和廿八年聖宗親政，仍繼續承天后的政策治國，加上本身對漢文化素養頗高，他的朝廷是樸質有文，曾作〈傳國璽〉詩：「一時製美寶，千載助興王，中原既失鹿，此寶歸北方，子孫宜慎守，世業當永昌」，的確建立興王的基礎。「澶淵之盟」的達成，固然是遼宋雙方國力競爭的結果，使南、北兩朝結成兄弟之邦，也為雙方公文中相互的稱呼。此後兩國使臣絡繹於途，奠定一百二十年的和平，以及南、北兩朝的相互競爭比美。

二、威風萬里壓南邦——南北競爭

　　聖宗的齊天皇后生子早夭，由元妃所生之子耶律宗真繼位為帝（興宗），元妃自立為皇太后（欽哀后），她清除異己，逼死齊天后，並有廢立興宗之謀；於是興宗廢太后奪回皇權。興宗承襲前朝規模，大體守成，國力強盛，但在君德修養上遠不如聖宗，有些行為放蕩自恣，用人不依規格。

　　聖宗時因重稅問題引起渤海皇族大延琳叛變，亂平後，便加強對東北的控制。往東方是高麗稱臣受遼冊封，後因高麗內亂，遼軍數度討伐，迫使高麗稱臣如故；興宗時亦仍如此。對新興的西夏，聖宗與宋競爭其影響力；興宗時則藉党項部的叛離而發兵攻西夏。經數次戰爭，西夏請和稱臣，遼軍亦有相當的損失。長期的相抗爭戰顯示出遼朝國力盛於西夏，以及遼朝企圖證實影響力所及的範圍，和在遼、宋、夏三國鼎立間的主控地位。

　　澶淵之盟後遼、宋兩國和平往來，當西夏興起與宋抗爭之際，興宗乘機向宋索討過去周世宗攻取的關南漢地，並欲以武力為後盾進行交涉，

雙方形勢頗為緊張。宋人受困於西夏，自不願也不能造成兩面作戰的危機，而遼朝廷則處於主戰強取與主和談判兩派爭論之中；興宗採納漢人老臣張儉之議，遂決定先遣使者交涉。雙方幾經折衝，宋朝以富弼主導談判，說服興宗，終於達成增加歲幣以贖土地的條件；遼朝既獲得實質的利益，南、北兩朝的爭端就此結束。

興宗長子耶律洪基繼位（道宗）後，宋朝因王安石變法，在北方邊界頗有舉動，遼朝以為宋的設施侵犯領界，遂發生兩朝國界勘定的交涉。雙方經數次的外交折衝，宋朝不欲生事，以息事寧人的態度割讓少許土地，達成兩國邊界的勘定；遼朝在這次南、北交涉中略有收獲。

道宗在位近五十年之久，前期沿承聖、興以來的盛世，後期則政局衰退，又好佛浪費，他是遼朝由盛轉衰的關鍵。求直言、訪治道，勸農興學，救災恤患，是道宗為政可觀之處，宣懿皇后曾作詩句「威風萬里壓南邦，東去能翻鴨綠江」，頗能說明當時遼的意氣風發與作為強國雄主的心態。但道宗生性疑忌，朝廷裏忠邪並進，早期冤殺忠直的蕭阿刺及稍後排斥的耶律仁先，崇信邪諛的蕭革、耶律乙辛等，雖然事後發現奸佞在朝而驅離，但已敗害朝政以及露出道宗的缺失。

(三)枉向宮中望太平──遼的衰亡

道宗無察人之明，雖初承鼎盛，但朝中讒巧競進；首先為發生於清寧九年（1063）的「皇叔之亂」。皇叔耶律重元為興宗之弟，早年欽哀后謀廢興宗，重元密告於興宗，此後遂得寵信。興宗生前也曾允重元為繼位人選，當道宗繼位後，重元本有野心，又受其子涅魯古誘勸而反叛。重元父子亂平後，因功受重用的耶律乙辛漸成為權臣，乙辛外和內狡，排擠忠貞的重臣耶律仁先，道宗難察忠奸而寵信乙辛，使乙辛權傾朝野。接著乙辛誣害敵視他的宣懿皇后與昭懷太子，道宗竟禍及骨肉，後因悔補過失而扶立昭懷太子之子耶律延禧為皇孫，但對他教養寬蹤，使其繼位成為亡國之君（天祚帝）。

　　天祚帝荒於酒獵，愚妄智淺，賞罰無度，政風大壞，凶狡者可以賂免，忠直者未受優用；有道宗的缺失卻無才幹。因寵信耶律阿思、蕭奉先、李儼等昏愞之流，邊備不修，使女真人坐大，加之統帥失方，使將校怨怒，人無鬥志。當時的文妃曾作「詠史」詩：「丞相來朝劍佩鳴，千官側目寂無聲，養成外患嗟何及，禍盡忠良罰不明。親戚並連藩屏位，私門潛蓄爪牙兵，可憐往代秦天子，枉向宮中望太平。」，正可說明遼末衰亡的情景，以及寵臣的氣焰與朝政敗壞的寫照。

　　天祚帝昏庸無能，所信用的柄國大臣皆阿諛貪污，以鞏固權位為能。女真興起擊潰遼軍後，帝國瓦解，除天祚帝西走的殘遼政權外，又有皇族耶律淳的北遼政權，天祚次子雅里的西北遼政權，奚王回離保的大奚政權等。這些分崩離析的殘餘勢力相繼為金兵所滅；保大五年（1125）天祚帝被俘，遼亡。皇族耶律大石西走至中亞建立西遼國。

遼代帝系表

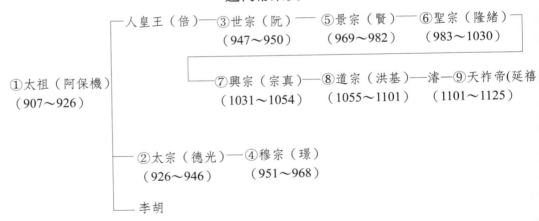

四、遼代的制度與社會文化

㈠兩元的軍國體制

遼代由契丹、漢族為主要成份所組成，各有不同的歷史、文化背景，為因俗而治之故，形成「國制」（契丹式）、「漢制」（漢式）兩種體系的制度，可概括稱為兩元制度。即分北面官制掌管宮帳、部族、屬國，南面官制治理漢人州縣、租賦、兵馬；頗有一國兩制的意味。甚且北面官多由契丹族出任，南面官多由漢人出任之現象，這是大的區分。

北面官主要有：

1. 朝官

如北、南樞密院，北、南府宰相，北、南院大王，掌司法的夷离畢院，同翰林學士的林牙院等。

2.御帳官

掌禁衛軍，初由腹心部到皮室軍，再演變為殿前都點檢司。

3.皇族帳官

掌太祖家族（橫帳），宗室的孟、仲、季父三房，共為皇族四帳之事。

4.諸帳官

掌遙輦氏、國舅等立帳部族之事。

5.諸宮官

設有十二宮一府，掌行宮各宮帳之事。

北面官為遼朝政權的權力核心，尤其是掌軍國大政的朝官；而就總體來說是耶律氏的皇族與蕭氏的外戚所把持。

南面官用漢式官稱設立，有

1. 朝官

如三師、三公、三省、樞密院、六部、御史臺、翰林院，殿閣學士，寺、監等仿唐、宋的官制。

2. 京官

遼設五京，以宰相府、留守司為首長，成為地方行政區劃的首府，如上京臨潢府（內蒙巴林左旗林東鎮南）、東京遼陽府（遼寧遼陽市）、中京大定府（內蒙寧城縣西南）、西京大同府（山西大同市）、南京析津府（北京市），五個京府即形成五個道的行政區，其下轄有府、州、軍，又下轄縣，是三級的地方制度。

3. 方州官

就是州、軍的節度、觀察使等，以及縣級的縣令、丞。

其餘視需要或設些分司官、財賦官等。遼代州縣的性質與隸屬並不相同，有一般性者，有貴族私屬賦役的「頭下」州，有屬行宮供役力的州，表現出兩元或多體制以及特權的色彩。

北方民族在理論上是全民皆兵，當帝國建立形成軍制後，即由部族輪調徵發壯丁組成。前文所說的御帳官即為中央的禁軍，諸宮官即為宮衛軍，加上親王貴族的大首領部族軍，各部族的部軍；至於五京的鄉丁部隊，各屬國的屬國軍等，並非常備的主要兵力。

名義上遼朝首都初期在上京，中期以後在中京，實際上遼朝是「行國」性質的政府，即配合「捺鉢」（行營）生活而游動的朝廷，由北面官府為主及稱為「斡魯朵」（行宮）的龐大游牧集團形成中央的朝廷。皇帝行營所在就是朝廷的所在，包括北面官及部屬，皇族貴戚、南面官高級官僚等都隨行營同在，處理軍國大政，其餘因官職任務不同而在各地；充份顯示出遼朝政治制度上的特色，以及草原「行國」的游牧本質。

(二)社會經濟

遼代社會不論契丹、漢族都有貴族、平民、奴僕三個階層。由於「世

選」遂壟斷政治權位，呈現出狹隘的部族政權，也因之據有上層的社會地位，同時形成經濟財富的集中；而又以契丹族地位高於漢人。在政治、社會中占最高位的是由前朝遙輦族、皇族五服的宗室、兩大部份的國舅等四個集團形成的權力核心，其次為以皇族所出的迭剌部、及其衍生的部族、奚族等四大部族形成的第二個權力核心。漢人貴族是由太祖時代所倚重的世家所形成，如韓、劉、馬、趙四姓即是，加上後來經由科舉為官的漢族士人，這些漢人也適用於「世選」而形成貴族世家，為漢人社會的顯貴。社會地位與政治階層緊密結合，具有相當大的封閉性。

平民之下的奴僕，是由戰俘、貧困典賣、罪犯所構成，除貴族、地主富戶擁有不等奴僕外，官方也設有管理「官奴」的機構；但遼代中、後期之後，奴僕逐漸減少。

部份契丹貴族擁有封建的「頭下州」，州縣屬民提供生產與勞役，前面說到的「行宮」也有屬於宮戶的州縣，主要是提供勞役雜支。有私屬的特殊目的這類州縣，並非貴族所獨占私屬的屬民，不過是提供部份的賦役之民。平民有兵役、職（雜）役的負擔，都是普遍性的役。賦稅在牧民主要是供羊、馬，農民與漢人除田賦外，主要是夏、秋的兩稅，其他有地稅、義倉錢、鐵、酒、商稅等相應賦稅；大體上各遵契丹、漢制的傳統而來。

契丹人以畜牧、漁獵採集從事生產，也兼營農、冶、編織以及貿易活動，相關的製造手工業品提供生活所需及貿易產品。燕雲漢地以農為主，城鎮為工商業地區，尤其五京所在為文化、經濟、政治活動的重心。

㈢禮俗文化

契丹是游牧民族，在生活禮俗上有明顯的特色，其中最突出的為「捺鉢」生活；就是每年按四季而移動的行營生活。前文說到遼的中央朝廷即為行營的所在，是生活與行政一致的方式，故生活文化也融在其中，如鉤魚、捕鵝、獵鹿的比賽與宴會等。禮俗上有游牧民族的傳統，如泛

靈的多神信仰、祭日月山川等，又有燔柴祭天、皇帝即位的「柴冊儀」，皇室貴臣的「再生儀」，以示始生復誕之義；親征袚凶的軍禮「射鬼箭」，射柳祈雨的「瑟瑟儀」等都具有特色。民間有放偷、迎福、立春、中秋、除夕等等一般漢人歲時節慶與北方民族的民俗節日。生活器用為游牧傳統，漢服、胡服並用，依身份、場合而有不同穿著；顧頂髡髮，額兩側留髮，或結辮或散垂，是契丹髮型常見的特色。

婚姻與北方民族的傳統相似，有收繼、妹續、異輩婚的型態，通常是一夫一妻制，妻子地位並不低於男夫。喪葬有樹、火、土葬，由墓葬型制與隨葬品可看出墓主的身份地位以及對文化的考察。在信仰上是泛靈信仰與佛、道教，尤以佛教漸盛，官方頗多花費在此，民間信佛也相當普遍；僧侶政治社會地位提高，也產生如同地主的寺院經濟。

遼代創製契丹大、小字，但傳習不夠普遍，故仍以漢文書為主，尤其漢文化浸潤日深，文史之學多為漢文書寫留存。皇室、貴族男女不乏詩文作品，但留傳極少。因遼朝仿漢制設史館，故有史書編修如實錄等。音樂、舞蹈應屬普遍，有契丹民族傳統風貌也參有漢式樂舞，在壁畫中不難看見。繪畫藝術頗受重視，朝廷設有「翰林學院」，民間畫家如胡瓌最能表現草原的民族風格，壁畫中的描述內容與畫風技藝都有「胡漢」兼具的特色。在雕塑、建築上多與佛教信仰有關，以樸實簡潔與厚重為主要風格。城市建有佛塔、寺相當普遍，著名者如奉國寺（遼寧義縣）、獨樂寺（河北薊縣）、華嚴寺（山西大同），以及馳名中外的山西應縣木塔，在建築工技與藝術上都有極高的地位，並且為世界級的遺產。

天文曆法有漢文化傳統與西方回教文明的色彩，朝廷設「司天監」掌管。數學上有所謂「契丹算法」，醫學上有契丹民族診治法，都具有民族傳統的獨特性。

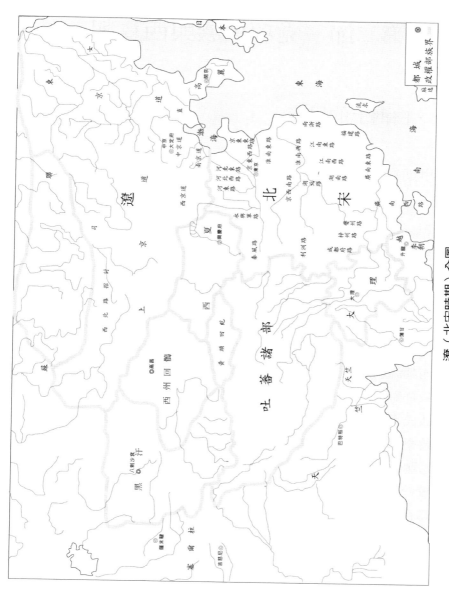

遼（北宋時期）全圖

本圖係根據譚其驤主編《中國歷史地圖集》複製。

第二節　党項民族與西夏朝

一、白河上的民族

㈠早期党項族勢力的興起

在川北、藏東及青海東南部一帶，自漢代以來即為羌族生聚之地。党項為羌族的一支，在南北朝晚期逐漸興起，到唐代又往東擴展到甘東、陝北及寧夏南部。党項人自稱其族源於白河，即今白龍江、白水江地方，這與後來的國號「大白上國」、「白上大夏國」有關。

西夏是以党項族為主體所建之國，若從其先世拓跋思恭在夏州（陝西靖邊縣）建立平夏部政權起，至西夏為蒙古所滅，共三百四十七年之久，若由追崇為太祖的李繼遷算起則為二百四十五年，以李元昊皇帝（景宗）為西朝計起，則西夏有一百九十年。至於西夏的統治階層為党項之拓跋氏或鮮卑拓跋氏，仍是爭議的問題。

拓跋氏為党項八氏中的強族，似為其部族領袖，在隋朝初年內附受封為大將軍。唐初雖有部份党項族內附，但由拓跋赤辭所領導的部族卻助有通婚關係的吐谷渾抵抗唐軍，戰事失敗後降唐，受命為西戎州都督，部眾安置於羈縻州中。唐中期時吐蕃乘安史之亂而侵邊略地，為免党項與吐蕃聯合生事，唐朝廷遷党項族往甘東、陝北；陝北的平夏部逐漸發展出些許勢力。當黃巢變亂時，拓跋思恭因功受封為夏國公，賜李姓；後來西夏的國號與皇姓應淵源於此時。思恭在陝北控有四州之地，又獲得定難軍節度使的藩鎮名號，以夏州為中心形成陝北割據的勢力。李氏家族相傳，在五代後梁時李仁福內附，受封為朔方王。後唐則有意取得

李氏的地方政權，發兵往攻，其時李彝超、彝殷兄弟竭力抵抗並請媾和
効忠，後唐兵厭戰，又恐契丹與李氏聯合，終以無功而退兵。到宋初時
曾追封彝殷為夏王，當時李氏已控有陝北五州之地。五代各朝無疑唐末
藩鎮的延續，忙碌於內部的爭權擴地，對李氏政權多加攏絡安撫，使李
氏坐大而屢生輕視中原朝廷之心。

(二)西夏王國的建立

北宋初太宗親征北漢，夏州李繼筠派兵助陣。其弟繼捧襲位引起族
內糾紛，同時發生叛亂，繼捧決意以四州之地親自朝獻於宋太宗，對宋
而言是意外驚喜，然而引起党項族的大分裂。繼捧之弟繼遷率部份族人
往地斤澤（內蒙伊克昭盟巴彥淖爾）重聚勢力，對抗繼捧的親宋集團。
繼遷號召族人以收復故土，利用宋遼戰爭時機擴張勢力，並向契丹稱臣
受封為夏國王，目的是聯遼為奧援。宋朝一面任命繼捧來抗衡，一面採
經濟封鎖以抵制，並派五路大軍出擊，但終以無功而退。宋真宗時，繼
遷求和，恢復原節度使名號與五州之地，但不久又攻下靈州，改稱西平
府作為都城，控制往河西走廊要地，造成有利的戰略形勢；接著往西攻
往西涼（甘肅武威），版圖即將伸入河西走廊，同時威脅到吐蕃部族的
生聚空間。

繼遷不久為親宋的西涼吐番首領突襲而身亡，其子德明繼位。宋與
遼也在此時達成「澶淵之盟」，接著與德明和談，封之為西平王，但仍
實施經濟制裁；宋夏雙方總算結束長期的抗爭。其實繼遷晚年即有意親
附於宋，德明遵照遺願達成和宋，同時仍結附於遼，他的策略是乘南、
北二朝爭取臣屬而周旋於其間，受二國的冊封為王，也取得二國賞賜的
諸多利益。

德明乘吐番內亂而攻取西涼，進入河西後又克服甘州（甘肅張掖）
回鶻，瓜州（甘肅安西）回鶻王請降，西夏勢力逼近玉門關之地。德明
經濟力富盛後開始營建宮室，在今寧夏銀川改建興州城以造新都，禮儀

制度儼然帝王氣象。宋遼二國愈競相爭取夏國，夏國則愈為得利，因懷柔禮遇更使德明驕滿，奠下後繼的李元昊稱帝的野心。

(三)大白上國與西朝

李元昊為德明之子，才智聰明，通文藝，雄武有大略，但性好殺，凡敵對者從不手軟。由於德明奠下之基礎，加之元昊屢有戰功，故繼位後得放手施展其志。早年元昊即有叛宋拒遼之心，欲與二國平等鼎立，故極力提倡民族尊嚴；又招納亡命，整飭部族，鞏固獨尊的王權。

元昊改姓「嵬名」氏，名「曩霄」，自稱為「兀卒」（青天子），在宋仁宗寶元元年（1038）稱大夏皇帝，党項語「邦泥定國」，就是「白上國」之意。為突顯党項民族的本位意識，依鮮卑舊俗下令禿髮，又創制西夏文字及蕃漢融合的禮樂制度，重用漢人同時調和蕃漢。建年號、定官制、設學校、升興州為國都興慶府，正式自任為西夏朝的皇帝，又自稱西朝，也因之稱宋為東朝、視遼為北朝，似又形成一個三國鼎立的局面。

元昊極力擴張，擊敗宋軍及親宋的吐蕃唃廝羅，攻占回鶻肅（甘肅酒泉）、瓜（甘肅安西）、沙（甘肅敦煌）等州，完全控制了河西走廊。轄有近二十州之地，幅員二萬餘里，造成西夏的全盛時期。西夏始終較傾向於賴契丹為援以抗宋，對宋的長期戰事在元昊時達成和議，此前經過三川口、好水川、定川砦三次大敗宋軍，但宋朝實力畢竟較強，西夏國力難以支持長期戰爭，加上元昊皇權擴張，與政權內封建貴族勢力有所衝突，故而有謀和意願。夏朝由宋獲得歲幣、茶、榷場貿易等經濟利益，以「夏國主」名義對宋稱臣。

夏對宋的議和受到遼朝的壓力，元昊心生不滿，又以邊區民族糾紛，終導致遼興宗的出兵攻夏，但因遼輕敵而戰敗。元昊死後，遼興宗為報復又兩度出兵攻入夏境，仍失利而還，但西夏也蒙受不小的損失，終以請和而結止雙方的戰事。

二、前期王朝及三國關係

(一)后族專權與夏宋關係

元昊因後宮糾紛為太子所刺殺，外戚沒藏訛龐平亂並扶立元昊幼子諒祚為帝（毅宗），訛龐領導貴族共同執政。後諒祚不滿訛龐專權於朝，遂聯合貴族將之誅除，而以妻弟梁乙埋為宮廷總管，梁氏得到親信地位便從此開始。諒祚頗愛好漢文化，收納漢人，習用漢式禮儀，稍沖淡了前朝力倡的本土色彩。

諒祚死後由其子秉常繼位（惠宗），因其年幼便由梁太后攝政，梁乙埋則為國相，領導貴族共同執政；梁氏反對前朝傾向漢文化，便恢復蕃禮舊制。但秉常親政後又如同諒祚改用漢禮，引起本土派不滿，秉常採納將軍李清之勸而有歸附宋朝之意，後梁太后殺李清、囚禁秉常，引起保皇與后族兩派間的暗爭內鬥。又因宋軍出兵攻夏，梁氏為安撫人心，使秉常復位，但大權仍在梁乙埋之手。

諒祚時期，夏、宋間戰事又起，秉常時梁氏專政，發兵攻宋邊境，宋出兵拒戰，並沿邊修堡寨，且進一步有取陝北橫山地區的計畫，以建構優勢的戰略地位。然而西夏全力破壞宋的計畫，迫使宋朝轉向經營甘肅的洮河流域，一時收復六州，建置熙河路，成為西夏右廂地區的威脅。當秉常被梁太后囚禁之際，宋朝以為良機不可失，遂發動五路大軍由熙河路出擊，收復陷落百年的銀、夏諸州。但西夏採用「堅壁清野」之策，宋軍失利而退，造成雙方極大損失。戰後一年，宋人在邊區修築永樂城，直接威脅銀州，西夏發大軍攻破；戰爭仍造成兩國的疲困，於是雙方有和平的意願。

宋朝沿邊築城寨的策略日見奏效，一則占據地利以控扼要道，二則招民墾種自衛，減輕政府戍兵負擔，這種武裝殖民漸完成對西夏的進逼，

西夏為突破不利的形勢，常發兵攻擊，真正的和平遂難以實現。在日益
窘困的局面中，西夏只有求助遼來斡旋，雖是達成了和平，但宋人有意
開邊，戰事仍時而發生。隨著女真興起，遼、宋都受到莫大威脅，為求
自保，始停止對西方的經營。

(二)夏遼關係

秉常之子乾順（崇宗）繼位後，國政大權掌握在梁乙埋之子乙逋手
中，乙逋以國相與母舅身份專權自恣，發動幾次對宋戰爭。由於和梁太
后權力衝突，加上對他不滿的貴族聯合，乙逋全家遂遭剷除。乾順親政
後，頗致力於漢式制度的建立，編纂兵法、軍制方面的兵書《貞觀玉鏡
將》，創建類似太學的「國學」，提倡文學，朝廷出現新的風氣，但不
免有虛浮誇飾的現象。

由於前兩朝對宋的戰爭，形勢漸轉不利，於是西夏對遼的依賴相形
加重。遼興宗曾發兵攻夏，雙方都蒙受相當損失；諒祚請和後，二國間
恢復正常交往。秉常為獲得遼國的支援，以經常朝貢來加強二國的關係，
並企圖以二國共同的佛教信仰廣為聯繫。

乾順繼位仍秉前朝事奉遼的政策，極力求援，但遼對夏、宋的戰爭
始終未出兵相助。乾順求遼出面以達成對宋的和議，但由於宋居優勢，
又行開邊政策，西夏受迫而壓力倍增，戰事仍繼續發生。乾順並求聯姻
於遼，以鞏固雙方關係，因為大體上遼對宋有牽制作用，這是西夏的主
要目的。

當女真族興起攻遼時，西夏曾派兵助天祚帝抗金，但因戰敗而不敢
再參與遼、金戰事。乾順曾請天祚帝入夏國避難，未為接受。不久，遼
亡，西夏則開始面臨新興的金國。

三、後期的西夏王朝

(一)仁孝王時期

　　西夏王在位最久的是乾順（53）及其後繼者仁孝（54），兩朝百餘年為西夏的鼎盛時期，而鼎盛之後也漸走向衰微。仁孝（仁宗）時中原的新局勢已形成，金與南宋對峙猶如遼與北宋的兩國關係，但金、宋的國界在淮河、大散關一線，形成西夏與金為鄰而與南宋隔絕。故西夏後期王朝幾乎全為對金國之關係，僅最後二十年始有新興的蒙古介入，而終亡於蒙古之手。

　　乾順與仁孝兩朝都喜好漢文化，也都頗致力於崇儒尚文。仁孝大舉興學，除在地方州、縣設學校外，在中央發展太學、宮廷設皇室小學以教育宗室子弟，實施科舉取士，建立漢制經筵講學式的「內學」，設翰林院並修編國史，製作漢、夏融合的「大盛律令」、新音律，尊孔立廟遍行於地方各州，以西夏文譯寫儒家經典，這些措施更顯得漢式王朝的規模與禮法的粲然大備。

　　遼朝亡時乾順即奉表稱臣於金，仁孝繼位仍恭順事奉如故，年年遣使賀貢，引起遼的降將蕭合達的不滿，遂以恢復遼朝來號召反叛，後為外戚任得敬所平。內戰使得社會民生受損，接著首都地區發生在地震，產生嚴重飢荒，人畜凋弊，引起社會動亂；仁孝王一則賑災安撫，一則發兵平亂。任得敬因屢立戰功而勢力日益龐大，加上女兒為太后的地位，故入朝為國相，遂把持中央朝政。待其進封楚王後，威儀幾乎與西夏王等同，接著干涉仁孝的崇儒漢化，以為中國之法不能行於夏國，又提拔家族兄弟姪子居於要津官位。得敬專政二十餘年，廣植私黨，國中除極少朝臣如斡道沖、焦景顏等人外，無人敢論是非。得敬陰謀篡奪王位，又企圖勾結南宋，迫使仁孝王劃分夏國為二，他自領其半為主，並上表

金朝求封，未被獲允准。仁孝王得到金朝支持，捕殺得敬及其黨人，挽回夏國的分裂並鞏固王位，任命斡道沖為國相，使局勢恢復穩定。

(二)西夏衰亡

仁孝王晚期因疆界與貿易問題，曾發兵攻略金朝領土，此時蒙古已興起於北方草原。仁孝死後，子純佑繼位（桓宗），此時蒙古西向的兵力已侵入西夏，西夏面臨新興的強大敵人，又與金朝時而不和。安全廢純祐自為新王（襄宗），因受迫於蒙古入侵，至於獻公主請降，後遵頊廢安全為王（神宗），以金受困於蒙古，乘機發兵攻金。大體上西夏是一面遣使通好，一面又侵擾邊境，對於蒙古更是束手無策，若不派兵參加蒙古的征戰，則受到蒙古侵攻的成脅。

遵頊讓位於次子德旺（獻宗），此時西夏因多年用兵，國力荒弱，德旺採行新策略，聯結各民族抵抗蒙古，但未成功；蒙古攻下銀州，西夏請降，送質子為約。其次是與金和談，結果修好約成，金、夏結為兄弟之邦，總算免除一方面的戰事，以集中力量抗禦蒙古。但蒙古實力強盛，大國如金朝即窮於應付，對蒙古的攻略西夏實難以支持。

蒙古要求西夏履行約定派遣質子，德旺違約不遣，又接納蒙古仇敵乃蠻王子；當成吉思汗西征歸來時，決意出兵攻夏。蒙古大軍一由西域往東攻擊，一由漠北往南出兵。沙、肅、甘各州淪陷，而靈州之戰，擊潰西夏主力。在稍前西夏王德旺已死，由姪兒睍繼立，但國勢已殘，大局無法挽回，後終於請降，為蒙古軍所殺，西夏亡。

西夏帝系表

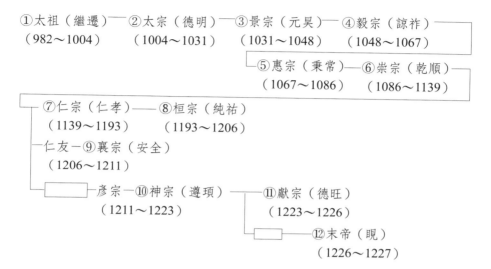

四、西夏的制度與社會文化

(一)政軍制度

在李元昊稱帝改制以前，西夏的政軍制度是蕃、漢兩套系統，以節度使統治夏州地區的政權為唐代的軍、州制度，其餘党項蕃部仍由各部落長統轄，接受一些官號如蕃落使、防禦使、刺史等。元昊仿宋制立中書、樞密、三司分掌政、軍、財三部分，後又設總理政務的尚書，另有御史臺及其他各司。一般官員由蕃、漢人擔任，少數官職限蕃人出任，儼然形成兩套官職制度。西夏中期以後設官階封號，完成司法制度，訂定官服等。

地方行政分州、縣二級，重要地區設郡，另外有首都興慶府號為東京，西平府號為西京。官府分為五個品級，以資源及人口而定。州的數

目可達到四十餘，其中不少城寨轄地改成州級，是因誇張聲勢或特殊的軍事、交通、政治的考量所致。在軍事上的傳統是部落領袖統軍，凡年滿十五即為兵源，幾乎也是全民皆兵，而且自備糧餉、武器裝備。軍事指揮系統分為左、右兩廂，各指揮六個地方軍區，形成十二監軍司，每司設都統軍、副統軍、監軍使，皆由貴族出任，其下各軍官則蕃、漢都可出任；總兵力約五十餘萬。

首都地區有精良的衛戍軍，宿衛帝王的「御圍內六班直」，由貴族子弟充任，類似質子軍性質。而在帝王身邊環衛的為號稱「鐵鷂子」的鐵騎三千。這些都是常備兵性質，其餘軍隊視需要徵調，用來攻守征戰。党項民族極富有戰鬥精神，與北方游牧民族相類，帶有部族軍事的傳統，加以地利之優，故能長期與遼、宋相抗，形成鼎足之勢。

(二)社會與經濟

党項早期的社會是由氏族分化出家族形成部落，各有分地而不相統率，統治部落的酋帥在唐代的羈縻政策下成為州的刺史，唐朝加諸酋帥的威權更強化党項的階級區分。經由俘掠、買賣、罪犯、債權等途徑，社會中普遍存在著奴僕階級，顯貴家族對平民及奴僕有穩固的統治權。從李繼遷開始，政治、社會的封建化日趨明顯，由於經濟發展與漢制的影響，更強化為新型國家與君權的建立，李元昊時代即為完成的結果。

西夏王室與貴族世家為政權的核心，是社會中的頂層階級，在封建化的過程中兩者時有衝突，而外戚集團往往不讓於傳統社會中的貴族巨室，如元昊時代的野利氏、諒祚時的沒龐氏、秉常與乾順時的梁氏、仁孝時的任氏，說明君權與貴權間的封建衝突。乾順結束貴族專權，奠定往後君權的獨尊，完成中央集權的封建國家；後期王朝任氏的例子較為特出。

西夏的經濟基礎在於畜牧與農業，因地理的生態環境，畜牧業為傳統的發達地帶，農業則賴官方的倡導，如水利工程建設、糧倉的興儲尤

賴漢人的生產技術，否則就需靠貿易甚至掠奪。官方又控制手工業與商業，毛織品則提供生活所需，同時可作貿易的大宗；造紙與雕版印刷，於中後期較為發達，加上文教所需、典章文物製作、佛教的崇奉等，故印刷業頗為可觀；陶瓷與磚瓦業大部分是為生活所需，及貴族宮室的奢華講究來燒製建材；至於金屬工技除官方生活與禮制所需外，主要的是武器製造，因戰爭需大量鎧甲弓劍，致有熟練且高水準的產品，如「神臂弓」、「夏人劍」的名產；在商業上為對宋、金的貿易，以官設的榷場、民間的市集、使節私營等為主，由於西夏經濟條件較差，故特別注重貿易，除供本身所需外，又可轉手獲利。西夏重視宋朝的絲帛、茶葉，而所產的青鹽、藥材、皮毛等也都極具經濟效益；故宋朝常以禁榷場、絕鹽市作為對付西夏的手段，可見貿易對西夏的重要性。

(三)禮俗文化

西夏的信仰為本土的泛靈巫術與佛教。前者是凡事問鬼神，巫師名「厮乩」，舉凡問吉凶、驅鬼療病、符咒巫術等，尤以占卜風行及巫醫不分的現象為著。佛教受宋朝、吐蕃、回鶻的影響，統治階層大量輸入佛典、延請高僧、建寺講經、譯印經籍等，使佛教大盛於國中。官方特別設置僧眾、出家、護法三個功德司，其官署品級僅次於最高品的中書等單位，可見朝廷之重視。對佛教的崇信，也表現在壁畫、雕塑的藝術上，在莫高窟、榆林窟中都可發現，尤以榆林窟的「水月觀音」、「普賢變圖」、「千手千眼觀音像」等為著名。

西夏本質樸無文，故對漢文化有長期、積極的吸引，如文字即仿漢字而來，由德明時期初創，元昊時命野利仁榮加以整輯演繹而成。此後大量漢籍、佛經都譯為西夏文，不僅在典章文物、禮儀制度上受到漢文化影響，文學與佛理也透過漢、夏文字得以發展；詩文有樸實生動的特色，也有哲理寓意的深刻。西夏自中期以後在教育、科舉上都以不離漢文化為主軸，開啟「以儒治國」的政治標榜。

　　党項族生活質樸，歌舞射獵為其傳統。盛行收繼婚俗，平民多為一夫一妻制，男女關係較為自由。喪葬以火葬為主，貴族富室則營建陵墓。在生活上平民與貴族的物質享用差異極大，飲食服裝傳統依舊，不過貴族生活沾染漢習，在官方的活動中最易得見，如傳統音樂以琵琶、簫、笛為主，而朝廷樂坊則融入大量漢式樂器與樂曲；但漢人民歌倒也在党項社會中普遍傳習。就一般生活而言，西夏與遼、金、元等北方民族類似，在民族傳統習俗上，除了舊禮之外，都雜有相當多的漢人習俗，是蕃漢並存共行，飲食器用上也常見這種現象。

第三節　女真民族與金朝

一、白山黑水的民族

㈠女真族源流

　　在中國東北自古以來即有許多民族的活動，各民族或散居游離，或匯聚成一多民族集團的聯盟政權，如古史中較著名的肅慎族（國）及其後的挹婁、勿吉、靺鞨、女真等。唐代時已知女真族的存在，當時是黑水靺鞨聯盟中的一部，五代時期女真曾遣使朝貢於後唐。女真族分布頗廣，並未統一為一個民族，在松花江南北流的兩岸、圖們江、鴨綠江、長白山等地都有女真族人，所謂白山黑水的地區，是女真族早期生聚之地，而後逐漸往南、往西分布。

　　東北民族的族系與其文化交流同樣地複雜，金朝先世是屬於生女真部族，活動在松花江北流的混同江一帶，與其他女真部族沒有統屬關係，各地的女真族有其部族或聯盟，常因所處地理位置而被稱為南女真、北

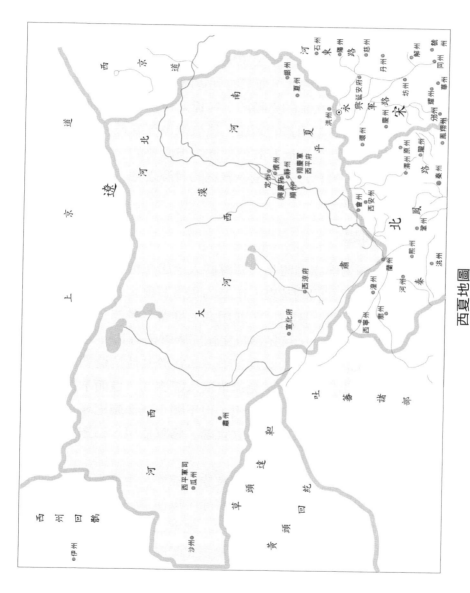

西夏地圖

本圖係根據譚其驤主編《中國歷史地圖集》複製。

女真、鴨綠江女真、長白山女真等等。渤海國統治東北時，女真各部大體都在其統轄之下，當契丹滅渤海後，則女真各部又隸屬於遼，並維持朝貢關係。有些女真部族直接受遼的節度使管轄，有些女真的部族長受遼封官代為治理部族，這些女真族被統稱為熟女真或係遼籍女真，另外臣屬於遼並在形式上受遼封官號，僅具有朝貢關係的就是生女真。

金朝的皇室是出自生女真的完顏部，在遼太祖初年時活動於牡丹江一帶；當時有來自高麗名為函普的到達，後被推為部族長，成為金朝皇室的始祖。姓完顏氏的女真族尚有其他部族，但函普的一支在下一代獻祖時遷移至按出虎水（阿什河），是為皇室的發源之地。而到函普時已形成完顏氏的部族聯盟。

(二)女真族的興起

獻祖名綏可，繼為部族聯盟長，領導族人定居墾植，造舟車居屋，燒炭煉鐵，稍奠下物質文明的基礎。後繼的昭祖石魯，為統合各部，創立教條來約束，奠定女真「國俗」，並用武力推廣至各部，因此遼朝賜以管理部族的官號「惕隱」，可見當時完顏部族聯盟有其一定的勢力。

景祖時武力的征討，一在於女真各部，二在於其他抗遼朝之命的部族，由於為遼執行軍事行動，可避免遼軍進入部族間，進而掌控完顏聯盟的勢力。雖然景祖因功受封為節度使，但不願正式係屬遼籍，仍保持朝貢的臣屬關係，此外，他又開始建立官屬，修置器甲，召撫女真及其他各部族，奠定興起的基礎。

景祖次子繼立為世祖，當時完顏氏家族、部族、生女真內部都有反抗者，世祖皆以武力平服，將內外變亂掃除，以便進一步統合生女真。生女真各部的統一是在世祖及繼立的肅宗、穆宗二位弟弟不斷經營而完成。由於遼朝的授權，得以代理征討，擴張完顏聯盟的勢力，尤其以穆宗受命攻討遼的叛將蕭海里，得到兵甲武器的整編，以及統一號令的機會；完顏部族聯盟已成為東北具有強勢的集團。

世祖長子繼穆宗之位為康宗，作為完顏部的聯盟長兼遼朝所封的女真族節度使，康宗仍繼續討平反對的部族，同時擴張勢力於高麗的邊境，控制該地區的部族，擊敗高麗派駐邊區的軍隊，將靠日本海的曷懶甸納入勢力範圍，威脅到遼朝東北地區的右方。

(三)完顏阿骨打與金朝的建立

阿骨打為世祖次子、康宗之弟，繼位後稱「都勃極烈」，組成以家族與先世後代為核心的貴族集團，以集會議決的方式處理政軍大事，貴族中重要人物多有各種「勃極烈」的官銜。女真臣屬於遼，生女真的完顏部族聯盟是遼朝在東北的代理者，許多索取的朝貢品也要由代理者來達成，如著名的獵鷹「海東青」、珍貴的「東珠」，都要由完顏聯盟去搜取，而遼朝派來收貨的使者往往淫暴作威，引起女真人長期的不滿，漸產生反抗之心。

阿骨打知悉遼朝政權腐敗，遂於天祚帝天慶四年（1114）秋，集合二千五百人攻取寧江州（拉林河南岸），接著擊敗遼軍七千餘人於出河店（黑龍江肇源）。年底，阿骨打又攻下三州之地，加上不少附遼的部族來歸。次年，阿骨打建國號為大金，即帝（太祖）位，建元「收國」，並於初春時攻下重鎮黃龍府（吉林農安）；年底擊潰天祚帝親征的大軍。次年，攻下渤海人高永昌占據的東京遼陽府（遼寧遼陽）。阿骨打起兵反遼二年餘期間，東北幾乎全在金兵控制之中，接著指向遼的上京臨潢府。

天輔元年（1117）金向遼議和，但軍事行動並未完全中止，而次年宋朝派使者馬政渡海至金，商談宋金聯盟攻遼之事。金與遼的議和因冊封名號爭執而破裂，金與宋的聯盟卻在三年後得以達成。此稱之為「海上聯盟」的金、宋首次接觸，大體上劃清雙方攻遼的界線，戰後燕京各州歸宋所有，宋則付歲幣於金等條件；其中燕、雲地區為宋人恢復的夙志，故而燕京原劃為宋軍的戰區。後來宋軍攻取燕京時為遼軍所敗，宋

朝的恢復無力，卻給予金兵攻取燕、雲的機會，也造成金朝對宋朝武力的輕視，以及其他衍生的糾紛，促使金朝南下攻取燕、雲的迅速決策，進而發展成攻滅北宋的結局。

天輔四年，阿骨打親自指揮攻下遼的上京，上京為遼朝墳廟所在，故而對契丹貴族的心理上有沉重的打擊。次年又有遼朝宗室大將耶律余睹的降金，再度加深契丹貴族心理上的打擊，也使金朝對遼朝廷的軍政虛實有深入的了解。天輔六年，金取中京大定府，而燕京擁立耶律淳為帝（北遼），天祚帝則在漠北，如此遼朝殘餘勢力分裂，未能聯合集中抗金。不久金兵攻下西京大同府，兵分為二，一路追擊漠北陰山地區的天祚帝，一路南下攻取燕京。燕京原在「海上之盟」中為宋軍之戰區，但宋軍二度攻戰失敗，於是約請金兵出攻。年底，燕京政權部份出走，殘餘勢力降於金兵。次年，由燕京出走的奚王回離保政權（大奚國），梁王耶律雅里的神曆政權（西北遼），皆相繼敗亡，僅剩下漠北的殘遼天祚帝；一年後被俘而亡國。八月，阿骨打病死，由其弟吳乞買繼位為金太宗。

金太祖起兵反遼十年間即將北亞強國攻滅，除遼朝的積弊腐敗外，金朝宗室兄弟子侄才皆良將，部族悍勁精銳，領導階層沉雄大略，加之號令整齊，心志合一，用兵神速，往往以少勝多，遂能底定開國大業。

二、華北的大金帝國

(一)金宋關係

金太宗吳乞買在繼位前的官號是「諳班勃極烈」，為助理皇帝處理國政，也就是皇位的繼承人。太宗時期的十二年間中國政局相當混亂，首先是終結遼朝殘餘的勢力，迫使天祚帝投降，接者對北宋發動戰爭，使汴京淪陷，北宋滅亡，然後扶立張邦昌的楚國、劉豫的齊國兩個傀儡

政權，同時仍不斷地發動侵宋戰爭。

遼亡後，宋人要求贖回燕京、西京的州縣，金朝的貴族統領都持反對態度，經交涉後，宋人付出歲幣及燕京每年的代稅錢一百萬貫，得到燕京六州之地，西京原允付犒軍費即可將八州之地予宋，但因阿骨打去世，加上山西的貴族將領宗翰極力反對，遂未交割西京。由於宋人於燕山整軍，不遣返叛亡人口予金，未付允諾金朝的糧米，又有宋朝接納金平州將領張覺的事件，使金朝認定宋人敗盟，加上遼朝降臣、金朝貴族都以宋朝富庶而積弱，促使金兵南下攻宋的發生。

天會三年（1125）秋，金兵宗望（斡離不）、宗翰（粘翰）由東、西二路大舉攻宋。宗翰西路軍被阻於太原，宗望東路軍順利南下，渡河圍汴京，宋人一面和談一面召集勤王軍來援，宗望取得和談的財貨北返。次年，金兵再度南下，兩路大軍攻至汴京，宋徽、欽二帝被俘，北宋亡國。但宋朝仍保有淮河以南的大後方，並陸續集合，在宋高宗統領之下繼續抗金；同時北方仍有抗金義軍。金朝立張邦昌建楚國於汴京，但楚政權未及三月即結束；金兵又渡江南下攻宋。持續數年的戰爭，南宋雖處於劣勢，但堅強抵抗不懈，使金朝無法達成其統一的企圖。在天會八年時又於河南、山東、陝西地區扶立劉豫的齊國，但金、齊的軍隊仍無法攻滅南宋，形成南北對峙的局面。

金熙宗繼位後不久，金朝內部的政爭導致劉豫的齊國被廢，並將齊國的地盤歸宋以進行和談，但因政爭變化，旋即又廢和談而出兵攻宋。因南宋戰力愈強經驗愈多，金兵每多失利，終於在皇統元年（1141）底正式議和。金冊封宋高宗為帝，雙方以淮水為界，宋歲貢銀、絹廿五萬兩、匹；南北長達十六年的戰爭終告正式結束，形成猶如遼與北宋的對峙局面。

金、宋議和只維持廿年之久，金朝海陵帝以統一天下為志，於正隆六年（1161）秋發動南侵。海陵帝一意孤行發動戰爭，徵調兵馬糧餉，海內怨愁，民不堪命，北方社會動蕩不安，盜賊與反抗軍所在多有。軍

事上在西面受挫，海軍也為宋人所敗，采石磯之戰，金兵潰退，前線軍心動搖，海陵帝嚴催苛責，軍令慘急，遂遭致部將叛殺而死，戰事因而中止；北方新立的金世宗展開與宋的和談，並將南征的金兵召回。但不意南宋新帝孝宗卻想乘機北伐收復舊土，於金大定三年（1163）出兵北上，因戰事失利，和談復起。金世宗有意迫使宋朝儘速達成和議，於次年出兵，攻占宋地數州，宋朝遣使求和，割數州之地予金，宋、金稱侄、伯關係，歲幣各減五萬兩、匹，但宋爭取到平等國格，不再受金的冊封，此後南、北兩朝大體維持和平，直到蒙古興起後，雙方關係開始發生變化。

(二)金初的政局

金初太祖、太宗兄弟與家族、宗室子弟形成一核心集團，在新朝建國、擴張、發展上都具有最重要的地位，無論是戰爭、外交、統治的決策都出自於此集團，可稱之為貴族將領集團或功臣集團。皇室家族與宗室子弟因軍事擴張與戰爭的需要，都成為手握重兵的將領，逐漸形成中央皇室及家族子弟在朝廷外，又有皇室子弟在華東方面握重兵的一支，以宗望為代表，另一支在山西方面握重兵的宗室則以宗翰為代表；而山西勢力稍盛於華東。金初對遼、宋的戰事、傀儡政權的立廢，甚至皇位繼承等都受到這些貴族功臣的影響，儼然在中央朝廷之外，另有東、西二個小朝廷，實對於中央皇權有莫大的壓力。太祖、太宗二帝領兵開國，手握重兵尚能支使功臣將領，但已覺得功臣權重，不易確實掌握，後繼者若無兵權又無戰功，勢難駕馭。

繼太宗帝位的熙宗完顏亶為太祖長孫，其繼父為太祖庶長子宗幹，他與太宗長子宗磐及調升中央的都元帥宗翰，三人共領軍國大政；熙宗無法施展皇權，於是以漢制為本的宗幹主導鞏固皇權及清除貴族功臣的勢力。宗翰調升中央就是以相位換取兵權之計，並將其重要助手調至中央任官，然後藉故逐步清除，宗翰失勢憤悶而死。但宗磐與華東統帥撻

懶相結掌握政權，主持廢齊國與宋和談的決策，宗幹轉而結合山西殘餘勢力及太祖四子宗弼元帥，以謀反罪名誅除宗磐等集團，最後再將山西殘餘勢力，完全加以清除；同時壓制依附的漢人如韓企先，罪殺田穀等，用來警惕。至此，山西、華東貴族將領消除殆盡，中央皇族專權跋扈者也遭清理不復存焉，皇權由此得以鞏固，中央集權也隨之完成。

　　由於金初擴張迅速，國家機構一時未及完備，既有原來聯盟部族體制，又有漢地州縣的征服地區，同時戰事不斷，故用軍政府的型態為權宜措施，也因之造成前述的貴族將領勢力。除舊有的勃極烈制之外，又設立燕京、雲中行樞密院，以元帥來統治華東、山西地區，而後又改成行臺尚書省，整合成汴京、燕京兩個行臺省。熙宗力主漢化，故繼位後開始實施中央化的新體制，廢除勃極烈制，綜合唐、宋、遼制設三省，但以尚書左、右丞相為實際政務首長，設御史臺、制作禮儀服飾，又融合女真、漢制成新法《皇統制》等，採行漢化的國家制度逐漸建立起來，其中自有遼、宋的漢人參與其事。

　　熙宗初年受貴族將領的功臣所左右，心中頗為挹鬱，晚年時功臣多已物故，但又有皇后裴滿氏干政，貴族朝臣隱然分為兩派。熙宗心中不滿，經常酗酒，常借機整肅對立的宗室、大臣及怒殺后妃，朝廷氣氛頗為緊張。宗幹次子平章政事完顏亮早有篡位陰謀，遂發動宮廷政變，刺殺熙宗；參加政變陰謀者都與熙宗有不等的仇怨。

　　海陵帝繼位後先清除有勢力的皇族宗室，如宗翰、太宗等子弟後人，鞏固絕對的權威，他為人猜忌急躁，採行高壓統治，殺戮頗重。由於才智過人，對金朝的制度多有建樹，承襲熙宗的漢化政策整頓國政，如改三省制為尚書一省制、廢除行臺省、將都元帥府改為樞密院，進一步集權中央；發展農、牧、工、商，經濟上有顯著繁榮之象。在用人上也未有民族畛域，並用遼、宋漢人，南遷都城於燕京，進而結合漢地官僚及中原經濟，似有擺脫女真故俗舊制，營造帝國新局面的念頭。但因一統天下的野心，不顧勸諫而發動南侵攻宋，終至被刺身亡。

三、金朝的盛衰

(一)帝國的繁盛

　　世宗完顏雍為太祖之孫，受母教漢文化的影響，在前二朝的漢化基礎上，進而提升至「儒術仁政」的層面。當時朝廷風氣丕變，用賢、納諫、儉樸、勤政為新氣象，提倡道德修身，復還古風。在女真舊俗上，世宗仍不忘傳統，以為漢化的需要性不能完全取代女真的民族性，似乎有意在兩者中取得平衡進而創造新文化制度，如「女真進士科」的考試就具有這種意義。

　　內政的改革繼續進行，典章文物漸形完備。解放部份的奴僕為良民，減輕賦役，促進生產，在實施限田與授田以防土地兼併，以及通檢全國財力來推排賦調上，雖有理想但成效不大。對於金初推行至漢地的「猛安謀克」制度加以整頓，選擇賢能出任，但也不免括地給女真人來計口授田。

　　對於南宋造成南北講好，對西夏以和平為主，支持仁孝王抗制權臣任得敬，發揮強國盛勢的影響力，對高麗持懷撫保界的政策，使外無糾葛、內得休養；但社會上仍有動亂發生。契丹與奚族在海陵帝南侵時起兵，為世宗所平定，民間的亂事則發生多起，主要是災荒、失業所造成；這些小規模的動亂都很快平服。

　　章宗完顏璟為世宗之孫，受世宗教養培植並為政策的繼承人，因之在進一步的發展上，使金朝禮樂制度粲然可觀，完整與成熟的典制都在章宗時期制成，如《大金儀禮》、《泰和律》等，是行漢化中國禮樂的最高峰時代。戶口增加至四千八百餘萬人，財政收入也達到最高峰，但也造成風俗侈靡。貴族更已成封建地主而腐化，朝廷因李元妃的得寵與胥持國的奔進結合，大開鑽營競利之風。章宗未能守成，自滿於富庶，

實質上是盛極而衰的先聲。

　　北方蒙古諸部的擾邊，金修界壕防禦，並派兵北伐，尚能控制北邊。南宋則因韓侂冑發動北伐事件，金兵南下擊敗宋軍，宋以增歲幣、賠戰費與金達成和議。社會上的情形一如前朝，因自然災害使生產漸減也引起地方動亂，通檢財賦與括地雖然增加政府財利，但造成民間負擔與民族間矛盾。財利歸貴族官僚與女真封建地主，除加速其奢靡腐化外，更招致民怨，是晚金衰敗的重要原因。

(二)晚金的政局

　　完顏允濟為世宗七子，柔弱平庸，但勤儉潔身，故章宗與其師完顏匡以兄終弟及之義，遺命允濟繼位（衛紹王）。衛紹王繼位前三年時蒙古已興起，鐵木真被推為成吉思汗，大安三年（1211）出兵攻金，進圍中都；此後的金朝遂不斷受蒙古威逼直至滅亡。衛紹王朝政紊亂，在位四年餘毫無起色，初賴完顏匡之助除去李元妃擅權集團，但自匡死後則無力統御；致貴族紇石烈執中（胡沙虎）擁兵擅權，而其餘所用將臣皆拙於才幹。執中因蒙古戰事失利而返中都，結交朝臣陰謀廢立，遂殺衛紹王改立其兄完顏珣為宣宗。

　　宣宗對執中的跋扈專權極為不滿，與近侍親信商議對策，適逢將領朮虎高琪為蒙古所敗，恐執中加罪，故刺殺執中，既可免身死又可暗合宣宗之意。其後非但朮虎高琪擅殺無罪，且成為專擅之將領權臣，且近侍得到寵信也自此開始。高琪執政六年擅作威福，同樣不免殺身之禍。

　　衛紹王晚期除蒙古攻金外，西夏竟也在邊境侵擾，足見當時金朝已不為外國所畏懼，也是局勢開始大轉變的時期。宣宗初的貞祐二年（1214）三月，蒙古再度進圍中都，金朝以嫁公主、獻金銀換取議和。五月，宣宗南渡遷都於汴京，一年後中都失守，河北地區遂難以掌控。

　　南渡後的金朝一面因西夏屢次侵邊，於是發動對夏的戰爭，斷續達十年之久，一方面因宋朝不納歲幣，而金朝又想擴地建國以求南方發展，

於是出兵攻宋，戰事斷續達八年之久。到宣宗三子完顏守緒繼位為帝（哀宗）時，同時與夏、宋議和，雖然結束了長期戰事，但對金朝已殘破的形勢猶如雪上加霜終至無力挽回，這是極大的失策。

宣宗即位後始終面臨蒙古強大的壓力，他雖有圖治之心，卻無撥亂之才，個性又頗為猜忌，他獎用近侍胥吏，以致苛刻成風，加以南渡後的宰執重臣多怯懦畏懼，不敢有所作為。而核心戰力的猛安、謀克是官腐兵飢，官多兵少故戰力薄弱，而在河南突然增加北方南渡的人馬，括地、增賦或軍屯，都增加社會極重的負擔，也無良法得以解決。全國性戰亂、災荒造成流民與田園荒蕪，不只生產力大減且造成經濟崩潰，加上社會動亂如紅襖軍近十年的騷擾，以及地方為保境安民的各種武力，其中錯綜複雜的發展，演變成降蒙、投宋、保金的各種旗幟與各方勢力，使晚金的政局造成一片混亂，帝國可謂瓦解。

(三)蒙金戰爭與金朝衰亡

宣、哀宗各十年的時間全在應付蒙古的攻侵，宣宗圖治於亂，無力以治；哀宗圖存於亡，力盡而亡。當宣宗之初東北金將耶律留哥叛歸蒙古，對金朝聲望打擊頗大；不久又有蒲鮮萬奴自立為王，遂使東北地區無法控制。哀宗繼位的正大元年（1224）即開始整頓內政，貶斥奸小，一時頗能獲得朝臣信心，又中止對宋、夏戰爭，以集中力量並起用抗蒙將領，激勵將士，形勢一時略有好轉。經濟的殘破因地方將帥為鞏固實力的考量而有所改善，但將帥或豪強未必皆對金朝忠誠如故，也未必能堅守抗戰不退。總體而言，金朝已無法扭轉整個大局。

宣宗時喜獎用胥吏以伺察百官，近侍之權特重，除設「行路御史」於地方採訪，又派「監戰」督軍，造成官員喪失信心，將帥多受牽制，哀宗時仍用此手段來控制忠誠，以為可整頓法紀，但仍無補於大事。正大九年初，蒙軍大敗金兵於三峰山（河南禹縣西南），金兵主力幾全被殲滅，將領亦喪失殆盡。當都城告急時，哀宗決意棄守，奔往歸德，又

逢忠孝軍將領蒲察官奴政變，主控大局。次年，汴京守將崔立政變而降
於蒙古；官奴後為哀宗所殺，崔立則死於部將之手。

　　對蒙古的抗戰金宣宗先是派軍政大員以行省或帥府來守土，後來漸
注重地方上自衛的武力，開始加官封爵以封建來攏絡，企圖使河北、山
西地區賴以抗禦蒙古；其中大部份都是漢人，但皆維持不久，且部份勢
力後降於蒙古。當哀宗走往歸德時，蒙古又與南宋結盟以夾擊殘餘的金
朝。汴京降後，哀宗又奔往蔡州，在蒙、宋聯軍會師圍攻之下，天興三
年（1234）元月蔡州城破，哀宗自縊而死，死前傳帝位於其子承麟，承
麟於城破時為亂兵所殺，金亡。

金代帝系表

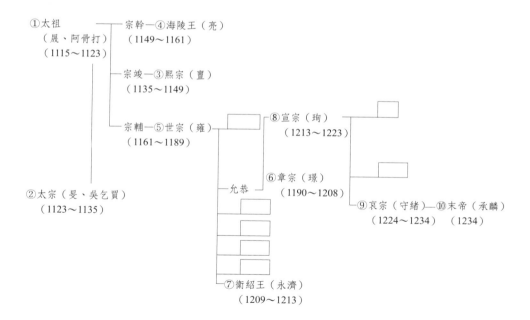

四、金代的制度與社會文化

(一)帝國結構與政軍制度

　　金帝國的政權為生女真完顏部所締建，是以帝國的政治結構核心為完顏部。初期宗室貴族權勢可與中央朝廷分庭抗禮，但到第三代熙宗時即已控制，繼之海陵帝也厲行中央集權與漢化，將金朝轉型為漢式的皇朝。但女真畢竟為少數民族，統治廣大漢地必用漢人，因此在金代的統治階層結構中，漢人所占比例逐漸升高，到中期以後大體上漢人與女真人各占其半而頗為均衡。

　　漢人初期是遼朝在燕雲地區的遺留，後來中原地區北宋遺民漸漸加入金朝政權之中，且數量漸多而超過了燕雲地區。在金初與金末戰亂之時頗有些漢人因軍功而入仕為官，但整個金代仍以科舉入仕為多、也較為重要；甚至金世宗開始設立女真進士科來選拔女真族人才。女真人入仕為官主要依蔭補、世選、軍功，前二者都是不按官員任用規定而享有的特權，軍功為官後則又可進入前二者特權之列。大體上女真人幾乎全賴這三種途徑為官，進士科則僅在晚金時略占些比重而已。

　　金初採行遼代的二元統治，在漢地設樞密院，後來成為行臺尚書省，海陵帝廢行省而將全國設路、府州軍、縣三級。中央的勃極烈官也改成三省制，再轉變為尚書一省制，成為帝國大政的中樞。軍事上初由都元帥府後改為樞密院主掌而受尚書省節制，但軍事權都在女真人手中；到金代中、晚期後漸有因特殊任職而設立行省、行院等單位以因應所需。其他政府組織多採唐、宋制，不一而足，另外金代的宮廷內朝有奉御、侍衛類的官職，成為女真人的特權機構，頗得帝王的信賴，故而升遷為政府官員相當快速，如金末近侍局即是。

　　金代的猛安千戶、謀克百戶制度在某個角度來看也是政權的核心。

作為分布在全國各地駐紮的武裝移民性質，既是女真族人的部落組織，也是鎮守的軍事力量，同時具有地方官的地位，而制度本身又具有世襲的爵位意義，因此是較為複雜的政治、軍事、社會的制度。猛安、謀克的主體為女真人，雜有其他民族如契丹、奚人另外還有奴僕在內，在金代中期全國有猛安二百二，謀克一千八百餘，共六百十五萬餘人口。

(二)社會經濟

女真人初由氏族聚居、共有財產到不同氏族的遷移而形成地域性的村寨組織，此時部份私有財產、土地也逐漸出現。部族、村寨各有其首長，隨著衝突活動間產生奴僕、貴族及一般平民的階層。金初建國後的擴張，皇權與貴族的衝突演變，到中央集權的完成，女真貴族仍存在於漢式的封建帝國之中，與皇室同在社會結構的頂端，也成為封建的大地主。

金代的土地有官田、民田、私占地、寺廟田、猛安謀克等。官田可賞賜、可租於民耕，民田要收稅，但民田有時為強豪、貴族、官僚所兼併或私占，成為社會中的地主階層；寺廟則靠租入營生。猛安謀克田為政府圈劃授予，以維持女真人的生計，但女真貴族憑特權侵占官、民田，又往往租人耕種，甚至賣地以供揮霍；若不足則行侵占，造成社會上較嚴重的問題。計口授田的女真平民，逐漸也不自耕種而租佃予人，政府限田，卻無法壓制特權兼併，授田也不見其成效。

金沿宋制收兩稅，為漢人主要的賦稅，每畝為五升四合粟米，略少於北宋所徵；女真人以牛頭稅為主，遠輕於漢人的賦稅。金代中期後又有按財產多寡分戶等而徵收不同的物力錢，奴婢也計入物力中，這對富戶有抑制作用，也增加政府收入。至於茶、鹽、酒、醋都有課稅，城市有房、地稅、關稅等。在戶籍上往往也可反應出民族、賦役上的情形，因此金代有土地的稱課役戶，無力承擔的老弱家庭成為不課役戶，又有女真人稱為本戶，其他各族人統稱為雜戶，在猛安、謀克中非奴僕身份

的自由人稱為正戶，由宮籍監所管理的充公人口稱為宮戶，是提供官方
勞役的單位，而與原為官方奴僕的官戶類似。又有繳租納稅半給寺廟、
半給官方的二稅戶。至於奴僕可以贖免為良，規定不一，如三匹絹可贖
一男奴，二匹絹則可贖一女奴或童奴，但屬於戰俘的奴僕似不易贖免。
戶等又與役法有關，富戶可出錢雇募以代服職役，職役是城鄉中查戶口、
催賦稅、勸農桑的工作者；另外有兵役及其他雜役等。

　　女真本以農為主，兼營牧獵為生，金代農業生產水平與北宋相當，
金屬礦與火器製作也沿襲及維持了北宋的水平。其他在紡織、陶瓷業上
莫不如此，可說在各種生產技術與管理上都得力於北宋的遺傳。透過商
業的管理機構、商稅收入、商人行會、及各地遺址中的物品、錢幣等可
看出金代商業的發達；而金與南宋、西夏間也有長時間的貿易關係。

(三)禮俗文化

　　金代女真族除本身的禮儀風俗外，頗受漢化的影響，而在文史藝術
與學術思想上幾乎全為漢族的表現。女真族本土的生活禮俗其傳統保留
不少，在飲食上以糧米為主，或炒米、麵、飯、粥，副食為肉類與蜜糕、
油炸米、麵品（哈什瑪），飲酒、茶、奶茶等。傳統的居住為地穴、半
地穴式，而後有地面屋宇住宅，屋內設火坑取暖。髮式上婦女為辮髮盤
結，男子髡頭、留顱後髮，辮髮垂肩而繫以彩色帶，衣著以布、皮料，
左袵短袍，貴族階層則常著漢服，依身份如唐、宋服裝。生死之禮俗雜
有漢族習俗，女真人多有死後歸葬故鄉、大會親族之習，除土葬外也染
上火葬之俗；祭亡有以刀劃面的「送血淚」習慣，早期貴族又有以奴婢、
鞍馬陪葬之風。

　　生活節慶表現出雜採漢族的唐、宋傳統，游藝休閒也是如此，女真
族的角力、射柳、擊球較具有北方民族的傳統，善好歌舞、擲羊髀骨等
都是舊俗娛樂。女真、漢人風俗並存，而朝廷典禮儀制則全仿唐、宋漢
制，服飾、樂器有其規定，行禮如儀。

在宗教信仰上女真族有本土的泛靈信仰，以「薩滿」的巫術流行於社會中，後來佛、道二教漸為知識、貴族階層所接受，有刻印大藏經流傳，極為珍貴。禪宗與華嚴宗較盛行，其餘支派白雲、白蓮宗與頭陀信仰（糠教）也傳教於民間。道教頗為發達，其中以全真教最為著名，提倡儒、釋、道三教合一，盛行於華北，其他太一、真大、混元教派都是當時的道教分支。

金初創造女真大、小字，官方設學於中央、地方來教授，但漢文仍是主要使用的文字。金代女真帝王、貴族漢化頗深，也有致力於漢學者故其文藝、音律都是漢文化的表現，有些詩文流傳於今。由於擁有遼與北宋的漢人，因此在金初的文壇上即不乏文藝之才，而後加上金代本身所培養的文士造成文風大盛，朝廷力倡漢化更有助於文學的發達，各時期都有代表人物與其文學理論、作品的出現，留下文學史上不可輕忽的成就，尤以金末的元好問為文學大家。金代文學上又有俗文學的發展令人側重，如諸宮調、雜劇即是。其他在書法、繪畫、雕塑上，文人與民間工藝者有很好的表現，雖然在質、量上稍遜於宋代，但也有一定程度的水平與不乏精妙的作品。

學術思想金代遠不如宋，主流仍是儒家思想而承北宋遺風，理學也受到闡發，如趙秉文即是，知識份子間還探討「三教論」思想為當時的特色。史學上金代採漢制設立史館與史官來的編修國史，頗具成就，而晚金時展開有關傳統「德運」與正統討論，顯現出受漢化思想的影響，也表現出金朝自居中國正統的繼承心態。

醫學的發展金代有極大的貢獻，所謂金元四大家中三家為金人，分別是倡寒涼派的劉完素、攻下派的張子和、補土派的李杲，他們的理論與著作影響了中醫的發展。

金代的文化還可以由科舉與法制中反應出來。科舉為漢制，女真人很快地吸收這種取士用人的方法，金初太宗時就對燕雲地區實施次數不定的考試選人，接著華北地區又實行「南北選」，用不同科目考選遼、

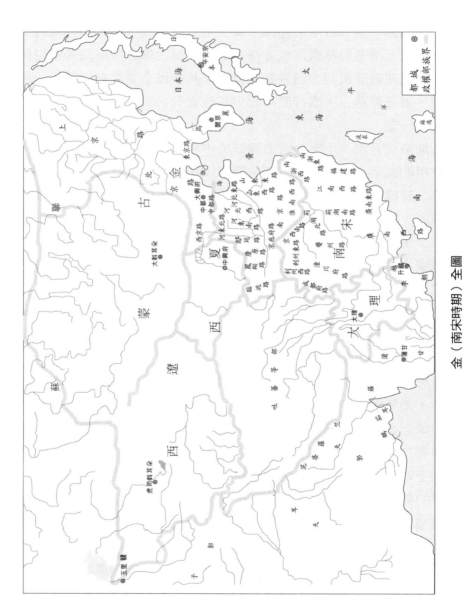

金（南宋時期）全圖

本圖係根據譚其驤主編《中國歷史地圖集》複製。

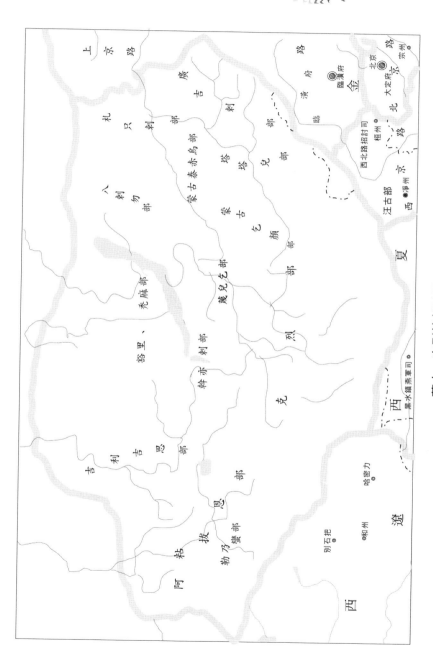

蒙古、克烈等部地圖

本圖係根據譚其驤主編《中國歷史地圖集》複製。

北宋的漢士，但都由地方機構辦理；到熙宗時始由中央舉行國家考試，科舉大體確立。採唐、宋之法的進士科在金代錄取約六千餘人，取士較嚴，故人數不如宋代。同時金代也重學校教育，中央設漢人及女真人的太學、國子監，世宗又設女真進士科來配合，地方府、州也設學以提倡教育；但不論科舉或學校都是讀儒家經典，而承繼唐、宋制度。

在法制上金代較有綜合性，建國前由女真族的習慣法而漸立條教；金初則稍綜合採用遼、宋之法。熙宗開始制定金代法律，而後續有修訂，大體上用唐宋的漢制、遼制、女真舊俗三者綜合而成。法律的思想仍反應出維護儒家倫理、封建特權的本質，但有贖刑、廷杖的法規特色，對後世有所影響。

第四節　蒙古民族與元朝

一、三河源頭的民族

㈠蒙古的族源與先世

蒙古族興起前往往被泛稱為韃靼或阻卜，其族源與室韋人聯盟有關，屬於古代廣義的東胡人。根據蒙古族的傳說，他們的祖先是名為「蒼狼」與「白鹿」的夫婦或以此為圖騰的兩個氏族，渡過大海到達不峏罕山下，繁衍後代而形成；那裏正是鄂嫩、土拉、克魯倫三河的源頭之地。蒙古族應是原由額爾古納河流域往西遷徙，經過呼倫貝爾大湖而到肯特山的支脈不峏罕山的三河源頭一帶，時間大約在十世紀中、晚期左右。

蒙古各部散居在蒙古草原各地，各有其部、氏族長，不相統屬，同時還有突厥語系的部族散布於草原中；內蒙古則為契丹人的勢力。後來

遼、金帝國建立，草原各民族相繼臣屬，蒙古族雖活動於外蒙古地區，也對遼、金帝國有朝貢關係。但蒙古各部發展的情形並不一致，也未統合為一個民族，直到鐵木真——成吉思汗興起後才漸改變。

建立元朝的蒙古皇族是乞顏部的孛兒只斤氏，為鐵木真的十世祖孛端義兒發展形成的氏族。常時各氏族自行游牧營生，到六世祖海都時曾由北方進行蒙古民族的統合，形成部族聯盟的雛型，並且也擁有了汗號，其地盤約在貝加爾湖東南一帶，而後漸往南發展，並與遼朝有了朝貢關係，控制往三河源頭的前進地區。

遼末動亂時，部份蒙古人曾助遼抗金，到金初太宗時為鐵木真三世祖葛不律（合不勒）可汗時期，他是蒙古本部聯盟長，主體為乞顏、泰赤烏兩大部，形或金朝北邊較強的勢力，故而金朝有過以重兵征討之事，但未能奏效。當乞顏部的葛不律汗死後，繼立者為泰赤烏部的俺巴孩汗，他不慎為世仇主因塔塔兒人所俘，送往金國而被殺。繼立的乞顏部忽圖剌汗展開與塔塔兒人的長期戰爭，又常攻略金國邊地；金以宗弼（兀朮）領兵北征，無功而返。熙宗皇統七年（1147）與蒙古議和，割讓克魯河北面部份土地、年賜予物質等，無異於正式承認蒙古在該地的主權，以及正式的朝貢關係。

忽圖剌汗之後由侄子也速該繼立，仍為乞顏部出任聯盟長，原來兩大部輪流的慣例被打破，引起泰赤烏部的不滿，因而埋下聯盟分裂內爭的種子。當鐵木真的父親也速該汗為塔塔兒人毒害後，家道中衰，泰赤烏部遂拋棄鐵木真家族而去。

(二)三河源頭的基業

在十二世紀晚期時，南方強大的金國控有大興安嶺至陰山一線，設有邊牆、堡為防，同時又以塔塔兒、汪古部為外圍防線，線外為蒙古、突厥語族各部。以乞顏部所在的三河源頭為中心，東、東南方為金國，南方為西夏，西南為西遼，西方為乃蠻等大國。在周邊多為蒙古各部，

稍遠的貝加爾湖與薩彥嶺一帶有蒙古及突厥各部。

　　鐵木真在艱困的環境中成長，曾遭泰赤烏部所俘，又遭篾兒乞部俘虜妻子孛兒帖之難；鐵木真結盟義父克烈部的汪罕（王汗）、義兄札木合，攻破篾兒乞而奪回妻子。但不久受札木合猜忌而分手，於是召集以乞顏部為主的本部人馬與所結交的戰友們，並在金世宗大定廿九年（1189）被推為聯盟長；但蒙古本部的敵對勢力也集結在札木合的聯盟之中。兩個聯盟終爆發了「十三翼（部）之戰」，初次的民族統合與領導權內戰是鐵木真失利而退走。此後鐵木真一則加強聯盟領導權的鞏固，一則致力於結盟汪罕以求發展。

　　草原中蒙古的勢力漸形成汪罕、札木合、鐵木真三個聯盟，而汪罕與鐵木真結合攻破篾兒乞、泰赤烏、北乃蠻等較強的勢力。而被推為「局（古）兒汗」的札木合則為反鐵木真陣營的集結。後來鐵木真漸能擊敗札木合，終與汪罕聯軍大敗札木合，輾轉流亡之餘，札木合為叛眾俘送於鐵木真，賜死而亡；草原三雄的局面也隨之起了急劇的變化。

　　鐵木真與汪罕間亦有磨擦，汪罕之子亦剌合（桑昆）設計謀害並突襲鐵木真，鐵木真敗走，草原中的領導權之爭再度爆發。汪罕的恃強無慮終不敵鐵木真的謀略，金章宗泰和三年（1203）鐵木真殲滅克烈部聯盟，汪罕父子分別流亡而死；原來反鐵木真的部族隨著札木合、汪罕聯盟的潰滅也相繼降服或敗亡，僅餘少數西走往突厥乃蠻之地。

　　次年，鐵木真揮兵西向往杭愛山，南乃蠻太陽汗誤判軍情，受引誘出擊，為蒙古軍擊敗而死，其子屈出律及殘餘勢力投奔北乃蠻卜欲魯汗。未料第二年蒙古軍即越過阿爾泰山突襲而至，北乃蠻敗亡，屈出律等再往西走至西遼，而其餘部族多被征服，蒙古大草原成為鐵木真獨霸的天下。

㈢成吉思汗的建國

　　金章宗泰和六年（1206）鐵木真在鄂嫩河經「呼利爾臺」（大會）

推為成吉思皇帝（元太祖），是為大蒙古國可汗，新的草原帝國產生。
簡樸的帝國組織不脫游牧民族的傳統，而可汗最重要的助手是稱為「札
魯忽赤」的斷事官，負責全國民政、財政、司法、立法大權，有如宰相，
其次是稱為「必闍赤」的祕書長，負責文史工作，他們仍可領兵、出征、
或負責其他行政，此外有顧問、諫官。在軍事上整編成五個萬戶，九十
五個千戶，打破部、氏族為單位的舊制。中央的禁衛兼皇室的服役，由
十餘年前簡單的組織擴充成型，即稱之為「怯薛」的萬人宿衛組成，四
個輪班，分別由四大功臣貴族世代統領著；親貴子弟們都在這個組織中
擔任職務，後來朝廷中的高官許多都曾由此出身。

　　成吉思汗的發展目標為往西、南兩個大方向，也為後繼的可汗們發
展的方向，不過或略有偏重而已。往西是追討殘餘的敵對勢力與西北部
的安定，往南是攻略世仇的金國，而因東北為金的轄地，故有蒙古往東
的經略。西北森林地帶有蒙古、突厥部族，為征討叛變及追擊敵部，蒙
古出兵征服西北，而乃蠻王子屈出律又逃往中亞的西遼國，引起蒙古後
來的西征。此時蒙古勢力已壓迫到新疆，影響到畏吾兒的歸附，同時帶
動伊黎河流域哈剌魯的降服，他們都叛離對西遼的臣屬而選擇了強大的
蒙古。

　　太祖六年（1211）成吉思汗南下親征金國，金的邊防堡壘很快淪陷，
前鋒哲別一度攻入居庸關，蒙古軍又攻下河北、山西、內蒙的一些州縣；
初遇蒙古的金兵似無抵擋之力。金宣宗繼位的次年，蒙古進圍中都，迫
使宣宗嫁公主、送物資以議和。次年蒙古攻下中都、西京、北京，同時
蒙古與降附的金將耶律留哥攻下東京。當成吉思汗轉向西征時，由木華
黎國王主持對金國的經略。太祖廿年，成吉思汗西征返回，於次年攻滅
西夏後隨即去世。

　　成吉思汗充滿戰鬥性的一身，除了藉家族的聲望以外，其個人的野
心、毅力及集結部族與戰友們的統帥才華，軍事的天份與統一戰線的策
略上都有極好的發揮，遂能於蒙古草原權力真空的狀態中，迅速崛起、

擴張，不但完成了蒙古民族的統合，也同時肇建了新興的草原帝國，而猶在不斷地擴展、建立之中。

二、世界性的蒙古帝國

(一)草原帝國的擴展

成吉思汗創建的大蒙古國東面占有東北地區，南面已進入華北北部，西面的西征到達俄羅斯與伊拉克地域，北面囊括了西伯利亞一帶。廣闊的領土經過幾次的分封，他的家族、功臣們都有了封建的地盤，形成長子朮赤受封的欽察汗國，主要統領俄羅斯地區，次子察合臺受封的汗國在天山南北及中亞的裏海以東地區，三子窩闊臺受封的汗國在阿爾泰山西面及準葛爾一帶，蒙古本土則依傳統由幼子拖雷來守家產，東北地區則為諸弟的領地。

帝國的擴展仍循著向南、向西的兩個方向進行，由成吉思汗的繼承者太宗窩闊臺汗、定宗貴由汗、憲宗蒙哥汗相繼地執行；其中貴由汗時間僅三年左右，沒有多大變動。西向擴張分別有窩闊臺、蒙哥時期的兩次西征，南向發展則為滅金、攻宋。窩闊臺汗繼位承續前朝的攻金，在攻下汴京後，並聯結南宋圍攻在蔡州殘餘的金朝政權。他的朝廷引用了一些華北金朝遺留的漢人知識份子，同時也有一些西域人受到重用；前者如著名的耶律楚材，後者如牙剌瓦赤。於是蒙古朝廷除本身的親貴族人外，又有用漢式與西域式的統治方法及制度產生，造成帝國多元統治的型態。大體上在華北用漢制，新疆、中亞地區用西域法，其主要是在稅收的方式中反映出來；而軍國大權一向是掌握在蒙古貴族手中。

蒙哥汗繼位前，蒙古與南宋的聯盟已破裂，並且發生戰爭，其關係的惡化是南宋乘金亡之際欲出兵收復黃河南岸的汴京、洛陽地區，使蒙古有了出兵的理由。憲宗八年（1258）蒙哥汗親征南宋，領兵入四川，

另有塔察兒的東路軍，及忽必烈迂迴西側雲貴攻湖南；但因次年蒙哥汗傷亡，蒙古軍始撤退而歸。接著因皇位的爭奪，蒙古無暇南顧，對宋的戰事暫時中止。

在窩闊臺汗時華北地區以燕京行省為統治中心，蒙哥汗又增設統治新疆、中亞的行省，以及統治鹹海以西波斯地區的行省；首都則設在窩闊臺汗營建的的和林（鄂爾渾河上游）。成吉思汗用畏吾兒人塔塔統阿創立文字，窩闊臺則頒布了法典（大札薩），這是依蒙古習慣法與成吉思汗的法令匯合而成，同時建設驛站、立賦稅、定戶籍、行分封等，大體上整理出國家規模，但仍依地區、民族施行不同的制度，而帝國的重心也仍在漠北，直到忽必烈汗時始有重大的轉變。

(二)忽必烈與元朝

世祖忽必烈為蒙哥汗之弟，兄弟二人之父為成吉思汗幼子拖雷，其家族頗受漢文化影響。當蒙古南下攻金時，華北歸附漢人漸多，或為金朝官員士大夫，或為地方武力，他們多為蒙古效命。滅金後，華北盡在蒙古囊括之中，漢士大夫不在官府任職即在漢地世侯或蒙古貴族幕中。忽必烈家庭中即有漢士任職效力，故而極早接觸漢人知識份子，他也有意結交網羅這些漢士；在蒙古皇室與貴族中忽必烈是最積極、成功地建立以漢人為基礎的政治勢力。他觀察時局的演變與發展，極早意識到必須充分利用漢地人才資源，並乘鎮守漠南漢地的機會用漢人來治理，同時佐助他集結人才、策劃政略、折衝糾葛，獲得良好的效果與信賴，後來在皇位的爭取、統一中國的戰爭、建朝立政的經營、典章制度的擘劃上，漢人都有極其重要的貢獻。元朝建立後，忽必烈定都於大都（原燕京），將帝國的重心南移於華北，固然為其睿智，另一方面也是深受漢人的影響所致；元代終成為中國漢式的皇朝。

忽必烈即位的第七年至元四年（1267）展開對南宋的全面進攻，六年後攻下襄樊重鎮，南宋已不可擋蒙古的大軍。至元八年，蒙古建國號

為「大元」，五年後，元軍統帥伯顏進入南宋首都臨安（杭州），再往後兩年全國底定。由成吉思汗建國到統一中國歷經五朝七十餘年，其中滅金的戰爭為廿餘年，滅宋的戰爭則斷續達四十餘年。蒙古由草原帝國往西、往南的擴張都得到極大的成果，雖然締造了空前的世界性帝國，但也為這龐大的帝國帶來統治上的諸多問題。

以中國的元朝而言，忽必烈開始著手新朝代的統治經營，當時至少有蒙古、西域、漢制三種經營方式，而整個帝國除中國的元朝外，又有其他形同獨立的三個汗國，元朝的皇帝是中國地區的帝王，同時又是名義上整個帝國的大汗，在政策與制度上需要兼顧，是極高難度的治理經營。就中國的三種制度而言，分別有其歷史、文化的背景，難於一體適用，在創造新制之前，只有因不同地域、民族故採用不同之法，可說是「一國三制」，但主要的是以漢制為主而雜蒙古舊法（俗），偶爾間有西域之法。

忽必烈汗在官制、禮儀、典章、文化等都依漢制為主，漠北故地仍是部族的封建貴族型態，但在漢地也實行貴族的采邑封建如「頭下」州、縣即是。統治階層為蒙古、西域、漢人並重，又以前二者的聯合適足以平衡多數的漢人，而軍國大權甚少有漢人參與的機會；這種模式後來為整個元代所沿用。

㈢蒙古西征

蒙古帝國建立的十三世紀初，往西方擴張較為明顯，由於成吉思汗追擊草原殘餘勢力往西，不只接觸到新的西方世界，又在其後繼者發動二次西方戰爭也使西方原有秩序瓦解與重組。第一次蒙古西征主要目標是中亞兩河（阿母、錫爾）地區的強國花剌子模，由太祖十四年（1219）開始，歷經約五年時間結束。前一年蒙古先攻滅由乃蠻王子屈出律所占據的西遼，不久接獲蒙古的商業代表在花剌子模被殺的消息，遂引起成吉思汗的西征。

　　花剌子模原臣屬於塞爾柱帝國，當帝國衰微時逐漸擴張，國主摩訶末又擊敗西遼，成為東方回教世界的首強之國，甚至在巴格達的「哈里發」也受到威脅。成吉思汗以卓越的戰略、驚人的戰力擊敗摩訶末，占領兩河地區，並分兵攻略，擴張戰果，同時以名將哲別、速不臺緊追摩訶末；摩訶末走死於裏海，其子札闌丁繼續抵抗，奔往印度。哲別領軍越高加索山，兵鋒所至的亞塞拜然、喬治亞、欽察聯軍等無不潰敗，又在頓河附近大敗俄羅斯聯軍。蒙古第一次西征由中亞偏北進入歐俄草原，偏南攻略阿富汗、伊朗之地，可謂所向無敵。

　　第二次西征是太宗八年（1236）由窩闊臺汗發動的「長子出征」；主要目標為偏北的歐俄地區。攻占俄羅斯中部後，因追擊欽察部等殘餘勢力，蒙古軍攻向匈牙利、波蘭之地。波蘭與日耳曼等聯軍為蒙古軍擊潰，匈牙利也戰敗瓦解，西征軍兵鋒到達維也納附近，又取道塞爾維亞，當窩闊臺汗死訊傳來，西征統帥拔都始班師撤退。

　　第三次西征是憲宗三年（1253）蒙哥汗派皇弟旭烈兀領兵對波斯之地再行征討，主要目標為據城堅守的十葉教派「木剌夷」、巴格達的回教領袖「哈里發」。蒙古軍先攻破庫迪斯坦地區各城堡，「木剌夷」教長身亡後，西征軍接著三路圍攻巴格達，黑衣大食的回教帝國不敵而亡。接著蒙古擴張戰果進襲敘利亞，攻陷大馬士革，又欲召降埃及，此時蒙哥汗死訊傳來，旭烈兀留下部份兵力而東歸。埃及與敘利亞聯軍戰敗蒙古守軍，收復敘利亞，西征因之受挫而結止。

三、元朝政局的演變

(一)皇位衝突

蒙古的汗位是由推選產生，透過各部氏族長組成的大會（呼利爾臺）選出聯盟首長，這原是草原的習慣法而形成為傳統。成吉思汗建立帝國後漸受到漢化的影響，造成傳統與新法間的磨擦而引起衝突，但帝（汗）位的繼承已是由其家族──黃金氏族中的成員來產生，既有傳統推選的遺留又有漢制皇子繼承的方法，帶來不小的糾紛。整個元代常見皇位的糾紛以及相關連的戰爭發生，對中央政局的動盪與帝國的、分裂有極大的影響。

成吉思汗的皇后孛兒帖曾在早年為篾兒乞人所擄，故所生長子朮赤未被認同，窩闊臺受遺命為繼承人，由形式上的大會推舉為可汗。後攝政的窩闊臺皇后乃馬真立其子貴由為汗，但在大會時長子系的拔都汗未參加。再後蒙哥因得到拔都及東方諸宗王的支持被推為大汗，但察合臺、窩闊臺的二、三子系都未參加大會，可見成吉思汗四子及後人各系間有磨擦發生，初期是長子與末子相結，二子與三子系聯合的局面，忽必烈汗以後則為其本家族間的糾紛。因皇位糾紛也開始了陰謀與反陰謀的事件與鎮壓，又加上蒙古本土派與親漢化派的立場、政治瓜葛、野心企圖等因素，使得皇位爾後成為政變及內戰的導火線。

忽必烈與其弟阿里不哥各受擁立為汗，約五年的內戰始告結束，但已牽連到其他三汗國的投入，導致北方發生大規模的戰爭。不久又有西北窩闊臺後人海都汗聯結察合臺汗篤哇等的反叛，東北宗王乃顏等也企圖爭取皇位，西北的亂事斷續進行，歷三朝達四十年之久，東北宗王亂事三年餘即告結束。

繼忽必烈汗位的鐵穆耳（成宗）以武力為後盾取得大會的推舉為帝，

其中也有皇族宗室的覬覦者。後繼的海山（武宗）與其弟愛育黎拔力八達共同策劃取得皇位，也是經宮廷政變的事件而成；愛育黎拔力八達因此被立為皇太子，後繼位為仁宗。仁宗立其子碩德八剌為皇太子，並繼位為英宗，但引起武宗之子和世㻋的局部反抗，而遠走察合臺汗國。英宗死於政變，忽必烈長孫也孫鐵木兒被迎立為泰定帝，泰定帝立其子阿速吉八為皇太子即位，但與武宗之子集團發生內戰，和世㻋即位（明宗）於漠北，卻於南下時暴逝，其弟圖帖睦爾即位為文宗。文宗立皇太子屢有波折，死後又幾經糾紛，終由皇后立妥懽貼睦爾為順帝。元代自太宗朝至順帝朝皇位幾乎皆有糾紛或變亂，是歷史上極少有的現象，雖然大部分都發生在宮廷或局部地區，牽連的規模多半不大，但也可看出中央政局的不穩以及權勢貴族的影響力。

(二)元代的亂亡

　　成宗鐵穆耳汗大體稟承忽必烈汗的統治模式，這兩朝是元代的鼎盛時期。忽必烈汗曾多次用西域人如阿合馬、桑哥等理財，以充實國庫及籌措戰時經費，受到朝臣尤其是漢人的反對；成宗時作了改善。寬和的政治使官員增加，但不時發生貪污的醜聞，對宗室貴族的長期賞賜，宗教活動的耗費，行政效率的低落等都是元代中期經常出現的衰敗現象。武宗海山汗三年多的時間，財政支出龐大，他出身漠北軍團，頗不同前二朝的作風，任用親信將領與侍從官，仿忽必烈汗時用高壓、剝削方式理財，卻又濫賞耗費，造成矛盾的現象。

　　仁宗被認為是最為漢化的帝王，與前朝的政策完全相反，他重用儒臣，恢復科舉，編纂《大元通制》法典，大量翻譯、出版漢籍等，但他仍不免耗財於賞賜貴族，卻無法限制貴族們的特權，加上母后答已集團的掣肘，難以有進一步的作為。繼位的英宗同樣受到這代表蒙古本位主義集團的敵視，英宗繼續施行漢化儒治，限制宗王貴族特權，終導致政變身死。

　　出身草原的泰定帝恢復對貴族們的賞賜及其他利益，但對漢化政策也未排除，採行調和政策。明宗由流亡的中亞返回漠北，未及實施統治即死。文宗朝推行漢化儒治的代表措施為「奎章閣」藝文機構的設立，但他重用的漢人不多，倒是促使功臣燕鐵木兒、伯顏兩個權勢家族的形成。又由於自然災害從以前即長期間斷地發生，邊區少數民族的變亂增多，都顯露出政府財經的壓力日漸沈重，亦為統治力量衰微的徵兆。

　　元代最後的帝王順帝即位之初，權臣伯顏主導朝政，他深具民族軫域，取消科舉，懷疑並壓制漢人，清除異已的專橫導致順帝不滿，他的姪兒脫脫聯合順帝將之罷除。順帝的三十餘年間，中央仍不免政治集團的鬥爭，造成朝政紊亂，財政並未好轉，通貨膨脹加劇，災害頻繁，而地方的叛亂日漸增多，反叛者與鎮壓者都漸成為有權勢的地方武力。將領間的互爭相鬥不止，又參與朝廷派系與權勢爭奪，自無法同心協力鎮壓地方反叛。脫脫執政時尚能應付地方動亂，後繼者隨政爭的激烈漸無法全力投入敉平叛變，將領如孛羅帖木兒、擴廓帖木兒間衝突互鬥，中央政爭又分別倚賴二者為後盾，使得順帝、皇后與皇太子間的衝突加劇。至正廿八年（1368）順帝父子出奔往北，明軍入大都，元朝結束。

元帝系表

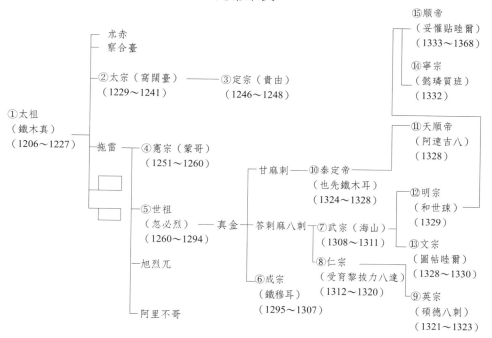

(三)元代的國際關係

　　元朝成為一世界性帝國是靠武力征服與軍事擴張而成，在忽必烈汗以前就形成四大汗國，跨有歐、亞地區；其中窩闊臺汗國經海都之亂後漸為察合臺汗國所併。察合臺汗國到十四世紀中期左右分裂為東、西兩汗，後為帖木兒所統一；汗國與元朝在中期以後幾無往來，僅偶爾涉及元朝政爭。十三世紀中期旭烈兀受封為伊兒汗國，與元朝保持較親密、長久的關係，世祖與成宗時表現在雙方的相互支持與信賴最為突出，但十四世紀中期汗國內戰頻仍，漸不與元朝往來。因地理位於亞、歐間，與英、法、教廷皆有來往，在中、西貿易及文化交流上有相當重要地位。欽察汗國也處於亞、歐之地，對東、西交通同樣具重要地位，初期未助

忽必對抗西北宗王之亂，後因本身汗位糾紛而與成宗、武宗結盟，也與仁宗保持良好關係，造成汗國的盛世，其首都薩萊成為歐洲人文薈萃之地，但在十四世紀晚期汗國陷於戰亂，遂與元朝少有往來。各汗國與元朝幾乎成為國際而非國內的關係。

　　元代與鄰國較早發生關係的為高麗，成吉思汗時因征討契丹叛軍即進入高麗，到窩闊臺時置「達魯花赤」監鎮，幾同於征服之內地。忽必烈時曾設征東行省，類似直隸於中國但不直接治理，高麗朝廷頗受蒙元與漢文化的影響。對日本忽必烈汗有二次遠征，但皆因風雨或颶風而失利，終元代未與日本有正式官方往來，民間交流貿易則頗為頻繁，尤以佛僧往來為其特色。中南半島及南洋一帶如安南、占城、緬國、暹國；爪哇、真臘、蘇門達臘等國（地），或經戰爭、或經通使，大多保持臣屬與朝貢關係。與印度也有通使及貿易往來，甚至遠到非洲之地。

　　蒙古西征震動歐洲世界，貴由汗到蒙哥汗時有西方教會使者到達，目的在於和平結交或同盟攻擊回教世界，但未有結果。忽必烈汗時著名的馬可孛羅來到中國，其遊記盡述東方路途與居留中國的見聞。此後西方教會致力於東來，傳達教廷的善意並著力於傳教工作，得到元朝廷相當的支持。

　　元朝的征服擴張接觸不同的民族與文化，基本上是採取開放包容的態度，如同早期接納西域、漢族的情形，因此相當可觀的回教、印度、歐洲文明得以傳入。宗教、文化上也是多元並蓄的，各汗國的首都與中國的大城市都不乏國際色彩，帝國維持海、陸的國際交通，其多元開放的心態應是主要的因素。

四、元代的制度與社會文化

(一)政軍制度

元代的中書省是行政最高中樞機構，除皇太子兼中書令外，實際首長為右、左丞相，另有平章、丞、參政等，中書統領六部，樞密院掌兵馬，御史臺管監察，採用漢制取代蒙古舊制，早期的大斷事官「札魯忽赤」成為執掌蒙古人的司法官，「必闍赤」成為官署的文書。宣政院掌佛教及吐蕃軍、民之政，中央還有蒙古國子監、回回司天監、及宮廷的蒙古特殊機構，可見仍有混雜的現象。地方上以行省、路、府州、縣的層級構成，行省也設丞相等官，有屬中央直轄與地方性的，但都有相當的地方自主權。路設總管府，與府州縣都以「達魯花赤」為長官，而又以蒙古、西域人出任，漢人只得為副首長，極具有監鎮的意味及族羣的差異。

軍事上分為禁軍性質的宿衛（怯薛）與各地的鎮戍軍，宿衛身份地位特殊，由皇帝直轄四大班值，環衛之外兼侍從服役；在京城附近則有侍衛親軍防衛。鎮戍軍（因民族及徵調不同）由蒙古、探馬赤、漢、新附軍構成，後二者幾全為漢族，主要鎮守淮南各地，前二者駐衛在華北、東北、西北、四川等地，似乎有重於防守根本之地的心理。

在法制上元代採用前朝的金律，加上隨時頒降的單行法組編而成；漠北蒙古本土則仍用其舊俗習慣法。元代刑法的特點表現出蒙古、西域人的優待地位，有民族不平等色彩，甚至蒙古法多少也雜滲其中，施用於非蒙古人的處分。

元代的政治結構上如同遼、金二朝，有極濃的本土保護色彩，雖選用漢人為官僚，而且占統治階層數量上的半數稍強，要蒙古與西域人聯合的數量始能與之約略相當，但地位越高則漢人越少，以最高的中書省

丞相為例，整個元代僅有二、三漢人出任而已；全國軍政大權在蒙古、其次為西域人之手。尤其是宗室與門閥貴族壟斷權力的核心，他們或經由世選或透過宿衛來晉升高官，漢人則多由吏員升任或科舉擠身於統治階層，權力地位也多處在中、下層官僚，僅少數漢人世家偶能進入高層之中，故元代是門閥貴族政治，貴族特權不易撼動。對漢人防範監察縝密，所著重的是漢人的行政治理與典章文物的修製。至於元代對西域人的重視主要是因其歸附較早，且已極早組成聯合陣線，加上同屬於北亞的文化圈，認同與信賴度較高之故。這種情形也反映在考試制度上，以蒙古、西域與漢人、南人區別來分榜考選。

(二)社會經濟

元代漢人社會並無多大改變，仍處於傳統社會結構中，不過財利的風氣較重，是由於朝廷重商理財，加上交通與商業貿易發達，在城市生活與婚姻上都較重錢財。除去有官商營利外，其他官僚、貴族也常兼營商。土地兼併是經過賞賜、強占、獻納形成，蒙、漢地主皆有，又有奴僕的存在。

元代社會階層的分類上有蒙古、色目（西域人）、漢人（契丹、女真及華北漢族）、南人（南宋漢族）四類，在政治、社會地位上依次而不同，在法律與經濟待遇上也有所不同。元代又特別設立一種戶計制度，依據民族、職業、管理、賦稅將全國人口分成不下百種的戶（籍），大體上蒙古、西域人多列入軍政商單位，漢人、南人多在生產單位，由法令規定服色、婚姻、刑法、稅、役各戶計的不同；戶籍固定、職業世襲，是一套嚴整的社會控制方式。

在賦稅上以稅糧及科差為主。稅糧在華北是徵收丁稅、地稅，一般民戶丁稅約年納粟二石，地稅每畝約三升，大概為產量的廿分之一。在南方的稅糧為徵夏、秋兩稅，秋糧約每畝平均三、四升，與北方地稅相近；夏稅多收紡織品、糧米、錢鈔，每石糧要繳折錢鈔一貫至三貫不等。

南、北方徵稅糧的實際情相當複雜，並非全國各地都一致，而且往往要加徵些損耗。科差多實行於北方民戶中，要繳絲料每戶一斤四兩，包銀為四兩，但數額因戶計不同也有差異。在南方也有科差，分成每戶繳一、二貫的戶鈔以及部份地區的包銀。其他尚有些間接稅收，如茶、鹽、酒、醋、礦產、商稅等。元代財政收入逐漸增高，中期將近千萬錠左右，但政府開支龐大，入不敷出日益嚴重，加上紙幣的管理不善，致通貨膨脹與偽鈔的流行，終使財政陷入危機之中。

蒙古因游牧傳統故對畜牧業非常重視，官方設管理機構及各種保護政策，並向民間大量購買徵集馬匹，以維持所需。在農、漁業上則依漢族傳統促進生產與發展，而商業、貿易上有很大進步，不似漢族的重農抑商，而是農商並重。鼓勵財利為先的觀念是元代的特色，因此商品經濟與物質都展現出繁榮與富足，商業城市具有國際性色彩，也刺激紡織、陶瓷業的發達，以及航運的管理、技術的進展。

(三)禮俗文化

蒙古草原文化與漢文化有頗多差異，元朝以漢地為中心後，官方的禮儀制度多依漢制，偶爾間雜些蒙古舊俗，而在宮廷或貴族的生活上保留的本俗舊禮頗多，蒙、漢的節慶宴典大體並行，表現出兩元的色彩。

婚俗上蒙古以一夫一妻制為主，依財富、地位與漢族同樣有多妻的情形，但蒙古並無妾的觀念。早期部族間有其特定通婚的對象依然保存，其他有世婚、掠奪婚、服役婚、冥婚、收繼婚等，而漢人下階層也見到沾染收繼婚之俗；民間有改嫁之風及異族通婚，但漢人依然有重門第的觀念。喪葬之習各依本俗，蒙古重視歸葬草原故土，帝王貴族們是祕葬而不立墳塚，此與漢人大不相同。

元代文化在學術思想上以承襲宋代的理學為核心，尤其以朱子之學最盛，並訂為科舉的考試內容。名儒趙復、許衡、姚樞等人極力提倡朱子學，又有劉因及調和朱、陸學的吳澄為著，奠定並影響近八百年之久。

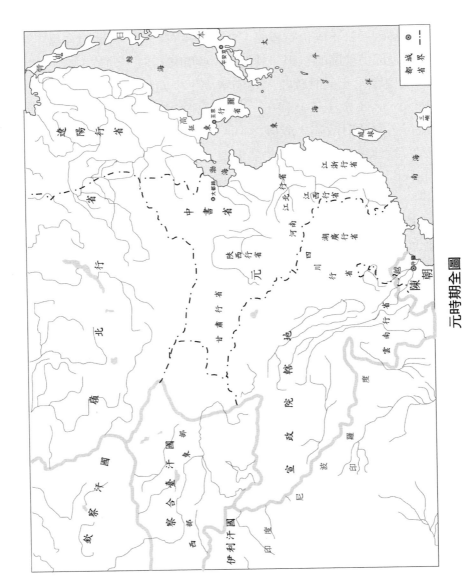

元時期全圖

本圖係根據譚其驤主編《中國歷史地圖集》複製。

文學上俗文學（元曲）最具特色，其中又以民間藝人吸收宋、金諸宮調、北方胡樂而形成的雜劇最具代表，所謂「元曲四大家」的王實甫、馬致遠、白樸、鄭光祖以愛情、歷史、公案為劇作內容。另外如南戲、散曲都具民間色彩，小說如水滸、三國故事，而詩詞文章、民歌謠諺發達，都是雅俗共存的文學。在書畫藝術上元代有很高的成就，如黃公望、吳鎮、倪瓚、王蒙的山水畫，趙孟頫、鮮于樞的書法可為代表。文學藝術除漢人外，蒙古、西域人也有名家出現，其他壁畫、建築、手工藝也頗令人注目。史學上是蒙古人將口傳的祖先故事記錄下來，又沿用漢式的史館制度，修宋、遼、金三史，宮中還有蒙古史官記錄歷史；其他如馬端臨的《文獻通考》較著。

在宗教信仰上蒙古本土是薩滿泛靈信仰，而後藏傳佛教（喇嘛教）盛行，其他有禪宗、白雲宗、頭陀教等。道教仍以金代的全真、真大、太一、正一等教派流行，同時存在三教歸一的思想；而外來的回教、基督教也有信奉者。元朝對宗教信仰採取開放、平等的原則，而較偏好於佛教。

科技上重視天文觀測與儀器製作，曆法卓越，以《授時曆》著名。地理學如探河源、作全國地圖、書。農學並重理論與實務，以《農書》為著。水利、醫學的專著與技術都有極高水平。此外，印刷的木活字，火炮、航海、造船的技術與應用也都表現出元代活潑務實的風氣與發展開新的精神。

參考書目

金毓黻，《宋遼金史》，洪氏，1974 年 9 月。

陶晉生，《中國近古史》，東華，1979 年 10 月。

王明蓀，《宋遼金元史》，長橋，1979 年 3 月。

姚從吾《遼朝史講義》，正中，1972 年 4 月。

陳述，《契丹史論證稿》，鼎文，1973 年 10 月。

張正明，《契丹史略》，帛書，1985 年 5 月。

楊樹森，《遼史簡編》，遼寧人民，1984 年 8 月。

舒焚，《遼史稿》，湖北人民，1984 年 3 月。

于寶林，《契丹古代史論稿》，黃山，1998 年 10 月。

林旅芝，《西夏史》，鼎文，1979 年 7 月。

吳天墀，《西夏史稿》，四川人民，1980 年 12 月。

姚從吾，《金朝史講義》，正中，1973 年 5 月。

陶晉生，《女真史論》，食貨，1981 年 4 月。

張博泉，《金史簡編》，遼寧人民，1984 年 6 月。

何俊哲（等），《金朝史》，中國社會科學，1992 年 8 月。

姚從吾，《元朝史講義》，正中，1974 年 9 月。

韓儒林，《元朝史》，人民，1986 年 8 月。

周良霄（等），《元代史》，上海人民，1993 年 10 月。

馮承鈞（譯），《多桑蒙古史》，商務，1939 年 1 月。

李則芬，《元史新講》，黎明，1978 年 12 月。

黎傑，《元史》，里仁，1962 年 4 月。

第九章

明清時期

林麗月 *

第一節　明朝的盛衰

一、朱元璋的崛起

　　蒙古人入主中國後，把全國人民分成蒙古、色目、漢人、南人四等，實施種族等級制，對被征服的漢人、南人嚴加箝制。政治、經濟、法律各方面的差別待遇，一方面導致種族之間的隔閡，另一方面也使統治者鬆懈警備，日趨腐化。到元朝末年，政治經濟更趨敗壞，加上天災頻仍，人民生活苦不堪言，泰定年間，各地已有小股民變迭起。元順帝至正十一年（1351），劉福通擁韓山童在潁州（安徽阜陽）起兵反元，宣稱山童為宋徽宗八世孫，當為中國之主，高唱「虎賁三千，直抵幽燕之地；

---

* 現任臺灣師範大學歷史系教授。

飛龍九五，重開大宋之天」，並謀起兵。不料消息洩漏，韓山童被捕遇害，劉福通迎立山童子林兒為帝，稱「小明王」，國號宋，攻陷河南各府縣，各地紅巾紛起響應。同年，羅田（湖北羅田）布販徐壽輝也起兵，不久稱帝，國號天完，據有湖北、湖南、江西地區。徐州一帶則有李二、彭大、趙君用起事，據有蘇北、皖北地區。至正十二年（1352），定遠人孫德崖、郭子興也據濠州（安徽鳳陽）起兵。以上各路反元軍，都頭裹紅巾、身穿紅襖，人稱「紅巾」或「紅軍」；又因每夜燒香，供奉彌勒佛，所以又稱「香軍」。

此外，元末起事羣雄中，還有不屬於紅巾系統的方國珍與張士誠。方國珍於至正八年（1348）起兵於臺州（浙江黃巖），據有浙東。張士誠於至正十三年（1453）起於泰州（江蘇泰縣），進占高郵、平江，國號大周，占有江南地區。他們據有財賦重地，阻斷漕運，使大都的物資供應備受威脅。

朱元璋（1328～1398）是濠州鍾離人，出身於貧寒的佃農家庭。十幾歲時，濠州相繼發生旱蝗和瘟疫，朱元璋飽嘗顛沛流離之苦，曾入皇覺寺為沙彌。至正十二年閏三月，朱元璋離開皇覺寺，到濠州城投入紅巾將領郭子興的麾下，起初並無大志。後來逐漸受到重用，幾年間，朱元璋從郭元帥底下的一名親兵成為獨當一面的將領，猶尚未以民族意識為號召。從至正十八年（1358）下婺州聘得宋濂、十九年（1359）攻浙東聘得劉基、章溢以後，受到這些儒士的影響，元璋心志日高，識見日廣，才逐漸揚棄紅巾舊習，著意彰顯其反元戰爭的民族革命意義。至正十八年得婺州時，曾提出「山河奄有中華地，日月重開大宋天」，當時還只是以「大宋」江山為號召，到了至正二十七年（1367），朱元璋派徐達、常遇春北伐，在〈諭中原檄〉中則明白揭舉「驅逐胡虜，恢復中華」的旗幟，宣示北伐軍的任務是「北逐羣虜，拯生民於塗炭，復漢官之威儀」，強調「我中國之民，天必命中國之人以安之，夷狄何德而治哉？」元末的紅軍原是信奉明教的農民武裝團體，宗教迷信色彩濃厚，

知識階層最初多不親附，朱元璋北伐中原之時，以民族革命取代宗教性
農民集團的革命號召，因而順利贏得許多江浙一帶儒士及豪族地主的支
持，是他能在起事羣雄中勝出的一大因素。

　　至正十六年（1356），朱元璋攻下集慶（今南京），改稱應天府。
此後，即廣徵文士，採用儒士朱升「高築牆，廣積糧，緩稱王」的策略，
對內且耕且戰，對外攻城掠地，屢敗據有江南的張士誠與江西的陳友諒。
至正二十三年（1363），朱元璋與陳友諒大戰於鄱陽湖，友諒中流矢而
亡。次年，元璋攻克武昌，自稱吳王。接著即力取江北與浙西之地，至
正二十七年（1367），俘張士誠，迫降方國珍。長江流域大致底定後，
派徐達、常遇春統兵二十五萬北伐。翌年（1368）正月，北伐軍捷報頻
傳，朱元璋見時機成熟，於是稱帝，國號大明，建元洪武（1368～1398），
是為明太祖。八月，北伐軍攻克大都，元順帝北走，元朝覆亡。此後，
朱元璋派軍分兵略地，先後平定西北、四川、雲南、東北等地，完成統
一。

二、定都與封王

　　明太祖自吳王時代即以南京為都城，統一全國後，長安、洛陽、開
封、北平等地都是曾經考慮的定都地點，但最後仍以南京為京師，主要
的原因是南京位於全國財賦重心的江南，定都南京有財賦供應之便。其
次，天下初定，社會經濟尚待恢復，營建新都不免勞民傷財，南京原有
宮城棄之也可惜。

　　不過，蒙元雖已退回大漠，但仍擁有強大武力，時常侵擾北方邊境，
給明朝帶來極大的威脅。因此，明初定都南京，雖有政治中心與經濟中
心合一的優勢，卻有難以兼顧邊防之憾。

　　為了彌補這個缺憾，明太祖分封諸子為王。洪武年間，正式封王而
就藩的有十七人，其中有九個藩王封於北邊，授以兵權，使其節制沿邊

兵馬,目的在防禦蒙古,其中最著者為秦王(西安)、晉王(太原)、燕王(北平);另有八個藩王則駐於內地各省,以監督地方官吏。明太祖為免諸王勢力坐大而威脅中央集權的統治,規定諸王「惟到爵而不臨民,分藩而不錫土」,因此明初諸王不像周代封建諸侯擁有世襲的封地和臣民。明太祖企圖以封建宗法鞏固朱明王朝的統治,曾頒賜《昭鑑錄》、《皇明祖訓》,把皇帝、藩王、大臣各自應遵守的事項一一列舉,定為「祖制」,要求子孫世代遵守。但藩王地位尊貴,擁有護衛軍隊,明太祖為防權臣擅政,規定藩王有移文「索取奸臣」和舉兵「清君側」的權力。因此,明初以封建為皇室屏障的措施,實際上已埋下諸王坐大割據的種子。

三、靖難與遷都

洪武三十一年(1398),明太祖死,太孫允炆即位,改元建文(1399～1402),是為明惠帝。鑑於北邊諸王勢力太大,惠帝採納兵部尚書齊泰與翰林學士黃子澄的建議,決定削藩。當時諸王中以鎮守北平的燕王年紀最長,勢力最強。惠帝在一年之內,先後廢除周王、代王、齊王、岷王,用意就在剪除羽翼,再圖擁有重兵的燕王。

建文元年(1399)秋,燕王舉兵造反,號稱「靖難」,意思是說朝廷有難,齊泰、黃子澄等人慫恿天子變更祖制,因此他要入京誅殺奸臣。經過三年多的內戰,燕王入據南京,即皇帝位,改元永樂(1403～1424),是為明成祖。

明成祖以藩王篡逆得位,唯恐其他藩王仿效,即位以後,繼續進行削藩。先後徙谷王於長沙,遷寧王於南昌,削減代王、岷王、遼王的護衛,以緩進的方法削弱諸王的勢力。從此藩王不再有節制將領之權,也不再是捍衛北疆的主力。

永樂七年(1409)以後,明成祖多駐北京,以太子為南京監國。永

樂十九年（1421），正式遷都北京，以南京為留都，仍設六部五府，並
置守備掌管留守防衛之事，節制南京諸衛所。成祖遷都的原因，一因北
京是他原來的根據地；二因北方邊防空虛，遷都可以加強對蒙古的防禦，
又能進一步控制北疆地區；三則成祖以篡弒得位，遷都北京更有另開新
局，提高自己地位的用意。

　　建都北京最大的缺點是京師糧食不能自給，必須仰給東南。糧食的
南北運輸，海運多風濤海寇之險，陸運有沿途勞費之苦，因此當務之急
便是濬通運河。

　　永樂九年（1411），成祖命工部尚書宋禮開會通河；十三年，鑿通
連接長江、淮水的清江浦。會通河是元初開鑿的運河，洪武末年，因黃
河決堤而淤塞停航。永樂十三年清江浦完工，加上前已濬通的會通河，
長達三千餘里的南北大運河才完全暢通。從此南北漕米專用河運，政治
中心的華北得以與經濟中心的江南緊密聯繫起來，歷明清兩代，大運河
都發揮重大的經濟作用。

四、親征蒙古

　　元朝滅亡以後，蒙古貴族與軍士退回漠北，仍保有蒙古故地，維持
元的國號。洪武年間，曾多次遣將北征，蒙古內部陷入混亂，分裂為兀
良哈、韃靼、瓦剌三股勢力。

　　蒙古三部中，以兀良哈和明廷的關係最為密切，靖難之役期間，燕
王還曾經得到他們的幫助。成祖即位後，為酬庸兀良哈相助之功，放棄
大寧以北的防衛，全力對付北線的韃靼和西北的瓦剌。永樂七年
（1409），成祖遣使招降韃靼，為阿魯臺所殺。翌年，成祖親率五十萬
大軍征討韃靼，阿魯臺部大敗，遣使納貢請和。不久，瓦剌酋長馬哈木
攻殺韃靼汗，阿魯臺求援於明廷。永樂十二年（1414），成祖再度親征，
馬哈木敗逃，瓦剌受到重創。此後，韃靼復盛，阿魯臺一再寇邊。永樂

二十年、二十一年、二十二年，成祖連年出塞遠征，但只是輾轉往返於沙漠之中，並無具體戰果。永樂二十二年（1424）六月，成祖於班師回朝途中病逝於榆木川（內蒙古自治區多倫縣西北）。此後，阿魯臺苦於瓦剌的侵逼，不再犯邊。

成祖五度親征漠北，對韃靼、瓦剌連續用兵，充分顯現其開拓進取的性格，對鞏固北邊邊防、穩定明朝統治有積極的作用。

五、鄭和下西洋

成祖勤於遠略，對海外諸國的經營遠較太祖積極主動。他即位不久，即遣使安南、暹羅、爪哇、琉球、日本、滿剌加（馬六甲）諸國，各國也紛紛遣使到中國。永樂三年（1405）起，成祖更遣宦官鄭和六度下西洋1，不僅強化了原有藩屬國與中國的關係，更吸引許多遠方國家前來稱臣求貢，大大擴展了明朝在亞洲各國的影響力。

鄭和是雲南人，本姓馬，世代篤信回教。永樂三年（1405）六月，鄭和奉命首度西航，率領軍士二萬七千多人，分乘六十二艘大船，自蘇州劉家港出發。首航兩年四個月期間，先後到過占城（今越南南部）、真臘（今柬埔寨）、錫蘭（今斯里蘭卡）、爪哇、蘇門答剌等國，並由錫蘭抵達印度西岸的古里等地。此後又於永樂五年（1407）、永樂七年（1409）、十一年（1413）、十五年（1417）、十九年（1421）與宣德五年（1430）啟程西航。每次航行，往返約兩年，隨從和軍士約二、三萬人，船艦五、六十艘。前後三十年間，鄭和船隊至少到過三十七個國家，足跡遠至波斯灣口與非洲東岸。

成祖以篡弑得位，鞏固政權與強化正當性實為當務之急，故其多次遣使西洋，主要的動機實出於「宣示威德」的政治目的，亦即派遣龐大

---

1 一般所稱鄭和「七次下西洋」，六次在永樂年間，一次在宣德五年。

船隊宣揚國威，招徠諸國來朝，擴大朝貢貿易，以提高成祖的聲望，鞏固其帝位。

　　鄭和下西洋所用的船艦，是一種長 137 公尺、寬 56 公尺的三桅大船。舉世無匹的龐大艦隊，加上進步的羅盤與航海圖，鄭和的遠航確實發揮了宣揚國威、擴大朝貢貿易的效果，對明清的海外發展也有深遠的影響。此後不僅中國貨物在南洋市場的需求日增，促進國內工藝品的生產，而且鄭和多次遠航，使中國人的地理知識擴及印度、非洲，也鼓舞了中國人向海外拓殖發展的興趣。從此沿海居民遠赴南洋經商者與日俱增，為今日東南亞一帶華僑的經濟實力奠定了基礎。

六、明政的中衰

　　明成祖死後，繼位的仁宗體弱多病，在位八個月病逝，其子瞻基嗣位，改元宣德（1426～1435），是為宣宗。仁、宣兩朝，對北邊改採以防禦為主的策略，節制用兵，加上瓦剌和韃靼各部征戰不休，無暇大舉南侵，邊防尚稱平靜，也因此得以休養生息，致力於拔擢賢良，整頓吏治。在位期間，中央有楊士奇、楊榮、楊溥用心輔政，地方有周忱等循吏竭力從公，史家孟森認為仁、宣兩朝之善政，「無重於作養循良，與民休息」，可說是最中肯的評論。

　　宣宗在位十年，年僅九歲的皇太子祁鎮繼位，改元正統（1436～1449），是為英宗。英宗祖母張太后委任三楊輔政，因此正統初年基本上仍沿襲仁、宣舊規。但三楊相繼過世後，英宗寵信的宦官王振逐漸獨攬大權，又圖藉邊功鞏固自己的權勢，以致引發明朝與蒙古的緊張關係。

　　正統十四年（1449），瓦剌酋帥也先與明朝發生貢市糾紛，憤而分兵三路攻掠遼東、宣府、大同，明軍頗有傷亡。消息傳到京師，王振力勸英宗親征。英宗不顧朝臣的反對，命其弟郕王留守，率領文武官員及

五十萬大軍進兵大同。後因懾於也先兵威，下令班師。結果在土木堡（河北懷來縣附近）被圍，明軍大敗，王振以下文武官員數百人被殺，英宗被俘，史稱「土木堡之變」。

敗訊傳來，兵部侍郎于謙力主死守北京，擁戴郕王即位，是為景帝。後因瓦剌內部對立問題日益嚴重，加以景帝即位後，也先無法再以英宗要脅明廷，也先只好放回英宗。英宗回到北京以後，被幽禁於南宮。景泰八年（1457）正月，景帝病重，武清侯石亨、廷臣徐有貞勾結宦官曹吉祥發動政變，擁立英宗復位，改元天順（1457～1464），是為「奪門之變」。英宗復位後，石亨等人以奪門有功招權納賄，朝政大壞。

天順以後，憲宗（年號成化，1465～1487）、孝宗（年號弘治，1488～1505）、武宗（年號正德，1506～1521）、世宗（年號嘉靖，1522～1566）相繼在位，其間除孝宗一朝有短暫的清明之外，其餘諸帝多佞倖當道，朝政腐敗。武宗尤為荒淫，死時年僅三十一歲，既無子嗣，又無兄弟，只得以孝宗之弟興獻王之子入繼大統，是為世宗。世宗即位不久，就因追尊世宗生父的稱謂與儀制的問題引發「大禮議」，朝臣有的被杖死，有的遭罷黜。嘉靖中期以後，世宗迷信神仙，溺於奉道，以善作「青詞」而大受寵信的宰相嚴嵩得以專擅朝政十餘年，政風大壞。內政不修，加上外有「南倭北虜」[2]的威脅，更使明帝國陷入內外交逼的困境。

七、張居正的改革

明世宗以後的穆宗，年號隆慶（1567～1572），即位以後雖有心振衰起敝，但在位七年就病逝了。其後嗣位的是年僅十歲的神宗，改元萬

---

2 「南倭」指東南沿海的倭寇，但到嘉靖後期，所謂「倭寇」其實大都是中國海盜與海商聯合的「假倭」；「北虜」是指北邊的韃靼。

曆（1573～1619）。大學士張居正任內閣首輔，深得神宗生母李太后的倚重，又有宦官馮保的支持，故能大權在握。張居正前後當國十年期間，對明代的政治、經濟、軍事各方面展開一連串的改革，成為明代後期政經最有起色的時代。

　　張居正的主要政績表現在下列幾方面：

　　一是整頓吏治：張居正的政治改革以「尊主權、課吏職、信賞罰、一號令」為核心，為了革除官場敷衍塞責的積弊，提高政府的行政效率，他首先建立嚴格的綜核考成制度，於萬曆元年（1573）推行「考成法」。此法規定各部衙門設立文簿，詳載公事的計畫與流程，根據事務的輕重緩急，訂定程限，責令撫按諸司依限究辦。並造兩種文冊，一份送六部備註，一份送內閣查參。考成法以六科督察六部，以六部督察諸司及地方撫按，最後再以內閣直接控制六部，一方面大大提高了六科的監察功能，一方面內閣則透過六科直接掌控各級官吏。

　　二是知人善任：張居正任用官吏，堅持「唯才是用」，不計資歷、毀譽、親疏，只要有真才實學，即予破格重用。既用之後，則委以事權，更調遷轉務求得宜。他當國期間，六部尚書很少更動，起用李成梁守遼東，戚繼光守薊州，潘季馴治黃河，居正都讓他們便宜行事，久任責成。他的知人善任，使政治改革的成效更加顯著。

　　三是整頓財政：張居正經濟方面的改革，以「倡節約、強公室、杜私門」為方針，當政期間，他節制宮廷的開銷、裁減冗官冗費、削減學額、整頓驛站等，在撙節支出上收到很大的效果。另一方面，他更積極開源，為了根本解決豪紳欺隱、賦役不均的問題，他又實行清丈田畝，並將嘉靖以來若干地區實施的賦役新法推行到全國，把許多複雜的差役項目與田賦合併，是為「一條鞭法」。以上這些改革，對增加賦稅收入和改善國家財政都發揮了很大的作用。

　　四是加強邊防建設：在邊防方面，張居正以「外事羈縻，內修戰備」為基本方針，除了配合考成法嚴格督察邊臣，並大膽任用譚綸、王崇古、

方逢時等將領，使其全權處理邊務，尤其是重用抗倭名將戚繼光主持西北邊政，以李成梁鎮守遼東，使北邊和東北的邊防相當穩固，邊境無事者約有三十年之久。

經過張居正的整頓，萬曆朝最初的十年，內政清明，國庫充盈，對外則防務嚴整，邊境乂安。但是他獨攬大權，用法太嚴，也招致權貴富豪的怨恨，而其最犯清議者，則為「奪情」一事[3]，史學家孟森說他「高不知危，滿不知溢，所謂明於治國而昧於治身，此之謂也。」可說是相當中肯的評論。居正死後第二年，即遭奪諡、奪官、抄家，生前許多改革也人亡政息，此後朝政更每況愈下。

八、黨爭與黨禍

明末黨爭之起，與明代中央政府制度的變遷有很大的關係。到嘉靖、萬曆時，內閣首輔已形同過去的宰相，但在法理上，首輔始終不是正式的宰相，他們一方面必須與皇帝寵信的內廷太監合作，一方面經常承受來自外廷的攻訐。外廷的抨擊主要來自言官系統，即六科給事中與十三道監察御史，合稱「臺諫」。張居正當權期間，言官頗受壓抑，臺諫的氣焰稍歇。張居正死後，言官立即攻擊宦官馮保與張居正。言官與內閣形同水火，兩者的衝突到明神宗親政後更加尖銳化。

神宗親政以後，政治上第一個大爭端是「定國本」的問題，即建儲問題。此因神宗皇后無子，王恭妃生皇子常洛，五年後，鄭貴妃生皇子常洵，神宗寵愛鄭氏，欲立常洵為太子，廷臣奏請早日確定常洛的太子地位，稱之為「定國本」，結果紛紛得罪丟官。首輔王錫爵迎合神宗意旨，建議「三王並封」（常洛、常洵、常浩同時封王），等皇后生子後

---

3 萬曆五年（1577），張居正父親病逝，按例，官員丁憂必須去職返鄉奔喪，稱為「守制」，因神宗不許其棄官回籍，張居正並未回籍守制，繼續輔政，稱為「奪情」。

再立太子，後因廷臣極力反對而作罷。就這樣不斷爭執擾攘，直到萬曆二十九年（1601），神宗終於屈服，立常洛為太子，建儲問題才告解決。

　　「定國本」爭議期間，吏部郎中顧憲成因力主「無嫡立長」觸怒了神宗，在廷推閣臣時，又推薦因支持常洛被罷黜的王家屏而得罪了當道。罷官回到故鄉無錫後，與同樣因為「定國本」而被斥逐的士大夫高攀龍、錢一本等人聚於東林書院講學，經常「諷議朝政，裁量人物」，逐漸蔚為清議，並對萬曆中期的政局逐漸發揮影響力。東林成功地阻止首輔王錫爵復出，支持右僉都御史李三才入閣，反對礦監稅使四出聚斂，在野士人「聞風嚮附」，一些在朝官員也「遙相應和」，因而被反對者指為「東林黨」。反對東林的士大夫，最初按地域的不同，分為「浙黨」（以內閣大學士沈一貫為首）、宣黨（以南京國子祭酒湯賓尹為首）、崑黨（以翰林顧天峻為首）。萬曆末年，反東林派重組為齊、楚、浙三黨，雙方各有支持的言官和閣部大臣。

　　萬曆、天啟、泰昌三朝，相繼發生「三案」，黨爭更加激烈。「三案」指梃擊、紅丸、移宮。梃擊案發生於萬曆四十三年（1615），有男子張差手持棗木棍闖入太子所居的慈慶宮，擊傷守門者意欲行刺，稍後人犯被捕，主事王之寀審案，發現張差與鄭貴妃內侍劉成、龐保有關。議者以此為鄭貴妃謀害太子之證明，交章攻擊，是為「梃擊案」。神宗死後，常洛即位，改元泰昌（1620），是為光宗。在位不到一月，染痢疾，鴻臚寺丞李可灼進紅丸，光宗服下一粒，病情稍舒，後來再服一粒，竟於當天晚上暴斃。羣臣大譁，是為「紅丸案」。光宗死後，太子由校即位，改元天啟（1621～1627），是為熹宗。光宗寵姬李選侍借撫養為名，仍留居乾清宮，結合太監魏忠賢，意在挾持熹宗干預朝政。東林黨楊漣、左光斗一再上疏力爭，迫使李選侍移至宮妃養老的噦鸞宮，是為「移宮案」。

　　東林黨對上述「三案」主張明辨是非，認為梃擊案係鄭貴妃主謀，李可灼進紅丸應徹查問罪，以不移宮為李選侍之罪。三黨人士則認為三

案不足爭，以張差是瘋癲，紅丸為有效，移宮則是薄待前朝嬪妃。東林與反東林的官僚各執一端，勢同水火，對立日趨尖銳。

泰昌、天啟初年，東林人士分據朝中要職，葉向高為首輔，趙南星任吏部尚書，三黨之人頗受阻抑。天啟初，太監魏忠賢結納熹宗乳母客氏，權勢漸盛，反東林的士大夫於是羣相依附，形成「閹黨」。魏忠賢掌司禮監，提督東廠，在中央與地方遍置同黨，並借「三案」之名，打擊朝中正士。天啟四年（1624），葉向高、趙南星去職，閹黨顧秉謙入為首輔。魏忠賢藉熊廷弼、王化貞遼東失守案屢興大獄，楊漣、左光斗、魏大中、周朝瑞、袁化中、顧大章等「六君子」被拷打慘死。閹黨並編纂《東林點將錄》、《同志錄》，羅列反對者的黑名單，據以打擊異己。魏忠賢更編《三朝要典》，顛倒「三案」是非，正人君子為之一空，留下來的無不諂媚求榮，迎合忠賢，甚至稱忠賢為「九千歲」。熹宗死後，其弟由檢即位，改元崇禎（1628～1644），是為思宗。崇禎帝殺客氏，逮治魏忠賢及閹黨二百多人，一時人心大快，但思宗仍任用宦官與閹黨，黨爭依然持續，以迄於明亡。

九、流寇之亂

明末天啟、崇禎年間，政治腐敗，賦役苛重，地瘠民貧的陝西、山西一帶，因連年乾旱，造成嚴重飢荒，官府又催徵如故，加派不斷，人民生活更加困苦，遂鋌而走險，相繼為盜。天啟七年（1627），陝西澄城百姓攻擊縣衙，殺知縣張斗曜，各地飢民紛紛響應。崇禎元年，陝北各地普遍發生暴動，勢如燎原。他們流竄各地掠食，飢民之外，又有逃軍、礦徒、驛卒、白蓮教徒，因此成員非常複雜。

流寇初起於陝北時，以「闖王」高迎祥與「八大王」張獻忠勢力最強。迎祥被殺後，李自成繼為闖王，轉戰四川、甘肅、陝西一帶。明朝剿撫不定，予流寇以喘息的機會，其勢愈演愈盛。崇禎十七年（1644），

張獻忠陷成都，稱「大西國王」，攻下四川各府縣，殺人無數。李自成也陷洛陽、開封，下西安，稱「大順國王」。崇禎十七年三月，李自成直趨北京，太監曹化祥開門迎之，北京失守，崇禎帝自縊於紫禁城北的煤山，后妃、大臣相繼殉節，明亡，史稱「甲申之變」。

第二節　清代前期的政局

一、滿洲崛起與清兵入關

滿洲是女真族的後裔。明成祖時，曾受蒙古統治的女真族歸附明朝，分為建州、海西、野人三大部，各部分散，不相統屬，但均歸明朝遼東都指揮使司及後來的奴兒干都司管轄。明廷任命女真各部的族長為指揮使，給予朝貢貿易之權，採取分而治之的羈縻政策。後來逐漸向南遷移，明代中葉，女真已由松花江流域擴張到遼河支流的渾河流域。其中最南的建州女真，因毗鄰遼東與朝鮮，最早開始經營農業，經濟發展較快。

萬曆十一年（1583），努爾哈赤以祖、父遭明朝冤殺為由，以所遺鎧甲十三副起兵，經過五年征戰，統一了建州各部，接著又擊敗海西女真的哈達等部。在戰爭過程中，努爾哈赤創立八旗制度，把分散的女真族組織成兼具生產與軍事功能的戰鬥團體。並積極發展經濟，促進邊市貿易，訂立法制規條，選拔人才，創制文字，設立議政王大臣。明神宗萬曆四十四年（1616），努爾哈赤在赫圖阿拉稱汗，建國號「大金」（史稱「後金」），建元天命（1616～1626）。兩年後，他以「七大恨」告天，正式叛明。

萬曆四十七年（天命四年，1619），明軍十餘萬人分兵四路征伐後金。後金以寡擊眾，於薩爾滸擊敗明軍，乘勝攻取瀋陽。天啟六年（天

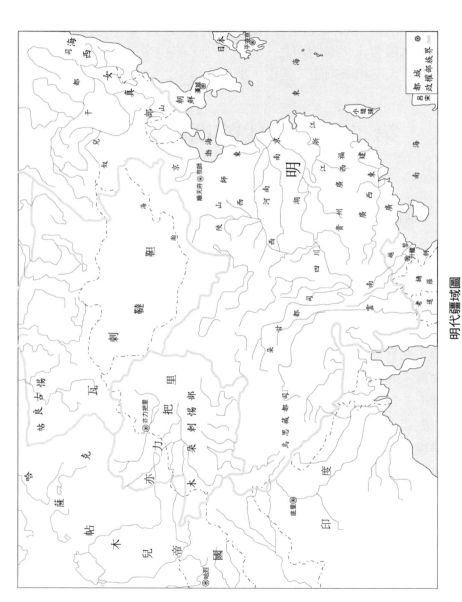

明代疆域圖

本圖係根據譚其驤主編《中國歷史地圖集》複製。

命十一年，1626），努爾哈赤圍攻寧遠，袁崇煥與將士死守不去，以西洋紅夷砲阻擊，後金軍首嘗敗績，努爾哈赤負傷，於同年八月去世。後人追尊他為清太祖。

努爾哈赤死後，第八子皇太極被擁立為汗，改元天聰（1627～1636）。皇太極改族名為滿洲，並進行了一系列改革，一方面削弱八旗旗主的權力，一方面仿照明朝的制度，建立中央集權的國家機構。對內政治日益安定，對外軍事上迭創佳績，皇太極地位日趨尊崇，遂於明思宗崇禎九年（天聰十年，1636）稱帝，國號「大清」，改元崇德（1636～1643），是為清太宗。

皇太極稱帝之初，對明朝採取和平策略，等到他征服朝鮮和漠南蒙古後，就屢次越過長城，繼續攻明。此時，流寇李自成、張獻忠由陝北轉戰中原，聲勢日盛。明朝內外受敵，窘態畢露。皇太極於是乘機大舉用兵，奪取明朝重兵設防的松山、錦州。崇禎十六年（崇德八年，1643）八月，皇太極病逝，由年僅六歲的第九子福臨繼位，改元順治（1644～1661），是為清世祖，由他的叔父多爾袞攝政。

明崇禎十七年（清順治元年，1644），李自成入據北京，明思宗自縊。山海關總兵吳三桂投降，引清兵入關，李自成兵敗，竄逃陝西。多爾袞接受降清漢人范文程、洪承疇的建議，一改皇太極時代燒殺擄掠的作風，入關以後，嚴申紀律，秋毫無犯，並以為明復仇為號召，長驅直入北京，取代了明王朝的統治。

二、南明的抗清

崇禎帝殉國的消息傳到南方後，羣臣擁立福王由崧於南京，年號弘光（1645），建立了南明的第一個政權。明代南京與北京並列為兩京，北京淪陷後，此地自然成為政治中心，很多從北方南逃的士民與退隱官僚投奔於此，本來不無可為。但弘光小朝廷內，黨爭與宦禍依舊，馬士

英、阮大鋮等人把持朝政,排除異己。史可法督師揚州,但指揮不了軍隊。福王則沈湎聲色,不理朝政。順治二年(1645),揚州失守,史可法殉國。清兵渡江到了南京,馬、阮等人投降,福王逃離南京,不久被俘遇害。

南京淪陷後不久,杭州也失守了。浙東地區起兵抗清的士大夫擁立魯王以海於紹興,稱監國。福州方面,黃道周與鄭芝龍擁立唐王聿鍵為帝,建元隆武(1645~1646)。唐王是明太祖九世孫,魯王是太祖十世孫,兩人有叔姪關係,都能以抗擊清軍、報仇雪恥為己任,但兩個政權內部都存在著許多困難和衝突,導致抗清力量未能持久。順治三年(1646),清兵下浙江,破紹興,魯王逃往舟山。同時,清兵入福建,鄭芝龍降清,唐王逃到汀州被俘,絕食而死。

魯王、唐王政權覆亡後,瞿式耜等人又立桂王由榔於廣東肇慶,建元永曆(1647~1661),這是南明諸王中維持最久的政權。第二年,廣州、肇慶相繼失守,被迫撤退到廣西,顛沛流離,情勢艱險。康熙元年(1662),輾轉逃到緬甸的永曆帝為吳三桂所俘遇害。

同一時期,奉永曆正朔,堅持抗清的還有閩浙沿海的鄭成功。唐王被俘後,其父鄭芝龍降清,成功屢諫不聽,遂至廣東南澳招募軍隊,改奉桂王為主。成功繼承了父親的海上勢力,以廈門為據點,轉戰於福建、廣東、浙江沿海。順治十六年(1659),鄭成功與張煌言合作,出動水師,深入長江,攻克沿江許多州縣,並一度占領南京,旋又失守,退回廈門。鄭成功為建立持久的反清復明基地,於順治十八年(1661)率軍攻取為荷蘭人所據的臺灣。次年,荷人力竭投降。成功改赤崁城為東都,設一府(承天府)二縣(天興縣、萬年縣),並整頓法紀,組織將士屯墾,積極建設臺灣。清廷為斷絕鄭氏人力與物資的補給線,下「遷界令」,從江蘇到廣東的海岸線,沿海五十里內的居民,都迫令遷離,不准商船漁船出海。但明鄭因擁有海上貿易之利,遷界令對鄭氏的打擊不大,影響最深的是被迫拋棄田產、失去生業的沿海居民。

鄭成功在收復臺灣的第二年五月病逝，享年三十九歲。其子鄭經、孫鄭克塽繼續抗清的志業。清廷在平定三藩之亂以後，積極準備收復臺灣。康熙二十二年（1683），施琅率舟師出海，先下澎湖，再攻臺灣，鄭克塽兵敗降清，清朝的統一大業至此才全部完成。

三、清初的統治措施

清人入關後，一面採取懷柔手段，積極籠絡人心；一面實施高壓政策，強力壓制反側。此種恩威並用、一張一弛的策略，用於士大夫身上尤為成功，也有效鞏固了清廷在中國的統治。

多爾袞入據北京之後，為爭取漢人士大夫的支持，實行了許多籠絡人心的措施，如：㈠下令為崇禎帝發喪，官民戴孝三日，以皇帝皇后的葬儀為崇禎帝后發喪。㈡下令明朝官員既往不咎，只要歸附，官復原職，甚至晉級任用；隱居山林者，也一概收羅錄用。㈢廢除明末的「三餉」等額外加派於百姓之租賦，依照萬曆初年所定稅額，自順治元年五月起徵收，本年租賦減免三分之一，清軍經過的州縣，減免一年。㈣依照明代制度，正式開科取士。康熙十八年（1679），又因「振興文教」的需要，特開「博學鴻儒」科，錄取五十人，以示清廷崇獎儒學，也促進了滿漢文化的融合。

在高壓政策方面，清初最虐民的措施首推圈地與逃人法。清人入關之初，下令在京畿圈占土地，分配給滿洲的王公、勳臣和旗兵。清廷在各州縣特別圈定一個滿人家宅田產的區域，迫令區域內的漢人遷離，另給田產以為補償。圈地遍及七十多個州縣，不但嚴重侵犯漢族農民的利益，加深了京畿地區的滿漢衝突，而且造成這些地區社會經濟很大的破壞，使已飽受戰亂之苦的農村更加凋敝。由於滿洲將士都以打仗為業，並不從事農業生產。他們在京畿地區圈占大量田地以後，仍然繼續關外時期的編莊制度，役使奴隸壯丁從事農耕。漢族農民投靠滿人為奴，稱

為「投充」。有些土地被圈占但又不願意遷離的農民，也投充為奴。逃人問題即由投充弊政所引起。當時的逃人，有的是被逼勒投充者，因不甘充當奴隸而逃亡；有的是關外時期滿洲擄掠的漢人，因不堪壓榨，加以思家心切，在清軍入關後，大批逃亡。清廷為此制定嚴苛的逃人法，設立督捕衙門，逃人一經查獲，鞭打一百，歸還原主。藏匿逃人的從重治罪，本犯處死，家產沒收，鄰里、里長各鞭一百，流徙邊地。逃人法頒布後，並未能遏止奴隸逃亡，他們有的回家鄉藏匿，有的聚眾自保，因此造成一連串的社會問題。聖祖親政後，始逐漸放寬對逃人的禁令，並裁撤了督捕衙門。

此外，清廷迫令漢人薙髮易服，違者處死，雖引起漢人激烈的反抗，清廷仍強力鎮壓，毫不退讓，江陰、嘉定等地且遭屠城。清廷為了加強對漢族士大夫的控制，更利用各種機會製造獄案，打擊士紳。其中最著名的有：

1. 科場案

順治十四年（1657），順天鄉試放榜後，考生譁然，狀告考官舞弊，清廷藉機興大獄，考官及中試者有三十多人被流徙。同年，河南、山東、山西都發生類似的科場案，對士人造成很大的打擊。

1. 哭廟案

清廷鑑於晚明黨社誤國的教訓，嚴禁士子定盟結社。順治十八年（1661），皇帝駕崩，蘇州府知府命百姓哭臨三日。生員金人瑞等藉機率領士子聚集於孔廟哭臨，並向江寧巡撫進呈揭帖，控告吳縣縣令任維初貪贓枉法。清廷以哭廟之舉違反禁令，將有關諸生不分首從，一律處死，是為「哭廟案」。

3. 江南奏銷案

明末以來，江南士紳積欠錢糧，規避賦稅，久已成為積習。順治十八年正月，聖祖剛即位，由鰲拜輔政，嚴令地方官在限期內完解稅糧。江寧巡撫朱國治求媚於朝廷，疏奏蘇州、松江、常州、鎮江四府抗欠錢

糧官紳一萬三千五百一十七人，請求重辦。結果，清廷逮捕其中三千多人械送刑部議處，並將現任官員降調，沒有官職的士人則褫奪功名。此案嚴重打擊江南士紳，當時有翰林編修葉方藹是新科一甲第三人及第的進士，只欠一文，也被黜革，因而有「探花不值一文錢」之謠。

4.文字獄

清初為了壓制漢人的反滿思想，屢興文字獄，士人因修明史而獲罪，往往禍延子孫與門生故舊。順治年間，吳興人莊廷鑨購得朱國禎所著明史稿本，續補天啟、崇禎兩朝史事，並沿用南明三王年號記事。刊行不久，莊氏病故，後經人告發。康熙元年（1662），清廷下令禁燬其書，戮廷鑨屍，校勘、刻工、印刷工匠等均受牽連，計全案處死者七十多人，充軍者數百人。此為清人入關以來第一次大規模的文字獄。康熙朝另一著名的文字獄是戴名世的「南山集案」。戴名世為安徽桐城人，所著《南山集》中引用了同鄉方孝標《滇黔紀聞》中有關南明的記載，並使用弘光、隆武、永曆年號。康熙二十五年（1686），其書為人告發，結果戴名世被殺，方孝標戮屍。雍正年間，文字獄案更多，往往捕風捉影，無中生有。乾隆朝的文字獄則羅織之奇，用刑之酷，更較康、雍兩朝為甚。這些文字獄嚴重打擊了漢人的士氣，更禁錮了思想文化的發展。

四、康雍乾的治術

清世祖之後的聖祖、世宗、高宗三朝，共計一百三十四年，文治武功媲美漢唐，史稱「康雍乾盛世」。

聖祖即位之初，年僅八歲，由大臣索尼、遏必隆、蘇克薩哈、鰲拜四人共同輔政。鰲拜獨擅大權，專斷跋扈，年幼的康熙皇帝形同傀儡。康熙八年（1669），聖祖計擒鰲拜，開始親政。康熙親政之後，首要問題是三藩割據的問題。三藩之中，以平西王吳三桂實力最強，地位最高，雲、貴總督都受他節制。平南王尚可喜、靖南王耿繼茂也各擁兵兩萬。

三藩控有雲南、貴州、廣東、廣西、福建等省，各在轄地內有獨立的軍、政大權，朝廷的號令不行。康熙十二年（1673），尚可喜請求歸老遼東，聖祖立刻批准，並下令撤藩。吳三桂與靖南王耿精忠（耿繼茂之子）也請求撤藩以試探朝廷的態度，不料聖祖准其所請，吳三桂於是起兵叛變。不久，福建的耿精忠、臺灣的鄭經、廣東的尚之信（尚可喜之子）也先後響應，一時西南、西北與東南地區都陷入動亂。經過八年的戰事，三藩之亂終於平息，康熙帝的統治從此更加鞏固。

聖祖自奉儉約，為政寬仁。三藩亂後，他非常注意整頓吏治，曾六次南巡，考察地方行政，查訪民間疾苦，並多次親臨黃河沿岸，督理河工。他在位期間最大的功業包括平三藩、收臺灣、定西藏、興文教、綏服蒙古、整治黃河等，都為清代的富強奠定了重要的基礎。

世宗不像聖祖講求寬和，他為了矯正康熙末年以來吏治廢弛、錢糧虧空之弊，即位後即下令清查錢糧，嚴懲貪官。雷厲風行的結果，上至皇親國戚，下至督撫大吏，不少人被革職抄家。世宗是一個能幹而勤政的皇帝，對政令的執行，力求覈實勤謹。在位期間，多項施政對清代都有重大的影響，如：創立軍機處，強化中央集權體制；確立密摺制度，[4]提高宮廷的決策效率，加強君主對臣僚的控制；削弱八旗旗主的權力，實現軍隊中央化的目標；實施火耗歸公，建立養廉制度，[5]對澄清吏治著有績效；屬行改土歸流政策，把清廷的統治力量擴展至西南邊陲地區。

---

4 密摺制度是皇帝與部分臣工之間非正式的秘密聯絡形式，起源於康熙年間。奏摺必須大臣本人親手繕寫，裝在特製的匣子裡，不必經過通政司和內閣，直接送到皇帝手中。最初，密摺只用於少數親信大臣。到康熙後期，已擴及所有在京大臣和地方督撫。到了雍正年間，更大幅放寬臣工具摺密奏的特權，並規定硃批諭旨在發還具摺人看過後，一律繳回，不准洩漏內容，違者治罪。

5 明代實施賦役徵銀後，地方所收稅銀在解送國庫以前，必須鎔鑄成銀錠，其間的耗損稱為「火耗」，地方官府照例以浮收之數彌補差額。但各地所收名目繁多，流弊極大，官員往往藉此謀利中飽。雍正時，將火耗改為正稅，數額固定，由國家統一徵收。再以這項收入作為養廉銀和辦公費用，對澄清吏治、懲肅貪污發揮了很好的作用。

雍正年間，軍機處逐漸取代內閣的地位，一切軍、政大事，都以奏摺直接進呈皇帝裁奪。世宗對於大臣的奏摺，大都親自加以硃批，有時硃批文字甚至比原摺還長。由於他勤於政事，對內外情勢有深刻瞭解，又能嚴於馭下，因才任使，因此雍正一朝政治清明，財賦充裕，對矯正康熙朝為政太寬的流弊也有積極的作用。

高宗即位之初，由莊親王允祿、果親王允禮、大學士鄂爾泰、張廷玉輔佐政務。由於雍正在位期間，對康熙末年涉入儲位之爭的兄弟展開一連串的報復行動，有的被殺，有的遭長期監禁；加上雍正年間文禍迭起，政治失之苛厲。因此他在即位之後即揭櫫「寬嚴並濟」的施政原則，乾隆元年敕諭稱：「寬非縱弛之謂，嚴非刻薄之謂。朕惡刻薄之有害民生，亦惡縱弛之有妨國事。爾諸臣尚其深自省察。」即位初年，他重新審理若干政治疑案，以免誣枉；規定凡舉報他人詩文悖逆譏訕，查無實跡者，一律以誣告反坐治罪，有意在思想文化政策上表現比較寬厚的作風。此外，乾隆在康雍兩朝的基礎上，繼續整頓八旗軍政，並要求旗人「學習騎射，嫻熟國語」，規定滿語和騎射是滿洲舉人會試、官員升遷、宗室襲爵的必備條件。又對「結黨營私，往來詭密」的宗室貴族加強控制，諭令嚴禁宗室與各部院臣下往來，違者嚴加懲處。宗室地位至此大為低落。這些措施對加強中央集權、鞏固君主專制統治都有相當的作用。但乾隆皇帝以「察民瘼，備邊防，合內外之心，成鞏固之業」為名，屢次巡幸各地，勞民傷財，不僅浪費國家財貨，更影響官場風氣，造成吏治腐敗。計其在位期間，巡幸活動不下一百五十次，較重要的有拜謁東、西陵及關外三陵共六十六次，避暑山莊與木蘭秋獮五十二次，南巡江浙六次。其中南巡江浙影響尤為深遠。自乾隆十六年（1751）至乾隆四十九年（1784）止，高宗六度巡幸江浙，此即最為後世熟知的「乾隆下江南」。

康雍乾三朝仍繼續實行入關以來的懷柔政策，一方面以科舉功名牢籠士大夫，一方面以崇獎學術為名，召集士人編纂卷帙浩繁的巨著。康

熙時，除了開館修《明史》，並編成《佩文韻府》、《淵鑑類函》、《康熙字典》等書，康熙末年開始纂輯的類書《古今圖書集成》，全書共一萬卷，至雍正三年（1725）才告完成。乾隆時代纂修的著作，數量較前兩朝更為可觀，其中最重要的是編纂《四庫全書》。清高宗於乾隆三十八年（1773）開四庫全書館，以紀昀、孫士毅等為總纂官，蒐集古今已刊未刊的書籍，分類整理，校訂抄錄。到乾隆四十七年（1782）大功告成，共計蒐羅經史子集各類書籍三千四百五十七部，共七萬九千七十卷。《四庫全書》的修纂，堪稱文化史上的盛事，但高宗修此書的目的，實在藉此查禁有違礙的書籍，以杜絕漢人反滿思想的傳布。因此，書中凡是涉及民族意識，或有「夷狄」、「北虜」字眼者，輕則改易，重則銷燬。總計修書十年期間，先後銷燬違礙之書五百八十三種，共一萬三千六百八十二卷，不能不說是中國古籍史上的一大損失。

五、嘉慶的中衰

乾隆晚年，生活日益奢侈，揮霍無度，加上年老體衰，處理國政也不再像往昔那樣睿智和勤謹，事權逐漸專委寵臣和珅一人。和珅是滿洲正紅旗人，口齒伶俐，善於逢迎，在乾隆朝的最後二十年中，憑著高宗的寵信，位尊勢大，招權納賄，吏治政風為之大壞。

乾隆六十年（1795），高宗宣布退位，改稱太上皇，皇子顒琰即位，是為仁宗，改元嘉慶（1796～1820）。高宗名為禪位，實際仍掌大權，因此仁宗即位之初，對和珅的專擅跋扈，只能忍氣吞聲，虛與委蛇。嘉慶四年（1799）乾隆崩逝後，仁宗逮治和珅及其黨羽，令和珅自盡，並查抄家產。抄沒的和珅財產，據說有八萬萬兩之多，相當於國家十年的總收入，故有「和珅跌倒，嘉慶吃飽」之謠。因此，仁宗制裁和珅，除了鞏固新君的統治地位，財政上也得到很大的收益。

不過，親政以後的仁宗，面對乾隆以來政治經濟各方面的沉痾，終

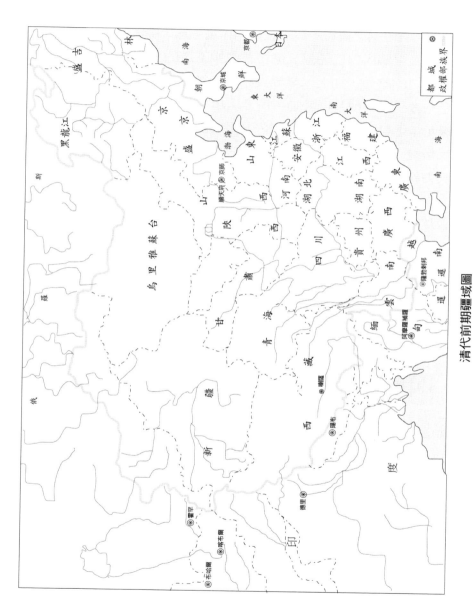

清代前期疆域圖

本圖係根據譚其驤主編《中國歷史地圖集》複製。

究無法扭轉大局，尤其是政治腐敗，軍備廢弛，民生凋敝，更令嘉慶皇
帝束手無策。自三藩之亂後，經過長期的休養生息，中國人口快速增加，
到乾隆末年，全國人口已超過三億，長江中下游的平原已人滿為患，無
田可闢。人口的壓力，加上水旱天災頻仍，從乾隆末年開始，反滿的會
黨與秘密宗教組織，便趁機鼓動，民變迭起。

　　嘉慶元年（1796）正月，川、楚白蓮教徒，以「官逼民反」為口號，
鼓動農民叛變，歷時九年，蔓延四川、湖北、陝西、甘肅、河南五省，
耗費的兵力物力難以估計，已使清廷元氣大喪。稍後閩、浙、粵沿海有
蔡牽等人領導船幫作亂，在京畿、河南、山東又有李文成、林清等人領
導天理教徒作亂，震動京師。一連串的內亂，清朝的統治已岌岌可危。
等到西力東進，歐人挾其堅船利砲而來，清帝國的衰象更加暴露無遺。

第三節　典章制度

一、中央政制

　　明初承襲元代制度，中央仍設中書省，下設六部分理政務。洪武十
三年（1380），丞相胡惟庸以謀反罪名被殺，太祖廢除中書省，不再設
丞相，將六部升格，直屬皇帝，集皇權與相權於一身。其次，將原有的
大都督府分為前、後、左、右、中五軍都督府，五都督分掌統兵權，以
刑部、都察院分掌刑獄，使這些機構互相牽制，而由皇帝總攬兵刑。經
過這些變革，皇帝不僅是國家元首，也是行政、軍事的最高首長。

　　明仁宗、宣宗以後，由於現實的需要，原來備顧問的內閣大學士，
職權日重，閣臣地位日趨尊崇，嘉靖以後，內閣首輔幾乎等於從前的宰
相。但終明之世，大學士品秩僅正五品，必兼三孤、尚書等官才能參預

機務，因此閣臣權位雖高，究竟不如昔日丞相之名正言順。加上明代中葉以後，君主怠荒，章奏硃批盡付秉筆太監，內閣大學士往往須聽命於宦官。萬曆初年，內閣首輔張居正，須與秉筆太監馮保合作才能掌控朝政、推動改革，正是明代內閣制度畸形狀態的最佳說明。

　　清人入關以後，官制大體因襲明制，中央也設殿閣大學士，滿漢各半，首揆由滿官擔任。但清代大學士為宰相之官，秩正一品，內閣是法理上最高的行政機關。此外，又設有議政王大臣數人，均由滿人擔任。雍正年間，因用兵西北兩路，恐人員出入內閣洩漏軍機，開始在南書房內設「軍需房」，後來改名「軍機處」，選親信大臣掌理機密重務。事平後，軍機處仍不撤銷，於是逐漸取代內閣之權，成為參預商決軍國大政的機關。軍機處的設置目的，一方面在籌畫軍務與保持機密，一方面也在削減議政王大臣的職權，有助於君主集權的貫徹。但軍機大臣不過有如皇帝的機要秘書，最後的決定權仍在皇帝。

　　此外，原來在明代有封駁詔書之權的六科，自雍正以後，改隸都察院，六科給事中的職權與御史無異，只能稽查六部百官。內外大臣如尚書、侍郎、總督、巡撫都可分別上奏，不相統屬，凡事秉承皇帝意旨。明代政府組織的專制色彩，至清代更為強化，君主集權制度至此達於巔峰。

二、地方行政

　　明清兩代都實施省、府、縣三級的地方行政制度。明初廢相後，改元代的行中書省為承宣布政使司，但一般仍習稱「行省」或「省」。各省設有布政使、按察使、都指揮使，分掌行政、司法、軍務，合稱「三司」。但三司地位平等，互不統屬，直接向中央負責。其用意在阻止地方權力太大，以貫徹中央集權。

　　一般來說，省以下為府，府以下為縣。但明清兩代，省以下的建制

並不一致。明代的州,有的直隸於省(與府平行),有的隸屬於府(與縣平行);清代則凡隸屬於府的州,其下一律不設縣。明代中葉以後,鑑於省區太大,政務紛繁,逐漸增設分司分道,作為省的派出機構。由布政使派出的稱為「分守道」,由按察使派出的稱為「分巡道」。清代,分道改稱「道臺」,代表本司監臨該道區內的府州。

明中葉以後,地方又有總督、巡撫之制。總督偏於軍事機能,終明之世並未成為固定制度。巡撫最初是以御史銜巡察地方事務,後來漸成掌管一省民政、軍務、財刑的地方最高行政長官。到了清代,督撫成為地方的封疆大吏。總督為從一品官,或轄一省,或二省、三省。巡撫為從二品,其下設布政使一人,按察使一人。

清代在少數民族地區,則因應民族與軍事上的特點,採行不同的地方行政制度。例如在外蒙古用盟旗制,旗長「札薩克」由皇帝任命,盟長由札薩克中選任。西南的雲貴、廣西等地在清初實施改土歸流之後,尚有部分土司,清廷仍委任世襲的土官分治。

三、學校與科舉

明初非常重視學校,在京師設立國子監,地方廣設府、州、縣學。國子監是明初訓練人才、培養官僚的重鎮,學規嚴格,以「六堂積分法」考核監生,每天有日課,每月有月考,循序升堂,合格者分發到各政府機關「歷事」(行政實習),歷事三年後,授以官職。在監的監生也可以就近參加京師的鄉試,憑藉科舉功名入仕。因此,明初國子監生出路很廣,充分發揮了中央官學培養政府人才的作用。但到了清代,監生多由捐納而得,其地位遠在明代監生之下。明清府州縣普設儒學,學官也都由朝廷任命,府學置教授,州學置學正,縣學置教諭。士子必須通過「童試」(又稱童子試)才能入學,稱為生員,俗稱秀才。入學後,有按時舉行的月課、季考,還有學政主持的歲課、科考。生員年資久的,

可以保送到國子監深造，稱為貢生，也可以參加科舉考試。

　　明清的科舉與學校緊密結合，官學教育基本上是科舉的附庸。讀書人由童生到進士，須經四個階段的考試：一是童試，二是鄉試，三是會試，四是殿試。童試又分縣試和府試；鄉試逢子、午、卯、酉年的八月在省城舉行，又稱「秋闈」，中試者為「舉人」；會試於丑、未、辰、戌年的二月在北京舉行，又稱「春闈」，中試者稱「貢士」。殿試又稱廷試，由皇帝親策於殿廷，中試者稱「進士」，分一、二、三甲，一甲三人，稱狀元、榜眼、探花，賜進士及第；二甲若干人，賜進士出身；三甲若干人，賜同進士出身。

　　鄉試的應試者是府州縣學生員經科考定為前三等者，以及國子間肄業經本監官考送的貢監生。明初鄉試錄取人數沒有定額，仁宗洪熙元年（1425）始定鄉試額數。各省依人口與學校多寡，錄取名額自二十名至八十名不等。明代中葉以後，由於士子不斷增加，各省鄉試錄取額數續有調整，有時是全面重定解額，有時是局部增加某省額數，至萬曆元年（1573），全國鄉試錄取額數為：南北兩直隸各一百三十五名，江西九十五名，浙江、福建、湖廣各九十名，廣東八十五名，河南八十名，山東七十五名，四川七十名，陝西、山西各六十五名，廣西五十五名，雲南四十五名，貴州三十名。每科鄉試，全國總計錄取舉人一千二百零五人。會試方面，明代自洪熙元年採楊士奇建議，於翌年開始實施「南北卷」制度，這是一種專門用於會試的區域配額制。實際上，除了「南卷」和「北卷」，對一些不易認定為南為北的區域，則定為「中卷」，南、北、中卷所取進士，以百分為率，各依五十五、三十五、十的比例錄取。清初會試沿用此制，到康熙五十一年（1712），為了顧及邊遠省分的中試機會，進一步改為分省取士，每省錄取進士十餘名至二、三十名不等，明代以來的大區域配額制從此被小區域（省）配額制所取代。

　　明清考試，皆注重儒家經義，明永樂年間頒布《四書大全》、《五經大全》，廢諸家注疏，尤重朱熹《四書集注》。科舉成敗的關鍵在第

一場的四書義（又稱四書文），考試題目從《四書》擬定，自明憲宗以後，四書文寫作格式的規定日趨嚴格，形成盛行此後數百年的「八股文」。八股文又稱制義、時文、八比文。這種文體規定文章由破題、承題、起講、入手、起股、中股、後股、束股八個部分組成，每一部分的句數和句型都有一定的規範。其中「起股」以下的四個段落，規定每段至少要有兩股兩相對偶的文字，合共至少八段，因此俗稱「八股文」或「八比文」。此外，八股文的內容，必須「守經遵注」，對經文的解釋，必須遵照官方規定的《四書集注》論說，不許自發議論。八股文在寫作格式上加上若干限制，以便評分時比較客觀公允，應有其考試制度上的用意；但限制太嚴，積久弊生，經義流於僵化空洞，加上明清兩代，科舉幾乎是士人唯一的入仕途徑，「中外文臣皆由科舉而進，非科舉者毋得與官」，士子勞其心力於嫻習八股，對明清士風與學術思想的發展都有不好的影響，清初大儒顧炎武甚至痛斥「八股之害，等於焚書，而敗壞人才，有甚于咸陽之郊。」

四、田賦與徭役

明初田賦沿襲唐宋以來兩稅法的精神，分夏稅與秋糧兩次交納，夏稅不過八月，秋糧不過次年二月。各地田賦稅率不一，一般來說，官田田賦重於民田，尤以江南為甚。

徭役方面，明初配合黃冊制度，徭役僉派分為里甲、均徭與雜役。里甲役根據黃冊編制，以每一百戶為一里，每里有里長十人，由輪值里長依次充當，負責登錄戶口、僉派差役、催辦錢糧等事。均徭以民丁為主，為官府擔任各種差役。雜役則沒有一定的名目，均徭以外，一切非經常性的差役科派均屬之。

明代中葉以後，維持賦役制度的基本資料「黃冊」和「魚鱗圖冊」的編造漸成具文，田畝與丁口的資料往往與實際情況不符，導致賦役徵

集陷於混亂。嘉靖、隆慶之際，歐陽鐸、海瑞、龐尚鵬等地方官首先倡行賦役改革，改革的焦點集中在清丈土地和合併力役項目上。萬曆初年，張居正擔任內閣首輔時，為提高政府掌控賦稅的能力，全面進行各類田產的清丈，並於萬曆九年（1581），下令在全國推廣一條鞭法。把原來按戶、丁僉派力役的辦法，改為按丁、糧派役，比例各地不一，或丁糧各半，或丁六糧四，或丁四糧六，再與夏秋兩稅、額辦、派辦等雜稅合編為一條。田賦方面，規定除供應宮廷食用的漕糧外，一律改徵銀兩；徭役方面則將以往名目繁多的各種力役歸併簡化，一律徵銀，由政府雇人充役。並使賦役逐漸併為一條，役銀由田畝攤派；在徵收制度方面，廢除以往民收民解的辦法，賦役銀由地方官直接徵收，直接解運。

　　一條鞭法的改革，簡化了原本極為複雜的賦役項目與徵收手續，把部分力役轉入田土之中，減輕了無地、少地者的力役負擔；政府雇人充役，民丁也免除了無定額差役的煩擾。不過施行漸久，官府往往又令人民擔負差役。清人入關後，即措意於賦役之整頓。順治和康熙年間，編訂《賦役全書》，以明代萬曆初年的賦役額為準，取消許多苛捐雜稅，歸併稅收名目。康熙五十一年（1712），清廷宣布以康熙五十年統計的丁數二千四百六十二萬，應納丁銀三百三十五萬餘兩為定額，此後「盛世滋生人丁，永不加賦」，也就是丁銀不再隨著人口增加而增收。為了進一步解決賦役混亂的問題，又於雍正元年（1723）下令實行「攤丁入畝」，將丁銀平均分攤於田賦中一併徵收，形成單一的土地稅，稱為「地丁制度」。此後雍正、乾隆、嘉慶三朝，各省相繼實施地丁制，但地賦攤入丁銀的比率，各省不一。一般來說，地多丁少的地區，地賦攤丁銀率較低，丁多地少的地區較高。地丁制度是明代一條鞭法改革的延續與發展，從此中國歷史上長期存在的人頭稅終告廢除。

五、兵　制

　　明代軍隊的基本組織，分為衛與所兩級。其編制以五千六百人為一衛，設指揮使；一千一百二十人為千戶所，設千戶；一百二十人為百戶所，設百戶。兵士叫做「軍」，戶籍與民戶分開，稱為「軍籍」。軍士和指揮使等軍官均為世襲。各地衛所軍隊分屬各省都指揮使司，都指揮使司上統於五軍都督府。衛所軍的任務是屯田、防守與從征。平時屯田生產，收入用作軍隊糧餉；農閒時進行操練，以守衛地方。遇有戰事，由兵部委任總兵官為指揮，戰爭結束後，軍歸衛所，將還於朝。從「寓兵於農」和「兵將分離」兩點來說，衛所制和唐代府兵制略有相同之處。

　　明代中葉以後，由於各地衛所軍官經常私占軍役，侵吞月糧，衛軍相率逃亡的越來越多，衛所制度逐漸崩潰，國家不得不改行募兵。明代後期戰鬥力較強的軍隊，幾乎都由將領自行招募訓練，如有名的「戚家軍」即是。

　　清朝的軍隊，以八旗兵為主體。八旗起源於關外女真人的狩獵組織。滿族早期狩獵打仗都按士卒林寨組成隊伍，首領叫「牛彔額真」（箭主）。清太祖努爾哈赤在統一女真各部的過程中，將這種部落狩獵組織改編為「旗」的組織，每旗六萬人，分為正黃、正白、正紅、正藍、鑲黃、鑲白、鑲紅、鑲藍，共計八旗。

　　八旗制度創立初期，是一種兵民合一的組織，各旗兼具行政、軍事和經濟單位的性質。滿清入關以後，八旗逐漸成為純粹的軍事組織，旗兵變成職業軍人，戰鬥力很強，待遇也較優厚。但後來承平日久，八旗不習武事，日漸腐化。雍正以後，綠營取代八旗成為清朝戰爭的主力。

　　綠營是清人入關後招降的漢人軍隊，以綠旗為標誌，以營為建制單位，故稱綠營。有馬兵、戰兵、守兵、水師等區分，共六十餘萬人。清代中葉以後，綠營亦日趨衰敗，士紳招募訓練的鄉勇代之而興，稱為勇營。太平軍起，清廷全賴鄉勇組成的湘軍和淮軍才平定大亂。

第四節　社會經濟

一、農業經濟的變化

　　明代開國之初，政府頗致力於興修水利，鼓勵墾荒，農業生產得以迅速恢復，為社會經濟的繁榮奠下良好的基礎。明清之際，由於連年戰亂，河道失修，水患愈演愈烈。康熙親政以後，便將河務、漕運與除三藩並列為三件首要大事。三藩之亂平定後，清聖祖即慎選人才，積極整治黃河與永定河等，成效顯著。此外，治理太湖、疏濬三江、興建海塘、築堤攔水等措施，除了有利於防洪、通航，對農田灌溉更有很大的助益。

　　明清兩代，農業技術並沒有重大的變革，但在土地利用、糧食生產和經濟作物栽培等方面都有積極顯著的進展。早熟稻的推廣和美洲作物的傳入尤為促進明清時期土地利用和糧食生產的重要因素。早熟稻即占城稻，於北宋初期引進中國，但宋代傳播範圍有限，到明清時期始普遍推廣於華南地區。占城稻早熟又耐旱，不僅年可二種，而且在原來不宜農耕的高地和坡地也可種植。而隨著人口快速增加，精耕細作和農業複種制的推廣也日趨普遍。清初，華北地區仍然地多人少，耕作粗放，乾隆以後，由於人口壓力日增，二年三熟或三年四熟的複種制逐漸普及於華北各地。因此，農作物的單位面積產量大為提高，如湖南、湖北的洞庭湖和湘江沿岸地區，明清之際每畝產量不超過二石，到了乾隆、嘉慶年間，每畝產量增加一倍以上，有些田地更高達五、六石。兩湖成為清代最大的穀倉，故有「湖廣熟，天下足」之諺。

　　另一方面，明代中葉以後，由於中國與美洲新大陸之間的交通日趨頻繁，原產於中南美的作物番薯、玉米、花生、馬鈴薯相繼傳入中國，

大規模推廣則在清代完成。從明季到盛清,這四種新作物遍及沙地、丘陵、山區,不僅擴大了土地利用,使許多不能耕作的地區得以開發,吸引了大量移民,也為近代中國的糧食生產帶來重大的改變,在紓解糧食不足和緩和人口壓力上發揮了積極的作用。

　　在經濟作物的栽培方面,明代嘉靖、萬曆以後,隨著手工業與商品經濟的發達,種植糧食作物不再是農民唯一的選擇,農業商品化的趨向日益濃厚,各種經濟作物,如長江三角洲地區的棉和桑,福建、廣東的茶、煙草、果樹和竹木,浙、贛、湘、閩、粵等省山區的藍靛、苧麻等,種植面積不斷擴大。到了清代,經濟作物的種植比明代有更大的發展,較重要的有棉花、茶葉、甘蔗、煙草等,其中最值得注意的是棉花種植面積的迅速擴大。明代江蘇、河南、山東、山西已廣植棉花,松江地區更成為全國最著名的棉花產區,隨著棉紡織技術由南向北傳播,清代產棉區又擴大到河北、湖南、江西、四川等省,很多主要棉產區約有 80% 至 90% 的農民生計來自種棉。茶葉是歷史較久的經濟作物,清初,茶葉在秦嶺、淮河以南各省已廣為種植,在國內是僅次於糧食、棉布、鹽的主要商品;在對外貿易方面,直到鴉片戰爭前,茶葉始終是出口貨品的最大宗。甘蔗的種植在明代集中於福建與廣東,清代則以臺灣、四川為最大產區。煙草於明萬曆年間從呂宋(今菲律賓)引進,最初只在南方沿海省區傳播,由於吸煙者日眾,煙草傳播極為迅速,到明末天啟、崇禎年間,已傳至北方地區。入清以後,吸煙更加普遍,農民種煙的利潤通常是糧食作物的三倍以上,因此煙草種植面積不斷擴大,到乾隆年間,已經擴展至全國各地。

　　明清經濟作物栽培的繁盛,增加了農家的收入,促進僻遠山區經濟的發展;商品經濟深入滲透廣大的農村,改變了傳統自給自足的農業風貌;另一方面,經濟作物面積的擴大和農產的專業化經營,使糧食作物種植面積不斷減少,導致本地糧食不能自給自足,必須依賴外地供應,加速明清糧食的商品化及其長程運銷的趨勢。因此,到清代前期,全國

出現了好幾個較大的糧食集散中心，其中尤以湖南、湖北為最重要。

二、工商業的發達

　　明初以來長期的承平與農業生產的增加，促進了商業和手工業的發達，到嘉靖、萬曆年間，國內商業尤為繁盛，棉花、生絲、蔗糖、綢緞、紙張、瓷器及各種手工藝品，都成為商品，在市場上流通。商品市場較前擴大，長距離的區間貿易日益發達，各地商品名目繁多，來自全國各地。明末，宋應星在《天工開物‧序》中說：「幸生聖明極盛之世，滇南車馬，縱貫遼陽；嶺徼宦商，衡游薊北。為方萬里中，何事何物不可見見聞聞？」可見晚明區域間貿易的興盛，不僅南北貨物頻繁交流，而且行銷及於偏遠地區。

　　明代中葉以後商品經濟的發展，也表現在區域分工的日益顯著上。嘉靖、萬曆時期在東南沿海和運河沿岸地區，形成許多經濟作物和手工業專業生產據點，逐漸出現不同地區之間專業性商品的流通。就像明人王象晉在《木棉譜‧序》中所說：「北方廣樹藝而昧於織，南土精織紝而寡于藝，故棉則方舟而鬻于南，布則方舟而鬻諸北。」棉布的生產中心在松江，但織布的原料棉花有一部份靠北方供應，染布所用的原料則靠福建等地供應，所以福建的藍靛，有「利布四方」之稱。又如絲織業中心蘇州和廣東織造的綢緞，其原料蠶絲都來自浙江的湖州，故有「湖絲遍天下」之譽。

　　此外，明清民營手工業的發展也是值得注意的新趨向。以明代最重要的手工業紡織業為例，明初在兩京設有南北織染局，又建蘇杭織造、陝西織造等從事紡織生產，以供應皇室所需。中葉以後隨著市場需求的增加，民間紡織業的發展逐漸凌駕官辦紡織業，江南地區很多機戶因經營紡織而致富，至於一般家庭靠紡紗織布維生者，更是比比皆是，所謂「機戶出資，織工出力，相依為命久矣」，嘉靖以後這類民營紡織業已

成為江南經濟發展的重要內容。此外，冶鐵、製鹽、伐木、採珠等從前
由官府嚴密控制的手工業，也都在明代中葉以後出現了民營化的傾向。
到了清代，朝廷對民營手工業的政策，初期亦頗為寬鬆。其中棉紡織業
有較大規模的發展，除了鄉村的家庭手工業外，廣州附近更出現了外商
生產的棉紡織工場。絲織業的生產中心則仍在江、浙兩省，產量到乾嘉
時達到高峰。

　　貨幣方面，明初原來使用銅錢和寶鈔，禁止使用金銀。但宣德以後，
白銀的使用範圍日益擴大，到了明中葉，白銀成為主要貨幣，寶鈔逐漸
廢棄不用，即使在經濟比較不發達的北方地區，雖是銀錢並用，但也以
白銀為主。白銀使用的普遍，與國內銀礦的擴大開採有關，但更重要的
是隆慶、萬曆以後因對外貿易興盛而輸入大量白銀的影響。這些海外輸
入的白銀，不僅為明代後期賦役折銀提供有利的條件，更對促進國內商
品經濟發展有顯著的作用。

三、城鎮的興盛

　　自明初運河暢通後，不僅便利了漕米的運輸，也促進了南北的貿易，
運河沿岸因而興起許多工商業城市。長江也因水位變化不大，便於航行，
沿江人煙稠密，商務繁盛。隨著農業、工商業的發展，明代嘉靖、萬曆
時期，城市經濟空前繁榮。

　　明清較重要的工商業城市，首推江南的蘇州、松江、杭州、嘉興、
湖州等都會，其次是運河和長江沿岸的揚州、臨清、漢口等城市。東南
沿海的廣州、漳州、泉州、寧波等對外貿易口岸，則中外商人羣集，商
業繁盛。在海外貿易刺激下，鄰近城鎮的手工業也有顯著的發展。其中
南京、蘇州、杭州都是絲綢、棉布及手工業品的重要產地，城內店鋪林
立，市況繁盛。揚州位於長江北岸，瀕臨運河，是明清淮鹽的集散地，
富商大賈眾多。北京既是政治中心，也是經濟文化中心，仕商雲集，景

泰藍、雕漆等工藝品及南北貨物薈萃。廣州是對外貿易的口岸,進出口商品聚散於此,有「金山珠海,天子南庫」之稱。

　　此外,明清還有許多專業市鎮興起。這類市鎮很多從偏僻的鄉村發展為「市」,再發展為「鎮」,人口從數百戶增加到數千戶,甚至一萬戶以上。有些以絲織業專業市鎮聞名,如盛澤鎮、濮院鎮、雙林鎮、南潯鎮等;有些市鎮則因棉布業的發展而興起,如楓涇鎮、新涇鎮、魏塘鎮等。其中尤以盛澤鎮的繅絲業最為著名。盛澤鎮隸屬江蘇省吳江縣,明代中葉,盛澤還只是一個普通的小村落,嘉靖以後,增至一百多戶,以錦綾為市,成為絲綢織品集散地,隆慶、萬曆以後,發展成五萬人口的絲織業專業市鎮,有「日出萬綢,衣被天下」之稱。到清初,戶口更為繁盛,織品精美,聞名全國。此外,江西景德鎮的製瓷、廣東佛山鎮的冶鐵,也都以其專業生產而遠近馳名。

　　隨著商業與城鎮的蓬勃發展,晚明城市風尚也發生顯著的變化。以兩京與江南地區的都會為例,明代嘉靖、萬曆年間,官民在服飾、輿馬、住屋、日常器用等方面的僭禮違式、鬥奢鬥富,在一定程度上衝擊了固有的社會體制,也反映了晚明城市消費生活的新貌;而婚喪禮俗日趨奢侈、社會關係轉向尊卑貴賤失序、上下界線模糊,更使等級身分結構受到侵蝕。而且隨著商品經濟的發展,城市的奢侈風尚逐漸擴及其他地區,到了明末,原來社會風氣已有轉變的地區,奢靡之風日甚一日,而原來風氣淳樸的地區,也開始趨向奢靡,蔚成社會一片「華侈相高」之風。另一方面,晚明昂貴商品和奢侈性消費的日益增加,造成士商對身分地位的迷失和焦慮,人們不斷藉購買商品來彌補,形成一種「流行」與「品味」的競賽。清人入關後,重新強化禮法,加強社會生活的控制,晚明以來越禮逾制、靡然向奢的城市風尚才稍見消戢。

四、海外貿易的發展

　　明初嚴行海禁，禁止國人出海與外人互市，對外貿易由開放轉趨封閉。明代政府雖在廣州、寧波、泉州設有市舶司，但中外的經濟往來只准在官方控制的「朝貢貿易」形式下進行，明代對隨同貢使來華的外商發給憑證，限兩年、三年或十年來華一次，抵達時必須在指定港口勘合憑證，所有外商貨物則運到京師開市。永樂以後，海禁稍見寬弛，但總是以禁為主。由於朝貢貿易根本不能滿足沿海經濟發展的需要，許多朝貢國的商人經常違禁與沿海商人互市。在隆慶元年（1567）明廷部分解除海禁以前，這些私人性質的海上貿易雖屬「走私」性質，卻是推進對外貿易的重要力量。

　　十六世紀初，葡萄牙、西班牙人相繼東航。葡人在中國沿海經過多年的活動，於嘉靖三十六年（1557）專據澳門作為發展東方貿易的據點。西班牙則透過美洲的大帆船（galleon）往來，與中國進行間接貿易，中國絲貨以質精價廉而深受歡迎，成為長達兩個半世紀的太平洋大帆船貿易的主要商品，每年有數萬萬兩美洲白銀因此流入中國。明末，荷蘭、英國、法國相繼東來，勢力漸強，西、葡對中國的貿易因而大受打擊。

　　清初為牽制鄭成功父子的海上勢力，在東南沿海屬行海禁，中國對外貿易一時陷入停頓狀態。康熙二十二年（1683），施琅取臺灣。翌年，清廷下令解除海禁，並在東南沿海口岸設置江、浙、閩、粵四個海關，海外貿易才恢復發展。清廷為了加強對外商的監督管理，於康熙二十五年（1686）在廣州設洋行，洋行由清廷發給執照，專利承攬中外貿易業務。清聖祖的開海政策促進了沿海經濟的繁榮，政府也增加不少財政收入。但清廷的外貿政策搖擺不定，時開時禁。雍正、乾隆時期，對外商予以種種限制和嚴格管理，仍是清廷對外貿易政策的核心。到乾隆二十二年（1757）清廷廢除江、浙、閩三海關，從此廣州的粵海關成為唯一

合法的中外通商口岸。直到鴉片戰爭戰敗，才被迫結束單口通商的型態。

五、商人團體的興起

　　明代以前，商人的經商活動多屬個人的、分散的交易，並未出現商人羣體，也就是有「商」而無「幫」。明代中葉以後，由於商品經濟發達，國內外市場擴大，商業競爭日趨激烈，各地逐漸形成了許多「商幫」。

　　商幫是商人以地緣和親緣為紐帶連結而成的商人羣體。除了地緣因素，商幫的組成也兼有血緣與業緣的特徵，一般來說，商幫的地緣範圍越大，則其血緣色彩越淡，業緣色彩越濃。明清時代，在商業發達地區的商人多以商幫的羣體力量進行商業競爭，各地大小商幫不計其數，其中最有名的有徽州商人、山西商人、陝西商人、寧波商人、福建商人、廣東商人、山東商人、江右商人、龍游商人、洞庭商人，號稱「十大商幫」，以徽州、山西商人實力最為雄厚，資財冠於全國，所謂「富寶之稱雄者，江南則推新安，江北則推山右。」商幫的地域範圍大至數省，小至一縣或數鄉，如山西、陝西商人通稱「西商」或「西幫」，龍游商幫是浙江省龍游縣的商人羣體，洞庭商幫則是太湖中洞庭東山與西山（今蘇州市西南）的商人集團。

　　明清商幫各有其擅長經營的項目和主要活動區域。例如徽商以經營木材、茶葉、糧食起家，大本營是江南，有「無徽不成鎮」之稱，但其商業活動區域主要有五：一為浙、閩、粵，二為兩湖、雲、貴、川，三為晉、陝、冀、豫，四為日本和南洋，五為各大商業都會。晉商因為山西靠近北方邊鎮的地利而興起，自明初實施開中改為折銀後，其勢更盛。主要經營鹽、絲、糧食、鐵器和軍需用品。其活動範圍最初以黃河流域為主，後來擴展到長江流域和珠江流域，號稱「足跡遍天下」。洞庭商人經營布匹、絲綢和果木，並兼營糧食加工和刻書業，主要活動於長江

三角洲、江北的運河沿線、兩湖、閩廣等地區。寧波商人最初以經營海外貿易為主，明末以後至鴉片戰前，以銀樓、藥材、成衣等業聞名全國，其主要基地是浙東和上海，此外，江蘇、兩湖、四川也相當活躍。其餘如龍游商人以經營珠寶細玩獨擅一方，陝西商人以經營西北邊疆的茶馬鹽粟而稱雄華北，福建、廣東商人以海外貿易而聞名天下。這些商幫的活動，大大促進各種商品的流通，他們對人民日常生活的深入影響，遍及城鄉，對傳統經濟型態造成很大的衝擊。

　　自明至清，各大商幫不僅活動區域擴大，且其所經營的各類商業之間相互滲透，形成龐大的貿易體系。商幫多重視宗族關係，強調信用和管理，其中尤以山西商幫的管理制度最為嚴格。明清兩代，晉商先後創立了夥計制、聯號制、經理制、學徒制、股份制等一系列制度，對擴大商業經營的規模有很大的作用。

　　商幫的快速發展，使明清商人資本顯著增加。但這些商業資本大部分流向購買土地，收取地租；另外則花在修建祠堂、助餉助賑、修橋鋪路等對家族或政府的捐輸，以及生活上的奢侈消費上，較少用於再投資與再生產，不利於明清商業的進一步發展。

六、社會階級與社會流動

　　秦漢以後，以血緣世襲為要件的社會階級基本上已不存在，取而代之的是統治者與被統治者兩大階級的區分，也就是通稱的「士庶之分」。統治階級除了皇室、藩王、勳貴、外戚等，最主要的是官僚組織的成員，也就是士大夫；被統治階級通常包括平民和少量的賤民。統治階級與被統治階級，不僅顯示政治地位的高低，在經濟、法律、生活方式上也有不同的待遇。

　　明清統治階級中，為數最多的是官僚，以及介於官僚與平民之間的紳衿階層。前者包括現任官吏及其僚屬，後者包括獲得科舉功名的進士、

舉人與國子監的監生、府州縣學的生員。不過明清進士及第後,一般都會授官,因此,紳衿主要是舉人、監生與生員。其中生員雖不像舉人、監生有任官的資格,但舉、監、生員在經濟與司法上都享有若干法定特權,如除了本人免服徭役外,還享有戶內二丁的差役優免;法律上,紳衿犯法,必須由地方官提報革退功名以後才可提審用刑,輕罪者可以納贖。紳衿階層在地方上往往是家族的重要人物,上焉者興學濟貧,修橋鋪路,熱心地方公益;下焉者出入官府,包攬詞訟,魚肉鄉里小民。因此,紳衿不僅是溝通明清「士」「庶」兩大階級的橋樑,也是形塑地方社會生活的關鍵人物。

平民又稱庶民,法律上稱為良人、凡人。明代沿襲元朝的制度,平民按職業分為軍、民、匠、灶四種戶籍,並規定各種職業世襲,但實際上脫籍改行仍有很大的彈性。清初因襲明制,也曾將平民按職業分籍,不過乾隆以後即逐漸廢除。

與良民相對的是賤民,包括奴婢、娼優、隸卒、佃僕,以及惰民、蜑戶、漁戶等少數特殊職業的人家。明清奴婢,男的稱奴,又稱奴僕、僮僕、僮奴;女的稱婢,又稱僕婦、婢女等。清人入關前,受部族社會習俗的影響,蓄奴之風特盛,入關以後,滿洲的奴僕制與明代原有的奴婢制結合,種類更多。佃僕又稱世僕、伴當、附丁等,是世代佃耕主人土地,並承當主家雜役之人,以皖南最盛。惰民即為丐戶,是承當官府抬轎、吹打等特殊差役的人家;蜑戶即兩廣沿海的船家,漁戶是江西、浙江等地的江河船民。明清法律都規定,賤民不得與良民通婚,也不得應考入仕、捐納功名。清世宗雍正五年(1727),令皖南地區依附於地主的伴當、世僕「開豁為良」,一些明代以來的賤民獲得解放,成為良民的一部份。但因固有觀念使然,這些從事特殊職業的人社會地位仍然很低。

清代除了上述的士庶之分、良賤之分,還有滿漢之分。清代規定旗人與漢人分區居住,由理事廳理事管轄,不受當地州縣官府約束,在刑

事上享有許多寬減的特權。又嚴令滿人不得從事工商，不得與漢人通婚，不得纏足。這些差別待遇和隔離措施，主要目的在維持滿族的政治優勢與文化傳統，但在社會上也使滿人成為新的貴族階級。

　　明清時代，賤民與滿族在總人口中約僅有 1% 與 2%，因此，階級之間的升降變化，最重要的還是在「士」「庶」之間的社會流動上面。明清士大夫的入仕途徑，有蔭任、捐納、科舉。蔭任指一、二、三品高官可蔭一子入仕，人數很少；捐納是以捐獻財物而得官，清代較明代盛行。蔭任與捐納都屬非正途出身，在官場中為士人所輕。明清士大夫所謂正途出身者，必由學校、科舉而進。所以，科舉考試是牽引明清社會流動最主要的力量。

　　中唐以後，世家大族逐漸消融，政治菁英漸以考試出身的新人為中堅，這種現象至北宋更為顯著。所以自中唐至兩宋，科舉的發展對中國社會階層結構的變化，影響很大。考試制度為寒素之士打開了上升之路，四百年的中古門閥社會因之消解。不過貧寒子弟獲得仕進的機會，北宋以後實代有變化。大體來說，兩宋參與考試的寒素子弟在登第者中所占比例較高，至明清兩代則有下降的趨勢。科舉制度本身對參加考試的舉子是公正而開放的，但平民要有相當的的經濟基礎才能接受足夠的教育，在人口增加、考試競爭日趨激烈的環境下，仕宦家庭的教育與經濟條件往往比貧寒子弟具有優勢。學者何炳棣統計明清一萬二千二百二十六名進士（1371～1904，共計 48 科）的家庭背景，明代平均還有 50% 的進士來自寒素家庭，清代則平均只有 37.2% 出身寒微；換言之，從明初到清末，各科進士中前三代有仕宦背景的比例越來越高，反映了明清兩代科舉對社會流動影響力的變化。

第五節　學術文化

一、從理學到經學

　　明清兩代，帝王都尊崇理學。明朝開國之初，即積極提倡朱子之學，明太祖曾多次昭示天下「一宗朱子之書，令學者非五經孔孟之書不讀，非濂洛關閩之學不講。」洪武、建文兩朝的大儒宋濂與方孝孺，備受推崇，譽為「程朱復出」。明成祖在位期間，更命大臣胡廣等編纂《四書大全》、《五經大全》、《性理大全》，以為天下士子習業的經典。又規定科舉考試不能悖離朱熹的《四書集注》及其對五經經義的詮釋，程朱理學遂為明代官方哲學之正統。

　　隨著社會經濟的發展，傳統禮制的逐漸崩壞，明代中期的思想文化也漸現新意。正德年間，王守仁（1472～1529）的「心學」興起，打破了明初以來思想一元化的局面。王守仁為浙江餘姚人，人稱陽明先生。他的學說是一種強調「心」──亦即人的主體性的哲學，一方面承襲了南宋陸九淵的思想，一方面也受到佛教禪宗的影響。他主張「心即理」，認為心就是天地萬物的主宰，因為人人有心，所以人人心中有理。人人以「心」去判別外間事物，一切是非價值就有重估的必要，是與非，不取決於眾人之口，而決定於吾心之會契，甚至聖人的權威也發生動搖。王陽明晚年並提出「致良知」的說法，他說：「良知者，孟子所謂是非之心，人皆有之者也。是非之心，不待慮而知，不待學而能，是故謂之良知。」他特別強調道德的自我意識，在自覺的倫理行為中，擴展和肯定人的存在，認為人人只要通過內心的反省，就能「去人欲，存天理」。王陽明的「心學」否定了程朱理學以外在規範去除人欲的必要性，與朝

廷提倡的儒學漸行漸遠,成為晚明文化思潮的哲學基礎。

王陽明學說中的一些近似狂悖的因子,至其弟子王艮(?～1402)創立泰州學派有更進一步的發展。王艮認為「凡涉人為,便是作偽」,強調良知的本體是一種自然而然的本性。他並主張「百姓日用即道」,認為「愚夫愚婦,能知能行即是道」,「聖人之道無異於百姓日用」,主張百姓與聖賢並無根本區分,凡是脫離百姓日用的玄談,都是異端,這些論點否定了宋儒強調的「道」的神聖性,也顛覆了「存天理,去人欲」的命題。泰州學派在嘉靖、萬曆時期傳播甚廣,影響深遠,泰州後學中,又以李贄(1527～1602)最為「離經叛道」。他否定儒家思想的神聖性,主張「不以孔子之是非為是非」,並進一步發揮王艮「百姓日用即道」的論點,認為「穿衣吃飯即是人倫物理,除去穿衣吃飯,無倫理矣」,肯定人們的物質慾望和個性的自由發展。此外,最值得注意的是他的「童心說」。所謂「童心」就是「絕假純真、最初一念之本心」。在李贄的思想架構下,世間的萬物之理既不是朱熹所說的「天理」,也不是王陽明強調的「良知」,而是人們對「穿衣吃飯」的需求,所以人的私欲其實是一種「自然之理」。換言之,李贄強調的「童心」,其實就是「人欲」。他的思想對晚明的思想文化界影響很大,如袁宏道和湯顯祖等人都非常推崇李贄的童心說,他們的思想也都對傳統倫理與價值觀念構成挑戰。

王陽明的「致良知」說,強調人的道德自覺,本有勉勵人們躬行實踐的深意,但他所謂人人心中固有的「良知」,沒有客觀確定的標準,以致聰明的人「言心言性,茫乎不得其解」,狂放的人則用良知作護符,以掩飾他們的任性放縱。因此王學末流所及,形成一股束書不觀、空談心性的頹風。同時,有些學者由王學轉向回歸朱學,以東林諸子顧憲成、高攀龍、劉宗周為代表,主張「去虛就實」,以實學糾正王學空疏之弊。有的則提倡經世之學,如徐光啟、李時珍、宋應星等人,其學皆以切於世用為目的。有的則轉向提倡經學,如焦竑、陳第、錢謙益等人,對清

初「以經學濟理學之窮」的學風有很大的影響。

　　明清之際的學術以經世思想為主幹，而在清初思想家中，又以黃宗羲、顧炎武、王夫之三大儒的貢獻最大。他們總結明亡的教訓，對政治、經濟的得失做了深刻的反省。黃宗羲（1610～1695），號梨洲，浙江餘姚人。主張學問與事功合一，凡與國計民生有關的學問，他都廣涉博覽，畢生著述、講學不輟，所著《明儒學案》、《宋元學案》，為中國學術史體裁的開創之作。此外，梨洲最大的貢獻在他對君主政體的批判。他在順治十年完成《留書》，對中國古代政權形式的演變、兵制的得失和晚明黨爭等問題都有論列，當時旨在恢復明朝。後來永曆帝的南明政權崩潰後，梨洲又將《留書》中的理論深入闡發，完成了不朽名著《明夷待訪錄》。書中以秦以前為「古」，秦以後為「今」，他認為「古者以天下為主，君為客」，「今也以君為主，天下為客」，主客異位，導致君主日益專制，所以「今之天下之人怨惡其君，視之如寇讎，名之為獨夫，固其所失，固其所也。」他強調君與臣是師友關係而非主奴關係，君臣治天下的目的「不在一姓之興亡，而在萬民之憂樂」，並推崇學校和宰相制度，以限制君權。顧炎武（1613～1682），號亭林，江蘇崑山人。為學以「明道救世」為宗旨，強調「博學於文」和「行己有恥」。他著《日知錄》，留心歷代風俗盛衰與天下治亂；《天下郡國利病書》是他在實際考察中以經世為目的寫成的巨著。王夫之（1619～1692）號船山，湖南衡陽人。所著《讀通鑑論》、《宋論》，透過史論闡述其政治思想，在經學方面有諸經疏解和考異等多達二十三種，著述博贍。

　　乾隆、嘉慶時期，考據訓詁之風大盛，學者稱「乾嘉學派」。其學以研究經學為中心，而兼及史學、音韻、諸子、曆算等，方面極廣。由於他們提倡治學要樸實無華，在方法上以漢代的訓詁考訂為宗，所以又稱「樸學」或「漢學」。

　　考據之學，清初顧炎武、黃宗羲、閻若璩已開其端。顧炎武為學重在經世，其治經學，則提倡「經學即理學」，教人擺脫宋明理學的羈絆，

直接研治六經。他重視實證、留心考察的治學方法，已開乾嘉考據學之先河。黃宗羲以史學見長，是浙東史學的開創者，他對經學也有精闢的研究，所著《授書隨筆》和《易學象術》，實為稍後閻若璩《古文尚書疏證》和胡渭《易圖明辨》的先導。乾嘉學者初期多集中於研治經學，後來有一部分學者轉向治史。當時的經學家可分為「吳派」和「皖派」。吳派以惠棟（1697～1758）為代表，此派學者篤守漢儒家法，專宗馬融、服虔、鄭玄等人的經說，認為「古訓不可改」。皖派以戴震（1723～1777）為代表，重視「三禮」6 中名物制度的考證，他們雖尊漢儒，但並不墨守漢人成規，而重客觀與實證，從文字、音韻入手，開闢治經的新途徑。戴震的弟子段玉裁、王念孫等，都精通文字、音韻之學，在校勘、訓詁、考證等方面有卓越的貢獻。因此，皖派的學風影響遠較吳派為大。

二、佛道與民間宗教

明代的佛教由於世俗化的影響，除了淨土宗之外，各派俱已衰微。禪宗經過數百年的流傳，逐漸流於空疏不學，佛教內部由虛反實的理論反省遂相應而起。由於理學的影響，佛教的儒家化日益顯著，因而出現「三教同源論」等說法。「三教同源論」認為，儒、釋、道三教的內容雖有不同，但根本目的都在善世淑人，這正是人類心靈共同的最終目標，所以三教在根本上是相同的。在這個理論的影響下，結社念佛的信仰形式在民間逐漸盛行，信佛者一方面有出家的欲望，另一方面則恪守儒家的倫理觀念。此外，居家念佛的居士也逐漸增加，佛教在民間的傳布過程中，「善書」和「寶卷」的刊印日盛，對庶民社會的生活影響非常深遠。清代仍延續明朝末期的佛教政策，但因滿人信奉的主要是薩滿教和喇嘛教，清代佛教無論在形式上或內容上都沒有明顯的進展。

6「三禮」指《周禮》、《儀禮》、《禮記》三書。

　　道教方面，明代道教的發展，最主要的是以符籙為主的正一道和以修煉內丹為主的全真道兩大派別。但全真道至明代已不為帝王所重視，正一道的歷代天師則備受禮遇，受命掌管天下道教，主持國家祀典，享有政治和經濟特權。此外，明清道教的庶民化和世俗化也非常顯著，以道士為主人翁的神怪小說和戲曲大量問世，如《八仙外出東遊記》、《上洞八仙傳》敘述鐵拐李、鍾離漢、藍采和、張果老、何仙姑、呂洞賓、韓湘子、曹國舅得道成仙的故事，這些作品深入下層社會，成為明清庶民文化的一部份。此外，民間信仰的神靈與觀念也逐漸滲入道教的神譜體系，如道教的太元聖母漸為娘娘、西王母、觀世音所取代，掌管的是民眾關心的催生、送子之事。道教為了適應一般百姓的需要，也改變原有的齋醮作法儀式，如代神施雷驅鬼，代神立言預知吉凶，求籤、擲筊等，都成為道教常用的宗教形式。

　　整體來看，明清正統佛教與道教都漸趨式微，比較突出的是民間宗教的盛行。自古以來，民間宗教與正統宗教始終有密切的關係，民間宗教的組織、儀式、戒律，通常都與正統宗教關係密切，以後逐漸自成體系，在反映教義的經典上漸漸脫離正統宗教的軌道而蔚為新興教派。明太祖即位後，雖嚴令禁止白蓮教的活動，但洪武到永樂年間，白蓮教在民間仍持續傳播，這也是明清時期歷史最為悠久的一個民間宗教。此外，一些宗教家受白蓮教的啟發，順應社會變遷的需要而自創新的教派，如羅教、黃天教、聞香教、三一教等，這些新興的宗教，成為明清民間宗教發展的主流。

　　明清眾多的民間宗教中，尤以羅教影響最為深遠。羅教最初稱無為教，創立人羅夢鴻（1442～1527）是山東萊州人，世代為軍籍，家境貧寒。明武宗正德四年（1509），羅夢鴻在創教後二十五年，正式刊行羅教寶卷「五部六冊」，風靡下層社會，對明清民間宗教的發展，影響極大。羅夢鴻主張，只要崇拜無極聖祖和羅祖，誦贊五部經典，吃齋行善，不論在家出家，都可以悟道成真。而他所倡導的悟道方法，就是禪宗的

頓悟，明心見性，即可成佛。羅教寶卷「五部六冊」把三教經典深奧晦澀的的文字，變成庶民的口頭語言，通俗易懂，為識字不多的下層民眾指出一條簡便的成佛途徑，是促進羅教迅速傳播的主要動力。再者，羅教教義和儀式非常簡單易行，不須念經、供佛、燒香，也不必設經堂、做佛事，貼近貧苦民眾的生活，也有助於羅教在下層社會的流傳。此外，羅教在組織系統與傳承關係上比較靈活，故支脈繁盛，也是促使其能流傳不斷的重要因素。明清的民間宗教中，齋教、弘陽教、聞香教、龍天教等，都與羅教有傳承關係；此外，不屬於羅教系統的有黃天教、西大乘教、三一教、圓頓教等。

三、小說戲曲的光華

　　明代前期，擬古之風盛行，文學復古運動曾先後掀起兩次高潮。第一次是弘治年間開始的「前七子」時期，代表人物為李夢陽、何景明、徐禎卿、邊貢、康海、王九思、王廷相等，而以李、何為首。他們以「文必秦漢，詩比盛唐」相號召。第二次是嘉靖年間開始的「後七子」時期，代表人物是李攀龍、王世貞、謝榛、宗臣、梁有譽、徐中行、吳國倫等，而以李、王為首。李攀龍甚至主張「一字一句摹擬古人」，王世貞對當代文風影響更大。但前後七子的詩文復古運動，只注意在形式上擬古，不免流於「師其辭不師其意」之弊。嘉靖時期，即有徐渭、唐順之、歸有光等江浙文士起而反對擬古，提倡唐宋諸大家的文體。萬曆以後，又有公安派、竟陵派興起，前者以袁氏三兄弟宗道、宏道、中道為首，後者以鍾惺與譚元春為首。他們都堅決反對擬古，主張為文獨抒性靈、不拘格套。明末清初，承其流風餘韻，盛行率真雋永的小品文，文風為之一變。

　　清初古文復盛。康熙末年，桐城方苞倡言古文義法，主張以唐宋韓、歐的文章工夫發揮程、朱的義理，其文清淡簡遠，是清代「桐城派」的

開山者。

　　明清兩代的文學，成就最高的是小說和傳奇。由宋元的平話演變而成章回體小說，是明清文學的精華。章回體小說的結構，通常是每部書分為若干回，每回故事的重心，寫成一副對聯，置於篇首；每回末尾也綴以詩句，並以「欲知後事如何，且聽下回分解」作結。

　　明清小說中，最著名的是《水滸傳》、《三國志演義》、《西遊記》和《金瓶梅》，世稱「四大奇書」。《水滸傳》是元末明初施耐庵根據宋元以來有關宋江故事的話本和雜劇寫成的小說。書中塑造的一百零八個英雄，見於正史的僅宋江一人，其餘全出自民間傳說與作者構想。水滸的故事在各地廣泛流傳，有的演為戲文，有的經由說書傳播。《三國演義》傳為羅貫中所作，此書源流久遠，係根據宋元流傳的故事並參考陳壽《三國志》寫成，是一部規模龐大的軍事政治小說。現存的一百二十回本，已非羅貫中原稿，而是經過清人毛宗崗改定。此書不僅闡揚忠義，且能增人智謀，對中國民間思想的影響極大。《西遊記》為吳承恩所作，係根據元明兩代有關唐三藏（玄奘）西天取經的戲曲，再加以想像增飾而成。書中所述唐三藏師徒取經途中，經歷八十一難的神怪故事，富於趣味性和藝術性，創造的人物也親切脫俗，因此極受大眾的歡迎。署名蘭陵笑笑生所作的《金瓶梅》，作者傳為王世貞。全書共一百回，書名是由書中三個女主角潘金蓮、李瓶兒及春梅的名字各取一字拼成。此書內容根據水滸傳中西門慶與潘金蓮的豔史，描寫土豪劣紳的奢淫及其勾結權貴宦官的劣跡。書中刻畫人情世態極為生動，其間雖有不少淫穢行為之描繪，但從寫實的角度來看，此書實為一部出色的社會小說。清代最有名的長篇小說有吳敬梓的《儒林外史》和曹雪芹的《紅樓夢》。《儒林外史》描述科舉制度的弊端和士人卑劣的一面，反映了當時政治腐敗和道德文化的淪喪，筆鋒犀利，是清代著名的諷刺小說。《紅樓夢》又名《石頭記》，書中故事以貴族家庭中的愛情悲劇為核心，實際上是曹雪芹住在北京西郊時回憶往事、懺悔生平之作，為中國小說史上最完

善最有價值的巨著。此外，晚明的短篇小說「三言」和「兩拍」也都膾炙人口。「三言」即馮夢龍所撰《醒世恆言》、《警世通言》和《喻世明言》，「兩拍」指凌濛初的《拍案驚奇》和《二刻拍案驚奇》，這些小說收集或改編許多宋元以來的話本故事，通俗動人，流傳甚廣。清代蒲松齡的《聊齋誌異》，則藉鬼怪妖狐敘寫人情世態，文筆優美，寓意深刻，是清代短篇小說的代表作。

　　小說之外，傳奇也是明清文學藝術的重要成就。傳奇是戲曲的一種，最初流行於南方，因此又稱南曲。明朝的傳奇曲調更豐富，情節更複雜，主要的作品有李開先的《寶劍記》、王世貞的《鳴鳳記》和梁辰魚的《浣紗記》。萬曆年間，劇作家湯顯祖打破音韻、格律的限制，注重傳奇的結構和思想，撰有「玉茗堂四夢」，即《還魂記》、《紫釵記》、《邯鄲記》、《南柯記》，其中《還魂記》又名《牡丹亭》，是明代傳奇藝術的高峰，至今仍流傳不息。清初以洪昇的《長生殿》與孔尚任的《桃花扇》最為膾炙人口，世稱「南洪北孔」。此外，清代傳奇在聲腔和曲調上也頗有進展。

四、傳統科技的成就

　　從明代到清初，中國科技發展的成就主要表現於技術方面。在基礎科學方面，由於明代一直沿用元代的《大統曆》不加修改，又嚴禁民間研究天文和曆法，而數學方面，除了商業數學和珠算術以外，代數學並未在宋元成就的基礎上有所發展。因此，明清時期，天文和數學這兩門主要的傳統科學幾乎處於停頓狀態。

　　但隨著工商業的繁盛，明代商業數學有顯著的發展。景泰初年，吳敬完成《九章算法比類大全》，在書中收集的許多應用問題中，有不少是與商業有關的新問題，如計算利息、合夥經營、就物抽分等，反映了商業活動的實務需要。另一方面，也促成了「珠算術」的推廣，珠算術

用珠算盤演算，比自古以來用算籌演算的「籌算術」方便許多。明代中葉，算盤已相當普及，並出現很多有關珠算的數學著作，其中最著名的是程大位的《直指算法統宗》，這本書完成於神宗萬曆二十年（1592），書中內容仿照《九章算術》的體例分為九章，共五百九十五個問題，詳述各題珠算的定位方法，珠算的加減乘除四則運算，以及各種珠算口訣等。明清之際，珠算術還流傳至鄰近的日本、朝鮮等國，並沿用至今。

此外，明清在醫學、農學、地理學等方面也有相當重要的成就。醫學方面，明末的李時珍（1518～1593）尤為代表。他的醫學著作很多，其中以《本草綱目》貢獻最大。《本草綱目》的撰寫，前後歷時二十六年，全書共五十二卷，收有藥物一千八百九十二種，方劑十一萬九百六十個，並附插圖一千一百六十幅，對每種藥物的名稱、產地、型態、採集方法、性質、功用和炮製方法等等都有詳細的解釋，是傳統中國藥物學的集大成巨著。明萬曆年間，《本草綱目》已傳到日本，後又傳入朝鮮和越南，十七、八世紀傳入歐洲，先後有德文、法文、英文、拉丁文、俄文的譯本或節譯本傳世，對世界醫藥學和生物學有重大的貢獻。

此外，溫病學說的創立和種痘法的發明也是明清醫學的重要成就。溫病學說是治療傳染性的熱性疾病的醫學理論，明代以前，醫學家對治療傳染性與非傳染性疾病，實際上都未超越《傷寒論》的範圍，治療效果有其侷限。明清醫學家深入研究傳染病的病因、特徵和治療，提出了新的理論、療法和預防措施，有不少專門著作問世，形成「溫病學說」，對充實中醫醫學體系有重大的影響。種痘是預防天花的方法，明代以前，對天花一直沒有有效的防治方法。明代種痘術的發明是中國早期免疫學的重大成就，對遏制天花的傳染和死亡率有很大的貢獻。

比李時珍晚半個世紀的徐光啟（1562～1633）與耶穌會士利瑪竇（1552～1610）等人合譯了許多西方科學著作，是明末介紹西學的先驅。除了研究天文、曆算之外，徐光啟用力最深、蒐羅最廣的是農業方面的研究。他所著的《農政全書》六十卷，共計五十多萬字，分為農本、田

制、農事、水利、農器、樹藝、蠶桑、蠶桑廣類、種植、牧養、製造和荒政等十二大項,書中除了收錄許多古代和當時的農業文獻,並有其親自觀察和試驗所做的專題論述,他反對傳統的「風土論」,強調「人力定可勝天」,認為只要注意選種和改進種植技術,北方也可種稻,瘠地也可植棉。此書不僅保存了珍貴的歷代農業資料,同時也反映了明末精耕細作的農業經營狀況。

　　與徐光啟大約同時的徐弘祖(1586~1641)則是一位著名的地理學家。徐弘祖號霞客,江蘇江陰人,他一生博覽各種地理書籍,從二十一歲開始,前後三十多年期間,幾乎年年出去考察,足跡遍及華東、華中、華南和西南各省,他用日記體裁記載在旅途中考察的山水、風俗、人情,完成《徐霞客遊記》。此書在科學上最大的貢獻,是他對岩溶地貌的紀錄和論述,書中詳細記載湘西、雲南、貴州、廣西等地的岩溶地貌特徵,對岩溶洞穴、鐘乳石、石筍的成因都有相當科學的探討。

　　此外,在傳統科學技術的基礎上,明末還出現世界上第一部農業與手工業生產技術的百科全書,就是宋應星(1587~?)編撰的《天工開物》。全書共十八卷,分述作物栽培、養蠶、紡織、染色、糧食加工、煮鹽、製糖、釀酒、燒瓷、冶鑄、造紙、採礦、顏料、舟車製造、珠玉採集等,幾乎涵蓋了所有農業和手工業部門的生產技術及過程。

五、西學東漸與中學西傳

　　歐洲自十五世紀宗教改革以後,新教在北歐取得優勢,代表舊教的天主教會內部也進行了一些革新,其中影響最大的是耶穌會(Society of Jesus)。耶穌會的宗旨在重振羅馬教會,於一五三四年創立,他們廣設學校,教育青年遠渡重洋宣揚聖教,以人格感化和知識啟迪爭取民眾支持,成效可觀,不僅恢復了羅馬教皇喪失的許多領地,並擴張到美洲和亞洲。明末清初來華的傳教士主要就是耶穌會士。他們把天主教傳入中

國，也輸入了歐洲的科學知識與技術，從而揭開了近代中西文化交融與衝突的序幕。

耶穌會士來華始於明代中葉，當時比較著名的傳教士有利瑪竇（Matteo Ricci，1552～1610）、湯 若 望（Johann Adam Schall von Bell，1592～1666）、南 懷 仁（Ferdinand Verbiest，1623～1688）、艾 儒 略（Julius Aleni，1582～1649）。他們與在朝士大夫徐光啟、李之藻等人交遊，也頗得明清君主的賞識，在傳教的過程中，他們傳入了西方的天文、數學、地學、火器與科技知識。數學方面，利瑪竇和徐光啟合譯歐幾里德《幾何原本》，傳入西方的幾何學，與李之藻合譯《同文算指》，介紹西洋的算術筆算法，此外，對數與三角學等也在此時輸入中國。天文學方面，首先是利瑪竇介紹了日月蝕的原理、西方測知的恆星及天文儀器的製造等。明代一直沿用元代的《大統曆》，誤差漸大。崇禎二年（1629）徐光啟受命主持修改曆法，聘請龍華民（Nicholas Longobardi，1559～1654）等耶穌會士編譯天文學書籍，並完成《崇禎曆書》。新曆到清初才由湯若望獻給清廷，獲得頒行，稱為《時憲曆》。清初的天文學家、數學家王錫闡（1628～1682）、梅文鼎（1633～1721）等人，在深入鑽研中西科學知識的基礎上，實事求是，兼採中西曆之長，當清初士大夫對改曆問題議論紛紛之際，他們主張舊曆固應修改，但西方曆法並非盡善盡美，不能一味盲從，故二人能去偽存真，有超越前人的成就。

地理學方面，利瑪竇帶來世界地圖，地圓說、南北極、赤道、五大洲等地理新知隨之傳入中國。此外，受西方影響較大的是地圖測繪學，康熙時期，帝國完成統一，在法國傳教士雷孝思等人的主持下，採用西洋經緯度定位和梯形投影的方法，繪製而成《皇輿全覽圖》，這是世界上第一部根據實地測量繪製的古地圖。

火器方面，明末清初，由於軍事上的需要，湯若望和南懷仁都曾為朝廷鑄造銃炮。明末，湯若望口授、焦勗筆錄的《火攻揭要》，清初南懷仁編譯的《神武圖說》，都詳述各式火砲的原理和鑄造方法，引進了

西方的製炮技術。

　　由於特殊的時代背景和宗教因素，明末清初西方科技的輸入，只在中國社會上層的一些士大夫中傳播，傳入的西學及其影響都有其侷限，以致當時西方最先進的科學理論和完整的科學著作未能傳入中國。

　　西學輸入中國的同時，中國文化也透過傳教士的介紹傳入歐洲。在利瑪竇之前來華的教士羅明堅，是第一位翻譯《四書》的西方人。其後利瑪竇也陸續透過著作和書信把中國的儒家思想介紹到歐洲。一七三五年（康熙六年），傳教士杜赫德在巴黎刊印由耶穌會士在中國的考察資料彙編《中華帝國志》，這部中國百科全書分為四卷，首卷記載中國各省地理和歷代編年史，第二卷記述政治、經濟、教育和經典，第三卷介紹宗教、道德、醫藥、博物，第四卷介紹滿洲、蒙古、西藏、朝鮮。書中並收錄《古文觀止》、《趙氏孤兒》等中國名著的譯文。這本書的傳播對中國歷史文化的西傳發生了重要的影響，中國儒學的人文傳統更成為歐洲啟蒙思潮的重要來源，其中如德國萊布尼茲（G. W. Leibnitz，1646～1716）、法國伏爾泰（Voltaire,1694～1778）等啟蒙思想家影響尤大。

　　萊布尼茲非常熱衷於中國思想的研究，他遍讀中國哲學的西文譯本，並請益於通曉中國學問的教士。他在一六九七年（康熙三十六年）出版《新中國》一書，書中指出，西方的算學、天文學、論理學等雖然超越東方，但中國的政治和道德哲學都勝過西方，兩者實可互補。伏爾泰對孔子的思想亦極為信服，他認為孔子所講的是極為精純的道德哲學，歐洲對優美的中國文化應予肯定，並虛心模仿。此外，歐洲的藝術也受到中國的瓷器、絲綢、漆器、繪畫、建築風格的影響，十七、八世紀間，風行於德、法等國的「洛可可」（Rococo）藝術即其代表。

明帝系表（1368～1644）

①太祖（朱元璋，1368～1398）─────────────②惠帝（允炆，1399～1402）

③成祖（棣，1403～1424）──④仁宗（高熾，1424～1425）

⑤宣宗（瞻基，1426～1435）──⑥英宗（祁鎮，1436～1449）

⑦景帝（祁鈺，1450～1456））

英宗[復位]（祁鎮，1457～1464）

⑧憲宗（見深，1465～1487）

⑨孝宗（祐樘，1488～1505）──⑩武宗（厚熙，1506～1521）

⑪世宗（厚熜，1522～1566）

⑫穆宗（載垕，1567～1572）──⑬神宗（翊鈞，1573～1619）

⑭光宗（常洛，1620）──⑮熹宗（由校，1621～1627）

⑯思宗（由檢，1627～1644）

清帝系表（1644～1911）

①太祖（愛新覺羅努爾哈赤，1616～1626）—— ②太宗（皇太極，1627～1643）—

└③世祖（福臨，1644～1661）———— ④聖祖（玄燁，1662～1722）—

└⑤世宗（胤禛，1723～1735）———— ⑥高宗（弘曆，1736～1795）—

└⑦仁宗（顒琰，1795～1820）———— ⑧宣宗（旻寧，1821～1850）—

└⑨文宗（奕詝，1851～1861）———— ⑩穆宗（載淳，1862～1874）

└醇親王（奕譞）———————— ⑪德宗（載湉，1875～1908）

└醇親王（載灃）———— ⑫溥儀（1909～1911）

參考書目

傅衣凌主編，楊國楨、陳支平著，《明史新編》，北京，人民，1993
　　年；雲龍，1995 年。

王戎笙主編，《清代簡史》，遼寧人民，1997 年。

姜公韜，《明清史》，長橋，1980 年。

張海鵬、張海瀛主編，《中國十大商幫》，黃山書社，1993 年。

唐力行，《商人與中國近代社會》，臺灣商務，1997 年。

全漢昇，《明清經濟史研究》，聯經，1987 年。

吳承明、許滌新主編，《中國資本主義發展史》第一卷：《中國資
　　本主義的萌芽》，谷風出版社翻印，1987 年。

陳鼓應、辛冠潔、葛榮晉主編，《明清實學思潮史》，齊魯書社，
　　1989 年。

王爾敏，《明清社會文化生態》，臺灣商務，1997 年。

余英時，《中國近世倫理與商人精神》，聯經，1987 年。

林仁川，《明末清初私人海上貿易》，華東師範大學，1987 年。

Ho Ping-ti,*The Ladder of Success in Late Imperial China*.New York :Col-
　　umbia University Press,1962.

Chang Chung-li,*The Chinese Gentry*.University of Washington Press,
　　1962.

Joseph W. Esherick & Mary B. Rankin eds.,*Chinese Local Elites and Pat-
　　terns of Dominance*.Berkeley & Los Angeles:University of Califor-
　　nia Press,1990.

第十章

近代時期

胡平生 *

第一節　近代中國的變局

　　用上古、中古、近古、近代等名詞，將歷史加以分期，是西方史學家首先採用，而先後為日本、中國所承襲者。近代中國始於晚清十九世紀中期的中英鴉片戰爭，至今已少有爭議。鴉片戰爭確具有其代表性、指標性及震撼性，是為中國數千年未有之變局。然而此一戰爭發生的遠因，可以追溯至十六世紀新航路發現後歐洲人大舉由海道東來，要求與中國擴大貿易範圍、乃至對等的外交關係不遂，有以致之。故述近代中國的變局，不能不自西人大舉東來所意味的西力東漸說起。

＊現任臺灣大學歷史系教授。

一、西力東漸與鴉片戰爭

(一)西力的東漸

這裏所謂的西力（西方勢力），是指十五世紀中葉以後在西歐、中歐興起的民族王國（National Monarchies；即民族國家），特別是大西洋地區的西班牙、葡萄牙、英國、法國等擁有強大政治力量的一些國家。這些具有近代國家雛形的民族王國，其特色是政治上封建貴族沒落，王權集中；經濟上商業復興，閉鎖的中古經濟型態已被打破式微；社會上因經濟型態的變化，中產階級隨之興起，有逐漸發展成為社會主流的趨勢；軍事上由於十四世紀之後火藥的傳入歐洲，改變了戰爭的舊觀；文化思想上文藝復興（Renaissance）臻於頂峰，人文主義（Humanism）盛行，乃至自然科學也日受重視。十五世紀後期以降，這些西方的民族王國不斷地向海外擴張，其原因約有下列數端：

  1. 對於某些外來物品的仰賴和需求：如絲、棉織品、地毯、寶石、瓷器、糖及香料中的胡椒、肉桂、丁香、薑、荳蔻等，這些物品多係來自東方的中國、東印度羣島和印度等地，為西方人所艷羨，但當時東西貿易主要憑藉陸路，漫長而多險阻，且為回教徒所壟斷，所以他們極思直接、大量地與東方貿易或用武力奪取而獲得之。

  2. 中產階級興起後，他們協助王室在國內建立法律與秩序，致王權鞏固，政治力量日形強大，並進一步推贊向國外開疆擴土，拓展勢力。

  3. 基於宗教的熱忱，一些民族王國的基督教徒、傳教士亟盼將福音傳播於西方以外的異域世界，也助長了向外擴張之勢。

  4. 地理知識的增長，航海和造船技術的進步，使西方以往無法推動海外經營的瓶頸，得以突破。

  5. 火藥的輸入，改變了西方的戰術武器，各種槍砲相繼發明，商船

均係武裝，不僅可以自衛，且可威脅征服所至之地的國家人民。

　　十五世紀的西方國家首先致力於由海上向外擴張的為葡萄牙，葡萄牙人試探著從大西洋循非洲西岸向南航行，一四八八年（時為中國明憲宗成化二十二年），葡萄牙人發現了非洲南端的好望角（Cape of Good Hope）。另一位葡萄牙人達伽瑪（Vasco da Gama），則於一四九七年七月自葡京里斯本（Lisbon）出發，向南航行，經好望角，於一四九八年五月抵達印度西南部的古里（Calicut），此一新航路的開啟，使得歐亞間的東西水程完全打通。一五一〇年，葡萄牙人占領印度的臥亞（Goa），次年，占領馬來亞西岸的麻六甲（Malacca），一五一四年（明武宗正德九年），葡萄牙船隻行抵粵江口外，這是歐洲人第一次自海道直達中國。稍後葡人雖因向中國要求通商未遂，數度與明軍武裝衝突，戰敗被逐，但終於獲准寄居澳門，進而取得與南洋諸國同樣的待遇，與中國貿易。

　　繼葡萄牙之後向海外擴張發展的是西班牙。一四九二年八月，原籍義大利熱那亞的哥倫布（Christopher Columbus），在西班牙女王資助下自該國的南部出發西航。十月間，抵達巴哈馬羣島（the Bahama Islands），即行返航。其後他又三次西航，曾到達今中南美洲的東岸。一五二〇年，受雇於西班牙的葡萄牙人麥哲倫（Ferdinand Magellan）率船隊西航，繞過美洲南端，抵達太平洋，發現了菲律賓羣島。四十餘年後，西班牙人占領菲律賓，並長期統治之。其他各國，如英國、法國、荷蘭，也急起直追，競相向海外擴張發展。十六世紀時期，葡萄牙人稱雄於印度洋及南洋。但葡萄牙畢竟為一小國，對於在遠洋建立龐大的帝國，終究力不從心；再者其海外擴張經濟性大於殖民性；加以西班牙等國的強力競爭，至十七世紀以後，葡萄牙人在東方的勢力已趨於式微沒落，其地位為西班牙人、荷蘭人所取代。

　　英國人的東來，在十六世紀末葉，時間上在葡、西、荷人之後，聲勢卻後來居上。一五八八年，英國海軍擊敗了西班牙的無敵艦隊，於是直進印度，與法國抗衡。一六〇〇年，東印度公司在倫敦設立，連續派

船至印度、南洋。初與荷蘭分向西班牙進攻，繼與荷蘭相爭。一六三七年（明思宗崇禎十年），威忒（John Weddell）率英國商船隊抵廣東外海，澳門葡人加以杯葛阻撓，與廣東當局交涉，亦不得要領。威忒乃強入珠江，引起中英之戰，戰事對中國不利，經葡人調停，中國允其至廣州買賣，威忒答應道歉。此為中英的首次接觸，亦為衝突的序幕。其後歷經兩百年，中英之間雖無重大衝突，但雙方均感不滿，而且，惡感日增，兵戎相向，卒不能免。其主要的原因，就英國方面而言：

　　1.英國既壟斷了對東方的貿易，對於中國祗准許西方人在廣州一口貿易，和廣州海關官吏的貪賄、腐敗及諸多陋規甚為不滿。十八世紀工業革命在英國發生後，大量的機器產品，需向海外傾銷，使英國要求與中國擴大通商範圍之心愈益殷切，但事與願違。

　　2.英國已成為世界首屈一指的強國，除通商之外，尚要求外交上的往來，對中國待之以藩屬的態度逐漸難以容忍，兩百年間，曾幾次派使團至北京，期能有所突破，但均因禮儀等問題，一無所成，反而徒增困惱和惡感。就中國方面而言：

　　1.中國以農立國，地大物博，大致上能自給自足，對外來貨物需求的意願不高，准西人於廣州一口貿易，旨在「懷柔遠人」，既無意也無需擴大通商的範圍，對於英國的要求，認為其非份，不知感恩。

　　2.中國位居東亞，與西方素少往來，亦少有認識。

　　3.清朝初期武功鼎盛，四夷賓服，均向中國朝貢，養成中國自尊自大的「天朝上國」心理；其對待西方國家，也一本此一優越感，視之為藩屬，焉能與其平起平坐？

㈡鴉片貿易問題及中英衝突

　　至於中英戰爭的導火線，則為鴉片貿易問題。鴉片，中國人稱之為「罌粟」、「阿芙蓉」等，於唐朝時由阿拉伯人傳入中國，初用作藥劑，明、清以降，吸食者日眾。由於吸食鴉片，有害人體健康，而吸食成癮

者，精神萎靡不振，無力從事生產，對社會有極大的負面影響，故清世宗、仁宗都曾明令禁止銷售和吸食鴉片。一七六三年，「七年戰爭」結束，英國擊敗了法國，取得孟加拉的統治權。一七七三年，英國的東印度公司在印度取得鴉片的專賣權，開始在印度大量生產廉價鴉片，然後賣給貿易商走私到中國。這一鴉片貿易，帶給英國、印度政府鉅大的專賣利益，成為其財政上不可或缺的要素。也解決了收購中國茶的資金問題，同時因而打開在印度本國工業製品的銷路，進而通過這個英國、印度、中國的三角貿易，從中國流進英國的銀子也使得從美國南部進口棉花的結賬成為可能。就這樣中國市場被納入以英國資本主義為主的國際市場不可缺少的一環。

　　吸食鴉片不但對中國社會有極其不良的影響，對中國經濟的負面影響也非常嚴重。因為把錢花在鴉片上，導致了對其他商品的需求停滯，其後果是市場的普遍萎縮。此外，鴉片的持續輸入使得白銀的不斷外流。結果，銀價高漲，銀本位的清朝經濟遭到重大的衝擊，市面上的銀和銅錢之間的兌換率也被攪亂。十九世紀三〇年代中後期，由於鴉片走私輸入量大增，白銀外流的情況最為嚴重，於是清廷不得不正視此一問題，而思有所匡正。一八三三年，英國國會議決委派商務監督駐節廣州（以往在廣州的「大班」，係由東印度公司所派），以及在一八三四年四月正式結束東印度公司對華貿易專利權。其影響有二：1. 英國政府取代了東印度公司與中國打交道，官方關係替代了非官方關係，使中英關係起了根本的變化。雖然貿易利益仍然左右著政策，但對國家尊嚴和威信的考慮具有比以往更重要的意義。2. 廢止東印度公司對華貿易專利權，所有英國臣民均得於印度洋、太平洋自由經商，促使其私人貿易商和國內產業資本要求強制中國實施市場全面開放，亦即「自由」貿易而向英政府施加壓力。

　　當時中國方面，清朝的官員對於日益嚴重的鴉片問題，分成弛禁和嚴禁兩派。弛禁派主張把鴉片貿易合法化（只許以貨易貨）可圖關稅收

入的增加；並准許在國內種植製造鴉片，以抑制其進口之量。嚴禁派則痛陳鴉片的毒害，銀漏（白銀外流）的變本加厲，都關繫國家的興亡，主張嚴禁鴉片，從嚴懲治吸食者。道光十八年（1838），清宣宗派嚴禁派的林則徐為欽差大臣，前往廣東查禁鴉片。次年正月（1839 年 3 月），林則徐抵達廣州，旋即展開強制禁煙的工作，諭令各國商人交出鴉片，並具結永遠不再販賣。各國商人均已照辦，唯獨英國商務監督義律（Charles Elliot）於被迫繳煙之餘，仍不肯妥協，並阻止英商具結，雙方關係趨於緊張。同年五月二十七日（陽曆 7 月 7 日），發生英國水兵在九龍毆斃華人林維喜之事，義律緝拏凶犯，處以輕微罰鍰，和短期監禁。林則徐要求交出凶犯，宣稱「殺人償命，中外所同」，義律置之不理。林則徐遂下令封鎖澳門，不准英人逗留，並斷其接濟。七月二十七日（9 月 4 日），義律帶領兵船，至九龍，要求購買食物不遂，即行開砲，中國師船砲臺予以還擊，各有傷亡，中英戰爭的序幕因以揭開。九月二十八日（11 月 3 日），義律的兵船又與廣東水師船隊在虎門口外的穿鼻發生衝突激戰，互有傷亡，是為「穿鼻海戰」。

(三)戰爭擴大與條約訂定

　　粵海衝突既起，林則徐乃積極籌備戰守，並於道光十九年十一月一日（12 月 6 日）起封港，停止與英人貿易，中英關係乃無轉圜之希望。道光二十年正月（1840 年 2 月），英國組織東方遠征軍，以義律的堂兄懿律（George Elliot）任海軍統帥兼正全權，義律為副全權。同年二月（4 月），英國國會經過激烈爭辯，僅以九票之多數（271 對 262），通過出兵案。五月（6 月），懿律統率的英國海陸軍抵達廣東海面，其預定的戰略是將壓力加於北方，迫使清廷早日屈服，所以未攻廣州，逕自北上，占據定海（浙江之舟山），於七月（8 月）間。進抵天津附近的大沽口外。清廷大震，罷斥林則徐，命主和的琦善與英人談判。琦善在大沽會談中隱約其詞，敷衍應付，並促英人返棹南還。英人以為清廷原則上已

允其要求，八月（9月），英艦啟椗南返。琦善旋奉命以欽差大臣身分「馳驛前往廣東查辦事件」。十一月初（11月杪），琦善抵達廣州，一反林則徐所為，撤防裁軍，懿律要他及早接受英方全部條件，琦善則一味敷衍，拖延時日，英人不耐，於十二月（1841年1月）間攻占大角、沙角砲臺，琦善不得已，與懿律訂立穿鼻草約。宣宗聞之大怒，批駁穿鼻草約，雙方戰端再啟。英國派大軍增援，新任全權代表樸鼎查（Sir Henry Pottinger）於道光二十一年七月（1841年8月）率兵船沿海北上，攻占廈門，再陷定海，從吳淞口入長江，於道光二十二年六月（1842年7月）攻陷鎮江，直抵江寧（南京）城下。清廷不得已，始決意與英人謀和。同年七月二十四日（8月29日），清廷所派全權代表耆英、伊里布等至英艦上，與樸鼎查簽訂和約，是為南京條約，約文共十三條，其要點如下：

1.開放廣州、廈門、福州、寧波、上海五處為通商口岸。

2.割讓香港與英，任憑立法治理。

3.賠償英國軍費一千二百萬元，商欠三百萬元，煙價六百萬元。

4.秉公議定各通商口岸之稅則。

5.兩國公文平等往來。

這是中國被迫簽訂的第一個不平等條約，經兩國政府批准後，於道光二十三年五月（1843年6月）在香港互換，按各條所載施行。至於鴉片戰爭中國的戰敗，政治腐化、經濟落後，應是根本原因；其他的原因則為閉關自錮，不明敵情；戰守無策，指揮無能；將領保守，戰術笨拙；軍備廢弛，戰力孱弱等等；英國恃其優勢的堅船利砲，以雄厚的經濟力為後盾，政策堅定，用兵不移，取得勝利，亦不足為奇。鴉片戰爭對中國的影響是很深遠的：

1. 中國的戰敗，使清廷的威權為之動搖，弱點因之暴露，啟西方列強對其輕視之心，接踵而來的侵略行動，已難避免，內部的動亂，也乘勢待發，清廷的處境，日益艱險。

2.南京條約的簽訂，五口的開放通商，使中國閉關已久的門戶為之打開，而且勢必與西方列強交涉往來，置身於複雜的國際舞臺，難以獨善其身。

3.戰敗的鉅額賠款，帶給中國經濟上實質的損失，鴉片貿易化暗為明，白銀外流的情形更為嚴重，大量洋貨的湧入，將中國手工業擠壓到瀕臨破產的境地，助長社會的動盪和變亂。

4.南京條約是以結束戰爭為主的條約，商務方面只有原則規定而無細節，該條約簽訂的同年，中英又議定善後章程、五口通商章程、通商附黏善後條款（習稱虎門條約）等，這些章程或條款的規定，如關稅協定、治外法權等，損害中國主權極大。

更有甚者，如虎門條約規定今後中國皇帝「有新恩施及各國，亦應准英人一體均霑」。此一片面最惠國待遇，不但是國家權利的損失，尤其招致其他國家援例要求，永貽後患。總之，鴉片戰爭中國戰敗簽訂的南京條約，是無窮後患的開端，「三千年未有之變局」，從此開始。

二、外患續至與主權喪失

(一)兩次英法聯軍之役

鴉片戰爭清廷雖然戰敗，但一時的挫折和一紙的條約，並不能立即改變數百年來中國的對外心理。換言之，戰爭並沒有促使中國驚醒，中國人也沒有意識到自己的落後，朝野上下多心有不甘，思圖報復，真正獲得正面教訓者，少之又少。以致中國繼續沉睡了二十年，才有所醒悟，從事革新。英國因戰勝，益認用強硬態度對付中國係有效辦法，既得權益必須確保，並企圖擴大，不惟不肯再聽從中國的擺布，且益肆驕矜，因而益增中國朝野的憤慨。這是南京條約訂立後中英衝突層出不窮，愈演愈烈的原因。其他列強見獵心喜，繼英人之後，爭起效尤，乃至中國

外患頻仍，難有寧日。

中英兩國在在南京條約簽訂後又生衝突，其爭執的焦點有二：

1.廣州進城問題

廣東民性強悍，五口既開放通商、允英人居住及駐設領事，惟獨廣州居民堅拒外人入城，清廷因廣東民間反英情緒強烈一味採取敷衍拖延政策，使問題遲遲不得解決，為此，英人數度與粵民發生衝突。咸豐二年（1852），頑強而又迂腐的廣東巡撫葉名琛陞任兩廣總督，雙方的衝突愈形尖銳，問題更難有紓解的餘地。

2.修約問題

英國引用虎門條約中最惠國待遇條款，要求援道光二十四年（1844）簽訂之中美望廈條約、中法黃埔條約十二年期滿修約之例，享受同等權利。咸豐四年（1854），英、美、法三國公使聯合要求修約，兩廣總督葉名琛斷然拒絕，三國公使率兵船北上，直接與清廷交涉，亦不得要領，清廷要他們回廣東與兩廣總督會商，三國公使返廣東後，葉名琛仍堅拒如故。英國政府接獲英使主張對華採取強硬政策的報告，以是年俄土戰爭爆發，英法援助土耳其，暫不欲再在遠東引起事端，令英使持觀望態度。

咸豐六年（1856），又有亞羅（Arrow）號事件發生。亞羅號是一艘向香港政府註冊懸掛英旗的中國商船，是年九月自廈門駛入廣州省河，廣東水師登船緝盜，拔下英旗，捕去十二名華人船員。英國駐廣州領事巴夏禮（Henry Parkes）向葉名琛抗議，並提出最後通牒。巴夏禮以未得滿意答覆，命英軍出動，攻進廣州城內，因兵力不足，無法長期占領，飽掠之後自動撤出。英軍雖退出城外，仍不時砲轟廣州，廣州人民大為憤慨，縱火焚燬英、美、法商館，英人亦焚燒城外民居數千家以為報復。巴夏禮以釁端已成，乃馳報英國政府，請派遣大軍東來。英國政府因克里米亞戰爭（Crimean War, 1863～1856）結束，已無後顧之憂，遂於咸豐七年（1857）正月決定對華用兵。法國方面，在位的法皇拿破崙三世

（Napoleon III）正思揚威海外，乃以咸豐六年二月法籍神父馬賴（Pére Auguste Chapdelaire）在廣西西林被殺害為藉口，與英國聯盟，一致行動。

咸豐七年十一月，大舉東來的英、法聯軍攻陷廣州（葉名琛被俘，送往印度加爾各答，於咸豐九年病死）。咸豐八年（1858）春，聯軍北上，攻陷大沽砲臺，進逼天津。清廷大震，派代表赴天津議和，於同年五月（6月）簽訂中英天津條約，要點如下：

1. 今後中英可互派使節分駐兩國京師，享有同等待遇。

2. 兩國交涉用平等禮式。

3. 英人得至中國內地遊歷、傳教。

4. 增開牛莊、登州、臺灣（臺南）、潮州、瓊州為通商口岸。又長江沿岸俟秩序恢復，許另擇三處口岸通商（後定為鎮江、九江、漢口）。

5. 英船得航行中國內河。

6. 賠償英國軍費及英商損失各二百萬兩。

條約簽定的次日，中法天津條約亦行簽字，內容大致與英約相同，其不同者為增開通商口岸多淡水（臺北）一處，長江僅列南京一口，並懲辦廣西西林知縣，賠款共二百萬兩等。於是英、法各國公使離開天津，南下至上海參酌物價商訂稅則。

咸豐九年（1859）三月，英、法換約專使自歐洲抵達香港，五月，由艦隊護衛北上至大沽口外，掃除障礙，強行駛入白河，並發砲向兩岸砲臺轟擊，砲臺守軍還擊，擊沉英艦四艘，重創六艘，英軍死者四百餘人，法軍十餘人，餘艦經美艦救援始得安然退出。於是朝野色動，認為係「二十餘年來未有之快事」。十月，英、法政府再派海陸大軍東來。次年（咸豐十年，1860）二月，兩國軍隊會合於香港附近海面。閏三月，英、法聯軍攻占舟山為根據地，四月，進占煙臺，五月，登陸遼東，六月，集軍於大沽口外，由北塘登陸。七月，攻占大沽、天津，逼近北京。八月，清文宗偕后妃及親信大臣出奔熱河，聯軍進駐北京城郊，搶掠圓

明園（在北京城外西北十餘里處，為清帝避暑宮殿），稍後，聯軍入城，布告安民，文宗之弟恭親王奕訢返京與聯軍談判。九月初，因圓明園曾為被捕外人受辱之所，英軍奉命縱火焚之，大火三日不息，宏偉瑰麗的宮殿建築，俱化為灰燼。九月十一日（10 月 24 日），中英和約簽字，是為中英北京條約，要點如下：

　　1.中國皇帝對大沽衝突事件表示歉意。

　　2.開天津為通商口岸。

　　3.賠償軍費八百萬兩。

　　4.華民可至英國屬地居住或工作。

　　5.割讓九龍司給英國。

　　次日，中法和約簽字，是為中法北京條約，內容大致與英約相同，其不同者為無割讓土地之條文，另規定法國傳教士可在各地租買田地，建造教堂。至於兩次英法聯軍之役的影響：

　　1.清廷威信遭到更大的打擊，皇帝出亡，北京被陷（這是中國首都初次為西方軍隊所攻入），可謂顏面掃地。

　　2.喪失更多的主權，尤其是內河航行權、各地遊歷居住權，使中國的門戶洞開，外人的勢力深入內地，他如協定關稅，使中國失去了關稅自主權，無法保護自己的工商業，對經濟影響至鉅。

　　3.兩次英法聯軍之役的重大打擊，促使中國少數有識之士覺醒，是為自強運動產生的要因之一。

㈡俄國的東向侵略

　　俄國在十三世紀蒙古西征時，僅屬開化不久的民族，境內小國林立，並無國家雛形。蒙古將其征服後，曾建立欽察汗國。十五世紀末葉，欽察汗國衰微，俄人乘機恢復獨立，並開始向東方擴張侵略，首度越過烏拉山，進入西伯利亞境內。十七世紀初，俄國羅曼諾夫（Romanov）王朝新興，與瑞典、波蘭訂約，西方無事，乃一意東侵，六十年內，全西

伯利亞的廣大土地，盡入俄國版圖。清軍入關之年（1644），俄人進入
黑龍江流域，奪占土地，殺人劫掠，蠻橫殘暴。於是發生中俄在松花江
下游的幾次戰鬥，俄人被迫西退，然仍劫掠不已。清康熙二十四至二十
五年（1685～1686），中俄兩軍在黑龍江北岸交戰，俄軍失利，要求停
戰交涉。幾經會談，雙方於康熙二十八年（1689）七月簽訂尼布楚條約，
其要點為：1.北以格爾畢齊河及外興安嶺至海為界。2.西以額爾古納河
為界。3.毀雅克薩城，撤回俄人。4.兩國獵人不得越界。5.互不索還逃
人。6.和好通商。

　　這是一次對等的談判，是一個平等的條約，中國方面所注重的是畫
界，俄國方面注重的是通商及占取外興安嶺以北的地方，雙方均達到目
的，阻遏了俄人對黑龍江流域的侵略，保全了完整的東北達一百六十年。
這固然是俄人為時勢所限，在東亞的力量不足，中國正當盛世，而清聖
祖的應付得宜，亦為其要因。

　　道光五年（1825），俄皇尼古拉一世（Nicholas I）即位，好大喜
功，加以拿破崙戰爭已經結束，俄國在國際上的聲勢昇高，所以在他當
政的二十年間，俄國同時向近東、中亞及遠東三方面擴展勢力，尤其是
對於遠東之中國。鴉片戰爭後，中國弱點暴露於世界，尼古拉一世更是
見獵心喜，侵華益為積極。道光二十七年（1847），他任命少壯軍人木
里斐岳幅（Muraviev）為東部西伯利亞總督，負責東侵。咸豐五年
（1855），俄皇亞歷山大二世（Alexander II）即位，於咸豐七年
（1857）派普提雅廷（Putiatin）為駐華公使，普提雅廷即於是年來華，
一方面聯合英、法、美三國公使一致行動，向清廷要求修約，一方面騙
取清廷的信任，並以清廷與英、法間的調人自居，俾從中取利。咸豐八
年四月（1858 年 5 月），木里斐岳幅趁英法聯軍進逼中國的危難時期，
威迫清宗室黑龍江將軍奕山簽訂璦琿條約，其要點為：1.黑龍江、松花
江左岸，自額爾古納河至松花江海口，為俄國所屬，右岸順江至烏蘇里
江為中國所屬，烏蘇里江以東至海之地方，由中俄共管。2.烏蘇里江、

黑龍江、松花江沿岸居住之兩國人民，准其彼此貿易，兩岸商人，責成官員互相照看。

這是中國近代喪失領土最多的一個條約，清廷的愚昧，奕山懾於俄人兵威，且不能瞭解所失土地的潛在價值，其昏庸誤國，都應負最大的責任。

咸豐八年春，俄使普提雅廷隨英法聯軍自香港北上，至大沽口海面。三月，向直隸總督譚廷襄提出畫界和通商二事，並表示願助清廷，竭力剿滅英法。大沽失守後，普提雅廷復表示，如能將俄約議定，可代為向英、法說和，清廷以若拒俄使要求，必致俄國結合英法，共虐中國。於是，同年五月（6月），中俄天津條約簽訂，其要點為：

1. 中俄除前定邊界通商外，增開上海、寧波、福州、廈門、廣州、臺灣、瓊州七處為通商口岸。

2. 俄國得在通商口岸設置領事，並得派兵船停泊，以資保護。

3. 准俄人由通商口岸進入內地傳教。

4. 俄人享有領事裁判權。

5. 俄國享有最惠國待遇。

咸豐十年（1860），英法聯軍二度北上，攻陷天津，進逼北京，俄使伊格那提業幅（Ignatiev）又乘機表示願做調人。中英、中法北京條約簽訂後，俄使挾功索求報酬，清廷因於同年十月（11月）簽訂所謂中俄北京條約，其要點如下：

1. 中國將黑龍江以北及烏蘇里江以東的土地讓與俄國。

2. 兩國定期會勘西部疆界。

3. 中國開放庫倫、張家口、喀什噶爾通商，並許俄人設置領事。

此一條約確認了俄國在璦琿條約中的收穫，黑龍江以北的土地從此變成為俄國的阿穆爾省。

短短三年之間，俄國乘中國內憂外患的機會，不費一兵一彈，攫奪了中國四十萬平方英里的土地，其面積比後來的東三省（東北九省）還

要大，三年內英、法、美在中國共得的權利，俄國幾——坐享，並進窺中國西北邊疆。其後二十年間，俄國一再在中國的西北滋生事端，與中國訂立條約，總計西北見奪於俄國的領土並不小於東北。

三、內亂紛起與自強運動

(一)太平天國的興滅

太平天國的興起，雖在道光三十年（1850）左右，惟就它興起的背景分析，可溯之於鴉片戰爭以前，而鴉片戰爭為其近因，茲分述如下：

1. 政治的腐敗

清高宗末年，國勢中衰，尤其是和珅當國二十年，招權納賄，吏治大壞。道光年間，穆彰阿當權，妨賢害能，不亞於和珅。朝廷上下競相苟且敷衍，地方官則多半貪贓枉法，乃至冤獄叢生，民怨載道，故一遇變亂，輒起而響應。

2. 民生的艱困

清朝中葉以降，一般人民的生活日益艱苦，主要是由於鴉片大批輸入，白銀大量外流，以致銀貴錢賤，農民無法完糧納稅，一般雇工，亦以銀價昂貴而無法維持其生活。洋貨的普遍湧入，奪占了中國手工業產品的市場，農村經濟日益蕭條。而地主的兼併土地及對佃戶的剝削，更增加佃農生活的痛苦，再加以沉重的租稅和農事開銷，即使在豐熟之年，尚不能免於負債和饑餓，一遇災荒，惟有走上流亡之途，甚至鋌而走險。

3. 民族的仇視

清朝為一征服王朝，以占少數的滿人統治絕大多數的漢人，在心理上極度缺乏安全感，處處猜防、壓抑漢人。清初其入關後，對漢人士民的血腥屠殺，以及動輒誅夷九族的文字獄，所激起的民族仇恨，難以平服。明末遺老對於民族思想的鼓吹，尤有重大的貢獻。反清復明的秘密

團體天地會，則在下層社會廣為活動，起源於元末的白蓮教，亦暗中反抗異族的統治。太平天國即以此民族大義為號召，這是它得以興起並風動四方的要因之一。

4.武備的廢弛

清代的軍制為八旗與綠營，大體上前者為滿人軍隊，後者為漢人軍隊。八旗自入關後，舊有的猛銳之氣日漸消失。新興的綠營大有取代八旗成為清朝主力之勢。然至嘉慶年間，綠營已經腐化不堪復用，有的軍紀敗壞，乃至劫掠財物，使人民對之失去敬畏之心，強悍之徒，遂躍躍欲試。而鴉片戰爭的敗績更暴露出清朝武備的弱點和式微，也令秘密團體和懷抱企圖的漢人得到鼓舞，加緊籌劃其反滿的活動。

5.人口的激增

清初經大亂之後，全國人口銳減。雍正以降，人口激增，如乾隆六年（1741）全國人口為一億四千餘萬，至道光二十一年（1841 年），竟增為四億一千餘萬。而耕地面積雖有所增加，卻遠不及人口增加的速度，如順治十八年（1661），全國耕地面積為五百四十餘萬頃，至道光十三年（1833），為七百三十餘萬頃。縱無地主之兼併，耕地已供不應求，何況兼併之勢與日俱增。失業農民除少數謀生海外，或遷往都市外，大部分則變為遊民，乃至流氓、鹽梟、盜匪，成為太平軍大起以後的主力隊伍。

6.連年的災荒

道光末年，全國各地災荒迭生，比較重大的有道光二十七年（1847）的河南全省大旱災，道光二十九年（1849）長江流域湖北、安徽、江蘇、浙江四省的大水災，同年，廣西的大飢荒，米價騰貴，天地會眾乘機而起，聲勢甚大。對於這些災荒，清朝官方雖也曾從事賑濟，但向來有浮冒剋扣、敷衍了事兩大弊端，災民所得，實惠甚少，災民憤恨絕望之下，很容易被鼓動去參加反抗和變亂。

太平天國的創立者洪秀全，是廣東花縣客家人。出身於農民家庭，

幼年曾入私塾讀書，頗有才氣，一意追求仕進，卻因屢試不第，深受打擊，心懷怨懟，遂萌革命排滿之念。道光十六年（1836），他在廣州時，獲基督教徒所贈之宣教小冊子《勸世良言》，攜之返回鄉間，翌年，在大病中夢見到種種異象，思想一變，與病前判若兩人。道光二十三年（1843），他細讀《勸世良言》，發現書中所言與六年前大病期間夢見的異象相符之處甚多，乃認定夢境中的金髮黑袍老人即係天父上帝，中年人即天兄耶穌，自己則為上帝的次子。於是創立拜上帝會，展開傳教活動。道光二十四年，洪秀全偕表弟馮雲山前赴廣西發展，信徒日眾，信徒中有楊秀清、蕭朝貴、韋昌輝、石達開等人，洪、馮兩人都與其結為異姓兄弟。道光二十九年廣西發生大饑荒，天地會乘機而起，加入拜上帝會的人也愈多，會眾已超過萬人。道光三十年十二月（1851 年 1 月），拜上帝會起事於廣西省桂平縣之金田村，是為「金田起義」。

　　咸豐元年（1851）正月，洪秀全率眾出金田村西走，二月，宣布其國號曰太平天國，自立為天王。於閏八月（9 月）攻占永安（後為廣西蒙山縣），為太平軍起事以來所占領的第一座城池。至是始正式建號改元，訂定官制，封楊秀清為東王，蕭朝貴為西王，馮雲山為南王，韋昌輝為北王，石達開為翼王，是為「永安建國」。清軍前來圍攻，太平軍於咸豐二年（1852）二月自永安突圍，四月，陷全州，入湖南，馮雲山陣亡，但太平軍沿湘江北上，七月，攻長沙不克，蕭朝貴戰死，十月，太平軍渡湘江西走，出洞庭陷岳州，十一月陷漢陽，十二月陷武昌。咸豐三年（1853）正月，太平軍棄武昌東下，二月陷南京，定都於此，改名為天京。自金田起事至攻陷南京，為時不過兩年又兩個月。

　　天京既定，太平天國遂於同年（咸豐三年）三月命林鳳祥、李開芳間道北伐，但北伐軍兵力不夠強大，孤軍深入，曾攻天津不下，至咸豐五年（1855）全然覆敗。北伐展開的同時，胡以晃、賴漢英則奉命率軍溯江西征，清軍連連潰敗，西征軍於咸豐四年復陷漢口、武昌，進逼長沙。其時湖南湘鄉人曾任禮部侍郎的曾國藩，已奉清廷命令，在湖南督

辦團練，他編練成的湘軍於咸豐四年正月自衡州出發，與太平軍作戰，起初湘軍屢戰失利，但韌性甚強，經過兩、三年的苦戰，終於扭轉情勢，於咸豐六年（1856）收復武漢，鞏固了長江上游。反觀太平天國方面，卻於同年發生嚴重內訌，東王楊秀清專權跋扈，洪秀全乃合北王韋昌輝而殺楊，韋昌輝因而得勢，橫暴更甚，洪再合翼王石達開而殺韋，但又猜忌石，於是咸豐七年（1857）石達開率眾十餘萬人自天京出走（六年後石在四川敗死）。太平天國經此次內訌，元氣大傷，國勢因而中衰。

其後數年間，由於繼起統兵的太平軍將領李秀成、陳玉成，忠勇善戰，力撐大局，太平天國政權得以延續不墜。咸豐十年（1860），清廷任命曾國藩為兵部尚書，署理兩江總督，旋授為欽差大臣，總領全局，節制江蘇、浙江、安徽、江西四省軍事，至是，曾國藩獲得清廷倚重，湘軍聲勢為之一振。咸豐十一年（1861），曾國藩弟曾國荃督湘軍攻克安慶，陳玉成率眾北走，次年（同治元年，1862），被清方誘擒處死。湘軍既克安慶，曾國藩乃定三路進兵之策，以曾國荃沿江進兵以攻南京，保薦左宗棠為浙江巡撫以圖浙江，李鴻章為江蘇巡撫以援淞滬，而自駐安慶以為三路之策應。同治元年，湘軍進圍南京，次年（1863）冬，李鴻章率其淮軍攻克蘇州，各地太平軍亦紛遭敗績。同治三年（1864）四月，洪秀全以大勢已去服毒自盡，李秀成扶秀全長子洪天貴福繼位，同年六月，曾國荃督率湘軍攻入南京，李秀成奉天貴福自城內衝出，途遇清兵，因而失散。李秀成旋在南京附近就擒，天貴福則在江西被執，歷時十四年，率動十餘省的太平天國，就此覆亡。

綜觀太平天國覆亡的原因，約可歸納如下：

1. 思想方面

幼稚荒誕，極端迷信神權，他所創立的拜上帝會，並非西方的基督教，引致洋人的反感。而且只准崇拜上帝，將中國固有的廟宇、神像加以毀壞，經典、書籍加以焚燬或刪改，招致一般人民和知識份子的不滿。曾國藩等即以維護傳統文化為號召，卒能擊滅太平天國。

2.政治方面

採極權統治，手段嚴酷，許多政策根本違反人性（如禁止私有產財，禁男女混雜、夫妻會合等），其高層領導人士則廣事積蓄，徵歌選色，姬妾成羣，毫不遵守頒行的政策。而且人事傾軋，先則諸王內訌，自相殘殺，後來洪秀全又猜忌異姓大臣，當權的洪氏家族，多為貪污無能之輩，以是朝政日益敗壞，趨於衰亡。反觀清軍方面，如曾國藩、李鴻章、左宗棠等，均為博學、能幹、和理智之士，其能苦戰獲勝，實非偶然。

3.軍事方面

只顧攻城，不知治理地方；只顧掠食，不知安撫百姓。而太平天國後期，軍紀極壞，湘軍則步步為營，穩紮穩打，卒能贏得最後勝利。此外，戰略錯誤，既未能於占領南京後一鼓作氣全力北伐（僅派一支孤軍北上），直搗北京。又未能集中兵力，徹底摧毀長江兩岸的清軍大營，使之無重建機會，以確保南京的安全。對於占領上海老城達一年半之久的秘密團體小刀會的求助籲請未予理會，使太平軍失去攻占此一至為重要口岸的機會，亦為一大錯誤。

4.外交方面

太平天國初建時曾獲外國列強的同情，但它卻未加以利用，以贏得列強的承認和援助，反而一味地狂妄自大，視列強為藩屬，以致英、法等洋兵以其新式武器助清軍作戰，使太平天國無法取得上海、寧波等餉源所繫的出海口，影響到整個大局。

儘管太平天國以失敗覆亡告終，但它所帶來的影響甚為深遠：

1.使漢人的民族思想得以重振並廣為流傳，秘密會黨的反滿情緒也受到激勵，反滿行動愈趨積極。

2.對孫中山的革命思想和行動都具有啟發的作用。

3.曾國藩的湘軍及李鴻章的淮軍從此成為清朝的國防主力，湘、淮軍將領多出任總督、巡撫等地方最高行政首長，乃至出將入相，打破了以往滿人壟斷政權的局面，清朝的權力逐漸轉入漢人手中。

    4.清朝的總督、巡撫在太平天國之役中，取得軍事、財政等的自主權，因而權重，打破了以往中央集權的情勢，地方勢力開始抬頭。

    5.湘軍及淮軍，都具有地域和些許私人軍隊的色彩，日後軍閥的形成，湘軍、淮軍實開其肇端。

    6.曾國藩、左宗棠、李鴻章等清軍將領，在與太平軍作戰期間與外人有所接觸，因而認識西方的長技——堅船利砲，促使他們日後大力提倡洋務運動（即自強運動）。

    7.日後中國的馬克思主義史學家稱讚太平天國為中國近代史上的一場農民革命，中國共產黨在民國十六年（1927）以後在農村建立紅軍時，把太平天國運動作為農民戰爭予以肯定，並學習其軍隊的編制和規律。

(二)捻亂和苗回之亂

    太平天國雖亡，清朝的變亂並沒有結束，與太平軍先後起而動亂的尚有捻、回民及苗民。

1.捻　亂

    捻是黃河下游與淮水流域之間的一種秘密結社，起源於清康熙年間。捻者捏也，最初鄉民行儺逐疫，捏紙燃脂為龍戲，謂之拜捻。他們多半是平素遊手好閒不事生產的無賴漢，先僅向人募捐油紙捻的費用，其後竟「執仇嚇財，掠人勒贖，浸淫為盜寇」。或數人為一捻，或數千百人為一捻。初尚不敢反抗官軍，及太平天國奠都南京，遣軍北伐，捻勢始大張，張洛行起於安徽之亳州，李昭壽起於霍邱，聲勢最大。張洛行擁眾數十萬，曾助陳玉成抵禦清軍，受太平天國沃王之封號，李昭壽亦曾降於李秀成，禦清軍於江北。咸豐八年（1858），李昭壽雖降於清軍，捻勢仍不衰。清廷初派僧格林沁率兵進剿，於同治二年（1863）擒殺張洛行，洛行餘部由其姪張宗禹統率，同治三年與太平天國遵王賴文光部會合。同治四年（1865），捻眾入山東，僧格林沁率軍追之，中伏敗死，捻勢益不可制。同治五年，清廷命曾國藩為欽差大臣，節制直隸、山東、

河南三省軍務，督率淮軍剿捻，卻徒勞無功。同年，捻眾大會於河南，議定張宗禹等前往甘、陝，聯絡回民，以為犄角之勢，賴文光等則往山東，於是捻眾分為東、西二股。清廷改派李鴻章為欽差大臣，率淮軍進剿，於同治六年（1867），屢敗東捻，同年十二月擒殺賴文光，東捻平。西捻方面，清廷命左宗棠督辦陝甘軍務，率湘軍大舉進剿，張宗禹等於同治六年十一月自陝北入山西，再由山西經河南入直隸，於同治七年四月進逼天津，京師戒嚴。會左宗棠回師援剿，李鴻章復引軍會攻，張宗禹遂走山東。同年（同治七年，1868）六月，湘、淮軍大破西捻於山東荏平，張宗禹投水而死。為時十六年，波及安徽、江蘇、山東、山西、河南、直隸、湖北、陝西八省的捻亂，遂告平定。

2. 苗　亂

貴州地瘠民貧，居民以苗族居多數，政令掌於土司，民性勇悍、文化落後。清雍正年間，因改土歸流，設立州縣，由朝廷派官治理，漢人至該省移殖者漸多，苗民生計備受威脅，加以地方官吏頗多貪暴。苗民因而叛服無常。咸豐五年（1855），苗民受太平軍影響，推張秀眉為首，稱大元帥，起事於黔東，漢人領導的白蓮教紛紛響應，與苗民聯合後，蔓延及於全省，合計約三十萬人。咸豐十年（1860），石達開部的一支，由廣西進入黔南，與苗、教逼攻貴陽。同治四年（1865），太平天國已然覆亡，清廷命湘軍將領席寶田專任剿苗軍事，席寶田利用新式武器，採取堅壁清野戰略，步步為營，圍困各苗寨，苗民缺糧，先後降者二十餘萬，至同治十一年（1872）張秀眉戰死，苗亂始完全平定。

3. 回　亂

回民有信仰，有組織，文化程度較高，民族及宗教意識強烈，與漢人風俗不同，回漢雜處，常起衝突，地方官往往偏袒漢人，以致回民受激生變。咸豐六年（1856），雲南回變擴大，杜文秀率回民起事於永昌（即保山），盡陷滇西數十州縣，馬如龍則起事於建水，並於次年率眾數萬，圍攻省城昆明，回勢益張。咸豐十一年（1861），馬如龍受撫降

清，雲南省城轉危為安。同治六年（1867）至八年（1869），杜文秀所率三十萬人圍攻昆明，雲南巡撫岑毓英、提督馬如龍協力固守，加以川軍來援，昆明始解圍。岑毓英督師西攻，迭克要地，於同治十一年（1872）攻克大理，杜文秀死之，雲南回亂平定。

西北回亂方面，同治元年（1862），太平軍入陝西，陝甘回民紛起響應，同治三年（1864），新疆回民因陝甘回民西來鼓誘，亦起而為亂。同治五年（1866），西捻入陝，捻回合流，局勢益發不可收拾。清廷以左宗棠為陝甘總督，督率湘軍進剿之。左的戰略為「剿捻宜急，剿回宜緩，欲清西陲，必先清腹地」，乃於同治七年（1868）自陝回師，追擊西捻，同年，西捻平定，左宗棠重返陝西，定三路平回之策。先擊降回酋董福祥，陝北肅清，殘回盡趨甘肅。同治九年十一月，攻下金積堡，殺回酋馬化龍，甘回瓦解。同治十二年（1873），攻占肅州，甘肅全境肅清，陝甘回亂悉平。至於新疆，因回民引進中亞浩罕國將領阿古柏（Yakub Beg），阿古柏乃乘勢據有新疆全境，儼然為一獨立國。光緒二年（1876），左宗棠率大軍西征，於次年收復新疆（阿古柏兵敗服毒自盡），西北的回亂完全平定。

(三)憂患中的自強運動

鴉片戰爭的挫敗，使中國蒙受莫大的打擊和恥辱，但當時真能瞭解戰敗的原因，肯接受戰敗教訓的人，為數極少。直到第二次英法聯軍進入北京，中國遭到更大的恥辱之後，部分當政者才開始覺醒，特別是一些中興名臣如曾國藩、左宗棠、李鴻章等人，他們與太平軍作戰時，曾親見西方船艦槍砲的威力，深為驚羨或擔憂。在朝輔政的恭親王奕訢，也在外患中有所覺醒，他領導中樞，大權在握，對於軍事和外交尤為致意，認為是亟待處理的當務之急。於是在朝廷重臣和地方大吏的領導下，展開了自強運動。

自強運動，也有人稱之為洋務運動，始於咸豐十一年（1861），結

束於光緒二十年（1894），為時三十餘年。在朝廷負責主持的是奕訢、
文祥等人，在地方上負責推動的是曾國藩、左宗棠、李鴻章、張之洞等
人，其中尤以李鴻章為自強運動的中心人物，大部分的自強措施和事業，
都出於他的籌劃和創辦。此一運動的內容，即所謂自強新政，係次第推
行，名目繁多，但依其性質，可分為下列幾項：

1. 外交方面

咸豐十一年（1861）在北京設立總理各國事務衙門（簡稱總理衙門，
又稱總署或譯署），為中國專設外交機構的開始，亦為自強新政的第一
項措置。其職司原為中外通商交涉，後來成為洋務的總匯，舉凡與西洋
有關的自強新政，亦無不由其籌劃主持。另在天津、上海分設南北洋通
商大臣（後例由直隸總督兼任北洋大臣，兩江總督兼任南洋大臣）。此
外如遣使、訂約等等。

2. 軍事方面

向外國購買新式船艦、槍砲，並且也自設廠局製造，如江南製造局、
福州船政局、漢陽兵工廠等。他如修築砲臺，築建軍港，光緒十一年
（1885），設海軍衙門，興辦海軍，光緒十四年（1888），成立北洋艦
隊等等。

3. 實業方面

因為交通與軍事國防有密切的關係，遂設立輪船招商局、電報局，
並且興建鐵路。他如開礦、冶金，以及民生工業如紡織、造紙、火柴廠
的設置等等。

4. 教育方面

為培養洋務、外交等方面的人才，於同治元年（1862）在北京設立
同文館，同治二年（1863）在上海設立廣方言館。福州船政局則附設有
船政學堂。軍事學校則有天津的水師學堂、武備學堂等。同治十一年
（1872），清廷選送三十名幼童前往美國留學，是中國近代留學教育的
開始。光緒二年（1876），船政學堂亦選送學生赴英、法等國留學，則

為中國人留學歐洲的肇端。

　　在自強運動進行期間，中國的局勢雖較前為穩定，但內亂和外患並未完全止息。內亂如前述的捻、苗、回等的變亂，外患如同治十年（1871）俄國乘新疆回亂，進占伊犁。及光緒三年（1877），左宗棠戡定新疆，清廷於次年派崇厚赴俄交涉收回伊犁等事。崇厚卻昧於外交，於光緒五年（1879）與俄國訂約，喪權辱國，清廷將他革職下獄，改派出使英、法大臣曾紀澤（曾國藩長子）赴俄談判，曾紀澤為當時中國不可多得的外交人才，經多方斡旋，於光緒七年（1881）與俄國改訂條約，償俄九百萬盧布（約銀五百萬兩），收回伊犁及其以南之地，並爭回一些已經訂約喪失的權利，如取消俄船航行松花江之權等。此後，清廷深感新疆地位的重要，乃於光緒十年（1884）將之改為行省，以湘軍將領劉錦棠為首任巡撫。

　　法國則對越南（安南）早有野心，同治年間，法國勢力侵入越南，脅迫越南簽訂兩次西貢條約，因而占有越南南部。但越南仍繼續向中國朝貢，並請求援助，於是中法在越南迭起衝突。光緒九年（1883），越南法軍大舉北攻，清軍敗退，法軍於次年攻占北圻、諒山等地，海軍也出動，進攻福州、臺灣，占領基隆、澎湖。光緒十一年（1885），法軍進犯廣西邊境，被清軍擊退，清軍並收復諒山，但清廷因沿海防務空虛及日本侵略朝鮮，不願再戰，與法國議和，簽訂中法天津條約，承認法、越間之一切條約，開雲南的蒙自、廣西的龍州為通商口岸等，越南遂成為法國的保護國。英國則對清朝的藩屬緬甸，多所侵略，曾兩度進軍緬甸，緬甸戰敗，被迫訂約，喪失利權。其後英國又以緬甸政府扣留英商木材等事為藉口，於光緒十一年（1885）派軍艦攻陷緬甸京城曼德勒，俘虜緬王，宣布緬甸屬於英國。其他與印度相鄰的尼泊爾、哲孟雄（錫金）、不丹三小國，都係清朝藩屬，均一一被英國吞併，而成為其保護國。

　　光緒二十年（1894），中日甲午戰爭爆發，中國竟慘敗於蕞爾島國

日本之手，證明為期三十餘年的自強運動，成效不彰，全然未能達成圖
強雪恥的預期目標，其主要原因，簡而言之，約略如下：

1.缺乏通盤而具體的規劃

任由少數幾個總督巡撫，就其之所好，在其轄區內加以推行。推行
的重點往往不同，而且各自為政，未能密切配合，以致事倍功半，效果
不彰。

2.缺乏有力而健全的領導

其實際領導者，只是地方上幾個總督、巡撫，他們的任期一般都不
長，又缺乏社會大眾的參與，在清朝的專制政權下，他們或多或少，都
得受清廷（大權操於慈禧太后手中）的節制，因而自我發揮的餘地並不
多。加以他們的年紀都比較大，心態上易趨保守，對西方長處的認識也
不夠深入，都使自強運動的發展受到侷限。

3.守舊人士的反對

當時朝野絕大多數為守舊份子，他們對師法西方的自強新政多方阻
撓破壞，即連具有國防、經濟價值的鐵路、電線等，皆極力排拒。此外，
地方士紳和民眾也因風水迷信，而羣起反對。以致自強運動的推行，困
難重重。

4.政治風氣的敗壞

不但影響到清朝政府各部門的運作及政策的推行，即連自強新政也
難以倖免。如招商局、礦務局、電報局等這些官督商辦的自強企業，均
因官方的介入，致官場惡習——敷衍塞責，把持營私、貪污浪費、人事
傾軋等，也隨之而至。乃使效率大減，自難以達成目標。

總之，自強運動是一個以軍事、國防為出發點的運動，其自強措施
和事業也大半與之有關。然而只模仿西方人的技術器械，而不能同時在
制度上、思想上有所革新，要想圖強雪恥，實難達成預定目標。惟儘管
如此，自強運動對中國近代化風氣的開創，仍具有貢獻，並為日後中國
從事各種近代化的建設，奠下了一些基礎。

第二節　清朝的掙扎與傾覆

一、甲午戰爭與瓜分危機

(一)日本的向外侵略

日本自明朝末年起，德川幕府世執政權，採取鎖國政策。清咸豐三年（1853），美國派艦隊司令培理（Mathew Perry），攜國書率軍艦四艘，逕駛入日本海灣，日本不得已，應接培理，受其國書。次年，與美國締結條約，開放長崎等三港。英、俄繼之，相與訂約。於是「尊王攘夷」的思想充斥日本全國，各藩侯開始派遣學生前往西方留學，留學生歸國後，利用新式艦砲訓練軍隊，進而改革法制，廢除封建制度，聘用客卿，從事近代化建設，國力日漸充實。

同治七年（1868），日本明治天皇即位，幕府將軍德川慶喜審度輿情的向背，毅然奉還政權，結束了日本史上的幕府時代。明治天皇親政後，銳意革新，大力推行西化運動，是為「明治維新」。它與中國的自強運動幾乎是同時展開，但結果一則十分成功，一則績效不彰。明治維新成功的原因為：

1. 日本位於東北亞，偏離歐亞航線，國小而又資源不豐，不是西方列強覬覦侵略的目標，故得以全力從事革新。

2. 日本一向是文化輸入國，這方面的自尊心遠不如中國來得強，故一旦門戶被列強敲開，就能很快地接受西方的文物，從事近代化的建設。

3. 明治天皇即位，幕府將軍奉還政權，加以尊王攘夷的思想充斥，於是皇權集中，少有阻力，明治維新得以順利進行。

4.明治維新的領導人物，如伊藤博文、井上馨等，多半是曾赴西方學習者，對西方的認識較深入，加以他們多半是二、三十來歲的年輕人，心態積極而又有魄力，故能徹底推行新政。明治維新的成功，使日本國勢大為增強，便想向外擴展。由於中日兩國隔海為鄰，清朝又積弱不振，遂成為日本侵略的主要目標。

同治十年（1871），琉球漁船因遭颱風漂流至臺灣東部，船員數十人被牡丹社未開化的山胞殺害。日本欲藉此生事，於次年冊封琉球王尚泰為藩王，是為日本併吞琉球的第一步。同治十二年（1873），日本派使前往中國換約，並口頭提出琉球漁民遇害之事，未得要領。同治十三年，日本遂派軍犯臺，在臺灣南端登陸，先以甘言誘降，繼以重兵進攻牡丹社等地，任意燒殺，並開荒屯田，為久居之計。清廷聞悉，一面循外交途徑向日本提出抗議，一面命福州船政大臣沈葆楨等前往臺灣預籌佈置，並調派援軍入臺。日本亦準備大舉動員，但雙方各有顧忌（中國因新疆問題亟待處理，且海防尤為脆弱；日本則以維新伊始，內部意見紛歧，英、美對日本侵臺之舉甚表不滿，而侵臺日軍因炎暑疾病，死亡相繼）。僵持之際，日本相繼派使來華交涉，英、美不欲中、日決裂，亦從中斡旋，於是同年中、日締結條約：一為承認日本此次行為為「保民義舉」，一為賠款五十萬兩。於是日本爭得琉球的宗主權，而益輕視清廷。清廷方面則因日本此次侵臺之挑釁舉動，激起其對海防的重視，決心積極經營臺灣。最先主其事的為沈葆楨，沈之後是丁日昌。光緒十一年（1885），清廷下令臺灣改建為省，以劉銘傳為首任巡撫。經過劉銘傳六年的慘淡經營，臺灣步步向前，成為全國推行自強新政最成功、最具規模的省分。

光緒元年（1875），日本派軍駐紮琉球，不許琉球再向清朝朝貢，光緒五年（1879），日本正式吞併琉球，改建為沖繩縣。琉球向清廷求訴，清廷請來華遊歷的美國前總統格蘭忒（M. S. Grant）從中調處。日本恐引起國際干涉，願將琉球南部的宮古、八重山兩羣島畫歸中國，惟須

修改中日通商條約，使日本商人得與西人一樣入內地貿易，並加入「一體均霑」條款。光緒六年，雙方訂約，但清廷卒因朝野人士的反對而未批准。未幾，朝鮮事起，中、日爭點轉移，琉球問題遂成懸案。

　　至於朝鮮，亦久為中國藩屬。同治二年（1863），皇族李昰應之子李熙被立為朝鮮國王，因年幼，由昰應攝政，號稱大院君。大院君固執排外，一惟清廷之命是從，頗為外人所不滿。日本明治維新後，遣使至朝鮮欲其入貢，大院君嚴拒之，逐其使臣，禁止韓人與日本往來，於是日本「征韓」之議漸起。同治十二年（1873），日本使臣來華換約時曾詢問總理衙門，總理衙門答以「朝鮮雖我藩屬，而內治外交聽其自主，我朝向不與聞」。日本遂放膽圖韓。光緒元年（1875），日本軍艦雲揚號駛入漢江江華島附近測量水位，朝鮮以日艦無故侵入其領海，開砲轟擊之，日艦還擊，燬其砲臺，並陷永宗城，韓人死傷甚眾，是為江華島事件。日本乃乘機脅迫朝鮮，於光緒二年（1876）簽訂江華條約，規定：

　　1. 朝鮮為自主之邦，與日本有平等之權。
　　2. 兩國互派使臣。
　　3. 朝鮮開放兩處為通商口岸（後來決定開放元山及仁川）。
　　4. 朝鮮沿海任日人自由測量。
　　5. 日本在通商口岸有領事裁判權。

此約不啻間接否定中國在朝鮮的宗主權，清廷並無反對之表示。

　　光緒七年（1881），韓王親政，大院君失勢退隱，王妃閔氏及其家族漸握實權，新黨（親日派）趨而附之，與大院君為首的舊黨（親華派）對抗。光緒八年（1882，歲次壬午），朝鮮軍隊因欠餉減糧，銜恨閔氏家族，舊黨乘機煽動，釀成兵變，閔妃負傷逃走，變兵又焚日本公使館、殺害日人，於是大院君排除閔族，再執政權，是為「壬午之變」。日本立即出兵，清廷則派廣東水師提督吳長慶（時駐山東登州）率所部淮軍六營，會同北洋水師提督丁汝昌所率艦隊趕赴朝鮮。吳長慶到漢城後，

先逮捕大院君（後送往天津，幽禁於保定），再剿平亂黨，韓局大定，
隨即率部駐守漢城，中國在朝鮮勢力大增。惟仍聽任朝鮮與日本直接交
涉，訂立濟物浦（在仁川境內）條約，朝鮮允懲凶、謝罪、賠款，並許
日本駐兵漢城保護公使館，從此中、日兩國在朝鮮均有駐軍，公開衝突
因以容易發生。

　　光緒十年（1884，歲次甲申），日本駐朝鮮公使竹添進一郎，利用
中法戰爭清廷不暇他顧的機會，勾結開化黨（親日派）人，發動政變，
日軍助之，是為「甲申之變」，為駐漢城之清軍吳兆有、袁世凱部所平
定，事大黨（親華派）再當權。事後，日本藉口出兵，朝鮮懾於日本兵
威，與日本簽訂漢城條約，內容為朝鮮對日謝罪，撫卹傷亡日人，賠償
損失等。清廷仍不過問，日人野心因之大熾。光緒十一年（1885），日
本派遣伊藤博文來華談判朝鮮問題，與李鴻章會議於天津。幾經磋商，
卒依日方要求成議，規定：中、日兩國屯駐朝鮮軍隊，於四個月內盡數
撤回；將來朝鮮如有變亂，中日如須派兵前往，應先互相知照，事畢撤
回。於是朝鮮成為中、日兩國的共同保護國。此為清廷對日外交之又一
錯誤，亦為甲午戰爭的主要導火線。

(二)中日甲午戰爭

　　光緒二十年（1894）四月，朝鮮東學黨亂起，破州占城，並揚言直
搗漢城，朝鮮大震，乞援於清廷。李鴻章（時任直隸總督兼北洋大臣，
負責清朝國防、外交重任）乃命直隸提督葉志超、太原鎮總兵聶士成率
軍赴援，同時並依約照會日本，日本亦派大鳥圭介率大軍赴韓。及中、
日軍甫抵朝鮮，東學黨已聞風潰逃。亂事平定後，清廷依約要求日本同
時撤兵，日本非但不肯，反而積極增兵，力求在軍事上取得優勢。同時
鑑於外交情勢對其不利（歐美各國對於日本拒絕撤兵，均不謂然），而
思有所轉移，遂提出與中國共同改革朝鮮內政的要求。

　　而此時，李鴻章對於日本的用心和決心猶不甚明瞭，軍事上毫無部

署，一味寄望於列強之干涉，初依英國援助，後賴俄國支持，並曾求助於法、德、美等國。而各國類皆觀望，均無援華之心。清駐日公使汪鳳瀛、總理朝鮮交涉通商事宜之袁世凱等，先後請調派重兵，均不之許。同年六月初，日本在朝鮮的陸軍接近萬人，中國駐牙山（在漢城東南 50 英里處）的兵力則不到三千。六月中旬，袁世凱自朝鮮歸國，見李鴻章後力言不能不用兵之故，李不得已，始行備戰。派遣陸、海軍增援朝鮮，向平壤進發，並租用高陞號等三艘英國輪船運兵，由北洋海軍派艦護送，前往牙山。六月二十三日（7月25日），高陞號駛至豐島（在仁川西南）海面，竟遭日艦突襲，負責護送的濟遠、廣乙等艦即行還擊，中、日戰爭的序幕就此揭開。結果濟遠艦負傷而退，廣乙艦受重創後擱淺焚燬，操江艦被俘，高陞號沉沒。幾天之後，自牙山移駐成歡等地的清軍亦為日軍所敗，葉志超等北走平壤，與援軍會合。七月一日（8月1日），兩國均下詔宣戰。因是年歲次甲午，史稱「甲午戰爭」。

　　七月初，清朝大軍齊集平壤，合計一萬四千人。八月，日軍大舉進攻平壤，戰況激烈，防守城北的總兵左寶貴戰歿，主帥葉志超倉皇棄城而走，軍械糧糈盡失，死傷二千餘人，平壤遂陷。這是中、日陸上的主力戰，規模並不算大。此後朝鮮境內不再有清軍蹤跡，悉數退至鴨綠江西岸。海軍方面，清朝銳意經營的北洋海軍，實力與日本相當，但訓練及船艦速度皆有所不及。八月十八日（9月17日），北洋水師提督丁汝昌率北洋艦隊主力（大小艦14艘及魚雷艇4艘），在鴨綠江口大東溝海面，與日本海軍中將艦隊司令伊東祐亨指揮的十二艘日艦遭遇，經過幾個小時的激戰，北洋海軍大敗，沉沒五艦，七艦受創（均返抵旅順，入塢修理），死傷一千餘人。日艦三艘被創，死傷五百餘人，是為「大東溝之役」，或稱「黃海戰役」。這是中、日海軍的主力戰，戰後中國在黃海的制海權完全喪失。

　　於是日軍續分海陸兩路進攻，陸路自新義州渡鴨綠江，進入奉天，陷九連城、安東，繼陷鳳凰城，海城等地。海路自遼東半島登岸，攻陷

金州、大連、旅順、蓋平，遼河以東要地幾乎盡失。乃轉而進向山東，
於光緒二十一年（1895）正月，攻陷威海衛，丁汝昌自殺，北洋海軍所
餘各艦或沉或降，全部潰滅。同年二月，東北日軍又陷牛莊、營口。這
時，清廷已有心議和，幾經波折，中、日雙方卒於光緒二十一年二月，
在日本的馬關（今下關）談判議和，清廷代表為李鴻章，日方代表為首
相伊藤博文、及外相陸奧宗光。同年三月，雙方乃簽訂馬關條約，其要
點如下：

　　1. 中國承認朝鮮為獨立之自主國。

　　2. 割讓奉天南部（即遼東半島）、臺灣、澎湖所屬島嶼與日本。

　　3. 賠款二萬萬兩，分八次交清。

　　4. 開沙市、重慶、蘇州、杭州為通商口岸。

　　5. 日人得在各通商口岸從事各項工藝製造。

　　6. 另訂商約，日本得享有領事裁判權及片面最惠國待遇。

　　此一條約，至為嚴苛，對中國的損害和影響極大。就割地而言，以
往雖有對俄、對英失地之事，或為邊遠荒涼之區，或為海中小島，此次
所割均屬「腹心根本，膏腴要害」。就賠款而言，其數目約為道光二十
二年（1842）及咸豐十年（1860）對英、法賠款的七倍，超過中國全年
收入的兩倍，清廷難以負擔，只有取之於民及大舉外債，以致民窮財盡。
就開埠而言，日人因而得以航行長江、運河、吳淞江，擴大了其深入內
地的範圍。就另訂商約而言，日本享有領事裁判權與片面最惠國待遇，
取得以往及今後西方國家所已得及將得的特權，同時也提高了它的國際
地位。從此日本不僅成為侵略中國的主要國家之一，而且最為凶毒。

　　至於朝鮮，境遇更為不堪。馬關條約約定中國承認其為獨立自主國，
但僅僅十年，至光緒三十一年（1905），就成為日本的保護國，宣統二
年（1910），就被日本滅亡，直到三十五年之後（1945）才得以復國。
臺灣方面，自甲午戰起，清廷為加強臺灣防務，派抗法名將劉永福（廣
東南澳鎮總兵，曾於中法戰爭期間在越南迭敗法軍）等率軍戍守。及馬

關條約簽訂，割讓臺灣已成定局，臺灣官民悲憤之餘，紛起自救。丘逢甲等倡議自主，成立「臺灣民主國」，推署理臺灣巡撫唐景崧為總統，建元「永清」，以示「永戴聖清」，聲明「事平之後，當再請命中朝」，仍歸中國。日本以樺山資紀為臺灣總督，光緒二十一年五月，日本大軍登陸臺灣，攻陷臺北，唐景崧微服出走，渡海至廈門。日軍兵分兩路，一攻宜蘭，一攻新竹，七月間，渡過大甲溪，連陷彰化、苗栗、雲林進逼嘉義。駐守臺南的劉永福派軍增援，義民紛起助之，擊退日軍，收復雲林、苗栗，繼而合軍進攻彰化，連戰皆捷。然以餉械已匱，日軍大舉南下增援，戰局遂告逆轉。八月下旬，日軍又陷嘉義，日艦亦猛攻臺南，劉永福以援斷餉絕，事不可為，於九月初，內渡廈門，日軍遂入臺南，臺灣民主國覆亡。從此，臺灣在日本的統治下，長達五十年之久。

(三)列強在華勢力範圍的畫分

俄國早想染指中國東北，馬關條約將遼東半島割讓給日本，俄國大為恐慌，邀德國、法國一同出面干涉，照會日本，俄國並作戰爭準備。日本政府盱衡情勢，自知經過對華戰爭，人員疲勞，軍需缺乏，不僅無力對三國作戰，即單與俄艦隊對抗，亦甚無把握。乃於光緒二十一年四月接受三國的勸告，並於同年九月與中國訂約，由清廷付款三千萬兩，贖回遼東半島。

遼東半島贖回後，清廷對俄國殊為感激。俄國為示好中國，聯合法國以低利貸款給中國，一時「聯俄制日」的主張漸起。光緒二十二年（1896）年初，清廷派李鴻章赴俄，參加俄皇加冕典禮。三月間，李鴻章抵俄京聖彼得堡，受到俄國優渥的接待，俄國進一步與李會談，提出在東北修築鐵路的要求，並誘以與中國同盟來打動他。李鴻章乃於同年四月與俄國訂立中俄密約，其要點為：

1. 日本如侵占中、俄或朝鮮土地，中、俄海陸軍應互相援助。
2. 中、俄協力禦敵，非經共商，不得單獨議和。

　　3.戰爭期間，俄兵船得駛入中國所有口岸。

　　4.中國允俄國接造黑龍江、吉林以達海參崴之鐵路，其合同另訂。

　　5.禦敵時俄國可用此鐵路運兵、運械、運糧。

　　6.此約自鐵路合同批准之日起生效，以十五年為限，屆期六個月前，由兩國再行商辦展期。

　　這是中俄第一次對日同盟條約。李鴻章與清廷所重視的為對日，俄國則在借地築路，同盟只是騙局。因此加速促進列強瓜分中國的危機。

　　中俄密約訂立後，其他列強驚羨不已，紛紛向清廷要求新的權利。首先提出要求的是德國，德國在三國干涉還遼之後，向清廷索取報酬，取得在天津、漢口設立租界之權，光緒二十三年（1897），藉口傳教士二人在山東鉅野被殺害，派兵強占膠州灣。次年，迫訂膠州灣租借條約，租期九十九年，並獲得膠濟鐵路修築權，鐵路沿線附近三十里內的礦山開採權及其他事務的優先權。於是山東成為德國的勢力範圍。當德國強占膠州灣時，俄國亦乘機強租旅順和大連，於光緒二十四年（1898）與清廷訂約，租期二十五年，並得修築南滿鐵路，加上在中俄密約中已獲得的權利，幾乎控制整個東北。又與英國成立協定，英國承認長城以北的鐵路由俄國修築。於是長城以北成為俄國的勢力範圍。英國則於光緒二十四年與清廷訂約，強租威海衛（租期 25 年）及九龍半島（租期 99 年），並要求長江沿岸各省之地，不得割讓租借於他國，中國海關總稅務司永久聘英人擔任，開放內河，推廣內地商務等，清廷均允之。光緒二十五年（1899），英、俄協定，俄國承認長江流域鐵路由英修築。於是長江流域乃成為英國的勢力範圍。法國則早在光緒二十一年已取得雲南、廣西、廣東三省礦產的優先開採權，光緒二十四年又要求上述三省照長江流域之例，不得割讓租借給他國，准法國築造越南至雲南的鐵路，及租借廣州灣，清廷均允之。次年，正式訂立租借條約，清廷將廣州灣租借給法國，租期九十九年。於是西南各省乃成為法國的勢力範圍。日本則於光緒二十四年提出福建不得割讓租借給他國的要求，清廷允之，

福建乃成為日本的勢力範圍。

然而列強之間也有著嚴重的利害衝突，英國本來在中國的商業利益最大，各國在華畫定勢力範圍後，英國的商業活動反而大受限制，於是慫恿美國出面幹旋。美國鑑於其對華貿易額逐年升高，也不願列強瓜分中國。因此光緒二十五年，美國國務卿海約翰（John Hay）分別照會英、法、俄、德、日、義六國，提出門戶開放政策（Open Door Policy），其內容大致如下：

1.各國在中國所獲得的勢力範圍或租借地，以及通商口岸的投資事業，彼此不得干涉。

2.各國勢力範圍內的各港口，無論對於何國進口商品，皆遵照中國現行海關稅率賦課（自由港不在其列），其稅款由中國政府徵收。

3.各國勢力範圍內的各港口，對於他國進港船舶，不得課以超過本國船舶以上的進港稅。各國勢力範圍內的各鐵路，對於他國貨物不得課以超過本國貨物以上的運輸費。

六國先後表示同意，海約翰遂於光緒二十六年（1900）二月發表通告，宣稱門戶開放政策，成為列強的共同對華政策。此舉雖暫時挽救中國被瓜分之命運，但列強在華的角逐並不因此而罷歇。

二、戊戌變法與立憲運動

(一)為期百日的戊戌變法

戊戌變法是指光緒二十四年（1898，歲次戊戌）清廷所從事的一連串的改革措施而言。這些新政的推動者是康有為等人，他們得到清德宗的信任和支持而為之，此一變法，為時只有三個多月（103），故也有人稱之為「百日維新」。它為期雖短，卻是產生於甲午戰敗後之維新運動的總結與最高潮。關於維新運動產生的背景，約有下列數端：

1.中國早期維新人士言論的啟迪

清末國勢陵夷,極少數讀過西人著述,或與西方有過接觸的國人,對於西方政教,漸生嚮慕,而發為議論。這些維新人士,較著名的為同治年間的馮桂芬,光緒初期的郭嵩燾、王韜、鄭觀應等。於是變法維新逐漸成為一種輿論,對後來的中國知識份子具有相當的啟發作用。

2.在華西人活動的影響

西方傳教士與在華歐美商人的活動,亦為促成維新運動的主要動力。他們希望中國政治、社會有所改革,以便於擴大商業及推廣教務,因而頗致力於維新思想的介紹和鼓吹,諸如創辦學會,設立新式學校,刊行報紙雜誌,翻譯西書等等,都大有助於維新思想的傳播。

3.日本明治維新的啟示

明治維新,不僅師法西方的器械技術,對於西方的政法制度也多所接納,短短二、三十年,便卓然有成,一躍而為東亞強國,其成功的啟示,對中國有志於維新改制的人士,毋寧是一大鼓勵。

4.甲午戰爭戰敗的刺激

甲午之戰,中國竟然慘敗於蕞爾島國日本之手,朝野人士大受刺激,西方列強又趁機侵略,欲圖瓜分中國。有志之士益認為非改制維新,不足以救亡圖存,因而奔走呼籲,維新運動遂以展開,其領導人物為康有為。

康有為是廣東南海縣人,幼隨祖父、父親讀書,十九歲時,又從學於廣東大儒朱次琦。次琦學宗宋明,以理學為本,講求經世致用,康有為受其影響,慨然有澄清天下之志,遠非一般只知汲汲於功名利祿的腐儒可比。二十一歲,至香港遊歷,開始閱讀有關西方事物及世界史地之翻譯書籍。二十五歲,赴北京,途經上海,見租界社會的進步繁榮,印象深刻,因而購買江南製造局及傳教士所譯西書,攜返家鄉盡讀之,思想漸起變化。光緒十四年(1888),康有為三十一歲,再赴北京,以一介秀才上書清廷,建議「修明內政,取法泰西,實行改革」,以無人為

之代奏，乃歸返廣東。光緒十七年（1891），康於廣州設萬木草堂，公開講學，從他受教的有梁啟超、陳千秋等人。次年，康所著《新學偽經考》問世，光緒二十年（1894），復撰就《孔子改制考》，其《大同書》也大體完成，其變法維新的理論基礎乃告確立。

　　他的變法理論——三世之說，並非他所創始，而是襲自公羊春秋的學說加以詮釋發揚光大而已。所謂三世，是據亂世、升平世、太平世。他認為人類社會是循著這三個階段演進的，必須依序而行，否則會造成大亂。在他看來，中國自古代至清末的數千年，是一部據亂世的歷史，他倡言變法，是企圖將中國帶進升平世，也就是禮運篇所說的小康的境地。因為必須循序而進，故當時他不敢言太平世，也就是大同的主張。所以即使他的得力之作《大同書》大體完成，清末一直未刊行於世。

　　光緒十九年（1893），康有為在廣州考中舉人。次年，甲午戰爭爆發，清軍大敗，對他刺激甚大，激憤之餘，益為關懷國事。光緒二十一年（1895）春，康有為、梁啟超等至北京參加會試，時正值中日馬關議和，康、梁乃邀集在京赴試的十八省舉人，聯名上書反對，主張拒和、遷都、變法、練兵等，是為「公車上書」。事雖未成，卻轟動一時。同年四月，會試放榜，康有為得中進士，授官工部主事。但康卻奔走各地，從事維新運動，如創辦學會、發行報刊、設立學校、書局等，目的在開通風氣，介紹西學及培育維新人才，短短兩、三年間，維新運動頗具成效。此外，康有為並多次上書德宗皇帝，欲打動之，從事革新。年輕頗思有所作為的德宗，終於在光緒二十四年四月二十三日（1898 年 6 月 11 日），毅然下詔定國是，申言變法圖強之意，戊戌變法就此開始。四月二十八日（6 月 16 日），德宗首度召見康有為，命其在總理衙門行走。五月，又召見梁啟超，賞給六品銜，辦理譯書局事務。七月，諭命譚嗣同等人均賞給四品銜，派為軍機處章京，參預新政。

　　自四月二十三日下詔定國是，至八月初六日（9 月 21 日）政變發生，凡一百零三天，德宗陸續頒布許多諭旨，推行各項新政，較重要的措施

為：

1.政治方面

裁撤中央與地方的閒散衙門，及裁汰冗官冗員，澄清吏治；命各省督撫訪查勤政愛民的能員，隨時保送引見；廣開言路，准各省之布政使、按察使、道臺、知府專摺奏事，州縣知州、知縣等官由督撫原封呈遞，士民上書由本省道府隨時代奏。

2.經濟方面

興築鐵路，命蘆漢鐵路儘快完工，並開辦粵漢、滬寧各鐵路；提倡農工商政，於京師設農工商總局。各省設立農務礦務學堂，廣譯西書，認真講求工藝製造；獎勵製造發明，士民所製之器，頒給執照，酌定年限，准其專利售賣。

3.軍事方面

加強國防，嚴諭各省，切實裁兵練軍，力行保甲，整頓釐金；並妥議海軍事宜；又詔令仿西法練兵，逐漸實行徵兵；整頓營務，改習洋槍，認真操演；變更武舉，一律改試槍砲。

4.教育方面

廢八股取士，所有鄉、會試及生童歲科各試，一律改試策論；籌辦京師大學堂，各省設立中學堂及小學堂，改省會之書院為中學堂，州縣之書院為小學堂，兼習中、西之學；並設立華僑學堂及醫學堂等新式學堂；擬開經濟特科，定期舉行考試；辦理官報，獎勵官紳士民辦理報紙。

5.其他方面

如改良司法、派大臣遊歷各國、保護教士教民、整頓北京市容等，不一而足。

光緒二十四年八月初六日，以慈禧太后為首反對變法的舊黨，早已暗中部署，於是日發動政變，於是德宗遭幽禁，失去自由，慈禧太后重行垂簾聽政。新黨的譚嗣同等六人被捕處決，康有為、梁啟超則在英、日的協助下，逃往國外，所有的新政，一律推翻，維新運動因而頓挫。

　　檢討戊戌變法失敗的原因，簡而論之為：

　　1. 德宗個性柔弱，且並無實權，大權操在慈禧太后之手，新黨雖獲德宗支持，終難以成事。

　　2. 變法的措施推行太速，項目又多，牽涉也廣，不少積弊非於短時間內可以除盡，以致困阻重重。

　　3. 反對的勢力太大，如裁撤閒散衙門，裁汰冗官冗員，成千上萬的人因恐失業，生計堪慮；廢八股取士，改試策論，致無數的莘莘學子前途斷送，均銜恨新黨，反對變法；朝廷中的大臣又多為舊黨，新黨則為漢人，又多為南方人，格於滿漢及南北地域之見，人單勢孤，遠不能敵反對的聲浪和勢力。

　　4. 新黨缺乏軍隊為後盾，北洋境內的軍事大權，操在舊黨手中，新黨在危急時，欲搶先發動政變，亦不可得，遂告失敗。

(二)庚子拳亂與八國聯軍

　　鴉片戰爭以來，清朝對外屢遭挫敗，訂立了許多屈辱的條約，於是列強對中國各方面的侵略，日甚一日，中國人民的負擔因而加重，生活備受威脅，有時且遭外人和教民的欺凌，地方官未能秉持公正，往往偏袒外人和教民，導致一般民眾仇洋反教的心理。清廷方面則以列強一再要索利權，貪得無饜，尤其是戊戌政變後，康有為、梁啟超分別在外人的幫助下逃往國外，受到外國政府的庇護，慈禧太后等舊黨份子由是深恨外人。光緒二十五年（1899，歲次己亥），慈禧意圖廢掉德宗帝位，於是先立端郡王載漪之子溥儁為「大阿哥」（即皇太子），是為「己亥立儲」。不料各國反應冷淡，不肯入賀，使慈禧等舊黨份子更加痛恨外人。在朝野一致仇外聲中，義和團才能趁勢而起，釀成庚子拳亂。

　　義和團原名義和拳，盛行於山東一帶。其組成份子，皆為不識字的鄉民，思想簡單。起初僅練習拳棒，保護身家，別無他圖。光緒十三年（1887）以後，因民教互仇，變為仇教團體。這些拳民各有神壇，自稱

祈禱後神靈附體，口誦咒語，能禦槍砲，一般鄉民易為所愚。光緒二十一年（1895），李秉衡出任山東巡撫，仇視西人，目拳民為義民，坐視其擴展，傳習者乃日眾。光緒二十三年（1897），李秉衡去職，張汝梅繼為山東巡撫，於次年將義和拳併入鄉團，名曰義和團，無異承認其合法地位。光緒二十五年（1899）二月，暴戾無知的毓賢出任山東巡撫，對義和團更是迴護有加，團眾氣焰益張，到處毀教堂，殺教民，滋擾不已。同年十一月，清廷不得已，答應各國公使的要求，將毓賢撤職，以袁世凱為山東巡撫。袁到任後，一反毓賢所為，對義和團嚴加取締，以武力徹底剿辦。義和團在山東難以立足，乃相率轉往直隸。慈禧為少數頑固大臣所惑，密召義和團眾入京，慰勉有加，視為「義民」。於是義和團大舉出動，燒教堂，殺教士，拆鐵路、毀電線。光緒二十六年（1900）五月，日本公使館書記杉山彬，德國公使克林德（Von Ketteler），先後在北京遭義和團殺害，清廷則派軍隊圍攻東交民巷之公使館區，並下詔對各國宣戰，引起英、美、法、德、俄、義、日、奧八國聯軍之役的大禍。

　　八國聯軍先於是年五月攻陷大沽，六月，攻陷天津，繼於七月二十日（8月14日）攻進北京，義和團紛紛潰散，慈禧攜德宗倉猝出城，向西而行，九月初，抵達西安，駐蹕於陝西巡撫署。這時，兩廣總督李鴻章已奉到清廷的命令，任其為直隸總督、北洋大臣，以及議和全權大臣。與各國談判議和，於光緒二十七年（1901，歲次辛丑）七月簽訂辛丑和約。就和約的內容而言，各國雖因避免利害衝突而未要求割地，但賠款和駐兵兩事，卻有重大影響。賠款（4億5千萬兩，分39年付清，利息4釐）本息合計為九億八千餘萬兩，加上各省教案賠款及折合金價的損失，總數在十億兩以上，使中國的財政更為困難，影響國計民生至大。至於削平大沽砲臺及有關北京至海通道之砲臺，允許各國駐兵保護使館區和北京至海之通道，這不僅使中國的國防設備為之破壞，自衛能力為之削弱，而且使清廷置身於外國軍隊的監視之下，使館區形同京城內的

敵國。他如禁止進口軍火兩年，對中國的國防也有其不利的影響。至於
各國人民被害被虐之城鎮，停止文武各等考試五年，則是對中國內政非
理性的干涉。

辛丑和約簽訂後，各國陸續自北京及直隸全省撤兵，慈禧與德宗則
於光緒二十七年八月自西安取道河南回鑾，於十一月間返抵北京。

(三)立憲運動及其迴響

立憲，是近代西方國家的一種政治體制，亦即是一切依據憲法而施
政的政治。它有君主立憲與民主立憲（即共和立憲）之別，民國元年
（1912）以前，革命尚未成功，民主立憲只是一種理想，是以清末的立
憲運動，係為君主立憲運動，與自強運動、維新運動均屬溫和的改良運
動。

由於立憲政治，較為民主，因此有識之士主張加以模仿，以革新中
國傳統的專制政治。如同、光年間知名的維新人士馮桂芬、王韜、鄭觀
應、陳虬、陳熾等，在他們的著作中，或多或少都曾提及一些淺顯的立
憲觀念，像是主權在民、選舉、議會等等。有意將立憲觀念付諸實行的，
則為康有為，他奏請清廷「立行憲法，大開國會，以庶政與國民共之，
行三權鼎立之制」。戊戌政變後，康有為逃往海外，於保皇之餘，繼續
倡立憲之說，並從事實際的立憲運動。然而鼓吹立憲思想最有成效的則
是康有為的弟子梁啟超。戊戌政變後，他亡走日本，先在橫濱辦清議報，
後來又在東京創辦新民叢報，將西方民權政治陸續介紹給國人。尤其光
緒二十九年（1903）以後，他的態度由激烈轉趨溫和，鼓吹君憲思想，
更是不遺餘力。他的文章生動有力，筆端恆帶感情，備受青年知識份子
的歡迎，對於立憲運動的醞釀及推行，貢獻甚大。此外，江蘇士紳張謇，
曾於光緒二十九年至日本，次年，說湖廣總督張之洞奏請立憲，以自刻
《日本憲法》送之清廷，並印行所著《日本憲法義解》、《議會史》，
影響亦大，其後且成為清末立憲運動的領導人物。

　　清廷方面，則因八國聯軍攻進北京，慈禧攜德宗倉皇出奔西安，創痛之餘，漸有所覺悟，且為收拾人心起見，乃於光緒二十六年（1900）十二月，以德宗的名義，下詔變法，並下詔罪己，申言變法之決心。於是新政次第推行，其內容與戊戌變法出入不大，較引人矚目的為廢除科舉、設學校、派遊學、改革官制等等。儘管新政本身乏善可陳，但此舉卻促起內外大臣革新政治的興趣，因而主張立憲者愈來愈多。

　　大約而言，清末的立憲運動發萌於戊戌變法時期，庚子拳亂以後，清廷從事持續的政治改革，刺激了立憲運動的成長。光緒三十一年（1905），日俄戰爭結束，立憲的日本打敗了專制的大帝國俄國，因是立憲的價值深獲中國朝野上下的肯定，紛紛要求清廷立憲，掀起立憲的熱潮。清廷一則迫於輿情，一則也有藉立憲緩和革命之意，乃派遣鎮國公載澤等五位大臣出洋考察各國憲政，光緒三十二年（1906）七月，清廷頒布預備立憲之詔，命先議定官制，釐訂法律，廣興教育，清理財政，整頓武備，普設巡警，以為預備立憲的基礎。光緒三十四年（1908）八月，清廷頒布憲法大綱，定預備立憲期限為九年。其條文計君上大權十四條，臣民權利九條。其精神抄自日本，惟君權較諸日本天皇更無限制，民權太輕，且預備立憲期限太長，足見清廷對於立憲實乏誠意，僅擬藉立憲之名，收中央集權之實而已。

　　清廷既以立憲為標榜，立憲派乃乘機從事活動，光緒三十二年十一月，預備立憲公會成立於上海，是國內最大最重要的立憲團體。此外，重要的尚有湖南的憲政公會，湖北的憲政籌備會，廣東的自治會。海外方面，戊戌政變後，康有為、梁啟超在海外活動，成立保皇會，以擁護德宗復政為號召，獲得各地華僑的踴躍支持，勢力甚大。曾反對「己亥立儲」，並連絡秘密會黨，於八國聯軍之役期間，在長江流域起兵勤王，雖告失敗，但其海外勢力未見顯著衰退。國內的立憲熱潮既已掀起，康有為順應時潮，通令自光緒三十三年（1907）元旦起，各地的保皇會一律更名為帝國憲政會（亦稱憲政黨），康、梁任正、副會長，是為海外

最大的立憲勢力。

　　光緒三十四年十月，德宗、慈禧在兩日內相繼逝世，由醇親王載灃（德宗胞弟）之子年僅三歲的溥儀入繼大統，改元宣統。宣統元年（1909）九月，各省諮議局成立，議員為各省所選出，這是中國數千年來第一次由選民投票的選舉，意義至為重大。清廷原定宣統九年（1916）頒布憲法，召開國會，諮議局成立後，全國一千六百餘位議員中熱心憲政的人不少，立憲派乃以諮議局為後盾，發動了全國性的三次大請願，要求清廷速開國會，清廷不得已，於宣統二年（1910）十月宣布把預備立憲的期限縮短三年，改於宣統五年（1913）召開國會；在國會召開以前，先釐訂官制，設立內閣。宣統三年（1911）四月，清廷頒布內閣官制十九條，就其內涵精神而言，此一內閣一如過去的軍機處，國家大權仍操諸皇帝，故其立憲與不立憲實無區別。同時清廷並任命內閣閣員，包括內閣總理大臣（1人）、內閣協理大臣（2人）及各部大臣（10人），共十三人；其中計滿人八位、漢人四位、蒙古人一位；滿人中皇族又占五位，故有「皇族內閣」之譏。而內閣總理大臣慶親王奕劻，貪污腐化，聲名狼藉。立憲派大失所望，乃知清廷立憲的本意所在。同年八月，革命黨於武昌起義，局勢動盪，立憲派面臨最大的抉擇，只有順應時潮與革命黨合作，加速了清朝的覆亡。

　　立憲運動雖然失敗了，對於中國仍有其貢獻。其最大的影響還是由於民權觀念的普遍，所帶來的高張民氣。由立憲派份子主導，以人民為後盾的國會請願運動、收回利權運動，既蓬勃而又具規模，尤其是前者，顯示人民並不畏懼清廷。而立憲聲中，人民辦報紙，傳布知識和思想，有些是在清廷所可以掌握範圍之外；組織團體，其活動的方向，有些亦在傳統社會的籠罩之外。近代中國的新精神，不來自政府，而來自民間，清末的立憲運動既為這種精神的動力，也是這種精神的本身。

三、革命運動與清政告終

(一)革命運動的由來與發展

　　清末革命運動的起因，主要是由於清朝的衰敗，無法抗拒列強的侵略；滿漢之間難解的矛盾、衝突，反滿思想經秘密會黨暗中流傳，並一再地起事，到太平天國大規模的反滿行動，激起漢人知識份子的革命意識；再加上清末經濟的蕭條，財政的枯竭，人民的生計艱難，對清朝統治的不滿程度，與日俱增；社會問題也漸形嚴重，科舉是大多數讀書人仕宦的唯一管道，但競爭激烈，不易考中，清末官吏的員額本來就有限，再被來自世襲、恩蔭、捐納的人占去不少，以致一般讀書人更鮮有仕宦的機會，也容易促使他們萌生推翻清朝的意念，光緒三十年（1904），清廷明令停止科舉，對於已在進行中的革命運動是具有助長作用的。此外，近代西方民族主義的興盛，民主、民權政治學說的風行，以及美國獨立戰爭、法國大革命等歷史性的壯舉，對於中國革命運動的發生，都有不小的影響。清末革命運動的倡導者孫中山，在倡導革命之前，就曾得益於這方面的啟迪，是他走上革命之路的原因之一。

　　孫中山，是廣東香山縣人，出生於清同治五年（1866），世代務農，家境貧寒。香山縣是反滿的秘密會黨三合會出沒的地方，孫中山在這樣的環境中生長，思想受到三合會影響的可能性甚大。十歲時，入村塾讀書，次年，轉入私塾就讀，十二歲時，曾聆聽參加過太平軍的鄉民述說太平天國軼事，悠然神往，革命意識已在心中滋長。十四歲時（光緒五年，1879），隨母親前往夏威夷之檀香山，進入當地的教會學校就讀，接受西式教育，因而具有民權、平等、自由等的觀念。而夏威夷的進步、繁榮，以及夏威夷王國的人民英勇地抗拒美國的吞併，都激起他革新自己國家的意念。十八歲時（光緒九年，1883），自檀香山返國，途中受

到清吏的刁難勒索，使他對當時清朝政治的黑暗，有更深刻的體認。光緒十一年（1885），因中法戰爭清朝失利乞和的刺激而立志革命。光緒十二年（1886），他二十一歲，進入廣州博濟醫校習醫術。次年，轉入香港西醫書院，至光緒十八年（1892），以第一名的成績畢業，先後在澳門、廣州行醫，行醫之餘，則致力於結交革命同志。光緒二十年（1894）春，孫中山與友人陸皓東自廣東北上，至天津，上書直隸總督、北洋大臣李鴻章，陳述富強大計，未被李所接納，乃與陸皓東遊覽北京、天津，並深入武漢。未幾，中日甲午戰爭爆發。同年冬，見清朝海陸軍大敗，痛心疾首，深知清廷已無可救藥，遂前往檀香山，創立興中會。興中會被認為是中國近代第一個革命團體，成立的日期是光緒二十年十月二十七日（1894 年 11 月 24 日），入會誓詞為「驅除韃虜，恢復中華，創立合眾政府」，革命運動就此展開。

從光緒二十年（1894）到二十六年（1900），是革命運動的倡導時期。在這六年中，革命運動雖已展開，但幾乎全在海外進行，而且進展殊為有限，揆其原因：

1. 風氣未開，即使是海外的華僑，亦多視革命為造反，避之唯恐不及。

2. 革命風險甚大，不僅個人性命堪憂，而且將會禍延九族，故極少有人願意參加。

3. 各地的興中會先後成立，孫中山持其強有力的個人領導方式，對興中會會務的發展不甚重視，也影響革命運動的成長。

4. 保皇會的挑戰、競爭，使興中會備受壓力和打擊，而一籌莫展。

在這個時期內，革命團體非常少，只有幾個興中會而已；宣傳也很落伍，興中會由於文人墨士缺乏，仍以口頭宣傳為主；武裝行動也只有兩次起義而已。一次是光緒二十一年（1895，歲次乙未）的乙未廣州之役，是孫中山成立香港興中會之後，即親往廣州連絡部署，訂是年重陽節在廣州起義。不料起義前，事機洩露，遂告失敗，陸皓東等人被捕就

義。這是孫中山所領導的第一次起義。另外一次是光緒二十六年的惠州之役。由於是年北方發生拳亂，孫中山命鄭士良回廣東聚集三合會會眾發動惠州之役，鄭在惠州一帶屢敗清軍，終因缺乏餉彈接濟，不得不自動解散部眾，功敗垂成。這是孫中山所領導的第二次起義。

　　光緒二十六年（1900）至三十一年（1905），是革命運動的成長時期。光緒二十六年由於八國聯軍之役清廷又遭到一次重大的挫敗打擊，國本、威信愈益動搖，也促使更多的有志之士走向推翻滿人統治的革命之路。同年，保皇會所發起唯一的一次起兵勤王行動——自立軍之役，遭到挫敗，犧牲了不少菁英份子，保皇會內部也起了分化，而呈現危機，使海外的興中會聲勢為之一振。另外，從這年開始，留日學生的人數增加快速，於是留日學界勢力興起，其中態度日益激烈而有志革命者，頗不乏人。光緒二十九年（1903），自日本回國的留學生黃興等人，在湖南的長沙成立了華興會，是為以湖南人為主體的革命團體。次年，留日學生龔寶銓，與蔡元培等人在上海成立了光復會（後會址遷往浙江），是為以浙人為主體的革命團體。於是志士爭起，興中會之外，其他的革命團體相繼成立，革命運動由海外大為延伸至國內，除了以興中會勢力所在的廣東之外，更擴及到華興會勢力所在的湖南、湖北、江西，和光復會勢力所在的浙江、江蘇、安徽、福建各省。革命團體、革命報刊的數目，以及武裝行動的次數，都較倡導時期頗有所增加。這些成就，大部分應歸功於加入革命的知識份子和學生。然而在倡導時期對中國革命贊助有加的日本政府（主要是欲利用革命黨，脅制清廷），卻以光緒二十七年起日、清關係有所改善，而對革命態度轉趨冷淡，與革命黨人日漸疏遠。

　　光緒三十一年（1905）至宣統三年（1911），是革命運動的開展時期。其得以開展的主要原因，在於中國同盟會的成立。革命運動在成長時期的五年中，可以說是志士爭起，競組團體，各自發展的局面。光緒三十一年，孫中山自歐洲返回日本，至東京，會見華興會首領黃興、宋

教仁等人，力主聯合，日本志士宮崎寅藏等人也居間說合，於是中國同盟會（簡稱同盟會）於是年七月在東京開成立大會，會員主要是來自興中會、華興會、光復會及留日學生。成立之後，興中會、華興會的名義即不存在，光復會只有部分會員加入同盟會，名義仍然存留。同盟會成立的意義：

1. 為重要革命團體成員的大聯合，同盟會成立後成為清末最大最重要的革命團體。

2. 會員的籍貫幾乎函蓋全國十八省，且無任何一省籍的會員能居多數，此為革命運動的一大突破。同盟會且在各省設分會，大有走全國性發展的趨向。

3. 同盟會設執行、評議、司法三部，儼然三權分立，已具有近代西方的組織形式，非中國傳統的會、社等團體所能比擬，實為一大進步。

4. 孫中山被推為同盟的總理，奠定了其在清末革命運動中崇高的地位，乃至共認的領袖。

5. 同盟會的入會誓詞為「驅除韃虜，恢復中華，建立民國，平均地權」，孫中山旋在民報之發刊詞中，正式揭出民族、民權、民生三大主義。於是革命運動乃有較完整的理論——三民主義，非僅排滿而已。

6. 同盟會成立的三個月後，在東京發刊民報，是為同盟會的機關報，主要撰稿者有胡衍鴻（漢民）、汪兆銘（精衛）、宋教仁、朱大符（執信）、章炳麟等學有專攻的有識之士。發刊後與梁啟超所主辦的新民叢報展開激烈的論戰，為期約有兩年，結果是民報略居上風，顯示同盟會成立後，由於大批的知識份子、留日學生的加入，使革命黨在宣傳方面大有進步，漸能與保皇派、立憲派分庭抗禮，甚至超越之。

　　同盟會的會員多為知識份子，他們的活動也吸引更多的知識份子加入革命。於是知識份子愈益成為革命運動的領導重心，秘密會黨、工人、農民等在革命運動中則一直居於從屬地位。秘密會黨，有組織，人多勢眾，又有反滿的宗旨和傳統，易與革命運動合流。革命黨發動的起義，

十之八九均係以秘密會黨的會眾為主力。他們流血犧牲，對革命運動的貢獻很大，但他們畢竟不是正式軍隊，訓練、裝備皆有不足，觀念又較落後，紀律也有所廢弛，卒難以成就大事。直到光緒末年，清朝大舉編練新軍，以取代八旗、綠營為國防主力，因而需要軍事幹部甚急。革命黨人，尤其是同盟會會員中不少是留日習事者，學成歸國後多半在各省軍中任職，革命思想乃在新軍中滋長，加以革命黨人也刻意滲透到新軍中發展，革命情勢遂大為有利。武昌的起義，各省的響應，成功地推翻清朝，新軍都功不可沒。

　　開展時期，革命運動迅速地成長。無論是革命團體、革命報刊的數目、以及武裝行動的次數，都較前兩個時期大為增加。即武裝行動就有三十一次之多（前兩個時期合計只有 8 次），其中起義二十三次，暗殺八次；三十一次中，由同盟會發動的有二十五次，由光復會發動的有六次。可見在武昌起義爆發前，此時期內的所有武裝行動，悉由同盟會、光復會所包辦。清末由孫中山所領導的十次起義，其中的第三至第十次（計為光緒三十三年的潮州黃岡之役、惠州七女湖之役、欽州防城之役、鎮南關之役、光緒三十四年的欽廉之役、雲南河口之役、宣統二年的廣州新軍之役、宣統三年的廣州三二九之役）均發生在此一時期內。

(二)武昌起義與民國創建

　　武昌是湖北的省會，位居長江中上游，是水陸交通的重鎮。光緒十五年（1889）至三十三年（1907），張之洞在武昌任湖廣總督近二十年，湖北在他治理之下，無論實業、教育、軍事等各方面都進步迅速，尤其是教育發達，不僅在武昌設立了多所新式的文武學堂，而且大量選送學生前往日本、歐洲各國留學，留學生學成歸國，也大半回省服務。因而武昌地區不僅人文薈萃，而且風氣開通，新思想充斥。在這樣的環境下，革命運動很容易滋生發展。

　　光緒三十年（1904），科學補習所成立於武昌，這是湖北最早的革

命團體，名為研究科學，實際則以排滿革命為宗旨，其重要成員為呂大森、胡瑛、宋教仁等人。成立僅約半年，就因準備響應華興會的長沙起事，而被官方查封。其後日知會繼之而起，在武昌從事革命宣傳和活動。東京之同盟會則派余誠為湖北分會會長回武昌活動，余誠倚日知會推展會務，日知會得同盟會的指導，聲勢頗盛。光緒三十二年（1906），同盟會在江西及湖南發動萍（萍鄉）、瀏（瀏陽）、醴（醴陵）之役，結果失敗，日知會遭到牽連，被官方查封。光緒三十四年，（1908），湖北軍隊同盟會在武昌成立，湖北革命運動的重心，便轉移到軍界。湖北軍隊同盟會稍後改組為羣治學社，繼而改組為振武學社，宣統三年（1911）年初，振武學社改組為文學社，推蔣翊武為社長。外來的革命團體，則以共進會最為重要。共進會是光緒三十三年（1907）由部分同盟會會員在東京發起成立的，會員籍貫以長江各省為主，其在湖北的策畫人是孫武。湖北之共進會會員與文學社一樣，係以湖北新軍官兵為主。宣統三年七月，文學社與共進會達成協議，攜手合作，準備起事。

　　當時四川保路運動正在進行，該省紳民成立保路同志會，反對清廷將川漢、粵漢鐵路的修築權收歸國有，風潮日漸擴大，並且激化為武裝騷動。武昌方面的革命黨因謀乘機發動革命，決定是年（宣統三年）八月十五日（1911 年 10 月 6 日）起義。因消息洩露，被迫延期。不料漢口、武昌的革命機關相繼被破獲、黨人劉復基、彭楚藩等人被捕。由是風聲鶴唳，人心惶然。八月十九日（10 月 10 日）晚，湖北新軍工程第八營黨人總代表熊秉坤，率領同志首先發難，湖廣總督瑞澂、湖北提督、新軍第八鎮統制張彪先後遁走。革命黨人於次日占領武昌，並推舉新軍第二十一混成協協統黎元洪（在湖北新軍中其職位僅次於張彪）為湖北軍政府都督，布告安民，同日，黨人占領漢陽，八月二十一日，占領漢口，同時照會漢口各國領事，聲明保護外人生命財產，並維護其既得權益，各國遂宣布中立，不干涉革命戰事，武漢的革命局勢所以能夠穩定，此為重要原因之一。

武昌起義後，各省紛紛響應，宣布獨立，兩個月內竟多達十五省（當時清朝共有二十二個省），使清廷窮於應付。各省的獨立並不完全由同盟會所策動，在各省策動並作為革命主力的，尚有光復會、共進會，乃至立憲派、舊官僚、新軍和秘密會黨等。除首義的湖北之外，先後宣布獨立的省分依序為湖南、陝西、山西、雲南、江西、貴州、浙江、江蘇、廣西、安徽、福建、廣東、山東（旋即取消獨立）、四川。這些獨立的省分，十之八、九都在長江流域及其以南，與清廷形成南北對峙之勢，清朝的三分天下已去其二了。

武昌起義後，獨立各省派遣代表，於九月二十五日（11 月 15 日）起在上海開會，是為「各省代表團」，亦稱「各省都督府代表聯合會」。但因湖北方面一再要求各省代表儘速赴鄂，組織政府，所以各省代表團乃決議前赴湖北。十月十日（11 月 30 日），代表團在漢口租界內開會，於十月十二日（12 月 2 日）通過了中華民國臨時政府組織大綱，共二十一條，其內涵精神採自美國政治制度（即總統制）。十月十四日，代表團聞南京光復，於是決議各省代表於七日以內會齊南京，選舉臨時大總統。十月二十四日（12 月 14 日），各省代表團集會於南京。十一月初六日（12 月 25 日），孫中山自海外返抵上海。十一月初十日（12 月 29 日），各省代表在南京召開臨時大總統選舉會，到會代表計十七省四十五人，根據規定，每省一票，以得票滿投票總數三分之二以上者為當選。投票結果，孫中山得十六票當選為中華民國第一任臨時大總統。

十一月十三日（是日起改用陽曆，即民國元年 1 月 1 日），孫中山由代表以專車自上海迎接至南京，宣誓就職。民國元年（1912）一月三日，代表團又開會選出黎元洪為臨時副總統，並由孫中山提出各部總長、次長人選，經代表團同意後任命，其總長名單為：陸軍總長黃興，海軍總長黃鍾瑛，司法總長伍廷芳，財政總長陳錦濤，外交總長王寵惠，內務總長程德全，教育總長蔡元培，實業總長張謇，交通總長湯壽潛。中華民國臨時政府遂告成立。

(三)清帝退位與政府北遷

武昌起義後，清廷大為震驚，即令陸軍大臣廕昌統領京畿兩鎮新軍南下，海軍提督薩鎮冰統率海軍由長江西上，夾擊武漢。並於八月二十三日（10 月 14 日）起用袁世凱為湖廣總督。袁世凱曾任山東巡撫、直隸總督、北洋大臣、及軍機大臣兼外務部尚書，是繼李鴻章（於光緒二十七年病逝）以後最有權勢的漢人大臣。他早年曾在天津附近負責編練新式軍隊，後來其軍隊日漸擴充，部屬增多，形成所謂的北洋派（亦稱北洋軍系），清末全國共編練完成二十四鎮左右的新軍，其中第一至第六鎮的幹部多為袁之舊屬，是為北洋六鎮，其駐地均在北方及東北，袁對之有相當的影響力。宣統元年（1909）年初，袁世凱因受清廷忌視而遭到罷黜，退隱於鄉（河南省彰德之洹上村）。武昌事起，清廷以袁對北洋軍隊有號召力，委袁為湖廣總督，但袁心存怨望，托疾未癒，不肯應命。八月二十八日（10 月 19 日），革命軍擊敗清軍於漢口附近，清廷無奈，派內閣協理大臣徐世昌走訪袁氏勸說，袁提出六項條件：*1.* 明年召開國會。*2.* 組織責任內閣。*3.* 寬容此次起事之黨人。*4.* 解除黨禁。*5.* 委以指揮水陸各軍的全權。*6.* 給予充足的軍餉。清廷不得已，於九月初六日（10 月 27 日）授袁為欽差大臣，並將武漢方面清軍（多為北洋新軍）編為兩軍，以袁的舊部馮國璋、段祺瑞分任第一、第二兩軍總統官，歸袁指揮，袁遂應命而出。

袁世凱的重起而出，給當時動盪不安的中國政局帶來希望。清廷寄望他能平定革命軍，革命軍因袁為漢人，且對清廷心存怨望，寄望他迫清廷下臺。列強因見清廷已無能為力，寄望袁能與革命軍議和，共同恢復中國的秩序，以免外國人的生命財產及商業受損。袁則自有打算，一面命馮國璋率軍攻占漢口，以示為清廷盡力，一面暗中派人與革命軍議和，以示無意與革命為敵。並表示力謀恢復中國秩序，以取得列強的信任。其用意則在為自己取得最有利的地位。

　　九月初八日（10 月 29 日），北方發生灤州兵諫，駐兵直隸省灤州的清朝新軍第二十鎮統制張紹曾（同盟會會員），通電要求清廷立憲，實則意圖革命，清廷大震，同日，山西宣布獨立，清廷為安撫張紹曾，允其要求，下令解除黨禁，解散「皇族內閣」等，九月十一日（11 月 1 日），並發表袁世凱為內閣總理大臣，以組織新內閣。於是袁北上，九月二十六日（11 月 16 日）在北京就職，進而取得清廷實權。並派代表與革命軍在上海談判，是為南北議和。孫中山當選為臨時大總統，袁世凱甚為不悅，和議停頓。但孫中山自始表示：只要袁贊成共和，使清帝退位，即推袁為民國臨時大總統。袁乃暗中逼迫清廷，其北洋將領段祺瑞等亦通電贊成共和。清廷見大勢已去，只得授袁世凱以全權，與民國臨時政府磋商退位條件，結果議定優待條件十九條，包括清帝退位後，其皇帝尊號仍存不廢，民國以待外國君主之禮相待；得暫居宮禁，日後移居頤和園；民國政府年撥四百萬兩（元）為清帝歲用等。

　　民國元年二月十二日（清宣統三年 12 月 29 日），清廷舉行退位大典，正式宣布清帝退位，統治中國二百六十八年的清朝，就此覆亡，同時也結束了中國二千多年的君主政治。

　　至於南京之民國臨時政府，為何不集獨立各省之力，大舉進攻北方，直接滅亡清朝；而要假手袁世凱，與其妥協來終結清朝，其原因為：

1. 政治的原因

　　獨立各省加起來雖地廣人眾，但各自為政，而且未必完全聽從由同盟會主導的臨時政府。此外，同盟會本身也因提名總長、次長人選等的紛爭發生分裂的危機。

2. 軍事的原因

　　獨立各省，土地遼闊，兵力集中不易，何況軍隊的訓練、裝備、凝聚力均不如以北洋六鎮為主力的清軍，要想戰勝，實無把握。

3. 經濟的原因

　　臨時政府初創，財政極為困難，各省則多自顧不暇，財力有限，難

以支應大規模的戰事費用。

4.心理的原因

為時十八年的革命運動，已然接近成功，革命黨人望其儘速實現之心愈切，因此容易遷就、妥協。何況戰爭遷延時日，又無勝算把握，不如訴之協商，早日終結清朝。

5.列強的原因

列強大多希望中國的戰事儘快結束，秩序儘快恢復，以免影響其在華權益，因而居間調停。其中尤以英國在華商業利益最大，態度也最積極。而且英、法在態度上傾向於支持袁世凱。

孫中山之所以表示讓位袁世凱，其原因也大致有如上述。此外，孫中山具民主觀念，對自身的名位權力，並不太過計較，更不願因個人的去就影響整個大局。袁世凱野心雖大，但可以立法等方式約束之，國家自可安然。

清帝既宣布退位，袁世凱即致電南京臨時政府宣布政見，贊成共和。二月十三日，孫中山咨文參議院為「踐誓言，辭職引退」，請代表國民公意，速舉賢能，來南京接事，以便解職，並附辦法條件如下：

1.臨時政府地點設於南京，各省代表所議定，不能更改。

2.辭職後，俟參議院舉定新總統到南京受任之時，大總統及國務各員乃行解職。

3.臨時政府約法為參議所制定，新總統必須遵守頒布之一切法制章程。

這三項辦法條件，旨在約束袁世凱。同日，孫中山又咨文參議院推荐袁世凱，請「舉為公僕，必能盡忠於民國」。而袁世凱復電，尚作態推辭，「切盼參議院另舉賢能」。二月十四日，參議院選出袁世凱為第二任臨時大總統。於是南京臨時政府派遣蔡元培為迎袁專使，率各歡迎員（宋教仁、汪兆銘、鈕永建等人）於二月二十五日抵達北京。二月二十九日夜北洋六鎮之一的第三鎮曹錕所部數千人，突然在北京譁變，焚

掠商家，是為「北京兵變」。此一兵變至今尚無直接證據係由袁世凱所主導，但他至少應負疏忽縱容之責。次日（3月1日）豐臺，三月二日保定，亦有類似事件發生。北方各界紛紛以此挽留袁世凱，袁乃藉口鎮懾，不能南下，為此，南京方面曾發生爭議。至三月六日，參議院卒允袁在北京就職。三月十日，袁在北京舉行就職典禮。三月十一日，臨時約法公布，共七章五十六條，仿照法國內閣制度。三月十三日，袁世凱依臨時約法，提名唐紹儀為國務總理，得參議院同意，唐即南下至南京，商組國務院（即內閣），三月二十九日，各部總長、次長名單公布，國務院成立。四月一日，孫中山至參議院通告解職。四月二日，參議院決議臨時政府移設北京，於是參議員及臨時政府人員相繼北上，四月二十九日，參議院在北京開議。黃興則受命為南京留守，負責裁撤南京臨時政府。自此，不僅臨時政府遷至北京，北京成為民國的首都，及正式政府成立，迄無改變。

參考書目

郭廷以，《近代中國史綱》，香港中文大學，1979 年。

張玉法，《中國近代史》，東華書局，1978 年。

Immanuel C. Y. Hsü（徐中約），*The Rise of Modern China*,（Oxford: Oxford University Press, 1970）。其中譯本為計秋楓、朱慶葆譯，茅家琦、錢乘旦校《中國近代史（上冊）》，香港中文大學，2001 年；下冊即將出版。

蔣廷黻，《中國近代史大綱》重慶，青年書店，1939 年。

Denis Twitchett & John K. Fairbank, eds., *The Cambridge History of China*, Vol. 10, 11: *Late Ching*, 1800～1911.Cambridge University Press, 1978, 1980。其中譯本為張玉法主譯，《劍橋中國史第十冊，十一冊，晚清篇 1800～1911》2 冊，南天書局，1987 年。

李守孔，《中國近代史》，三民書局，1995 年十三版。

唐德剛，《晚清七十年》5 冊，遠流，1998 年。

李劍農，《中國近百年政治史》2 冊，上海商務，1947 年；臺灣商務，1954 年。

喬志強主編，《中國近代社會史》，南天書局，1998 年。

郭廷以編著，《近代中國史事日誌（清季）》2 冊，臺北，撰者印行，1963 年。

中華文化復興運動推行委員會主編，《中國近代現代史論集》共 30 編〔冊〕，臺灣商務，1986 年。

中國近現代史大典編委會編，《中國近現代史大典》2 冊，北京，中共黨史，1992 年。

小島晉治、丸山松幸合著，葉寄民譯，《中國近現代史》，帕米爾

書店，1996 年。

辛亥革命研究會編，《中國近代史研究入門》，東京，汲古書院，
　　1992 年。

香港中國近代史學會編，《中國近代史研究新趨勢》，臺灣商務，
　　1995 年。

第十一章

現代時期

胡平生 *

第一節 民國初期的政局

一、民主政治的嘗試與考驗

㈠民主政治的初建

民主政治的首要之務，在於立法。通常是由具有民意基礎的機關來制定法律，一切措施都需依法而行。武昌起義後，各省代表團在漢口制定並通過中華民國臨時政府組織大綱二十一條，採行總統制，於是有南京之臨時政府的成立。並依組織大綱的規定成立參議院為立法機關，其議員不是由民選，係由各省委派，每省以三人為限，共凡十八省四十三

＊現任臺灣大學歷史系教授。

人。當時參議院中的黨派以同盟會最占優勢,其重要舉措為選袁世凱為第二任臨時大總統、決定國都地點、制定臨時約法等。民國元年(1912)三月十一日,臨時約法公布,改採內閣制,於是有唐紹儀內閣的成立,是為中華民國的第一個內閣。同年四月,參議院北遷,由於南北統一,議員增至一百二十六人。北京參議院的重要舉措為制定國會組織法、眾議院議員選舉法、參議院議員選舉法等。北京參議院後期,舉行國會議員之選舉。根據國會組織法規定,國會分參、眾兩院。參議員的來源是由各省省議會、蒙古選舉會、西藏選舉會、青海選舉會、中央學會、華僑選舉會選出。眾議員是依各省人口比例產生,每八十萬人可選出議員一名,但人口不滿八百萬之省,亦可選出議員十名,蒙古、西藏、青海地方眾議員名額,與參議員同。民國二年(1913)年初,選舉完竣,計選出眾議員五九六人,參議員二七四人。同年四月八日,國會行開幕式,正式成立,參議院即告功成身退。

　　至於政黨,亦為民主政治下的產物。南京臨時政府時期,由於民國初建,專制時代已成過去,因而政黨紛紛出現,一時竟多達三百多個。但是跨黨者(一人同時擁有兩個以上的黨籍)頗多,各政黨的政綱多簡略而空洞,且幾乎均缺乏羣眾基礎,是為中國政黨政治草創之初的畸型現象。南京臨時政府時期最大最重要的政黨為同盟會。同盟會原成立於清末,民國元年三月三日在南京開全體會員大會,通過由秘密的革命團體改為公開的政黨,舉孫中山為總理,黃興、黎元洪為協理。同年五月,同盟會本部自南京遷往北京。其他重要的政黨為統一黨、共和黨,係與同盟會對抗的保守派政黨,其中共和黨,係由五個政黨合併而成,民國元年五月在上海開成立大會,聲勢不小。同盟會有鑑於此,亦與其他四個激進派政黨合併而為國民黨,於民國元年八月在北京開成立大會,九月,推舉孫中山為理事長,同年十月,五個保守派的政黨亦合併為民主黨,在北京開成立大會。及國會大選揭曉,國民黨在眾議院中占有二六九席(共和黨占 120 席,統一黨占 18 席,民主黨占 16 席,跨黨者占 147

席,無所屬者占 26 席),在參議中占有一二三席(共和黨占 55 席,民主黨占 8 席,統一黨占 6 席,跨黨者占 38 席,無所屬者占 44 席),占完全優勢。共和、民主、統一三黨為了對抗國民黨,於民國二年五月合併為進步黨,推臨時副總統黎元洪為理事長,但黎僅掛名而已,從不過問黨事,進步黨實權操於理事之一的梁啟超手中,形成兩大黨競逐的局面。

內閣方面,唐紹儀內閣為一典型的混合內閣,內閣成員複雜。如教育總長蔡元培、工商總長陳其美、農林總長宋教仁、司法總長王寵惠,係同盟會會員;內務總長趙秉鈞、陸軍總長段祺瑞、海軍總長劉冠雄,為袁世凱系人馬;財政總長熊希齡為統一黨員;交通總長施肇基為唐紹儀的姪婿;外交總長陸徵祥則無所屬。唐雖為閣揆,但閣員未必能羣策羣力,聽其調度。袁世凱又別有居心,不甘為虛位總統,欲圖攬權。唐與袁為多年老友,但為人公正,作風開明,不徇私情,凡內閣職責所在,不稍退讓,雙方漸難相處,終至民國元年六月,因王芝祥出任直隸都督之爭議,唐以袁侵犯內閣職權而辭職離京,大部分的閣員亦隨之行動,唐內閣遂形瓦解,距其成立僅三個月而已。

唐紹儀辭職離京後,外交總長陸徵祥繼任國務總理。但陸上任之後,未獲參議院信任,於民國元年七月,提出閣員人選,遭到否決,繼又重擬,參議院在種種壓力下,始勉強通過其閣員名單。然陸徵祥因組閣不順,失意辭職。同年九月,由內務總長趙秉鈞繼任國務總理,組織新閣。半年之間,內閣凡三變,政局的不夠穩定,由此可見一斑。

(二)袁世凱的專權獨裁

民國二年春,國會議員選舉揭曉,國民黨在參、眾兩院中,占有完全優勢,使國民黨不僅有組織政黨內閣的可能,且因總統由參、眾兩院議員聯合選舉,亦有問鼎總統的可能,引起袁世凱的恐慌。尤其當時國民黨的代理事長宋教仁,為政治幹才,主張政黨內閣(亦即責任內閣)

最力，甚至謠傳宋將以國會最大黨的黨魁出任國務總理，組成國民黨內閣，大召袁世凱的忌恨。因國會開幕在即，宋教仁於民國二年三月二十日晚自上海動身北上，在滬寧鐵路車站剪票口處，遭袁世凱方面收買的兇手開槍狙擊，至三月二十二日晨，傷重逝世，年僅三十二歲。此事震驚一時，舉國譁然，是為中國民主政治史上一大污點。

宋案發生時，孫中山正在日本訪問，即於三月二十五日返抵上海，以袁世凱目無法紀暗殺開國元勳，誓必去之，定聯日及速戰兩策，因受黨員反對，未能即行，然國民黨與袁世凱的關係已因宋案而惡化。民國二年四月二十六日，袁世凱未經國會的同意，即命財政總長周學熙與英、法、俄、德、日銀行團簽訂二千五百萬鎊的借款合同，是為「善後大借款」。國民黨指斥袁違法，國民黨籍江西都督李烈鈞等人亦就宋案及大借款問題通電質問北京政府，請袁「立罷前議」，取消借款合同。袁世凱處此窘境，乃主動向國民黨反擊。六月九日，下令免江西都督李烈鈞職，六月十四日，下令免廣東都督胡漢民職，六月三十日，下令免安徽都督柏文蔚職。七月十二日，李烈鈞在江西的湖口宣布獨立，起兵討袁，「二次革命」就此展開。

李烈鈞發難後，各地討袁軍紛起，江蘇、上海、安徽、廣東、福建、湖南、重慶等地都先後宣布獨立，然不旋踵而失敗，一則時人對袁尚無深切的認識，但居於厭亂心理，不認同討袁之舉，輿論也對國民黨不利，列強則對袁多表同情或支持，討袁軍遂成孤立之勢。再則黨人未能聽從孫中山之主張，早日發動，及袁借款到手，佈置就緒，利用金錢收買黨人，復以重兵南下，而討袁軍各自為謀，步調不一，力量分散，遂歸失敗。至九月一日，袁軍攻進南京，二次革命大致上已經結束，革命勢力遂告頓挫，袁世凱的野心因而大熾。

袁世凱在國會開幕後，即咨請國會先選舉正式大總統，然後再制定憲法，但國會以不合程序，未予同意。二次革命失敗後，形勢一變，國會乃決定先選舉正式大總統。民國二年十月四日，大總統選舉法公布。

次日，即假眾議院議場開大總統選舉會，兩院議員出席者約七百人，已超過法定人數。第一、二次投票，袁世凱得票雖為最高，但均不滿四分之三之法定當選票數，乃就第二次得票最高及次高者實行決選，得票過半數者為當選，袁世凱卒以五百零七票當選為正式大總統。自上午八時開始選舉，至夜晚十時始畢事。其間有乞丐、無賴數千人組成之「公民團」，包圍會場，要求非即日選出所屬望之總統，否則議員不得離開議場一步。直至袁當選，「公民團」始歡呼大總統萬歲而散去。十月七日，選舉正式副總統，「公民團」未再出現，黎元洪經一次投票就行當選。十月十日，袁正式就職。

　　袁世凱利用國會當選為正式大總統後，遂有解散國會之意。民國二年十一月四日，袁以國民黨本部與國民黨籍國會議員「潛相搆煽」掀起二次革命，下令解散國民黨，撤銷國民黨籍國會議員資格（共 438 名被撤銷資格），致國會不足法定人數（過半數）而無法開議。袁旋下令召集「政治會議」為諮詢機構，十二月十五日「政治會議」開幕。民國三年（1914）一月十日，袁以「政治會議」的決議，下令停止國會議員職務，同年二月，又下令解散各省省議會。國會既遭解散，袁世凱旋下令召集「約法會議」，三月十八日，「約法會議」開幕，秉承袁的意旨，著手制定約法。五月一日，中華民國約法（有人稱之為新約法或民三約法）公布，將內閣制改為總統制，大總統得對外宣戰、媾和、締約，並任免文武官員等，權力非常大。並將原來參、眾兩院制的立法機關（國會）改為設置一院制的「立法院」，立法院的召集和解散權以及法律和預算之提案權集於大總統一身。復根據新頒布的約法，廢國務院，設政事堂於大總統府，任命徐世昌為國務卿，改各省都督為將軍，民政長為巡按使，均蒙以封建色彩。至是，袁世凱大權在握，已形同民國的獨裁者。五月二十六日，參政院成立，代行立法院職權，所有七十餘名參政，均由袁所任命，毫無民意基礎。十二月二十九日，修正大總統選舉法公布，規定大總統任期為十年（原為 5 年），連任幾次並無限制（原僅得

連任一次）。且規定凡屆總統選舉之時，參政院認為政治上有必要時，得為現任總統連任之議決，即無需改選。又規定總統候選人（3 名），由現任總統推荐，現任總統並為當然候選人。至此，袁不僅形同終身獨裁者，而且雖無皇帝之名，已有皇帝之實了。民主政治的良法美意，為之破壞無遺。

此時，敢於反對袁世凱專權獨裁的只有由國民黨改組而成的中華革命黨。國民黨經二次革命失敗的打擊後，在國內的勢力一蹶不振，黨人次第東渡日本，士氣十分消沉。孫中山準備整頓國民黨，將之改組為中華革命黨（但大部分國民黨人未加入）。民國三年七月，中華革命黨在東京開成立大會，由孫中山擔任總理，革命勢力為之稍振。同年九月，中華革命黨起兵於奉天本溪，未能成功。十月，又相繼起兵於廣東的惠州、南海、順德等地，因後援不繼而失敗。民國四年（1915），中華革命黨又在上海運動海軍肇和軍艦起事，由陳其美、蔣中正等人主持，水陸兩路進攻上海之製造局、工程總局等地。由於黨人武器遠不如袁之守軍，肇和軍艦發難後又與陸上聯絡失誤，終致功敗垂成，是為「肇和之役」。

(三)洪憲帝制及其敗亡

袁世凱出身於舊官僚，清末雖具開明形象，博得列強的好感。內在思想卻十分保守而陳舊，對民主政治的真諦毫無認識，於傳統的道德亦殊少講求。能力雖強，私心卻重，一旦位居總統高位，只知爭權擴權，圖利自己，不知盡心盡力，為國為民。其欲圖改共和為帝制，也只為滿足他做皇帝的私慾而已。

不過，袁世凱因慮國人反對，其帝制活動迄在暗中進行，直至民國四年八月才化暗為明，其關鍵在於袁之總統府憲法顧問古德諾（Frank J. Goodnow；美國人，大學教授、校長，為著名之法學專家）撰寫的一篇文章〈共和與君主論〉。該文章於八月三日在北京之亞細亞日報上發表，

認為中國目前宜行君主政治，帝制派大為鼓舞，起而附和。八月十四日，楊度、孫毓筠、嚴復、李燮和、胡瑛、劉師培發表籌安會宣言，鼓動討論國體之風潮，以迎合袁世凱，為其帝制鋪路。八月二十三日，籌安會在北京開成立大會，由楊度、孫毓筠為正副理事長。另一方面，帝制派運動更多的人，紛紛呈遞變更國體請願書，並組織請願團體。袁為表示帝制係出於民意，於是十月八日公布國民代表大會組織法，十月二十五日，各省區開始選舉國民代表，共選出一九九三人，表決結果，全體一致贊成改變共和為君主，並推戴袁為「中華帝國皇帝」，每封推戴書的措詞完全一樣。袁卻故作姿態，推辭不受，參政院再度進呈推戴書，袁乃於十二月十二日以「全國民意，何得違反」，接受推戴。十二月十五日，袁冊封黎元洪為武義親王（黎辭而未受），十二月十九日，命組大典籌備處；十二月三十一日，通令改民國五年（1916）為「洪憲」元年，洪憲帝制，就此登場。

袁世凱原本以為完全掌握了情勢，反對他的國民黨已然式微，進步黨早與袁妥協，惟有中華革命黨曾數度起兵討袁，但實力有限，不足為慮。全國除西南幾省之外，幾乎全在其北洋勢力和親袁勢力控制之下。加以當時中國去君主專制未遠，封建「餘毒」仍存，阿諛成風的政治環境，也助長了帝制的氣燄，報紙輿論則多被帝制派收員，或懾於現實壓力。未能克盡言責，以約束袁世凱。這都是洪憲帝制得以上演的原因。未料，民國四年十二月二十五日，雲南通電宣布獨立，推雲南將軍唐繼堯為都督，並組成護國軍，以蔡鍔為第一軍總司令，李烈鈞為第二軍總司令、唐繼堯自兼第三軍總司令，是為雲南起義。由是，討伐洪憲帝制的戰爭護國之役（亦稱護國運動），也自此揭開序幕。

雲南之所以率先起義，並非偶然，係由進步黨要人梁啟超、蔡鍔等人所籌畫。梁啟超曾率領進步黨人，與袁世凱合作，歷任司法總長、幣制局總裁、參政院參政、總統府顧問等職務。但其後袁世凱竟意圖稱帝，梁無法再事容忍，遂由聯袁而轉向反袁。民國四年八月，籌安會宣言發

表之後，梁啟超與學生蔡鍔（字松坡，為梁啟超清末任教於湖南時務學堂時之學生，後赴日本，畢業於日本士官學校，武昌起義後被推為雲南都督，民國 2 年 10 月，奉調至北京，任將軍府將軍、經界局督辦、參政院參政等職）等進步黨人密議於天津，擬定討袁計畫。同年九月，梁啟超遂發表〈異哉所謂國體問題者〉一文，公然反對帝制。蔡鍔則回北京暗中與其雲南舊部連絡。及連絡成熟，蔡鍔即於十一月間，擺脫密探的監視，潛離北京，至天津租界，與梁啟超會晤。十二月初，蔡鍔自天津乘船前往日本，繼由日本取道香港，前往越南，再由越南潛赴雲南的省會昆明。蔡鍔到後，雲南軍民振奮不已。十二月二十三日，雲南方面遂由都督唐繼堯、巡按使任何澄及蔡鍔等人領銜，致電北京，反對帝制，擁護共和。十二月二十五日，雲南通電全國各省，宣布獨立。

　　雲南起義後，首先響應的省分是貴州，於民國五年一月二十七日宣布獨立，三月十五日，廣西宣布獨立，袁世凱見情勢不利，於三月二十二日撤銷帝制，恢復民國。但獨立各省不肯罷兵，非袁下臺不可。四月六日，廣東宣布獨立，四月十二日，浙江宣布獨立，五月九日，陝北鎮守使陳樹藩以陝西護國軍總司令名義宣布獨立，於五月十八日率部入西安，自領陝西都督兼民政長。五月二十二日，四川宣布獨立，五月二十九日，湖南宣布獨立。袁窮蹙困頓，憂憤成疾，於六月六日病死。所謂「洪憲帝制」，前後不過八十三天，足見人心趨向共和，唾棄違反民主原則的君主專制政治。也證明民初初建的民主政治，雖遭逆流衝擊，但終究經得起考驗。惟護國英雄蔡鍔，因抱病在四川與北洋軍隊苦戰，無暇醫治，病情遂以加重，直到護國之役結束後，病情惡化，方始赴日本治療，卒於民國五年十一月病逝於日本福岡大學醫院，年僅三十五歲。此外，中華革命黨、國民黨於護國之役期間，在各省起兵聲討帝制，貢獻亦大。日本雖亦多方打擊洪憲帝制，並支助反袁勢力，其目的則在製造中國內部的動亂，以利其對華侵略，居心至為叵測。

二、軍閥的割據亂政

(一)軍閥演變與割據大勢

　　民國五年（1916）六月六日，袁世凱病死，次日，黎元洪就任大總統，由段祺瑞任國務總理，並恢復中華民國臨時約法，獨立各省則相繼宣布取消獨立。七月六日，各省將軍一律改稱督軍，巡按使改稱省長。八月一日，民國三年一月遭袁世凱解散的國會，在北京重行召集開議。十月，並選舉馮國璋為副總統。此後十二年間，中華民國政府（亦有稱之為北京政府、或北洋政府）乃由各派系軍閥所輪流掌控。地方上（各省區）則分別為各派系軍閥以巡閱使、督軍、省長、都統、鎮守使等名義所轄有。他們視其轄區為私人地盤，視其所轄軍隊為私人武力，對北京政府並不尊重，有時甚至抗命，以宣布自主、獨立等為手段，且擁有轄區內的財政權，形同割據。

　　分析民初軍閥形成的原因，可上溯至清末太平天國之役期間，總督、巡撫權力大增，而武昌起義各省的獨立，更助長此一中央式微、地方權重的趨勢，接下來的二次革命之役、護國之役，也都採取獨立的方式，以圖推倒袁世凱，尤其是護國之役，不僅使一些新的地方軍事強人乘機奪權崛起，而且助長了一些地方軍事首長擴張地盤的野心，不再以據有一省為滿足。民國初年，袁世凱任大總統，廣布其北洋派幹部於全國各地，授以軍政要職。袁主政期間，曾力圖中央集權，以期改變地方權重的情勢。袁有相當的才幹，且為北洋派領袖，各省軍事長官又多為其舊屬，因此中央政府對各省一時尚能掌握。袁死後，中央政府權威頓衰，對各省難以掌握，地方割據的局面遂以出現。此外，經濟的不景氣，經常產生大批的無業遊民，他們無以為生，大多只好從軍，成為「私軍」的主要來源，助長軍閥的形成及其氣燄。另如知識未能普及，軍隊中文

盲占絕大多數，很容易為有野心的軍事將領所利用，形成私軍。民初傳統中國農業社會的習性仍存，地域觀念濃厚，講求人際關係，軍界人士以此為基礎，自然結合為派系，成為軍閥。中國幅員廣大，自然地理、人文景觀多所不同，易造成彼此的隔閡，而為有野心的軍事將領所強調運用，以遂其割據自雄的目的。

　　民國五年（1916）至十七年（1928）間，重要的軍閥派系及其割據大勢為：

1. 皖系

　　首領段祺瑞，安徽合肥人，北洋武備學堂畢業，清末追隨袁世凱，協助其練兵，為北洋三傑之一。曾任砲隊統帶、統制等職務，武昌起義後，受命為第二軍總統官，兼湖廣總督。民國元年，曾任陸軍總長，次年並兼署國務總理。民國五年至七年間，曾三度任國務總理，操持北京政府實權。至民國九年（1920）皖系戰敗，勢力一蹶不振，其對北京政府四年左右的掌控，始告終結。民國九年以前，皖系的地盤在陝西、內外蒙古、北京、津浦鐵路沿線、安徽和浙江等地，在外交上依附日本，對南方反對勢力主張以武力解決。屬於皖系的重要將領有段芝貴、徐樹錚、盧永祥、陳樹藩、張敬堯、吳光新等人。

2. 直系

　　內部較為複雜，先後任首領者為馮國璋及曹錕。二人皆直隸人，畢業於北洋武備學堂，清末即追隨袁世凱協助其練兵。馮國璋為北洋三傑之一，清末曾任統制、第一軍總統官、禁衛軍總統官等職。民初二次革命後任江蘇都督，袁世凱死後，任副總統，民國六年代理大總統，次年退職，民國八年（1919）病逝。曹錕繼馮國璋為直系首領，曾任直隸督軍、直魯豫巡閱使，民國九年直系打敗皖系後，便繼之操持北京政府實權，民國十二年（1923），曹錕賄選得任大總統，次年，直系為奉系所敗，勢力趨於式微，其對北京政府的影響力，始告消失。直系的地盤在直隸、河南、湖北、京漢鐵路沿線、湖南北部和長江下游等地，在外交

上依附英國，對南方反對勢力主張以談判方式解決。其重要將領有吳佩孚、王承斌、王占元、陳光遠、馮玉祥、孫傳芳等人。民國十三年馮玉祥脫離直系，自成一軍系首領。民國十四年孫傳芳被推為東南五省聯軍總司令，成為新的直系強人。

　3.奉系

　　初期勢力在東三省，以奉天（遼寧）為中心。首領張作霖，奉天海城人，馬賊出身，民國初年，任第二十七師師長，為奉天實力派人物，護國之役期間，逐走奉天將軍段芝貴，取而代之。袁世凱死後，被授為奉天督軍兼省長，民國七年（1918），又兼任東三省巡閱使，又取得吉林、黑龍江兩省的掌控權。民國十三年（1924），奉系大舉向關內伸張勢力，及於直隸、山東、乃至安徽、江蘇等省，民國十五年（1926）四月以後，奉系操持北京政府實權，直至民國十七年（1928）六月為止。奉系在外交上依附日本，其重要將領有張作相、張景惠、湯玉麟、吳俊陞、張宗昌、姜登選、楊宇霆、李景林、張學良等人。

　4.晉系

　　以山西為根據地，首領閻錫山原為同盟會會員，在北洋政府時期大體閉關自守。其於皖系盛時與皖系相結，直系盛時與直系相結。民國十三年直系敗後，又與馮玉祥相結。其後因與馮玉祥聯合，應付直奉聯軍，大事擴充兵力。民國十六年（1927），響應國民革命軍之北伐，加入其陣營，次年並進兵北京。其重要將領有商震、趙戴文、楊愛源、徐永昌、傅作義等人。

　5.馮系（即國民軍系）

　　首領馮玉祥原屬直系，曾任第十六混成旅旅長、第十一師師長、陝西督軍、河南督軍、陸軍檢閱使等職務。民國十三年直奉戰爭時發動北京政變，自組國民軍，任總司令，並掌控北京政府，直至民國十五年四月因遭奉、直聯合夾擊放棄北京退向西北時為止。同年九月在綏遠西部五原誓師，率全軍加入國民黨，正式投入國民革命軍北伐行列。其重要

將領有張之江、鹿鍾麟、劉郁芬、李鳴鐘、宋哲元等人。

6.滇系

在雲南，以唐繼堯為首領。唐為雲南人，畢業於日本士官學校，曾任貴州都督、雲南都督、將軍。護國之役期間，滇軍進攻四川及貴州。袁死後，其勢力達於四川，兼及貴州，唐繼堯因而野心陡增，大雲南思想隨之而興，並企圖為西南盟主。民國九年，滇軍被川軍逐離四川，唐繼堯又思染指廣西。其重要將領有龍雲、唐繼虞、盧漢等人。民國十五年唐繼堯死後，龍雲繼之，投入國民革命軍陣營。

7.桂系

在廣西，以陸榮廷為首領。陸為廣西人，行伍出身，曾任廣西都督、將軍、兩廣巡閱使等職務。民國五年六月袁世凱病死，桂系入據廣東，掩有兩廣，聲勢頗盛，其重要將領有陳炳焜、莫榮新、譚浩明、林俊廷等人。民國九年秋，在粵桂軍為陳炯明的粵軍所敗，退出廣東。次年秋，粵軍等又攻占廣西，陸榮廷等人逃往越南，民國十二年，始返回廣西。是年及次年，廣西陷於混亂，李宗仁、黃紹竑、白崇禧等新桂系軍人崛起，逐走舊桂系軍閥，取得廣西政權，民國十五年，加入國民革命軍，於是兩廣合作，展開北伐。

(二)激烈的政爭與頻繁的內戰

1.府院之爭與南北分裂

民國五年（1916）六月，黎元洪繼任大總統，皖系首領段祺瑞則出任國務總理，操持大權。由於段個性剛強，一向瞧不起黎，國務院秘書長徐樹錚年少氣盛，驕縱跋扈，使府、院之間惡感益深，民國六年（1917）二月，對德國問題發生，段力主對德斷交，黎雖反對，卒被迫讓步。同年四月，段更進一步主張對德宣戰（即加入協約國，參與第一次世界大戰），黎堅持不允，雙方間的衝突更形激烈。至五月二十三日，黎毅然下令免段國務總理之職。擁段的各省督軍相繼宣布獨立。黎元洪

電召安徽督軍張勳北上調停，張勳蓄意復辟已久，他和他的軍隊都留著辮子，以示懷念清朝。於是六月七日，張勳率所部北上，次日抵天津，態度驟變，逼迫黎元洪解散國會，然後進京，於七月一日發動復辟，擁溥儀重登帝位，復用宣統年號，是為「復辟事件」。七月四日，段祺瑞在天津附近的馬廠誓師，自任討逆軍總司令，七月十二日，討逆軍攻入北京，張勳避入荷蘭公使館，為期十二天的復辟事件遂告結束。段祺瑞因而復任國務總理，八月，副總統馮國璋繼任大總統，並對德宣戰。而復辟事件期間，孫中山正在上海，即通電聲討張勳，旋於七月八日乘軍艦南下廣東。復辟事件結束後，段祺瑞復任國務總理，不肯恢復被解散的國會，準備召集臨時參議院作為過渡，然後再另組新國會，孫中山對於段破壞臨時約法的行為極表憤慨，乃號召護法，由於海軍及西南各省的響應，使護法聲勢大振。部分國會議員因而南下至廣州，於八月二十五日舉行非常會議，準備成立中華民國軍政府。九月一日，選舉孫中山為大元帥，唐繼堯、陸榮廷為元帥。孫中山於九月十日就職，軍政府正式成立，與北京政府形成對峙，中國因而陷於南北分裂。

2.直皖戰爭

由於皖系當政，聲勢浩大，直系備受威脅。馮國璋繼任大總統後，與國務總理段祺瑞又產生新的府院之爭。至民國七年（1918）九月，兩人同時去職，由徐世昌任大總統。次年，馮國璋病逝，直隸督軍曹錕繼之為直系首領，暗中聯合奉系張作霖，共同對付皖系。民國九年（1920）七月，直皖戰爭爆發，雙方在北京、天津之間激戰，因皖系過於輕敵大意，兵力的部署錯誤，加以直系將領吳佩孚勇猛善戰，卒至大敗。皖系從此式微，段祺瑞引退，定居天津，直至民國十三年，才復出問政。

3.第一次直奉戰爭

直皖戰爭結束後，直系當政，皖系的地盤大半為直系所接收，因而聲勢浩大。奉系曾與直系爭奪皖軍遺留軍火而生嫌隙，繼為推薦江蘇督軍人選而成見益深，張作霖與直系強人吳佩孚（直皖戰爭結束後任直魯

豫巡閱副使）又相互輕視，直奉間的衝突已難避免。民國十年（1921）
十二月，梁士詒出任國務總理，奉系強力支持，吳佩孚等人指梁為洪憲
帝制餘孽，又曾出賣國權，堅決反對，乃成為直奉戰爭的導火線。民國
十一年四月下旬，戰爭爆發，在天津、山海關之間激戰，奉系因統兵將
領多係馬賊或行伍出身，未具專業軍事知識，直系團結如故，統帥吳佩
孚又素有長勝將軍的威名，遂而戰敗，退出關外。五月十日，大總統徐
世昌免除張作霖之東三省巡閱使職，張卻運動奉天省議會推舉他為東三
省總司令兼省長，並宣布自治。

4.壬戌政變與癸亥政變

　　直系戰敗奉系後，氣燄更盛，高唱恢復法統，召集民國六年遭解散
的國會，目的在打擊徐世昌及在南方護法的孫中山。直系早已不滿徐世
昌依違於皖、奉、直之間，曹錕思為副總統，徐卻遷延再三，靳而不與，
曹深銜之。於是在各省督軍紛紛通電及舊國會議在北京交相指責的壓力
下，徐世昌於民國十一年六月二日辭職出京。六月十一日，隱居於天津
的黎元洪，在直系一片擁護聲中，入京出任大總統，是為驅徐與迎黎，
因是年為壬戌年，故有人稱之為「壬戌政變」。惟黎元洪的復出，不過
為直系利用為過渡時期而已，曹錕積極部署謀取大總統職位。八月一日，
舊國會在北京復行開會，法統得以重光，但議員歷經憂患，風骨猶存者
已少之又少。此時直系內部分裂為津（天津）保（保定）派與洛（洛陽）
吳（吳佩孚）派。津保派急於擁曹錕為大總統，於民國十二年（1923）
六月上旬唆使軍人，運動民眾，對黎元洪多方逼迫刁難，黎卒於六月十
三日離京赴津。十月五日，開大總統選舉會，到會之國會議員計五九三
人，其中大半為曹錕所賄買，票價每張高達銀圓五千元。結果，曹錕竟
以四百八十票當選，曹錕於十月十日就職。孫中山對此醜惡的一幕，深
表痛心和憤怒，指斥受賄議員為「豬仔議員」，並通電討伐曹錕。因是
年為癸亥年，有人稱「驅黎賄選」始末為「癸亥政變」。

5.第二次直奉戰爭（含北京政變）

第一次直奉戰爭奉系戰敗後，張作霖引以為奇恥大辱。一方面宣布東北自治，一方面整軍經武，擴充海陸軍，起用受過正規軍事教育的新派將領，經過兩年多的準備，實力大增，乃思一雪前恥，是為第二次直奉戰爭發生的主要原因。其導火線則為江浙戰爭。浙江督辦盧永祥為皖系殘餘勢力，與奉系、廣東的國民黨，早已結為三角同盟，共同對付直系。直系掌控的北京政府則命直系之江蘇督軍齊燮元就近對付浙盧。民國十三年（1924）九月三日，江浙戰爭爆發，九月十五日，奉系即以援盧為名與直系開戰。十月九日，直軍在山海關失利，吳佩孚親率援軍反攻，戰況激烈。就在此時，直軍（即討逆軍）第三路總司令馮玉祥，因怨恨吳佩孚（吳對他多方打壓，並將其由河南督軍調為並無實權的陸軍檢閱使），不滿曹錕（馮自以驅走黎元洪有功，而曹迄未任以督軍職位），復受國民黨人黃郛等的策動，與段祺瑞、張作霖暗通聲氣，妥為部署，於十月十九日，自熱河之灤平班師。十月二十三日占領北京，迫曹錕下令停戰，免除吳佩孚本兼各職，是為「北京政變」（馮則稱之為「首都革命」）。並組織國民軍，自任總司令。直軍聞訊，軍心渙散，奉軍乘勢猛攻，直軍大潰。十一月三日，吳佩孚率少數人自天津乘艦南下，入長江，至漢口，轉返洛陽。馮玉祥、張作霖等擁段祺瑞出山主政。十一月二十二日，段自天津入京，十一月二十四日就任北京政府臨時執政，但北京政府的實權則操之於國民軍手中。

6.孫奉戰爭

民國十四年（1925），張作霖積極向南方伸張奉系勢力，直系之浙江督辦孫傳芳因而號召閩、浙、贛、皖、蘇東南五省軍人，組成聯軍，由孫擔任總司令，於十月間與奉軍大戰於江蘇境內，是為「孫奉戰爭」。結果奉軍戰敗，退入山東。孫傳芳遂成為繼吳佩孚以後最有勢力的直系軍人。吳佩孚則因此次戰爭，自河南至漢口，自稱討賊聯軍總司令，東山再起，控有湖北，勢力並及於湖南。

7. 直奉聯合對國民軍的戰爭

民國十五年（1926）春，吳佩孚與張作霖聯合夾擊國民軍。馮玉祥見情勢不利，通電下野，於是年三月赴俄考察遊歷。四月中旬，國軍放棄北京，向西北撤退至甘肅、寧夏、綏遠一帶，頗有損失，北京政府遂由奉系掌控。九月十七日，甫自蘇俄返國的馮玉祥。在綏遠西部的五原誓師，號召舊部，重組國民聯軍，並率全軍加入國民黨，響應北伐。民國十六年六月，張作霖以海陸軍大元帥名義主持北京政府。至民國十七年（1928），北伐完成，才結束了十二年來南北分裂，軍閥割據亂政的局面。

三、五四運動與中共的興起

(一)五四運動

五四運動有兩種含義，狹義的五四運動是指民國八年（1919）五月四日北京之大學生主導的「五四事件」為起點，所激起的一連串的愛國運動，是一個政治性的抗議運動，為時將近兩個月。廣義的五四運動，不僅包括上了上述的愛國運動，舉凡五四前後所發生的社會、文化、思想等方面的變遷和運動，都納之於內，其起訖時間甚難界定，約為民國四年至十年（這方面的爭議尚多）。今人對狹義、廣義的五四運動仍多混淆，其實兩者的主要區別，只在狹義的五四運動是為五四愛國運動，廣義的五四運動則為五四愛國運動，再加上新文化運動而已。以下即分別論述之。

五四愛國運動發生的背景，可從民國初年當時的政治、經濟、社會、教育、思想等環境而論析之：

1. 政治方面

軍閥割據亂政，政風敗壞，政爭激烈，內戰紛起，局勢動盪不安，

且軍閥多與列強勾結，出賣國權，都激起社會大眾的強烈不滿。如皖系當政時期，於民國七年（1918）五月與日本簽訂中日共同防敵軍事協定，予日本特權，招致國人的責難，憤而歸國的留日學生聯合北京大學及專門學校學生二千餘人向大總統馮國璋請願廢除該軍事協定，可視之為一年以後五四愛國運動之「預演」。天津、上海、福州等地學生亦有表示。同年九月，北京政府又與日本成立高（高密）徐（徐州）及濟（濟南）順（順德）鐵路借款合同換文及山東問題換文，益增國人的不滿。

2.經濟方面

民國成立以後，中國仍備受列強經濟侵略的打擊，列強在華享有特權，資本又雄厚，中國自身的工商企業遠不能與其相較。但民國三年（1914）七月世界大戰爆發，列強忙於歐戰，對華經濟侵略難以兼顧，且致力於軍火工業品的生產，使中國市場的競爭壓力大為減輕。因此世界大戰雖為人類浩劫，對中國而言，卻為經濟發展的大好良機，大戰的四年期間，中國的工商企業均有長足的進步，尤其是輕工業方面最為顯著。然好景不長，民國七年十一月世界大戰結束，列強得以重回中國市場競爭角逐，並加強其對華經濟侵略，這使曾經短暫嘗過經濟自由滋味的中國工商界人士，益感失望、憤恨，對當政的軍閥與侵略成性的列強更是不滿，故而五四愛國運動由學生發起之後，工商界熱烈響應，予以聲援，遂使此一運動波濤壯闊，遍及全國各大、小城市。

3.社會方面

民國初年，中國的社會較清末益形活絡，新式的商人、工人及知識份子的人數都較清末有所增加。尤其是農村不景氣，大批的失業人口由農村移入城市，多成為碼頭及工廠工人。民國成立後，工人依然生活困苦，工資既低，工時又長，且備受資本家的剝削及廠主、工頭的欺凌，更無完善的立法和有力的工會組織以保障其權益，因此他們是社會最不滿現實的羣眾。清末他們常起來罷工，反抗廠主，甚至踴躍參加革命。五四愛國運動發生後，他們熱烈響應，以普遍的罷工來聲援學生的罷課，

加以商人的罷市，是為此一運動的三罷。知識份子也因政府為軍閥、官僚、政客所把持，而少有仕宦的機會，加以政府又無一套有效的用人制度，他們在失望、不滿之餘，乃有從事社會運動，以革新政治的意圖，也都助長此一愛國運動的發生。

4. 教育方面

民國成立以後，新式教育日有進展，尤其是大專學校的紛紛設立，而且多集中於大都市。這些大專學生多係成人，不少人住於學校宿舍中，習於羣體生活，人數易於聚集。其中，北京的大專學校之多不僅居全國之冠（其次為上海），而且北京為首都，學生的政治敏感度也較高。民國六年（1917），革命黨人教育家、思想家蔡元培，為北京政府任命為國立北京大學校長，到校後，銳意革新，提倡自由學風，成立各種社團，鼓勵學生關心國家、社會，短短兩年間，使北大校風為之丕變，由全國最官僚守舊的大學，一變而為全國最開放、最清新的大學。是以，五四愛國運動係由北大學生所首先發起，參與最形踴躍，洵非偶然。發動之後，全國各大、小城市的大專學校的學生，乃至中學生，紛起聲援，風潮遂日益擴大。

5. 思想方面

民國初年，西方的新思想在中國漸形充斥。民國四年（1915）九月，陳獨秀在上海創辦《青年雜誌》（一年後改名為《新青年》），鼓吹反傳統、反封建的激烈思想，予中國青年知識份子多所啟發。民國六年由胡適、陳獨秀等掀起的「文學革命」，雖主張為廢除古文，改行白話文，但此一革新的訴求，也多少激發知識份子唾棄軍閥政治，痛恨官僚、政客以圖革新之心。

6. 列強方面

民國成立以後，列強對中國的侵略行動，並未停止，其中尤以日本野心最大，也最蠻橫。民國三年（1914）七月世界大戰爆發，八月，日本對德國宣戰，進攻膠州灣德國租借地，進而非法由青島沿膠濟鐵路西

進，製造所謂山東問題，並於民國四年五月七日向北京政府提出嚴苛的「二十一條」要求，限於四十八小時內答覆，五月九日，袁世凱屈服，接受其大半要求。此舉引起國人強烈反對，各地亦有反日風潮。袁世凱死後，段祺瑞三度出任國務總理，期間皖系當政之北京政府一再屈從日本，出賣國權，更激起國人的不滿。民國七年（1918）一月，美國總統威爾遜（Woodrow Wilson）提出其「十四點原則」，主張民族自決、外交公開等，中國聞之人心鼓舞，以為世界終有公理可言，對於大戰結束後將收回山東的利權莫不寄以厚望。但結果事與願違，更激起國人對列強的憤恨，特別是對日本。

於是，協約國列強召開的巴黎和會未能公正處理山東問題，遂成為引發五四愛國運動的導火線。巴黎和會於民國八年（1919）一月召開，主要是處理世界大戰的善後事宜。中國係戰勝國之一，亦派陸徵祥、顧維鈞等人為代表與會，欲圖爭回山東利權，但結果失利，其原因有三：

1. 巴黎和會是由列強操持大權的會議，為自身權益計，不惜犧牲五大國（英、美、法、義、日）之外的其他國家的權益。

2. 日本在大戰期間，早與英、法、義有所秘密協議，支持其戰後繼承德國在山東曾取得的利權。

3. 北京政府在與日本成立的高徐、濟順鐵路借款合同換文及山東問題換文中，竟有「中國政府對於日本政府右列之提議，欣然同意」之語句，顯係非出於被迫，此為中國代表力爭而失敗的要因之一。同年四月三十日，英、美、法之首席代表三巨頭秘密決定將德國在山東所有的權益都交由日本。

消息傳到國內，五月三日下午，北京大學學生貼出通告，召集該校學生，於晚間七時在法科大禮堂開會。屆時到者十分踴躍，由易克嶷任主席，學生先後登臺發表慷慨激昂的演說，而法律系學生謝紹敏，當場咬破指尖，撕裂衣襟，用血書寫「還我青島」四字，全場所有到會者都蕭然動容。會中獲致四項結論：

1. 聯合全國各界民眾一致力爭；

2. 通電巴黎和會專使堅持不對和約簽字；

3. 通電各省民眾於五月七日國恥紀念日舉行國民大會和遊行示威行動；

4. 定五月四日聯合北京各校學生在天安門集合，舉行示威遊行。

五月四日是星期天，下午一時左右，北京十三所大專學校學生三千多人，齊集於天安門前廣場。兩點左右，學生們排隊由天安門南出中華門，向東交民巷各國公使館區前進。在遊行中，學生手持標語，高呼口號，並散發傳單。行至東交民巷的西口，學生們被警察所阻，不許進入。只允派代表數人入使館內呈遞請願書。學生們枯候約兩小時，羣情激憤，退出東交民巷，於四時左右，行抵趙家樓二號交通總長曹汝霖（為親日派份子，係學生們高呼要求罷黜的三名賣國賊之一）宅。在曹宅前面，學生高呼口號，並向宅內扔擲石頭。有少數激動的學生翻牆入院內，把大門打開，大批學生一湧而入。在曹宅作客的駐日公使章宗祥（三賣國賊之一）被毆傷，曹汝霖急忙躲藏而得倖免，學生並引火焚燒曹宅。不久，軍警憲兵到來，沿街逮捕一些未及離開或落單的學生，共捕去三十二人（其中北大學生有 20 人），送往京師警察廳羈押，是為「五四事件」。

「五四事件」是五四愛國運動的開端，此一運動的發展，可分為兩個時期：

1. 學生示威和罷課時期

由五月四日至六月四日，運動主要由學生進行。這一個時期又可分為兩個階段，第一個階段是五月四日至十八日，學生們專心、從事組織和示威，學生的活動主要限於爭取其他知識界、政治界、和社會領導人物，並且把他們自己組織起來，舉行示威遊行，向各方請願，和作街頭演說。第二個階段是由五月十九日開始，在這階段裏，普遍的罷課和強烈抵制日貨，變成反對北京政府和日本的主要武器。

2.學生與工商界及工人聯盟時期

由六月五日至六月二十八日，因六月二、三、四日北京政府大肆逮捕學生，促使商人和都市工人自六月五日起展開罷市、罷工，以支持學生，風潮幾乎遍及全國。北京政府以眾怒難犯，於六月十日下令免曹汝霖、章宗祥、陸宗輿（中央幣制局總裁）三人職務。於是罷市、罷工相繼停止，惟學生仍持續罷課。六月二十八日，中國出席巴黎和會代表拒絕在對德和約上簽字。至此，暑假已屆，學生的抗議行動亦漸趨平息。

五四愛國運動雖未能改變巴黎和會的決定，爭回山東的利權，卻充分地表達了中國民眾強烈反軍閥、反帝國主義的精神和決心。面對如火如荼的三罷，由皖系軍閥所掌控擁有大軍為後盾的北京政府，也不得不為之讓步，下令免曹、章、陸的職務，並令中國出席巴黎和會的代表拒絕在對德和約上簽字，是為五四愛國運動最大的成就。此外，五四愛國運動尚有如下的影響：

*1.*此一運動的口號為「外爭主權，內除國賊」，是中國民族精神的充分發揮，經此刺激，此一精神乃大為提振。

*2.*此一運動基本上為一反帝國主義、反軍閥運動。此運動雖告一段落，但其激起的反帝、反軍閥的風氣，正方興未艾，而發榮滋長，在後來的數年間均曾掀起熱潮。

*3.*此一運動係由學生所發起，並主導之，其英勇不屈不撓的表現，使社會各界對學生刮目相看，以是學生的地位大為提高。

*4.*此一運動，使得各學校間的往來愈趨頻繁，各級學校聯合會（如全國學生聯合會、北京中等以上學校學生聯合會等等）紛紛成立。同時此一運動的成就，也激起學生對政治、社會運動的興趣，日後舉凡此類的重要運動，無不有學生參加，乃至扮演重要的角色。此一運動結束後的數年間，學潮一直是令北京政府頭痛不已的問題之一。

*5.*此一運動促使許多新式的商會、工會相繼成立。有的商會成為都市中最有權勢的團體。經過此一運動，工人在運動方面的體驗愈多，罷

工的技巧也日漸成熟。此後工人運動有趨於興盛之勢。

　　6.此一運動的後期，北京大專學校的女學生也起而加入，其他各城市亦有類似的情形。此舉使更多的婦女因受到激勵，紛紛投身於政治、社會運動之中，助長了男女平等的風氣。

　　7.此一運動中學生所發之電文、宣言及標語上的字句等，全用白話文，使白話文因此得以推廣，而愈趨普及。

　　至於新文化運動，其主要內容為文學革命、新思潮的充斥激盪、社會習俗的革新、反宗教運動等。它與五四愛國運動相比較，其不同之處在於：

　　1.兩者發生的時間雖有重疊之處，但新文化運動發生較早，結束也較晚。

　　2.新文化運動主要為思想，五四愛國運動主要為行動。

　　3.新文化運動的羣眾基礎遠不及五四愛國運動來得廣泛。前者的參與者僅限於一些知識份子。後者則不僅為知識份子，廣眾的非知識份子也投入其中，聲勢因而浩大。

　　4.新文化運動的領導者為大學教授、中學教師、新聞記者等。五四愛國運動的領導者則為大專學生、中學生。兩個運動的領導者雖有小部分相同，但絕大多數都不同。

　　5.新文化運動有濃郁的反傳統意味，主張「打倒孔家店」、「打倒吃人禮教」「拋棄線裝書」等，對中國傳統文化的價值加以否定，是民族自尊心的喪失。五四愛國運動則為民族精神的充分發揮。

　　兩者雖有上述的不同，但卻互相影響，相輔相成。即五四愛國運動的發生，受新文化運動的啟迪刺激不少，而五四愛國運動的發生則有助於新文化運動的進行。新文化運動對中國正面的影響為：

　　1.此一運動的口頭禪為「民主與科學」，經其大力提倡，成為大多數知識份子所嚮往追求的兩大目標，對中國近代化的推動，貢獻甚大。

　　2.白話文因而大為普及，北京政府遂順應時潮，規定中、小學一律

採行白話文，帶給社會莫大的方便。至今，中國人仍受惠於此。

　　3.社會的一些舊習俗、風氣得以革除，如大家族制度的沒落、小家庭的興起，中國農業社會的不守時、不衛生的習性，得以有所匡正，另如婚姻的自主、職業選擇的自由等新風氣日益高揚，均為其正面的影響。

　　4.西方新思潮的大舉輸入，舉凡理性主義、實證主義、浪漫主義、唯美主義，乃至社會主義等理論、思想，應有盡有，百家爭鳴，是為民國思想史上的黃金時期。

　　此一運動對中國的負面影響則為：

　　1.對傳統中國文化加以否定，並予以破壞，卻無積極性的建設。其實傳統文化亦非全無是處，應該去蕪存菁，提倡者則一桿子打盡，失之於粗糙。

　　2.導致國人民族自信心的喪失，崇洋之風因而大熾。其中少數提倡者高喊「全盤西化」，實則西方文化也未必皆能適合行於中國。

　　3.此一運動的反傳統主張，固然有益於社會習俗風氣的革新，惟其中亦有些許矯枉過正的後遺症狀，亦即部分年輕人專以反抗家庭、反抗父母，乃至離家出走為時髦，少數提倡者甚且主張「非孝」，是為其負面的影響。

(二)中共的興起

中共的得以興起，主要的原因為：

1.民國初期中國的大環境，頗有利於中共的興起

　　如貧窮、落後，窮人占絕大多數，財富集中在少數人之手，貧富極其不均。農民占中國人口總數的 80% 以上，但土地集於少數地主手中，絕大多數的農民無自己的田地，此一現象，極其不合理，農民內心的積怨由來已久。工人則生活痛苦，毫無保障，因而勞資之間的對立十分尖銳化。共產主義即是以無產階級專政，窮人翻身，打倒富人為口號，足以打動絕大多數窮人的心弦，起而和之（其實共產主義的主張，作為一

種革命或鬥爭，對絕大多數窮人具有高度的引誘力和號召力，但一旦革命或鬥爭成功之後，卻無法讓人民過好的日子，因其反對資本主義，經濟難以起振，物質條件落伍，充其量只是扳倒少數富人，使大多數窮人的怨氣得吐，大家過「均貧」的生活。加以其政治集權，毫無個人的自由可言，也與人性相違。故共產主義並無法達成人們所響往企慕的終極目標，久而久之，終必為人們所棄捨。惟共產主義的社會亦並非一無是處，它不像資本主義社會那樣的奢靡浪費，道德墮落，更無大財團的壟斷經濟，予取予求等等）。只要此大環境一日不變，中共的興起，恐難以阻遏。

2. 五四運動的發生，也有助於中共的興起

經歷五四愛國運動之後，大多數青年都唾棄軍閥及官僚，新文化運動的反傳統、反封建思想則使他們厭惡舊的事物，此一傾向有利於中國國內新興勢力和運動的興起。此外，由於五四愛國運動的激勵，工人運動日益蓬勃，也有利於共產主義運動的發展。而領導五四愛國運動的知識份子，對運動的結果頗感不滿，其中一部分人思以激烈的社會主義來革新政治，這些人多半是中共的發起人或參與者。

3. 蘇俄政府兩次對華宣言所激起的迴響

共產主義起源於歐洲，是西方思想走向偏激下的產物，俄國革命黨領袖列寧（V. I. Lenin）採行此一激烈的社會主義，於民國六年（1917）革命成功，建立蘇維埃（Soviet）政府，亦即俄共政府、蘇俄政府。蘇俄政府的出現，引起西方資本主義列強的恐慌，紛紛予以打擊圍堵，甚而出兵西伯利亞以威脅之。蘇俄因此陷於孤立無助，極思爭取與國。民國八年（1919）七月及九年九月，蘇俄兩次發表對華宣言，願意放棄帝俄時代在中國取得的利權，並交還中東鐵路，兩國商務往來，互派公使等。兩次宣言均發表於五四愛國運動結束後不久，中國國內反帝國主義氣氛濃郁，對西方列強反感極深，相形之下，蘇俄此舉雖多為口惠而實不至，卻使中國倍覺溫暖，不少國人以為蘇俄已非前此一再侵略中國的帝俄，

而對其萌生好感，此實有助於日後共產主義運動在中國的興起發展。

4.第三國際的積極推動

民國八年三月，第三國際成立於莫斯科，亦稱共產國際，是為推動無產階級世界革命的總樞紐，雖表面上為一獨立機構，實則與蘇俄政府關係密切，暗中受其控制。第三國際成立後，積極向西歐、中歐進軍，推動共產主義運動，遭西方列強堅拒打擊而挫敗。直接進軍西方既遭挫敗，第三國際乃轉向東方發展，以為間接、迂迴的進軍，尤其是中國，被其認為係西方帝國主義最大，最可靠的後方，是其進軍的主要目標。於是民國九年春，第三國際派其東方局書記吳廷康（Gregory N. Voitinsky）來華，為中國共產黨催生。

民國九年三月，吳廷康在留俄中國學生楊明齋陪同下，抵達北京，與態度激烈曾多方介紹俄國主義思想的北大教授李大釗晤面。李大釗促其前往上海，去見陳獨秀。民國六年，態度激烈的陳獨秀應聘為北京大學教授，並兼文科學長（即文學院院長），與李大釗俱為新文化運動的重要領導者。民國八年六月，陳因在北京散發激烈的傳單，被北京政府逮捕，關了八十餘天，始行釋放。陳於是辭卻北大職務而南下，民國九年五月，陳在上海發起成立「馬克斯主義研究會」。就在此時吳廷康自北京來到上海，與陳獨秀晤面，相談甚歡。在吳廷康的鼓動下，陳始有組黨之意圖。大概在同年八、九月間，陳獨秀、李漢俊、沈定一、戴傳賢、李達等人在上海發起組織中國共產黨，並成立中共臨時中央，並即向國內外發展組織。國內組織成立了北京、上海、武漢、湖南、廣東、山東六個支部，國外則有日本支部。此外，遠在法國，有二千餘名「勤工儉學會」（國民黨人李煜瀛、吳敬恆等創辦的）資助下的中國留學生，其中有不少人因衣食無著，生活成問題，而態度激烈，為第三國際所吸收，於民國九年十月在巴黎成立「中國少年共產黨」，後奉第三國際之命，改為「中國共產黨旅法支部」，重要人物有周恩來、趙世炎、蔡和森、向警予、李富春、李立三、鄧小平、陳毅、李維漢、聶榮臻、王若

飛等人。稍後，德國留學生亦有類似的組織成立，朱德即為其中成員之一。

　　經過將近一年的籌組，中國共產黨於民國十年（1921）七月在上海租界召開第一次全國代表大會，出席代表十三人（代表全體五十七名黨員），計為上海之代表李達、李漢俊，北京之代表張國燾、劉仁靜，廣東之代表陳公博、包惠僧，武漢之代表董必武、陳潭秋，湖南之代表毛澤東、何叔衡，山東之代表鄧恩銘、王燼美，日本之代表周佛海。吳廷康與第三國際之代表馬林（G. Maring，原名 Hank Sneevliet），均列席指導，大會通過了中共的黨綱，並推陳獨秀為總書記，張國燾為組織委員，李達為宣傳委員，於是中共正式成立。

　　中共成立後，因鑑於其勢力太小，中國又在軍閥割據掌控之下，欲有所發展，非利用軍閥不可。中共所聯絡拉攏的軍閥，在北方為直系強人吳佩孚，吳對共產主義並無興趣，但知中共在工人羣眾中有其影響力，與之合作，可以打擊以梁士詒為首在財經界頗具勢力的「交通系」。時梁士詒在北京組閣，任國務總理，吳佩孚堅決反對之。中共則藉與吳佩孚合作，得以在吳勢力範圍下的北方活動，爭取鐵路工人的支持，並吸收之。此一合作的基礎並不穩固。至民國十一年（1922）十二月，中共發動北方幾條重要幹線的鐵路工人，起而要求增加工資，改善待遇，罷工事件因而紛起，吳佩孚命以武力鎮壓，其中如民國十二年（1923）二月七日的「二七慘案」，直系的湖北督軍蕭耀南派兵包圍漢口京漢鐵路罷工工人，槍殺三十二人，傷十二人，被捕五十餘人。次日，吳佩孚派兵強迫罷工之京漢鐵路工人開車，殺長辛店工人三名，傷六人，被捕三十餘人。至此，中共與吳佩孚的合作關係已然結束。在南方，中共所聯絡拉攏的軍閥，則為野心勃勃的國民黨籍粵系軍人首領陳炯明。陳炯明喜新眩奇，對共產主義甚有興趣，民國九年前後駐兵閩南漳州時期，即與俄共暗中有所接觸。陳率粵軍返回廣東出任廣東省長後，即聘陳獨秀為廣東教育委員會委員長，陳獨秀應聘自上海南下，中共聯絡拉攏陳炯

明，即係其所主張。但至民國十一年夏，二陳之間產生歧見，陳炯明又不聽陳獨秀之勸告，而背叛孫中山，卒至中共與陳炯明的關係為之斷絕。於是第三國際乃全力謀求中共與國民黨之間的合作。

四、護法北伐與全國統一

(一)護法運動的發展

民國六年（1917）七月，孫中山自上海南下廣東，號召護法，並當選中華民國軍政府（即廣州軍政府，或護法軍政府）大元帥，展開護法運動。然廣東為桂系軍閥地盤，陸榮廷據有兩廣，雖宣布自主，反對北京政府，但並無意支持護法和擁戴孫中山。雲南督軍唐繼堯曾通電響應護法主張，也同樣地僅為自身計，毫無護法之誠意。是以，陸、唐二人當選軍政府元帥後，一直不肯就職。孫中山在廣州主持軍政府，財政極度困難，桂系坐視不理，未予濟助。桂系之廣東督軍莫榮新驕縱跋扈，與孫中山屢起衝突，廣州國會議員中的政學會（國民黨人所組成）份子復與桂系結合排擠孫中山。於民國七年五月改組軍政府，將大元帥制易為七總裁制，選出孫中山、陸榮廷、唐繼堯、伍廷芳、唐紹儀、林葆懌、岑春煊為總裁，孫知事不可為，於五月二十一日離廣州，經汕頭登岸視察由陳炯明率領準備攻閩的援閩粵軍，然後赴日，旋由日返國，定居上海。

陳炯明為廣東海豐人，係同盟會會員、國民黨黨員，曾任廣東副都督、都督。民國六年七月隨同孫中山南下廣東護法。因孫中山得廣東省長朱慶瀾的暗助，撥廣東警衛軍二十營，編為廣東省長公署親軍，以陳炯明為司令，朱慶瀾旋遭桂系排走。民國七年（1918）一月，該軍改稱援閩粵軍，由陳炯明任總司令，離廣州北上，進攻福建。民國七年五月下旬，孫中山視察該軍離粵繼續北上後，該軍即對福建展開總攻擊，數

月之間，閩南十餘縣盡入粵軍手中，陳炯明將總司令部設在漳州，統治其「閩南護法區」，從事各項建設，實力大為擴充，至民國九年夏，其軍隊已逾百營。

廣東方面，自孫中山離粵後，軍政府即為桂系軍人和政學會政客所控制，民國七年八月，政學會首領七總裁之一的岑春煊被推為主席總裁。同年十一月，世界大戰結束，一時和平的氣氛瀰漫，因護法運動而引發的南北戰爭告一段落。接著北京政府、廣州政府派出代表團，於民國八年（1919）二月起，在上海談判，是為南北和議。然和議因雙方主張並無交集，又適有五四愛國運動發生，而時斷時續，至八月間宣布結束。惟在南北和議期間，桂系軍人考慮國會在廣州終為和議之阻礙，乃停發國會經費。民國九年（1920）七月，國會移雲南開會，並欲在雲南組織政府，唐繼堯不表同意。國會又移往重慶，因四川內訌不已，國會議員在重慶亦無所作為，其後再遷回廣州。又南北和議期間，桂系有聯直系以制皖系的形勢，而皖系亦與在上海的孫中山有所往來。故直皖戰爭前後，駐在閩南的粵軍亦與皖系的福建督軍李厚基有所接觸，再者李怕陳炯明侵占其地盤，願助陳回粵。時各省自治之聲甚高，陳炯明即以「粵人治粵」的口號，於民國九年八月十二日在漳州誓師，返兵攻粵，是為「粵軍回粵」。桂系軍人據有廣東四年，多驕奢耽於逸樂，故而節節敗退，至十月下旬，岑春煊離粵赴滬，廣東督軍莫榮新等桂系軍人則返回廣西，粵軍進入廣州，繼而收復廣東。十一月下旬，孫中山自上海南下抵達廣州，召開軍政府政務會議，繼續護法。民國十年（1921）四月，國會議員在廣州開非常會議，選舉孫中山為非常大總統，孫中山於五月五日就職，於是軍政府結束，中華民國政府成立。六月，廣西的陸榮廷在直系的緩助下，命桂軍大舉進攻廣東，陳炯明等軍擊敗之，七月克南寧，八月克桂林，九月三十日克龍州，桂系要人陸榮廷等逃往越南，於是兩廣均在廣州政府統轄之下，是為護法運動的鼎盛時期。

然而就在此時，孫中山與陳炯明之間漸生齟齬。主要的是陳位高權

重，一人身兼粵軍總司令、廣東省長、內政部長、陸軍部長數項要職，野心又大。此外他贊同聯省自治（意圖兩廣自主），反對立即北伐等，都與孫中山的主張扞格不同。加以陳的老師支持孫中山甚力的國民黨要人朱執信，於粵軍回粵期間為虎門砲臺守軍所誤殺，朱死後，能夠居於孫、陳之間從事溝通調和的人，已少之又少。民國十年十月，孫中山率北伐軍自廣州啟程，出巡廣西。同年十二月在桂林設立大本營；準備由廣西進攻湖南，展開北伐。孫中山在廣西將近半年，陳炯明對北伐軍一無接濟。民國十一年（1922）三月二十一日，陳炯明且派人將負責籌措北伐經費的粵軍參謀長兼第一師長鄧鏗刺殺於廣州。孫中山不得已，決定改道廣東北伐。同年四月，北方第一次直奉戰爭爆發，孫中山為與奉系協同一致，設大本營於廣東北部的韶州（韶關），命李烈鈞、許崇智等率北伐軍進攻江西，於六月十二日克贛州。然而六月十六日，陳炯明部將葉舉，竟率軍攻占廣州觀音山上之大總統府，孫中山以及時走避得免於難，是為「陳炯明叛變」或稱「廣州蒙難」、「六一六之變」。孫得海軍之助，與陳部相持月餘，其間蔣中正自上海趕至廣州助孫作戰。孫曾令江西之北伐軍回師平亂，但北伐軍在廣東北部為陳部所阻擋，無法再南下。孫不得已於八月九日離開廣州，取道香港，於八月十四日抵達上海，護法大業暫告中止。

北伐軍雖回師不利，退往江西，但實力仍甚完整。時福建督軍李厚基欲投靠直系，引起部下駐延平之第二十四混成旅旅長王永泉的不滿，暗中與江西的北伐軍聯合，共同驅李。於是許崇智率北伐軍開入福建，與王永泉合力擊走李厚基，民國十一年十二月，福建完全落入許、王之手，孫中山以國民黨人林森為福建省長，王永泉為閩軍總司令，命許崇智的北伐軍改名為東路討賊軍，許任總司令，蔣中正任參謀長，剋期進攻廣東，討伐陳炯明。此時廣西的滇、桂軍楊希閔、沈鴻英、劉震寰所部已響應孫中山的號召，出師進攻廣東討陳，於民國十二年（1923）一月攻克廣州，陳炯明退至東江一帶盤據。同年二月，孫中山自上海返抵

廣州，並未著手恢復中華民國政府。三月一日，中華民國陸海軍大元帥
大本營在廣州成立，孫中山任大元帥，蔣中正為大本營參謀長。同年十
月，曹錕賄選總統，孫中山極為憤慨，已無意為此「豬仔國會」而護法。
至十二月間，孫中山已明言不再標誌護法旗幟，及護法已然告終等。於
是為期六年多的護法運動，遂以結束。

護法運動就表面而言，似乎並無成就。但事實上，它不僅宣達了孫
中山不屈不撓的奮鬥精神，而且在廣東建立革命基地，並影響及廣西，
為日後兩廣的統一、國民革命軍的出師北伐，打下了堅實的基礎。

(二)國民黨的聯俄容共與改組

蘇俄政府及第三國際為爭取國際認同，並發展共黨勢力，於民國九
年（1920）春天起，即不斷派人來中國活動，一方面從事共產主義的宣
傳和運動，一方面與南北所謂實力派人物（如吳佩孚、陳炯明等）接觸，
並試圖與孫中山接近。民國九年秋，第三國際東方局書記吳廷康在上海
見孫中山，年底，Alexieff 在廣州見孫中山，都表示蘇俄願協助中國革
命。民國十年十二月，第三國際代表馬林至桂林見孫中山，促請孫與中
共合作，與蘇俄聯合。孫拒絕與中共合作，僅允與蘇俄作道義上的聯絡。
民國十一年（1922）五月，少共國際代表達林（A. S. Dalin）在廣州見孫
中山，建議國共兩黨組聯合戰線，孫中山允中共黨員以個人資格加入中
國國民黨（民國 8 年 10 月，中華革命黨正式改名為中國國民黨，一般人
簡稱之為國民黨），拒絕兩黨聯合。是時，中共雖與吳佩孚、陳炯明有
所合作，惟第三國際知軍閥多與列強勾結，且極不可恃。國民黨為中國
唯一的革命勢力，且歷史較久，在羣眾中亦具有其一定的影響力，民國
十一年一月發生的香港海員大罷工，可為明證。如與國民黨合作成真，
將來廣州大可發展為華南工人運動的中心。加以民國十一年二月華盛頓
會議結束，山東利權交還中國，但在第三國際看來，不過是日本在中國
勢力獨大而變為列強在華勢力均等，中國更有被列強共同瓜分之虞，此

一危機意識，也促使第三國際決定同意中共以個人資格加入國民黨。民國十一年七月，中共召開第二次全國代表大會，選出陳獨秀、李大釗、張國燾、譚平山等六人為中央委員。不久，返俄述職的馬林，帶著第三國際新的決定來華，於同年八月邀集中共的中央委員在杭州之西湖開會，要其遵照第三國際的決定，中共黨員以個人的身分加入國民黨，中共的中央委員們均反對此「黨內合作」之舉，僅贊成黨對黨的合作，即「黨外合作」，但格於第三國際的命令必須服從，最後只好俯首同意。於是馬林前往上海，面見孫中山，表答此意，孫應允之，李大釗、陳獨秀等相繼加入國民黨，是為國民黨容共的開始。

　　民國十一年八月十二日，蘇俄政府所派之外交全權代表越飛（Adolf A. Joffe）率團抵達北京，欲尋求與北京政府建交，同時越飛派其私人代表至上海見孫中山，表達合作之意。其後越飛在北京的外交談判並無進展，乃於民國十二年一月十七日南下抵上海，親與孫中山磋商，達成協議，於一月二十六日聯名發表宣言，是為「孫越宣言」，其內容大要為：

　　1. 孫中山以為共產組織，甚至蘇維埃制度，事實上均不能引用於中國，因中國並無可使其成功之情況，此項見解越飛完全同意，且以為中國最要最急之問題在於全國之統一及國家之獨立，此大事業，可以俄國援助為依賴。

　　2. 越飛重申民國九年九月蘇俄對華宣言中所列舉之原則，願以此為基礎，另行開始中俄交涉。

　　3. 關於中東鐵路問題，孫中山以為蘇俄宜與張作霖將軍商洽。

　　4. 越飛宣稱蘇俄政府決無亦從無意思與目的在外蒙古實施帝國主義之政策，或使其與中國分立。是為國民黨聯俄的開始。

　　由上述可知，國民黨之聯俄容共，俄方居於主動，態度積極，一再地派人與孫中山接觸晤談，孫中山之所以接受聯俄容共，簡而論之為：

　　1. 革命事業屢受挫折，國民黨極需外力的援助，以打倒軍閥，實現中國之統一。

2.俄國革命成功的經驗，足資國民黨參考借鏡，藉著聯俄容共，可獲得之。

3.蘇俄與中共都在力謀結合軍閥，與其驅之為敵，不如暫拉為友，以壯大中國革命力量。

4.透過聯俄容共，或可稍事遏止蘇俄之侵華野心，乃至可以保全外蒙古。

足見孫中山之聯俄容共，是基於情勢需要的一時權宜之計，亦可視為國民黨的一項外交政策，非為對共產主義、蘇維埃制度的認同。何況聯俄並非孫中山的惟一主張，當時孫亦有聯德之意，甚至聯美、聯英、聯法等亦無不可，只是這些國家多對孫不甚友善，始終不承認廣州政府。孫中山既對西方列強失望、不滿，對蘇俄之主動、積極聯合國民黨，並願意提供援助，自然是有如雪中送炭而接受之。

聯俄容共對國民黨正面的影響為：

1.國民黨因而吸取了俄國革命的經驗與俄共組織的內涵精神，使原本鬆散的黨務趨於嚴密，廢弛的黨紀遂以嚴明，並更注重爭取工、農大眾，革命的羣眾基礎乃日形深厚。

2.國民黨因而從蘇俄獲得大批的軍援與金錢的濟助，蘇俄並派有軍事顧問，以指導國民黨的軍隊，行黨代表制，以黨領軍，設政治部，採政治作戰，使國民黨的軍事力量大為增強，奠定日後北伐勝利成功的基礎。

負面的影響則為：

1.中共以個人身分加入國民黨，但仍得保留其中共黨籍，即具有雙重黨籍，此舉使國民黨內部為之複雜化。加以中共委曲求全加入國民黨具有鬥爭、奪權之意，在國民黨內製造矛盾、衝突、分化，使國民黨內從此多事，卒至因此而分裂。後分裂雖告結束，但裂痕陰影仍存，對國民黨的發展殊為不利。

2.中共藉國民黨的名義、組織及羣眾基礎，以發展自身的勢力，短

短的四、五年間，中共黨員人數迅速增加，黨勢日形茁壯（民國 11 年容共開始之時，中共黨員僅數百人，民國 16 年，已增至 5 萬餘人），其後與國民黨決裂，雙方處於敵對，對國民黨構成不少的威脅。

　　民國十三年（1924）一月二十日至三十日，國民黨在廣州舉行第一次全國代表大會，大會宣言係由俄籍顧問鮑羅廷（Michael M. Borodin，於民國 12 年 10 月 6 日抵達廣州）起草，出席代表一六五人。大會除通過黨綱、宣言及「組織國民政府之必要案」等十一項議案外，並選出第一屆中央執行委員二十四人（其中兼具中共黨籍者 3 人），中央監察委員五人，候補中央執行委員十七人（其中兼具中共黨籍者 7 人），候補中央監察委員五人。是為國民黨的改組，就其發表的宣言及黨綱來看；在外交政策方面，以籌謀廢除不平等條約、償還外債為主，在對內政策方面，主張實行均權主義、普選制度、徵兵制度，並確定人民有集會、結社、言論、出版、居住、信仰的完全自由；及改良農村、保障勞工、扶植女權、普及教育等。改組後的國民黨，以嶄新的面目出現，各級黨部相繼成立。如中央執行委員會設於廣州，下分組織、宣傳、工人、農民、青年、婦女、海外等部，是為中央黨部，地方上則為省、特別市、縣等黨部，組織系統臻於健全。一全大會甫行閉幕，孫中山即開始講演三民主義，四月，制定建國大綱，九月，廣州之大本營發表「制定建國大綱宣言」，規定「今後革命勢力所及之地，凡秉承本政府之號令者，即當以實行建國大綱為唯一之職任」，於是國民黨對日後建國程序和工作亦有了具體而明確的規劃。民國十三年一月一全大會期間，孫中山今派蔣中正為中國國民黨陸軍軍官學校的籌備委員會委員長，五月，正式任蔣為校長，六月十六日軍校開學，國民黨自行大規模地培養軍事幹部，因校址設於廣東之黃埔，故有人稱之為黃埔軍校。

(三)廣東的底定與兩廣的合作

　　廣東的底定，可分由軍事及黨政兩方面述之。軍事方面，民國十二年（1923）三月，孫中山在廣州組織中華民國陸海軍大元帥大本營後，內外形勢仍甚險惡，內有滇、桂軍的專橫，外有陳炯明的侵逼。同年九月，孫中山至惠州城外之飛鵝嶺，部署攻城，企圖一舉解決陳炯明，但攻城失利，情勢反轉，陳炯明率所部大舉西進，十一月十二日占領石龍，然後進攻廣州，激戰於廣州東郊，被大本營轄下的滇軍、豫軍、湘軍等所擊敗，向東節節退卻。廣州轉危為安之後，大本營又因關餘問題與列強衝突，同年十二月，為防阻大本營以強硬手段截留關稅餘款，美、英各國軍艦齊集廣州附近海上，戰爭幾乎一觸即發。後關餘之爭雖以和平方式解決，但大本營與列強已形同水火。

　　廣州素有商團的組織，商團團長陳廉伯為英國在華之匯豐銀行的買辦。民國十三年（1924）五月，廣州市政府頒布統一馬路業權案，向商人抽取「鋪底捐」，引致商團的不滿，發動廣州總罷市以抗議，廣州當局被迫收回成命。同年八月，商團自國外購買長短槍九千枝及大批彈藥，由挪威商船哈佛（Harvard）號運抵廣州海面，孫中山得悉，命軍校校長蔣中正採取斷然行動，蔣即登哈佛號查扣此批槍械彈藥，商團發動總罷市，要求將之發還。九月，第二次直奉戰爭爆發，孫中山離廣州至韶關主持北伐事宜。大本營與商團達成協議，將扣留之槍械彈藥發還商團，商團則停止總罷市。不料，商團獲得槍械彈藥後，於十月十日，竟開槍射擊慶祝雙十國慶的遊行羣眾，並在城內佈防，截斷廣州與韶關間的交通，與東江之陳炯明暗通聲氣。大本營見情勢危殆，決定一戰。十月十五日，蔣中正率粵軍及黃埔軍校在校學生等與商團數千人在廣州城內展開激戰，一舉擊敗商團，占領商團公所。次日，商團繳械投降，陳廉伯等人逃往香港，「商團事變」遂告平定。

　　商團事變平定後不久，孫中山自韶關返回廣州，因第二次直奉戰爭

結束，北方政局大起變化，馮玉祥、張作霖等力邀孫中山北上共商國事。孫中山遂於民國十三年十一月十三日從廣州動身北上，取道上海、日本，於十二月初抵達天津，因北方天寒，復以旅途勞頓，致舊疾肝病復發，暫居天津養病。十二月三十一日，孫中山抱病由天津至北京，受到北京方面盛大熱烈的歡迎。但北京政府的臨時執政段祺瑞卻主張尊重各國在華權益及召開由特權階級為主的善後會議，與孫中山取消不平等條約及召開容納各界各團體的國民會議主張大相逕庭。民國十四年（1925）二月一日，善後會議在北京開幕。此時孫中山的病情已然進入肝癌末期，中外醫生束手無策，至三月十二日，孫中山病逝於北京，享年六十歲。

自孫中山離粵北上後，東江之陳炯明即企圖大舉進攻廣州，民國十四年一月下動員令，展開行動。廣州大本營則於二月初展開東征。主力為許崇智之粵軍、楊希閔之滇軍、劉震寰之桂軍，粵軍參謀長黃埔軍校校長蔣中正率軍校學生及兩個教導團參加右翼粵軍作戰，擊敗陳炯明軍，收復潮州、汕頭等地。同年六月，蔣中正率軍自潮、梅（梅縣）回師廣州，一舉擊潰驕橫的滇、桂軍，解除了大本營的心腹之患。七月一日，國民政府在廣州成立，十六名委員中並無中共份子，選出委員之一的汪兆銘（精衛）為國民政府主席、軍事委員會主席，集軍政大權於一身。民國十四年十月初，展開第二次東征，蔣中正任東征軍總指揮，向東江一帶進軍，經過激戰，於十月十四日攻下惠州，並於一個月內將東江完全肅清，陳炯明逃往香港（民國二十二年病死）。同時東征軍並平定廣東北路，十二月，平定南路，陳炯明舊屬鄧本殷率殘部退走海南島。次年一月，南征軍收復海南島，廣東全境底定。

黨政方面，自國民黨聯俄容共後，即有部分國民黨人對中共份子之入黨動機有所懷疑，後亦曾向孫中山檢舉中共份子的陰謀，但孫只採取消極的防範措施。國民黨一全大會結束後，中共份子已步步打入黨的權力中心，國民黨黨員中袒護中共者，被指為左派份子，反共的則被指為右派份子。民國十四年八月二十日，左派的國民黨要人廖仲愷為右派份

子暗殺於廣州，廖之死，引起極大的震憾。廖係老同盟會會員，時為國民黨五個中常委之一，工人部部長，及國民政府委員兼財政部長、軍事委員會委員。左派的國民政府主席汪兆銘和權勢甚盛的俄籍顧問鮑羅廷，欲藉廖案擴大事端，以打擊右派份子，於是胡漢民、許崇智、林森、鄒魯等重要人物相繼被迫離粵他去。其中林森、鄒魯因奉命率廣東外交團北上，至北京交卸任務後，即於同年十一月在北京城外的西山召開國民黨第一屆中央執行委員第四次全體委員會議（簡稱一屆四中全會），共十五人到會，有人稱之為「西山會議」，決定反對容共，取消中共份子之國民黨黨籍，並於十二月間在上海租界另立中央，與在廣州的黨中央形成對峙，是為國民黨的分裂。廣州方面則指稱西山會議係違法召開，並開除西山派諸人的黨籍，但西山派不予承認。留在廣州的蔣中正，因廖案發生後被指派為特別委員會的三委員之一（該會的成立及及委員人選均出自鮑羅廷的建議，另外兩位委員是汪兆銘、許崇智），因而地位、權力大為提升，但蔣並非左派份子（亦非右派，而係中共稱之的中派）。繼因許崇智被迫離粵，而取代其為粵軍總司令，又兼任廣州衛戍司令，東征軍總指揮。民國十五年（1926）一月廣州之國民黨二全大會中，又首度被選為中央執行委員，而且是其中九位常務委員之一，再加上其原來的軍校校長、國民政府軍事委員會委員及補選為的國民政府委員等職務，可以說是位高權重，尤其是軍權在握，引起俄共份子的嫉視，對蔣多方打擊，蔣因而處境困難。三月十八日，國民政府代理海軍局局長李之龍（係中共份子）擅自命令中山艦（蔣的座艦）自廣州駛往黃埔，次日自黃埔駛返廣州後，仍升火待發，形同備戰。蔣認其有不法行動，斷然於三月二十日晨宣布廣州戒嚴，捕去李之龍，扣留中山艦，收繳省港罷工委員會及蘇俄軍事顧問衛隊槍械，是為「中山艦事件」，予俄共打擊甚大。汪兆銘以事先極可能參與俄共密謀，事後又極力維護俄共，復以蔣採取斷然行動前未向其稟報，因而失望、惶恐、震怒等兼而有之，對蔣甚表不滿。旋即隱匿於廣州，堅不露面，於一個多月後暗中至廣州

碼頭乘船經香港前往法國。汪所遺留的兩項要職，其中國民政府主席一職由譚延闓代理，軍事委員會主席由蔣中正代理。同年五月，中共份子接受制裁，退出國民黨的中央，由蔣接任組織部長。六月五日，國民革命軍出師北伐案通過，蔣被任命為國民革命軍總司令。七月六日，蔣被推為國民黨中常會主席。至此蔣已成為國民黨黨軍政方面最具權勢的人物了。

　　至於廣西方面，自民國十一年十二月滇、桂軍出師進攻廣東討伐陳炯明後，廣西陷於真空，舊桂系軍閥紛紛回省活動。民國十二、三年，新桂系軍人李宗仁、黃紹竑、白崇禧等崛起，擊走陸榮廷等人取得廣西實權，轉與國民黨接近。民國十五年一月，國民政府之汪兆銘、譚延闓與李宗仁、黃紹竑會於梧州，作初步商討。二月，成立兩廣統一委員會，三月十五日，國民黨通過兩廣統一案，內容為廣西政府接受國民政府命令處理全省政務（黃紹竑為省主席），廣西軍隊全部改編為國民革命軍，兩廣財政受國民政府指揮監督。至是，兩廣統一實現，準備展開北伐。

㈣出師北伐與全國統一

　　民國十五年七月九日，國民革命軍總司令蔣中正在廣州誓師北伐。時國民革命軍計有八個軍，共約十萬人，較之據有東北及北方各省的張作霖，兩湖、河南的吳佩孚，東南五省的孫傳芳，三大軍閥兵力合計近百萬之眾，遠有不及。但國民革命軍具主義思想、革命精神，以黨制軍，行連坐法，紀律嚴明，士氣高昂，又得蘇俄武器、軍火、金錢的援助，軍事顧問的指導。益以戰略正確，利用軍閥間的矛盾，喊出「打倒吳佩孚，妥協孫傳芳，不理張作霖」的口號，先集中兵力對付吳佩孚。於民國十五年七月下長沙，八月下岳州，九月下漢口、漢陽，十月下武昌，吳佩孚失敗，退至鄂西，其後轉赴四川。十一月，克九江、南昌。十六年（1927）三月克安慶、南京，是為革命軍主力的進展。東路方面，原採守勢，由第一軍軍長何應欽率所部駐廣東北部，以防備孫傳芳軍南下。

民國十五年九月，孫傳芳命福建督辦周蔭人率軍自閩南進攻廣東，被何
應欽擊退。十月，何應欽部擴編為東路軍，何任總指揮，向北進攻，十
二月克福州，底定全閩，十六年二月克杭州，浙江軍人紛起響應，三月
二十一日，東路軍攻占上海。自廣州出師，僅僅八個多月，長江流域幾
全為北伐軍所有。

　　然而北伐展開之後，中共在國民黨內轉守為攻，一方面發起迎汪運
動，期盼汪兆銘早日返國視事，以圖壯大左派勢力，並打擊右派，對付
中派。一方面從事分化革命陣營，民國十五年十月武漢克復後，廣州的
國民政府及中央黨部便考慮北遷，於十一月間先派孫科（國府交通部
長）、宋子文（財政部長）、徐謙（司法部長）、陳友仁（代外交部長）
等六十餘人，偕同鮑羅廷北上視察。十二月十日，抵達武昌，在鮑羅廷
的主導下，於十二月十三日在武昌擅自成立「中國國民黨中央執行委員
暨國民政府委員臨時聯席會議」，執行「黨政最高職權」，引起廣州方
面的不滿。這時廣州方面已決定遷都武漢，工作人員分批北上。國民政
府代主席譚延闓及國民黨中常會代主席張人傑等於十二月三十一日行抵
南昌。民國十六年一月三日，譚、張等議決國民政府及中央黨部暫駐南
昌，與武漢形成對峙之局。經過兩個月的折衝調和。譚延闓等人始離南
昌，前赴武漢，張人傑、陳果夫則赴上海。三月十日，國民黨二屆三中
全會在漢口舉行，黨政人事多所調整，此一遷至武漢的國民政府，其大
權為鮑羅廷及中共份子所把持，對在長江下游主持軍事的蔣中正多方壓
抑，中共份子甚至在上海發動工人暴動，在南京製造暴亂，以阻撓革命
軍的接收。一些反共的國民黨元老吳敬恆、蔡元培、張人傑等人有鑑於
此，於四月二日在上海召開中央監察委員會，通過查辦共黨及附共份子
案，於是上海，東南各省、兩廣紛紛響應，實行清黨，對中共打擊甚大。
四月十七日，吳、蔡、張等人與蔣中正在南京舉行中央政治會議，議決
在南京組織中央黨部及國民政府。四月十八日，反共之南京國民政府正
式成立，與容共之武漢國民政府對峙，是為「寧漢分裂」。

　　寧漢分裂後，絕大多數的國民革命軍將領都表明立場，服從南京政府，武漢政府窮蹙不堪，轄區內反共行動迭起，北方投效國民革命軍陣營的馮玉祥、閻錫山也在六月間表態支持南京政府，主持武漢政府的汪兆銘等人，卒於七月十五日通過取締共產黨案，以行分共。八月八日又議決開除中共份子的黨籍，並通緝之，與中共斷絕關係。於是國民黨的容共全然結束。但汪兆銘仍圖東征倒蔣，蔣在內外壓力下，乃於八月十二日辭去國民革命軍總司令職，離京赴滬，轉返奉化家鄉，汪兆銘即於八月十九日發表遷寧宣言，取消武漢之政府與中央黨部，為時四個月的寧漢分裂，遂告結束。就在此時，走依張作霖的孫傳芳得奉系之助率軍自北方大舉南下，於八月二十五日夜渡長江，抵龍潭等地，南京為之震動，革命軍在李宗仁、何應欽等率領下，奮力迎擊，激戰六晝夜，終將孫傳芳所部擊潰，孫及其殘部退回北方，是為「龍潭戰役」。

　　同年九月初，國民黨的滬（西山派）、漢（武漢）、寧（南京）三派的要人在上海會商合作事宜，並於九月十六日在南京成立中央特別委員會，暫時主持黨務。十二月十日，國民黨二屆四中全會之預備會議一致決議請蔣中正繼續執行總司令職權。十二月十四日，國民政府宣布對俄絕交，並下令封閉各地蘇俄領事館及商務機構。國民黨的聯俄，於焉結束。民國十七年（1928）一月四日，蔣中正抵南京，復任國民革命軍總司令。二月二日，國民黨二屆四中全會在南京舉行，有所決議，正式結束兩年多以來國民黨分裂的局面。二月七日，國民政府改組，譚延闓任主席，蔣中正任軍事委員會主席。二月十八日，軍事委員會任命蔣中正兼任第一集團軍總司令，馮玉祥、閻錫山分任第二、三集團軍總司令（4月8日，又任命宗仁為第四集團軍總司令）。四月七日，蔣中正在徐州通電各集團軍誓師，展開北伐。四月十日，第一集團軍攻克山東之臺兒莊，五月一日，攻克濟南。日本為阻撓北伐，派日軍登陸山東，於五月三日，在濟南侵入外交部長黃郛辦公處，殺害戰地政務委員會外交處主任兼山東交涉員蔡公時及職員十餘人，是為「五三慘案」，或稱「濟

南慘案」。蔣中正衡量全局，以國家統一為重，乃命國民革命軍主力撤出濟南，繞道渡過黃河，繼續北伐。五月十日，日軍攻占濟南，總計在整個濟南事變中死傷的中國軍民約有數千人。

五月三十一日，第一集團軍攻克保定，逼近北京。六月二日，張作霖通電出關，次日離北京回奉天，六月四日，其所乘火車經過奉天（瀋陽）附近之皇姑屯時，被日本關東軍安置的炸藥炸燬，張作霖傷重殞命。六月八日，第三集團軍開入北京，北京政府遂告終結。六月十二日，又攻克天津。六月二十，中央政治會議議決直隸改名為河北，北京改名為北平。九月十日，革命軍克唐山，十三日，克灤州，九月二十三日，關內完全肅清，僅餘東北問題。時東北在張作霖之子張學良掌控之下，他心切父仇，不受日本的威迫利誘，轉與國民政府接近。十二月二十九日，東三省懸掛青天白日滿地紅國旗，以示服從國民政府，是為「東北易幟」，國民政府任命張學良為東北邊防軍司令長官，全國遂告統一。

第二節　從安內攘外到國共對決

一、十年建國

(一)派系爭執與軍事異動

北伐完成後，全國復歸統一。聯俄容共政策已經取消，國民黨內部的分裂也已結束。然而此一分裂的裂痕甚難彌補平復，派系的爭執仍存，且大有愈演愈烈之勢，其主要原因為：

1. 北伐完成前後，南京國民政府及國民黨中央黨部的大權，已落入當年寧派之國民黨人手中，以蔣中正為中心，引起西山派（滬派）及汪

兆銘派之黨人的不滿。

2. 民國十八年（1929）三月，國民黨在南京召開三全大會，大會召開之前，為代表產生的方式已引發激烈的爭端，召開之後，全面改選第三屆中央執監委員，結果汪派、西山派極少有人當選，同遭排斥。兩派人士多為國民黨的元老，失意、憤懣之下，遂在各地積極從事反蔣、反中央的言行。汪派黨員因發起成立中國國民黨改組同志會於上海，擁戴汪兆銘為精神領袖，以恢復國民黨改組時期的精神為號召，被稱為「改組派」。西山派、改組派以手無寸鐵，為達其反蔣、反中央的目的，奔走於統兵的軍事將領之間，加以煽動，與之結合，問題乃益形嚴重。

軍事將領方面，北伐完成之初，如馮玉祥、閻錫山、李宗仁等人，他們俱手握重兵（馮玉祥擁兵之眾，且超過中央），轄區又廣（多在數省以上），除軍權之外，在轄區內尚握有黨、政大權，易養成其與中央分庭抗禮之心理。由於北伐期間，國民革命軍兵力大為擴充，又相繼接納了投誠軍閥的勢力，至北伐完成之初，軍隊人數較出師北伐時增加二、三十倍之多，國家的收入大半用於軍費上面，財政不堪負荷，軍隊人數勢有精減的必要。何況各軍隊的編制、餉項等均不一致，也需要統一。民國十八年（1929）元旦，國軍編遣會議在南京開幕，由蔣中正擔任會議主席，擬定國軍編遣的各項原則。此一裁兵之舉動，引起各軍事將領的不滿，認為其目的在削弱他們的實力，藉以強化中央。且討論裁兵原則時，各軍事將領都自有盤算，認為擬定的原則不夠公平，再加上他們個人與蔣中正之間的嫌隙心結和利害衝突，益以改組派、西山派的推波助瀾，卒至訴諸武力的軍事異動相繼發生：

1. 桂系及護黨救國軍的異動

民國十八年二月，轄區在兩湖地區的桂系首領李宗仁（原第四集團軍總司令），首先異動，起而反蔣、反中央。中央以武力征討，李宗仁所部在兩湖失敗，李及白崇禧則潛返廣西，繼續反抗。國民黨三全大會後，汪派（改組派）以「護黨救國」為反蔣口號。李宗仁遂於五月五日

在廣西就護黨稱討賊軍南路總司令之職。五月十五日，馮玉祥在北方響應，部下推之為護黨救國西北軍總司令，旋因所部主力通電支持中央而失敗引退。同年九月，國軍第四師師長張發奎在宜昌通電指斥中央，隨後率部南下，輾轉抵廣西，與李宗仁會合，加入護黨救國軍的行列。十月，馮玉祥所部將領宋哲元等通電指責中央，率大軍自陝西進攻河南，與中央軍展開激戰，結果戰敗，退回陝西。十二月間，討逆軍（即中央軍）第五路總指揮唐生智在河南鄭州，及第十三路總指揮兼安徽省主席石友三在南京對岸之浦口，相繼加入護黨救國軍行列，稱兵反抗中央，至次年一月，先後失敗。

2.中原大戰

護黨救國軍的異動失敗結束後，為南京國民政府北方重寄的陸海空軍副司令閻錫山（蔣中正為總司令），於民國十九年（1930）二月表態反蔣、反中央，與馮玉祥、李宗仁等一致行動。四月，中央明令征討之。五月，中原大戰爆發，持續約半年之久。雙方動員兵力，共達一百五十萬人，戰況甚為激烈，是民國成立以來規模最大的一次內戰。改組派、西山派都參與其事。大戰期間，反中央方面在北平成立「中國國民黨中央黨部擴大會議」（簡稱「擴大會議」，由汪兆銘負責主持）及國民政府（推閻錫山為主席），以與南京對抗。軍事方面，反中央一方初占上風，其後漸形不利，至十月底全面戰敗，其主要原因是其財力匱乏，武器裝備不如中央，加之統兵二十餘萬轄有東北四省的張學良，又在九月間派兵入關，擁護中央，亦具關鍵性的影響。十一月初，閻、馮通電下野，汪兆銘前赴香港，中原大戰之異動於焉結束。

3.寧粵分裂

民國二十年（1931）春，國民政府主席、行政院長、陸海空軍總司令蔣中正，與立法院院長胡漢民之間迭生齟齬，胡被迫辭職，並遭看管，不得自由行動。此舉引發廣東派之國民黨人的不滿，紛紛聲援胡漢民，並獲得兩廣軍政當局的響應支持，風潮益形擴大。改組派、西山派等反

中央人士相繼前往廣東，於同年五月在廣州成立「中國國民黨執監委員非常會議」（簡稱「非常會議」，由汪兆銘等人負責主持，於同年十二月取消，成立正式之中央黨部）及國民政府，與南京對抗，並以廣東之陳濟棠、廣西之李宗仁分任第一、第四集團軍總司令，北上進攻湖南。其後因九一八事變發生，國難當頭，雙方對立才趨於緩和。十月中旬，胡漢民獲釋，離南京赴滬。十月底，雙方派代表在上海開和平會議，達成初步協議。十二月十五日，蔣中正辭國民政府主席及行政院院長職（陸海空軍總司部撤銷），旋即返回奉化家鄉。廣東之代表於是北上至南京開四屆一中全會。設於廣州之國民政府、中央黨部等於次年一月撤銷（改設西南政務委員會及中央執行委員會西南執行部等），結束了寧粵分裂。

4. 察馮事件

中原大戰結束後，馮玉祥勢力幾乎全然瓦解，馮下野後先隱居於晉南汾陽山中，後移居泰山。民國二十一年（1932）八月，馮舊屬宋哲元出任察哈爾省主席。稍後馮自泰山移居張家口。民國二十二年（1933）三月，宋哲元奉命率部離察哈爾赴長城與日軍作戰。馮玉祥乃趁機號召舊部，取得察省實權，以抗日為名，於五月間在張家口組成察哈爾民眾抗日同盟軍，自任總司令，有眾十二萬人。隨即展開抗日行動，擊敗偽軍，收復沽源，七月又收復察東重鎮多倫，但日本關東軍已提出嚴重警告，南京國民政府也以馮以抗日為名，實則思圖割據，無視於政府的政策命令，對其嚴加指責。馮進退失據，遂接受宋哲元的調停，於八月間解散察省抗日同盟軍，收束軍事，離開張家口，返回泰山居住。

5. 福建事變

第十九路軍是廣東系統的部隊，其主要幹部多出身於自廣州出師北伐時之國民革命軍第十師（屬第四軍，師長為陳銘樞）。寧粵分裂期間因粵方要求，十九路軍遂北上擔任京滬衛戍之責。民國二十一年「一二八事變」發生，日軍進攻上海，十九路軍（總指揮蔣光鼐，軍長蔡廷鍇）以守土有責，奮起抵抗，為時一個多月，因而一戰成名，而為抗日英雄

隊伍。旋撤出上海,調往福建整補。不久,又奉命開往江西與共軍作戰,因輕敵而挫敗,返回福建後,即士氣低落,認為中央對其有意排擠,並自以為係抗日英雄隊伍,國民政府對日本一再隱忍,也使其深表不滿。其老長官陳銘樞,曾任廣東省主席,後至中央,歷任交通部長、行政院副院長,一度短暫代理蔣辭職下野時期之行政院長職。因牽連招商局賄賂案去職,赴歐洲考察返國後,即滯留上海等地,奔走聯絡,以圖反蔣、反中央,十九路軍予以支持。民國二十二年(1933)十一月,李濟琛、陳銘樞、蔣光鼐、蔡廷鍇等人,在福州成立「中華共和國人民革命政府」,推李濟琛為主席,高喊抗日、反共、倒蔣。實則僅倒蔣而已。因其宣布退出國民黨,且擅改國號,自製國旗,其行為不僅止於「叛黨」,而且「叛國」,遂陷於孤立。南京方面下令討伐,蔣中正親至福建前線督戰。次年一月,十九路軍敗潰,接受中央改編,李濟琛、陳銘樞等人逃離福建,事變乃告結束。

6.兩廣事變

廣東因綏靖公署主任陳濟棠據粵五、六年,與中央若即若離,形同半獨立。陳利用此一機會,大事擴充軍備,發展海、空軍,實力大增,野心因而大熾。廣西方面李宗仁的情形,也類似於此。民國二十五年(1936)六月二日,廣州之西南執行部、西南政務委員會電請中央黨部、國民政府立即對日抗戰。六月四日,兩廣軍事將領陳濟棠、李宗仁、白崇禧通電響應此一電報,請中央准予出兵北上抗日。六月二十二日,廣州之西南執行部會議,決組「中華民國國民抗日救國軍」。於是陳濟棠、李宗仁先後就任該軍第一、第四集團軍總司令。然陳濟棠此舉,極不得人心,廣東國民黨元老反對,其部下將領亦不贊同。七月上旬,廣東空軍人員四十人反對異動,駕機離粵飛贛向中央輸誠,第一軍軍長余漢謀,第二軍副軍長李漢魂等亦相繼宣言擁護中央。七月十六日,陳濟棠、李宗仁就任抗日救國聯軍總副司令。但同日自江西南下的余漢謀等軍攻占廣東北部的韶關,陳見大勢已去,遂離粵前往歐洲,粵局遂定。國府原

任命李宗仁、白崇禧為廣西綏靖正、副主任。尋又予調職，李、白抗命不受。蔣中正親至廣州，派人向李、白說明抗日決心與計畫，並收回調職成命，仍任命李宗仁為廣西綏靖主任，白崇禧改任國府軍事委員會常務委員，黃旭初為廣西省主席，黃紹竑為浙江省主席。九月十七日，李宗仁、黃旭初等抵廣州晉見蔣，兩廣事變遂告完全解決。

7.西安事變

西安事變主要係因張學良而起的，其發生的原因為：

(1)張學良的個性特徵為「浪漫狂爽，恣事躁進」，行事容易衝動，往往失之孟浪。且張自員聰明，有人批評他「聰明而不智慧」，易為聰明所誤，張曾自嘲「半生誤我是聰明」。

(2)張學良心切父仇，九一八事變後日本又占其家鄉東北，因而益為痛恨日本，對於蔣中正及國民政府未能即行抗日，漸生不滿。

(3)民國二十四年（1935）十月，國民政府以中共黨中央及毛澤東等人已經北上至陝北，乃成立西北剿匪總司令部於西安，以蔣中正為總司令，張學良為副司令。於是張遂自武漢北上，至西安坐鎮代行總司令之職權。

(4)東北軍亦自華中調至陝北，與共軍作戰，遭到挫敗，死傷甚眾，張學良倍感痛心，東北軍也士氣低落，對中央心生不滿。

(5)中共的宣傳與挑撥，謂國府命東北軍剿共，是促使這兩支抗日愛國隊伍自相殘殺，而中央得利。東北軍與中央的關係乃益形惡化。

(6)陝西綏靖主任楊虎城，為西北軍將領，早已不滿蔣命其剿共，曾鼓動張對蔣採斷然行動，其後西安事變即由張、楊聯手發動。

(7)民國二十五年（1936）十二月四日，國府軍委會委員長蔣中正自洛陽至西安，召見西北諸將領，商談剿共軍事。十二月十二日晚，張、楊遂發動兵變，挾持蔣，通電全國，提出八項主張：

①改組南京政府，容納各黨各派共同負責救國。

②停止一切內戰。

③立即釋放上海被捕之愛國領袖。

④釋放全國一切政治犯。

⑤開放民眾愛國運動。

⑥保障人民集會結社一切之政治自由。

⑦切實遵守孫總理遺囑。

⑧立即召開救國會議。

至十二月二十五日，張學良親自陪同蔣中正飛離西安，而後安返南京。

西安事變得以和平收場的原因為：

(1)南京國民政府不肯妥協，明令討伐張、楊，並派出討逆軍向陝西進發，空軍之飛機亦飛臨西安上空活動。

(2)全國輿論多對張、楊此舉指責有加，頗出張意料之外。

(3)南京方面一派堅主討伐張、楊，一派則主張設法和平解決，曾任張學良顧問之端納（William H. Donald），及宋子文、蔣夫人宋美齡等人，先後飛抵西安，從中斡旋，對張影響甚大。

(4)蘇俄方面電令中共中央，如蔣發生意外，中國將失卻唯一能領導抗日的領袖，中國將很快亡於日本，這對蘇俄及中共均極其不利，要中共設法和平解決事變，以保蔣的安全。中共不得不改變態度，命前赴西安的周恩來等人促成此事。張學良知中共態度後，釋蔣之心乃益為堅定。

西安事變此一異動的影響為：

(1)事變發生後，各方民意反應激切，紛紛舉行營救暨討逆大會，蔣脫險後，全國各地歡欣鼓舞，民氣聚集，有助於國家之團結。

(2)西安事變結束後，剿共軍事完全停止，中共得以在陝北全力發展、壯大，其黨中央亦自保安遷入延安，展開其黨史上為期十年之延安時代。

(3)事變後，日本見中國民眾對蔣之熱誠擁戴，上下趨於團結，遂加速其發動全面侵華之腳步。

(4)張學良遭到軍委會審訊判刑，經蔣中正呈請國府特赦，但卻發交

軍委會看管，行動不得自由，為時竟長達五十餘年。

(二)中共的奮力圖存

民國十六年（1927）八月，武漢政府議決開除中共份子黨籍並免其現職或明令予以通緝後，國共關係乃完全斷絕，中共份子一部份前往上海參加其黨中央活動，一部份轉入地下從事武裝暴動（中共稱之為起義），如十六年八月的「南昌暴動」，九月的「兩湖秋收暴動」，十一月的「海陸豐暴動」，十二月的「廣州暴動」等。其中「廣州暴動」係在第三國際指揮，蘇俄駐廣州領事館暗助下發動，攻占廣州，大肆燒殺劫掠，並成立「蘇維埃政府」，推蘇兆徵為主席（蘇未至，由張太雷代理），為時僅三天就敗覆了。十二月十四日，國民政府遂宣布與蘇俄絕交。

民國十六年十月中共「兩湖秋收暴動」失敗後，毛澤東即率殘部四百餘人進據湘贛邊境的井岡山（屬江西省寧岡縣），其後朱德、彭德懷相繼率部眾登上井岡山，與毛部會合，實力漸增。民國十八年、九年間，朱、毛趁各地軍人異動，國府忙於平亂之際，轉至贛南，以瑞金為根據地，建立了贛南閩西蘇維埃區，即「中央蘇區」。各地共軍勢力，除「中央蘇區」外，其餘重要的有：

1.「豫鄂皖蘇區」，以大別山為根據地，以張國燾、徐向前為首。

2.「湘鄂西蘇區」，以洪湖為主要根據地，以賀龍、夏曦為首。

3.贛東北蘇區，活動於贛東弋陽、橫峰一帶，以方志敏為首，後擴大為「閩浙皖贛蘇區」。

4.「閩西北蘇區」，活動於閩西長汀、上杭一帶，以鄧子恢為首。

5.「陝北蘇區」，以劉志丹為首。

中共黨中央則仍在上海租界，由向忠發任總書記（二十年六月，向被捕殺，由陳紹禹繼任）。

民國十九年冬，各地軍人異動敉平，國府開始圍剿江西之共軍。二

十年（1931）六月，蔣中正親至南昌主持剿共軍事，連敗共軍，九月九日克瑞金，共軍被困於閩西山區，因九一八事變發生，國軍北調增援，未能將其悉數解決。同年十一月七日，中共在瑞金召開第一次全國蘇維埃代表大會，宣告中華蘇維埃共和國臨時中央政府成立，選舉毛澤東等六十三人為中央執行委員，十一月二十七日，其中央執行委員會舉行第一次會議，選舉毛澤東為中央執行委員會主席，及中華蘇維埃共和國臨時中央政府人民委員會主席。二十一年（1932）冬，中共黨中央自上海遷往瑞金（時秦邦憲任總書記）。

民國二十一年五月二十一日，蔣中正兼任豫鄂皖剿匪總司令，二十八日抵漢口，設立剿匪總司令部，準備先肅清華中一帶的共軍，採政治治本，軍事治標，兼施並進。九月，攻占金家寨，十月，肅清「豫鄂皖蘇區」，張國燾、徐向前率餘眾自安徽經湖北、陝南輾轉行抵川北山區。同一時期，國軍攻占洪湖，肅清「湘鄂西蘇區」，賀龍率餘眾北走，開始其流亡生涯。

民國二十二年五月，國府調集大軍，對江西之共軍展開第五次圍剿。用堅壁清野方法，採取「三分軍事，七分政治」策略，修築碉堡，開拓交通，步步為營，節節前進。十月中旬起各路同時發動猛攻，迭克要地。中間因福建事變略有停頓，至二十三年（1934）九月進行全面攻擊，十一月十日，克赤都瑞金。共軍主力——工農紅軍第一方面軍（包括中共黨中央等機關人員在內）約九萬餘人，則於十月下旬突圍西走，經湘南、廣西而入貴州，徘徊於滇、黔山區。二十四年（1935）五月，復自滇境進入西康，旋渡大渡河入四川，陷瀘定、天全等地，在川北與張國燾、徐向前所部工農紅軍第四方面軍會合。同年九月，毛澤東率「陝甘游擊支隊」萬餘人，自川北經甘肅，行抵陝北（24 年 10 月），與當地劉志丹、徐海東所部共軍合流。張國燾、朱德則自川北南下，擬進攻成都平原，為國軍所敗，北向退至西康，與賀龍所部會合後，於二十五年（1936）十月，行抵甘肅。

在逃亡（中共稱之為長征）期間，中共因勢窮力蹙，為圖起見，乃遵照第三國際指示，利用全國高漲的抗日情緒，高倡「抗日民族統一戰線」，呼籲「停止內戰，一致抗日」。民國二十五年五月五日，中共中央又發出「停戰議和」通電，不久周恩來代表中共，潘漢年代表第三國際，至上海與國府代表張沖會商。國府提出四項條件：

1. 遵奉三民主義。

2. 服從蔣委員長。

3. 取消「紅軍」，改編為國軍。

4. 取消「蘇維埃政府」，改為地方政府。

同年十二月，西安事變發生後，國府剿共軍事完全停止，國共雙方派代表，以前述四項條件為基礎商談合作，至抗戰爆發前夕，已達成初步協議。

㈢蘇日的侵略

民國十三年（1924），蘇俄與北京政府建交，隨即議定中東鐵路由中、俄共管，宗主權屬中國。然自民國十四年冬，蘇俄不准張作霖使用中東鐵路運兵事件發生，繼之以民國十六年（1927），北京蘇俄大使館被搜查，雙方交惡愈甚。民國十七年（1928），張學良接管中東鐵路非法經營的電報、電話，蘇俄雖不承認，而無如之何。民國十八年五月，東北當局搜查哈爾濱蘇俄總領事館，捕去俄人三十餘名，蘇俄亦搗毀中國領事館，大捕華僑。七月，張學良遂下令強制接管中東鐵路，封閉附屬機關，拘捕俄人二百餘名，解除俄籍局長、副局長職務。是月，俄軍遂進攻東北，中、俄間的戰爭爆發。國民政府正忙於與異動的宋哲元所部作戰，無力援助東北。十月，俄軍陷同江、富錦，十一月，繼陷札蘭諾爾、滿洲里，俄軍為避免刺激日本，未再續進。

張學良兵敗之後，十二月三日，由哈爾濱交涉員蔡運升與蘇俄代表議就草約，二十二日在伯力（Khabarovsk）簽字，恢復中東鐵路原狀、

蘇俄在東北領事館及商業機關，釋放被捕俄人，解散中國境內的白俄軍隊。南京國府指蔡運升越權，僅允談判中東鐵路問題。民國十九年（1930）二月，派新任中東鐵路督辦莫德惠為會議代表。五月，莫德惠抵莫斯科，提議先商中國贖回中東鐵路問題，蘇俄要求先議通商及黑龍江、松花江航權，相持不下。時中國國內中原大戰正在進行，蘇俄有意觀望。十一月，中、俄正式會議開始，蘇俄堅持伯力協定有效，並將討論範圍擴大至通商、復交，會議因之中止。民國二十年（1931）四月起，會議續開，多至二十五次，未得任何結果。不久九一八事變爆發，中俄會議無形中停頓。民國二十二年（1933）五月，蘇俄竟向日本政府提議出售中東鐵路。二十四年（1935）三月，雙方達成協議，由滿洲國以一億四千萬日元，外加俄籍職員退職金三千萬，購得中東鐵路。

至於日本，自民國十六年（1927）四月，日本軍閥田中義一出任首相後，對華政策轉趨積極而強硬。同年六月，田中在東京召開東方會議，世間風傳的「欲征服世界，必先征服支那；欲征服支那，必先征服滿蒙」的田中奏摺，便是此次會議的理由書。民國十六年、十七年，日本兩度想阻撓中國北伐，製造濟南慘案（五三慘案），並念念不忘獨占中國東北的權益。由濟南慘案的突發，而知瀋陽事變（即九一八事變）之不可避免。

民國二十年三月，吉林長春縣居民郝永德，在萬寶山附近租得土地約 500 晌（晌為東北田畝單位，每晌為 2,400 平方步），未得縣府批准，即轉租予朝鮮人耕種。韓人築壩引水，騷擾地方，縣府派警彈壓，長春日警竟到場干涉，開槍射擊中國農民。日政府則歪曲真相，煽動全韓各地屠殺華僑，死難者近千人，財產損失難以數計。同年六月，日本軍部密派大尉中村震太郎等四人，暗赴東北偵察軍事，被中國駐軍興安嶺屯墾隊扣留，中村等因乘隙脫逃，被衛兵擊斃。日政府乃藉端向中國方面抗議，並製造輿論，激蕩日人情緒，增兵南滿，作發動侵略準備。

九月十八日夜，日本關東軍將南滿鐵路柳條溝（湖）段炸毀，偽稱

係華軍所為，向瀋陽北大營駐軍進攻。時張學良方滯留北平，以最高當局授意，電令所部不作抵抗。十九日，瀋陽失守，數日之內南滿要地完全淪陷。十月，吉林代理主席熙洽降日。十一月，日軍向黑龍江省進攻，被代理主席馬占山部所擊敗。十二月，日軍利用戰車、空軍西攻遼西，北攻黑龍江。民國二十一年（1932）一月二日，錦州失守，二月六日，哈爾濱失守，東北抗日武力乃轉入游擊戰爭。同年三月，日本在東北扶植的傀儡政權滿洲國成立，由溥儀任執政。兩年後滿洲國改制為帝國，由溥儀即位為皇帝。

　　檢討九一八事變發生的原因，除日本對東北早有染指之心，東北對日本國防及經濟極具其重要性之外，尚有世界經濟大恐慌，日本為紓解國內的壓力，且趁列強自顧不暇的機會而發動的時間因素。而當時中國國內正值寧粵分裂、長江大水災的多事之秋，日本的兩個假想敵蘇俄和美國，前者的第二個五年計畫尚未完成，國力未充實，後者的海軍實力則不如日本，然此一優勢難以長保，必須及時把握利用。此外，當時日本東京軍部少壯軍人主張國內先行論，在國內發動政變，推倒文人內閣，樹立法西斯政權，然後對外開疆擴土，以圖「昭和維新」，但東北之關東軍司令部，則主張國外先行論，先在國外取得勝利，然後挾戰勝之餘威，再行革新內政以圖強。但前項主張居於上風。民國二十年三月，東京少壯軍人圖謀政變失敗後，國外先行論乃因而抬頭，甚囂塵上。九一八事變後，中國民情激昂，自動抵制日貨，並作抗日之遊行，要求國府收復東北。國府因國家正值建設之際，而且對日作戰亦須有所準備，不願輕於立即言戰。民國二十一年一月，日本又在上海發動戰爭，其原因為：

　　1. 九一八事變後，日本欲轉移國際視聽，乃於上海開闢第二戰場；
　　2. 上海之中國人民與日本僑民迭起衝突，雙方情緒高昂，難以調和；
　　3. 日本海軍不甘落居陸軍之後，極思有所表現，而有以致之。
　　一月二十日，日本浪人縱火，焚燬三友實業社工廠，殺死華警，並

搗壞虹口一帶中國商店。上海市長吳鐵城向日領事村井倉松提出口頭抗議；一月二十二日，日本駐滬海軍艦隊司令鹽澤幸一，卻以日前有日本僧人五名被華人毆傷，反向國府提出抗議，要求解散抗日團體，取締抗日活動，並自日本增調海軍來華。一月二十八日夜，日軍突然進攻上海閘北區。第十九路軍及憲兵第六團以守土有責，奮起抵抗，是為「一二八事變」。國府除將八十七、八十八兩師改編為第五軍，馳往增援外；並以南京接近戰地，於一月三十日宣言國府遷至河南洛陽辦公，由軍事委員會委員長蔣中正統籌對日戰事。

　　自一月二十八日起，至三月二日止，日軍屢次增援，總數逾十萬人以上，國軍僅有四個師應戰，迭挫日軍，日軍被迫三易主帥。不得已以軍艦數十艘襲擊國軍瀏河後方，國軍始退守南翔一帶。經英、美、法公使調停，五月五日雙方簽訂停戰協定，上海恢復事變前原狀，限制中國僅能駐防保安部隊。

　　除上述九一八事變及一二八事變上海戰役外，自民國二十二年（1933）至二十六年（1937），日本步步加緊進行其侵華行動：

　　1. 民國二十二年一月，日本侵略熱河，繼而進攻山海關；三月，發生長城戰役，五月，強迫國府簽訂塘沽協定，議定長城沿線以南之灤東地區不准中國駐兵。

　　2. 民國二十四年（1935）五月，日本在河北製造事端，其華北駐屯軍司令官梅津美治郎向軍事委員會北平分會代委員長何應欽提出種種要求，即所謂「何梅協定」，迫中國撤出駐防河北的中央軍，取消河北省內所有國民黨黨部。此舉在謀華北的特殊化，使之成為第二個滿洲國。

　　3. 民國二十四年七月，日本侵略察北，迫華北當局簽訂秦（秦德純，察哈爾省主席）、土（土肥原賢二）協定。九月，土肥原又策動所謂「華北五省（冀、察、魯、晉、綏）自治運動」，宣稱華北須脫離南京成為獨立政權。十一月，日本強占冀東二十餘縣，於距離北平不遠之通縣成立所謂「冀東防共自治委員會」（12 月，改名為「冀東防共自治政

府」），以殷汝耕來主持之，是日本在華北製造的一個小型傀儡政權。十二月十一日，國府為因應華北特殊情勢，裁撤軍事委員會北平分會，設冀察政務委員會，以宋哲元為委員長。

4.民國二十五年（1936）四月，日本決定增強駐華北軍力，使其由一千八百七十四人增至五千人。九月十八日，日軍在豐臺與國軍之二十九軍部隊發生衝突，國軍被迫撤退。十一月二十四日，日本助內蒙偽軍進犯綏遠，綏遠省主席傅作義率部奮力反擊，獲得百靈廟大捷等之勝利。

(四)各方面的建設

1. 政治建設

北伐成功，北京政府告終，依照孫中山建國大綱之規定，是為軍政完成之日，即訓政開始之時。民國十七年（1928）八月，中國國民黨二屆五中全會在南京舉行，決議依據國民政府組織大綱設立五院。十月三日，國民黨中常會通過訓政綱領，由國民政府公布實施。十月八日，國民政府主席及各部長人選決定：計為主席蔣中正、行政院長譚延闓（馮玉祥副之）、立法院長胡漢民（林森副之）、司法院長王寵惠（張繼副之）、考試院長戴傳賢（孫科副之）、監察院長蔡元培（陳果夫副之），並於十月十日就職。

民國二十年（1931）一月一日，國民政府公布國民會議代表選舉法，四月二十四日，公布國民會議組織法，五月五日，國民會議在南京舉行，通過中華民國訓政時期約法，六月一日公布之，是為憲法頒布前的國家根本大法。同年十二月，國民黨四屆三中全會決定民國二十四年（1935）三月召開國民大會，制定憲法。於是立法院組織憲法起草委員會。二十三年十月，通過憲法草案，復由立法院重加修訂。二十五年四月三十日，立法院通過國民大會組織法，五月二日，通過國民大會代表選舉法，五月五日，公布中華民國憲法草案，通稱「五五憲草」。民國二十六年（1937）二月，國民黨五屆三中全會決定是年十一月十二日召集國民大

會，制定憲法，迨各地方團體代表選出，而對日全面抗戰發生，國民大會之召開，因之延期舉行。

2.經濟建設

財政金融方面以「廢兩改元」及推行法幣最為重要。國民政府成立以前，公私銀行多自行印發貨幣，外匯常為外國銀行壟斷，銀兩與銀元照舊並行，幣制十分紊亂。民國二十二年（1933）四月，國府頒布廢兩改元一廢除金本位的銀兩，採用銀本位的銀元，所有交易改用新鑄造的銀元計算，半年之內，完成了幣制的統一。其後美國通過了購銀法案，大量購入白銀，因國際白銀漲價，中國白銀大量外流，造成國內通貨收縮，金融緊迫，工業與外貿也遭到嚴重的困難。國府乃於民國二十四年十一月下令改革幣制，一律使用新發行的鈔票——法幣，一時稱便。

交通方面，如增修鐵路，其中以浙贛鐵路的通車最為重要；增修公路方面，民國十年（1921），全國公路總計不過一千餘公里，民國十六年至二十六年間，在全國經濟委員會指導下，完成路線，約十一萬公里；並與外國合作，於民國十九年（1930）八月成立中國航空公司，二十年（1931）三月又成立歐亞航空公司，航行路線遍及全國重要都市。其他如水運、郵政、電信等，均有發展。工業方面，以輕工業為主，集中於上海及江、浙地區，但工廠的設立，甚為普遍，工業技術也有改進，並著手開採甘肅、新疆等地的石油。農業方面，加強研究農學，從事農業改良，其中以民國二十年成立的中央農業實驗所最為重要。民國二十二年，成立農村復興委員會，以輔助農村建設，改革租佃制度。水利方面，先後成立導淮委員會、黃河水利委員會等，並於全國經濟委員會下設水利委員會，十年間，導河、建港等甚有成績。灌溉工程則以完成綏遠民生渠、陝西涇惠渠、洛惠渠為最著。國際貿易方面，因日本侵占東北，再加上世界經濟大恐慌的關係，對外貿易的總額一時有下降的現象，但長江下游及華南各省，仍有區域性的成長。

3.社會建設

以鄉村建設為重點，如推行鄉村自治，加強平民教育，注重衛生保健，革新社會風俗等。此一鄉村建設運動的推行，以晏陽初、陶行知、梁漱溟三人貢獻最大。此外國府並大力推行合作運動，合作社數目及社員人數均大幅增加。土地改革方面，北伐開始之前，即在廣東試行二五減租政策，北伐完成以後，又在湖南、湖北、浙江等省試行。由於勞工人數漸多，國府於民國十八年（1929）頒布工廠法，後又加以修正，對工作時間、安全、衛生、福利、賠償等，都有明文規定，對童工也有限制。民國二十三年（1934），蔣中正發起新生活運動，雖不乏政治意味，但對社會風氣的導正及國民道德的提升，亦有其貢獻。

4.其他建設

軍事方面，整頓陸軍，成立陸軍整理處，負責進行；發展海軍，成立海軍署，後擴充為海軍部，至民國二十五年（1936）時，有作戰軍艦五十餘艘；發展空軍方面，民國二十一年（1932）時僅有飛機百架，至二十五年，已增至八百餘架。外交方面，收回部分租界（如天津比租界、廈門英租界）及租借地（威海衛租借地），關稅亦逐漸自主。教育方面，召開全國教育會議，確立教育政策，實施軍訓，發展國民體育，增設學校，學生人數因而激增，並重視社會教育。學術方面，民國十七年（1928）成立中央研究院，特任蔡元培為院長，其後又設立國立北平研究院，以李煜瀛為院長，以負責高深學術之研究。司法方面，先後製頒了訓政時期約法、土地法、工廠法、刑法、民法、民事訴訟法等，並改地方廳為地方法院，民國十九年起，行三級三審制。民國二十一年，公布法院組織法，各級法院乃相繼改組或重新組織。為應各級法院需要，國府多次舉行法官考試，並設法官訓練所。輔助審判的律師多由甄拔律師動員會甄拔，且要參加律師公會始能執業等等，均在維護人民基本權利，以期安定社會。

二、八年抗戰

中國大陸的史學家多採用「抗日戰爭」一詞，其時間起於民國二十年（1931）之九一八事變，止於民國三十四年（1945）八月之日本宣布投降。日本學者亦如此，稱之為「日中戰爭」，或「日中十五年戰爭」。臺灣的史學家則多採用「抗戰」一詞，其時間起於民國二十六年（1937）七月的盧溝橋事變日本發動全面侵華戰爭，止於日本投降。故「抗戰」一詞，並非「抗日戰爭」的簡稱，且冠以「八年」二字，其義益顯。

(一)抗戰的爆發

抗戰爆發的關鍵—盧溝橋事變，亦稱七七事變，起於日本在華北的著著進逼。自從民國二十五年（1936）九月第二次豐臺事件發生後，國軍第二十九軍即被迫撤出豐臺，移至永定河岸駐防，而由日軍進駐豐臺。此後日軍便經常在盧溝橋（在永定河上，屬河北省宛平縣）附近活動。民國二十六年七月七日夜，日軍又在盧溝橋附近演習，藉口一名士兵失蹤，企圖進入宛平縣城搜索，駐軍（第二十九軍三十七師二一九團）團長吉星文以時值深夜，恐引起地方不安，婉加拒絕。旋經冀察當局與日本駐屯軍交涉，商定雙方各派五人實地調查。翌晨五時，已抵宛平縣署，日方仍堅持入城搜查，中方未允。日軍乃開槍攻擊，並砲轟宛平縣城，駐軍以守土有責，奮起抗擊，揭開了抗戰的序幕。

事變發生時，蔣中正在江西盧山主持軍官訓練和盧山談話會，七月八日獲知事變消息，即命令宋哲元積極準備，就地抵抗，如果談判，須不喪失絲毫主權。旋於七月十七日發表嚴正談話，宣示「應戰而不求戰」的政策和決心。日本軍部則採取緩兵之計，表示此一事變為地方事件，願作和平解決，暗中卻緊急動員。七月十一日，日本內閣會議決定，派關東軍和朝鮮軍增援華北，再由日本國內派兵開往華北，壓迫中國向日

本「謝罪」。七月二十六日，日本華北駐屯軍司令官香月清司向冀察政務委員會委員長宋哲元致最後通牒，要求國軍第二十九軍自盧溝橋、北平等地撤退，宋哲元拒絕其要求。七月二十八日黎明，日軍發動總攻擊，次日，北平棄守，三十日，天津失守，華北兩大名城均入日本之手。

七月二十日，蔣中正返抵南京，於七月二十九日北平棄守當晚，再發表談話，謂這不能算是戰爭了結，惟有一致奮鬥，此後決無局部解決之可能與妥協屈服之理。七月三十一日，又發表告全軍將士書，只有抗戰到底，與倭寇死拼。八月十四日，國民政府發表「自衛抗戰聲明書」，痛斥日本對中國之侵略，宣布實現天賦自衛之權。

日本之所以於此時發動全面侵華戰爭，一以國共即將合作，容共、聯俄之局復成，必須及時遏止，先控有華北。二以中國國力尚待充實，必須早予以挫折，不信蔣真有作戰決心。三以日本已與德、日簽訂協定，三國軸心之勢隱然形成，國際間日本不再孤立，英、美不致斷然行動。至於中國之決計應戰，一以勢迫如此，日本野心並無止境，不能再事容忍。二以全國抗日情緒高漲至極，中共主戰尤力，此次如再不抵抗，內戰勢將重起。三以中國實力雖遠不如日本，但幅員廣大，亦斷非日本所能全部據有。四以英、美深忌日本勢力的擴張，假以時日，國際情勢定有變化，何況中、蘇正談判互不侵犯條約，短期內可望獲得援助。

(二)戰爭的經過

對日抗戰的進行，約可分為三個時期：第一期從七七事變到民國二十七年（1938）底武漢撤守為止。國軍的作戰總指導方針是在確立持久抗戰的基礎，不惜以空間換取時間，以消耗敵人兵力，並使敵人備多力分，陷入泥淖而不能自拔。其中淞滬、忻口、徐州、武漢四次會戰；另有重要戰鬥二七六次。民國二十六年七月七日，日本發動盧溝橋事變；二十八日，南苑失陷，接著北平、天津失守。八月十三日，日本發動上海戰爭，是為八一三淞滬會戰，國軍於十一月中撤出上海。十二月十三

日，日軍攻陷南京，製造南京大屠殺。此一滔天暴行，三十萬中國軍民慘遭殺害。二十七年三月，日軍猛攻臺兒莊（屬山東嶧縣），國軍力戰二週，於四月六日獲得大捷。徐州會戰後（27 年 5 月 19 日徐州失守），日軍轉移兵力謀取武漢。一路沿長江西上（27 年 6 月 15 日安慶失守，7 月 25 日九江失守）；一路沿淮河西上。武漢會戰為時四月餘，國軍卒於十月二十五日自動撤出武漢（廣州則於 10 月 21 日失守）。這段時期，雙方多使用精銳部隊作戰，人員傷亡均大。日本原想速戰速決，已不可能，且深感人力物力之不繼。

　　第二期從武漢撤守到民國三十年（1941）底太平洋戰爭爆發前夕為止。國軍作戰的總指導方針是在完成持久抗戰準備及爭取與國，以待國際形勢的轉變。其中有南昌、第一次長沙、隨棗、桂南、棗宜、豫南、上高、晉南，第二次長沙等會戰，另有重要戰鬥四九六次。日本雖然占據華北及華中大部分地區，但真正能控制的只是一些城市和交通要道，國府游擊隊在敵後甚為活躍。自二十八年（1939）以後國軍在各戰場也採取主動，在保衛長沙的戰役中，於民國二十八年十月，及民國三十年九月，先後獲得兩次大捷。

　　第三期從太平洋戰爭爆發到民國三十四年八月日本無條件投降為止。國軍的作戰總指導方針是在牽制日軍，遲滯其南進，使盟國得以確保印度、澳洲；一面聯合盟軍，打通國際道路，並保持兵力，以待戰爭的結束。其中有第三次長沙、浙贛、鄂西、常德、豫中、長衡、桂柳、湘西、豫西、鄂北九次會戰，另有重要戰鬥三四五次。第三期內另有緬甸方面之作戰。民國二十八年（1939）九月，第二次世界大戰爆發（歐洲戰區），這時英法對日仍採取安撫政策。德國侵占波蘭後，戰爭面日益擴大，德國與義大利遂結為軸心國家，與英、法決戰。接著日本也與德、義達成軍事同盟，成為東西軸心國。三十年十二月八日（美國時間為 7 日），日本突然偷襲美國的珍珠港，爆發了太平洋戰爭，雙方互相宣戰，國民政府於次日正式對日、德、義宣戰。從這時起，中國不再是孤立的

對日軍抗戰，也能得到美國等盟友國家的援助。三十一年，國府派軍援緬，協同英軍作戰。自三十二年（1943）起，國內各戰場以及印緬戰場均開始反攻，均獲有勝利。民國三十三年（1944）五月，華中日軍傾其全力，大舉南進。六月十八日，長沙失守，湘東、湘西各縣先後放棄。六月二十三日，日軍猛攻衡陽，守軍（第十軍）方先覺部浴血奮戰，堅守四十八天，至八月八日，始告陷落。同年九月，日軍沿湘桂鐵路南進，九月十四日，陷廣西全縣，十一月十日，桂林失陷，十一月二十二日，南寧失陷，日軍續入貴州，十二月二日，獨山（距貴陽 60 公里）失陷，四川大後方為之震動，此為抗戰軍事最危險的時候。惟日軍已成強弩之末，且在太平洋上連番失利，其國內復遭盟軍空襲轟炸，國軍乘機反攻，於十二月八日，克復獨山，次年五、六年國軍於福建克復福州、長樂、連江、黃巖等地，六月於廣西克復柳州、桂林等地，七月於贛南克復南康、贛縣、吉安等地，八月，日本即宣布投降。

(三)戰時的政治

1. 國共的合作與衝突

民國二十六年七七事變，國民政府宣言抗日，國共的合作臻於成熟，八月，陝北的共軍改編為國軍第八路軍（次年 2 月，又改番號為第十八集團軍，但中共仍喜用八路軍的名稱），任朱德、彭懷德為正副總指揮，兵額兩萬餘人歸第二戰區司令長官閻錫山節制。中共旋於九月二十日發表「共赴國難宣言」，宣示：

(1)為徹底實行三民主義而奮鬥。

(2)取消暴動政策及赤化運動，停止暴力的土地政策。

(3)取消蘇維埃政府。

(4)取消紅軍名義及番號，改編為國民革命軍，受國民政府軍委會之統轄，並待命出動，擔任抗戰前線之職任。

九月下旬，八路軍的第一一五師（師長林彪）配合主力國軍，在山

西省北部的平型關附近打了一場伏擊戰，小挫日軍，中共誇大其戰果，稱之為「平型關大捷」。

　　然而中共實欲藉抗戰發展壯大自己，在華北、華中、華南等地相繼建立「邊區」之根據地。中共實力逐漸增大，於是四處襲擊國軍及敵後抗日民軍，吞併遊雜隊伍，收編地方團隊。國共之間磨擦及軍事衝突乃愈演愈烈，其中以「新四軍事件」最為嚴重。新四軍原為江南一帶的共黨游擊隊。民國二十六年十月，經軍委會改編為國軍新編第四軍，由葉挺、項英任正、副軍長，規定兵額為一萬二千人，歸第三戰區司令長官顧祝同節制。惟新四軍肆行擴張勢力，經常襲擊國軍，奪取地方政權。國府屢加告誡，並促其北調，均無效果。民國三十年（1941）一月上旬，新四軍軍部約九千人（為新四軍總人數的十分之一），在安徽南部的涇縣附近被國軍包圍擊潰，傷亡及被俘者甚眾。軍委會乃下令取消「新四軍」番號，將被俘的該軍軍長葉挺革職扣押，並通緝在逃之副軍長項英（項軍旋於逃亡途中為部下所殺）。此即「新四軍事件」，中共稱之為「皖南事變」。一月十八日，中共發表談話，稱「這次事變並不是偶然的，實是親日派陰謀及反共頑固派有計畫的舉動」。要求嚴懲「禍首」，停止華中剿共戰爭等，並於一月二十日任命陳毅為新四軍軍長，張雲逸為副軍長。中共籍的國民參政會（民國27年7月成立的）參政員，復拒絕出席在重慶舉行的第二屆第一次國民參政會，國共關係遂形惡化。

　　但中共為了種種原因，對新四軍事件不得不暫時容忍：一以實力不夠強大，各方仍認國民黨為領導抗戰的中心；二以是年六月，蘇俄突遭德國閃電攻擊，深恐日本與德一致行動，為鞏固中國抗日陣營起見，不欲國共決裂。三以毛澤東在中共黨內的領導地位尚未十分確定，毛欲先安內，打擊黨內的國際派，建立其一元化的領導。四以民國三十年至三十二年之間，華北日軍一再向共軍根據地進攻掃蕩，同時華北災荒嚴重，國軍對陝甘寧邊區加緊封鎖，中共自認是極端困難的時期。

　　民國三十二年（1943）以後，中共問題愈來愈複雜。其複雜的原因

和影響為：

(1)中共要求與國府商談，但一經商談，條件即愈來愈多。

(2)美國駐華人員的介入，使中共態度更為強硬。

(3)蘇俄在歐洲戰場的節節勝利與其對華關係的轉變，影響了中共態度。

(4)在宣傳上，國府頗多顧慮，許多事實真象，不便宣布，致處被動地位；中共則無所顧忌，且有國際共黨的助陣，益使國民政府陷於孤立。

(5)日軍發動軍事攻勢，中國戰場失利，中共乘機要脅。

(6)中共運用統戰拉攏國內各黨派，尤其與民主同盟的勾結，對國府形成重大的壓力。

民國三十三年（1944）六月，美國副總統華萊士（Henry. A. Wallace）來華，曾對國共問題有所調停，同年九月，美國政府又派特使赫爾利（Patrick J. Hurley）來華，奔走於國共間，均無具體結果。

2.抗日陣營的分裂——妥協派的活動

日本深知中國幅員廣大，斷非日軍所能全部據有，所以在抗戰初期，先後於華北、華中各地成立傀儡政權，意圖以華制華，並打擊中國的民心士氣。例如民國二十六年十二月十四日成立於北平的「中華民國臨時政府」，不設主席，由湯爾和為「議政委員會委員長」，王克敏為「行政委員會委員長」，董康為「司法委員會委員長」，完全受制於日人。民國二十七年（1938）三月二十八日，由日本一手製造的「中華民國維新政府」成立於南京，亦不設主席，「行政院長」為梁鴻志，「立法院長」溫宗堯，「司法院長」陳羣。

惟國府中也有少數人，對抗戰失卻信心，認為與其最後被日本滅亡，不如早些與日本妥協以為苟全，此一妥協派的代表人物為汪兆銘。七七事變，汪以國民黨副裁，出任國防最高會議副主席、國民參政會議長等職，位崇責重，僅於次蔣中正而已。民國二十七年（1938）十一月初，汪兆銘的代表梅思平、高宗武在上海與日本代表影佐禎昭（日本參謀本

部課長，專管對華事務）、犬養健等開會，決定請汪在南京另組政府，與日本合作。同時，日本答應在兩年內由長城內撤兵，為共同防共，日本駐兵內蒙古。十二月七日，汪的幕後策動人周佛海自重慶出走，十二月十八日，汪亦由重慶走河內，並於二十九日通電，接受日本首相近衛文麿所提出的「善鄰友好」、「共同防共」、「經濟提攜」的條件，公然背叛國府。

　　民國二十八年一月一日，國民黨中央決定開除汪之黨籍。五月，國民政府更明令通緝汪氏。同年四月，汪自河內乘船北上，五月六日抵上海。六月，汪偕周佛海、高宗武至日本，與日本首相平沼騏一郎等商談，汪留日約二十餘日，即先行返滬，留周佛海繼續交涉，雙方折衝半年，至十二月三十日，始在上海簽訂密約：

　　(1)日支滿三國提攜，以善鄰友好、共同防共、經濟提攜為原則。

　　(2)日本派遣顧問於新中央政府，以協力於新建設。

　　(3)為日支共同防共，日本軍隊得屯駐於華北及蒙疆各要地。

　　(4)承認事變以來之既成事實，及隨事態推移之事存續。

　　(5)新中央政府賠償事變以來日本在華所受權利利益之損失。

　　民國二十九年（1940）三月二十九日，醞釀一年又三個月的「中華民國國民政府」（有人稱此傀儡政府為「汪政權」），在南京成立，同時合併了北平的「中華民國臨時政府」和南京的「中華民國維新政府」兩個傀儡政權。號稱還都，故仍擁時在重慶的國民政府主席林森為此一傀儡政府「主席」，汪任「行政院」院長兼代「主席」（二十九年十一月，汪始「真除」「主席」之職）。民國三十三年（1944）十一月十日，汪病死，其職位由陳公博代理。抗戰勝利後，這些妥協派份子在嚴懲漢奸聲中，都先後遭到國府的制裁。

(三)戰時的外交

1. 不平等條約的廢除

　　廢除不平等條約運動，始於戰前，完成於抗戰期間。民國二十九年（1940）七月，英國首相邱吉爾（Winston S. Churchill）曾聲明將來對中國廢除不平等條約。民國三十年五月二十五日，國府外交部長郭泰祺致函美國政府，表示中國希望戰後與美國另訂平等新約。美國照覆中國，一俟遠東和平恢復，即放棄在華之各種特權。七月四日，英駐華大使卡爾（Sir Archiald Kerr Clark）奉其政府命令照會中國，聲明英政府準備於大戰結束後，根據平等互惠原則，另訂新約。是年十二月，太平洋戰爭爆發，中、美、英變為並肩作戰的盟友，美、英兩國遂於民國三十一年（1942）十月九日中國國慶前夕，分別通知國府，聲明願放棄在華治外法權，及其他有關權益，並擬於最近期間內，提出草約，與中國政府正式談判。是年十月二十四日，美國向國府提出中美條約草案，十月三十日，英國向國府提出中英條約草案，經兩月餘的談判，中美、中英新約於民國三十二年一月十一日分別在華盛頓、重慶簽字。英美兩國在新約中所放棄的特權，約有以下各種：

　　(1)領事裁判權；

　　(2)使館界及駐兵區域；

　　(3)租界；

　　(4)特別法庭；

　　(5)外籍引水人等特權；

　　(6)軍艦行駛之特權；

　　(7)英籍海關總稅務司之特權；

　　(8)沿海貿易與內河航行權；

　　(9)影響中國主權之其他問題。

　　稍後，巴西、比利時、挪威、古巴、加拿大、瑞典、荷蘭等國相繼

聲明放棄在華特權,並分別與國府簽訂平等互惠新約,其一切條款均以國際法普通原則為根據。抗戰勝利後,法國、瑞士、丹麥、葡萄牙等國,均與國府締結平等新約。中國百年來所受不平等條約的桎梏完全解除,這亦為中國上下艱苦抗戰的一大收穫。

2. 開羅會議的成就

民國三十二年(1943)八月一日,國民政府主席林森逝世,九月十三日,中國國民黨五屆十一中全會選舉蔣中正繼任國民政府主席,並兼行政院長。同年十一月十八日,蔣中正應美國總統羅斯福(Franklin D. Roosevelt)之邀,偕夫人蔣宋美齡及隨員王寵惠、董顯光等人,自重慶起飛,經印度於二十一日抵達開羅(Cairo)。十一月二十三日至二十六日,與羅斯福、邱吉爾舉行會議,討論範圍至廣。十一月二十七日,蔣中正等人自開羅回國,十二月一日抵重慶,十二月三日,重慶、倫敦及華盛頓同時宣布三國領袖所簽署的開羅宣言,將「所有日本竊奪之中國一切土地,如滿洲、臺灣、澎湖,均應由中華民國恢復之。日本因貪慾或武力所占取之土地亦應予剔除。三盟國念及朝鮮人民久受奴隸待遇,應使朝鮮在相當時期內,享得自由與獨立。根據以上所認定之目的及聯合國其他一致之精神,三大盟國將堅忍進行重大而長期之戰爭,必達到日本無條件投降而後已。」

此次會議,中外輿情莫不譽為中國外交史上空前之勝利,朝鮮因之獲得獨立,中國自甲午戰爭以來喪失於日本之國土,由英美明白承認得以全部收回,意義至為重大。

3. 雅爾達密約的貽害

大戰末期,美國方面根據情報預估,日本將進行本土作戰,屆時在中國東北的關東軍(約60萬人)將回援日本,為減少美軍登陸日本後作戰的大量傷亡及儘快結束戰爭,美國不惜犧牲中國的利權予蘇俄,以換取蘇俄之對日宣戰,出兵東北,以牽制關東軍,使其不能回援日本。民國三十四年(1945)二月,美國總統羅斯福、英國首相邱吉爾與蘇俄元

首史達林（J. V. Stalin），在俄境之雅爾達（Yalta）訂立密約，議定蘇俄
於德國投降後二、三個月內對日宣戰，但須將帝俄於日俄戰爭中喪失於
日本的利權歸還給蘇俄，包括：

(1)大連商港國際化，蘇俄在該港有優越權利；

(2)旅順軍港租與蘇俄；

(3)中東鐵路與南滿鐵路交由中蘇兩國合組公司經營；

(4)保障蘇俄在滿洲的優越權利。

此外，外蒙古現狀應予維持，千島羣島應割與蘇俄。同年六月，美
國駐華大使赫爾利奉命將雅爾達密約的內容通知中國，希望中國直接與
蘇俄談判。當時中國需要多一個抗日的盟友，對美、英的全球性的戰略
安排不得不屈從。於是宋子文（行政院長兼外交部長）、王世杰（新任
外交部長）先後赴莫斯科，與蘇俄談判，於八月十四日日本宣布投降之
日，中蘇友好同盟條約始行簽字。該條約規定：

(1)如外蒙古經人民投票證實其獨立願望時，中國政府當承認其獨立。

(2)中東鐵路與南滿鐵路，由中蘇共同管理，期限三十年。

(3)大連港為自由港，中國以其港口工事及設備之一半租與蘇俄，租
期三十年。

(4)旅順港歸中蘇共同使用，期限三十年。蘇俄方面亦承諾：①給予
中國中央政府即國民政府以道義上與軍需品及其他物資之援助。②承認
中國在東三省之充分主權，及領土與行政之完整。③進入東三省之蘇軍，
應於日本投降後三個月內撤退完畢。這是八年抗戰所帶給中國的一大損
失。

(五)日本投降

民國三十二年（1943）六月，軸心國在歐洲西線挫敗，九月，義大
利投降。日本見局勢不利，已有求和之意，惟不願無條件投降。民國三
十三年初，美軍在太平洋連戰皆捷，同年七月，小磯國昭繼東條英機為

日本首相,改向中國試探以求和,未獲結果。民國三十四年(1945)五月八日,德國無條件投降,日本益感孤立,乃於七月六日要求蘇俄出面調停,蘇俄以當時尚未對日宣戰,不能享受對日戰爭的成果,拒絕調停。另一方面,七月十六日,美國的原子彈試驗成功,更加強了對戰爭的信心。七月十七日,美、英、俄三國領袖在柏林附近德皇夏宮波茨坦(Postdam)集會,會中決定設立中、美、英、法、俄五國外長會議,負責草擬對戰敗國之和約。同時,英美兩國首長徵得中國政府之同意,於七月二十六日,以中、美、英三國政府首長之名義聯合發表宣言,促日本無條件投降,否則將使日本武力及其本土完全毀滅,是為波茨坦宣言。日本未應(希望有條件投降)。八月六日,美國第一枚原子彈投落廣島,毀該城建築十分之六。八月九日,第二枚原子彈再落長崎,兩枚原子彈毀滅生命近三十萬,日本舉國震悚,遂於八月十日將降書托瑞士轉達盟方,表示願意接受波茨坦宣言中各項規定,無條件投降;但要求保留天皇仍為日本之元首。八月十日,美國代表聯合國覆文,表示接受。至八月十四日,日本天皇遂頒布無條件投降的敕令,於是中國八年對日抗戰,卒獲最後勝利。

　　八年抗戰雖然勝利了,中國卻付出極其鉅大的代價,國土大半淪亡,田地大半荒蕪,農產銳減,工廠拆遷,軍民的傷亡數千萬人,流離失所的在一億人以上。戰爭的消耗和破壞損失,則難以估計,中國大陸的史學家稱抗戰勝利為「慘勝」。其所造成的經濟蕭條,財政枯竭,尚且導致並助長戰後的通貨膨脹,物價飛騰。而雅爾達密約致成的中蘇友好同盟條約,使中國的利權受到很大的損害,外蒙古因脫離中國獨立。代價固然極其鉅大,但收穫亦甚大,如不平等條約的廢除,國際地位大為提高,與英、美、蘇俄並列為世界四強,東北及臺灣、澎湖的重歸中國版圖,意義尤其重大。在八年抗戰期間,中共趁機擴張勢力,日形壯大,對國民黨已構成甚大的威脅。戰後的國共內戰勢難避免了。

　　總之,八年抗戰中國有得有失,已如上述。得失之外,其歷史意義

亦不容忽視。如抗戰前十年間國民政府對日本諸多容忍，曾被國人指為懦弱無能，此一觀念至八年抗戰展開後始獲得澄清。抗戰期間中國戰場牽制了一百餘萬人以上的日軍，使其無法他調使用，對第二次大戰中的盟軍整個戰局情勢頗有助益貢獻。而抗戰期間中國軍民的英勇不屈不撓的表現，也贏得盟國的讚美和尊敬，在民族精神的激勵下，中國上下的精誠團結一致對外，亦為前所未見。中國廣大的空間與充足的人力，為最大的國防資源，八年抗戰的勝利，適為最有力的證明。

三、戰後的國共對決

(一)戰後中國的動向

1. 受降與接收

民國三十四年（1945）八月十四日日本宣布投降之當日，蔣中正電南京日軍駐華最高指揮官岡村寧次，指示受降原則。八月二十一日，日本所派總參謀副長今井武夫等一行人抵湖南之芷江，接洽投降事宜。同盟國方面，則於九月二日在日本東京灣美國米蘇里號（Missouri）軍艦上接受日本簽署投降書，國府派徐永昌為代表，參與此一盛典。九月八日，國府陸軍總司令何應欽自芷江飛抵南京，次日在南京代表中國戰區最高統帥蔣中正主持中國戰區日本投降簽字典禮。是後陸軍總部為了接收各地之人員及物資，將中國戰區畫分為十六個受降區來進行此項工作。其中接受臺灣日軍投降的典禮，於十月二十五日在臺北舉行，是為「臺灣光復節」的由來。由於蘇俄進占東北，東北日軍即由蘇俄受降。

受降之後的接收工作，極其繁浩和瑣細，尤其是南京傀儡政權（汪政權）及其所屬機構、軍隊（即偽軍，約 60 萬人）的接收工作最為龐大，尚有敵（日本）產、偽產的處理及漢奸的懲處問題等等。由於勝利來得太突然，接收工作不免失之於匆促、草率，接收人員的素質、心態

也可議，因而招致不少民怨。中國受降所接收的日軍人員及日俘一百二十餘萬人，日僑七十八萬餘人，韓俘及韓僑六萬餘人，臺胞四萬餘人，均由中國政府派車船送至塘沽、青島、上海、高雄等十三個海港，再由美國負責運送回國或原居地，部分日本船隻亦擔任運輸，自民國三十四年十月至三十五年六月，全部遣送完畢。在中國戰區的日本戰犯，悉依戰犯處理委員會所審定的名單，由軍委會分送各地軍政機關，捕交軍事法庭審理。其經當地軍民檢舉或告發者，各地軍政機關亦得逮捕。其已返回日本者，則轉請外交部照會美國轉飭美國占領軍統帥部，逮捕交付。

2. 復員與行憲

民國三十五年（1946）二月十六日至十九日，軍事復員會議在南京召開，確定國軍整編方案，採取精兵政策，規定自同年三月開始實行。國府各機關則自抗戰勝利後陸續遷返南京，民國三十五年五月一日，國民政府頒布還都令，五月三日，主席蔣中正抵南京，五月五日起，國府正式在南京恢復辦公。五月三十日，國防最高會議決議：裁撤軍事委員會，在行政院下設立國防部，掌管軍政、軍令事項。並通過特任白崇禧為國防部長、陳誠為參謀總長。六月一日，國防部正式成立，至十月中旬，全國編餘軍官共計十六萬一千人，分別轉業或退休。復員工作至此，乃大致就緒。

民國三十四年五月，國民黨第六次全國代表大會在重慶召開，決定同年十一月十二日召集國民大會。抗戰勝利後，因中共一再杯葛，不得不延期召集。民國三十五年五月五日，國民政府還都南京。七月三日，國防最高會議決定國民大會於十一月十二日在南京舉行。屆時中共及民主同盟仍拒絕提交代表名單，反而要求停開國民大會。國府應各社會賢達人士之籲請，宣布再延期至十一月十五日開幕，以期說服中共與民主同盟改變初衷，結果仍屬徒然。

民國三十五年十一月十五日，國民大會在南京大會堂正式揭幕。出席代表一千三百多人，除國民黨外，青年黨、民社黨及無黨無派人士均

有代表參加，惟中共及民主同盟仍拒絕出席。大會推舉吳敬恆擔任主席，蔣中正等四十八人為主席團，洪蘭友為大會秘書長。

　　由於此次國民大會之惟一任務為制定中華民國憲法，故稱制憲國民大會。十二月二日，國民大會開始對憲法草案進行審查、討論與修正，先後舉行十四次會議，至二十五日完成三讀程序。同日下午，國民大會舉行閉幕典禮，由大會主席吳敬恆將中華民國憲法交國民政府主席蔣中正收受。民國三十六年（1947）一月一日，國民政府明令公布中華民國憲法，並以同年十二月二十五日為憲法開始實施日期。

　　民國三十六年三月三十一日，政府公布國民大會代表暨立法委員、監察委員選舉罷免法。同年六月二十五日，復設立國民大會代表、立法委員選舉總事務所，積極展開全國選舉工作。民國三十七年（1948）三月二十九日，行憲後第一屆國民大會在南京國民大會堂開幕，出席代表二千八百四十一人。此次會議之主要任務為選舉總統與副總統。四月十九日，舉行總統選舉大會，出席代表二、七三四人，選舉結果，蔣中正得二、四三〇票，居正得二六九票，蔣中正得票超過半數，當選為中華民國行憲後第一任總統。

　　依照會議程序，副總統之選舉，定於四月十八日公告副總統候選人，計為孫科、于右任、李宗仁、程潛、莫德惠、徐傅霖六人。四月二十三日至二十八日先後舉行副總統選舉大會三次，各候選人均未得法定過半數之票數。四月二十九日，舉行第四次副總統選舉大會，就第三次選舉票數較多之李宗仁、孫科二人圈選一人，出席代表二七六六人，選舉結果，李宗仁以一四三八票較多數當選為中華民國行憲後第一任副總統。大會並曾審時度勢，針對當前環境作了一項重要的決議，即是於四月十八日通過修改憲法案，增加「動員戡亂時期臨時條款」，授權總統在緊急時期得對軍事、財政作緊急的處分。五月二十日，蔣中正在南京國民大會堂隆重舉行宣誓就職典禮。五月二十四日，蔣中正提名翁文灝為行政院長，於是中國正式步入憲政之途。國民政府至是結束，為用詞簡便

起見，以下如提及此一行憲後的中華民國政府時，仍以「國府」二字簡稱之。

3.臺灣「二二八」事變的悲劇

　　民國三十六年（1947）二月二十七日上午，臺灣省專賣局業務委員會派遣專員葉德根率職員五人，會同警察四人，赴淡水查緝私煙，傍晚時分返回臺北，在太平町（今延平北路）查獲四十歲的寡婦林江邁攜有私煙五十餘條，乃予以沒收，林江邁哀求放還，專賣局職員不理，林抱住職員腿不放，職員以槍柄擊林女頭部，一時鮮血直流，圍觀的民眾羣情激憤，圍毆查緝員警。員警逃走，羣眾緊追，職員之一的傅學通開槍示警，誤中路人陳文溪（次日傷重殞命），於是羣眾益憤，聚集於臺北警察局前，要求交出肇事員警，未獲理會。次日上午，羣眾復鳴鑼敲鼓，湧至太平町派出所，將所長圍毆，並搗毀門窗。復至臺北專賣分局，毆斃職員三人，傷四人。正午時分，羣眾前往臺灣行政長官公署，門首之衛兵開槍，當場死一人，傷十餘人，羣眾始行退走。是日臺北全市騷動，商店輟市，工廠停工，學校罷課，憤怒的民眾在臺北街頭毆殺外省人，搗毀外省人所經營的店鋪，事態益見擴大，情勢極為紊亂。下午二時，民眾占據中山公園內的廣播電臺，向全省廣播，臺北以外的地區聞訊響應，造成全臺秩序大亂。臺灣省行政長官陳儀向中央請兵「平亂」，三月八日，憲兵第四團二千名官兵及國軍第二十一師一萬一千名官兵先後在基隆登陸，配合當地的機關單位，相繼將基隆、臺北的動亂壓平。第二十一師另三千官兵則由高雄登陸，配合當地駐軍，將高雄地區的變亂壓平，然後南北部隊會師臺中，另派兵進向臺東，至三月十三日，臺灣全島變亂大體平息。是為「二二八事變」。

　　二二八事變致成的原因：

　　(1)臺灣歷經日本五十年的統治，光復後固然有些人仍心向祖國，但有些人則對祖國產生敵意，此一「日本情結」的驅使，為其致成的原因之一。

(2)戰後臺灣經濟蕭條，失業者不少，物價上漲，民生困苦，民眾的情緒亦受影響。

(3)國府接收臺灣工作的草率，接收人員大半素質不良，假公濟私者不少，益以持戰勝者的傲慢心態，招致臺灣同胞的反感，對祖國灰心失望。

(4)臺灣省政府各級官員大半為外省人，臺籍人士任高職者甚少，引起臺灣同胞的不滿。

(5)陳儀在臺灣厲行經濟統制，茶、糖、煙、酒等由官方專賣，擠壓了臺灣工商資本家的發展空間，一般商人亦多受約束，而心懷不平。

(6)臺灣黨政內部的派系鬥爭，陳儀屬政學系，故政學系在臺灣黨政方面勢力甚大。CC系（以教育部長陳立夫為主腦）欲鬥倒之，對陳儀及其手下政學系份子大肆抨擊，並挑撥破壞其與臺灣同胞的關係。至於中國大陸史學家強調臺灣共產黨（全部黨員僅數十人）謝雪江等人活動的因素，進而稱係為中共主導的「臺灣二二八起義」，則失之於主觀、誇張。

二二八事變的發生，誠然是一大悲劇，大批的臺灣同胞或外省人因而傷亡，家庭為之破碎，此一歷史的傷痛勢必假以時日才能完全撫平。其影響為：

(1)此事變發生後的五十餘年間對臺灣的本省人、外省人之間的族羣融和一直存在著不利的影響，但此一影響力隨著歲月的消逝而遞減。

(2)一些臺灣精英在事變中遇難，使臺籍人才出現斷層，延緩了臺籍人才出頭的時日（約二、三十年）。

(3)此一事變激起了部分參與事變的臺籍同胞之分離意識，他們出走海外（日本、美國等地），高倡臺灣獨立，是為日後臺獨運動的濫觴。

(二)國共的和戰

抗戰結束前後，國共間的衝突一直持續著。此時中共軍隊已增至九

十餘萬人，實力已不弱。民國三十四年（1945）八月十日日本宣布投降
的前幾天，朱德（第十八集團軍總指揮）以「中共延安總部」的名義對
中共所有部隊發出七道命令，命其一方面配合蘇軍進入中國境內作戰（蘇
俄於 8 月 9 日對日宣戰，大舉進攻東北），一方面乘機於全國各地擴張
勢力，於是各地共軍紛紛展開行動。八月十六日，朱德致電國民政府，
提出中共有接受日軍投降收繳其武器資材權利，立即廢止一黨專政，召
開各黨派會議，成立民主聯合政府等六項要求。國府以中共妨害受降，
並擅自擴張，即命國軍分三路展開肅清行動，一路由華南、華中向北推
進，一路在綏遠反擊，一路進軍東北，共軍為阻止國軍北進，大肆破壞
公路、鐵路。並廣決各河。國共之間的衝突遂益形擴大。

　　為和平解決國共的衝突，蔣中正於八月十四日，曾三次電邀毛澤東
至重慶共商國事，並請美國駐華大使赫爾利從中斡旋。赫爾利於八月二
十七日飛延安，次日，陪同毛澤東等人抵重慶。八月二十九日起，國府
代表張羣、張治中、王世杰、邵力子與中共代表周恩來、王若飛開始會
談，是為「重慶談判」。至十月十日，簽訂三個會談紀要，中共稱之為
「雙十協定」，在政治民主化、和平建國方針、軍隊國家化、受降問題
等方面獲致協議。但這只是紙上的文字，協議根本窒礙難行，對中共而
言，這不過是其打打談談的策略運用。十月十一日，毛澤東返抵延安，
十三日，即下令展開全面攻勢。

　　民國三十四年十二月，美國所派調停國共衝突的特使馬歇爾（George
C. Marshall）抵華。次年一月五日，決定由國府代表張羣、中共代表周恩
來與馬歇爾組成軍事三人小組，商討停止衝突，恢復交通辦法。三人小
組旋即達成第一個停戰協議，於一月十日由國府和中共分別下達停戰令
給各指揮官。同日，國府據「重慶談判」的協議，在重慶舉行「政治協
商會議」，會議由國民黨、中共、民主同盟、中國青年黨、社會賢達等
各方面的代表三十八人組成，開議至一月三十日閉幕，在政府組織、和
平建國綱領、軍事問題、國民大會、憲草修改原則等方面達成原則性的

協議。政治協商會議有了結果，各方均感安慰，中共尤為滿意。但這些協議中政府改組及軍隊整編必先實行，然後才能以和平建國綱領作為施政方針。

民國三十五年二月，以馬歇爾為中心的軍事三人小組議定了「關於整編及統編中共部隊為國軍之基本方案」，然後即赴各地巡視。三月十一日，馬歇爾飛返美國述職。馬歇爾離華後，中共不顧停戰協定，在東北展開全面攻勢，三月十七日占四平街，四月間，俄軍開始自東北撤兵，一任共軍接防，於是共軍進占長春、齊齊哈爾、哈爾濱。國軍反擊，於五月間收復四平街、長春、永吉，然後兵分兩路，向哈爾濱、齊齊哈爾推進。時馬歇爾已返華，對國府施壓，要蔣中正下令停戰，六月六日，乃有第二個停戰令的頒布。但次日，東北共軍分四路向國軍進攻，國軍為遵守停戰命令，不作抵抗，旋退守松花江以西。華中、華北、西北等地的共軍，亦先後向國軍進擊，國軍則自八月以後，展開對共軍之掃蕩工作。

又民國三十五年三月以後，中共漸不信任馬歇爾，認為他的態度不公，故不遵守六月六日頒布的第二個停戰令，且展開反美宣傳及運動，七月二十九日，美國海軍陸戰隊在天津、北平間的安平遭共軍襲擊，死四人，傷十一人。八月五日，馬歇爾以蔣中正不肯停戰（是年5月以來，國府在軍事上處於優勢，故不肯停戰）建議由國府代表二人，中共代表二人，美國代表一人，先組成五人會議，商談改組政府問題。蔣雖同意，惟要求中共須於六星期內將蘇北、山東、熱河、東北、山西共軍後撤，恢復交通，整編軍隊，實施政治協商會議決議。中共代表周恩來則仍堅持停止衝突，重開政治協商會議，改組政府、承認共區行政權。馬歇爾以雙方條件相去甚遠，八月十日，與美國駐華大使司徒雷登（John Leighton Stuart）聯合聲明，表示「若干亟待解決之問題，迄難獲致協議」，並謂「撤軍地區之地方政府究竟為何種性質，實較軍隊之重新部署問題更難解決」。同日，美國總統杜魯門（Harry S. Truman）致函蔣

中正，謂「倘若中國內部之和平解決辦法，不即於短期內表現真實進步，則美國輿論對中國之寬宏慷慨態度勢難繼續，且本人必須對美國立場重行審定」。八月十八日，杜魯門以行政命令制止中國購買美國剩餘軍火，切斷對中國的軍援達八個月之久。

國共之間的歧見無法達成協議。國民大會召開不能無限延期。國府決定民國三十五年十一月十二日如期召開國民大會。為促使中共參加國大，並恢復協商，蔣中正於十一月八日再頒布全國性的第三次停戰命令，但中共仍採杯葛政策。國民大會既於十一月十五日舉行，為了表示決絕，中共代表團周恩來等人離南京返回延安。此後中共即暫時緩和在政治方面的鬥爭，而集中全力於軍事擴張。十二月二十四日，北平發生美軍伍長強暴北京大學先修班女生沈崇之事，中共加以激化，掀起大規模的反美運動。民國三十六年（1947）一月八日，馬歇爾以調停國共衝突失敗，黯然離華回返美國。

(三)大陸的「解放」與國府的「遷臺」

中共的勢力最初以在東北和華北為最大。為了統一指揮，國府於民國三十六年（1947）十一月任命傅作義為「華北剿匪總司令」，三十七年一月任命衛立煌為「東北剿匪總司令」。同時命各省設保安司令部。這一連串的措施，實是為應付三十六年秋季以後中共全面攻勢而設。詎料中共發動全面攻勢後，國軍竟由優勢轉為劣勢，轉變的原因約有幾點：

(1)中共與蘇俄訂立「哈爾濱協定」（民國 36 年 5 月簽訂），俄方對它的援助增強，武器裝備源源而來，當時國軍雖有二百萬人以上，而且大都為美式裝備，但中共實力亦不弱，除正規部隊約一百萬人外，還有民兵三百萬人。

(2)中共控制農村，又在農村實行「平分土地」政策，示好於貧民，因此掌握了廣大的兵源，其「人海戰術」足以補充「火海」的不足。

(3)中共善於破壞交通，此不僅使國軍的重裝備難以運動，而且易使

國軍所據守的城市與城市間失去聯絡，因而陷於孤立。

(4)戰後經濟蕭條，通貨膨脹，社會不安，影響民心士氣甚大。

(5)國府實施訓政以後，政治上有不少失意份子；實施憲政前後，各方人士為了政治理想和權力分配等問題，又復彼此紛爭，不得志者每每背其道而馳。

(6)抗戰勝利後，國府實行裁軍，孰裁孰留，以及裁後安頓等問題，引起不滿，負氣而投共者不少。

這些因素持續存在，終使國府的「剿共」軍事由優勢轉為逆勢。

1. 東北方面

民國三十七年（1948）是戰局逆轉的一年，同年一月，林彪率共軍在東北連續發動七次猛攻，二月七日陷遼陽，二月二十七日，營口失守，三月十五日，四平街失守。國軍集全力守瀋陽、長春、錦州三大據點。九月，東北情勢危急，林彪率二十萬眾攻錦州，十月十四日，錦州失守。十月二十一日，長春失守，十一月二日，瀋陽失守。總計東北各戰場國軍不下四十萬人，除劉玉章的第五十二軍等部隊自營口由海路撤退至上海外，三十萬以上的國軍精銳完全喪失。

2. 華北方面

民國三十七年三月十四日，河南共軍陳賡部陷洛陽，續陷豫西各地。另路共軍劉伯承部，於六月二十二日陷開封。山東共軍陳毅部，於九月二十六日陷濟南，陝北共軍彭德懷部亦於同年四月再陷延安（延安於民國三十六年三月十九日為國軍攻占），直接威脅西安。察綏共軍聶榮臻部則於十二月二十四日攻陷張家口，平津陷入被包圍之形勢。同時共軍占有東北後，林彪所部數十萬眾進入關內，威脅平津。三十八年（1949）一月十五日，天津失守，一月二十二日，華北剿匪總司令傅作義與中共達成所謂「北平局部和平」，一月三十一日，共軍遂無阻進入北平。平津丟失後，太原益感孤立。自民國三十六年五月起，共軍彭德懷、徐向前等部開始圍攻太原，山西省政府主席閻錫山負固堅守，中共乃傾其華

北民兵二十萬，正規軍四十萬，以俄製各式大砲四千門，發射燒夷彈、毒氣彈，猛攻太原，戰況慘烈異常，至三十八年四月二十五日才攻陷之。太原失守後，國軍隨即於六月三日撤離青島，整個華北遂為共軍據有。

3.華中方面

國府為統一華中各省軍事，於民國三十七年（1948）六月成立華中剿匪總司令部，命白崇禧為總司令。同年十月，陳毅、劉伯承率共軍約六十萬人，民兵工兵二百餘萬人，進攻徐州。國軍約五十餘萬，由徐州剿匪總司令劉峙、副司令杜聿明指揮，以邱清泉、黃伯韜、黃維三兵團為主力。自十一月初戰爭開始，至次年（民國 38 年）一月初結束，是為徐蚌會戰（中共稱之為淮海戰役）。這是關係整個局勢的大戰爭。因天氣嚴寒，連日雨雪，國軍機械化部隊運動失靈，飛機助戰亦鮮有效用，同時共軍挖掘深溝，將國軍重重包圍，使國軍補給亦發生困難。經過共軍以人海戰術不斷衝殺，戰爭遂完全失敗，折損約二十餘萬人，兵團司令黃伯韜、邱清泉等死之。杜聿明、黃維等被俘，徐州蚌埠喪失後，共軍即沿津浦路南下，直撲南京。同時在其他戰線，國軍亦漸撤到長江以南。

徐蚌會戰後，剿共軍事雖暫時失利，但國府仍控制江南半壁山河，國軍仍保有百餘萬主力。然而三十七年十二月二十四日，華中剿匪總司令白崇禧首先電請國府停止對中共作戰，湖南省政府主席程潛繼之，要求國府與中共恢復和談。美國大使司徒雷登及其華籍顧問傅涇波，副總統政治顧問甘介侯等，則致力於蔣中正引退之醞釀。蔣在壓力之下，乃於民國三十八年元旦發表文告，呼籲和平，並於一月二十一日發表引退文告。是日下午，蔣乘專機飛杭州，轉返故鄉奉化。二十二日，李宗仁宣布代行總統職權。當日派張治中、邵力子、黃紹竑、彭紹賢、鍾天心等五人為和談代表，與中共進行接洽。二十七日，李致電毛澤東，表示願接受其所提之八項條款，以為和談基礎。行政院長孫科因反對該電而辭職，李氏乃任命何應欽繼任行政院長。二月初，李氏派邵力子、顏惠

慶、章士釗等十人往石家莊與毛澤東、周恩來商談。二十六日，中共電臺廣播，其所謂「戰犯」四十五人名單，幾包括國府中所有高級領袖，要求李宗仁加以逮捕，交與中共「懲辦」。經過多次延擱，和談卒於四月一日在北平開始，國府代表為張治中、邵力子（首席代表）、黃紹竑、章士釗、李蒸、劉斐等六人；中共代表則為周恩來（首席代表）、林彪、林伯渠、葉劍英、李維漢五人。和談期間中共的提案內容，除全照毛澤東之八項條款外，復附加二十四項補充要求。國府代表一再要求修改提案內容，中共代表堅持必須全部接受。四月十五日，中共致最後通牒，限期於二十日以前國府必須接受其要求，並聲言不管國府接受條件與否，共軍仍須渡江。

　　國民黨中央執行委員會及國府當局，咸以若接受中共之要求，無異於無條件投降，乃決定斷然拒絕。四月十七日，李宗仁致電蔣中正請其復職，繼續領導反共戰爭。二十日，國府電令北平之和談代表拒絕接受中共之要求，國府與中共的最後「和談」因而決裂。是夜共軍即分道渡越長江。四月二十一日，毛澤東、朱德向共軍發布總攻擊令，於是共軍林彪、彭德懷等部，亦分別對武漢及西安發動猛攻。

　　先是蔣中正雖然引退，仍繼續擔任中國國民黨總裁。共軍既渡江，蔣以大局嚴重，於四月二十二日飛抵杭州，與李宗仁、何應欽、張羣等舉行緊急性的軍事會議。四月二十三日，南京失守，同日，李宗仁返回桂林。五月三日，杭州失守，五月十五日，漢口撤守，五月二十七日，上海陷落，國軍主動向舟山、臺灣撤退。五月三十日，何應欽內閣總辭，六月十三日，閻錫山在廣州就任行政院院長職，並兼任國防部長。八月，兩湖淪陷。九月，西北各省不守。十月十二日，國府宣布自廣州西遷重慶辦公，十月十五日廣州棄守。十月十七日，廈門棄守。十月二十五日，共軍大舉進攻金門，自古寧頭登陸，遭國軍包圍，全軍盡覆，造成空前勝利。十一月三日，共軍乘黑夜再攻舟山登步島又遭敗績。

　　民國三十八年十一月二日，李宗仁以大局惡化，自重慶飛往昆明（其

後李宗仁又飛往香港，十二月四日，偕其妻及隨員搭機離港赴美。行政院長閻錫山迭電蔣中正親臨重慶坐鎮。十一月十四日，蔣自臺北飛抵重慶，主持一切。十一月二十九日，共軍逼近重慶，國府西遷成都辦公，十一月三十日重慶失陷，蔣飛往成都佈置，十二月七日，成都外圍展開激戰，國府決定遷往臺北，十二月十日，蔣自成都飛抵臺北。十二月二十六日，成都棄守。民國三十九年三月二十八日，國軍撤出西康之西昌，整個大陸，遂告落入中共手中。

民國三十九年（1950）八月，共軍進兵西藏，十月十九日陷昌都。四十年十二月一日，共軍開入拉薩，至四十一年二月占領江孜、日喀則，於是整個西藏又落入中共手中。

第三節　臺海兩岸的對立與交流

一、中華民國在臺灣

㈠蔣中正主政時期

民國三十九年（1950）三月一日，引退的總統蔣中正在臺北復行視事。三月八日，任陳誠為行政院長，三月二十五日，任蔣經國為國防部總政治部主任。民國四十三年（1954），第二屆總統選舉，內政部先遞補國大代表，使超過代表總額的半數，以便合法開會。選舉結果，蔣中正當選總統，陳誠為副總統。同年五月二十日就職後，以俞鴻鈞為行政院長。民國四十七年（1958）六月，俞鴻鈞辭職，由副總統陳誠兼行政院長，蔣經國任行政院政務委員。民國四十九年（1960），第三屆總統選舉，國民大會先修改憲法臨時條款，規定「動員戡亂時期總統連選得

連任，不受憲法第四十七條連任一次之限制」。故國民大會仍選出蔣中正、陳誠為正副總統，陳仍兼行政院長。民國五十二年（1963）十二月，陳誠辭行政院長職，由財政部長嚴家淦繼任。蔣經國則於民國五十三年三月以政務委員兼國防部副部長，民國五十四年（1965）一月，任國防部長。民國五十五年（1966），第四屆總統選舉，蔣中正繼續當選總統，嚴家淦為副總統，仍兼行政院長。民國六十一年（1972），第五屆總統選舉，蔣中正、嚴家淦仍當選正、副總統，行政院長由蔣經國出任。民國六十四年（1975）四月五日，蔣中正病逝，嚴家淦繼為總統，蔣經國仍任行政院長，實權則操於蔣經國之手。

　　蔣中正復行視事後不久，韓戰爆發（1950 年 6 月），美國總統杜魯門命其海軍第七艦隊巡弋臺灣海峽，防止共軍攻擊臺灣，也阻止臺灣反攻大陸，以免臺海發生戰爭。中共派軍參加韓戰後，為牽制共軍起見，美國乃允許並鼓勵國軍對大陸沿海進行襲擾。民國四十二年（1953）七月，南北韓停戰協定簽字。次年（1954）十二月三日，中華民國與美國簽訂共同防禦條約，臺灣的安全雖得以確保，但大規模的反攻大陸軍事行動，非經美國同意不得擅自進行。共軍亦因臺灣在美國的保護下，只能對國軍據守的金門、馬祖等外島進行砲擊與騷擾，於民國四十四年（1955）一月攻占——江山島，迫使國軍自大陳撤退。民國四十七年（1958）八月二十三日起，共軍又大舉砲轟金門，連續四十六天，共發射近五十萬發的砲彈，國軍亦加還擊，是為八二三金門砲戰。此後，兩岸的砲戰仍持續進行，規模日趨縮小，直到民國六十八年（1979）美國與中共建交後始停止。民國五十八年（1969）尼克森（Richard M. Nixon）任美國總統後，對中共採取和解政策。民國六十年（1971 年）十月二十五日，第二十六屆聯合國大會通過接受中華人民共和國入會的決議，國府出席大會代表團團長周書楷即發表嚴正聲明，宣布中華民國退出聯合國。民國六十一年（1972）二月，尼克森親赴中國大陸訪問，與周恩來在上海發表「上海公報」（即「尼周公報」），承認臺灣是中國

的一部分，其地位問題將由臺海兩岸的中國人自行商談解決。次年（1973）二月，美國與中共又宣布在華盛頓和北京互設「聯絡辦事處」，臺美關係乃益趨悲觀。

(二)蔣經國主政時期

蔣經國是蔣中正的長子，民國六十一年（1972）五月任行政院院長後，實權在握。民國六十四年（1975）蔣中正逝世後，蔣經國出任中國國民黨主席。民國六十七年（1978）五月，嚴家淦總統任期屆滿，蔣經國、謝東閔當選為正、副總統，孫運璿為行政院長。民國七十三年（1984），第七屆總統選舉，蔣經國、李登輝當選正、副總統，以俞國華為行政院長。民國七十七年（1988）一月十三日，蔣經國病逝，李登輝繼任總統。

蔣經國就任行政院長後，首先在國府高層人事上表現出民主革新的作風。他建議蔣中正任命臺籍人士謝東閔為臺灣省政府主席，張豐緒為臺北市市長。在中央各部會中，也擢任青年才俊之士。六十二年（1973）又決定推動十項重要建設，稱之為「十大建設」，期於五年內次第完成。其項目為：

    1. 興建縱貫臺灣南北的高速公路；

    2. 縱貫鐵路電氣化；

    3. 興建北迴鐵路；

    4. 興建桃園國際機場；

    5. 闢建臺中港；

    6. 整修蘇澳港；

    7. 興建一貫作業的煉鋼場（設於高雄，由中國鋼鐵公司執行）；

    8. 興建大造船廠（為高雄造船廠的擴建）；

    9. 發展石油化學工業。

    10. 興建核能發電廠。

　　以上十大建設總投資額為新臺幣二千五百九十億元，其大部分工程在民國六十七年（1978）至七十年（1981）間完成。

　　在十大建設進行的過程中，蔣經國於民國六十六年（1977）九月宣布於十大建設之後推行十二項建設，計為：

　1.完成臺灣環島鐵路網；

　2.興建東西橫貫公路三條；

　3.改善高〔雄〕屏〔東〕地區交通計畫；

　4.中鋼公司第一期第二階段擴建工程；

　5.繼續興建核能發電第二、三廠；

　6.完成臺中港第二及第三期工程；

　7.開發新市鎮及擴建國民住宅；

　8.加強改善重要農田排水系統；

　9.修建臺灣西海岸海堤工程及全部重要河堤工程；

　10.拓建由屏東至鵝鑾鼻道路為四線高速公路；

　11.設置農業機械化基金，促進農業全面機械化；

　12.建立每一縣市文化中心，包括圖書館、博物館、音樂廳。總投資額新臺幣四千億元。

　　在十大建設、十二項建設進行的過程中，民國七十三年（1984）又推出十四項建設，計為：

　1.煉鋼廠擴建工程；

　2.電力發展計畫；

　3.油氣能源設施計畫；

　4.電信現代化計畫；

　5.鐵路擴展計畫；

　6.公路擴展計畫；

　7.臺北市鐵路地下化工程；

　8.臺北都會區大眾捷運系統；

*9.*防洪排水計畫；

*10.*水資源開發計畫；

*11.*自然生態保護及國民旅遊方案；

*12.*都市垃圾處理計畫；

*13.*醫療保健計畫；

*14.*基層建設計畫。總投資額新臺幣九千四百億元。

從上述可知，蔣經國主政時期最大的成就是在經濟建設方面，使臺灣人民的生活水準大為提高，締造了所謂的「臺灣奇蹟」。在政治方面除擢用本土人才、拔識青年才俊之外，並且擴大政治參與。民國五十八年（1969）七月，國府正式公布實施「自由地區中央公職人員增補選辦法」，並於同年十二月辦理首次國民大會代表、立法委員及監察委員的增額選舉，結果選出臺灣省及臺北市增額國代七名，全部為國民黨籍；立法委員十二名，其中國國民黨籍者八人；監察委員二名，其中國國民黨籍者一人。依規定，增額國代及監察委員每六年要改選一次，增額立委則每三年改選一次。此一辦法雖然沒有觸及中央民意機構的根本生態，但總是比以前邁進了一步。民國六十一年（1972）六月，蔣經國初任行政院長，國府為增加臺、澎、金、馬地區的中央民意代表，制定「自由地區增加中央民意代表增額選舉辦法」，於同年十二月選出國大代表五十三人，立法委員三十六人。這些增補選的中央民意代表，其後幾乎每隔三年或六年，均進行改選，所選出的以本土之臺籍人士居多。

本土化、年輕化、知識化是蔣經國主政時期用人的三大原則，再益以蔣經國較為開放的革新作風，使二十多年來一直迂迴發展的「黨（國民黨）外」勢力也隨之活躍起來，在民國六十年代舉辦的幾次地方公職人員選舉中，一些黨外人士逐漸脫穎而出，其在中央民意代表機構中的席位也愈來愈多。但蔣經國主政時期，臺灣獨立及過激的民主運動，仍為國府所嚴禁者，民國六十八年（1979）十二月十日，黨外勢力的宣傳機關《美麗島》雜誌社，在高雄市舉辦人權大會，並作示威遊行，治安

機關對策劃及參與遊行的人大加取締，逮捕了黃信介、張俊宏、姚嘉文、林義雄、林弘宣、呂秀蓮、陳菊、王拓、楊青矗等十四名黨外領導人物（施明德在脫逃二十五天後被捕），並判重刑，《美麗島》等黨外勢力雜誌被勒令停刊，惟並未能遏止反對運動。民國六十九年（1980）十二月，國府恢復中央民意代表增額選舉，美麗島事件受刑人家屬均高票當選。民國七十五年（1986）九月二十八日，黨外人士在臺北成立「民主進步黨」，十一月十日，民進黨召開第一次全國代表大會，通過黨章、黨綱，選出黃爾璇等三十一人為中央委員，並由中央委員選出江鵬堅為第一任黨主席。十月十五日，國民黨中常會通過解除戒嚴案。次年（1987）七月十五日，蔣經國宣布解除臺澎地區的戒嚴令。民國七十七年（1988）一月一日，國府解除了報禁，同年一月十三日蔣經國病逝前，雖未正式開放黨禁，但自民進黨成立後，許多政黨已相繼成立，皆未遭到取締。

　　蔣經國主政時期，以經濟建設的成就最大，政治的開放與民主亦較蔣中正主政時期進步不少。但外交方面則迭遭挫折，陷於逆境，承認中華人民共和國與國府斷交的國家與日俱增。民國六十一年（1972）九月，日本宣布與中共政府建交，國府即於同日宣布對日斷交。民國六十七年（1978）十二月十五日，美國總統卡特（Jimmy Carter）宣布美國與中華人民共和國於民國六十八年（1979）一月一日正式建立外交關係。美國與中華人民共和國建交當日，美國與中華民國斷交，「共同防禦條約」於次年（1980）一月一日終止。其間美國軍事人員陸續撤離臺灣，臺灣除定期或不定期向美國及其他國家購買防禦性的武器外，也自力研發製造。在外交上，除繼續爭取外國和國際組織承認外，採取彈性政策，常以「中華臺北」（Chinese Taipei）名義參加國際組織和國際活動，並以設代表處或商務處等名義，與世界各國推展經濟和文化交流。

(三)李登輝主政時期

　　民國七十七年（1988）一月十三日，蔣經國病逝，副總統李登輝繼任總統，行政院長仍為俞國華。七十八年（1989）五月三十日，李登輝任李煥為行政院長。七十九年三月，李登輝、李元簇當選第八屆正、副總統，五月二十六日，郝柏村獲立法院同意任行政院長。八十一年（1992）十二月，郝柏村辭職獲准。次年二月十日，李登輝提名連戰為行政院長，連於二月二十三日獲立法院同意出任行政院長。民國八十五年（1996）三月，第九屆總統選舉正、副總統任期均改為四年，首度採行全民直接選舉的方式，李登輝、連戰當選正、副總統，連戰就職後仍兼行政院長，至次年九月一日，才由蕭萬長任出行政院長，民國八十九年（2000）三月第十屆總統的選舉，結果民進黨的陳水扁、呂秀蓮以獲得百分之三十九左右選票的相對多數，當選正、副總統，於同年五月就職，結束了國民黨在臺灣五十年來長期執政的局面。

　　李登輝為蔣經國所拔識的臺籍本土人士，於蔣經國病逝後，繼任總統，並於民國七十七年（1988）八月任國民黨主席。李登輝接掌黨政大權之初，即對人事作了一番調整，以李元簇為總統府秘書長、李煥為行政院長，宋楚瑜為國民黨秘書長，郝柏村為國防部長。下臺的行政院長俞國華，於蔣經國病逝之初，一度被國民黨大老擬推為國民黨主席。民國七十九年（1990）初，李登輝被國民黨提名競選第八屆總統期間，國民黨內有些人擬推行政院長李煥或國家安全會議秘書長蔣緯國為副總統候選人，李登輝則堅持提名李元簇。國民黨中央委員開會，李登輝提議以舉手或起立的方式表決，反對派主張秘密票決，但反對派的意見未獲通過，李元簇終獲提名為副總統候選人。部分中壯派中央委員以推動「黨內民主」失敗，後來成立「新國民黨連線」。民國八十二年（1993）八月十日，國民黨十四全大會召開前夕，「新國民黨連線」成員趙少康、李慶華、郁慕明、周荃、陳癸淼、王建煊、李勝峰，在臺北舉行記者會，

正式宣布因理念不合，決定退出國民黨另組「新黨」。其建黨宣言強調新黨將作為「小老百姓的代言人」，以「革新政治、安定政局、制衡兩黨」為目標。宣言還提出八項主張，主要內容為：

1. 以保障臺海安全為最高原則；
2. 積極與中共展開談判，開放兩岸直航；
3. 建立大中華經濟圈；
4. 主張改徵兵制為募兵制；
5. 設立直屬行政院的廉政總署；
6. 全力支援中小企業；
7. 確立受國會監督的直接民選總統制；
8. 照顧弱勢團體。

其主要任務，一是不讓國民黨再腐敗下去，二是阻止民進黨執政、防止臺灣走上獨立道路。為凸顯民主色彩，新黨擬以召集人代替黨主席，由趙少康擔任首任召集人。八月二十五日，新黨召開大會正式成立，是為勢力次於國民黨、民進黨的政黨，因其主張及成員背景，被民進黨指為「外省黨」（其後新黨因內訌迭生，臺灣本土化意識日強，勢力乃漸衰微，民國90年12月立法委員選舉新黨大為失利，在政治上的影響力已微乎其微了）。

新黨成立後，國民黨內部「主流派」與「非主流派」的衝突愈演愈烈，屬於後者出身軍旅的行政院長郝柏村，被民進黨攻擊為「軍頭」、「軍事強人」、復遭黨內擁李登輝之主流派的極力排擠，於民國八十一年十二月辭職下臺。民國八十五年的總統選舉，非主流派推出林洋港、郝柏村為正、副總統候選人，及選舉失利，二人即淡出政壇。第九屆總統的選舉結果，李登輝、連戰當選正、副總統，中華民國政權的本土化或臺灣化，已達到成熟階段。

在憲政法制方面，李登輝主政期間亦有甚大的更動，曾經四次修改憲法：

1. 第一次修憲

是在民國八十年（1991）四月，由國民大會通過廢除「動員戡亂時期臨時條款」，並制定「中華民國憲法增修條文」（於 5 月 1 日起生效）。其影響為：

(1)提供一個法源依據，使第一屆三個中央民意機關成員退職後，能夠順利舉行第二屆民意代表的選舉（依憲法增修條文規定，第二屆國民大會代表應於民國 80 年 12 月 31 日以前選出，第二屆立法委員及監察委員應於民國 82 年 1 月 31 日以前選出）。

(2)新定有全國不分區及僑居國外國民之名額，形成以政黨比例方式產生全國不分區民意代表的制度。

(3)明顯增高總統在憲法中的地位，也強化了總統的權力（賦予總統緊急命令權及有決定國家安全大政方針之權，此總統權力與動員戡亂時期並無不同，致在野人士深表不滿）。

(4)從此中華民國憲法的效力不再及於中國大陸，兩岸關係至此得以重新定位。

2. 第二次修憲

是在民國八十一年（1992）三月至五月，其重點為：

(1)國民大會職權的調整（增加的職權為司法院、監察院、考試院三院重要人事的同意權及聽取總統國情報告，並檢討國是提供建言之權）。

(2)考試院職權的縮減（明定考試院的職掌為：①考試。②公務人員之銓敘、保障、撫卹、退休。③公務人員之任免、考績、級俸、陞遷、褒獎之法制事項。使民國 56 年人事行政局成立以來長期雙方權力重疊之弊得以釐清。此外考試院長、副院長、考試委員改由總統提名經國大同意後任命）。

(3)監察院準司法機關化（監察委員改由國大同意任命，使其屬性由過去的民意代表身份轉為準司法機關人員身份，其言論的免責權亦隨之消失，其權力僅為調查及彈劾）。

(4)護憲體系的建立（增加「司法院大法官除依憲法第七十八條之規定外，並組成憲法法庭，審理政黨違憲之解散事宜。政黨之目的或行為，危害中華民國之存在或自由民主之憲政秩序者為違憲」之條文）。

3.第三次修憲

是在民國八十三年（1994）四月至七月，重點為：

(1)確認人民直選總統（自 85 年第九任總統、副總統選舉起實施，其任期為 4 年）。

(2)國民大會議長、副議長的設置及國大職權的轉變（使國大集會時不再由臨時性的主席團來主持議程，國大原有的選舉正、副總統之權因改為人民直選而喪失）。

(3)行政院長建設性辭職條款之入憲（此次憲法增修條文有總統對行政院長的免職命令，需繼任人選經立法院同意後生效的規定，以期避免總統與行政院長發生嚴重衝突從而出現行政院長人選無以為繼的憲政難題）。

4.第四次修憲

是在民國八十六年（1997）五月至七月，重點為：

(1)總統任命閣揆條款入憲，不再需經立法院之同意，以免立法院之杯葛，致行政院長難產的弊端，但反對者認為此舉將形成「巨無霸總統」之虞。

(2)倒閣與解散國會權的入憲（此次憲法增憲條文最大的改變，即是授予總統解散立法院之權。規定「總統於立法院通過對行政院院長不信任案後 10 日之內，經諮詢立法院院長後，得宣告解散立法院。又規定對行政院長提出不信任案，如獲立法院通過，「行政院院長應於 10 日內提出辭職，並得同時呈請總統解散立法院」，亦即行政院長如果沒有呈請總統解散立法院，總統惟一的選擇，似乎只有另行任命行政院一途。但如果立法院行使不信任案之權力時，同樣地亦必須遭受到被解散的威脅。而且立委競選經費龐大，競選活動又過於浮濫，在勝選不易的情況之下，

極可能會因而掣肘了立委行使不信任案的正當心理，使得此一權力形同旁落）。

(3)覆議條文的修正（增修條文規定行政院對立法院的決議案有異議時，得提請覆議，「如經全體立委二分之一以上決議維持原案，行政院院長應即接受該決議」，此規定等於增加了立法院的權威性，使行政院只有法案的延擱權。同時新的修憲案也使行政院長不像以往那樣只要取得三分之一立委的支持，就可以推翻立法院所通過的法案）。

(4)彈劾總統條文的修正（增修條文規定「立法院向國民大會提出之總統、副總統彈劾案，經國民大會代表總額三分之二同意時，被彈劾人應即解職」。在彈劾提案方面，則規定「立法院對於總統、副總統犯內亂或外患罪之彈劾案，須經全體立法委員二分之一以上之提議全體立法委員三分之二以上之決議，向國民大會提出」，使彈劾總統、副總統使其解職的困難度，較前提高）。

二、中華人民共和國在大陸

(一)中華人民共和國的建立

一九四九年一月三十一日，共軍占領北平，三月，中共中央在河北省平山縣西柏坡召開七屆二中全會，會議批准了政治局召開沒有「反動份子」參加的新的政治協商會議，並決定中共中央自西柏坡遷到北平。同年九月二十一日，中國人民政治協商會議在北平舉行，會議通過「中華人民共和國中央人民政府組織法」等文件，並通過中華人民共和國定都於北平，北平即日改名為北京，制定五星紅旗為國旗，暫定「義勇軍進行曲」為國歌，確定以公元為紀年。會議選出一百八十人組成中國人民政治協商會議第一屆全國委員會，推毛澤東為主席，周恩來、李濟琛、沈鈞儒、郭沫若、陳叔通為副主席。會議選出五十六人組成中央人民政

府委員會，選毛澤東為該委員會主席，朱德、劉少奇、宋慶齡、李濟琛、張瀾、高崗為副主席。十月一日，中華人民共和國中央人民政府委員會在北京舉行第一次會議，正副主席及全體委員宣布就職，中央人民政府宣告成立。會議推選林伯渠為中央人民政府秘書長，任命周恩來為中央人民政府政務院（1954年改名為國務院）總理兼外交部長，毛澤東為該政府軍事委員會主席，朱德為中國人民解放軍總司令，沈鈞儒為最高法院院長，羅榮桓為最高檢察署檢察長。當天下午，北京羣眾在天安門廣場前集會，舉行開國大典，毛澤東宣告：「中華人民共和國中央人民政府成立了」。

(二)毛澤東時代（1949～1976）

1. 國民經濟恢復時期（1949～1952）

先後推動五大運動：

(1)土地改革運動——使佃農、貧農及中農占有全部耕地的百分之九十以上。

(2)抗美援朝運動——參加韓戰，使中共損失財力一百億美金，人命損失約一百六十萬。

(3)三反及五反運動——所謂三反，為反貪污、反浪費、反官僚主義，所謂五反，為反行賄、反偷稅漏稅、反盜竊國家資財、反偷工減料、反盜竊國家經濟情報。

(4)鎮壓反革命運動——發動於一九五〇年底與一九五一年初，歷時半年，其間一九五一年二月二十日中共頒布「懲治反革命條例」，此一運動始進入高潮，其所要鎮壓的對象，包括所謂「反革命特務份子」、「反動黨團骨幹份子」（指國民黨黨團幹部）、「堅持反動立場的地主份子」、「反動道會門份子」、「堅持反動立場的蔣偽軍政人員」和土匪、惡霸等。

(5)思想改造軍動——主要是經由對知識份子批判、整肅及自我批評，

推行其共產主義統治。

　　在此一時期內，毛澤東率同周恩來、李富春等，於一九四九年十二月赴蘇俄，至次年二月十四日，雙方在莫斯科簽訂「中蘇友好同盟互助條約」等協定，實行其對蘇俄「一面倒」的政策。一九五〇年代，中共的經濟建設受蘇俄協助者不少。

　　2.社會主義改造時期（1953～1957）

　　亦即中共的第一個五年計畫時期，主要是仿照蘇俄早期所實行的五年計畫，其特徵是優先發展重工業（如鋼鐵工業、機器工業、電力工業），其次為輕工業，再次為農業。此一五年計畫的執行相當成功，工業、農業產品的產量均有所增長。此時期內發生了中共內部的第一次鬥爭——高、饒事件。高是指高崗，為中共國家計畫委員會主任，饒是指饒漱石，為中共中央組織部長。一九五四年二月，中共在北京召開七屆四中全會，會議揭發並「粉碎」高崗、饒漱石反黨聯盟的「罪惡」活動，通過「關於加強黨的團結的決議」，因此，高、饒被免除黨政職務，一年後又遭開除黨籍。高崗試圖自殺，終於在一九五四年自殺身亡，饒漱石則遭監禁。長期以來，高、饒事件是中共黨史中最含糊的一章。高崗為中共政治局成員、國家計畫委員會的負責人、東北地區黨政軍方面的最高領導。此一事件的實質是高、饒企圖把劉少奇、周恩來從中共的第二、三號領導人的位置上趕下來，主要對象是劉少奇，當時一般人普遍認為劉是毛澤東的接班人，是高崗為實現其野心的主要障礙，而暗中進行推倒之。

　　一九五五年底，中共發動「肅反運動」，許多人受到侮辱和傷害，為了安撫人心，毛澤東於一九五六年五月二日，在最高國務會議致辭中提出了「百花齊放，百家爭鳴」的口號。次年三月，他重彈此調，要貫徹此一方針。於是掀起了「鳴放運動」（又稱「雙百運動」），同年五、六月間，中國大陸各民主黨派、工商界人士、知識份子乃至中共黨員爭取民主的呼聲，如火如荼地展開，其中青年學生鳴放的聲音最大最強，

此即所謂的「新五四運動」。五月四日，北京各大學幾乎都舉行了五四
紀念晚會，其中以北京大學最為熱烈，會中高呼「五四精神萬歲」等口
號。稍後北大學生譚天榮等人發起成立「百花學社」，是為新五四運動
的核心組織。接著清華大學成立了「庶民社」，南開大學成立了「自由
廣播」，天津大學成立了「鳴放社」，武漢大學成立了「火燄社」等，
對中共展開抨擊。中共驚恐之餘，乃開始變臉反撲，發動反右派鬥爭，
來加以打壓，據中共自己估計，右派份子人數高達六百萬，許多人因而
被迫認錯或遭到清算。

3.三面紅旗時期（1958～1960）

一九五七年十一月，毛澤東第二次訪問蘇俄，返國後不久，即推行
其三面紅旗政策。三面紅旗是為生產大躍進運動、社會主義建設總路線、
人民公社化運動。其實施此一政策的最高戰略目標，在政治上是想藉「人
民公社」的實施，將大陸人民納入公社組織，使他們成為一無所有的「勞
動大軍」，以「人海戰術」掀起各項建設的「大躍進高潮」；在經濟上
是想徹底消滅資本主義殘餘，反自發的資本主義因素，並企圖將集體所
有制迅速過渡到「全民所有制」，以實現其據有大陸後的第三次社會大
變革。大躍進以在七年內趕上英國，十五年內趕上美國為目標，重新制
定了第二個五年計畫，發出「興修水利」、「全民煉鋼」（用土法煉鋼）
等的指示。人民公社則是以「政社合一」的構想而建立，以「工農商學
兵五位一體」的經營方式擴大公社的業務範圍，在生活方面，公社強調
實行「組織軍事化，行動戰鬥化，生活集體化」的「三化」理想。毛澤
東的大躍進政策引起蘇俄不滿，取消了援助協定，並撤走專家，大大地
影響了工業建設；另一方面，一九五九至一九六一年連續三年的水旱天
災，加上大量農民投入工業，農村人力失調，造成農業減產，大煉鋼等
工業建設，也未見成效，經濟反形衰退，公社造成的混亂，也引起人民
普遍的不滿，於是一九五九年毛澤東將國家主席的位置讓給劉少奇。其
間一九五九年，彭德懷、黃克誠因反對三面紅旗，而被指為「彭黃反黨

聯盟」，遭到罷黜。

4.調整時期（1961～1965）

一九六一年一月十四日至十八日，中共八屆九中全會在北京召開，正式宣布展開國民經濟的調整恢復工作，其中農業生產更是首要任務。中共國家主席劉少奇從是年開始將「全黨工作重心轉入農村」，要求「全黨全民大辦農業、大辦糧食」，並「壓縮重工業的規模」。此外並恢復了「自留地」和「自由市場」、「自負盈虧企業」，實行「包產到戶」——即所謂的「三自一包」。經過將近三年的努力，中國大陸的衰退經濟終於迅速恢復，一九六二年農業生產開始回升，此後逐年成長，工業建設也逐漸復甦，調整工作於一九六五年結束，大體上挽救了大躍進造成的危機。人民公社的規模較以前縮小，一九六二年，正式確立以二十戶到三十戶為單位的生產隊為基本核算單位，每公社大約一千六百戶，相當於原來的鄉，公社之下是生產大隊，由二百戶組成。此一控制中國農民生產及生活的人民公社制度一直實施到一九八二年才廢除。

此時期間，中共與蘇俄則趨於公開分裂。分裂的原因甚多，「史達林被鞭屍」、「臺海戰役」、「人民公社」、「捷克事件」、「中共與印度邊境糾紛」等事件中，雙方的態度與政策牴觸，都有以致之。於是中共公開攻擊蘇共總書記赫魯雪夫（N. S. Khrushchev）為修正主義者，為「大國沙文主義」和民族利己主義者。一九六二年，發生古巴飛彈危機，毛澤東對蘇俄加以抨擊，指責赫魯雪夫把飛彈運進古巴是「冒險主義」，而因美國強硬態度又把飛彈撤走是「投降主義」。一九六三年開始，隨著中國大陸經濟的恢復，中共也不再對蘇俄客氣，毛澤東藉著發起社會主義教育運動把對蘇俄的鬥爭同國內的政治鬥爭連合起來，號召推翻蘇俄的修正主義政權。一九六四年十月，赫魯雪夫下臺，由布里滋涅夫（L. I. Brezhnev）接任總書記。同年十一月，周恩來率團赴蘇俄，表達重修舊好之意，但蘇俄不領情，表明其在國際共運和中蘇關係問題上，同赫魯雪夫幾乎一致，此後中共與蘇俄雙方領導人不復照面，長達二十

五年之久。

　　5.**文化大革命時期**（1966〜1976）

　　一九五六年九月，中共舉行八全大會，黨權漸由劉少奇、鄧小平所操持，毛澤東的地位有日趨下降之勢，毛乃支持林彪當選政治局委員以厚其勢力。一九五八年五月，毛為進一步培植林彪之政治地位，在中共八屆五中全會中增選林彪為中央委員會副主席，林彪乃躋身於中共最高領導階層。一九五九年八月中共八屆八中全會中，彭德懷、黃克誠被整肅，毛復提升林彪接替彭德懷原任之中央軍事委員會副主席及國防部長職位。一九六六年八月，中共八屆十一中全會，改組中共中央人事，毛澤東再提升林彪為中共中央唯一之副主席，林彪勢力因之大固。八屆十一中全會並通過「無產階級文化大革命的決定」，即「十六條」，明確規定此一運動的目的是打倒「黨內資本主義道路的當權派」，另一個目的是除四舊（舊思想、舊文化、舊風俗、舊習慣），並宣稱「文革委員會」及「文革代表大會」，不應當是臨時性的組織，而應當是長期的常設性的群眾組織，它不僅適用於學校、機關，也適用於工礦企業、街道和農村。文化大革命前夕，毛在北京已陷入四面楚歌之困境，被迫遠走上海，獲林彪支持始得返回北京。遂利用紅衛兵發動文革，於一九六八年九月五日初步完成對劉、鄧之奪權鬥爭。同年十月的中共八屆十二中全會，劉少奇被開除黨籍，並撤消一切職務。

　　然而毛澤東、林彪之間亦產生矛盾，除權力之爭外，主要矛盾有二：其一是對美復交問題，周恩來說服毛澤東與美國復交，林彪反對。二是關於重建黨和權力機關的步驟和方法，毛、周二人主張採寧列主義原則建黨，恢復黨獨一無二的地位，並吸收文革前的幹部回去，重建黨的政治機器，為林彪所反對，林主張以軍統黨，毛、周亦不能同意。是時大批軍中人物擁林為毛的接班人，但人物不及毛、周派多。而江青反林則為林垮臺的催促因素。一九七○年八月，在廬山舉行的中共九屆二中全會上，毛、林二人公開衝突。一九七一年二月，林彪、葉羣與其服務於

中共空軍的兒子林立果在蘇州策劃政變。林立果於三月間起草一份「五七一工程紀要」，計畫「武裝起義」。六月三日以後，林彪不再公開露面，九月中旬，發生「九月風暴」，林彪計畫於九月八日發動武裝政變，並殺害毛澤東，但沒有成功，林彪夫婦及林立果於九月十三日乘三叉戟飛機想逃往蘇俄，卻在外蒙古溫都爾汗上空墜機身亡（直到次年七月中共官方才發表說明此一墜機事件）。林彪的同黨黃永勝（參謀總長）、吳法憲（空軍總司令）、李作鵬（海軍高級政治委員）等，均遭撤職查辦。

　　「九月風暴」之後，林彪一系文革人物或死或縛，由江青一系人物高據要津，高喊「清理階級隊伍」，大肆捕殺反毛反共份子。是時中共與蘇俄的關係更因一九六九年雙方軍隊在兩國東北及西北邊境連續發生了珍寶島等地之武裝衝突事件而瀕臨破裂邊緣。中共為了聯美制蘇，美國則為聯中共制蘇俄，雙方關係漸有突破。一九七一年五月，中共派出桌球隊赴美訪問，是為「乒乓外交」，同年十月，美國支持中共進入聯合國，接著一九七二年二月，美國總統尼克森前赴中國大陸訪問，並簽訂「上海公報」，十二月，中共與日本建交，外交方面有甚大的突破。

　　一九七六年一月八日，中共國務院總理周恩來病逝，毛澤東以華國鋒代理國務院總理。同年三月底起，大陸人民在飽經十年文革的煎熬之餘，借追悼周恩來的名義，在北京天安門廣場示威，至四月四日清明節，悼念活動達到高潮，到天安門廣場的達二百多萬人次，是為「第一次天安門運動」。它雖以悼念周恩來的形式出現，矛頭則指向毛澤東、江青為首的四人幫及共產制度。四月五日凌晨，中共當局調集了卡車、救火車和大吊車開進天安門廣場，將所有的花圈、詩詞、輓聯沒收撤走，憤怒的羣眾與一部分民兵、警察和士兵發生嚴重的衝突。晚上九時三十分，一萬多民兵和警察奉命手持木棍跑步進入廣場，驅趕、毆打和逮捕留在廣場上的羣眾。事後，北京衛戍區動員部隊在廣場清洗了三天以上的血跡，並展開追捕行動，直到四人幫本身被捕為止。四月七日，由毛澤東

提議，中共中央政治局通過，撤銷鄧小平在黨內外一切職務，任命華國鋒為中共中央第一副主席和國務院總理。九月九日，毛澤東病逝。十月六日，華國鋒下令逮捕了四人幫——江青、王洪文、張春橋、姚文元，十年文革，至此告一段落。

㈢後毛澤東時代（1976 年至今）

一九七七年七月十六日，中共召開十屆三中全會，會中通過追認華國鋒為中共中央主席、中央軍委主席的決議，同時也恢復了鄧小平的職務。八月十二日，中共十一全大會召開，正式宣告文革已經結束。華國鋒任中央委員會主席，葉劍英、鄧小平、李先念、汪東興為副主席，大批的文革激烈派被逐出政治局，但仍保留了許多溫和派的位置，妥協的色彩十分濃厚。一九七八年十二月，中共十一屆三中全會召開，會中為彭德懷、楊尚昆等人平反，增選陳雲為中央委員會副主席，鄧穎超、胡耀邦、王震為政治局委員。一九七九年九月，中共十一屆四中全會召開，增選鄧小平派的趙紫陽、彭真為政治局委員。一九八〇年二月召開的中共十一屆五中全會，增選胡耀邦、趙紫陽為政治局常委，決定重新設立中央書記處，選舉胡耀邦為中央委員會總書記，並通過為劉少奇平反的決議。同年八月召開的五屆人大第三次會議，決定接受華國鋒辭去國務院總理，由趙紫陽接任。一九八一年六月召開的十一屆六中全會，同意華國鋒辭去黨中央主席和中央軍委主席，由胡耀邦為中央委員會主席，趙紫陽、華國鋒為副主席，鄧小平為中央軍委主席。一九八二年九月召開的中共十二全大會及十二屆一中全會，通過設立中央顧問委員會（由鄧小平為主席），胡耀邦為中央總書記，鄧小平為中央軍委主席，胡耀邦、葉劍英、鄧小平、趙紫陽、李先念、陳雲為中央政治局常委。於是以鄧小平為核心的中共領導班子，乃正式形成。

鄧小平在當權前後，曾於一九七八年十月到日本訪問，和日本政府簽訂了「和平友好條約」。一九七九年二月，他訪美歸國後，即發動了

對越共的戰爭。一九八〇年一月，他提出八十年代的三大任務：抓緊社會主義的現代化建設，爭取實現包括臺灣在內的祖國統一，及反對霸權主義；同年四月，他宣布終止「中蘇友好同盟互助條約」。一九八一年十一月，開始「十惡大審」，審判「林彪、江青及革命集團」的十人。鄧小平最令人矚目的舉措，是一反毛澤東時代的「左傾冒進路線」，採行「右傾修正主義」，他要借助於資本主義國家的技術與財力，實施工業、農業、國防、科技的四個現代化，最初稱「四化」，一九八二年九月以後，改稱含義籠統的「現代化」，並採取對外開放政策，高喊要「搞活經濟」。同時他為了緩和中共內部的反對，也提出了四個堅持，即堅持社會主義道路、堅持無產階級專政、堅持共產黨領導、堅持馬列主義毛澤東思想。一九九二年鄧小平發表南巡講話後，中國大陸各地加速改革開放，加速發展經濟，但很快地引起資源緊縮、金融混亂、投機猖獗、物價上漲。惟儘管如此，自改革開放以來二十年間，大陸經濟成長的速度是相當驚人的。

一九八六年十二月九日，安徽合肥的中國科技大學在「一二九」運動五十一週年時爆發了學潮，迅即蔓延各地，規模之大為中共建國以來所未曾有，是為「新一二九運動」。次年一月十六日，中共中央政治局舉行擴大會議，決定准胡耀邦辭去中央總書記職務，由趙紫陽代理。十一月二日，中共舉行十三屆一中全會，決議由趙紫陽任中央總書記，鄧小平任軍委主席。一九八九年四月十五日，作風開明因學潮下臺的前中共中央總書記胡耀邦病逝，大批的學生羣眾藉悼念胡耀邦，掀起規模浩大的民主運動，是為「第二次天安門運動」，卒致釀成六月四日在北京的大屠殺慘劇。此一運動具有幾個顯著的特徵：

1. 這次運動的規模是歷次最大的。從四月十五日到六月初，總共有八十個城市，超過六百所大專院校，總數達二百八十萬的學生參與這次運動。幾乎所有大專院校都加入了示威的行列。到後來，此一運動吸引了各階層的人士，包括演員、工會成員、科學家、工程師、記者、文藝

工作者，以及其他來自社會、黨、政組織的各方面人士。

2.這次運動也是中國近現代史上持續最久的一次。從追悼胡耀邦逝世到六四大屠殺為止，一共維持七週之久。雖然運動的波瀾有起伏，其活力卻從未減退。

3.這次的學生運動是和平非暴力的，與南韓和菲律賓學生的激進作風完全不同，自始至終學生都保持高度的紀律與自制。

4.這次學運亦受到全球最多的注視；西方媒體從開始就予以廣泛的報導。當全球記者羣集北京採訪中共蘇聯高峰會議前夕，學生的絕食抗議反成為世界最矚目的電視新聞。

五月二十日，中共國務院總理李鵬在電視廣播宣布戒嚴已在北京部分地區實施，政府已命令軍隊清理天安門廣場。經過兩週刻意的籌劃部署，大屠殺已如箭在弦。六月四日展開的大屠殺中死亡人數眾說紛紜，六四事件後，中共當局立即在北京及其他主要城市大規模追捕民運人士，然而仍有一些著名的異議人士如方勵之、劉賓雁、蘇曉康等人，第二次天安門運動學生領袖如吾爾開希、柴玲、李祿、封從德等人逃離中國大陸，旅居美國等國家，繼續從事民主運動。

六四事件後，中共於六月二十三日召開十三屆四中全會，企圖擺平學潮事件所引起的黨內矛盾和鬥爭，並審查通過李鵬所提出的「關於趙紫陽同志在反黨、反社會主義的動亂中所犯錯誤的報告」，撤銷趙紫陽的中央總書記、政治局常委等職務，改由江澤民（上海市市長，政治局委員）任中央總書記。上臺後的江澤民與國務院總理李鵬，形成所謂「江李體制」。一九九四年十月，中共召開十四全大會後，江、李仍為黨政領導人，國務院副總理朱鎔基（前上海市市長）則由中央委員躍升為政治局常委。

一九九七年鄧小平病逝後召開的中共十五全大會，是江澤民首次在沒有鄧小平的光環下召開的大會，這次大會標誌著鄧小平統治時期的句點以及江澤民時代的開啟。亦即鄧小平後權力轉移，終於在一九九七年

完成，並且是比大部分觀察家所預期的還要順利。至今，江澤民仍集中共中央總書記、中央軍委主席、國家主席（1975 年曾取消國家主席此一職位，但 1982 年又恢復之）等黨、政、軍最高領導職務於一身，朱鎔基則為國務院總理。二〇〇二年二月，美國總統布希（George Walker Bush）訪問中國大陸時，曾由中共國家副主席及中央軍委副主席胡錦濤陪同，前往清華大學作演講。一般看好比江澤民小十餘歲個性沉潛穩重的胡錦濤，極可能就是江澤民所刻意培植的中共接班人。

三、兩岸的互動與交流

　　一九七〇年代的初期，由於中共與美國的關係有所改善，使得臺海兩岸原本對立緊張的關係趨於緩和，周恩來曾多次對臺灣發表聲明，提出和平統一的政策。鄧小平復出後，繼續提出兩岸「三通」（通商、通郵、通航）、「四流」（經濟交流、文化交流、科技交流、體育交流）等主張。民國六十八年（1979）一月一日，中共發表「全國人大常委會告臺灣同胞書」，提出臺灣「回歸祖國」的方針，建議臺灣和大陸之間儘快實現通郵通航。民國七十年（1981）九月三十日，中共全國人大委員長葉劍英對新華社記者發表談話，進一步闡明關於「臺灣回歸祖國」，實現和平統一的九條方針政策，建議舉行國共兩黨對等談判，實行第三次合作。民國七十八年（1989）九月二十四日，中共國家主席楊尚昆發表談話，「希望國共老一輩人物有生之年進行雙方溝通」。

　　面對中共不一而足的和平統一主張，國府行政院長蔣經國於民國六十一年（1972）九月二十九日，在立法院做施政報告時，就明白指出不與中共「妥協」的堅定立場。六十六年（1977）五月十二日，他再以中國國民黨黨主席的身份強調絕不與中共進行接觸和談判。到了民國六十八年，他再進一步地重申：「我們黨根據過去反共經驗，採取不妥協、不接觸、不談判的立場」。至此，「三不政策」乃告確立。同年一月十

一日，行政院長孫運璿針對中共人大常委會的「告臺灣同胞書」發表談話，指出中共的「和平統一」實為一派謊言，目的在迷惑並欺騙美國人民、國會和輿論界；認為「吃飯要飯票，出外要路條，教育受限制，工作無選擇」的大陸社會，人民沒有行動和貿易自由，有何資格談「三通」、「四流」？葉劍英於七十年九月三十日發表「九項建議」的當天，即受到國府行政院新聞局長宋楚瑜的批評：「此等統戰花招，毫無新義」。十月七日，國民黨主席蔣經國在中常會上發表專文，指出中共所謂「和談」，只是「戰爭的另一方式」和「政治詐術」。七十七年（1988）七月，中國國民黨第十三次全國代表大會通過「現階段大陸政策」，仍宣示繼續堅持「三不立場」。直到八十一年（1992）一月，海峽兩岸互動交流次數已至極為頻繁，層面已相當廣泛的時候，國府仍未宣布放棄「三不政策」。但國府為紓解民意，仍允許「間接三通」，惟不得「直接三通」。

　　由於受到國際冷戰結束及島內民主思潮的激盪，國府自民國七十年（1981）起逐漸對兩岸關係進行較大幅度的彈性調整，對於兩岸之間的民間交流、人員接觸以及貿易往來的限制逐步加以放寬。七十五年（1986）起，國府推動政治革新、解嚴、開禁，國內整個政治氣氛趨於開放，新的大陸政策逐漸成型。七十六年下半年，國府正式宣布解嚴、放寬外匯管制，並於十一月二日開放民眾前往大陸探親以後，兩岸經貿關係從此進入一個新里程，呈現了迅速、驚人的發展。

　　由於海峽兩岸人民接觸日趨頻繁，兩岸經貿關係亦日益密切，其所涉及的法律事件，紛至沓來，影響所及，既有之規範已不足以因應兩岸情勢之需要。國府盱衡主客觀情勢及實際需要，認為在國家統一前，為確保臺灣地區安全及社會安定，並維護兩地區人民之權益，非於現行法律之外，另訂特別法不可，乃著手研擬「臺灣地區與大陸地區人民關係條例」，以規範兩岸人民往來及解決所衍生之各種法律事件。此一條例草案之研擬工作，由法務部負責，自七十七年八月底開始進行，經行政

院審查通過，於七十九年十二月二十日將草案送請立法院審議，立法院前後共召開十八次聯席審查會議，為時長達一年四個月，始於八十一年（1990）七月十六日三讀通過，並於同月三十一日經總統李登輝明令公布，完成立法程序，全文共六章九十六條，嗣經行政院另定自九月十八日施行。

中華民國為因應新階段兩岸互動關係及其發展，並且建立國府處理大陸事務的主導權，陸續於民國七十九年（1990）十月七日成立「國家統一委員會」（簡稱國統會，成立時由總統李登輝為主任委員，副總統李元簇為副主任委員），同年十一月二十一日成立「海峽交流基金會」（即海基會，由辜振甫任董事長）。次日，於行政院之下成立「大陸委員會」（即陸委會，成立時由行政院副院長施啟揚兼主任委員，後易為黃昆輝）。其中「海基會」雖屬民間組織，但其設立動力及經費大部分均來自於國府。其任務約為

1. 接受政府委託辦理兩岸民間交流中涉及公權力而不便由政府出面的事務、技術性事宜。

2. 處理「陸委會」交辦事項。

3. 處理民間往來交流有關事宜。

4. 推動本身業務。

大陸方面，中共早期的對臺工作是由毛澤東、周恩來親自領導，此時期執行對臺工作部門包括：中共中央統戰部、調查部、中共中央軍事委員會及其控制的總參謀部。此種以統戰、安全部門、軍方為主的對臺工作組織體系，與當時中共「解放臺灣」的政策密切相關。文化大革命期間，是中共對臺工作最黯淡的時期，中共對臺工作組織運作停擺，臺胞遭嚴重打擊與鬥爭。其後，隨著中共對臺工作方針的調整，以及對臺工作的強化，民國六十八年（1979）十二月，鄧穎超以政協主席身分兼任「中央對臺工作領導小組」組長一職。此後廖承志、楊尚昆、吳學謙亦分別擔任小組要職（楊任組長，廖、吳為副組長）。其中「小組」的

日常辦事機構為「中央對臺工作領導小組辦公室」（以下簡稱「中央對臺辦」或「中臺辦」），主任為楊斯德。八十一年（1992）十月中共召開十四大，八十二年八屆人大一次會議楊尚昆、吳學謙卸職後，「中央對臺工作領導小組」成員改組，由中共中央總書記江澤民任組長，錢其琛為副組長，王兆國為秘書長，成員有汪道涵等人。此外，民國七十七年九月，中共成立「國務院臺灣事務辦公室」（以下簡稱「國臺辦」），任丁關根為主任（79 年 11 月，中共調派福建省省長王兆國接任主任，唐樹備為副主任之一兼發言人）。「國臺辦」的主要任務大致為：

　　1. 負責對臺工作有關官方的具體事務，包括實際接觸。

　　2. 研析對臺策略，向上（國務院及中共中央）申報。

　　3. 接受執行中共對臺工作領導小組指示任務。

　　4. 協調國務院各部門與黨的統戰部，共同對臺工作。

　　5. 指導對臺經濟合作事宜，協調對臺有關教育、科技、文化、衛生、體育交流。

　　6. 會同有關部門做好對臺接待、訪問工作。

　　7. 負責對臺工作的對外發言。

　　七十九年底，臺灣成立「海基會」，當時中共當局並無意成立對等單位，且表示反對之意，其理由包括：成立對等單位可能給外界產生兩岸對等談判的印象，這是北京方面所一向反對的；成立對等單位可能延緩兩岸政治接觸的時機，不利兩岸早日坐上談判桌；中共主張國共直接派代表接觸，而不是由中介機構出面商談。不過，中共當局在「海基會」成立一年後卻有了另一種看法，其八十年（1991）三號文件即曾指出：「對臺灣設立有官方背景的中介機構，我應與之接觸聯繫，因勢利導，使其為實現直接三通發揮積極作用」。而事實上兩岸直接三通勢必要官方或具有官方背景的機構事先談判，臺灣未放棄「三不政策」前，不可能會與北京就「三通」問題進行接觸。因此，為了早日實行直接「三通」，中共有必要成立一個相對應於「海基會」的機構，以作為未來兩

岸談判直接「三通」的準備。此一看法逐漸為中共決策單位所接受，因而「海峽兩岸關係協會」（以下簡稱「海協會」）於民國八十年十二月十六日在北京人民大會堂宣布成立，會長由汪道涵（前上海市長）擔任，常務副會長為唐樹備。「海協會」雖標榜為民間組織，其章程第一條亦凸顯其是「社會團體法人」。然而其宗旨則是根據中共中央、國務院的方針處理兩岸之間的問題，促進直接「三通」和雙向交流。且從「海協會」的人事中可以看出，自唐樹備以下，由「國臺辦」轉任的官員頗多。因此，「海協會」實際上就是原「國臺辦」綜合業務局的擴大，主要幹部亦來自綜合局。

民國八十二年（1993）四月二十六日，臺灣「海基會」董事長辜振甫，與大陸「海協會」會長汪道涵，在星加坡舉行備受世人矚目之「辜汪會談」，是為四十多年來兩岸關係最重大的突破。會談於四月二十九日結束，就會談結果來看，雙方各有所獲，也各有堅持，如雙方所簽署的四項協議，純屬民間事務交流性質，很難說是誰占便宜。「海協會」臨時提出「三通」要求，「海基會」避而不談；「海基會」要求談判臺商投資保障問題，「海協會」不予理會。因此，就此次會談而論，雙方應該是平手的局面。

展望兩會未來談判之途，仍然充滿荊棘。因為曾和「海協會」接觸過的臺灣人士都發現它是一個非常講究組織紀律的及政治警覺性高之單位。「海協會」雖號稱是一個民間團體，但卻比官僚衙門還要森嚴。臺灣的「海基會」是一個服務兩岸人民事務性與功能工作的機構，但「海協會」卻是一個負有政治任務的組織。它對臺灣記者的訪談查證，態度防衛而保守；對涉及兩岸性事務與功能性之案件處理態度消極，兩岸談判懸而未決，千島湖事件（發生於83年3月31日，32名臺胞在大陸之千島湖慘遭劫財殺害）的運作即是鮮明的實例。事實上，「海協會」對兩岸事務性與功能性問題的解決興趣不大，現階段真正想做的僅為推動兩岸直接「三通」，以及促成兩黨高層人士接觸、談判的工作。對此「海

基會」徒呼負負，顯得有些力不從心。因此八十三年二月在北京舉行的焦（焦仁和，新任之「海基會」副董事長兼祕書長）、唐（唐樹備，「海協會」常務副會長）會談之不能有成，也早已不足為奇了。

民國八十四年（1995）一月，中共中央總書記江澤民發表「為促進祖國統一大業的完成而繼續奮鬥」的講話，提出了現階段發展兩岸關係、推進「祖國和平統一」進程的八項主張，人稱之為「江八點」。同年四月，李登輝在國統會上發表六點看法，予以正式回應，人稱之為「李六條」此舉的歷史意義為：

1. 兩岸間初步形成了高層隔海直接對話局面。

2. 雙方對於推動兩岸經貿文化交流存在一定的交集點。

3. 對話與溝通將有助於兩岸增進了解和共識，逐漸解決兩岸各種分歧。

於是在兩岸高層隔海對話和第二次「辜汪會談」準備工作推動下，兩岸關係的發展已呈現進一步升溫的態勢。然而五月下旬，美國允許國府總統李登輝赴美參加其母校康乃爾大學（Cornell University）的畢業典禮。六月六日至十二日，李登輝在美國作了六天的私人訪問，期間並發表談話，中共認為其有製造「一中一臺」的企圖，一方面大肆抨擊，一方面向美國政府嚴重抗議。李登輝訪美之行，其結果使民國八十四年春出現的兩岸良性互動局面為之丕變，臺灣海峽出現了自民國四十七年（1958）以來最嚴重的危機。自六月上旬起，中國大陸陸續展開批李反獨活動，第二次「辜汪會談」及其預備性磋商被迫推遲舉行，七月起至十一月，共軍在東海數度進行示威性的軍事演習及試射飛彈，臺灣社會與經濟因而出現劇烈動盪。中共與美國的關係也降至建交後的最低點（6月17日，中共駐美大使李道豫奉召回國述職）。

民國八十五年（1996）三月，國府舉行第九屆總統、副總統選舉，為首次由全民直選，中共又於東海作示威性的軍事演習，以圖影響李登輝連任總統之路，未料反激起臺灣人民的憤慨，李登輝、連戰結果以獲

得五成四的選票順利當選。李登輝在第九屆總統的四年任期內,對大陸採取「戒急用忍」的政策。民國八十八年(1999)七月九日,李登輝在回答德國記者訪問時,明白表示海峽兩岸的關係,是「特殊的國與國關係」,此一特殊兩國關係論的提出見諸報端後,引起國內外相當大的迴響,中共反應最為激烈,兩岸關係益如雪上加霜。民國八十九年(2000)五月,民進黨執政後,總統陳水扁亦一本戒急用忍政策,以為拖延之計,再加以中共對民進黨臺獨「傾向」的疑慮,致兩岸關係的進展殊為有限,直接三通的目標遲遲難以實現。

參考書目

張玉法，《中國現代史》，東華書局，2001 年增訂版。

張玉法，《中國現代史》2 冊，東華書局，1977 年。

張玉法，《中國現代史略》，東華書局，1978 年。

張玉法主譯，《現代中國史》，經世書局，1980 年。

Richard T. Phillips, China Since 1911.（New York: St. Martin's Press, 1996）。

郭庭鈺，《中國現代史》，正中書局，1980 年。

John K. Fairbank & Albert Feuerwerker, eds., *The Cambridge History of China*, Vol. 12, 13: *Republican China*, 1912～1949.（Cambridge University Press, 1983, 1986）。其中譯本為章建剛等譯《劍橋中華民國史‧第一部，第二部》2 冊，上海人民，1991，1992 年。

John K. Fairbank & Roderick MacFarquhar, eds., *The Cambridge History of China*, Vol. 14: *The Emergence of Revolutionary China*, 1949～1965.（Cambridge University Press, 1987）。其中譯本為王建朗等譯《劍橋中華人民共和國史（1949～1965）》上海人民，1990 年。

張玉法，《中華民國史稿》，聯經，1998 年。

John K. Fairbank & Roderick MacFarquhar, eds., *The Cambridge History of China*, Vol. 15: *Revolutions Within the Chinese Revolution* 1966～1982.Cambridge University Press, 1991。其中譯本為金光耀等譯《劍橋中華人民共和國史（1966～1982）》，上海人民，1992 年。

教育部主編，《中華民國建國史》，共 16 冊，國立編譯館，

1985～1991 年。

張玉法編著,《中國現代史史料指引》,新文豐,2000 年。

逢甲大學歷史教學研究會主編,《中國現代史論文暨史料選集》,
逢甲大學出版組,1984 年。

張玉法主編,《中國現代史論集》10 冊,聯經,1980～1982 年。

胡平生編著,《中國現代史書籍論文資料舉要》㈠㈡㈢ 3 冊,臺灣
學生書局,1999～2000 年。

郭廷以編著,《中華民國史事日誌》4 冊,中央研究院近代史研究
所,1979～1985 年。

高凱、熊光甲主編,《新中國的歷程》,1949 年 10 月 1 日～1989
年 10 月 1 日,北京,中國人民大學,1990 年。

秦孝儀主編,《中國現代史辭典》3 冊,其中史事部分 2 冊,人物部
分 1 冊;近代中國出版社,1985～1987 年。

國家圖書館出版品預行編目資料

中國通史／林天人等合著. -- 初版. -- 臺北
市：五南，2002[民91]
　　面；　　公分.
　含參考書目

ISBN 978-957-11-3035-4（平裝）

1.中國-歷史

610　　　　　　　　　　91016977

1W94　中國史系列

中國通史

作　　者一 林天人　廖伯源　蔡學海　廖幼華　胡平生

　　　　　林麗月　王德毅　王明蓀

發 行 人一 楊榮川

總 經 理一 楊士清

總 編 輯一 楊秀麗

副總編輯一 黃惠娟

責任編輯一 高雅婷

出 版 者一 五南圖書出版股份有限公司

地　　址：106台北市大安區和平東路二段339號4樓

電　　話：(02)2705-5066　　傳　　真：(02)2706-6100

網　　址：http://www.wunan.com.tw

電子郵件：wunan@wunan.com.tw

劃撥帳號：01068953

戶　　名：五南圖書出版股份有限公司

法律顧問　林勝安律師事務所　林勝安律師

出版日期　2002年10月初版一刷

　　　　　2020年 5 月初版三刷

定　　價　新臺幣750元

經典永恆・名著常在

五十週年的獻禮 —— 經典名著文庫

五南，五十年了，半個世紀，人生旅程的一大半，走過來了。
思索著，邁向百年的未來歷程，能為知識界、文化學術界作些什麼？
在速食文化的生態下，有什麼值得讓人雋永品味的？

歷代經典・當今名著，經過時間的洗禮，千錘百鍊，流傳至今，光芒耀人；
不僅使我們能領悟前人的智慧，同時也增深加廣我們思考的深度與視野。
我們決心投入巨資，有計畫的系統梳選，成立「經典名著文庫」，
希望收入古今中外思想性的、充滿睿智與獨見的經典、名著。
這是一項理想性的、永續性的巨大出版工程。
不在意讀者的眾寡，只考慮它的學術價值，力求完整展現先哲思想的軌跡；
為知識界開啟一片智慧之窗，營造一座百花綻放的世界文明公園，
任君遨遊、取菁吸蜜、嘉惠學子！